TRANSAÇÃO TRIBUTÁRIA

HOMENAGEM AO JURISTA
SACHA CALMON NAVARRO COÊLHO

COLEÇÃO FÓRUM
GRANDES TEMAS ATUAIS DE DIREITO TRIBUTÁRIO

COLEÇÃO FÓRUM
GRANDES TEMAS ATUAIS DE DIREITO TRIBUTÁRIO

OSWALDO OTHON DE PONTES SARAIVA FILHO
Coordenador

LUÍS INÁCIO LUCENA ADAMS
Prefácio

TRANSAÇÃO TRIBUTÁRIA

HOMENAGEM AO JURISTA SACHA CALMON NAVARRO COÊLHO

1

Belo Horizonte
FÓRUM
CONHECIMENTO JURÍDICO
2023

COLEÇÃO FÓRUM
GRANDES TEMAS ATUAIS DE DIREITO TRIBUTÁRIO

© 2023 Editora Fórum Ltda.

É proibida a reprodução total ou parcial desta obra, por qualquer meio eletrônico, inclusive por processos xerográficos, sem autorização expressa do Editor.

Conselho Editorial

Adilson Abreu Dallari
Alécia Paolucci Nogueira Bicalho
Alexandre Coutinho Pagliarini
André Ramos Tavares
Carlos Ayres Britto
Carlos Mário da Silva Velloso
Cármen Lúcia Antunes Rocha
Cesar Augusto Guimarães Pereira
Clovis Beznos
Cristiana Fortini
Dinorá Adelaide Musetti Grotti
Diogo de Figueiredo Moreira Neto (*in memoriam*)
Egon Bockmann Moreira
Emerson Gabardo
Fabrício Motta
Fernando Rossi
Flávio Henrique Unes Pereira

Floriano de Azevedo Marques Neto
Gustavo Justino de Oliveira
Inês Virgínia Prado Soares
Jorge Ulisses Jacoby Fernandes
Juarez Freitas
Luciano Ferraz
Lúcio Delfino
Marcia Carla Pereira Ribeiro
Márcio Cammarosano
Marcos Ehrhardt Jr.
Maria Sylvia Zanella Di Pietro
Ney José de Freitas
Oswaldo Othon de Pontes Saraiva Filho
Paulo Modesto
Romeu Felipe Bacellar Filho
Sérgio Guerra
Walber de Moura Agra

FÓRUM
CONHECIMENTO JURÍDICO

Luís Cláudio Rodrigues Ferreira
Presidente e Editor

Coordenação editorial: Leonardo Eustáquio Siqueira Araújo
Aline Sobreira de Oliveira

Rua Paulo Ribeiro Bastos, 211 – Jardim Atlântico – CEP 31710-430
Belo Horizonte – Minas Gerais – Tel.: (31) 99412.0131
www.editoraforum.com.br – editoraforum@editoraforum.com.br

Técnica. Empenho. Zelo. Esses foram alguns dos cuidados aplicados na edição desta obra. No entanto, podem ocorrer erros de impressão, digitação ou mesmo restar alguma dúvida conceitual. Caso se constate algo assim, solicitamos a gentileza de nos comunicar através do *e-mail* editorial@editoraforum.com.br para que possamos esclarecer, no que couber. A sua contribuição é muito importante para mantermos a excelência editorial. A Editora Fórum agradece a sua contribuição.

Dados Internacionais de Catalogação na Publicação (CIP) de acordo com ISBD

T772	Transação Tributária: homenagem ao jurista Sacha Calmon Navarro Coêlho / coordenado por Oswaldo Othon de Pontes Saraiva Filho. - Belo Horizonte : Fórum, 2023. 423p. ; 17cm x 24cm. – (Coleção Fórum grandes temas atuais de Direito Tributário ; v. 1) Inclui bibliografia. ISBN da coleção: 978-65-5518-466-2 ISBN: 978-65-5518-407-5 1. Direito Tributário. 2. Direito Processual Civil. 3. Direito Administrativo. I. Saraiva Filho, Oswaldo Othon de Pontes. II. Título.
2022-1591	CDD 341.39 CDU 34:336.2

Elaborado por Odilio Hilario Moreira Junior - CRB-8/9949

Informação bibliográfica deste livro, conforme a NBR 6023:2018 da Associação Brasileira de Normas Técnicas (ABNT):

SARAIVA FILHO, Oswaldo Othon de Pontes (coord.). *Transação Tributária*: homenagem ao jurista Sacha Calmon Navarro Coêlho. Belo Horizonte: Fórum, 2023. (Coleção Fórum grandes temas atuais de Direito Tributário ; v. 1) 423p. ISBN 978-65-5518-407-5.

SUMÁRIO

APRESENTAÇÃO DA COLEÇÃO
Oswaldo Othon de Pontes Saraiva Filho 11

PREFÁCIO
O FUTURO DO CONTENCIOSO TRIBUTÁRIO
Luís Inácio Lucena Adams 13

A TRANSAÇÃO TRIBUTÁRIA DE ACORDO COM A CONSTITUIÇÃO FEDERAL E O CÓDIGO TRIBUTÁRIO NACIONAL
Oswaldo Othon de Pontes Saraiva Filho 15
1 Introdução 15
2 A transação tributária na CF e no CTN de acordo com a doutrina e a jurisprudência dos Tribunais Superiores pátrios 18
3 Conclusão 44
  Referências 45

PREJUÍZO FISCAL COMO MEIO DE PAGAMENTO DA TRANSAÇÃO TRIBUTÁRIA
Marcos Joaquim Gonçalves Alves, Alan Flores Viana 49
1 Considerações preliminares 49
2 Prejuízo contábil e fiscal: características, diferenças e limitações 51
3 Utilização do prejuízo fiscal como meio de pagamento na regularização fiscal perante a União 54
4 A superação de paradigmas no equacionamento da situação fiscal dos contribuintes com dificuldades econômicas 58
5 Síntese conclusiva 60
  Referências 61

OFFER IN COMPROMISE: O SISTEMA NORTE-AMERICANO DE TRANSAÇÃO TRIBUTÁRIA
Luís Inácio Lucena Adams, Ivan Tauil Rodrigues, Louise Dias Portes 63
1 Introdução 63
2 Modelo administrativo fiscal norte-americano e a transação tributária 65
3 *Offer in Compromise* 70
i) Definição e objetivos 70
ii) Competência para apreciar e autorizar 71
iii) Critérios de elegibilidade 72
iv) Circunstâncias levadas em consideração na análise do OIC 72
v) Opções de pagamento possíveis 73
vi) Fundamentos para a submissão de um OIC 74
vii) Regras aplicáveis à aceitação, rejeição ou devolução do OIC 75
viii) Responsabilidade pela falsidade das informações 76
4 Conclusão 76
  Referências 77

ABORDAGEM REGULATÓRIA SOBRE A TRANSAÇÃO TRIBUTÁRIA – ENSAIO SOBRE A APLICAÇÃO DOS ESTUDOS DO DIREITO REGULATÓRIO À ADMINISTRAÇÃO TRIBUTÁRIA

Oswaldo Othon de Pontes Saraiva Neto 79
I   Introdução 79
II   Atividade regulatória exercida pela administração tributária 80
III   Lei de Transação Tributária como um marco regulatório no Direito Tributário 82
IV   Desafios de uma abordagem regulatória no Direito Tributário 84
V   Conclusão 87
        Referências 88

SOBRE A PRIVATIZAÇÃO DA JUSTIÇA TRIBUTÁRIA

José Casalta Nabais 91
I   Introdução 91
II   A crescente privatização dos poderes tributários 93
1   As alterações do papel dos actores tributários 93
2   A transferência de tarefas da administração tributária para os contribuintes 95
III   A arbitragem tributária 98
1   O contexto do surgimento da arbitragem tributária 98
2   O quadro amplo das vias de solução para a hiperlitigação 100
2.1   A prevenção de litígios 100
2.2   A solução administrativa de litígios 102
3   A arbitragem tributária em Portugal 105
3.1   Domínios mais expostos à arbitragem tributária 105
3.2   Sentido e alcance da arbitragem tributária 111

A TRANSAÇÃO TRIBUTÁRIA COMO INSTRUMENTO DE EFICÁCIA DO PRINCÍPIO DA EFICIÊNCIA TRIBUTÁRIA

Ives Gandra da Silva Martins, Rogério Vidal Gandra da Silva Martins, Roberta de Amorim Dutra 113
1   Introdução 113
2   O conceito de transação tributária e histórico do instituto no direito brasileiro 114
3   A transação e seus objetivos em matéria tributária e o princípio da indisponibilidade do crédito tributário 123
4   Números sobre a dívida ativa tributária no Brasil 125
5   A transação tributária e os seus limites no direito tributário 126
6   Conclusão 132

A TRANSAÇÃO E O PRINCÍPIO DA LEGALIDADE TRIBUTÁRIA

Hugo de Brito Machado, Schubert de Farias Machado 133
        Introdução 133
1   Princípio/regra da legalidade tributária 134
2   Natureza *ex lege* da obrigação tributária 136
2.1   As três espécies de obrigações jurídicas 136
2.2   Por que obrigação *ex lege* 136
2.3   Consequências da classificação como obrigação *ex lege* 138
3   A transação no CTN 138
3.1   Caráter excepcional 138
3.2   Caracterização do litígio 139
3.3   Extinção do crédito tributário 140
4   A transação tributária na Lei nº 13.988/2020 140

5   A transação no âmbito da recuperação judicial (Lei nº 14.112/2020) 143
      Conclusões 146

TRANSAÇÃO TRIBUTÁRIA: RENÚNCIA DE DIREITOS OU CONCESSÕES MÚTUAS?
Gabriella Alencar Ribeiro 149
      Introdução 149
      Transação tributária como garantia do interesse público 150
      Transação tributária – Requisitos do art. 171 do CTN 152
      Necessidade de previsão em lei e a Lei nº 13.988/2020 153
      Extinção da obrigação tributária 154
      Concessões mútuas ou renúncia de direitos? 156
      Conclusão 160
      Referências 161

A TRANSAÇÃO TRIBUTÁRIA NOS ESTADOS-MEMBROS
Misabel Abreu Machado Derzi, Onofre Alves Batista Júnior, Valter de Sousa Lobato 163
1   A transação administrativa *lato sensu* 163
2   As transações tributárias no Direito comparado 167
3   A transação tributária no Direito brasileiro 174
4   A disciplina das transações tributárias em Minas Gerais 190
5   Conclusão 197
      Referências 198

TRANSAÇÃO: CONCEITOS DO CÓDIGO CIVIL: POSSIBILIDADE E LIMITES
Andresa Sena 201
1   Introdução 201
2   Transação no Direito Civil e Tributário 202
3   Impossibilidade de novação dos créditos transacionados (art. 12, §3º, da Lei nº 13.988) 212
4   Renúncia de direitos ou concessões mútuas? (art. 3º, V, da Lei nº 13.988/20) 214
5   Conclusão 216
      Referências 216

TRANSAÇÃO E NOVAÇÃO: A EXTINÇÃO DO CRÉDITO TRIBUTÁRIO PELO ARTIGO 171 DO CTN E A (IM)POSSIBILIDADE DE REPETIÇÃO DO INDÉBITO
Luís Eduardo Schoueri, Mateus Calicchio Barbosa 219
1   Transação e extinção do crédito tributário 220
2   A transação novatória 222
3   Novação e obrigação tributária 224
4   Críticas 226
5   Novação e repetição do indébito 229
6   Conclusões 233

CONFISSÃO DE DÉBITO TRIBUTÁRIO E A SUPERVENIENTE DECLARAÇÃO DE INCONSTITUCIONALIDADE PELO STF
Marilene Talarico Martins Rodrigues 235
1   Considerações iniciais 235
2   O Estado e a tributação 238
3   Garantias fundamentais e segurança jurídica no procedimento tributário 238

4	Clareza e precisão da lei tributária	239
5	Princípio da proporcionalidade	240
6	Participação do contribuinte no procedimento tributário	240
7	Adesão a pedidos de parcelamentos pelas empresas e a confissão de débitos tributários	241
8	Da possibilidade de discussão judicial quanto a débito incluído em parcelamento cuja norma foi declarada inconstitucional pelo STF	245
9	Conclusões	249

TRANSAÇÃO TRIBUTÁRIA E RESPONSABILIDADE DO GRUPO ECONÔMICO
José Eduardo Soares de Melo 251

I	Extinção de obrigação	251
	Direito Civil	251
	Direito Tributário	252
II	Aspectos básicos	253
	Federal	253
III	Por adesão, no contencioso de pequeno valor.	257
	Estadual (SP)	258
	Municipal (SP)	259
IV	Responsabilidade tributária	259
	Conceitos e modalidades	259
	Grupo econômico	260
	Capacidade de pagamento	262

(IM)POSSIBILIDADE DE DISCUSSÃO JUDICIAL DE ASPECTOS JURÍDICOS DO CRÉDITO APÓS A CONFISSÃO IRRETRATÁVEL E IRREVOGÁVEL
Hugo de Brito Machado Segundo 267

	Introdução	267
1	Confissão irrevogável e irretratável como condição para a transação tributária	268
2	Confessam-se fatos, não direitos (ou obrigações)	269
3	Preclusão administrativa e coisa julgada	271
4	Rescisão da transação, retorno ao *status quo ante* e igualdade	272
5	Considerações finais	273

TRANSAÇÃO POR ADESÃO NO CONTENCIOSO DE RELEVANTE E DISSEMINADA CONTROVÉRSIA JURÍDICA TRIBUTÁRIA OU ADUANEIRA
Andrei Pitten Velloso 275

	Introdução	275
I	A transação por adesão no contencioso tributário de relevante e disseminada controvérsia jurídica	276
II	Questões específicas	279
a)	Significado da expressão "relevante e disseminada controvérsia jurídica tributária"	279
b)	(Im)Possibilidade de transação quanto a créditos não impugnados ou inscritos em dívida ativa, porém constituídos a partir de relevante e disseminada controvérsia jurídica	280
c)	(Im)Possibilidade de adesão a edital de transação de débitos de relevante e disseminada controvérsia jurídica simultaneamente à proposta de transação individual (art. 20, I, da Lei nº 13.988/20)	282
	Conclusões	283

ACCERTAMENTO CON ADESIONE E CONCILIAZIONE GIUDIZIALE: CONTRATO DE TRANSAÇÃO NO DIREITO TRIBUTÁRIO?
Francisco Nicolau Domingos 285
1 Palavras iniciais 285
2 Eclosão da consensualidade administrativa (e tributária) nos sistemas jurídicos de tradição continental 286
3 Modelo italiano 289
3.1 *Accertamento con adesione* 289
3.2 *Conciliazione giudiziale* 291
3.3 Natureza jurídica do *accertamento con adesione* e da *conciliazione giudiziale* 292
4 Palavras finais 296
Referências 296

O PIONEIRISMO DA TRANSAÇÃO TRIBUTÁRIA EM BLUMENAU, CONTEMPLADA COM O PRÊMIO INNOVARE 2020
Cleide Regina Furlani Pompermaier 299
Introdução 299
1 Conceito de transação tributária e o destaque para as concessões mútuas 300
2 O princípio da indisponibilidade na transação tributária e a necessidade de os critérios para a sua realização estarem dispostos em lei formal 302
3 A possibilidade de conceder descontos no montante principal do tributo e seus limites 304
4 O passo a passo do modelo de transação implementado em Blumenau 305
5 A prática da transação tributária contemplada com o Prêmio Innovare 2020 e a necessidade de se padronizar o modelo nos demais Municípios 308
Conclusão 309
Referências 309

COBRANÇA E RENEGOCIAÇÃO DE TRIBUTOS EM ATRASO NO BRASIL
Cristiano Neuenschwander Lins de Morais 311
1 Introdução 311
2 Revisão da literatura 312
3 Metodologia 314
4 Resultados e discussão 315
4.1 A atividade de cobrança forçada de tributos não pagos e a teoria dos jogos 315
4.2 *Compliance* de equilíbrio nas estratégias da Administração Tributária e dos devedores 317
4.3 A teoria Principal-Agente e a renegociação de tributos em atraso 319
4.4 A oferta do acordo e o problema de seleção adversa 322
5 Análise comparativa da estrutura de incentivos do Refis e do programa de transação tributária 322
5.1 Transação tributária, Refis e risco moral 324
6 Conclusão 325
Referências 326

A EXPERIÊNCIA ESTRANGEIRA EM RELAÇÃO À TRANSAÇÃO EM MATÉRIA TRIBUTÁRIA
Phelippe Toledo Pires de Oliveira 329
1 Introdução 329
2 A transação tributária no Direito francês 330
3 A transação tributária no Direito italiano 333
4 A transação tributária no Direito norte-americano 336

| 5 | Conclusões | 339 |
| | Referências | 339 |

O DEVEDOR CONTUMAZ NA TRANSAÇÃO TRIBUTÁRIA
Silvia Faber Torres, Flávia Romano de Rezende 341

1	Introdução	341
2	A transação tributária sob o influxo do princípio da boa-fé e da moralidade tributária	345
3	Devedor contumaz: conceito indeterminado	351
4	O devedor contumaz no direito brasileiro	353
4.1	O modelo federal: art. 5º, III, da Lei nº 13.988/20 e Projeto de Lei nº 1.649/19	353
4.2	Modelos estaduais	355
5	Conclusão	357

DESJUDICIALIZAÇÃO TRIBUTÁRIA. REFLEXÕES SOBRE A TRANSAÇÃO TRIBUTÁRIA COMO MECANISMO DE SOLUÇÃO DE LITIGIOSIDADE
Julio Homem de Siqueira, Antônio de Pádua Marinho Monte, Isabel Fernanda Augusto Teixeira 359

1	Apontamentos introdutórios	360
2	A transação tributária e a nova legislação de regência: apresentação e crítica	361
3	Onde a transação tributária encontra a desjudicialização	367
4	Considerações finais	370

A TRANSAÇÃO TRIBUTÁRIA E O SEU CONTROLE PELO TRIBUNAL DE CONTAS DA UNIÃO
Francisco Sérgio Maia Alves 371

1	Introdução	371
2	Natureza jurídica da transação tributária	373
3	Fundamento jurídico do controle efetuado pelo TCU	379
4	Parâmetros de controle da transação tributária	382
4.1	Controle segundo a disciplina da Lei nº 13.988/2020	383
4.2	Controle a partir das normas orçamentárias e financeiras	388
5	Conclusão	394
	Referências	395

TRANSAÇÃO TRIBUTÁRIA À LUZ DA ANÁLISE COMPORTAMENTAL DOS CONTRIBUINTES
Victoria Werner de Nadal, Clairton Kubassewski Gama 399

	Introdução	399
1	Direito Tributário e o comportamento humano	400
2	Transação tributária e seus reflexos na conformidade tributária	404
3	Transação tributária e a sua influência comportamental em outras áreas do Direito	409
	Conclusão	413
	Referências	414

SOBRE O COORDENADOR 417

SOBRE OS AUTORES 419

APRESENTAÇÃO DA COLEÇÃO

Com o propósito de disponibilizar, periodicamente, material doutrinário imparcial, relevante, atual e útil para os nossos distintos leitores, estamos inaugurando a *Coleção Fórum Grandes Temas Atuais de Direito Tributário*.

No primeiro volume, tributaristas de escol discorrem sobre o relevante tema da "Transação Tributária". Além desse tema, já no segundo volume, o tema será "Arbitragem Tributária".

Em ambos os volumes faremos uma merecida homenagem ao eminente tributarista "Sacha Calmon Navarro Coêlho", mestre que, com toda sua inigualável cultura jurídica, tanto tem contribuído para o Direito Tributário Brasileiro.

Neste primeiro volume de nossa promissora coleção, prefaciado pelo abalizado jurista Luís Inácio Lucena Adams, ex-ministro da Advocacia-Geral da União, os autores, a par do compartilhamento dessa justa homenagem ao grande professor doutor Sacha Calmon, enfrentamos pontos controversos acerca da transação tributária, esclarecendo pontos polêmicos contidos na Lei nº 13.988, de 14 de abril de 2020, no diploma legal que a alterou, Lei nº 14.375, de 21 de junho de 2022, e nas Portarias PGFN/ME nºs 6.757, de 29 de julho de 2022, e 6.941, de 04 de agosto de 2022.

Assim é que serão abordados os seguintes temas neste primeiro volume de nossa coleção: a transação tributária segundo a Constituição Federal e o Código Tributário Nacional; prejuízo fiscal como meio de pagamento da transação tributária; o sistema norte-americano de transação tributária; a experiência estrangeira em relação à transação em matéria tributária; a desjudicialização tributária: reflexões sobre a transação tributária como mecanismo de solução de litigiosidade; abordagem regulatória sobre a transação tributária: ensaio sobre a aplicação dos estudos do Direito Regulatório à Administração Tributária; comentário sobre a privatização da justiça tributária; a transação e o princípio da legalidade tributária; a possibilidade do contrato de transação no Direito Tributário; a transação tributária como instrumento de eficácia do princípio da eficiência tributária; transação tributária como instrumento de renúncia de direitos ou concessões mútuas; a transação tributária nos estados-membros; transação: conceitos do Código Civil: possibilidade e limites; transação e novação: a extinção do crédito tributário pelo artigo 171 do CTN e a (im)possibilidade de repetição do indébito; confissão de débito tributário e a superveniente declaração de inconstitucionalidade pelo STF; transação tributária e responsabilidade do grupo econômico; (im)possibilidade de discussão judicial de aspectos jurídicos após a confissão irretratável e irrevogável; transação por adesão no contencioso de relevante e disseminada controvérsia jurídica tributária ou aduaneira; o pioneirismo da transação tributária em Blumenau; a cobrança e renegociação de tributos em atraso no Brasil; o devedor contumaz na transação tributária; a transação tributária e o seu controle pelo tribunal de contas da União; e a transação tributária à luz da análise comportamental dos contribuintes.

Transmito o meu reconhecimento à Editora Fórum por continuar disponibilizando aos seus leitores, razão maior de nossas iniciativas, projetos de qualidade científica e de especial utilidade como este livro. Expresso, outrossim, minha gratidão aos eminentes autores pelas alentadas e brilhantes participações nesta obra, bem como saúdo o Instituto Brasileiro de Ensino, Desenvolvimento e Pesquisa – IDP e o Instituto Fórum de Integração Brasil-Europa – FIBE por apoiarem a nossa coleção, cientes de sua excelência.

Oswaldo Othon de Pontes Saraiva Filho
Coordenador

PREFÁCIO

O FUTURO DO CONTENCIOSO TRIBUTÁRIO

Em maio de 2009, o Presidente da República de então, Luiz Inácio Lula da Silva, conjuntamente com os Presidentes do Senado e da Câmara dos Deputados, respectivamente José Sarney e Michel Temer, e o Presidente do Supremo Tribunal Federal, Ministro Gilmar Mendes, assinaram o II PACTO REPUBLICANO DE ESTADO POR UM SISTEMA DE JUSTIÇA MAIS ACESSÍVEL, ÁGIL E EFETIVO. Um dos pontos centrais da adoção deste pacto era a revisão da legislação referente à cobrança da dívida ativa da Fazenda Pública, com vistas à racionalização dos procedimentos em âmbito judicial e administrativo (item 2.11 do Pacto). A racionalização do sistema de cobrança da Dívida Ativa compunha-se na mudança do sistema da execução fiscal e na adoção da transação tributária como instrumentos de superação da ineficiência sistêmica há muito constatada.

Passados mais de dez anos da assinatura daquele pacto, veio a ser editada a Medida Provisória nº 899, de 16 de outubro de 2019, posteriormente convertida na Lei nº 13.988, de 14 de abril 2020. Uma década de debates e superação de resistências da administração tributária e de advogados resultou na efetiva adoção de um sistema alternativo para o tratamento de uma dívida ativa que em 2009 era de 400 bilhões de reais e em 2019 2,5 trilhões de reais. Um incremento de quase 650% em um período de apenas 10 anos (hoje, a dívida ativa da União já ultrapassa a marca de 3 trilhões de reais).

O fato é que, por muito tempo, a administração tributária relutou em acatar qualquer alteração no sistema de cobrança, confirmando a afirmação de Albert Einstein: *"Insanidade é continuar fazendo sempre a mesma coisa e esperar resultados diferentes"*.

Nos primeiros volumes da *Coleção Fórum Grandes Temas Atuais de Direito Tributário*, coordenada pelo festejado professor Oswaldo Othon de Pontes Saraiva Filho, vem a público uma coletânea de artigos acadêmicos e profissionais renomados do direito, que demonstram as diversas alternativas ao modelo tradicional de cobrança tributária, como a transação. O primeiro livro desta coleção traz estudos sobre o instituto da transação tributária, já praticada no sistema jurídico tributário brasileiro. Da mesma forma, os autores examinam o processo de transação tributária federal inaugurado pela Lei nº 13.988/2020, procurando oferecer perspectivas doutrinárias para as diversas formas de composição possível para com a Fazenda Pública, como o uso de precatório e do prejuízo fiscal. Também artigos procuram apresentar as experiências internacionais na transação tributária e avaliar o impacto do modelo transacional com outras áreas do Estado, como a da concorrência e a do controle externo.

O segundo volume desta obra incorpora, igualmente, importantes estudos de modelos alternativos, como a arbitragem para a solução do contencioso tributário, com especial atenção à experiência portuguesa.

Enfim, esta obra é rica e relevantíssima, pois examina múltiplas perspectiva para o tratamento de um sistema de cobrança tributária que já, há muito, é patologicamente disfuncional e que insistia em manter um método indutivo de conformidade do contribuinte para com suas obrigações tributária baseado na aplicação de multas altíssimas que violam o princípio constitucional da capacidade contributiva e invariavelmente triplicam o valor cobrado. O sistema de cobrança tributária em que temos vivido é, em regra, baseado no terror sem fim do contribuinte, aplicação subjetiva da sanção e um sistema contencioso lento e burocrático, que torna o Brasil um dos países menos eficientes no quesito administração fiscal.

O livro *Transação Tributária* homenageia, ainda, com muita justiça, o eminente tributarista professor doutor Sacha Calmon Navarro Coêlho, um dos mais cultos e brilhantes juristas pátrios.

Espero que esta obra ajude na compreensão do valor de novas formas de solução do contencioso tributário e que o conflito e a adversidade sejam substituídos pela colaboração e compromisso.

Luís Inácio Lucena Adams
Ex-Procurador-Geral da Fazenda Nacional,
ex-Advogado-Geral da União e advogado.

A TRANSAÇÃO TRIBUTÁRIA DE ACORDO COM A CONSTITUIÇÃO FEDERAL E O CÓDIGO TRIBUTÁRIO NACIONAL

OSWALDO OTHON DE PONTES SARAIVA FILHO

1 Introdução

Este livro e este meu modestíssimo artigo aspiram a homenagear o eminente professor, ex-magistrado e advogado baiano/mineiro Sacha Calmon Navarro Coêlho, um dos juristas brasileiros mais brilhantes e cultos, como muito bem espelham suas percucientes obras jurídicas e seu vitorioso desempenho profissional. O esforço pessoal, a retidão de caráter e de propósitos, a abnegação do renomado homenageado justificam o quão longe o nosso homenageado chegou. O Professor Doutor Sacha Calmon é um exemplo a ser louvado e seguido.

Bem, hodiernamente, exigem-se do Estado Democrático de Direito Fiscal progressivos atendimentos aos direitos humanos referentes à manutenção da vida e da saúde; concernentes à educação, à segurança pública, à habitação, bem como direitos relativos à proteção do meio ambiente, às obras de investimentos ou de infraestrutura etc. Contudo, para que esse Estado possa desempenhar a contento o seu múnus, obstando retrocessos, é necessário buscar e alcançar meios mais eficientes e economicamente razoáveis para angariar receitas públicas, indispensáveis à realização dos gastos públicos com o fim de satisfazer as necessidades da sociedade.

Outrossim, atualmente, na economia globalizada com tendência a certo retorno ao liberalismo – época do neoliberalismo –,[1] com a busca de retorno ao Estado mínimo,[2] a principal, quase única fonte de recursos do Estado, é a receita derivada da espécie tributária.

Por força da invencível ineficiência da cobrança de créditos tributários por meio de execuções fiscais judiciais, tem-se buscado desenvolver outros meios consensuais para a pacificação de litígios entre o Fisco e os responsáveis tributários e a otimização da arrecadação tributária, sendo a transação tributária uma dessas tentativas.

Com o escopo de proporcionar, uniformemente, uma boa administração tributária a todas as entidades federadas,[3] em busca da eficiência (CF, art. 37, *caput*) e da economicidade (CF, art. 70, *caput*), a Constituição Federal de 1988, no seu artigo 146, *caput*, inciso III, alínea "b", prevê lei complementar nacional para tratar de normas gerais em matéria de legislação tributária, especificados a *obrigação* e o *crédito fiscal*.

Em que pese a regra expressa do art. 146, *caput*, inciso III, alínea "b", da CF/1988, recente *decisum* do Pleno de nossa Excelsa Corte Constitucional decidiu, em face da autorização do mais, (*remissão* como outra possibilidade de extinção do crédito tributário) (CTN, art. 156, IV), não haver reserva de lei complementar nacional para tratar de novas hipóteses de suspensão e de extinção de créditos tributários, considerando possível que o Estado-Membro estabelecesse regras específicas de suspensão ou de quitação de seus próprios créditos tributários, mesmo que não previamente enumeradas nos artigos 151 e 156 do CTN, como, por exemplo, uma nova hipótese de extinção do crédito fiscal, a dação em pagamento de bens móveis, ainda que sem a observância do procedimento de licitação (CF, art. 37, *caput*, inciso XXI).[4]

Corrobora, em certas hipóteses, a senda hermenêutica adotada pelo Excelso Pretório a ponderação de Roque Carrazza, segundo o qual "deveras, o art. 146 da CF, se interpretado sistematicamente, não dá margem a dúvidas: a competência para editar normas gerais em matéria de legislação tributária desautoriza a União a descer ao detalhe, isto é, a ocupar-se com peculiaridades da tributação de cada pessoa política. Entender o assunto de outra forma poderia desconjuntar os princípios federativos da autonomia estadual e municipal e da autonomia distrital".[5]

---

[1] Nos países de regime de democracia representativa, com eleições livres e periódicas, a ideologia do retorno ao neoliberalismo sofre consideráveis restrições, pois se os representantes eleitos não estabelecerem políticas públicas capazes de satisfazer às necessidades da sociedade, muito dificilmente o partido político então detentor do poder terá condições efetivas de reeleição.

[2] Apesar da exigência de sempre maiores despesas públicas em prol, principalmente, dos direitos humanos fundamentais, contraditoriamente, consoante o neoliberalismo, propagado pelo ideal da globalização, o Estado liberal deve ser o Estado mínimo não intervencionista, só devendo se ocupar com aquilo que seria inerente ao Poder Público, por isso, tendo menos encargos, poderia gastar menos, necessitando, consequentemente, de menos arrecadação.

[3] A nível doutrinário, parece razoável supor que o escopo dos arts. 151 e 156 do CTN é de favorecer a boa e eficiente administração tributária, zelando, a nível nacional, pela economicidade administrativa e pelo respeito ao procedimento de licitação para aquisição de bens pelo Poder Público: Afinal, o que os Fiscos precisam é de dinheiro decorrentes dos pagamentos, em espécie, pelos sujeitos passivos, dos créditos tributários, para o custeio dos relevantes encargos estatais.

[4] STF-Pleno. ADI nº 2.405/RS, rel. min. Alexandre de Moraes, julgamento ocorrido no dia 20.9.2019, publicação em *DJe* 3.10.2019.

[5] CARRAZZA, Roque Antônio. *Curso de direito constitucional tributário*. 18. ed. São Paulo: Malheiros, 2000, p. 794.

Certo e incontestável é que, embora seja da competência da lei complementar nacional dispor, conforme atribuição constitucional, do conteúdo de normas gerais em matéria de legislação tributária, não pode jamais essa lei complementar invadir o campo de competência de lei ordinária estadual, distrital e municipal, como evidencia a norma do inciso III artigo 151 da Constituição da República, que veda à União, a nível interno, não à República Federativa do Brasil, por meio de tratados internacionais,[6] *instituir* isenções heterônomas de tributos de competência dos Estados, do Distrito Federal e dos Municípios.

Nesse diapasão, é o magistério de Hamilton Dias de Souza, *in verbis*:

> O limite da norma geral é, de outro lado, a competência legislativa das ordens parciais do governo, que não pode ser excluída, sem prejuízo de suas respectivas autonomias e do próprio princípio federativo.
>
> Isto posto, se o legislador nacional, a propósito de editar lei complementar veiculadora de normas gerais, invadir a competência do legislador ordinário, aquela não será vinculante para Estados e Municípios, valendo apenas como lei ordinária da União, pois a lei, para ser considerada complementar, deverá ter não só a forma que lhe é própria, mas também o conteúdo previsto expressamente na Constituição Federal.[7]

Nas expressões *obrigação* e *créditos tributários* estão contidas as formas autorizadas pela lei complementar nacional, Lei nº 5.172, de 25.10.1966 – Código Tributário Nacional (CTN), para a extinção do crédito correspondente à obrigação principal de dar dinheiro ao Estado, incluindo a possibilidade de transação.

De modo que a regra geral do inciso III do *caput* do art. 156 do Código Tributário Nacional identifica a *transação* como uma das formas de extinção do crédito tributário, enquanto a norma geral do artigo 171 ostenta a seguinte redação:

---

[6] Cf. STF-Pleno, RE nº 229.096/RS, relatora para o Acórdão ministra Cármen Lúcia, *RTJ* vol. 204-02, p. 858. "EMENTA: DIREITO TRIBUTÁRIO. RECEPÇÃO PELA CONSTITUIÇÃO DA REPÚBLICA DE 1988 DO ACORDO GERAL DE TARIFAS E COMÉRCIO. ISENÇÃO DE TRIBUTO ESTADUAL PREVISTA EM TRATADO INTERNACIONAL FIRMADO PELA REPÚBLICA FEDERATIVA DO BRASIL. ARTIGO 151, INCISO III, DA CONSTITUIÇÃO DA REPÚBLICA. ARTIGO 98 DO CÓDIGO TRIBUTÁRIO NACIONAL. NÃO CARACTERIZAÇÃO DE ISENÇÃO HETERÔNOMA. RECURSO EXTRAORDINÁRIO CONHECIDO E PROVIDO. 1. A isenção de tributos estaduais prevista no Acordo Geral de Tarifas e Comércio para as mercadorias importadas dos países signatários quando o similar nacional tiver o mesmo benefício foi recepcionada pela Constituição da República de 1988. 2. O artigo 98 do Código Tributário Nacional "possui caráter nacional, com eficácia para a União, os Estados e os Municípios" (voto do eminente Ministro Ilmar Galvão). 3. No direito internacional apenas a República Federativa do Brasil tem competência para firmar tratados (art. 52, §2º, da Constituição da República), dela não dispondo a União, os Estados-membros ou os Municípios. O Presidente da República não subscreve tratados como Chefe de Governo, mas como Chefe de Estado, o que descaracteriza a existência de uma isenção heterônoma, vedada pelo art. 151, inc. III, da Constituição. 4. Recurso extraordinário conhecido e provido".

[7] SOUZA, Hamilton Dias de. In: MARTINS, Ives Gandra da Silva (coordenador). *Comentários ao Código Tributário Nacional* (artigos 1º e 2º do CTN). São Paulo: Saraiva, 1998. v. 1, p. 13 e 14.

Art. 171. A lei pode facultar, nas condições que estabeleça, aos sujeitos ativo e passivo da obrigação tributária celebrar transação que, mediante concessões mútuas, importe em determinação[8] de litígio e consequente extinção de crédito tributário.
Parágrafo único. A lei indicará a autoridade competente para autorizar a transação em cada caso.

Há, entre os envolvidos com o Direito Tributário (fiscos, contribuintes, acadêmicos, advogados e magistrados), expectativas, majoritariamente, otimistas, em confronto com outras um tanto pessimistas quanto à utilização de meios alternativos consensuais de resoluções de litígios tributários, representados pelos institutos da transação e da arbitragem tributárias.[9]

No capítulo seguinte deste artigo, analisar-se-á o preceptivo do artigo 171 da Lei nº 5.172/1966 com supedâneo também na Constituição brasileira e na jurisprudência dos Tribunais Superiores pátrios.

2 A transação tributária na CF e no CTN de acordo com a doutrina e a jurisprudência dos Tribunais Superiores pátrios

A transação tributária é o meio excepcional de terminação de litígio, decorrente de concessões mútuas, que ao final pode levar à extinção do crédito, quando o Fisco reconheça não ter direito garantido ou provado, ou pode conduzir à quitação do crédito tributário pelo consequente pagamento, sendo o procedimento normal o exercício pleno do poder vinculante da Administração Pública para fazer o lançamento e exigir tributo (CTN, art. 3º e parágrafo único do art. 142)[10] [11] e a extinção dos créditos tributários pelo simples pagamento, nos termos impostos por lei, sem qualquer negociação entre os sujeitos ativo e passivo da relação jurídico-tributária (CTN, arts. 156, *caput*, incisos I e III).[12]

A natureza jurídica da transação tributária é de ato jurídico unilateral do Fisco com a certa participação e colaboração do sujeito passivo do tributo envolvido[13].

---

[8] Por evidente equívoco de redação do texto do art. 171 da Lei nº 5.172, de 25.10.1966, foi publicada a expressão "determinação do litígio", quando, em verdade, o termo certo e que era desejado pelo legislador é "terminação do litígio", como comprova o teor do art. 136 do Projeto do Código Tributário Nacional, do qual se originou o art. 171 do CTN, que utilizava justamente a expressão "terminação do litígio ao se referir à transação".

[9] Cf. SARAIVA FILHO, Oswaldo Othon de Pontes. Visão da sociedade sobre transações tributárias. *Revista Fórum de Direito Tributário*, n. 40, p. 53 a 59, Belo Horizonte, Fórum, jul./ago. 2009.

[10] CTN, "Art. 3º Tributo é toda prestação pecuniária compulsória, em moeda ou cujo valor nela se possa exprimir, que não constitua sanção de ato ilícito, instituída em lei e cobrada mediante atividade administrativa plenamente vinculada".

[11] CTN, "Art. 142. [...] Parágrafo único. A atividade administrativa de lançamento é vinculada e obrigatória, sob pena de responsabilidade funcional".

[12] CTN, "Art. 156. Extinguem o crédito tributário: I – o pagamento; [...] III – a transação".

[13] OLIVEIRA, Phelippe Toledo Pires de. *A transação em matéria tributária*. Série doutrina tributária São Paulo: Quartier Latin, 2015. v. XVIII, p. 120 e 121.

A transação tributária deve observar os princípios constitucionais da legalidade (CF, art. 5º, II),[14] da eficiência[15] [16] e da moralidade administrativas[17] [18] [19] [20] (CF, art. 37, *caput*)[21], da razoável duração do processo (CF, 5º, LXXVIII),[22] da transparência e da economicidade (CF, art. 70, *caput*).[23] [24] [25]

---

[14] CF/1988. "Art. 5º Todos são iguais perante a lei, sem distinção de qualquer natureza, garantindo-se aos brasileiros e aos estrangeiros residentes no País a inviolabilidade do direito à vida, à liberdade, à igualdade, à segurança e à propriedade, nos termos seguintes: ... II – ninguém será obrigado a fazer ou deixar de fazer alguma coisa senão em virtude de lei".

[15] CF, "Art. 37. A administração pública direta e indireta de qualquer dos Poderes da União, dos Estados, do Distrito Federal e dos Municípios obedecerá aos princípios de legalidade, impessoalidade, moralidade, publicidade e eficiência ..." (redação dada pela EC nº 19 /1998).

[16] A respeito do princípio constitucional orientador da Administração Público da eficiência, Hely Lopes MEIRELLES nos deixa o seguinte magistério: "O princípio da eficiência exige que a atividade administrativa seja exercida com presteza, perfeição e rendimento funcional. É o mais moderno princípio da função administrativa, que já não se contenta em ser desempenhada apenas com a legalidade, exigindo resultados positivos para o serviço público e satisfatório atendimento das necessidades da comunidade e de seus membros. O princípio deve ser entendido e aplicado no sentido de que a atividade administrativa (causa) deve buscar e produzir um resultado (efeito) razoável em face do atendimento do interesse público visado. Por isso, do princípio da eficiência decorre o dever de eficiência". (*Direito administrativo brasileiro*. 42. ed. São Paulo: Malheiros, 2016, p. 105).

[17] Este princípio da moralidade administrativa, inerentemente ligado aos princípios da razoabilidade e da proporcionalidade (CF, art. 5º, LIV), e entendido como o *conjunto de regras de conduta* para uma boa administração, *tiradas da disciplina interior da Administração* e influenciada pela moral comum da sociedade, por estar, no *caput* do artigo 37 da CF, ao lado do princípio da legalidade, com este não se confunde, sendo, pois, autônomo, já que pode, inclusive, existir norma de lei que venha, contudo, a ferir a moralidade.

[18] Traga-se à colação o magistério de Di Pietro concernente ao princípio da moralidade administrativa: "[...] sempre que em matéria administrativa se verificar que o comportamento da administração ou do administrado que com ela se relaciona juridicamente, embora em consonância com a lei, ofende a moral, os bons costumes, as regras de boa administração, os princípios de justiça e de equidade, a ideia comum de honestidade, estará havendo ofensa ao princípio da moralidade administrativa" (DI PIETRO, Maria Sylvia Zanella. *Direito administrativo*. Versão digital. 33 ed. Rio de Janeiro: Forense: 2020, p. 105).

[19] Ainda quanto ao princípio da moralidade no Direito Tributário, destaque-se a seguinte lição do jurista luso Antônio Brandão, colhido do conhecido artigo *Moralidade administrativa*: "... tanto infringe a moralidade administrativa o administrador que, para atuar, foi determinado por fins imorais ou desonestos, como aquele, que desprezou a ordem institucional, embora movido por zelo profissional, invade a esfera reservada a outras funções, ou procura obter mera vantagem para o patrimônio a sua guarda. Em ambos estes casos, os seus atos são infiéis à ideia que tinha de servir, pois violam o equilíbrio que deve existir entre todas as funções, ou, embora mantendo ou aumentando o patrimônio gerido, desviam-se do fim institucional, que é o de concorrer para a criação do bem comum. (BRANDÃO, Antônio José. *Moralidade administrativa*. RDA, v. 25, p. 459)

[20] Cf. SARAIVA FILHO, Oswaldo Othon de P. O princípio da moralidade da administração pública. *Revista de Informação Legislativa*, Brasília, Senado Federal, Subsecretaria de Edições Técnicas, n. 132, p. 125 a 129, out./dez. 1996.

[21] A indispensabilidade de a Administração Pública Federal observar os princípios da *razoabilidade, proporcionalidade, moralidade* e *eficiência* está consagrado, entre outros diplomas legais, pelo artigo 2º, *caput*, parágrafo único, incisos IV e VI da Lei nº 9.784, de 29 de janeiro de 1999, que regulamenta o processo administrativo no âmbito da Administração Pública Federal.

[22] CF, "Art. 5º [...] LXXVIII – – a todos, no âmbito judicial e administrativo, são assegurados a razoável duração do processo e os meios que garantam a celeridade de sua tramitação". [Incluso pela EC nº 45/2004).

[23] CF. "Art. 70. A fiscalização contábil, financeira, orçamentária, operacional e patrimonial da União e das entidades da administração direta e indireta, quanto à legalidade, legitimidade, economicidade, aplicação das subvenções e renúncia de receitas, será exercida pelo Congresso Nacional, mediante controle externo, e pelo sistema de controle interno de cada Poder".

[24] Por princípio da economicidade, busca-se que as atividades estatais, efetuadas pelas despesas públicas, atinjam eficazmente o maior número possível de pessoas com o menor desprendimento de dinheiro.

[25] Paulo Bugarin considera salutar a instalação de uma *cultura* de avaliação e escolha dos atos administrativos com supedâneo da *racionalidade econômica* em suas duas dimensões materiais: *a) obtenção do máximo resultado social possível com os meios alocados*, ou *b) obtenção do resultado social almejado com o mínimo dos meios locados, ou seja, com o menor custo social possível*. (BUGARIN, Paulo Soares. *O princípio constitucional da economicidade na jurisprudência do Tribunal de Contas da União*. Belo Horizonte: Fórum, 2004, p. 220).

Especificamente no campo do Sistema Tributário Nacional e da Ordem Econômica, a transação tributária deve atender, sobretudo, ao princípio da vedação de tratamento fiscal discriminatório entre contribuintes (CF, art. 5º, *caput*; art. 150, II), da capacidade contributiva (CF, art. 145, §1º),[26] e ao princípio da livre concorrência (CF, art. 170, *caput*, IV; art. 173, §4º).

Na necessidade de ponderação entre princípios orientadores da Administração pública, deve-se dar preferência, via de regra, ao princípio da legalidade. Como sugere a ordem de citação estipulada no texto constitucional (CF, arts. 37 e 70), onde o princípio da legalidade aparece em ambos os locais em primeiro lugar; de modo que, somente excepcionalmente, quando não se encontrar interpretação razoável capaz de salvar a lei da pecha de inconstitucionalidade (em sua generalidade, em seu caráter hipotético, sendo ela notória e incontestavelmente desarrazoada ou desproporcional, por ser objetivamente imoral, ou ineficiente, ou antieconômica), dever-se-ia reconhecer a predominância de outros princípios da Administração pública, em um exame em conjunto com os princípios da razoabilidade e da proporcionalidade (CF, art. 5º, LIV).[27]

O problema hermenêutico, em baila, reclama muita ponderação, pois pode abranger questões sensíveis, como o respeito à democracia representativa, na qual as leis são editadas pelos representantes do povo e há sempre a presunção de que os parlamentares atuam com o devido respeito à Carta Política; como pode também envolver o legítimo ato discricionário e o mérito administrativo, que só deveriam ser afastados pelo Poder Judiciário quando a inconstitucionalidade ou ilegalidade fosse evidente, não por mera preferência política, ideológica ou subjetiva da autoridade judicial, que não recebeu autorização constitucional para substituir os legitimados para a definição das políticas públicas, quais sejam, o legislador e o gestor público.[28]

Carlos Maximiliano, na sua clássica obra *Hermenêutica e aplicação do direito*, deixa este oportuno conselho, *ipsis litteris*:

> 366- III. Todas as presunções militam a favor da validade de um ato, legislativo ou executivo; portanto, se a incompetência, a falta de jurisdição ou a inconstitucionalidade, em geral, não estão acima de toda dúvida razoável, interpreta-se e resolve-se pela manutenção do deliberado por qualquer dos três ramos em que se divide o Poder Público. Entre duas exegeses possíveis, prefere-se a que não infirma o ato de autoridade. *Oportet ut res plus valeat quam pereat*. [É necessário que as coisas sejam mais fortes do que sejam perdidas] Os tribunais só declaram a inconstitucionalidade de leis quanto esta é evidente, não deixa margem a séria objeção em contrário. Portanto, se entre duas interpretações mais ou menos defensáveis, entre duas correntes de ideias apoiadas por jurisconsultos de valor, o Congresso adotou uma, o seu ato prevalece. A bem da harmonia e mútuo respeito que devem reinar entre os poderes federais (ou estaduais), o Judiciário só faz uso da sua

---

[26] CF. "Art. 145. [...] §1º Sempre que possível, os impostos terão caráter pessoal e serão graduados segundo a capacidade econômica do contribuinte, facultado à administração tributária, especialmente para conferir efetividade a esses objetivos, identificar, respeitados os direitos individuais e nos termos da lei, o patrimônio, os rendimentos e as atividades econômicas do contribuinte".

[27] SARAIVA FILHO, Oswaldo Othon de Pontes. Reflexos do princípio da eficiência administrativa no âmbito tributário. *Revista Fórum de Direito Tributário*, Belo Horizonte, Fórum, n. 21, p. 17 e 18, maio/jun. 2006.

[28] SARAIVA FILHO, Oswaldo Othon de Pontes. *Op. cit., Reflexos do princípio da eficiência administrativa no âmbito tributário*, p. 18.

prerrogativa quando o Congresso viola claramente ou deixa de aplicar o estatuto básico, e não quanto opta apenas por determinada interpretação não de todo desarrazoada.[29]

As deliberações, no âmbito da transação tributária, pressupõem a possibilidade de aplicação daquilo que foi acordado para casos idênticos ou muito semelhantes, garantindo-se a prevalência do princípio de igualdade geral e do seu corolário no âmbito constitucional-tributário, o princípio da vedação de tratamento fiscal discriminatório entre contribuintes, além dos princípios da capacidade contributiva e da livre-concorrência.

Entendimento majoritário da doutrina é o de que esta forma consensual de extinção do crédito tributário deve obediência não só ao disposto em normas gerais nacionais de Direito Tributário, como também às regras de leis ordinárias locais de cada ente federado, pois, no conceito mesmo de tributo do artigo 3º do Código Tributário Nacional, definição acolhida pela Carta Política de 1988, constata-se que a prestação pecuniária compulsória da espécie tributária deve ser exigida mediante a utilização plena do poder vinculante da Administração Pública, ou seja, o tributo deve ser cobrado mediante atividade administrativa plenamente vinculada à lei, pouco devendo sobrar ao poder discricionário da Administração nessa seara, daí a indispensabilidade da observância da reserva legal também em relação à transação tributária.

Realce-se que o parágrafo único do artigo 142 do CTN reza que *a atividade administrativa de lançamento é vinculada e obrigatória, sob pena de responsabilidade funcional.*

Portanto, a transação tributária não deve decorrer da livre vontade da autoridade fiscal, mas da vontade da lei, sob as condições, requisitos e limites que ela estabeleça, devendo ser reduzido o espaço de discricionariedade administrativa.[30]

A propósito, segundo ensinamento de Hugo Machado: "Para ser obediente a esse dispositivo [CTN, art. 171], a lei ordinária deve estabelecer as condições em que pode ser feita a transação com tal objetividade, que restará afastada a discricionariedade..."

Regina Helena Costa elucida aspectos controversos da redação do artigo 171 do CTN referentes à transação tributária, *in verbis*:

> Inicialmente, o artigo contém erro na redação, nunca corrigido: onde se lê "determinação", leia-se "terminação". Observe-se que, cuidando-se de matéria sujeita ao princípio da supremacia do interesse público sobre o particular, impõe-se o necessário veículo legislativo para discipliná-lo. Também, a transação no âmbito fiscal somente pode ser *terminativa de litígio*, o qual, a nosso ver, tanto pode ser de natureza judicial ou administrativa. O emprego da transação com relação a obrigações tributárias sempre deu margem à polêmica, diante do entendimento, algo generalizado, de que a figura é incompatível com o regime de direito público, no qual exsurge, como princípio de maior importância, a indisponibilidade do interesse público, que predicaria a impossibilidade de transação. Entretanto, a objeção não é válida, uma vez que a transação, nesse contexto, somente poderá ser efetuada observados os parâmetros fixados na Constituição e na lei, em consonância com o aludido princípio. Autêntico instrumento de *praticabilidade tributária*, por vezes a transação revelar-se-á mais vantajosa ao interesse público do que o prolongamento ou a eternização do conflito.[31]

---

[29] MAXIMILIANO, Carlos. *Hermenêutica e aplicação do direito.* 11 ed., Rio de Janeiro: Forense, 1991, p. 307 e 308.
[30] MACHADO, Hugo de Brito. *Comentários ao código tributário nacional.* v. III. São Paulo: Atlas, 2005, p. 516.
[31] COSTA, Regina Helena. *Código tributário nacional em sua moldura constitucional.* Rio de Janeiro: Forense, 2021, p. 368.

Explicando o princípio da legalidade ou da reserva legal em matéria tributária, os preceptivos dos incisos I, II e VI do *caput* do artigo 97 do CTN dispõem que somente a lei, em sentido técnico, ato normativo expedido pelo Poder Legislativo, pode estabelecer a instituição de tributos, ou a sua extinção, a majoração de tributos, ou sua redução (ressalvadas as hipóteses constitucionais quanto às alterações de alíquotas – CF, art. 153, §1º; art. 155, §4º, inciso IV, alínea *c* – EC nº 33/2001; art. 177, §4º, inciso I, alínea "b"), as hipóteses de exclusão, suspensão e extinção de créditos tributários, ou de dispensa ou redução de penalidades.

Como reforço de proteção ao princípio da legalidade, reza o preceito constitucional do artigo 49, *caput*, incisos V e XI, corroborado pelo princípio da separação, independência e harmonia dos Poderes da República Federativa do Brasil (CF, art. 2º), que é "da competência exclusiva do Congresso Nacional sustar os atos normativos do Poder Executivo que exorbitem do poder regulamentar ou dos limites de delegação legislativa; e *zelar* pela preservação de sua competência legislativa em face da atribuição normativa dos outros Poderes", sendo possível ao Poder Legislativo (a nível federal, o Congresso Nacional), diretamente, isto é, por meios próprios, através do instrumento do decreto legislativo, decretar a nulidade até mesmo de decisão judicial que, indevidamente, tenha atuado como legislador positivo, invadindo, inconstitucionalmente, as precípuas atribuições do Poder Legislativo, nomeadamente, a de legislar.[32]

Enfatize-se que a margem de discricionariedade administrativa, no campo da transação tributária, deve ser mínima, ou existir somente quando indispensável, não sendo admissível uma espécie de delegação legislativa em matérias submetidas ao âmbito da reserva legal.

Outro não é o entendimento de Aliomar Baleeiro, em uma de suas obras clássicas admoesta, a respeito da transação no âmbito tributário, que "a autoridade só pode celebrá-la, com relativa discricionariedade administrativa na apreciação das condições, conveniências e oportunidades, se a lei lho faculta e dentro dos limites e requisitos por ela fixados".[33]

Quanto à abrangência da lei ordinária de transação, se somente caberia para casos específicos ou se seria possível uma lei ordinária geral de transação, Luís Eduardo Schoueri traz entendimento, a seguir transcrito, muito semelhante ao meu,[34] quando exercia o cargo de consultor da União:

> Muito se tem discutido, recentemente, acerca da possibilidade de o legislador admitir, de forma geral, a transação em matéria tributária. A leitura do dispositivo acima [art. 171 do CTN] revela sua impossibilidade. Com efeito, a obrigação tributária tem por natureza sua compulsoriedade. Não pode a Administração abrir mão do crédito tributário; apenas

---

[32] Nesse diapasão, cf. opinião jurídica exposta pelo jurista Ives Gandra da Silva Martins, em resposta à pergunta formulada pela jornalista Leda Nagle, em entrevista apresentada pelo veículo de comunicação *Jovem Pan News* no Programa *Direto ao Ponto*, apresentado pelo jornalista Augusto Nunes, em 20.8.2021(https://www.youtube.com/watch?v=G9ihW1zJSRw).

[33] BALEEIRO, Aliomar. *Direito tributário brasileiro*. 11. ed. Rio de Janeiro: Forense, 2006, p. 905.

[34] SARAIVA FILHO, Oswaldo Othon de Pontes. A transação e a arbitragem no direito constitucional-tributário brasileiro. *In*: SARAIVA FILHO, Oswaldo Othon de Pontes; GUIMARÃES, Vasco Branco. *Transação e arbitragem no âmbito tributário*: homenagem ao jurista Carlos Mário da Silva Velloso. Belo Horizonte: Fórum, 2008, p. 43 a 85. Visão da sociedade sobre transações tributárias. *Revista Fórum de Direito Tributário*, Belo Horizonte: Fórum, n. 40, p. 53-59, jul./ago. 2009.

a lei é que pode dispensar o tributo, uma vez devido. O lançamento, recorde-se, é atividade obrigatória, a luz do parágrafo único do artigo 142 do Código Tributário Nacional. Também o é a cobrança.

Admitir uma faculdade geral de transação, seja a uma pessoa ou a um colegiado, é antes de tudo, distorcer o próprio conceito de tributo. Este, de compulsório, passa a ser opcional. Haverá órgão que decidirá se o sujeito passivo deve, ou não, recolher um tributo que pressupõe devido. Bastará o sujeito passivo entender que não deve pagar um tributo, para que se abra a possibilidade para uma transação. À guisa de se terminarem litígios, abre-se o caminho para sua multiplicação, dada a possibilidade de se recolher montante menor a título de tributo. Sendo o sujeito passivo frustrado em seu pleito, o pior que lhe acontece é recolher o tributo que, afinal, já era considerado devido pela Administração.

Não é a tal possibilidade que se refere o Código Tributário Nacional, no artigo 171. A transação, em matéria tributária, deve ser autorizada por lei. Esta deve especificar qual a matéria litigiosa à qual se aplicará s transação e suas condições. Não abre espaço à discricionariedade da administração. a transação tributária é, antes, um convite, feito pelo próprio legislador, para que o sujeito passivo, querendo, tome os passos que se extinga sua obrigação.

Assim é que a Administração será aplicável, por exemplo, quando, surgida uma controvérsia acerca da constitucionalidade de um tributo, o legislador – e só ele – abra um prazo para aqueles sujeitos passivos que questionam a constitucionalidade da exigência encerrarem os litígios instaurados, em condições que a própria lei estabeleça. Ou seja: para cada situação, o legislador deverá disciplinar os termos da transação. Mais ainda: uma vez optando o sujeito passivo pela transação, deve a Administração, nos termos da mesma lei, seguir os passos necessários para sua conclusão. A transação. Faculdade para o contribuinte, torna-se obrigatória para a administração: não só a apuração do tributo é atividade vinculada e obrigatória, mas sua cobrança. Não seria admissível que o sujeito passivo, utilizando-se da faculdade legal, aceitasse a transação e abrisse mão do litígio e a Administração insistisse em sua continuidade.[35]

Eurico Marcos Diniz de Santi, também, adota a tese de que somente lei ordinária específica, voltada a créditos específicos e determinados, poderia autorizar a transação tributária.[36]

A respeito se a lei ordinária de cada ente da Federação, cogitado pelo artigo 171 do CTN, para efeito da regulamentação da transação tributária, seria somente lei específica, dispondo sobre a matéria litigiosa e todos os termos e condições da transação com a concessão de um mínimo de discricionariedade, ou se poderia ser lei genérica aplicável a casos variados, sem fixação da matéria litigiosa específica com estipulação de certas condições e limites em que a transação deverá suceder, deixando certa margem de discricionariedade à autoridade administrativa fiscal, Phelippe Toledo Pires de Oliveira procura o equilíbrio, um meio termo, conforme opinião abaixo transcrita:

> [...] É que, conforme assevera Rubens Miranda de Carvalho, são conhecidas as dificuldades relacionadas ao processo legislativo nos diversos níveis da federação, de forma que a aprovação de uma lei para cada caso de transação, [...] tornaria inviável a transação; [...]

---

[35] SCHOUERI, Luís. Eduardo. *Op. cit.* 685.
[36] SANTI, Eurico Marcos Diniz de. Transação e arbitragem no direito tributário: paranóia ou mistificação?. *In:* SARAIVA FILHO, Oswaldo Othon de Pontes; GUIMARÃES, Vasco Branco. *Transação e arbitragem no âmbito tributário*: homenagem ao jurista Carlos Mário da Silva Velloso. Belo Horizonte: Fórum, 2008, p. 174.

A despeito de posicionamentos de escol em sentido contrário, parece que a lei a que se refere o legislador ao tratar da transação tributária é genérica. [...] porque realmente exigir uma lei para cada caso concreto de transação significaria dificultar (senão inviabilizar) a transação em matéria tributária, tornando letra morta o disposto no art. 171 do CTN. [...] Nesse sentido, a lei (genérica) a que faz referência a legislação tributária poderia facultar a realização da transação pela autoridade administrativa, atribuindo-lhe uma certa margem se discricionariedade. [...]

Todavia, em que pese a lei autorizadora poder ser uma lei genérica, ela deve conter alguns parâmetros. Deve estabelecer os limites, os critérios e as circunstâncias em que a transação poderá ser realizada, não sendo aconselhável que se outorgue uma discricionariedade excessiva à Administração. É que conforme adverte Oswaldo Othon de Pontes Saraiva Filho (A transação e a arbitragem no direito constitucional-tributário, in "Transação e Arbitragem no Direito Tributário: homenagem ao jurista Carlos Mário as Silva Veloso", coordenadores: Oswaldo Othon de Pontes Saraiva Filho e Vasco Branco Guimarães (coordenadores), Belo Horizonte: Ed. Fórum, 2009, p. 69), se assim o fizer, ter-se-á uma delegação legislativa inconstitucional, na medida em que se estaria infirmando a atribuição precípua do Poder Legislativo de estabelecer tributos.

[...] Não obstante, a fim de evitar um excesso de discricionariedade da autoridade administrativa quando da celebração de eventual transação tributária, não poderá tal lei ser demasiadamente genérica. Deverá ela prever de antemão as situações e as condições em que a Administração Tributária poderá celebrar a transação. Por fim, caberá à autoridade administrativa motivar, caso a caso, as razões que justificaram a transação.[37]

Reza o preceito constitucional da alínea "b" do inciso III do *caput* do artigo 146 da Constituição Federal, de 1988, que "cabe à lei complementar nacional estabelecer normas gerais em matéria de legislação tributária, especialmente sobre: ... obrigação, lançamento, *crédito*, prescrição e decadência tributários".

Parece razoável entender que as enumerações expostas no supracitado preceptivo constitucional não seriam taxativas, mas apenas exemplificativas, e que, assim, a palavra *crédito* poderia muito bem abranger as suas várias acepções, as formas de suspensão, extinção, exclusão do crédito tributário, etc.

Por sua vez, o *caput* do artigo 171 da Lei nº 5.172/1966 (CTN) autoriza que *lei possa facultar, nas condições que estabeleça, aos sujeitos ativo e passivo da obrigação tributária* a celebração de *transação que, mediante concessões mútuas*, em questões controversas de fato ou de direito, *importe em* terminação *de litígio e consequente extinção de crédito tributário*.

São, pois, pressupostos da transação tributária, conforme o preceptivo *supra* do Código Tributário Nacional: autorização legal para a sua realização, dúvida ou incerteza quanto às pretensões do Fisco e do contribuinte ou responsável tributário, existência de prévio litígio, concessões mútuas, escopo de terminação do litígio, a qual sucede com extinção do crédito tributário.

Como bem enfatiza o *caput* do artigo 171 do CTN, somente a lei ordinária do ente tributante competente pode autorizar a transação. Isso decorre do princípio da indisponibilidade do crédito tributário, a principal fonte de receitas públicas.

---

[37] OLIVEIRA, Phelippe Toledo Pires de. *Op. cit.*, p. 139.

Portanto, hodiernamente, prevalece a doutrina majoritária no sentido de que a indisponibilidade do interesse público e, por via de consequência, do crédito tributário, é a indisponibilidade da administração, não a indisponibilidade do legislador.

Em rigor, a transação tributária, prevista no artigo 171 do CTN, não extingue diretamente o crédito tributário, ela é o meio procedimental consensual, utilizado pelos sujeitos ativo e passivo de tributo, com concessões mútuas e dentro das condições estabelecidas por lei, conducente à consequente extinção do crédito tributário.

Esse aspecto da transação no Direito Tributário é explicado por Hugo Machado, *ipsis litteris*:

> Para aceitarmos a transação no Direito Tributário, realmente, basta entendermos que o tributo, como os bens públicos em geral, é patrimônio do Estado. Indisponível na atividade administrativa, no sentido de que na prática ordinária dos atos administrativos a autoridade dele não dispõe. Disponível, porém, para o Estado, no sentido de que este, titular do patrimônio, dele pode normalmente dispor, desde que atuando pelos meios adequados para a proteção do interesse público, vale dizer, atuando pela via legislativa, e para a realização dos fins públicos.
>
> Em algumas situações é mais conveniente para o interesse público transigir e extinguir o litígio do que levar este até a última instância, com a possibilidade de restar a Fazenda Pública a final vencida. Daí a possibilidade de transação. Em casos estabelecidos em lei, naturalmente, e realizada pela autoridade à qual a lei atribuiu especial competência para esse fim.[38]

Colime-se, outrossim, que o preceptivo do artigo 171 do Código Tributário Nacional, sem perder a função de norma geral em matéria de legislação tributária, pode ser tido como norma especial em confronto com as normas ainda mais gerais dos artigos 3º e 142 do mesmo *Codex*, de modo que, ainda que as atividades administrativas de lançamento e exigência do crédito tributário devam ser plenamente vinculadas à lei, é permitido, a título excepcional, um mínimo de discricionarismo administrativo referente à transação tributária e, portanto, concessões mútuas, com vista à terminação do litígio e consequente extinção do crédito tributário.[39] [40]

Aduza-se que as explícitas palavras da norma geral sobre transação do artigo 171 do CTN não facultam a utilização de transação tributária para prevenir litígio, mas somente autorizam que lei ordinária de cada pessoa jurídica de direito público permita, em caráter excepcional, a transação para a terminação de litígio já constatado, para a consequente extinção do crédito tributário, nas condições que estabeleça.

O parágrafo único do artigo 171 do CTN reza que *a lei indicará a autoridade competente para autorizar a transação em cada caso.*

---

[38] MACHADO, Hugo de Brito. *Op. cit., Comentários ao código tributário nacional*, v. III, p. 517.

[39] DINIZ, Maria Helena. *Dicionário Jurídico*. v. 4, São Paulo: Saraiva, 1998, p. 602. No mesmo sentido, MACHADO, Hugo de Brito. *Uma introdução ao estudo do direito*. São Paulo: Dialética, 2000, p. 143.

[40] Eduardo Marcial Ferreira Jardim discorda da doutrina majoritária, ao conceber que "nos lindes da tributação, não há lugar para transação. Em despeito do quanto dispõe o art. 171 do Código Tributário Nacional e apesar da equivocada opinião ainda prosperante em expressiva parcela da doutrina, não padece dúvida que o aludido instituto afigura-se incompatível com as premissas concernentes à tributação, dentre elas a necessidade de discricionariedade que preside a transação e a vinculabilidade que permeia toda função administrativa relativa aos tributos" (CTN, art. 3º). (*In:* MARTINS, Ives Gandra da Silva (coord.). *Comentários ao código tributário nacional*. v. 2, arts. 170 a 172. São Paulo: Saraiva, 1998, p. 402.

Em seu escólio à supracitada norma geral nacional sobre transação tributária, Hugo de Brito Machado esclarece:

> Só mediante previsão legal a autoridade competente pode autorizar a transação em cada caso (CTN, art. 171, parágrafo *único*). E não pode haver transação para prevenir litígio. Só depois de instaurado este *é* possível a transação.
> Tanto como no direito privado, a transação *é* um acordo, que se caracteriza pela ocorrência de concessões mútuas. Mas no direito tributário a transação a) depende sempre de previsão legal; e b) não pode ter o objetivo de evitar litígio, só sendo possível depois da instauração deste.
> As razões dessa diferença são bastante simples. Se o agente do Estado pudesse transigir sem autorização legal, estaria destruída a própria estrutura jurídica deste. Por outro lado, não sendo a transação forma comum de extinção do crédito tributário, nada justifica sua permissão a não ser nos casos em que efetivamente exista um litígio.[41]

Em outra obra, Machado traz à lume *a necessidade* da caracterização do litígio, *verbo ad verbum*:

> Para que seja possível a transação no Direito Tributário impõe-se tenha sido já instaurado o litígio, mas não se há de exigir que este se caracterize pela propositura de ação judicial. Basta que tenha sido impugnado, pelo sujeito passivo da obrigação tributária, um auto de infração contra o mesmo lavrado. Ou por outra forma se tenha estabelecido uma pendência, dando lugar a instauração de um procedimento administrativo a ser julgado pelo *órgão* administrativo competente.
> Realmente, o que se impõe *é* que se tenha configurado um litígio, a ser dirimido pelo *órgão* julgador administrativo, nos termos do procedimento próprio. Litígio atual, já instaurado, e não apenas anunciado por um dos sujeitos da relação, geralmente o Fisco. A pretensão do Fisco há de ter sido formalmente manifestada. Só assim estará caracterizado o litígio que faz possível a transação destinada a sua terminação.[42]

Paulo de Barros Carvalho comenta:

> Nos termos e nas condições estabelecidas em lei, os sujeitos da obrigação tributária podem celebrar transação, assim entendido o instituto mediante o qual, por concessões mútuas, credor e devedor põem fim ao litígio, extinguindo a relação jurídica. Tal é o alcance do art. 171 da Lei nº 5.172/66. A lei autorizadora da transação indicará a autoridade competente para efetivá-la, em cada caso (parágrafo único).
> O princípio da indisponibilidade dos bens públicos impõe seja necessária previsão normativa para que a autoridade competente possa entrar no regime de concessões mútuas, que é da essência da transação. [...] Mas, é curioso verificar que a extinção da obrigação, quando ocorre a figura transacional, não se dá, propriamente, por força de concessões recíprocas, e sim do pagamento. O processo de transação tão somente prepara o caminho para que o sujeito passivo quite sua dívida, promovendo o desaparecimento do vínculo. Tão singela meditação já compromete o instituto como forma de extinção de obrigações.

---

[41] MACHADO, Hugo de Brito. *Curso de direito tributário*. 38. ed. São Paulo: Editores, 2017, p. 221 e 222.
[42] MACHADO, Hugo de Brito. *Op. cit.* Comentários..., p. 519.

Ao contrário do que sucede no direito civil, em que a transação tanto previne como termina o litígio, nos quadrantes do direito tributário só se admite a transação terminativa. Há de existir litígio entre as partes, compondo seus mútuos interesses, transijam. Agora, divergem os autores a propósito das proporções semânticas do vocábulo *litígio*. Querem alguns que se trate de conflito de interesses deduzido judicialmente. Ao passo que outros estendem a acepção a ponto de abranger as controvérsias meramente administrativas. Em tese, concordamos com a segunda alternativa.[43]

Quanto à obrigatoriedade de lei ordinária local ter que observar ou não a norma geral do artigo 171 da lei complementar nacional de normas gerais (CF, art. 146, *caput*, inciso III, alínea "b"), de modo que, por exemplo, só seria autorizada transação tributária para efeito de pôr fim a prévio litígio, ou se, mesmo em oposição ao Código Tributário Nacional, poderia lei ordinária de determinado ente federado prever a possibilidade de extinção do seu crédito tributário por meio de transação surgida para prevenir litígios, cumpre admitir que a jurisprudência das mais recentes composições do Pleno do Supremo Tribunal Federal mostrou-se um tanto vacilante a esse respeito.

Assim é que, ainda a título de mero exemplo, em questão semelhante, por ocasião do julgamento de pedido de medida cautelar na ADI nº 1.917/DF, ocorrido em 18 de dezembro de 1998, o Guardião de nossa Constituição considerou que a nova forma de extinção de crédito tributário por meio de dação em pagamento de bens móveis, estabelecida pela Lei ordinária do Distrito Federal nº 1.624, de 1º de setembro de 1997, desobedecia às formas de extinção estipuladas pelo Código Tributário Nacional, o qual sequer previa, como uma das formas de extinção do crédito tributário, a dação em pagamento de bens imóveis.[44]

Contraditoriamente ao ensejo do julgamento do pedido de medida cautelar na ADI nº 2.405/RS, sucedido em 6 de novembro de 2002, a Suprema Corte, tendo em vista que o inciso IV do artigo 156 do CTN prevê o mais, que é a remissão ou perdão do débito fiscal como uma das causas de extinção do crédito tributário, decidiu que nada impedia a Lei ordinária do Estado do Rio Grande do Sul nº 11.475, de 28 de abril de 2000, de estabelecer norma específica de quitação dos seus próprios créditos, criando, assim, uma nova modalidade de extinção dos seus créditos tributários, como a dação em pagamento de bens imóveis, antes da edição da Lei Complementar nº 104, de 10 de janeiro de 2021.[45]

---

[43] CARVALHO, Paulo de Barros. *Curso de direito tributário*. 28. ed. São Paulo: Saraiva, 2017, p. 454 a 455.
[44] STF-Pleno. ADI nº 1.917/DF MC, rel. min. Marco Aurélio, julgamento realizado em 18.12.1998, publicação em 19.9.2003. "Ementa: CRÉDITO TRIBUTÁRIO – EXTINÇÃO. As formas de extinção do crédito tributário estão previstas no Código Tributário Nacional, recepcionado pela Carta de 1988 como lei complementar. Surge a relevância de pedido formulado em ação direta de inconstitucionalidade considerada lei local prevendo nova forma de extinção do crédito tributário na modalidade civilista da dação em pagamento. Suspensão de eficácia da Lei Ordinária do Distrito Federal de nº *1.624/97.*"
[45] STF-Pleno. ADI nº 2.405/RS MC, rel. para o Acórdão min. Sepúlveda Pertence, julgamento realizado em 6.11.2002, *DJ* 17.2.2006. "EMENTA: Ação direta de inconstitucionalidade: medida cautelar: L. estadual (RS) 11.475, de 28 de abril de 2000, que introduz alterações em leis estaduais (6.537/73 e 9.298/91) que regulam o procedimento fiscal administrativo do Estado e a cobrança judicial de *créditos* inscritos em dívida ativa da fazenda pública estadual, bem como prevê a *dação em pagamento* como modalidade de *extinção* de *crédito tributário*. I – *Extinção* de *crédito tributário* criação de nova modalidade (*dação em pagamento*) por lei estadual: possibilidade do Estado-membro estabelecer regras específicas de quitação de seus próprios *créditos tributários*. Alteração do entendimento firmado na ADInMC 1.917-DF, 18.12.98, Marco Aurélio, *DJ* 19.09.2003: consequente ausência de plausibilidade da alegação de ofensa ao art. 146, III, *b*, da Constituição Federal, que reserva à lei complementar

Todavia, por ocasião do julgamento do mérito da ADI nº 1.917/DF no dia 26 de abril de 2007, a Corte Constitucional Brasileira deixou de lado a questão da taxatividade ou não das causas de extinção do crédito tributário, tendo decidido que a lei ordinária distrital, ao instituir outra causa de extinção do seu crédito tributário, não prevista pelo Código Tributário Nacional – a dação em pagamento de bem móveis –, era mesmo inconstitucional por ofensa ao princípio da licitação do inciso XXI do artigo 37 da Constituição Federal.[46] [47]

Já em 20 de setembro de 2019, no julgamento do mérito na ADI nº 2.405/RS, em que pese a norma da alínea "b" do inciso III do *caput* do art. 146 da Lei Maior expressar que compete a lei complementar nacional estabelecer normas gerais em matéria de legislação tributária, especialmente, sobre obrigação e crédito, o Excelso Pretório entendeu não haver reserva de lei complementar nacional para tratar de novas hipóteses de suspensão e extinção de créditos tributários, tendo considerado possível que o Estado-Membro estabelecesse regras específicas de suspensão ou de quitação de seus próprios créditos tributários,[48] ainda que não previamente enumerados nos artigos 151 e 156 do CTN.

Nesse *decisum*, restou afirmado que a Constituição Federal não reservou a lei complementar a lista completa de todas as modalidades de extinção e suspensão dos créditos tributários, à exceção da *prescrição* e *decadência*, previstos no art. 146, III, "b", da Constituição da República.

Destarte, com supedâneo nessas ideias, e considerando também que as modalidades de extinção de crédito tributário, estabelecidas pelo Código Tributário Nacional (art. 156), não formam um rol exaustivo, assentou-se a possibilidade de previsão em lei estadual de extinção do crédito por dação em pagamento de bens móveis, mesmo que sem previsão expressa do CTN.

Entretanto, a jurisprudência da Corte Constitucional brasileira mantém a competência de lei complementar para disciplinar, por normas gerais nacionais, *matérias específicas*, como as relativas à prescrição e decadência tributárias.

Assim, o Supremo Tribunal Federal assentou a inconstitucionalidade dos artigos 45 e 46 da Lei nº 8.212/1991, que tratavam de prazo prescricional e decadencial para

---

o estabelecimento de normas gerais reguladoras dos modos de *extinção* e suspensão da exigibilidade de *crédito tributário*. II – Extinção do crédito tributário: moratória e transação: implausibilidade da alegação de ofensa dos artigos 150, §6º e 155, §2º, XII, g, da CF, por não se tratar de favores fiscais. [...] VI – Licitação (CF, art. 37, XXI) – não ofende o dispositivo constitucional o art. 129 da L. 6.537/73 c/ a red. L. 11.475/00 – que autoriza a alienação dos bens objetos de *dação* por valor nunca inferior ao que foi recebido e prevê a aquisição de tais bens por município, mediante o *pagamento* em prestações a serem descontadas das quotas de participação do ICMS. VII – Demais dispositivos cuja suspensão cautelar foi indeferida." (Acórdão na íntegra publicado na *Revista Fórum de Direito Tributário*, n. 32, p. 223 a 240, mar./abr. 2008).

[46] CF. "Art. 37. [...] XXI – ressalvados os casos especificados na legislação, as obras, serviços, compras e alienações serão contratados mediante processo de licitação pública que assegure igualdade de condições a todos os concorrentes, com cláusulas que estabeleçam obrigações de pagamento, mantidas as condições efetivas da proposta, nos termos da lei, o qual somente permitirá as exigências de qualificação técnica e econômica indispensáveis à garantia do cumprimento das obrigações".

[47] STF-Pleno. ADI nº 1.917/DF. rel. min. Ricardo Lewandowski, julgamento realizado no dia 26.4.2007, publicação DJe-87 em 24.8.2007. "EMENTA: AÇÃO DIRETA DE INCONSTITUCIONALIDADE. OFENSA AO PRINCÍPIO DA LICITAÇÃO (CF, ART. 37, XXI). I – Lei ordinária distrital – pagamento de débitos tributários por meio de dação em pagamento. II – Hipótese de criação de nova causa de extinção do crédito tributário. III – Ofensa ao princípio da licitação na aquisição de materiais pela administração pública. IV – Confirmação do julgamento cautelar em que se declarou a inconstitucionalidade da lei ordinária distrital *1.624/1997*."

[48] STF-Pleno. ADI nº 2.405/RS, rel. min. Alexandre de Moraes, julgamento ocorrido no dia 20.9.2019, publicação no DJe-215 3.10.2019.

as contribuições de seguridade social, desobedecendo os prazos definidos nos artigos 173 e 174 do Código Tributário Nacional, tendo, pois, invadido matéria reservada à lei complementar, em afronta direta à Constituição, pois norma de lei ordinária federal tentou alterar, de maneira mais gravosa contra os contribuintes,[49] a sobrenorma geral de lei complementar nacional (CF, art. 146, *caput*, III, "b"),[50] tendo sido editada, com esse teor, a Súmula Vinculante nº 8, com o seguinte verbete: "São inconstitucionais o parágrafo único do artigo 5º do Decreto-Lei 1.569/1977 e os artigos 45 e 46 da Lei 8.212/1991, que tratam da prescrição e decadência do crédito tributário".

Apenas para completar esse ângulo de abordagem, no que concerne à admissão de dação em pagamento de bens imóveis, prevista, mas não imposta pelo inciso XI do artigo 156 da lei complementar nacional – CTN –, incluído pela Lei Complementar nº 104/2001,[51] [52] e à impossibilidade de aceitação de regra de lei de entes da Federação

---

[49] As sobrenormas gerais em matéria de legislação tributária aspiram a dar garantias aos sujeitos passivos tributários. De modo que é perfeitamente válido, por exemplo, que leis ordinárias das ordens parciais de governo considerem, no seu respectivo âmbito territorial, que a administração tributária da União ou dos Estados, Distrito Federal ou Municípios tenham eficiência suficiente para constituir o crédito tributário ou de ajuizar a ação de execução fiscal em prazos mais reduzidos do que os previstos nos arts. 150, §4º, 173 e 174, todos do CTN, e promovam a diminuição legal dos prazos de decadência e de prescrição; não podem, todavia, alongar os prazos estipulados em lei complementar ou agravar contra os contribuintes o início de contagem desses prazos.

[50] STF-Pleno. RE nº 559.943/RS RG, rel. min. Cármen Lúcia, DJe-157 7.12.2007. "EMENTA: Repercussão geral: exigência de lei complementar para dispor sobre prescrição e decadência tributárias aplicáveis às contribuições sociais (art. 146, inc. III, da Constituição) para constituição do crédito tributário e da respectiva ação de cobrança. STF-Pleno RE. 560.626/RS, rel. min. Gilmar Mendes, DJe-232, 6.12.2008. EMENTA: PRESCRIÇÃO E DECADÊNCIA TRIBUTÁRIAS. MATÉRIAS RESERVADAS À LEI COMPLEMENTAR. DISCIPLINA NO CÓDIGO TRIBUTÁRIO NACIONAL. NATUREZA TRIBUTÁRIA DAS CONTRIBUIÇÕES PARA A SEGURIDADE SOCIAL. INCONSTITUCIONALIDADE DOS ARTS. 45 E 46 DA LEI nº 8.212/91 E DO PARÁGRAFO ÚNICO DO ART. 5º DO DECRETO-LEI nº 1.569/77. RECURSO EXTRAORDINÁRIO NÃO PROVIDO. MODULAÇÃO DOS EFEITOS DA DECLARAÇÃO DE INCONSTITUCIONALIDADE. I. PRESCRIÇÃO E DECADÊNCIA TRIBUTÁRIAS. RESERVA DE LEI COMPLEMENTAR. As normas relativas à prescrição e à decadência tributárias têm natureza de normas gerais de direito tributário, cuja disciplina é reservada a lei complementar, tanto sob a Constituição pretérita (art. 18, §1º, da CF de 1967/69) quanto sob a Constituição atual (art. 146, III, b, da CF de 1988). Interpretação que preserva a força normativa da Constituição, que prevê disciplina homogênea, em âmbito nacional, a prescrição, decadência, obrigação e crédito tributários. Permitir regulação distinta sobre esses temas, pelos diversos entes da federação, implicaria prejuízo à vedação de tratamento desigual entre contribuintes em situação equivalente e à segurança jurídica. II. DISCIPLINA PREVISTA NO CÓDIGO TRIBUTÁRIO NACIONAL. O Código Tributário Nacional (Lei nº 5.172/1966), promulgado como lei ordinária e recebido como lei complementar pelas Constituições de 1967/69 e 1988, disciplina a prescrição e a decadência tributárias. III. NATUREZA TRIBUTÁRIA DAS CONTRIBUIÇÕES. As contribuições, inclusive as previdenciárias, têm natureza tributária e se submetem ao regime jurídico-tributário previsto na Constituição. Interpretação do art. 149 da CF de 1988. Precedentes. IV. RECURSO EXTRAORDINÁRIO NÃO PROVIDO. Inconstitucionalidade dos arts. 45 e 46 da Lei nº 8.212/91, por violação do art. 146, III, b, da Constituição de 1988, e do parágrafo único do art. 5º do Decreto-lei nº 1.569/77, em face do §1º do art. 18 da Constituição de 1967/69. V. MODULAÇÃO DOS EFEITOS DA DECISÃO. SEGURANÇA JURÍDICA. São legítimos os recolhimentos efetuados nos prazos previstos nos arts. 45 e 46 da Lei nº 8.212/91 e não impugnados antes da data de conclusão deste julgamento".

[51] CTN. "Art. 156. [...] XI – a dação em pagamento de bens imóveis, na forma e condições estabelecidas em lei" (Inciso incluso pela LC 104/2001, vigente desde a publicação em 11.1.2001).

[52] STJ-1ª T. REsp nº 884.272/RJ, rel. min. Teori Zavascki, julgamento em 6.3.2007, DJ 29.3.2007, p. 238. "EMENTA: PROCESSUAL CIVIL. TRIBUTÁRIO. RECURSO ESPECIAL. EXTINÇÃO DO CRÉDITO TRIBUTÁRIO. DAÇÃO EM PAGAMENTO DE BEM IMÓVEL (CTN, ART. 156, XI). PRECEITO NORMATIVO DE EFICÁCIA LIMITADA. 1. O inciso XI, do art. 156 do CTN (incluído pela LC 104/2001), que prevê, como modalidade de extinção do crédito tributário, "a dação em pagamento em bens imóveis, na forma e condições estabelecidas em lei", é preceito normativo de eficácia limitada, subordinada à intermediação de norma regulamentadora. O CTN, na sua condição de lei complementar destinada a "estabelecer normas gerais em matéria de legislação tributária" (CF, art. 146, III), autorizou aquela modalidade de extinção do crédito tributário, mas não a impôs obrigatoriamente, cabendo assim a cada ente federativo, no domínio de sua competência e segundo as conveniências de sua política fiscal, editar norma própria para implementar a medida. 2. Recurso especial improvido.

da modalidade de extinção de crédito tributário por meio de dação em pagamento de bens móveis em face do princípio da licitação na aquisição de bens móveis, traga-se à colação a seguinte expectativa de Leandro Paulsen, *in verbis*:

> Bens imóveis x bens móveis. Só os primeiros podem ser admitidos. O inciso XI [do art. 156 do CTN] refere apenas os bens imóveis, sendo importante referir, ainda, que o STF, ao entender suspender a eficácia de dispositivos de lei que autorizavam a dação em pagamento de bens móveis antes do advento da LC nº 104/2001, entendeu que não poderia haver a autorização da dação em pagamento relativamente a bens móveis, sob pena de ofensa à exigência constitucional de licitação para aquisição de mercadorias pela Administração Direta e Indireta. Ou seja, tivesse o novo inciso XI do art. 156 feito referência à dação em pagamento de bens móveis, haveria probabilidade de que o STF o considerasse inconstitucional.[53]

Já em relação à compensação tributária (CTN, arts. 170 e 170-A), algo semelhante à transação tributária (CTN, art. 171) e ao parcelamento, hipótese de suspensão do crédito tributário (CTN, art. 151, VI), a Augusta Corte Constitucional decidiu diferentemente, em 6.10.2020, no sentido de que a disciplina de tais matérias está inclusa na competência de lei complementar nacional, de que trata a alínea "b" do inciso III do *caput* do artigo 156 da Constituição Federal, de estabelecer normas gerais que vinculem uniformemente todos os entes da Federação, cumprindo explicar que o STF decidiu que a lei ordinária local de compensação deve observar as peculiaridades estabelecidas no artigo 170 c/c o artigo 151, VI, ambos do Código Tributário Nacional.[54]

---

[53] PAULSEN, Leandro. *Constituição e Código Tributário Nacional comentados à luz da doutrina e da jurisprudência*. 18. ed. São Paulo: Saraiva, 2017, p. 1133.

[54] STF-Pleno. RE nº 917.285/SC RG, rel. min. dias Toffoli, DJe-243, 6.10.2020. Para melhor entendimento, traga-se à colação a Ementa do respectivo Acórdão: "EMENTA Recurso extraordinário. Repercussão geral. Normas gerais de Direito Tributário. Artigo 146, III, b, da CF. Artigo 170 do CTN. Norma geral em matéria de compensação. Compensação de ofício. Artigo 73, parágrafo único (incluído pela Lei nº 12.844/13), da Lei nº 9.430/96. Débitos parcelados sem garantia. Suspensão da exigibilidade do crédito (art. 151, VI, do CTN). Impossibilidade de compensação unilateral. Inconstitucionalidade da expressão "ou parcelados sem garantia". 1. O art. 146, III, b, da Constituição Federal dispõe caber a lei complementar estabelecer normas gerais em matéria de legislação tributária, especialmente sobre obrigação, lançamento, crédito, prescrição e decadência tributários. Nesse sentido, a extinção e a suspensão do crédito tributário constituem matéria de norma geral de Direito Tributário, sob reserva de lei complementar. A compensação vem prevista no inciso II do art. 156 do CTN como forma de extinção do crédito tributário e deve observar as peculiaridades estabelecidas no art. 170 do Código Tributário Nacional. 2. O art. 170 do CTN, por si só, não gera direito subjetivo à compensação. A lei complementar remete à lei ordinária a disciplina das condições e das garantias, cabendo a lei autorizar a compensação de créditos líquidos e certos, vencidos ou vincendos, do sujeito passivo, observados os institutos básicos da tributação previstos no Código Tributário Nacional. 3. A jurisprudência da Corte já assentou que a compensação de ofício não viola a liberdade do credor e que o suporte fático da compensação prescinde de anuência ou acordo, perfazendo-se ex lege, diante das seguintes circunstâncias objetivas: (i) reciprocidade de dívidas, (ii) liquidez das prestações, (iii) exigibilidade dos débitos e (iv) fungibilidade dos objetos. Precedentes. 4. O art. 151, VI, do CTN, ao prever que o parcelamento suspende a exigibilidade do crédito tributário, não condiciona a existência ou não de garantia. O parágrafo único do art. 73 da Lei nº 9.430/96 (incluído pela Lei nº 12.844/13), ao permitir que o Fisco realize compensação de ofício de débito parcelado sem garantia, condiciona a eficácia plena da hipótese de suspensão do crédito tributário – no caso, o 'parcelamento' (CTN – art. 151, VI) – a condição não prevista em lei complementar. 5. Recurso extraordinário a que se nega provimento, mantendo-se o acórdão em que se declarou a inconstitucionalidade da expressão "ou parcelados sem garantia", constante do parágrafo único do art. 73 da Lei nº 9.430/96, incluído pela Lei nº 12.844/13, por afronta ao art. 146, III, b, da Constituição Federal. 6. Tese do Tema nº 874 de repercussão geral: "É inconstitucional, por afronta ao art. 146, III, b, da CF, a expressão 'ou parcelados sem garantia' constante do parágrafo único do art. 73, da Lei nº 9.430/96, incluído pela Lei nº 12.844/13, na medida em que retira os efeitos da suspensão da exigibilidade do crédito tributário prevista no CTN".

Destarte, a análise da jurisprudência da Corte Constitucional brasileira, acima exposta, permite a dedução de que o legislador da ordem parcial de competência tributária pode até criar novas hipóteses de suspensão ou extinção de créditos tributários, entretanto, não pode deixar de observar, em consonância com o princípio da transparência administrativa,[55] as características, os conceitos, as condições e os pressupostos estabelecidos pelo CTN para institutos relacionados ao crédito tributário, como a compensação e a transação.[56]

É possível que se levante o argumento de que quem pode o mais – conferir por lei ordinária local remissão de créditos tributários – poderia o menos – autorizar transação tributária não apenas para terminar litígios, mas também para preveni-los.

O outro fundamento é que os entes federados, em nome do princípio federativo (CF, art. 1º, *caput*), são, em regra, detentores de autonomia para estabelecer normas específicas de suspensão ou de extinção de seus próprios créditos tributários.

Ressalte-se que a Augusta Corte deixou assentada a possibilidade de os entes federados estabelecerem regras específicas e condições que considerarem adequadas de quitação de seus próprios *créditos tributários*.

Poder-se-ia conjecturar, então, que a obrigação de obedecer integralmente à norma do artigo 171 do Código Tributário Federal seria apenas para a lei ordinária federal.

Contudo, parece mais plausível, como manifestaram os votos vencedores no retrocitado julgado de 2020, no caso específico de *compensação* (RE nº 917.285/SC RG), *como também por extensão no caso de transação*, que a norma do artigo 171, combinado com o 156, ambos do Código Tributário Nacional, nos termos dos artigos 146, *caput*, III, "b", da Constituição Federal, possui natureza de norma geral tributária em matéria de legislação tributária e que, portanto, além de questão de competência, é detentora de hierarquia superior às leis ordinárias locais.

Assim, é razoável inferir que a jurisprudência do Supremo Tribunal Federal é no sentido de permitir que lei ordinária dos entes federados detentores de competências parciais pode prever outras formas de suspensão e de extinção dos seus próprios créditos tributários, mas terá que obedecer às definições, condições e aos pressupostos estabelecidos por normas gerais de lei complementar nacional, para institutos como a compensação e a transação tributária.

Ademais, até mesmo pelo princípio administrativo da transparência, a lei ordinária federal, estadual, distrital ou municipal só pode autorizar transação tributária para terminar litígio judicial ou administrativo, não para prevenir litígios, sendo, pois, exigível que essa lei local obedeça à norma do artigo 171 da Lei nº 5.172/1966.

Por razões óbvias, seria um tanto arriscado para os princípios constitucionais da igualdade no tratamento fiscal, da capacidade contributiva, da moralidade e da transparência administrativas, da livre concorrência etc., a interpretação extensiva ou ampliativa que tolerasse transações e concessões recíprocas entre os sujeitos ativo e

---

[55] A transparência, em relação à execução do orçamento é, ao lado do princípio da legalidade, exigência do Estado Democrático de Direito (CF, art. 1º), a medida que viabiliza o controle da arrecadação tributária, das renúncias de receitas tributárias e dos gastos públicos pelos órgãos de controle interno e externo e pelos cidadãos (CF, arts. 70, *caput*; 74, *caput*, §2º; LC 101/2000, arts. 48 e 49).

[56] SANTIAGO, Igor Mauler; BREYNER, Frederico Menezes. Eficácia suspensiva dos embargos à execução fiscal em face do art. 739-A do Código de Processo Civil. *RDDT*, São Paulo, Dialética, n. 145, p. 54, out. 2007.

passivo tributários sem que preexistisse algum litígio, ou seja, sem que houvesse algum processo judicial e administrativo-fiscal instaurado.

Admitida como correta a tese de que o preceptivo do artigo 171 da Lei nº 5.172/1966, em observância ao artigo 146, III, "b", da Lei Maior, seria realmente norma geral em matéria de legislação tributária (tendo como certo que a palavra *crédito*, ali utilizada, possa alcançar também as formas de extinção do crédito tributário), cumpre explicitar que o escopo do aludido artigo do CTN é favorecer a boa e eficiente administração tributária, zelando, a nível nacional, pela economicidade administrativa e pelo respeito ao procedimento de licitação para aquisição de bens pelo Poder Público: aquilo de que os Fiscos precisam é o dinheiro decorrente dos pagamentos, em espécie, pelos sujeitos passivos, dos créditos tributários, para o custeio dos relevantes encargos estatais.

Cabe ponderar que a transação tributária deve ser vista como exceção à regra de extinção normal das obrigações tributárias pelo pagamento em dinheiro. Não seria conveniente que a transação fosse adotada como regra geral, como comportamento corriqueiro da Administração tributária, sequer exigindo prévio litígio, mesmo porque os pagamentos voluntários por parte dos bons contribuintes garantem a quase totalidade da arrecadação das receitas tributárias.

Caso a transação venha a se vulgarizar por meio de leis ordinárias locais, sem o exame técnico e político criterioso sobre a conveniência e oportunidade de sua oferta, é possível que suceda o enorme risco de desestímulo aos bons contribuintes de pagar os tributos automática e voluntariamente. E isso poderia representar um incentivo a que, antes de pagar, buscasse o sujeito passivo de tributos uma transação que lhe traria como consequência, no mínimo, o dever de pagar o que a lei já lhe determinava.

As águas fartas, advindas das torneiras do pagamento automático e voluntário com base no que se exige em lei, poderiam secar ou virar remotos pingos d'água, em decorrência do estímulo corriqueiro da colocação de "generosas" possibilidades de *transações*, ainda mais sem a exigência de prévio litígio.

Isso tudo deveria preocupar bastante os legitimados para propor e aplicar as políticas fiscais, já que pelo princípio da reserva do possível dos gastos públicos, em contraponto ao princípio da proibição de retrocessos, não existem milagres nessa área financeira estatal, ou seja, se é exigido que o Estado Democrático de Direito Fiscal atenda, através das despesas públicas fixadas nas leis orçamentárias, os reclamos da sociedade, nomeadamente, os concernentes aos direitos humanos, então, *não se pode olvidar que* o mesmo Estado só poderá desempenhar a contento os seus encargos caso exerça uma adequada administração fiscal e obtenha, dentro da Constituição e das leis, com eficiência e economicidade, as receitas públicas necessárias, correspondentes aos gastos previstos.

Por outro lado, consoante o magistério da doutrina tradicional, aqui representada por Bernardo Ribeiro de Moraes, sem autorização legal, "não pode existir transação no direito tributário, posto que a atividade administrativa do lançamento é vinculada e obrigatória. A autoridade administrativa não pode fazer concessões. Ao contrário, deve ela efetuar o lançamento conforme determina a lei".[57]

---

[57] MORAES. Bernardo Ribeiro de. *Compêndio de direito tributário*. v. 2. 2. ed. Rio de Janeiro: Forense, 1994, p. 457.

Já Sacha Calmon Navarro Coêlho adverte que "em direito tributário, o sujeito ativo não pode dispor do crédito tributário, que é público e indisponível. Somente a lei pode dispor".[58]

De modo que, ressalte-se, qualquer alteração do que já estava legalmente posto só poderá suceder nos termos e condições estipulados em lei.

Phelippe de Oliveira, recorrendo às doutrinas de María Esther Sánchez López[59] e de Luís Eduardo Schoueri,[60] corrobora a ideia no sentido de que a transação tributária, autorizada por lei e nas condições por ela estabelecidas, não fere os dogmas do princípio da legalidade ou da reserva legal (CF, art. 5º, II; art. 150, I; art. 150, §6º), nem da indisponibilidade do patrimônio e do interesse público, *ipsis litteris*:

> Por fim, importa salientar que a transação tributária como forma de solução de litígio encontra respaldo não somente no princípio da legalidade tributária como também constitui-se em forma mais adequada de se realizar o interesse público. Tem-se assim, como bem destaca Luís Eduardo Schoueri, uma conciliação entre o princípio da legalidade, que autoriza a transação, e o princípio do interesse público, que muitas vezes será melhor realizado se reduzidos os litígios judiciais.[61]

Sem prejuízo do dever de observância do disposto no artigo 171 do CTN, é a lei ordinária, em sentido estrito, do ente competente para exigir o tributo, que pode facultar a celebração da transação entre o Fisco e o seu sujeito passivo, nas condições que ela estabeleça, e mediante as concessões, por ela autorizadas, com o fito de terminar o litígio e o consequente crédito tributário.

Essa autorização legal pode suceder de forma genérica, no sentido de alcançar vários tributos de certo ente da Federação, ou de forma específica, restringindo-se apenas a determinado tributo, ou em relação a uma especial matéria controversa entre o Fisco e os seus contribuintes.

Admitindo-se, como faz parte da doutrina, a possibilidade de lei prever transação genérica, esta deve fixar os parâmetros e as condições, evitando-se a concessão o mais possível de discricionariedade por parte da autoridade administrativa.[62]

Destarte, mostra-se aceitável supor que, na autêntica transação tributária, segundo expresso no artigo 171 do CTN, a questão a ser resolvida de forma consensual diz respeito, geralmente, a uma dúvida preexistente, portanto, a uma anterior controvérsia de direito ou de fato sobre a existência ou não, ou a juridicidade ou não do crédito tributário exigido, transformando uma relação jurídico-tributária insegura em outra segura.[63]

Portanto, e isto pode ser tido como exato, sobretudo em relação à transação de tributos federais, a transação tributária deve ter por objeto a busca consensual entre o Fisco e os seus contribuintes da correta interpretação da norma legal tributária que

---

[58] COÊLHO. Sacha Calmon Navarro. *Curso de direito tributário brasileiro*. 9. ed. Rio de Janeiro: Forense, 2006, p. 827.
[59] LOPEZ, María Esther Sánchez. El acuerdo de voluntades en el âmbito tributario. *In*: SARAIVA FILHO, Oswaldo Othon de Pontes; GUIMARÃES, Vasco Branco. *Transação e arbitragem no direito tributário*. Belo Horizonte: Fórum, 2008, p. 208 a 209.
[60] SCHOUERI, Luís Eduardo. *Direito tributário*. 7. ed. São Paulo: Saraiva, 2017, p. 684 a 685.
[61] OLIVEIRA, Philippe Toledo Pires de. *Op. cit.*, p. 156.
[62] Nesse sentido, conferir OLIVEIRA, Philippe Toledo Pires de. *Op. cit.*
[63] Cf. MORAES, Bernardo Ribeiro. *Op. cit.*, *Compêndio de direito tributário*, 2º volume, p. 456 a 457.

estava em dissenso, ou da elucidação da realidade dos fatos controversos, sobre os quais incidiu a norma jurídica.

E, segundo esse ângulo doutrinário, nessa busca consensual para pôr fim aos litígios, podem existir concessões mútuas nos termos e limites da lei.

Assim, poder-se-ão gerar, em decorrência dessa atividade transacional, *concessões mútuas*, no sentido de terminação do litígio, com o reconhecimento comum de que aquilo que está sendo cobrado a título de tributo, na realidade, é integralmente devido, ou apenas parcialmente devido, ou totalmente indevido, com as consequências no crédito tributário e na sua extinção, e na dispensa ou não, total ou parcial, conforme o caso, de acréscimos legais (multas, juros, correção monetária, se lei a tivesse previsto, e, sendo o caso, honorários advocatícios e custas processuais).

Quanto às características da transação tributária, traga-se à colação a seguinte lição de Hugo de Brito Machado, *in verbis*:

> Assim, são características essenciais da transação o acordo de vontades e o objetivo deste que é superar incertezas existentes em uma relação jurídica. [...] Ela tem como pressuposto, portanto, uma relação jurídica litigiosa, vale dizer, uma relação jurídica na qual as partes não estão de acordo quanto a seus direitos. [...] No âmbito do Direito Tributário, todavia, nos termos do art. 171 do Código Tributário Nacional, a transação destina-se apenas a pôr fim a litígio, [...] Trata-se de restrição decorrente da natureza contratual da transação, que a faz um instrumento de uso excepcional no campo do Direito Tributário.[64]

É verdade que o Pleno do Supremo Tribunal Federal já teve oportunidade de esclarecer que casos de extinção do crédito tributário por meio de moratória ou de transação tributária não significariam hipóteses de renúncia de receitas tributárias, configurando a implausibilidade da alegação de ofensa dos artigos 150, §6º, e 155, §2º, XII, "g", da CF, por não se tratar de favores fiscais (STF-Pleno, ADI MC e ADI nº 2.405/RS).

Realmente, a transação se diferencia da moratória e do parcelamento, meras formas de suspensão do crédito tributário, da isenção e anistia, formas de exclusão do crédito tributário, e de outras formas de extinção crédito fiscal, como remissão ou dos casos de redução de alíquotas ou das bases de cálculo, nem se confunde com a consulta administrativa ao Fisco para dirimir fatos ou a correta interpretação da legislação tributária, por constar nela, obrigatoriamente, concessões mútuas que impliquem a extinção de um litígio.

Neste ponto, insta trazer à tona a Lei Complementar nº 174, de 5.8.2020, que, no seu artigo 1º, autoriza a extinção de créditos tributários apurados na forma do Regime Especial Unificado de Arrecadação de Tributos e Contribuições devidos pelas Microempresas e Empresas de Pequeno Porte (Simples Nacional), mediante celebração de transação *resolutiva* de *litígio*.

Já o artigo 2º da supracitada Lei Complementar *reza que os créditos da Fazenda Pública apurados na forma do Simples Nacional, instituído pela Lei Complementar nº 123, de 14 de dezembro de 2006, em fase de contencioso administrativo ou judicial ou inscritos em dívida ativa poderão ser extintos mediante* **transação resolutiva de litígio***, nos termos do art. 171 da Lei nº 5.172, de 25 de outubro de 1966 (Código Tributário Nacional).*

---

[64] MACHADO, Hugo de Brito. *Op. cit., Comentários ao Código Tributário Nacional*, v. III, p. 512 e 514.

Colime-se que o artigo 2º da Lei Complementar nº 174/2000 manda aplicar todos os termos estipulados pelo Código Tributário Nacional, ou seja, não estão dispensadas dessa transação as condições, a serem estabelecidas por lei ordinária do ente tributante; a indicação por lei da autoridade administrativa competente para autorizar a transação em cada caso; a *ocorrência* de concessões mútuas; a existência de litígio; a possibilidade de concessões mútuas e a consequente extinção do crédito tributário.

Por sua vez, o parágrafo único do artigo 2º da lei complementar, em tela, dispõe que, na hipótese do *caput* do mesmo artigo, *a transação será celebrada nos termos da Lei nº 13.988, de 14.4.2020.*

A seu turno, estatui o artigo 11 da Lei nº 13.988/2020 que *a transação poderá contemplar os seguintes benefícios: I – a concessão de descontos nas multas, nos juros de mora e nos encargos legais relativos a créditos a serem transacionados que sejam classificados como irrecuperáveis ou de difícil recuperação, conforme critérios estabelecidos pela autoridade fazendária, nos termos do inciso V do caput do art. 14 desta Lei; II – o oferecimento de prazos e formas de pagamento especiais, incluídos o diferimento e a moratória; e III – o oferecimento, a substituição ou a alienação de garantias e de constrições.*

Por sua vez, o artigo 3º da Lei Complementar nº 174/2020 dispõe que *a transação* **resolutiva de litígio** *relativo* à *cobrança de créditos da Fazenda Pública não caracteriza renúncia de receita para fins do disposto no art. 14 da Lei Complementar nº 101, de 4 de maio de 2000.*

De fato, conforme já decidido pela Corte Constitucional brasileira, concessão por parte do Fisco, p. ex., de remissão ou anistia parcial com o escopo de acabar *litígio*, vale dizer, a pretensão do Fisco contestada pelo sujeito passivo, não representa renúncia de receitas, não sendo o caso de incidência do artigo 14 da Lei Complementar nº 101/2000, nem do artigo 113 do Ato das Disposições Constitucionais Transitórias da Lei Maior de 1988.

E, de fato, a transação tributária não se confunde com simples anistia ou remissão parcial nem com o parcelamento nem com a consulta fiscal pelo fato de estarem presentes na transação concessões mútuas com o propósito de extinguir litígios e os correspondentes créditos tributários.

A exclusão da aplicação do artigo 14 da Lei Complementar nº 110/2000, providenciada pelo preceito do artigo 3º da Lei Complementar nº 174/2020, pode ter tido o mesmo escopo da regra do artigo 11, §2º, da Lei nº 13.988/2020, que veda, na transação, a redução do montante principal do crédito, assim compreendido como o valor originário, excluídos dele os acréscimos de que trata o inciso I do *caput* desse artigo, permitindo este artigo 11, *caput*, inciso I, "a concessão de descontos nas multas, nos juros de mora e nos encargos legais relativos a créditos a serem transacionados que sejam classificados como irrecuperáveis ou de difícil recuperação, conforme critérios estabelecidos pela autoridade fazendária, nos termos do inciso V do *caput* do art. 14 desta Lei".

Assim, pretendeu a supracitada lei ordinária federal de transação tributária, para rematar litígio ou a pretensão do Fisco resistida, a concessão de descontos apenas para os créditos classificados como irrecuperáveis ou de difícil recuperação (Lei nº 13.988/2000, art. 11, *caput*, inciso I), ou seja, como não há, nesse caso, expectativa de outra forma de arrecadação desses créditos, eles, segundo entendimento do legislador complementar (LC nº 174/2020, art. 3º), não deveriam ser inseridos na previsão de receitas, de forma que os descontos concernentes aos acessórios desses créditos, concedidos para estimular o pagamento do principal, não configurariam, na prática, renúncia de receitas tributárias, *mas meio utilizado de obter receita possível, que outra forma não seria arrecada.*

Em rigor, na espécie, diante da pouca expectativa de o Fisco ter êxito na arrecadação do crédito tributário inteiro por meios normais, recorre a Fazenda Pública à transação, com renúncia parcial de receitas tributárias, conjuntamente com concessões também por parte do sujeito passivo tributário, com escopo de viabilizar a arrecadação de parte do que era devido pelo sujeito passivo até então inadimplente.

Ressalte-se que a norma geral em matéria de legislação tributária do artigo 171 do CTN, que o artigo 2º da Lei Complementar nº 174/2020 reconhece dever ser observada por leis federais, estaduais, distritais e municipais, só autoriza a realização de transação tributária para dirimir litígio quando existe uma pretensão do Fisco e esta é resistida ou é contestada pelo sujeito passivo tributário judicial ou administrativamente.

É juridicamente admissível deduzir que o artigo 3º da Lei Complementar nº 174/2020, quando excluiu a incidência de norma de outro diploma legal de igual competência e hierarquia, o artigo 14 da Lei Complementar nº 101/2000, tenha, legitimamente, autorizado a transação com descontos em relação aos acessórios do crédito tributário apenas em relação aos créditos fiscais resistidos ou contestados por parte de microempresas e empresas de pequeno porte e considerados irrecuperáveis ou de difícil recuperação, daí não ser, naturalmente, aplicável a norma do artigo 14 da Lei de Responsabilidade Fiscal.

Assim sendo, em tese, pode ser considerado válido que o preceito do artigo 3º da Lei Complementar nº 174/2020 tivesse permitido a transação e respectivas concessões de descontos, existindo concessões mútuas e o escopo de resolver litígio, no caso específico de o devedor ser microempresa ou empresa de pequeno porte referente a crédito considerado irrecuperável ou de difícil recuperação, em face de os próprios artigos 1º, 2º e 3º da LC nº 174/2020 fazerem referência à resolução de litígio, para obter o pagamento, ainda que parcial, do crédito marcado como irrecuperável ou de difícil recuperação.

Em casos particulares, quando tanto o Fisco quanto o seu contribuinte ou responsável tributário têm certeza de que o crédito tributário é, realmente, devido, inexistindo séria controvérsia quanto a isso *nem falta de condição econômica do sujeito passivo para solver integralmente o crédito fiscal*, e se cogita utilizar a transação fiscal apenas para tornar mais célere e eficiente a arrecadação dos tributos devidos, trata-se, em verdade, embora sob o manto protetor da transação, de concessão de benefícios fiscais (remissão ou anistia parciais ou totais) e aí devem muito bem ser obedecidas as exigências do art. 14 da Lei de Responsabilidade Fiscal, diante do princípio da razoabilidade (CF, art. 5º, LIV) *e da norma constitucional do artigo 113 do Ato das Disposições Constitucionais Transitórias da Constituição Federal de 1988.*

De modo geral, sem fixação nas hipóteses legais retromencionadas, conjecturar o contrário em casos específicos, só pelo fato de a renúncia fiscal ter sido materializada por meio de uma transação tributária, autorizada por lei, mas sem que essa mesma lei tenha exigido concessões recíprocas com o fito de extinção de litígio, tornaria sem qualquer efeito prático o mandamento constitucional do artigo 113 do ADCT da Constituição da República, incluído pela Emenda Constitucional nº 95/2016, e tornar sem valia os requisitos para a concessão de benefícios fiscais estipulados pelo artigo 14 da Lei Complementar nº 101/2000.

Nenhuma interpretação pode levar a um absurdo: seria muito fácil burlar a Constituição e a Lei de Responsabilidade Fiscal, com consequente descuramento ao devido processo legal substantivo ou material (CF, art. 5º, LIV).

Cumpre ainda advertir que a transação, segundo o previsto no Código Tributário Nacional, em face mesmo do princípio da legalidade tributária, não autoriza, por si só, que a autoridade administrativa utilize critérios gerais e absolutamente discricionários para acordar em extinguir, dispensar ou diminuir o tributo ou o crédito tributário, realmente devido segundo a lei, tudo em nome do propósito da eficiência administrativa (CF, art. 37, *caput*) ou da economicidade (CF, art. 70, *caput*) na arrecadação, e de se reduzir, a qualquer preço, a litigiosidade;[65] nem deve, apenas por exclusiva consideração de ordem econômica sobre a situação do devedor, reduzir multa, juros de mora, etc., sem que a lei assim preveja.

Destarte, se a aparente lei sobre transação tributária dispuser sobre concessões do sujeito ativo em favor do sujeito passivo para simplesmente incentivar o pagamento, ainda que parcial, do crédito tributário, sem que esses assentimentos decorram de concessões mútuas para extinguir litígio, decorrentes, por exemplo, de sérias dificuldades interpretativas ou de falta de condições reais do sujeito passivo adimplir totalmente o crédito tributário, em verdade, embutem-se nela renúncias de receitas tributárias, sendo, que, nesse caso, é possível deduzir, consequentemente, a necessidade da observância dos pertinentes condicionamentos da Constituição (art. 113 do ADCT da CF/1988) e da lei de responsabilidade fiscal (art. 14 da LC 101/2000).

O preceito constitucional §6º do artigo 150, ao estabelecer que qualquer subsídio ou isenção, redução de base de cálculo, concessão de crédito presumido, anistia ou remissão, relativos a impostos, taxas ou contribuições, só poderá ser concedido mediante lei específica, federal, estadual ou municipal, que regule exclusivamente as matérias acima enumeradas ou o correspondente tributo ou contribuição, sem prejuízo do disposto no art. 155, §2º, XII, "g", reserva, exclusivamente, a lei ordinária do ente tributante o conteúdo de todo e qualquer benefício fiscal ou renúncia de receitas tributárias, de modo que deve estar afastada a utilização de discricionariedade por parte do agente administrativo fiscal e, por mais razão ainda, por parte da autoridade judicial.

Embora alguma discricionariedade seja aceitável, não tem guarida, no Estado fiscal Democrático de Direito, ampla ou quase irrestrita flexibilização para a própria Administração em matéria do âmbito da reserva legal, como a tributária, independentemente de lei específica, a ensejar, em tese, o uso do Direito Tributário, pelas autoridades fazendárias, como instrumento político, com os graves danos, que disso poderia, eventualmente, advir, para os princípios constitucionais da legalidade e da igualdade (CF, art. 5º, *caput*, I; art. 37, *caput*; art. 150, I e II), e para os princípios constitucional-administrativos

---

[65] A litigiosidade, no campo fiscal no Brasil, é uma consequência lógica de a lei ordinária instituidora de tributo ter que observar um ingente número de princípios e normas constitucional-tributários, ter, ainda que observar as normas gerais de leis complementares sobre legislação tributária, situação agravada pela inflação legislativa na área fiscal, sem falar do descuido do exame técnico dos anteprojetos de leis, que, às vezes, sucede na fase de elaboração dessas normas, quando, nesta fase, é que seria importante ouvir tantos os técnicos da Administração fiscal, como os acadêmicos e advogados dos setores atingidos pela proposta de alteração legislativa. Melhor seria obstar, o máximo possível, a litigiosidade antes da edição da lei, ou antes do envio ao Poder Legislativo do projeto de lei ou por ocasião da discussão do projeto de lei em matéria tributária.

da impessoalidade e da moralidade (CF, art. 37, *caput*), além de eventual inobservância do princípio da ordem econômica da livre concorrência (CF, art. 170, IV).[66]

Isso porque, no campo do Direito Constitucional-Tributário brasileiro, ainda orientado como regra pelos dogmas da legalidade estrita e da tipicidade fechada, mesmo admitindo que ambos não são absolutos, exige-se rigor no cumprimento desses princípios, cabendo à lei estabelecer padrões, condições e limites.

De fato, a razão da existência do princípio da legalidade no Direito Constitucional-Tributário é transferir, no bojo do princípio da separação dos Poderes (CF, art. 2º), a competência de dispor plenamente sobre o tributo do Executivo para o Legislativo. Os tributos são exigidos nos termos da autorização dada pelos representantes do povo, eleitos que são para esta precípua função no Estado de regime político de democracia representativa.

Cumpre ressaltar, pois, que quando, até mesmo por influências extrafiscais econômicas ou sociais (o escopo de preservação da empresa diante do vulto do seu débito fiscal decorrente de sua inadimplência, o objetivo de manutenção dos postos de empregos, etc.), a lei de uma hipotética transação tributária traz, conjuntamente, a concessão de verdadeiras renúncias de receitas tributárias, sem concessão da parte do sujeito passivo e sem a intenção de terminar um dissenso restrito aos fatos ou ao direito, mas, simplesmente, a viabilizar ou tornar mais eficiente a arrecadação dos créditos tributários que sobejarem, nesses casos, não se trata, a rigor, de uma *verdadeira* transação tributária, mas, no máximo, de uma operação conjunta configuradora de concessão de benefícios fiscais, devendo, salvo melhor juízo a ser oportunamente definido pelo STF, ser cumpridas as exigências do artigo 113 do Ato das Disposições Constitucionais Transitórias da Constituição Federal de 1988 e do artigo 14 da Lei Complementar nº 101, de 4.5.2000.

Transcrevam-se os aludidos dispositivos constitucional e legal:

> Art. 113 do ADCT da CF/1988. A proposição legislativa que crie ou altere despesa obrigatória ou renúncia de receita deverá ser acompanhada da estimativa do seu impacto orçamentário e financeiro.
>
> Art. 14 da LC 101/2000. A concessão ou ampliação de incentivo ou benefício de natureza tributária da qual decorra renúncia de receita deverá estar acompanhada de estimativa do impacto orçamentário-financeiro no exercício em que deva iniciar sua vigência e nos dois seguintes, atender ao disposto na lei de diretrizes orçamentárias e a pelo menos uma das seguintes condições: I – demonstração pelo proponente de que a renúncia foi considerada na estimativa de receita da lei orçamentária, na forma do art. 12, e de que não afetará as metas de resultados fiscais previstas no anexo próprio da lei de diretrizes orçamentárias; II – estar acompanhada de medidas de compensação, no período mencionado no caput, por meio do aumento de receita, proveniente da elevação de alíquotas, ampliação da base de cálculo, majoração ou criação de tributo ou contribuição. §1º A renúncia compreende anistia, remissão, subsídio, crédito presumido, concessão de isenção em caráter não geral, alteração de alíquota ou modificação de base de cálculo que implique redução discriminada de tributos ou contribuições, e outros benefícios que correspondam a tratamento

---

[66] SARAIVA FILHO, Oswaldo Othon de Pontes. A transação e a arbitragem no direito constitucional-tributário brasileiro. *In*: SARAIVA FILHO, Oswaldo Othon de Pontes; GUIMARÃES, Vasco Branco. *Transação e arbitragem no direito tributário*. Belo Horizonte: Fórum, 2008. Belo Horizonte: Fórum, 2009, p. 44.

diferenciado. §2º Se o ato de concessão ou ampliação do incentivo ou benefício de que trata o caput deste artigo decorrer da condição contida no inciso II, o benefício só entrará em vigor quando implementadas as medidas referidas no mencionado inciso. §3º O disposto neste artigo não se aplica: I – às alterações das alíquotas dos impostos previstos nos incisos I, II, IV e V do art. 153 da Constituição, na forma do seu §1º; II – ao cancelamento de débito cujo montante seja inferior ao dos respectivos custos de cobrança.

Transcreva-se, a título ilustrativo, a Ementa do seguinte acórdão do intérprete maior da lei infraconstitucional, o Egrégio Superior Tribunal de Justiça:

RECURSO ESPECIAL Nº 789.878/RJ
Ementa: PROCESSUAL CIVIL E TRIBUTÁRIO. [...] REMISSÃO E ANISTIA PARCIAIS PREVISTAS NA LEI nº 9.779/99. [...]
2. "Não há de se confundir o favor fiscal instituído com transação legal, em que as partes fazem concessões mútuas. A dispensa da multa e dos juros de mora é mero incentivo à regularização da sua situação tributária, pelos contribuintes. O contribuinte que opta por essa sistemática abdica da discussão judicial, assume que o valor referente a essa contribuição é devido e o faz mediante pagamento, assim também considerando a conversão do depósito já efetuado em renda. Em suma, desiste da demanda, preferindo conformar-se em pagar o montante devido sem a multa e os juros de mora" (REsp nº 739.037/RS, rel. min. Castro Meira, *DJ* de 01.08.2005).[67]

Embora considere que a transação não pode normalmente ser tomada como uma renúncia de receita e, assim, não deve ser submetida às condições e restrições do artigo 14 da Lei de Responsabilidade Fiscal, bem como do artigo 113 da ADCT da Constituição Federal, Hugo de Brito Machado admite que "pode ocorrer, é certo, que uma determinada transação seja feita sem albergar as características essenciais desse instituto jurídico, de modo que se tal ocorrer, certamente, será possível a invocação do art. 14 da Lei de Responsabilidade Fiscal, desde que se consiga demonstrar que foi colocado sob a aparência de transação um benefício que corresponde a tratamento diferenciado, abrangido, assim, no âmbito da renúncia, definido no §1º daquele art. 14".[68]

Contudo, insta destacar a anotação de Hugo de Brito Machado Segundo acerca do entendimento do Egrégio Superior Tribunal de Justiça de que parcelamento (p. ex. REFIS) não é transação extintiva do crédito, apenas suspendendo a exigibilidade do crédito tributário, autorizando, nos termos da lei, o seu pagamento em parcelas do débito cobrado [STJ, 1ª. T., REsp nº 514.351/PR, rel. min. Luiz Fux, *DJ* de 19.12.2003, p. 347] e que benefícios fiscais, anistia, remissão parcial condicionados à desistência da ação não configuram transação (STJ, 1ª T., REsp nº 786.215/PR, Rel. Min. Francisco Falcão, *DJ* 4.5.2006, p. 144).[69]

Por outro lado, demasiada discricionariedade dada à Administração por uma lei ordinária geral de transação para autorizar a solução de litígios não passa de uma

---

[67] STJ-2ª Turma. REsp nº 789.878/RJ, rel. min. Herman Benjamin, *DJ* 14.9.2007, p. 343.
[68] MACHADO, Hugo de Brito. *Op. cit. Comentários...*, p. 522.
[69] SEGUNDO, Hugo de Brito Machado. *Código tributário nacional*: anotações à Constituição, ao código tributário nacional e às leis complementares 87/1996 e 116/2003. 5. ed. São Paulo: Atlas, 2015, p. 393 a 394. E *Manual de direito tributário*. 10. ed. São Paulo: Atlas, 2015, p. 233.

inconstitucional delegação legislativa, com arranhão ao Estado Democrático de Direito (CF, art. 1º) e lesão ao dogma da separação dos poderes (CF, art. 2º).

Lesão ao Estado Democrático de Direito pode ocorrer com o aniquilamento do princípio da legalidade (CF, art. 5º, II; art. 37, caput; art. 150, I e §6º) por descuramento, por exemplo, aos princípios da igualdade (CF, art. 5º, *caput*; art. 150, II), mesmo ciente que tal princípio autoriza tratar desigualmente pessoas ou situações que se encontrem em situações distintas, justamente para gerar a pretendida isonomia, casos em que, algumas vezes, a transação tributária aspira a atender, bem como da capacidade contributiva (CF, art. 145, §1º), da impessoalidade (CF, art. 37, *caput*), da livre concorrência (CF, art. 170, IV; art. 173, §4º); desrespeito ao Estado de Direito por aniquilamento do princípio da legalidade (CF, art. 5º, II; art. 37, *caput*; art. 150, I e §6º).

Diga-se isso com supedâneo no acórdão de nossa Excelsa Corte Constitucional, proveniente do julgamento de Medida Cautelar em Ação Direta de Inconstitucionalidade nº 3.462-6/PA, Relatora a Ministra Ellen Gracie, cuja Ementa é transcrita:

> ADI-MC N 3.462/PA – STF – Tribunal Pleno
> Relatora: min. ELLEN GRACIE
> EMENTA: AÇÃO DIRETA DE INCONSTITUCIONALIDADE. MEDIDA LIMINAR. TRIBUTÁRIO. AUTORIZAÇÃO LEGISLATIVA QUE DÁ AO PODER EXECUTIVO A PRERROGATIVA DE CONCEDER, POR REGULAMENTO, OS BENEFÍCIOS FISCAIS DA REMISSÃO E DA ANISTIA. PRINCÍPIOS DA SEPARAÇÃO DOS PODERES E DA RESERVA ABSOLUTA DE LEI FORMAL. ART. 150, §6º DA CONSTITUIÇÃO FEDERAL.
> 1. Ocorrência, no caso, de atuação *ultra vires* do Poder Legislativo, consubstanciada na abdicação de sua competência institucional em favor do Poder Executivo, facultando a este, mediante ato próprio, a prerrogativa de inovar na ordem jurídica em assunto (liberalidade estatal em matéria tributária) na qual a Constituição Federal impõe reserva absoluta de lei em sentido formal. Precedentes: ADI nº 1.247-MC, DJ 08.09.95 e ADI nº 1.296-MC, DJ 10.08.95, ambas de relatoria do Ministro Celso de Mello. 2. Presença de plausibilidade jurídica na tese de inconstitucionalidade e de conveniência na suspensão da eficácia do dispositivo atacado. 3. Medida liminar concedida. (*DJ* 21.10.2005. p. 5; *RTJ* vol. 195-03, p. 918).

Assim, transação abrangente de renúncias fiscais, anistia, remissão, reduções de base de cálculos e alíquotas, neste último caso, salvo as exceções constitucionais, só podem ser concedidas por lei específica, não sendo admissível, nessas áreas, a transferência para autoridade administrativa de exagerado poder discricionário.

Traga-se à colação jurisprudência recente do Augusto Pretório, em ementas de acórdãos referentes a casos semelhantes de descuramento aos princípios da legalidade estrita e da separação dos poderes:

> RE Nº 186.623-3/RS – STF – Tribunal Pleno
> Rel. min. Carlos Velloso
> CONSTITUCIONAL. TRIBUTÁRIO. INCENTIVOS FISCAIS: CRÉDITO-PRÊMIO: SUSPENSÃO MEDIANTE PORTARIA. DELEGAÇÃO INCONSTITUCIONAL. D.L. 491, de 1969, arts. 1º e 5º; D.L. 1.724, de 1979, art. 1º; D.L. 1.894, de 1981, art. 30, inc. I. C.F./1967.
> I. – É inconstitucional o artigo 10 do D.L. 1.724, de 7.12.79, bem assim o inc. I do art. 30 do D.L. 1.894, de 16.12.81, que autorizaram o Ministro de Estado da Fazenda a aumentar ou reduzir, temporária ou definitivamente, ou restringir os estímulos fiscais concedidos pelos

artigos 1º e 5º do D.L. nº 491, de 05.3.69. Caso em que tem-se delegação proibida: CF/67, art. 61. Ademais, matérias reservadas à lei não podem ser revogadas por ato normativo secundário. II. – R.E. conhecido, porém não provido (letra b). (*Revista Fórum de Direito Tributário* nº 2, pp. 219 a 239; *DJ* 12.04.2002, p. 66).

ADI-MC N 1.247/PA – STF – Tribunal Pleno
Relator: min. Celso de Mello

...

ICMS. MATÉRIA TRIBUTÁRIA E DELEGAÇÃO LEGISLATIVA: A outorga de qualquer subsídio, isenção ou crédito presumido, a redução da base de cálculo e a concessão de anistia ou remissão em matéria tributaria só podem ser deferidas mediante lei especifica, sendo vedado ao Poder Legislativo conferir ao Chefe do Executivo a prerrogativa extraordinária de dispor, normativamente, sobre tais categorias temáticas, sob pena de ofensa ao postulado nuclear da separação de poderes e de transgressão ao princípio da reserva constitucional de competência legislativa. Precedente: ADIn 1.296-PE, rel. min. Celso de Mello. (*DJ* 08.09.1995, p. 28354)

ADI-MC Nº 1.296/PE –STF – Tribunal Pleno
Relator: min. Celso de Mello
E M E N T A: AÇÃO DIRETA DE INCONSTITUCIONALIDADE – LEI ESTADUAL QUE OUTORGA AO PODER EXECUTIVO A PRERROGATIVA DE DISPOR, NORMATIVAMENTE, SOBRE MATÉRIA TRIBUTÁRIA – DELEGAÇÃO LEGISLATIVA EXTERNA – MATÉRIA DE DIREITO ESTRITO – POSTULADO DA SEPARAÇÃO DE PODERES – PRINCÍPIO DA RESERVA ABSOLUTA DE LEI EM SENTIDO FORMAL – PLAUSIBILIDADE JURÍDICA – CONVENIÊNCIA DA SUSPENSÃO DE EFICÁCIA DAS NORMAS LEGAIS IMPUGNADAS – MEDIDA CAUTELAR DEFERIDA. – A essência do direito tributário – respeitados os postulados fixados pela própria Constituição – reside na integral submissão do poder estatal a *rule of law*. A lei, enquanto manifestação estatal estritamente ajustada aos postulados subordinantes do texto consubstanciado na Carta da República, qualifica-se como decisivo instrumento de garantia constitucional dos contribuintes contra eventuais excessos do Poder Executivo em matéria tributária. Considerações em torno das dimensões em que se projeta o princípio da reserva constitucional de lei. – A nova Constituição da República revelou-se extremamente fiel ao postulado da separação de poderes, disciplinando, mediante regime de direito estrito, a possibilidade, sempre excepcional, de o Parlamento proceder a delegação legislativa externa em favor do Poder Executivo. A delegação legislativa externa, nos casos em que se apresente possível, só pode ser veiculada mediante resolução, que constitui o meio formalmente idôneo para consubstanciar, em nosso sistema constitucional, o ato de outorga parlamentar de funções normativas ao Poder Executivo. A resolução não pode ser validamente substituída, em tema de delegação legislativa, por lei comum, cujo processo de formação não se ajusta à disciplina ritual fixada pelo art. 68 da Constituição. A vontade do legislador, que substitui arbitrariamente a lei delegada pela figura da lei ordinária, objetivando, com esse procedimento, transferir ao Poder Executivo o exercício de competência normativa primária, revela-se irrita e desvestida de qualquer eficácia jurídica no plano constitucional. O Executivo não pode, fundando-se em mera permissão legislativa constante de lei comum, valer-se do regulamento delegado ou autorizado como sucedâneo da lei delegada para o efeito de disciplinar, normativamente, temas sujeitos à reserva constitucional de lei. – Não basta, para que se legitime a atividade estatal, que o Poder Público tenha promulgado um ato legislativo. Impõe-se, antes de mais nada, que o legislador, abstendo-se de agir ultra vires, não haja

excedido os limites que condicionam, no plano constitucional, o exercício de sua indisponível prerrogativa de fazer instaurar, em caráter inaugural, a ordem jurídico-normativa. Isso significa dizer que o legislador não pode abdicar de sua competência institucional para permitir que outros órgãos do Estado – como o Poder Executivo – produzam a norma que, por efeito de expressa reserva constitucional, só pode derivar de fonte parlamentar. O legislador, em consequência, não pode deslocar para a esfera institucional de atuação do Poder Executivo – que constitui instância juridicamente inadequada – o exercício do poder de regulação estatal incidente sobre determinadas categorias temáticas – (a) a outorga de isenção fiscal, (b) a redução da base de cálculo tributária, (c) a concessão de crédito presumido [...], as quais se acham necessariamente submetidas, em razão de sua própria natureza, ao postulado constitucional da reserva absoluta de lei em sentido formal. – Traduz situação configuradora de ilícito constitucional a outorga parlamentar ao Poder Executivo de prerrogativa jurídica cuja sedes *materiae* – tendo em vista o sistema constitucional de poderes limitados vigente no Brasil – só pode residir em atos estatais primários editados pelo Poder Legislativo. (*DJ* 10.08.1995, p. 23554).

ADI N 155/SC – STF – Tribunal Pleno
Relator: min. Octávio Gallotti
EMENTA: Inconstitucionalidade, por contrariar o processo legislativo decorrente do art. 150, §6º, da Constituição Federal (onde se exige a edição de lei ordinária específica), bem como do princípio da independência dos Poderes (art. 2º), a anistia tributária concedida pelo art. 34, e seus parágrafos, do Ato das Disposições Constitucionais Transitórias, de 1989, do Estado de Santa Catarina. (*DJ* 08.09.2000, p. 3).

Volto a advertir, caso a lei estabelecesse a possibilidade de transação não específica, mas geral, concedendo amplo poder discricionário para a autoridade administrativa, estaria recebendo a Administração tributária uma espécie de delegação legislativa, praticamente em branco, infirmando-se a atribuição precípua do Poder Legislativo, sendo certo que está dentro da reserva legal até mesmo a diminuição do crédito tributário ou a sua extinção (CTN, art. 97, *caput*, incisos I, II e VI, *in fine*).[70]

Ademais, além da desvinculação ao emanado pelo Poder Legislativo, a Administração tributária teria mais poder que o Poder Judiciário, que, como é cediço, não pode agir na prestação jurisdicional como legislador positivo, mas somente como negativo (STF, Súmula nº 339: "*Não cabe ao Poder Judiciário, que não tem função legislativa (positiva), aumentar vencimentos de servidores sob o fundamento de isonomia*"), de modo que não pode estender isenções em nome da isonomia, conceder anistias e remissões sem lei específica, etc.

Nesse diapasão, não se pode deixar de observar o acórdão do Augusto Supremo Tribunal Federal decorrente do julgamento, em 29.4.2008, do Agravo Regimental no Recurso Extraordinário nº 370.590-3/RJ, relator o senhor ministro Eros Grau (*DJe*-88 15.5.2008), cuja Ementa é, a seguir, transcrita:

RE-AgR nº 370.590/RJ AgR
EMENTA: AGRAVO REGIMENTAL NO RECURSO EXTRAORDINÁRIO. CONTRIBUIÇÃO SOCIAL SOBRE O LUCRO. INSTITUIÇÕES FINANCEIRAS. ALÍQUOTAS

---

[70] CTN. "Somente a lei pode estabelecer: I – a instituição de tributos, ou a sua extinção; II – a majoração de tributos, ou sua redução, [...] VI – as hipóteses de exclusão, suspensão e extinção de créditos tributários, ou de dispensa ou redução de penalidades".

DIFERENCIADAS. ISONOMIA. EQUIPARAÇÃO OU SUPRESSÃO. IMPOSSIBILIDADE JURÍDICA DO PEDIDO. 1. A declaração de inconstitucionalidade dos textos normativos que estabelecem distinção entre as alíquotas recolhidas, a título de contribuição social, das instituições financeiras e aquelas oriundas das empresas jurídicas em geral teria como consequência normativa ou a equiparação dos percentuais ou a sua supressão. Ambas as hipóteses devem ser afastadas, dado que o STF não pode atuar como legislador positivo nem conceder isenções tributárias. Daí a impossibilidade jurídica do pedido formulado no recurso extraordinário. Agravo regimental a que se nega provimento.

Corrobora essa verdade importante decisão do Guardião da nossa Lei Maior, cuja ementa do acórdão é a seguir transcrita:

STF-Pleno. RE nº 405.579/PR, rel. min. Joaquim Barbosa, DJ 4.8.2011
EMENTA: CONSTITUCIONAL. TRIBUTÁRIO. IMPOSTO DE IMPORTAÇÃO. PNEUS. BENEFÍCIO FISCAL. REDUÇÃO DE 40% DO VALOR DEVIDO NAS OPERAÇÕES REALIZADAS POR MONTADORAS. PEDIDO DE EXTENSÃO A EMPRESA DA ÁREA DE REPOSIÇÃO DE PNEUMÁTICOS POR QUEBRA DA ISONOMIA. IMPOSSIBILIDADE. LEI FEDERAL 10.182/2001. CONSTITUIÇÃO FEDERAL (ARTS. 37 E 150, II). CÓDIGO TRIBUTÁRIO NACIONAL (ART. 111). Sob o pretexto de tornar efetivo o princípio da isonomia tributária, não pode o Poder Judiciário estender benefício fiscal sem que haja previsão legal específica. No caso em exame, a eventual conclusão pela inconstitucionalidade do critério que se entende indevidamente restritivo conduziria à inaplicabilidade integral do benefício fiscal. A extensão do benefício àqueles que não foram expressamente contemplados não poderia ser utilizada para restaurar a igualdade de condições tida por desequilibrada. Precedentes. Recurso extraordinário provido.[71]

Todavia, alguns defendem a tese de que seria possível conceder alta dose de discricionariedade à autoridade fiscal, justamente para que a Administração fiscal busque, com os sujeitos passivos dos tributos, mediante negociações e concessões mútuas, extirpar a litigiosidade dominante em nosso meio, contornando, assim, a reconhecida morosidade tanto da administração tributária quanto do Judiciário, e possibilitando maior eficiência na arrecadação tributária.

Contudo, tal concepção não conta com a anuência da jurisprudência pátria, nomeadamente a do Superior Tribunal de Justiça, firme no sentido de que, ainda que na roupagem de transação, há a impossibilidade de o intérprete estender benefício fiscal à hipótese não alcançada pela norma legal.[72]

Pondere-se, por fim, no caso de falsa transação, com renúncia de receitas tributárias por parte do Fisco ainda que com o fito de extinguir o litígio, mas diante da ausência de concessão por parte do sujeito passivo ou de excessiva discricionariedade dada à autoridade administrativa fiscal, poderá surgir, eventualmente, a necessidade de atendimento da norma do artigo 14 da Lei de Responsabilidade Fiscal, no que tange às medidas compensatórias de criação de tributo novo ou de majoração dos já

---

[71] STF-Pleno. RE nº 405.579/PR, rel. min. Joaquim Barbosa, DJe-149, 4.8.2011.
[72] STJ-2ª Turma. Recurso em MS 40.536/BA, rel. min. Herman Benjamin, DJe 9.12.2013; STJ-1ª Seção. AgInt no MS 22.624/DF, rel. min. Francisco Falcão, DJe 4.6.2019.

existentes, o que poderia gerar tributação ainda mais pesada em relação aos que não se beneficiarem de transações.

3 Conclusão

Diante do exposto, resta concluir:
I) o artigo 171 do CTN, definidor do conceito, do alcance e dos requisitos da transação tributária, é, nos termos do artigo 146, *caput*, inciso III, alínea "b", da Constituição da República Federativa do Brasil, norma geral em matéria de legislação tributária, atuando com objetivo de trazer uniformidade a nível nacional, obrigando, assim, todos os entes da Federação brasileira a contribuir para uma boa administração fiscal, zelando para ainda maior vigência dos princípios da Administração Pública da legalidade, da eficiência, da moralidade, da economicidade e da transparência;
II) é a lei ordinária da entidade competente, observado o conteúdo normativo do artigo 171 do CTN, o instrumento legal próprio para autorizar a transação tributária, tendo em vista a indisponibilidade do crédito fiscal.
III) nessa seara, a lei ordinária autorizadora da transação não pode permitir exageradamente o uso, por parte da autoridade administrativa competente, do poder discricionário, sob pena de invasão do campo da reserva legal.
IV) são pressupostos da transação tributária, conforme o preceptivo do artigo 171 do CTN: autorização legal para a sua realização, dúvida ou incerteza quanto às pretensões do Fisco e do contribuinte ou do responsável tributário, existência de prévio litígio, concessões mútuas, escopo de terminação do litígio, a qual sucede com extinção do crédito tributário;
V) o artigo 171 do CTN só autoriza a utilização da transação para terminar litígio ou controvérsia judicial ou administrativa já instaurada e, consequentemente, para gerar a extinção do respectivo crédito pelo reconhecimento de que ele não é total ou parcialmente devido ou para acarretar a quitação do crédito correspondente, não sendo admitida transação tributária preventiva.
VI) as concessões mútuas, em regra, aspiram a pacificar sérias dúvidas de direito ou de fato dos sujeitos ativo e passivo de tributo relacionadas ao crédito tributário objeto de transação, sendo que, nessa hipótese, a transação não se confunde e nem proporciona os mesmos efeitos da renúncia de receitas tributárias (remissão ou anistia parcial ou total);
VII) quando a transação tributária for feita sem abrigar as características essenciais desse instituto jurídico, por exemplo, quando inexiste dúvida bem fundamentada de direito ou de fato relacionados à transação, de modo que se considere que o pretenso litígio se resume ao mero inadimplemento por parte do sujeito passivo, e as concessões pactuadas visam apenas a tornar mais célere ou economicamente viável a quitação do crédito fiscal, aí, com ela, utiliza-se, em verdade, renúncia de receitas tributárias, devendo ser aplicadas, nesse caso, salvo melhor juízo, as normas do artigo 113 do Ato

das Disposições Constitucionais Tributárias da Constituição Federal e do artigo 14 da Lei Complementar nº 101/2000.

VIII) Entretanto, esta última dedução não conta com anuência das atuais jurisprudências dos nossos Tribunais Superiores.

Referências

BALEEIRO, Aliomar. *Direito tributário brasileiro*. 11. ed. Rio de Janeiro: Forense, 2006.

BRANDÃO, Antônio José. Moralidade administrativa. *RDA*, v. 25, p. 459.

BUGARIN, Paulo Soares. *O princípio constitucional da economicidade na jurisprudência do Tribunal de Contas da União*. Belo Horizonte: Fórum, 2004.

CARRAZZA, Roque Antônio. *Curso de direito constitucional tributário*. 18. ed. São Paulo: Malheiros, 2000.

BRASIL, STF-Pleno. ADI nº 2.405/RS, rel. min. Alexandre de Moraes, julgamento ocorrido no dia 20.9.2019, publicação em *DJe* 3.10.2019.

BRASIL, STF-Pleno. RE nº 229.096/RS, rel. para o Acórdão min. Cármen Lúcia, *RTJ*, vol. 204-02, p. 858.

BRASIL, STF-Pleno. ADI nº 1.917/DF MC, rel. min. Marco Aurélio, julgamento realizado em 18.12.1998, publicação in *DJ* 19.9.2003, p. 14.

BRASIL, STF-Pleno. ADI nº 1.917/DF. rel. min. Ricardo Lewandowski, julgamento realizado no dia 26.4.2007, publicação *DJe*-87 em 24.8.2007.

BRASIL, STF-Pleno. ADI nº 2.405/RS MC, rel. para o Acórdão min. Sepúlveda Pertence, julgamento realizado em 6.11.2002, *DJ* 17.2.2006. Acórdão na íntegra publicado na *Revista Fórum de Direito Tributário*, Belo Horizonte, Fórum, n. 32, p. 223 a 240, mar./abr. 2008.

BRASIL, STF-Pleno. ADI nº 2.405/RS, rel. min. Alexandre de Moraes, julgamento ocorrido no dia 20.9.2019, publicação no *DJe*-215 3.10.2019.

BRASIL, STF-Pleno. RE nº 559.943/RS RG, rel. min. Cármen Lúcia, *DJe*-157, 7.12.2007.

BRASIL, STF-Pleno. RE nº 917.285/SC RG, rel. min. dias Toffoli, *DJe*-243, 6.10.2020.

BRASIL, STF-Plano. ADI-MC 3.462/PA, rel. min. Ellen Gracie, *DJ* 21.10.2005. p. 5; *RTJ* vol. 195-03, p. 918.

BRASIL, STF-Pleno. RE nº 186.623/RS, rel. min. Carlos Velloso. *Revista Fórum de Direito Tributário*, Belo Horizonte, Fórum, p. 219 a 239, mar./abr. 2003; *DJ* 12.04.2002, p. 66.

BRASIL, STF-Pleno. ADI-MC 1.247/PA, rel. min. Celso de Mello, *DJ* 08.09.1995, p. 28354.

BRASIL, STF-Pleno. ADI-MC Nº 1.296/PE, rel. min. Celso de Mello, *DJ* 10.08.1995, p. 23554.

BRASIL, STF-Pleno. ADI N 155/SC, rel. Min. Octávio Gallotti, *DJ* 08.09.2000, p. 3.

BRASIL, STF-Pleno. RE nº 370.590/RJ AgR, rel. min. Eros Grau, *DJe*-88, 16.5.2008.

BRASIL, STF-Pleno. RE nº 405.579/PR, rel. min. Joaquim Barbosa, *DJ*-149, 4.8.2011.

BRASIL, STJ-1ª T. REsp nº 884.272/RJ, rel. min. Teori Zavascki, julgamento em 6.3.2007, *DJ* 29.3.2007, p. 238.

BRASIL, STJ-2ª Turma. REsp nº 789.878/RJ, rel. min. Herman Benjamin, *DJ* 14.9.2007, p. 343.

BRASIL, STJ-T1 REsp nº 514.351/PR, rel. min. Luiz Fux, *DJ* de 19.12.2003, p. 347.

BRASIL, STJ-T1. REsp nº 786.215/PR, Rel. Min. Francisco Falcão, *DJ* 4.5.2006, p. 144.

BRASIL, STJ-2ª Turma. Recurso em MS 40.536/BA, rel. min. Herman Benjamin, *DJe* 9.12.2013.

BRASIL, STJ-1ª Seção. AgInt no MS 22.624/DF, rel. min. Francisco Falcão, *DJe* 4.6.2019.

CARVALHO, Paulo de Barros. *Curso de direito tributário*. 28. ed. São Paulo: Saraiva, 2017.

COÊLHO, Sacha Calmon Navarro. *Curso de direito tributário brasileiro*. 9. ed. Rio de Janeiro: Forense, 2006.

COSTA, Regina Helena. *Código tributário nacional em sua moldura constitucional*. Rio de Janeiro: Forense, 2021.

DINIZ, Maria Helena. *Dicionário Jurídico*. v 4, São Paulo: Saraiva, 1998, p. 602. No mesmo sentido, MACHADO, Hugo de Brito. *Uma introdução ao estudo do direito*. São Paulo: Dialética, 2000.

DI PIETRO, Maria Sylvia Zanella. *Direito administrativo*. 33 ed. Rio de Janeiro: Forense: 2020. Versão digital.

JARDIM, Eduardo Marcial Ferreira. *Comentários ao código tributário nacional*. v. 2. arts. 170 a 172. Ives Gandra da Silva Martins (coord.). São Paulo: Saraiva, 1998, p. 402.

LÓPEZ, María Esther Sánchez. El acuerdo de voluntades en el âmbito tributário. *In*: SARAIVA FILHO, Oswaldo Othon de Pontes; GUIMARÃES, Vasco Branco, *Transação e arbitragem no direito tributário*. Belo Horizonte: Fórum, 2008, p. 191 a 216.

MACHADO, Hugo de Brito. *Comentários ao código tributário nacional*. v. III. São Paulo: Atlas, 2005.

MACHADO, Hugo de Brito. *Curso de direito tributário*. 38. ed. São Paulo: Malheiros Editores, 2017.

MARTINS, Ives Gandra da Silva. Opinião jurídica exposta em resposta à pergunta formulada pela jornalista Leda Nagle. Entrevista apresentada pelo veículo de comunicação *Jovem Pan News* no Programa *Direto ao Ponto*, apresentado pelo jornalista Augusto Nunes, em 20.8.2021. Disponível em: https://www.youtube.com/watch?v=G9ihW1zJSRw.

MAXIMILIANO, Carlos. *Hermenêutica e aplicação do direito*. 11. ed. Rio de Janeiro: Forense, 1991.

MEIRELLES, Hely Lopes. *Direito administrativo brasileiro*. 42. ed. São Paulo: Malheiros, 2016.

MORAES. Bernardo Ribeiro de. *Compêndio de direito tributário*. 2. ed. Rio de Janeiro: Forense, 1994. v. 2.

OLIVEIRA, Phelippe Toledo Pires de. A transação em matéria tributária. Série doutrina tributária vol. XVIII, São Paulo: Quartier Latin, 2015.

PAULSEN, Leandro. *Constituição e Código Tributário Nacional comentados à luz da doutrina e da jurisprudência*. 18. ed. São Paulo: Saraiva, 2017.

PLÁCIDO e SILVA. *Vocábulos Jurídicos*, (e-book). Nagib Slaibi Filho e Priscila Pereira Vasques Gomes (atualizadores). Rio de Janeiro: Forense, 2016.

SANTI, Euro Marcos Diniz de. Transação e arbitragem no direito tributário: paranóia ou mistificação? *In*: SARAIVA FILHO, Oswaldo Othon de Pontes; Guimarães, Vaco Branco (org.). Belo Horizonte: Fórum, 2008, p. 167 a 190.

SANTIAGO, Igor Mauler; BREYNER, Frederico Menezes. Eficácia suspensiva dos embargos à execução fiscal em face do art. 739-A do Código de Processo Civil. *Revista Dialética de Direito Tributário*, São Paulo, Dialética, n. 145, p. 54 a 69, out. 2007.

SCHOUERI. Luís Eduardo. *Direito tributário*. 7. ed. São Paulo: Saraiva, 2017.

SARAIVA FILHO, Oswaldo Othon de Pontes. Visão da sociedade sobre transações tributárias. *Revista Fórum de Direito Tributário*, Belo Horizonte, Fórum, n. 40, p. 53 a 59, jul./ago. 2009.

SARAIVA FILHO, Oswaldo Othon de P. O princípio da moralidade da administração pública. *Revista de Informação Legislativa*, n. 132, p. 125 a 129, Brasília, Senado Federal, Subsecretaria de Edições Técnicas, out./dez. 1996.

SARAIVA FILHO, Oswaldo Othon de Pontes. A transação e a arbitragem no direito constitucional-tributário brasileiro. *In*: SARAIVA FILHO, Oswaldo Othon de Pontes; GUIMARÃES, Vasco Branco (coord.). *Transação e arbitragem no direito tributário*: homenagem ao jurista Carlos Mário as Silva Veloso. Belo Horizonte: Fórum, 2009.

SARAIVA FILHO, Oswaldo Othon de Pontes. Reflexos do princípio da eficiência administrativa no âmbito tributário. *Revista Fórum de Direito Tributário*, Belo Horizonte, Fórum, n. 21, p. 17 a 34, maio/jun. 2006.

SEGUNDO, Hugo de Brito Machado. *Código tributário nacional*: anotações à Constituição, ao código tributário nacional e às leis complementares 87/1996 e 116/2003. 5. ed. São Paulo: Atlas, 2015, p. 393 a 394. *In: Manual de direito tributário*. 10. ed. São Paulo: Atlas, 2015.

SOUZA, Hamilton Dias de. *In:* MARTINS, Ives Gandra da Silva (coord.). *Comentários ao Código Tributário Nacional.* (artigos 1º e 2º do CTN). São Paulo: Saraiva, 1998. v. 1.

Informação bibliográfica deste texto, conforme a NBR 6023:2018 da Associação Brasileira de Normas Técnicas (ABNT):

SARAIVA FILHO, Oswaldo Othon de Pontes. A transação tributária de acordo com a Constituição Federal e o Código Tributário Nacional. *In:* SARAIVA FILHO, Oswaldo Othon de Pontes (coord.). *Transação Tributária*: homenagem ao jurista Sacha Calmon Navarro Coêlho. Belo Horizonte: Fórum, 2023. (Coleção Fórum grandes temas atuais de Direito Tributário; v. 1). p. 15-47. ISBN 978-65-5518-407-5.

PREJUÍZO FISCAL COMO MEIO DE PAGAMENTO DA TRANSAÇÃO TRIBUTÁRIA

MARCOS JOAQUIM GONÇALVES ALVES

ALAN FLORES VIANA

1 Considerações preliminares

Aos 22 de janeiro de 2022 a Procuradoria-Geral da Fazenda Nacional (PGFN) divulgou o resultado da recuperação da dívida ativa em 2021. O valor arrecadado ao caixa do Tesouro Nacional atingiu a impressionante marca de R$31,7 bilhões. Recorde histórico da PGFN e, segundo dados históricos da Procuradoria, valor 30% superior ao anterior ano de 2020, quando a recuperação atingiu a marca de R$24,5 bilhões.[1]

Os dados expressivos apresentados pela PGFN demonstram a importância da transação tributária para o atingimento deste resultado. Este instrumento de solução

---

[1] BRASIL. Procuradoria-Geral da Fazenda Nacional. PGFN alcança R$31,7 bilhões em valor arrecadado em 2021: Valor é quase 30% superior ao obtido no ano anterior. Do total, R$6,4 bilhões são resultado de acordos de transação. Disponível em: http://www.pgfn.fazenda.gov.br/noticias/2020/pgfn-publica-portarias-e-edital-que-reabrem-prazo-para-adesao-a-modalidades-de-transacao-ate-30-de-junho-e-permitem-negociacoes-individuais. Acesso em: 27 de jun. 2020.

de litígio tributário foi responsável pelo acréscimo de R$6,4 bilhões ao resultado anual da recuperação da dívida ativa. Justamente o acréscimo responsável pelo rompimento da de recuperação média histórica, estacionada em R$24 bilhões anuais desde 2016.

Sem dúvida, a transação tributária instituída pela Lei nº 13.988, de 14 de abril de 2020, é um marco na política tributária nacional. Passados quase dois anos desde sua criação, a legislação confirma sua vocação de aumentar a eficiência na cobrança da dívida ativa da União.

Como já tivemos oportunidade de escrever,[23] esta eficiência financeira é apenas parte de uma vocação maior que a transação tributária ainda poderá desempenhar em conjunto e como catalizadora de outras políticas públicas. Trata-se de importante e disruptiva mudança do paradigma punitivo da relação entre Fisco e contribuinte para uma relação colaborativa que reforce o cumprimento da legislação tributária.[4]

O presente texto adota estas premissas como uma provocação para a reflexão sobre um novo instrumento que poderá potencializar ainda mais a eficiência da transação tributária: a utilização do prejuízo fiscal e da base de cálculo negativa da Contribuição Social sobre o Lucro líquido (CSLL) acumulados pela sociedade empresária como meio de pagamento para o valor transacionado com a União, nos moldes da recém-aprovada Lei nº 14.375, de 21 de junho de 2022.

Para além de um debate focado nas limitações e judicializações de temas relacionados ao prejuízo fiscal, o presente texto convida o leitor a uma reflexão conjunta: o prejuízo fiscal e a base de cálculo negativa da CSLL podem ser um efetivo meio de pagamento para sanear as contas das sociedades empresárias e efetivar a nova política tributária que busca o consenso entre Fisco e contribuintes? Por que utilizar este meio de pagamento em um cenário de autocomposição de litígios? Afinal, o que a escolha pela aceitação deste meio de pagamento demonstra no contexto de arrecadação recorde da dívida ativa da União?

A natural complexidade dos temas tratados neste breve estudo afasta qualquer pretensão de exaurir ou abordar todos os assuntos relacionados ou decorrentes daqueles efetivamente abordados aqui.

Ao fim, veremos que a restrição conceitual a formas de solução do passivo fiscal, ao fim e ao cabo, são restrições ao próprio objetivo de eficiência e efetividade buscados pela PGFN e pela Receita Federal do Brasil[5]. Ademais, são restrições ao saneamento e equilíbrio fiscal das sociedades empresárias, marco necessário para o duradouro e sustentável *compliance* tributário.

---

[2] ALVES, Marcos Joaquim Gonçalves; VIANA, Alan Flores. Transação tributária: compromisso em direção a uma política tributária do futuro. ITR Tax Reference Library, New York, n. 134. Disponível em: https://www.internationaltaxreview.com/article/b1ky63knf3242y/transa231227o-tribut225ria-compromisso-em-dire231227o-a-uma-pol237tica-tribut225ria-do-futuro.

[3] ALVES, Marcos Joaquim Gonçalves; VIANA, Alan Flores. Transação tributária e direitos fundamentais. In: FILHO, Oswaldo Othon de Pontes Saraiva (coord.). *Direitos fundamentais dos contribuintes*: homenagem ao jurista Gilmar Ferreira Mendes. São Paulo: Almedina, 2021, p. 501-520.

[4] VIANA, Alan Flores. Compliance tributário por intermédio de uma regulação tributária cooperativa. In: CARVALHOSA, Modesto; KUYVEN, Fernando (coord.). *Compliance no direito empresarial*. Estado fiscal e o Supremo Tribunal Federal. São Paulo: Saraiva, 2017, p. 348.

[5] A Lei nº 14.375, de 21 de junho de 2022, alterou a Lei nº 13.988/2020, para admitir a transação individual de créditos sob a administração da Secretaria Especial da Receita Federal do Brasil, do Ministério da Economia e submetidos ao contencioso administrativo fiscal (vide art. 1º, §4º, I c/c art. 2º, I, c/c art. 10-A da Lei nº 13.988/2020).

2 Prejuízo contábil e fiscal: características, diferenças e limitações

A distinção entre o que caracteriza o prejuízo contábil e fiscal é importante para compreendermos a possibilidade e limitações de utilização do prejuízo fiscal como meio de pagamento da transação tributária. Como será demonstrado, esta tênue distinção, na realidade, revela uma relação íntima entre a contabilidade e o direito tributário.

Como se sabe, a evolução das ciências contábeis permitiu que os indivíduos passassem a mensurar o próprio patrimônio por intermédio de um inventário físico. Para as sociedades empresárias, este inventário permite a avaliação do desempenho em termos monetários, viabilizando ao empresário verificar ao fim de cada período se sua atividade empresarial estava gerando lucro ou prejuízo.[6]

Dentre as diversas finalidades que esta apuração contábil possui, há a finalidade de apuração de tributos, objeto da contabilidade tributária ou fiscal. Neste contexto tributário, as mensurações e avaliações levam à construção de elementos necessários para a aplicação da legislação tributária. Especificamente naquilo que concerne o presente estudo, a contabilidade tributária levará à construção do sentido de "lucro", essencial para a apuração da base de cálculo do imposto de renda da pessoa jurídica.

Para alguns autores, esta relação entre a contabilidade tributária e a apuração da base de cálculo do imposto de renda da pessoa jurídica é tão íntima que seria possível afirmar "que a Contabilidade Fiscal existe para apurar a base de cálculo do imposto de renda".[7]

Neste contexto, em essência, o prejuízo contábil adota como referência o balanço contábil da sociedade empresária. A partir deste referencial e da apuração do total de receitas do exercício financeiro, realiza-se o encontro de contas com as despesas e custos da sociedade empresária, conforme determinado pela Lei nº 6.404/1976. Se deste encontro apurar-se um resultado negativo, haverá o prejuízo contábil.[8]

Por sua vez, a apuração do prejuízo fiscal adotará como referência para a aplicação da legislação tributária o mesmo balanço contábil da sociedade empresária, interpretando o seu conteúdo de acordo com a legislação do imposto de renda da pessoa jurídica. Com este referencial, se a apuração do Lucro Real da sociedade empresária for negativa, teremos o prejuízo fiscal.

É importante ressaltar o alerta formulado por Martinez:[9]

> o que se denomina de 'lucro real' é, na verdade, criação jurídica que tem validade exclusivamente para fins fiscais. Lucro real (fiscal) não significa lucro societário (contábil), do mesmo modo que prejuízo para fins fiscais não significa prejuízo para fins societários.

Em suma, "para apurar o 'lucro real' – base de cálculo do imposto sobre a renda – é necessária a apuração do lucro líquido (computado conforme a Lei nº 6.404/1976), que

---

[6] IUDÍCIBUS, Sérgio de. *Teoria da contabilidade*. 6. ed. São Paulo: Atlas, 2015, p. 15.
[7] MARTINEZ, Antonio Lopo. Limites dos conceitos contábeis no fato gerador do imposto de renda. In: MOSQUERA, Roberto Quiroga; LOPES, Alexsandro Broedel (coord.). *Controvérsias jurídico-contábeis* (aproximações e distanciamentos). 6. vol. São Paulo: Dialética, 2015, p. 86.
[8] IUDÍCIBUS, Sérgio de. *Ibidem*, p. 75.
[9] MARTINEZ, Antonio Lopo. *Ibidem*.

está sujeito a adições, exclusões ou compensações, exigidas ou permitidas por lei".[10] No mesmo sentido é a lição de Roberto Quiroga Mosquera acerca da diferenciação conceitual entre o lucro líquido e seu papel na apuração do lucro real.[11]

A autorização legal para que sejam apurados o prejuízo fiscal e a base de cálculo negativa da CSLL é observada pelas regras dos arts. 15, parágrafo único, e 16, parágrafo único, ambos da Lei nº 9.065/1995, *litteris*:

> Art. 14. Os rendimentos e ganhos de capital distribuídos, a partir de 1º de julho de 1995, pelos Fundos de Investimento Imobiliário e Fundos de Investimento Cultural e Artístico – FICART, sob qualquer forma e qualquer que seja o beneficiário, sujeitam-se à incidência do imposto de renda na fonte à alíquota de dez por cento.
>
> Parágrafo único. Ao imposto retido nos termos deste artigo aplica-se o disposto no art. 76 da Lei nº 8.981, de 1995.
>
> Art. 15. O prejuízo fiscal apurado a partir do encerramento do ano-calendário de 1995, poderá ser compensado, cumulativamente com os prejuízos fiscais apurados até 31 de dezembro de 1994, com o lucro líquido ajustado pelas adições e exclusões previstas na legislação do imposto de renda, observado o limite máximo, para a compensação, de trinta por cento do referido lucro líquido ajustado.
>
> Parágrafo único. O disposto neste artigo somente se aplica às pessoas jurídicas que mantiverem os livros e documentos, exigidos pela legislação fiscal, comprobatórios do montante do prejuízo fiscal utilizado para a compensação.

Por sua vez, a Receita Federal do Brasil (RFB) estabeleceu regras específicas, por intermédio dos arts. 203, 204, 207 e 208, todos da Instrução Normativa RFB nº 1700, de 14 de março de 2017.[12]

---

[10] MARTINEZ, Antonio Lopo. *Ibidem*.

[11] MOSQUERA, Roberto Quiroga. *Direito monetário e tributação da moeda*. São Paulo: Dialética, 2006, p. 45.

[12] "Art. 203. Para fins de determinação do lucro real, o lucro líquido, depois de ajustado pelas adições e exclusões previstas ou autorizadas pela legislação do IRPJ, poderá ser reduzido pela compensação de prejuízos fiscais respeitado o limite de 30% (trinta por cento) do referido lucro líquido ajustado.
§1º A compensação poderá ser total ou parcial, em um ou mais períodos de apuração, à opção do contribuinte, observado o limite previsto no art. 205.
§2º O disposto neste artigo somente se aplica às pessoas jurídicas que mantiverem os livros e documentos, exigidos pela legislação fiscal, comprobatórios do montante do prejuízo fiscal utilizado para compensação.
§3º O prejuízo compensável é o apurado na demonstração do lucro real de que trata a alínea "a" do inciso I do §2º do art. 310.
Art. 204. As pessoas jurídicas que se encontrarem inativas desde o ano-calendário de 2009 ou que estejam em regime de liquidação ordinária, judicial ou extrajudicial, ou em regime de falência, poderão apurar o IRPJ relativo ao ganho de capital resultante da alienação de bens ou direitos, ou qualquer ato que enseje a realização de ganho de capital, sem a aplicação do limite previsto no caput do art. 203, desde que o produto da venda seja utilizado para pagar débitos de qualquer natureza com a União.
Art. 207. Para fins de determinação do resultado ajustado o lucro líquido, depois de ajustado pelas adições e exclusões previstas ou autorizadas pela legislação da CSLL, poderá ser reduzido pela compensação de bases de cálculo negativas da CSLL em até 30% (trinta por cento) do referido lucro líquido ajustado.
§1º A compensação poderá ser total ou parcial, em um ou mais períodos de apuração, à opção do contribuinte.
§2º O disposto neste artigo somente se aplica às pessoas jurídicas que mantiverem os livros e documentos, exigidos pela legislação fiscal, comprobatórios da base de cálculo negativa da CSLL utilizada para compensação.
§3º A base de cálculo negativa da CSLL compensável é a apurada na demonstração da base de cálculo da CSLL de que trata a alínea "a" do inciso II do §2º do art. 310.
Art. 208. As pessoas jurídicas que se encontrarem inativas desde o ano-calendário de 2009 ou que estejam em regime de liquidação ordinária, judicial ou extrajudicial, ou em regime de falência, poderão apurar a CSLL relativa ao ganho de capital resultante da alienação de bens ou direitos, ou qualquer ato que enseje a realização

As limitações de 30% para a utilização dos prejuízos fiscais e bases de cálculo negativas da CSLL de exercícios anteriores para a compensação dos resultados positivos em exercícios subsequentes já foi debatida em diversas oportunidades, inclusive pelo Supremo Tribunal Federal (STF). Ao analisar a chamada "trava de 30", a Corte Suprema ressaltou que "é constitucional a limitação do direito de compensação de prejuízos fiscais do IRPJ e da base de cálculo negativa da CSLL".[13]

A despeito destes contornos legais e jurisprudenciais, é possível observar que o prejuízo fiscal e a base de cálculo negativa da CSLL originam-se, necessariamente, de um resultado negativo da contabilidade fiscal da sociedade empresária. Ou seja, refletem a situação de dificuldade financeira da empresa que não conseguiu atingir, ao menos, o valor de receitas necessárias para custear todas as despesas.

Esta situação de dificuldade financeira, muitas vezes, dá início a um processo que pode culminar com o encerramento das atividades operacionais da sociedade empresária. Cenário este que se expandiu de modo vertiginoso nos anos de 2020 e 2021 diante da crise econômica decorrente da pandemia da Covid-19.

Justamente no contexto de crise que aumentou procedimentos de Recuperação Judicial das sociedades empresárias é que se afastou, para estes casos, a aplicação da "trava de 30". Mais precisamente, por intermédio da edição da Lei nº 14.112, de 24 de dezembro de 2021, que alterou a Lei nº 11.101/2005 para incluir o art. 6º-B, abaixo transcrito:

> Art. 6º-B. Não se aplica o limite percentual de que tratam os arts. 15 e 16 da Lei nº 9.065, de 20 de junho de 1995, à apuração do imposto sobre a renda e da Contribuição Social sobre o Lucro Líquido (CSLL) sobre a parcela do lucro líquido decorrente de ganho de capital resultante da alienação judicial de bens ou direitos, de que tratam os arts. 60, 66 e 141 desta Lei, pela pessoa jurídica em recuperação judicial ou com falência decretada.
> Parágrafo único. O disposto no caput deste artigo não se aplica na hipótese em que o ganho de capital decorra de transação efetuada com:
> I – pessoa jurídica que seja controladora, controlada, coligada ou interligada; ou
> II – pessoa física que seja acionista controlador, sócio, titular ou administrador da pessoa jurídica devedora.

Apesar da indicação de veto pelo Presidente da República a esta alteração,[14] o Congresso Nacional derrubou o veto presidencial por expressiva maioria.

---

de ganho de capital, sem a aplicação do limite previsto no caput do art. 207, desde que o produto da venda seja utilizado para pagar débitos de qualquer natureza com a União."

[13] RE nº 591340, Relator(a): MARCO AURÉLIO, Relator(a) p/ Acórdão: ALEXANDRE DE MORAES, Tribunal Pleno, julgado em 27/06/2019, ACÓRDÃO ELETRÔNICO REPERCUSSÃO GERAL – MÉRITO DJe-019 DIVULG 31-01-2020 PUBLIC 03-02-2020.

[14] A propósito, as razões de veto indicados pelo Presidente da República indicaram que "a medida acarreta renúncia de receita, sem o cancelamento equivalente de outra despesa obrigatória e sem que esteja acompanhada de estimativa do seu impacto orçamentário e financeiro, o que viola o disposto no art. 113 da ADCT, e no art. 14 da Lei de Responsabilidade Fiscal". Todavia, esta indicação de renúncia fiscal contradiz o entendimento da própria RFB, para quem a "A definição desses critérios e a graduação das alíquotas faz parte da estrutura do imposto de renda. Os impactos na arrecadação decorrentes de sua escolha ou de sua alteração não são considerados gastos tributários, pois configuram a própria referência do tributo" Cf.: BRASIL. Ministério da Fazenda. Receita Federal do Brasil. Demonstrativo dos Gastos Governamentais Indiretos de Natureza Tributária (Gastos Tributários) – PLOA 2019, p. 23.

Portanto, observa-se que prejuízo contábil e fiscal externalizam em sua essência a existência de dificuldades vivenciadas pelas empresas que apuram resultados operacionais negativos. Ao reconhecer esta situação de dificuldade, a legislação tributária autoriza a escrituração deste prejuízo como um ativo a ser utilizado em exercícios supervenientes para a compensação da base tributável positiva que existirá nos casos em que a sociedade empresária conseguir retomar sua performance financeira, ainda que haja limitações a esta utilização.

3 Utilização do prejuízo fiscal como meio de pagamento na regularização fiscal perante a União

Em uma conclusão parcial do presente estudo, podemos reconhecer que a utilização do prejuízo fiscal e da base de cálculo negativa da CSLL como ativos escriturais nos exercícios subsequentes é uma possibilidade prevista na própria Lei nº 9.065/1995, ainda que sujeita às limitações apontadas anteriormente.

Este potencial de auxiliar a sociedade empresária em sua reestruturação financeira e contábil já foi incluído em diversos programas de refinanciamento e parcelamento de dívidas tributárias, justamente em razão do reconhecimento de sua eficácia para o pagamento e auxílio na recuperação fiscal da sociedade empresária, a saber:

Programa de Recuperação Fiscal instituído pela Lei nº 9.964, de 10 de abril de 2000;[15]
Refis da Crise instituído pela Lei nº 11.941, de 27 de maio de 2009;[16]
Refis das Autarquias instituído pela Lei nº 12.249, de 11 de junho de 2010;[17]

---

[15] "Art. 1º É instituído o Programa de Recuperação Fiscal – Refis, destinado a promover a regularização de créditos da União. [...] §7º Os valores correspondentes a multa, de mora ou de ofício, e a juros moratórios, inclusive as relativas a débitos inscritos em dívida ativa, poderão ser liquidados, observadas as normas constitucionais referentes à vinculação e à partilha de receitas, mediante: I – compensação de créditos, próprios ou de terceiros, relativos a tributo ou contribuição incluído no âmbito do Refis; II – a utilização de prejuízo fiscal e de base de cálculo negativa da contribuição social sobre o lucro líquido, próprios ou de terceiros, estes declarados à Secretaria da Receita Federal até 31 de outubro de 1999. §8º Na hipótese do inciso II do §7º, o valor a ser utilizado será determinado mediante a aplicação, sobre o montante do prejuízo fiscal e da base de cálculo negativa, das alíquotas de 15% (quinze por cento) e de 8% (oito por cento), respectivamente."

[16] "Art. 1º (...) §7º As empresas que optarem pelo pagamento ou parcelamento dos débitos nos termos deste artigo poderão liquidar os valores correspondentes a multa, de mora ou de ofício, e a juros moratórios, inclusive as relativas a débitos inscritos em dívida ativa, com a utilização de prejuízo fiscal e de base de cálculo negativa da contribuição social sobre o lucro líquido próprios. §8º Na hipótese do §7º deste artigo, o valor a ser utilizado será determinado mediante a aplicação sobre o montante do prejuízo fiscal e da base de cálculo negativa das alíquotas de 25% (vinte e cinco por cento) e 9% (nove por cento), respectivamente."

[17] "Art. 65. §33. As pessoas jurídicas que se encontrem inativas desde o ano-calendário de 2009 ou que estiverem em regime de liquidação ordinária, judicial ou extrajudicial, ou em regime de falência, que optaram pelo pagamento ou parcelamento dos débitos, nos termos deste artigo, poderão compensar os débitos do Imposto de Renda da Pessoa Jurídica (IRPJ) e da Contribuição Social sobre o Lucro Líquido (CSLL) apurados em razão da concessão do benefício de redução dos valores de multas, juros de mora e encargo legal, em decorrência do disposto no §3º deste artigo, respectivamente, com a utilização de prejuízo fiscal e da base de cálculo negativa da CSLL, próprios, acumulados de exercícios anteriores, sendo que o valor a ser utilizado será determinado mediante a aplicação da alíquota de 25% (vinte e cinco por cento) sobre o montante do prejuízo fiscal e de 9% (nove por cento) sobre a base de cálculo negativa da CSLL."

Parcelamento instituído pela Lei nº 12.865, de 9 de outubro de 2013;[18]

Programa de Redução de Litígios Tributários (Prorelit) instituído pela Lei nº 13.202, de 8 de dezembro de 2015;[19]

Programa de Regularização Tributária (PRT) instituído pela Medida Provisória nº 766, de 4 de janeiro de 2017;[20]

Programa Especial de Regularização Tributária (Pert) instituído pela Lei nº 13.496, de 24 de outubro de 2017;[21]

---

[18] "Art. 40. Os débitos para com a Fazenda Nacional relativos ao Imposto sobre a Renda das Pessoas Jurídicas – IRPJ e à Contribuição Social sobre o Lucro Líquido – CSLL, decorrentes da aplicação do art. 74 da Medida Provisória nº 2.158-35, de 24 de agosto de 2001, relativos a fatos geradores ocorridos até 31 de dezembro de 2013, poderão ser: [...] §7º Os valores correspondentes a multas, de mora ou de ofício ou isoladas, a juros moratórios e até 30% (trinta por cento) do valor principal do tributo, inclusive relativos a débitos inscritos em dívida ativa e do restante a ser pago em parcelas mensais a que se refere o inciso II do caput, poderão ser liquidados com a utilização de créditos de prejuízo fiscal e de base de cálculo negativa da Contribuição Social sobre o Lucro Líquido próprios e de sociedades controladas ou coligadas, além das demais mencionadas no inciso II do §8º deste artigo, em 31 de dezembro de 2011, domiciliadas no Brasil, desde que se mantenham nesta condição até a data da opção pelo parcelamento."

[19] "Art. 1º [...] §1º O sujeito passivo com débitos de natureza tributária, vencidos até 30 de junho de 2015 e em discussão administrativa ou judicial perante a Secretaria da Receita Federal do Brasil ou a Procuradoria-Geral da Fazenda Nacional poderá, mediante requerimento, desistir do respectivo contencioso e utilizar créditos próprios de prejuízos fiscais e de base de cálculo negativa da Contribuição Social sobre o Lucro Líquido – CSLL, apurados até 31 de dezembro de 2013 e declarados até 30 de junho de 2015, para a quitação dos débitos em contencioso administrativo ou judicial. §2º Os créditos de prejuízo fiscal e de base de cálculo negativa da CSLL poderão ser utilizados, nos termos do caput, entre pessoas jurídicas controladora e controlada, de forma direta ou indireta, ou entre pessoas jurídicas que sejam controladas direta ou indiretamente por uma mesma empresa, em 31 de dezembro de 2014, domiciliadas no Brasil, desde que se mantenham nesta condição até a data da opção pela quitação. §3º Poderão ainda ser utilizados pela pessoa jurídica a que se refere o §1º os créditos de prejuízo fiscal e de base de cálculo negativa da CSLL do responsável tributário ou corresponsável pelo crédito tributário em contencioso administrativo ou judicial. §4º Para os fins do disposto no §2º, inclui-se também como controlada a sociedade na qual a participação da controladora seja igual ou inferior a 50% (cinquenta por cento), desde que existente acordo de acionistas que assegure de modo permanente à sociedade controladora a preponderância individual ou comum nas deliberações sociais, assim como o poder individual ou comum de eleger a maioria dos administradores. §5º Os créditos das pessoas jurídicas de que tratam os §§2º e 3º somente poderão ser utilizados após a utilização total dos créditos próprios.
Art. 2º O requerimento de que trata o §1º do art. 1º deverá ser apresentado até 30 de novembro de 2015, observadas as seguintes condições: I – pagamento em espécie equivalente a, no mínimo: a) 30% (trinta por cento) do valor consolidado dos débitos indicados para a quitação, a ser efetuado até 30 de novembro de 2015; b) 33% (trinta e três por cento) do valor consolidado dos débitos indicados para a quitação, a ser efetuado em duas parcelas vencíveis até o último dia útil dos meses de novembro e dezembro de 2015; ou c) 36% (trinta e seis por cento) do valor consolidado dos débitos indicados para a quitação, a ser efetuado em três parcelas vencíveis até o último dia útil dos meses de novembro e dezembro de 2015 e janeiro de 2016; e II – quitação do saldo remanescente mediante a utilização de créditos de prejuízos fiscais e de base de cálculo negativa da CSLL.

[20] "Art. 2º No âmbito da Secretaria da Receita Federal do Brasil, o sujeito passivo que aderir ao PRT poderá liquidar os débitos de que trata o art. 1º mediante a opção por uma das seguintes modalidades: I – pagamento à vista e em espécie de, no mínimo, vinte por cento do valor da dívida consolidada e liquidação do restante com a utilização de créditos de prejuízo fiscal e base de cálculo negativa da Contribuição Social sobre o Lucro Líquido – CSLL ou com outros créditos próprios relativos aos tributos administrados pela Secretaria da Receita Federal do Brasil; II – pagamento em espécie de, no mínimo, vinte e quatro por cento da dívida consolidada em vinte e quatro prestações mensais e sucessivas e liquidação do restante com a utilização de créditos de prejuízo fiscal e base de cálculo negativa da CSLL ou com outros créditos próprios relativos aos tributos administrados pela Secretaria da Receita Federal do Brasil;"

[21] "Art. 3º No âmbito da Procuradoria-Geral da Fazenda Nacional, o sujeito passivo que aderir ao Pert poderá liquidar os débitos de que trata o art. 1º desta Lei, inscritos em dívida ativa da União, da seguinte forma: [...] Parágrafo único. Na hipótese de adesão a uma das modalidades previstas no inciso II do caput deste artigo, ficam assegurados aos devedores com dívida total, sem reduções, igual ou inferior a R$ 15.000.000,00 (quinze milhões de reais): I – a redução do pagamento à vista e em espécie para, no mínimo, 5% (cinco por cento) do valor da dívida consolidada, sem reduções, em até cinco parcelas mensais e sucessivas, vencíveis de agosto a dezembro de 2017; II – após a aplicação das reduções de multas e juros, a possibilidade de utilização de créditos de prejuízo fiscal e de base de cálculo negativa da CSLL e de outros créditos próprios relativos aos tributos

Parcelamento ordinário de débitos instituído pela Lei nº 10.522, de 19 de julho de 2002 e alterada pela Lei nº 14.112, de 24 de dezembro de 2020;[22]

Há um aspecto comum a todas as normas em referência: o reconhecimento do ativo prejuízo fiscal e base de cálculo negativa da CSLL como importante meio de pagamento de débitos inscritos na dívida ativa da União, considerando-se a situação de fragilidade da empresa em desequilíbrio fiscal.

Também se observam diferenças quanto à possibilidade de utilização de prejuízos próprios ou de terceiros, empresas coligadas e coligadas, assim como a possibilidade de quitação integral ou de apenas parte dos débitos tributários. Há também normas que exigem o pagamento de um percentual mínimo em espécie e a restrição de compensação de apenas ganhos de capital observados durante a recuperação fiscal e financeira do contribuinte.

Cada vez mais o legislador percebe que a ampliação da utilização deste ativo é mais eficiente para a arrecadação tributária do que a sua limitação, conforme importante para compreendermos a possibilidade e limitações de utilização do prejuízo fiscal como meio de pagamento da transação tributária.

Neste contexto, foi aprovado pelo Congresso Nacional o Projeto de Lei de Conversão da Medida Provisória nº 1.090 (PLV nº 12/2022), sancionado como Lei nº 14.375, de 21 de junho de 2022, que altera a Lei nº 13.988/2020 para, dentre diversas inclusões voltadas à ampliação da transação tributária, permitir a inclusão de novo benefício no inciso IV do atual art. 11, com a seguinte redação:

> Art. 11. A transação poderá contemplar os seguintes benefícios: [...]
> IV – a utilização de créditos de prejuízo fiscal e de base de cálculo negativa da Contribuição Social sobre o Lucro Líquido (CSLL), na apuração do Imposto sobre a Renda das Pessoas Jurídicas (IRPJ) e da CSLL, até o limite de 70% (setenta por cento) do saldo remanescente após a incidência dos descontos, se houver;; [...]
> §1º É permitida a utilização de mais de uma das alternativas previstas nos incisos I, II, III, IV e V do caput deste artigo para o equacionamento dos créditos inscritos em dívida ativa da União.
> §1º-A. Após a incidência dos descontos previstos no inciso I do caput deste artigo, se houver, a liquidação de valores será realizada no âmbito do processo administrativo de transação para fins da amortização do saldo devedor transacionado a que se refere o inciso IV do caput deste artigo e será de critério exclusivo da Secretaria Especial da Receita Federal do Brasil, para créditos em contencioso administrativo fiscal, ou da Procuradoria-Geral

---

administrados pela Secretaria da Receita Federal do Brasil, com a liquidação do saldo remanescente, em espécie, pelo número de parcelas previstas para a modalidade;"

[22] "Art. 10-A. O empresário ou a sociedade empresária que pleitear ou tiver deferido o processamento da recuperação judicial, nos termos dos arts. 51, 52 e 70 da Lei nº 11.101, de 9 de fevereiro de 2005, poderá liquidar os seus débitos para com a Fazenda Nacional existentes, ainda que não vencidos até a data do protocolo da petição inicial da recuperação judicial, de natureza tributária ou não tributária, constituídos ou não, inscritos ou não em dívida ativa, mediante a opção por uma das seguintes modalidades: [...] VI – em relação aos débitos administrados pela Secretaria Especial da Receita Federal do Brasil, liquidação de até 30% (trinta por cento) da dívida consolidada no parcelamento com a utilização de créditos decorrentes de prejuízo fiscal e de base de cálculo negativa da Contribuição Social sobre o Lucro Líquido (CSLL) ou com outros créditos próprios relativos aos tributos administrados pela Secretaria Especial da Receita Federal do Brasil, hipótese em que o restante poderá ser parcelado em até 84 (oitenta e quatro) parcelas, calculadas de modo a observar os seguintes percentuais mínimos, aplicados sobre o saldo da dívida consolidada."

da Fazenda Nacional, para créditos inscritos em dívida ativa da União, sendo adotada em casos excepcionais para a melhor e efetiva composição do plano de regularização.

§7º Para efeito do disposto no inciso IV do caput deste artigo, a transação poderá compreender a utilização de créditos de prejuízo fiscal e de base de cálculo negativa da CSLL de titularidade do responsável tributário ou corresponsável pelo débito, de pessoa jurídica controladora ou controlada, de forma direta ou indireta, ou de sociedades que sejam controladas direta ou indiretamente por uma mesma pessoa jurídica, apurados e declarados à Secretaria Especial da Receita Federal do Brasil, independentemente do ramo de atividade, no período previsto pela legislação tributária.

§8º O valor dos créditos de que trata o §1º-A deste artigo será determinado, na forma da regulamentação: I – por meio da aplicação das alíquotas do imposto sobre a renda previstas no art. 3º da Lei nº 9.249, de 26 de dezembro de 1995, sobre o montante do prejuízo fiscal; e II – por meio da aplicação das alíquotas da CSLL previstas no art. 3º da Lei nº 7.689, de 15 de dezembro de 1988, sobre o montante da base de cálculo negativa da contribuição.

§9º A utilização dos créditos a que se refere o §1º-A deste artigo extingue os débitos sob condição resolutória de sua ulterior homologação.

§10. A Secretaria Especial da Receita Federal do Brasil dispõe do prazo de 5 (cinco) anos para a análise dos créditos utilizados na forma do §1º-A deste artigo.

Como se observa, a Lei nº 14.375, de 21 de junho de 2022, confere ao prejuízo fiscal e à base de cálculo negativa da CSLL a condição de meios de pagamento para quitação do saldo da transação tributária após a aplicação da redução dos juros e multas nos termos da avaliação da capacidade de pagamento do contribuinte e a expectativa de recebimento da dívida ativa em questão.

Cumpre ressaltar, todavia, que este meio de pagamento somente será admitido, segundo a lei, naqueles casos em que a PGFN manifeste a sua concordância com tal instrumento para equacionar o acordo em negociação.

A alteração da Lei nº 13.988/2020 partiu da decisão da Câmara dos Deputados de incorporar no PLV nº 12/2022 matéria já aprovada em segundo turno pelo Plenário do Senado Federal, nos termos do Projeto de Lei nº 4.728/2020. No Parecer apresentado pelo Relator do Projeto de Lei nº 4.728/2020 no Senado Federal, Senador Fernando Bezerra (MDB/PE), quando da votação do projeto no Plenário, destacou-se que:[23]

> no tocante à previsão de utilização de créditos de prejuízo fiscal e de base de cálculo negativa da CSLL, é necessário autorizar que esses valores tenham impactos efetivos às empresas, especialmente em momento como o atual, em que possivelmente não haja base de cálculo positiva suficiente para regularmente absorver esses créditos, razão pela qual são justificáveis as condições dispostas no Substitutivo.

Portanto, observa-se que há um esforço histórico em reconhecer e utilizar o ativo prejuízo fiscal e base de cálculo negativa da CSLL como meios de pagamento capazes compor a recuperação fiscal dos contribuintes. Esse esforço foi concretizado na Lei nº 14.375, publicada em 21 de junho de 2022, que buscou não apenas admitir a utilização

---

[23] BRASIL. Senado Federal. Parecer de Plenário nº 164/2021 lido na sessão do Senado Federal nº 85, em 05/08/2021, p. 20-21. Disponível em: https://legis.senado.leg.br/sdleg-getter/documento?dm=8996988&ts=1630685313640. Acesso em: 10 fev. 2022.

deste ativo, mas principalmente, que esta utilização seja realizada nos casos em que a própria PGFN verifique a necessidade para a composição final do acordo de transação tributária.

4 A superação de paradigmas no equacionamento da situação fiscal dos contribuintes com dificuldades econômicas

Como já afirmamos em estudos anteriores, a transação tributária pressupõe o litígio entre Fisco e contribuintes, especificamente quanto a uma dívida tributária inadimplida de forma espontânea. Neste aspecto, figura como uma "forma de acelerar a solução deste embate jurídico entre Fazenda e contribuinte potencializando os níveis de satisfação gerados por uma solução que troca concessões mútuas por uma efetividade indubitavelmente maior".[24]

O contexto de concessões mútuas possui uma complexidade adicional quando se fala em transação tributária com a utilização de prejuízo fiscal e base de cálculo negativa da CSLL como forma de pagamento do saldo transacionado.

Isso porque a gestão e fiscalização dos registros de tais ativos são realizadas pela RFB, notadamente por intermédio da auditoria de dois sistemas utilizados pela escrituração fiscal dos contribuintes: o Sistema Público de Escrituração Digital (Sped) e o Livro de Apuração do Lucro Real (Lalur). Há, ainda, o Sistema de Acompanhamento de Prejuízo Fiscal e Lucro Inflacionário (Sapli), observável apenas pela própria RFB, indisponível para a visualização pelo contribuinte.

É esperado que os contribuintes mantenham suas escriturações contábeis em observância à legislação tributária, bem como espera-se da RFB o acompanhamento de tal escrituração de forma eficiente e sem gerar mais ônus financeiro e operacional aos contribuintes.

Todavia, a realidade da prática diária normalmente revela uma situação diferente do esperado. Isso porque contribuintes podem cometer equívocos relacionados à quantidade grande de obrigações acessórias, assim como a RFB parece não se manifestar espontaneamente acerca da validade dos valores de prejuízo fiscal e base de cálculo negativa da CSLL informados no Lalur. Via de regra, a RFB aguarda o transcurso de cinco anos para a validação tácita de tais valores.

Para além das dificuldades geradas pela quantidade de obrigações e da inércia na validação das informações escriturais pela RFB, a efetividade das transações tributárias que podem ser realizadas com a utilização de tais ativos como meio de pagamento pode ser afetada por tal contexto. A saída sugerida pela lei para este impasse foi a inclusão de um prazo para a RFB analisar os créditos que foram utilizados no acordo com a PGFN (§10, incluído no art. 11, da Lei nº 13.988/2020).

A despeito de ser uma solução, a relação punitiva que vigora como paradigma ainda atual na RFB, pode comprometer a efetividade dos acordos celebrados com a PGFN.

---

[24] ALVES, Marcos Joaquim Gonçalves; VIANA, Alan Flores. *Transação tributária e direitos fundamentais. Ibidem*, p. 501-520.

Este fato isoladamente seria incoerente com as manifestações do próprio Ministro da Economia, Paulo Guedes, durante a tramitação do Projeto de Lei nº 4.728/2020, oportunidade em que se manifestou de modo contrário à reabertura do Pert, tratada na primeira parte do projeto de lei, indicando a preferência pela transação tributária. Conforme noticiado pelo jornal Estadão[25] "Guedes e sua equipe defendem que a renegociação de dívida das empresas e pessoas físicas afetadas pela crise causada pela pandemia da covid-19 seja feita por meio do aperfeiçoamento do instrumento de transação tributária".

Se é o estímulo à transação tributária que pauta o Ministério da Economia, deve haver uma indicação de que o paradigma colaborativo já demonstrado pela PGFN, inclusive com resultados recordes de arrecadação, sejam também partilhados pela RFB, órgão submetido ao Ministério da Economia em sua estrutura organizacional, e que passou a deter a competência para realizar acordos de transação individual envolvendo créditos sob a sua administração e submetidos ao contencioso administrativo fiscal (art. 1º, §4º, I c/c art. 2º, I, c/c art. 10-A, da Lei nº 13.988/2020, alterados pela Lei nº 14.375/2022).

A coerência desta política fiscal poderá trazer ainda mais resultados históricos e positivos para a arrecadação tributária. Na medida em que esta coerência também implica na utilização de novos instrumentos para a celebração de acordos de transação tributária, a exemplo da utilização do ativo prejuízo fiscal e base de cálculo negativa da CSLL como meio de pagamento do saldo transacionado, certamente estamos diante de uma importante mudança do atual paradigma.

Afinal, a transação tributária se refere a concessões mútuas e à recuperação de empresas que possuem capacidade limitada de pagamento de seu estoque de dívida tributária. Desconsiderar um ativo que não é procedimentalmente tratado pela RFB para poder atingir ambos os objetivos parece ser uma saída importante para a manutenção e atingimento de novos recordes históricos na cobrança da dívida ativa.

Felizmente, a PGFN tem demonstrado estar à altura dos desafios inerentes à atual mudança paradigmática no equacionamento da situação fiscal dos contribuintes com dificuldades econômicas. Os resultados dos primeiros dois anos de vigência da Lei nº 13.988/2020 não deixam dúvidas. Com a potencialização dos instrumentos previstos nesta importante lei, certamente uma quantidade cada vez maior de contribuintes com passivos fiscais há décadas sem solução buscarão o saneamento de suas contas.

Portanto, espera-se que a coerência com os objetivos demonstrados pelas manifestações do Ministério da Economia guarde uma relação direta com novas formas de equacionamento do passivo fiscal das empresas em dificuldade econômica, a exemplo da utilização do ativo prejuízo fiscal e base de cálculo negativa da CSLL como meio de pagamento do saldo transacionado, independentemente da divisão de competências e alinhamentos internos dentro das pastas que se encontram abaixo do Ministério da Economia.

---

[25] FERNANDES, Adriana; TOMAZELLI, Idiana. Guedes tenta barrar projeto de Refis amplo para empresas e pessoas físicas em discussão no Senado. *O Estado de S.Paulo*, 2021. Disponível em: https://economia.estadao.com.br/noticias/geral,guedes-tenta-barrar-projeto-de-refis-amplo-para-empresas-e-pessoas-fisicas-em-discussao-no-senado,70003801060. Acesso em: 6 ago. 2021.

5 Síntese conclusiva

Conforme demonstramos no presente estudo, sim, o prejuízo fiscal e a base de cálculo negativa da CSLL são ativos escriturais que podem ser utilizados como meio de pagamento em transações tributárias alinhadas com a nova política tributária que busca o consenso entre Fisco e contribuintes.

Considerando o dispendioso tempo que o litígio judicial para a cobrança da dívida ativa possui, assim como o perfil de dificuldade econômica que envolve a maior parte dos casos em que os contribuintes buscam o acordo por intermédio de concessões mútuas, utilizar os ativos prejuízo fiscal e base de cálculo negativa da CSLL é garantir eficiência na cobrança do crédito tributário e manutenção do contribuinte enquanto fonte produtiva da economia.

A aceitação desta forma de pagamento deverá potencializar ainda mais os resultados já demonstrados nos dois primeiros anos de vigência da Lei nº 13.988/2020. A restrição da utilização destes ativos sob qualquer fundamento apenas prolongará o tempo para que o contribuinte efetive a esperada regularização fiscal que serve na grande maioria dos casos como o marco inicial para o efetivo e duradouro compliance tributário.

Observamos que os conceitos de prejuízo contábil e prejuízo fiscal externalizam a existência de dificuldades vivenciadas pelas empresas que apuram resultados operacionais negativos. Este dado em um contexto de responsabilidade político-tributária, demanda a atuação do Estado-regulador.

O que o Estado escolhe: manter uma escrituração não utilizável enquanto observa a sociedade empresária produtiva intensificar sua crise econômica, ou ceder a utilização destes ativos que não significam renúncia fiscal para que instrumentalizem o pagamento do passivo tributário que impede o soerguimento do contribuinte?

Para além de vieses punitivos ou eminentemente arrecadatórios, a interpretação contextual do nosso ordenamento jurídico-constitucional parece prometer aos cidadãos e contribuintes outro parâmetro de fomento à atividade econômica nacional.

Talvez por tenha existido algum esforço histórico em reconhecer a possibilidade de utilização dos ativos prejuízo fiscal e base de cálculo negativa da CSLL como meios de pagamento capazes compor a recuperação fiscal dos contribuintes, conforme abordamos neste estudo. A despeito de restrições pontuais, o que se observa é que há muito já se buscava uma solução eficiente para a inteligente realização do encontro de contas entre tais ativos e as dívidas tributárias de seus titulares, ou mesmo de terceiros.

A Lei nº 14.375, de 21 de junho de 2022, que autoriza esta utilização nos casos em que a própria PGFN verifica a necessidade para a composição final do acordo de transação tributária. Talvez este seja o ponto de inflexão para que tais ativos sejam utilizados em situações realmente compreendidas como necessárias pela própria PGFN.

Em rigor, a esperada coerência dos objetivos demonstrados pelas manifestações do Ministério da Economia possui um imenso potencial para estimular a ampla regularização da situação fiscal de contribuintes em dificuldade econômica.

A notícia boa é que a travessia de um paradigma ineficiente e antiquado de recuperação da dívida ativa para outro que privilegia a eficiência já começou. A continuidade e velocidade desta travessia caberão ao Estado-regulador responsável pela política tributária.

Referências

ALVES, Marcos Joaquim Gonçalves; VIANA, Alan Flores. Transação tributária: Compromisso em direção a uma política tributária do futuro. ITR Tax Reference Library, New York, n. 134. Disponível em: https://www.internationaltaxreview.com/article/b1ky63knf3242y/transa231227o-tribut225ria-compromisso-em dire231227o-a-uma-pol237tica-tribut225ria-do-futuro.

ALVES, Marcos Joaquim Gonçalves; VIANA, Alan Flores. Transação tributária e direitos fundamentais. *In*: SARAIVA FILHO, Oswaldo Othon de Pontes (coord.). *Direitos fundamentais dos contribuintes*: homenagem ao jurista Gilmar Ferreira Mendes. São Paulo: Almedina, 2021, p. 501-520.

BRASIL. Câmara dos Deputados. *Projeto de Lei nº 4728, de 2020*. Dispõe sobre mecanismos para permitir a regularização fiscal e ampliar a possibilidade de instituição de acordos entre a Fazenda Pública e os contribuintes, por meio da reabertura do prazo de adesão ao Programa Especial de Regularização Tributária (Pert), de que trata a Lei nº 13.496, de 24 de outubro de 2017; altera a Lei nº 13.988, de 14 de abril de 2020, para conceder segurança jurídica à transação e incluir novos instrumentos para extinção de dívidas por meio de acordo; altera a Lei nº 10.522, de 19 de julho de 2002, para autorizar a Procuradoria-Geral da Fazenda Nacional (PGFN) a realizar de acordos relativos a processos em fase de cumprimento de sentença. Disponível em: https://www.camara.leg.br/proposicoesWeb/fichadetramitacao?idProposicao=2293714 .

BRASIL. Procuradoria-Geral da Fazenda Nacional. PGFN alcança R$31,7 bilhões em valor arrecadado em 2021: Valor é quase 30% superior ao obtido no ano anterior. Do total, R$6,4 bilhões são resultado de acordos de transação. Disponível em: http://www.pgfn.fazenda.gov.br/noticias/2020/pgfn-publica-portarias-e-edital-que-reabrem-prazo-para-adesao-a-modalidades-de-transacao-ate-30-de-junho-e-permitem-negociacoes-individuais. Acesso em: 27 jun. 2020.

BRASIL. Senado Federal. Parecer de Plenário nº 164/2021 lido na sessão do Senado Federal nº 85, em 05/08/2021. p. 20-21. Disponível em: https://legis.senado.leg.br/sdleg-getter/documento?dm=8996988&ts=1630685313640. Acesso em: 10 fev. 2022.

FERNANDES, Adriana; TOMAZELLI, Idiana. Guedes tenta barrar projeto de Refis amplo para empresas e pessoas físicas em discussão no Senado. *O Estado de S.Paulo*, 2021. Disponível em: https://economia.estadao.com.br/noticias/geral,guedes-tenta-barrar-projeto-de-refis-amplo-para-empresas-e-pessoas-fisicas-em-discussao-no-senado,70003801060. Acesso em: 6 ago. 2021.

IUDÍCIBUS, Sérgio de. *Teoria da contabilidade*. 6. ed. São Paulo: Atlas, 2015.

MARTINEZ, Antonio Lopo. Limites dos conceitos contábeis no fato gerador do imposto de renda. *In*: MOSQUERA, Roberto Quiroga; LOPES, Alexsandro Broedel (coord.). *Controvérsias jurídico-contábeis* (aproximações e distanciamentos). São Paulo: Dialética, 2015. 6. vol.

MOSQUERA, Roberto Quiroga. *Direito monetário e tributação da moeda*. São Paulo: Dialética, 2006.

VIANA, Alan Flores. Compliance tributário por intermédio de uma regulação tributária cooperativa. *In*: CARVALHOSA, Modesto; KUYVEN, Fernando (coord.). *Compliance no direito empresarial*. Estado fiscal e o Supremo Tribunal Federal. São Paulo: Saraiva, 2017.

BRASIL. Supremo Tribunal Federal. RE 591340, Relator(a): Marco Aurélio, Relator(a) p/ Acórdão: Alexandre de Moraes, Tribunal Pleno, julgado em 27/06/2019, Acórdão Eletrônico Repercussão Geral – DJe-019 DIVULG 31-01-2020 PUBLIC 03-02-2020.

Informação bibliográfica deste texto, conforme a NBR 6023:2018 da Associação Brasileira de Normas Técnicas (ABNT):

ALVES, Marcos Joaquim Gonçalves; VIANA, Alan Flores. Prejuízo fiscal como meio de pagamento da transação tributária. *In*: SARAIVA FILHO, Oswaldo Othon de Pontes (coord.). *Transação Tributária*: homenagem ao jurista Sacha Calmon Navarro Coêlho. Belo Horizonte: Fórum, 2023. (Coleção Fórum grandes temas atuais de Direito Tributário ; v. 1). p. 49-61. ISBN 978-65-5518-407-5.

OFFER IN COMPROMISE: O SISTEMA NORTE-AMERICANO DE TRANSAÇÃO TRIBUTÁRIA

LUÍS INÁCIO LUCENA ADAMS

IVAN TAUIL RODRIGUES

LOUISE DIAS PORTES

1 Introdução

O presente artigo objetiva traçar um panorama do modelo tributário transacional norte-americano, aprofundando-se, de forma específica, no instituto jurídico do *Offer in Compromise* (OIC), para, a partir disso, traçar um comparativo com o modelo brasileiro de transação tributária, regulamentado pela Lei nº 13.988/2020.

O recurso ao Direito Comparado revela-se como um mecanismo de fundamental importância, especialmente em um mundo cada vez mais globalizado, que se mostra útil para elucidar convergências e divergências nos ordenamentos jurídicos estudados, possibilitando reflexões críticas e aprimoramento.

A professora portuguesa Patrícia Jerónimo explica o Direito Comparado da seguinte forma:

O Direito Comparado é uma disciplina jurídica que tem por objecto a comparação de Direitos, ou seja, o estudo comparativo sistemático de diferentes ordens jurídicas – por norma, ordens jurídicas estaduais –, com vista a identificar as semelhanças e as diferenças existentes entre essas ordens jurídicas e a explicar as razões que presidem às semelhanças e às diferenças encontradas.[1]

Caio Mário da Silva Pereira defende a possibilidade de aplicação desse processo comparativo em dois sentidos: a comparação vertical e a horizontal. Vejamos:

> No primeiro, faz o jurista uma comparação em profundidade, sem se preocupar com a ocorrência do mesmo fenômeno em outros países ou sistemas na atualidade. Desce verticalmente até à fonte, ou desta sobe verticalmente até o momento presente. No segundo, abraça os sistemas jurídicos vigentes, realiza uma comparação espacial, como que olhando pelas janelas do vizinho a ver o que se passa em sua casa, confronta no mesmo plano horizontal os sistemas que lhe interessam, para tirar as suas conclusões quanto ao bom ou mau tratamento do tema, para se valer da experiência alheia, para melhorar o seu direito nacional, e até, excepcionalmente, formular norma que possa uniformizar um instituto no plano internacional.
> Estas comparações, vertical e horizontal, não são inimigas, não se repelem. Concorrem ambas para abrir os horizontes do jurista, ou, como salienta o prof. ASCARELLI, uma e outra alarga a nossa experiência jurídica, no espaço e no tempo (18).[2]

O estudo desenvolvido neste artigo está atrelado ao segundo sentido apresentado pelo jurista, qual seja, a comparação horizontal.

O filósofo Norberto Bobbio já expunha a importância do estudo comparado entre ordenamentos jurídicos com validade especial distinta, conforme a seguir transcrito:

> O caso em que pode parecer que o estudo das relações entre ordenamentos não tenha muita matéria de exame é o da relação entre ordenamentos que têm validade espacial diferente, como é o caso de dois Estados cujas normas valem dentro de limites espaciais (o chamado território) bem definidos. Poder-se-ia pensar que aqui deveria ser aplicada a figura da exclusão recíproca: e, na realidade, os Estados consideram-se independentes uns dos outros, dotados de um poder originário e autônomo que lhe assegura a não-ingerência no seu reservado domínio por parte de outros Estados. Mas há uma série de casos em que também o Estado recorre a normas de um outro Estado para resolver algumas controvérsias.[3]

---

[1] JERÓNIMO, Patrícia. *Lições de Direito Comparado*. Braga, Portugal: Elsa Uminho, 2015, p. 11.
[2] PEREIRA, Caio Mário da Silva. Direito Comparado e seu estudo. *Revista da Faculdade de Direito de Minas Gerais*. v. 7. 1955.
[3] BOBBIO, Norberto. *Teoria do ordenamento jurídico*. 10. ed. Tradução de Maria Celeste Cordeiro Leite dos Santos. Brasília: Editora UNB, 1999, p. 178.

2 Modelo administrativo fiscal norte-americano e a transação tributária

Em sua tradição de sistema jurídico do *Common Law*, os Estados Unidos da América apresentam, em seu alicerce, como postulados diretivos, condicionadores e hermenêuticos, vários pressupostos principiológicos, dentre os quais é possível destacar o *voluntary compliance*.[4]

Segundo esse princípio, a relação entre os contribuintes e a administração fazendária norte-americana é marcada por uma cultura de conformidade tributária voluntária, em que predomina a ideia de que o pagamento dos tributos é um exercício de cidadania e não uma obrigação indesejável.

No que se refere às fontes normativas aplicáveis, como os Estados Unidos adotam o sistema jurídico do *Common Law*, os precedentes judiciais respaldam fundamentalmente a definição das regras jurídicas, em razão da base histórica de tradições e costumes.

Contudo, Ana Carolina Miguel Gouveia expõe o que segue a respeito da relativização desse sistema:

> O *Common Law* nos Estados Unidos, durante muito tempo, serviu de instrumento hábil para acompanhar o dinamismo da realidade e a evolução do entendimento jurídico quanto a determinados temas. Entretanto, com o desenvolvimento econômico, social e tecnológico acelerado dos Estados Unidos e ante à complexidade das novas demandas judiciais, a necessidade de editar regras gerais e abstratas tornou-se imperiosa para a regulação de certas atividades e para a pacificação de controvérsias.[5]

Percebe-se, portanto, que apesar do sistema adotado, os Estados Unidos possuem uma extensa normatização legislativa, com a jurisprudência promovendo a subsunção do fato à lei, em face da impossibilidade da previsão legal de todas as hipóteses fáticas que ocorrem no mundo real. Essa jurisprudência, por sua vez, estrutura-se pelo efeito vinculante dos seus precedentes (*Stare decisis*).[6]

Desse modo, pode-se sintetizar as fontes normativas que regem o sistema tributário norte-americano do seguinte modo: (i) a Constituição e suas emendas; (ii) o *Internal Revenue Code* (IRC), previsto no Título 26 do *U.S. Code*; (iii) as *Treasury Regulations* (regulamentações emanadas do Tesouro, que interpretam e detalham o IRC); (iv) *Revenues Rules* (orientações mais específicas emanadas da administração fazendária e orientações diretivas aos contribuintes, em forma de resposta às consultas por eles formuladas); e (v) os precedentes.[7]

---

[4] SABO PAES, José Eduardo; DE OLIVEIRA, Marcos Roberto. Características do Sistema Tributário nos Estados Unidos da América: alguns tópicos relevantes. *Revista de Direito Internacional Econômico e Tributário (RDIET)*. Brasília, v. 10, n. 2, p. 52-78, jul./dez. 2015, p. 58.

[5] MIGUEL GOUVEIA, Ana Carolina. *Common Law no Sistema Jurídico Americano: Evolução, Críticas e Crescimento do Direito Legislado*. Publicações da Escola da AGU: 1º Curso de introdução ao direito americano: *Fundamental of US Law Course* – Escola da Advocacia-Geral da União. Ministro Victor Nunes Leal – Ano III, n. 12, (set./out. 2011). Brasília: EAGU, 2011, p. 29.

[6] LOPES, Carlos Côrtes Vieira. *Breves considerações acerca do sistema tributário nos Estados Unidos da América*. Publicações da Escola da AGU: 1º Curso de introdução ao direito americano: *Fundamental of US Law Course* – Escola da Advocacia-Geral da União. Ministro Victor Nunes Leal – Ano III, n. 12, (set./out. 2011). Brasília: EAGU, 2011, p. 65.

[7] LOPES. *Op cit.*, p. 67.

Arnaldo Godoy leciona que, no sistema tributário norte-americano, os contribuintes e a administração fazendária federal relacionam-se diretamente em cinco momentos procedimentais: (i) confecção de declarações de imposto de renda (*returns*); (ii) averiguação de informações prestadas (*examinations e audits*); (iii) confirmação de dados apresentados mediante quebra de sigilo (*disclosure*); (iv) lançamento e apuração de diferenças (*assessments*); e (v) acordos e parcelamentos (*settlements*).[8]

Verifica-se que, em relação aos contribuintes inadimplentes, existem dois meios de cobrança nesse país, um administrativo (*administrative collection procedure*)[9] e um judicial (*foreclosure action*), sendo o primeiro aquele mais utilizado na prática, além de mais célere.

Segundo Caio César Amaral Franco, o Fisco norte-americano, conhecido como *Internal Revenue Service* (IRS), possui elevado grau de poder e discricionariedade, assistindo-lhe a faculdade de cobrar, penhorar, leiloar bens, bem como dar descontos e parcelar os débitos fiscais. O IRS concentra seus esforços em dívidas potencialmente mais exequíveis, com maior probabilidade de recuperação, voltando-se para os devedores que possuem maiores condições econômicas de arcar com o débito fiscal.[10]

Assim, a cobrança é, em regra, na via administrativa. Os agentes do IRS procedem com o lançamento fiscal, iniciando-se o procedimento de execução administrativa com a inscrição do débito fiscal (*assessment of tax*) em lista oficial. Após, os agentes do IRS completam um formulário (*form 23-C, assessment certificate*), onde é reconhecido o devedor, a dívida, o seu valor, o período de apuração, a natureza do tributo, entre outras informações secundárias.[11]

Inscrito em lista, o IRS tem sessenta dias para notificar o contribuinte para efetuar pagamento (em até dez dias) e mais dez dias para efetuar a execução da dívida (judicial ou administrativamente). A notificação vai para o último endereço informado para o

---

[8] GODOY, Arnaldo Sampaio de Moraes. *apud* LOPES, *op cit.*,. p. 69.
[9] Segundo João Aurino de Melo Filho: "A chamada execução fiscal administrativa, mesmo nos países que adotam o contencioso administrativo (ao menos naqueles que estudamos), não se processa nos tribunais administrativos, mas sim na própria Administração Tributária Ativa. Chamamos atenção, pois, para o fato de que não importa o sistema de jurisdição do país, uma ou administrativa: na execução fiscal administrativa os atos administrativos de execução não dependem nem são realizados por um órgão independente (juízes do Poder Judiciário ou juízes administrativos), mas, sim, pela própria Administração Fiscal. [...]" (MELO FILHO, João Aurino de. *Racionalidade legislativa no processo tributário*. Salvador: Juspodivm, 2018, p. 331)
[10] AMARAL FRANCO, Caio César. Execução fiscal nos Estados Unidos da América – uma abordagem comparativa com o direito brasileiro. *Revista do Mestrado em Direito da Universidade Católica de Brasília (RVMD)*, Brasília, v. 13, n. 1, p. 178-193, jan./jun. 2019, p. 180.
[11] *Internal Revenue Manuals* (IRM):
"Part 35. Tax Court Litigation
Chapter 9. Post Opinion Activities
Section 2. Procedures for Assessment of Tax
35.9.2 Procedures for Assessment of Tax
35.9.2.1 (08-11-2004)
Assessment
Assessment is the statutorily required recording of the tax liability. Section 6203. Assessment is made by recording the taxpayer's name, address, and tax liability. The assessment date is the 23C date. The 23C date is the Monday on which the recording of assessment and other adjustments are made in summary manner on Form 23C and signed by a Service Center officer. In non-TEFRA cases, the taxpayer is mailed a notification that a tax (plus interest, and additions and penalties, if any) is due and a demand for payment. For TEFRA cases, see CCDM 35.9.3.5.2."

contribuinte, sendo este considerado notificado, mesmo que não receba a correspondência, pois ele tem o dever de manter seus dados atualizados no órgão de arrecadação.[12]

Como acima mencionado, a judicialização da execução fiscal (*foreclosure action*) é um fenômeno raro e o seu objetivo é sanar possíveis falhas e/ou dúvidas que podem gerar consequências negativas na fase administrativa, inviabilizando o recebimento do crédito fiscal. Essa execução judicial é proposta nos Tribunais Distritais (*District Courts*),[13] dependendo de expressa autorização do Secretário do Tesouro, sendo o processo conduzido pelo Procurador-Geral ou alguém por ele designado.

Além de o IRS focar na execução de dívidas cujo adimplemento mostra-se mais factível, a transação tributária também é uma alternativa muitas vezes utilizada na relação entre o contribuinte e a administração tributária norte-americana.

Segundo João Aurino de Melo Filho, os meios de resolução de conflitos nos Estados Unidos têm seus pilares nos princípios democráticos, uma vez que entendem haver um fator econômico que recai sobre a capacidade contributiva, razão pela qual admitem ampla negociação nessa esfera.[14] De fato, o sistema tributário norte-americano submete-se a uma constante supervisão do Congresso que analisa o comportamento do Fisco e procura conter os excessos que possam ser praticados por seus agentes.

Nesse sentido, destaca-se que os Estados Unidos são pioneiros no desenvolvimento da transação na seara tributária, tendo estabelecido alguns mecanismos transacionais, tais como (i) *Closing Agreement*; (ii) *Offer in Compromise*; e (iii) *Alternative Dispute Resolution*.

Os mecanismos transacionais supracitados encontram respaldo normativo nas seções 7121,[15] 7122[16] e 7123 (b)[17] do Capítulo 74 do Subtítulo F do Título 26 do *U.S. Code*.

Enquanto as seções 7121 e o 7122, que dispõem a respeito do *Closing Agreement* e do *Offer in Compromise*, estão previstas no IRC desde a sua instituição em 1954, a seção 7123 (b) – que trata da *Alternative Dispute Resolution* – apenas foi inserida em 1998 por meio da reforma na legislação fiscal federal norte-americana (*Reform Act* de 1998).[18]

---

[12] LOPES. *Op cit.*, p. 73.
[13] Paulo Cesar da Silva explica o seguinte: "Assim, o sistema judiciário norte-americano está hierarquizado, no âmbito federal, em três níveis, capitaneados pela Suprema Corte; no nível logo abaixo, por 12 (doze) *Circuit Courts of Appeals*, com competência recursal decorrente de tribunais distritais, exceto *a Circuit Court of Appeal* do Distrito de Columbia, de competência restrita; além de um tribunal especial *Court of Appeals for the Federal Circuit* cuja competência principal é julgar recursos oriundos de duas cortes inferiores: o *Court of International Trade* e o *United States Court of Federal Claims*; a seguir, num último nível, por 89 (oitenta e nove) Cortes Distritais com jurisdição federal somente distribuídos nos 50 (cinqüenta) estados americanos, 1(um) no Distrito de Columbia e 1(um) em Porto Rico, além de 3(três) Cortes Distritais, com jurisdição federal e local, nas Ilhas Virgens, Guam e Ilhas Marianas do Norte, e 1(uma) *US Tax Court*, em Washington com competência para julgar casos envolvendo leis tributárias." (DA SILVA, Paulo Cesar. *A importância do precedente no direito norte-americano*. Publicações da Escola da AGU: 1º Curso de introdução ao direito americano: *Fundamental of US Law Course* – Escola da Advocacia-Geral da União. Ministro Victor Nunes Leal – Ano III, n. 12, (set./out. 2011). Brasília: EAGU, 2011, p. 305)
[14] MELO FILHO. *Op cit*, p. 357.
[15] Disponível em: https://www.law.cornell.edu/uscode/text/26/7121. Acesso em: 21 mar. 2021.
[16] Disponível em: https://www.law.cornell.edu/uscode/text/26/7122. Acesso em: 21 mar. 2021.
[17] Disponível em: https://www.law.cornell.edu/uscode/text/26/7123. Acesso em: 21 mar. 2021.
[18] De acordo com Mariana Cruz Montenegro: "No início da década de noventa, houve a grande expansão dos meios alternativos de resolução de conflitos nos Estados Unidos com o forte apoio do governo federal e dos estados federados. A aplicação da ADR cresceu em praticamente todos os setores da sociedade americana. [...] Em 1990, o Congresso Nacional americano publicou dois estatutos que promoveram a expansão da ADR no governo federal. O primeiro, chamado *The Administrative Dispute Resolution Act* (ADRA) dava às agências federais autoridade para usar esses meios alternativos para resolver grande parte dos litígios administrativos,

A seção 7121 do IRC autoriza o IRS e os contribuintes a firmar *Closing Agreements*. Desse modo, o Secretário está autorizado a celebrar um acordo por escrito com qualquer pessoa relativo à responsabilidade dessa (ou da pessoa ou patrimônio por quem ela atua) em relação a qualquer tributo administrado pelo IRS para qualquer período tributável.

O portal eletrônico dessa agência governamental indica que, embora os *Closing Agreements* exibam alguns dos atributos de um contrato, eles não estão estritamente sujeitos à legislação desse tipo de negócio jurídico, mas são juridicamente vinculantes.[19]

A seção 7121 prevê, no tocante à finalidade desse instrumento transacional, que se o acordo for aprovado pelo Secretário, ele será final e conclusivo e, exceto se demonstrada fraude, prevaricação ou o fornecimento de informações falsas sobre algum fato relevante, (i) o caso não deve ser reaberto quanto aos assuntos acordados ou o acordo modificado por qualquer oficial, funcionário ou agente dos Estados Unidos e (ii) em qualquer processo ou procedimento, o acordo ou qualquer determinação, avaliação, cobrança, pagamento, abatimento, reembolso, ou crédito feito em conformidade com o mesmo, não deve ser anulado, modificado ou desconsiderado.

A seção 301.7121-1 (a) do Regulamento do Tesouro (*Treasury Regulation*)[20] declara que um *Closing Agreement* pode ser celebrado quando houver vantagem em ter o caso encerrado de forma definitiva e permanente, ou se razões boas e suficientes forem apresentadas pelo contribuinte para desejar um acordo de encerramento e for determinado pelo Comissário que os Estados Unidos não sofrerão nenhuma desvantagem por meio da consumação do acordo.

Os *Closing Agreements* são geralmente refletidos no Formulário 866[21] (acordo quanto à resolução definitiva de responsabilidade fiscal) ou Formulário 906[22] (acordo quanto à resolução definitiva cobrindo assuntos específicos).

A respeito do *Offer in Compromise*, a seção 7122 do IRC autoriza o Secretário a efetuar compromisso relativo a qualquer caso cível ou criminal decorrente das normas do IRS antes de encaminhá-lo ao Departamento de Justiça (DOJ) para acusação ou defesa, sendo o Formulário 656 do IRS obrigatório para uma oferta.

De acordo com o *Legal Aid Society of Cleveland*,[23] o instituto do *Offer in Compromise* consiste em instrumento que os contribuintes podem utilizar para fins de resolver suas dívidas fiscais federais mediante pagamento de montante menor que o devido, tomando por base sua capacidade de pagamento. *E.g*, se um indivíduo deve ao IRS, mas não pode arcar com a totalidade da dívida, poderá oferecer uma quantia menor e mais acessível como forma de acordo. Essa oferta pode incluir um pagamento único ou uma série de pagamentos a ser realizada ao longo de determinado período.

---

com a inserção das exigências da ADR em todos os seus contratos de bens e serviços. O segundo, denominado *Negotiated Rulemaking Act* (NRA), determinava que as agências reguladoras deveriam usar a negociação no âmbito administrativo. [...] Em observância à determinação acima, através da reforma na legislação fiscal federal americana (*Reform Act* de 1998), também conhecida como *Bill of Right* do Contribuinte, foram introduzidas numerosas alterações ao *Internal Revenue Code*, dentre elas a previsão de utilização dos meios alternativos de resolução de litígios." (MONTENEGRO, Mariana Cruz. apud MELO FILHO, João Aurino de. *Op cit*., p. 356)

[19] Disponível em: https://www.irs.gov/businesses/closing-agreements-1. Acesso em: 21 mar. 2021.
[20] Disponível em: https://www.law.cornell.edu/cfr/text/26/301.7121-1. Acesso em: 21 mar. 2021.
[21] Disponível em: https://www.irs.gov/pub/irs-utl/form_866.pdf. Acesso em: 21 mar. 2021.
[22] Disponível em: https://www.irs.gov/pub/irs-utl/form_906.pdf. Acesso em: 21 mar. 2021.
[23] Disponível em: https://lasclev.org/what-is-an-offer-in-compromise/. Acesso em: 22 mar. 2021.

O tópico seguinte deste artigo tratará das particularidades do instrumento transacional do *Offer in Compromise*.

De acordo com a ***Administrative Dispute Resolution Act of 1996***, todos os órgãos governamentais são obrigados a buscar sessões de mediação e arbitragem como alternativas aos processos judiciais e administrativos. O IRS não é uma exceção a essa regra e criou dois programas distintos para resolver disputas fiscais fora do tribunal. Para se qualificar para qualquer um desses métodos, a matéria não pode estar judicializada.

Desse modo, a seção 7123(b)(1) e (2) do IRC passou a prever a partir de 1998 a existência de duas formas alternativas de resolução de disputas: a mediação e a arbitragem, tendo apenas a última caráter vinculante.

Com isso, o Secretário ficou autorizado a (i) prescrever procedimentos para que os contribuintes ou o *IRS Independent Office of Appeals*[24] possam solicitar mediação sem caráter vinculante sobre qualquer questão não resolvida na conclusão de procedimentos de apelação ou tentativas infrutíferas de firmar um *Closing Agreement* (nos termos da seção 7121 do IRC) ou um *Offer in Compromise* (nos termos da seção 7122); e a (ii) estabelecer um programa piloto sob o qual o contribuinte e o *IRS Independent Office of Appeals* possam solicitar, de forma conjunta, arbitragem com caráter vinculante sobre qualquer questão não resolvida na conclusão de procedimentos de apelação ou tentativas infrutíferas de firmar um *Closing Agreement* (nos termos da seção 7121 do IRC) ou um *Offer in Compromise* (nos termos da seção 7122).

O portal eletrônico do IRS possui uma página explicando sobre a mediação enquanto mecanismo alternativo de resolução de disputas na esfera administrativa fiscal, indicando ser um procedimento informal, confidencial e voluntário. Um oficial do *IRS Independent Office of Appeals*, treinado em técnicas de mediação, trabalha ao lado do contribuinte e do funcionário do IRS designado para o caso. O mediador tem como papel ajudar as partes a chegarem a um acordo facilitando a comunicação, ajudando a identificar os principais problemas ou barreiras ao acordo, auxiliando na identificação dos possíveis termos para um acordo, fornecendo perspectiva e incentivo e garantindo condições de concorrência equitativas e respeito mútuo durante a sessão de mediação.[25]

No que concerne à arbitragem, para dar cumprimento ao previsto na seção 7123(b)(2) do IRC, em 18 de janeiro de 2000, foi estabelecido um programa piloto de procedimento arbitral vinculante pelo prazo de dois anos por meio do *Announcement 2000-4*.[26]

---

[24] O *IRS Independent Office of Appeals* é uma organização independente e separada do *IRS Examination and Collection* (que faz a apuração e cobrança dos tributos). Sua missão é resolver controvérsias fiscais sem litígio, em uma base que seja justa e imparcial para o governo e o contribuinte e de modo a aumentar a conformidade voluntária e confiança do contribuinte na integridade e eficiência do serviço. Busca proteger a justiça do sistema tributário norte-americano. O contribuinte não é obrigado a solicitar uma apelação (*request an Appeal*) antes de ir ao tribunal, mas o processo de apelação é menos formal, menos oneroso e não está sujeito a regras complexas de evidência ou procedimento. Além disso, o contribuinte não renuncia ao direito de ir ao tribunal quando solicita uma apelação. Disponível em: https://www.irs.gov/appeals/appeals-an-independent-organization. Acesso em: 22 mar. 2021.
A apelação pode ser uma alternativa se todas as condições a seguir se aplicarem: (i) o contribuinte recebeu uma carta do IRS explicando seu direito de apelar da decisão do IRS; (ii) o contribuinte não concorda com a decisão do IRS; e (iii) o contribuinte não está assinando um formulário de acordo. Caso todas as condições sejam verificadas, o contribuinte pode solicitar uma conferência ou audiência de apelações. Disponível em: https://www.irs.gov/appeals/considering-an-appeal. Acesso em: 22 mar. 2021.

[25] Disponível em: https://www.irs.gov/appeals/appeals-mediation-programs. Acesso em: 22 mar. 2021.

[26] Disponível em: https://www.irs.gov/pub/irs-drop/a-00-4.pdf. Acesso em: 22 mar. 2021.

Em 30 de junho de 2003, o *IRS Independent Office of Appeals* completou mais um ano do programa piloto, nos termos da extensão de prazo estabelecida pelo *Announcement 2002-60*.[27]

Durante esse programa piloto, o *IRS Independent Office of Appeals* ofereceu uma oportunidade para os contribuintes solicitarem a arbitragem para determinadas questões de fato que já estavam sujeitas ao requerimento administrativo de apelação.

Em 30 de outubro de 2006, o IRS publicou a *Rev. Proc. 2006-44, 2006-2 C.B. 800*,[28] que estabeleceu formalmente o programa de arbitragem do *IRS Independent Office of Appeals*. De forma geral, a arbitragem tem sido disponibilizada no bojo desses procedimentos administrativos de apelação para casos em que um número limitado de questões de fato permanece sem solução após as discussões de acordo.

No *Announcement 2008-111*,[29] publicado em 1º de dezembro de 2008, parcialmente substituído pela *Rev. Proc. 2014-63, 2014-53 I.R.B. 1014*,[30] o *IRS Independent Office of Appeals* estabeleceu um programa piloto de dois anos para estender a arbitragem a certos casos de cobrança. Sob o programa, os contribuintes em cidades selecionadas eram elegíveis para utilizar a arbitragem nos procedimentos de *Offer in Compromise* e penalidade de recuperação de fundos fiduciários.

O *Announcement 2011-6*,[31] publicado em 24 de janeiro de 2011, parcialmente substituído pela *Rev. Proc. 2014-63, 2014-53 I.R.B. 1014*,[32] estendeu o programa piloto sem alteração até 31 de dezembro de 2012.

O IRS constatou que, durante o período de quatorze anos em que a arbitragem esteve disponível, apenas dois casos foram resolvidos por meio de arbitragem. Por isso, dada a falta geral de demanda por arbitragem e o fato de que seu uso como uma ferramenta para resolver disputas sem litígio não foi comprovado como bem-sucedido, o IRS eliminou seu programa de arbitragem por meio do *Rev. Proc. 2015-44*.[33]

Embora o programa de arbitragem tenha sido eliminado, os contribuintes podem ser elegíveis para solicitar mediação (não vinculante) para questões que permanecerem não resolvidas após a conclusão das discussões de acordo nas apelações administrativas.

Tendo em vista o exposto, os instrumentos transacionais disponíveis atualmente no modelo administrativo fiscal norte-americano são (i) *Closing Agreement*; (ii) *Offer in Compromise*; e (iii) *Alternative Dispute Resolution* (mediação).

3 *Offer in Compromise*

i) Definição e objetivos

O instituto norte-americano *do Offer in Compromise* possibilita ao contribuinte a proposição, de forma alternativa, de pagamento de crédito tributário, com vistas à

---

[27] Disponível em: https://www.irs.gov/pub/irs-irbs/irb02-26.pdf. Acesso em: 22 mar. 2021.
[28] Disponível em: https://www.irs.gov/irb/2006-44_IRB. Acesso em: 22 mar. 2021.
[29] Disponível em: https://www.irs.gov/pub/irs-irbs/irb08-48.pdf. Acesso em: 22 mar. 2021.
[30] Disponível em: https://www.irs.gov/pub/irs-irbs/irb14-53.pdf. Acesso em: 22 mar. 2021.
[31] Disponível em: https://www.irs.gov/pub/irs-drop/a-11-06.pdf. Acesso em: 22 mar. 2021.
[32] Disponível em: https://www.irs.gov/pub/irs-irbs/irb14-53.pdf. Acesso em: 22 mar. 2021.
[33] Disponível em: https://www.irs.gov/pub/irs-drop/rp-15-44.pdf. Acesso em: 22 mar. 2021.

convergência dos interesses estatais e dos particulares (ou seja, em verdadeira instrumentalização da supremacia do interesse público).

Como destacado no tópico anterior, o OIC consiste em um instrumento para a resolução das dívidas fiscais federais dos contribuintes mediante pagamento de montante menor que o devido.

Na hipótese de o IRS aceitar o OIC e o contribuinte realizar o respectivo pagamento, conforme fora acordado, o IRS perdoará o restante de sua dívida.

ii) Competência para apreciar e autorizar

A seção 7122(a) do IRC autoriza o Secretário a efetuar compromisso relativo a qualquer caso cível ou criminal decorrente das leis do IRS antes de encaminhá-lo ao Departamento de Justiça (DOJ) para acusação ou defesa, sendo o Formulário 656 do IRS obrigatório para uma oferta.[34]

Ofertas que proponham o compromisso em qualquer caso cível em que o valor não pago do tributo avaliado (incluindo multas e juros), seja de USD 50.000,00 ou mais, exigem a opinião jurídica do Conselheiro Geral do Departamento do Tesouro (*General Counsel for the Department of the Treasury*), consoante prevê o IRC na seção 7122(b).

A análise do Conselheiro Geral do Departamento do Tesouro a respeito dos OICs tem dois componentes separados e distintos: (i) certificação de que todos os requisitos legais para o compromisso foram atendidos; e (ii) revisão do OIC para a aplicação consistente das políticas de aceitação do Serviço, na forma do que prevê a Seção 33.3.2.2 do Internal Revenue Manual (IRM).

Consta na Seção 33.3.2.1 do IRM[35] que o Conselheiro Geral do Departamento do Tesouro delegou as funções relativas à análise jurídica dos OICs ao Diretor Jurídico do Serviço (*Chief Counsel of the Service*). Esse Diretor também delegou essa autoridade ao Conselheiro da Divisão (Pequenos Negócios/Autônomos) (*Division Counsel – Small Business/Self-Employed – SB/SE*). Os escritórios do Conselheiro da Divisão (Pequenas Empresas/Autônomos) devem consultar o Conselheiro da Divisão (Grandes Negócios e Internacional – *Large Business and International – LB&I*) ou o Conselheiro da Divisão (Isentos de Impostos e Entidades Governamentais – *Tax Exempt and Government Entities – TEGE*) quando receberem para análise um OIC a respeito de dúvida sobre a responsabilidade ou quanto à efetividade da administração tributária apresentada por um contribuinte LB&I ou TEGE.

Depois que um caso é encaminhado ao Departamento de Justiça (DOJ) para acusação ou defesa, apenas o Procurador-Geral (*Attorney General*) ou seu delegado pode firmar compromisso, nos termos do que dispõe a seção 7122(a) do IRC.

A Seção 33.3.2.4 do IRM estabelece que o Procurador-Geral tem autoridade para resolver (i) o caso no DOJ; (ii) qualquer processo judicial relacionado pendente envolvendo o mesmo caso; (ii) casos que envolvam outros exercícios fiscais relacionados ao mesmo contribuinte; (iv) situações de um contribuinte que podem estar pendentes

---

[34] Disponível em: https://www.law.cornell.edu/uscode/text/26/7122. Acesso em: 6 maio 2021.
[35] Disponível em: https://www.irs.gov/irm/part33/irm_33-003-002. Acesso em: 6 maio 2021.

administrativamente, se os assuntos relacionados são pertinentes ao caso sob exame. Assim, o DOJ pode propor um acordo com base na incapacidade de pagamento do contribuinte.

iii) Critérios de elegibilidade

O sítio eletrônico oficial do IRS esclarece que os contribuintes que podem pagar integralmente as obrigações mediante um contrato de parcelamento ou outro meio geralmente não se qualificam para um OIC na maioria dos casos.[36]

Deve-se ressaltar, no entanto, que nem todos podem usufruir do instituto do OIC para quitar sua dívida. Os contribuintes elegíveis devem ter apresentado todas as suas declarações de tributos e não podem ter um processo de falência em aberto. Não obstante, devem ter efetuado todos os pagamentos de tributos estimados necessários para o ano em curso e, para os casos em que o contribuinte seja proprietário de uma empresa com empregados, deverá ter efetuado todos os depósitos de impostos federais necessários para o trimestre em curso.

Os contribuintes elegíveis devem, também, efetuar um pagamento inicial e pagar uma taxa de submissão da oferta no valor de USD 205. Cabe mencionar, ainda, que os ofertantes que se qualificam como de baixa renda não precisam pagar referida taxa ou realizar o pagamento inicial. Desse modo, os contribuintes possuem, à sua disposição, ferramenta de Pré-Qualificação que pode ser acessada no sítio eletrônico oficial do IRS, para verificarem se são elegíveis para o programa do OIC ou não. A ferramenta pode ser acessada pelo endereço eletrônico https://irs.treasury.gov/oic_pre_qualifier/.

De acordo com as informações disponíveis no sítio eletrônico oficial do IRS,[37] um OIC permite ao contribuinte liquidar sua dívida fiscal por valor menor do que o montante total devido. Trata-se de opção legítima para aqueles que não podem pagar a totalidade de sua dívida fiscal ou para aqueles que poderão ter dificuldades financeiras caso o façam.

iv) Circunstâncias levadas em consideração na análise do OIC

Para a concessão do OIC, o IRS leva em consideração os seguintes fatos e circunstâncias: (a) capacidade contributiva; (b) rendimento financeiro; (c) despesas; e (d) equidade patrimonial.

Na maioria dos casos, o IRS apenas aceitará um OIC caso o montante oferecido pelo contribuinte seja igual ou superior ao potencial de cobrança razoável (*reasonable collection potential* ou RCP). O RCP é a forma por meio da qual o IRS mede a capacidade de pagamento do contribuinte, levando em consideração, também, o valor que pode ser pago a partir dos bens que esse possui, como bens imóveis, automóveis e contas

---

[36] Disponível em: https://www.irs.gov/taxtopics/tc204. Acesso em: 6 maio 2021.
[37] Disponível em: https://www.irs.gov/payments/offer-in-compromise. Acesso em: 6 maio 2021.

bancárias. Além desses bens, o RCP também inclui rendimentos futuros antecipados, com exceção dos montantes que equivalem a despesas tidas como essenciais e básicas.

Ou seja, a aprovação de um OIC por parte do IRS ocorre quando o montante oferecido representa o máximo que ele pode esperar cobrar dentro de um período de tempo razoável. O IRS deixa claro, ainda, que o contribuinte deve explorar todas as outras opções de pagamento cabíveis antes de submeter um OIC.

v) Opções de pagamento possíveis

O pagamento inicial a ser realizado variará de acordo com a oferta realizada pelo contribuinte e na opção de pagamento que esse escolher, quais sejam:
  (i) oferta de dinheiro em montante fixo (*Lump Sum Cash Offer*): um pagamento inicial de 20% do montante total da oferta é submetido juntamente com a oferta do contribuinte. Trata-se de oferta a ser paga por meio de cinco ou menos prestações, em um prazo de cinco ou menos meses após a aceitação da oferta por parte do IRS. Nesse caso, o contribuinte deve incluir no respectivo formulário um pagamento, não reembolsável, equivalente a 20% do montante da oferta, além da taxa de submissão da oferta. Por não ser reembolsável, o referido valor não será devolvido ao contribuinte, mesmo na hipótese em que sua oferta seja rejeitada pelo IRS. Neste caso, o pagamento de 20% será aplicado à obrigação fiscal do contribuinte, podendo esse indicar a responsabilidade fiscal específica a que o IRS aplicará o pagamento de 20%. Caso a oferta seja aceita pelo IRS, o contribuinte receberá uma confirmação por escrito; e
  (ii) oferta de pagamento periódico (*Periodic Payment Offer*): o pagamento inicial é submetido juntamente com a submissão da oferta do contribuinte. Trata-se de oferta a ser paga por meio de seis ou mais parcelas mensais, em um prazo de 24 meses após a sua aceitação. Nesse caso, o contribuinte deve incluir a primeira proposta de pagamento a ser realizado em prestações, com o respectivo formulário. Deve-se ressaltar que esse pagamento também é exigido para além da taxa de submissão da oferta, não sendo reembolsável. Enquanto o IRS avalia a oferta realizada pelo contribuinte, esse último deve continuar a efetuar os pagamentos em prestações, conforme previsto nos termos da oferta. Os referidos montantes também não são reembolsáveis e serão aplicados às obrigações fiscais, tendo o contribuinte o direito de especificar as obrigações fiscais às quais os pagamentos periódicos serão aplicados.

A não realização desses pagamentos periódicos enquanto está pendente a decisão do IRS sobre o OIC submetida implica o seu encerramento, sendo irrecorrível essa decisão. Caso a referida oferta seja aceita, o contribuinte deve continuar a pagar o valor mensalmente, até a integral quitação. Ainda, após a aceitação do OIC, o contribuinte não poderá designar pagamentos de oferta a qualquer obrigação fiscal especificamente coberta pelo acordo de oferta.

Em ambas as hipóteses, enquanto a oferta realizada pelo contribuinte é analisada pelo IRS, seus pagamentos e taxas não reembolsáveis serão remetidos à obrigação fiscal (podendo o contribuinte designar pagamentos para um ano fiscal específico, bem como uma dívida fiscal).

Ainda, uma notificação de *Federal Tax Lien* (garantia fiscal federal) poderá ser submetida pelo IRS, abrangendo como forma de garantia propriedades atuais e futuras do contribuinte. Outras eventuais atividades de cobrança são suspensas e o prazo legal de liquidação e cobrança é prolongado. O contribuinte deverá efetuar todos os pagamentos necessários associados à sua oferta, não sendo obrigado a efetuar pagamentos com base em acordo de parcelamento existente.

vi) Fundamentos para a submissão de um OIC

Cumpre mencionar, ainda, que há três fundamentos possíveis para embasamento de um OIC:
  a) dúvida sobre a responsabilidade (*doubt as to liability*): o devedor pode demonstrar motivos que indiquem que a responsabilidade tributária está incorreta. Pode questionar, por exemplo, sobre a legalidade do PAT (como a falta de recebimento de notificação e/ou até mesmo erro procedimental). Nesse caso, o formulário a ser submetido é o 656-L. A dúvida quanto à responsabilidade não pode ser contestada ou considerada caso a dívida fiscal tenha sido apurada por uma decisão final do Judiciário sobre a existência ou o valor da dívida fiscal, caso esteja sendo discutida perante o Departamento de Justiça (DOJ) ou se a dívida fiscal avaliada se baseia na legislação em vigor. O contribuinte apenas deve submeter um OIC tendo como fundamento dúvida sobre a responsabilidade se não puder contestar o valor a ele imposto durante o prazo permitido pelo IRC ou IRS *guidelines*;[38]
  b) dúvida quanto à possibilidade de pagamento do contribuinte (*doubt as to collectibility or DATC*): o devedor não contesta responsabilidade ou cobrança, mas pode demonstrar circunstâncias especiais ou atenuantes de que a cobrança da dívida "criaria dificuldade econômica ou seria injusta e desigual". Nesse caso, o contribuinte deverá demonstrar sua impossibilidade de pagamento e o fisco avaliará se concede o OIC ou não. Nessa hipótese, há dúvida quanto à exigibilidade do débito nos casos em que os bens e rendimentos do contribuinte são inferiores ao montante total da dívida fiscal. Nessa hipótese, o formulário a ser submetido é o 656-B; ou
  c) dúvida a respeito da efetividade da administração tributária (*effective tax administration or ETA*): o programa do OIC encontra-se disponível para qualquer contribuinte, mas é usado principalmente por indivíduos idosos, deficientes ou com circunstâncias especiais atenuantes. Nesse caso, não há dúvida de que o imposto é legalmente devido e que o montante total devido pode ser cobrado, mas exigir o pagamento integral do valor criaria dificuldades econômicas ao contribuinte ou poderia ser tido como injusto por conta de circunstâncias

---

[38] Disponível em: https://www.irs.gov/pub/irs-pdf/f656l.pdf. Acesso em: 6 maio 2021.

excepcionais. Assim como no item "b" acima, o formulário a ser submetido é o 656-L.

vii) Regras aplicáveis à aceitação, rejeição ou devolução do OIC

O prazo estatutário dentro do qual o IRS pode realizar atividades de cobrança é suspenso (i) durante o período em que o OIC está pendente de aprovação até 30 dias imediatamente após a sua rejeição e (ii) durante o período em que eventual recurso interposto após a rejeição do OIC tramita na Secretaria de Recursos do IRS.

Há que se observar que penalidades e juros continuarão a acumular durante a consideração do OIC e que a oferta realizada é automaticamente aceita se não houver manifestação no prazo de dois anos, por parte do IRS, após a data de recepção da oferta.

Se durante a apreciação do OIC por parte do IRS o contribuinte discordar da avaliação desse último sobre sua capacidade de pagamento, poderá fornecer documentação adicional para dar suporte a uma avaliação diferente para o funcionário que está investigando sua oferta. A qualquer momento, o contribuinte poderá solicitar uma conferência telefônica com o gerente da oferta para discutir as áreas de desacordo. Além disso, certas disputas podem se qualificar para a Mediação *Fast Track*,[39] que permite uma revisão rápida de uma área específica de desacordo. A mediação não é vinculante para nenhuma das partes e certas questões não são elegíveis.

Caso a oferta do contribuinte seja aceita, esse deverá cumprir todos os Termos da Oferta enumerados na Seção 7 do Formulário 656-B, incluindo o preenchimento de todas as declarações de impostos e a realização de todos os pagamentos que se reputarem necessários. Não obstante, qualquer reembolso devido dentro do ano em que a sua oferta for aceita, será aplicado à sua dívida fiscal. As garantias fiscais federais, por sua vez, não serão liberadas até que os termos da oferta sejam cumpridos.

Os termos da oferta não podem ser estendidos ou alterados depois que a oferta for aceita.

Serão adicionados juros ao valor do imposto devido até que a oferta seja aceita. A partir da data dessa aceitação, não haverá juros adicionais.

Com a aceitação da oferta, o contribuinte terá concordado em cumprir integralmente com as leis fiscais. Contudo, se não cumprir com todos os termos e condições do OIC, o IRS determinará o respectivo inadimplemento. Quando o IRS põe fim a um OIC, o acordo deixa de vigorar. Nessa hipótese, o IRS poderá cobrar os montantes originalmente devidos (exceto os pagamentos já efetuados), somados com juros e eventuais penalidades.

Na hipótese em que a oferta do contribuinte é rejeitada, esse poderá interpor recurso em um prazo de 30 dias, a contar da data de recebimento da carta por meio da qual foi comunicada a rejeição.

Em alguns casos, o OIC é devolvido ao contribuinte em vez de ser rejeitado, como na situação em que o contribuinte deixou de apresentar as informações necessárias,

---

[39] Depois que a oferta for aceita, rejeitada ou devolvida, a Mediação *Fast Track* não se aplica depois que uma carta de rejeição for emitida.

requereu falência, não incluiu a taxa de requerimento exigida ou o pagamento não reembolsável com a oferta, não apresentou a declaração de impostos exigida ou não pagou as obrigações fiscais correntes durante o período em que o IRS estava analisando sua oferta. Quando uma oferta é devolvida, não há direito de recurso; no entanto, poderá ser realizada novamente.

viii) Responsabilidade pela falsidade das informações

O IRS analisa as OICs para verificação de possível intenção fraudulenta. Enviar um OIC com informações falsas ou fazer uma declaração falsa para um funcionário do IRS é considerado fraude e pode sujeitar o responsável a penalidades civis ou criminais.[40]

4 Conclusão

O sistema de administração tributária dos Estados Unidos guarda muitas peculiaridades que o distinguem do brasileiro. Talvez uma das mais significativas seja a adoção do princípio do *voluntary compliance* que reconhece no contribuinte um agente de colaboração e parceria com o Estado. A função do IRS, nesse ambiente, é de auxiliar o contribuinte no exercício dessa responsabilidade cidadã, facilitando seu exercício e não a onerando. Em outras palavras, sem prejuízo do poder sancionador e fiscalizador, a Receita Federal norte-americana busca auxiliar o contribuinte no exercício dessa função cidadã.

O reconhecimento da dimensão cidadã no exercício de contribuir com o Estado na forma de pagamento de impostos faz com que a transação seja um instrumento largamente usado para auxiliar no cumprimento dessas obrigações e desonerar o processo tributário com litígios de resultado duvidoso.

No caso brasileiro, em que impera a desconfiança de lado a lado, parte-se da premissa de que a contribuição tributária só é cumprida pelo contribuinte mediante fortes e significativas sanções, muitas das quais extrapolam os limites constitucionais da capacidade contributiva, como já vem sendo reiteradamente decidido pelo Supremo Tribunal Federal. A adoção indiscriminada de multas gera, ao contrário do sistema norte-americano, um incremento exponencial de passivos sem perspectiva de resolução a médio e a longo prazos.

Ao contrário, provoca a reflexão o uso de múltiplos instrumentos de transação do modelo norte-americano como um fator incrementador da arrecadação e não da evasão, como é recorrentemente alegado nas administrações tributárias brasileiras.

A adoção do modelo transacional, que ainda está na sua fase inicial no Brasil (com a edição da Lei nº 13.988/2020), mostra uma alternativa alvissareira a alterar a própria

---

[40] Disponível em: https://www.irs.gov/businesses/small-businesses-self-employed/offer-in-compromise-faqs. Acesso em: 6 maio 2021.

dinâmica litigiosa do relacionamento Estado e sociedade em matéria tributária, abrindo novas formas de administrar tributos.

Referências

AMARAL FRANCO, Caio César. Execução Fiscal nos Estados Unidos da América – Uma Abordagem Comparativa com o Direito Brasileiro. *Revista do Mestrado em Direito da Universidade Católica de Brasília (RVMD)*, Brasília, v. 13, n. 1, p. 178-193, jan./jun. 2019.

BOBBIO, Norberto. *Teoria do ordenamento jurídico.* 10. ed. Tradução de Maria Celeste Cordeiro Leite dos Santos. Brasília: Editora UNB, 1999.

CORNELL LAW SCHOOL. Legal Information Institute. Internal Revenue Code: 26 CFR §301.7121-1 – Closing agreements. Disponível em: https://www.law.cornell.edu/cfr/text/26/301.7121-1. Acesso em: 21 mar. 2021.

CORNELL LAW SCHOOL. Legal Information Institute. *Internal Revenue Code*: 26 U.S. Code §7121 – Closing agreements. Disponível em: https://www.law.cornell.edu/uscode/text/26/7121. Acesso em: 21 mar. 2021.

CORNELL LAW SCHOOL. Legal Information Institute. *Internal Revenue Code*: 26 U.S. Code §7122 – Compromises. Disponível em: https://www.law.cornell.edu/uscode/text/26/7122. Acesso em: 21 mar. 2021.

CORNELL LAW SCHOOL. Legal Information Institute. *Internal Revenue Code:* 26 U.S. Code §7123 – Appeals dispute resolution procedures. Disponível em: https://www.law.cornell.edu/uscode/text/26/7123. Acesso em: 21 mar. 2021.

DA SILVA, Paulo Cesar. A importância do precedente no direito norte-americano. *Publicações da Escola da AGU*: 1º Curso de introdução ao direito americano: Fundamental of US Law Course – Escola da Advocacia-Geral da União. Ministro Victor Nunes Leal – Ano III, n. 12, (set./out. 2011). Brasília: EAGU, 2011.

ESTADOS UNIDOS DA AMÉRICA. *Internal Revenue Service. Appeals – An Independent Organization.* Disponível em: https://www.irs.gov/appeals/appeals-an-independent-organization. Acesso em: 22 mar. 2021.

ESTADOS UNIDOS DA AMÉRICA. *Internal Revenue Service. Appeals Mediation – Alternative Dispute Resolution (ADR).* Disponível em: https://www.irs.gov/appeals/appeals-mediation-programs. Acesso em: 22 mar. 2021.

ESTADOS UNIDOS DA AMÉRICA. *Internal Revenue Service. Closing Agreements.* Disponível em: https://www.irs.gov/businesses/closing-agreements-1. Acesso em: 21 mar. 2021.

ESTADOS UNIDOS DA AMÉRICA. *Internal Revenue Service. Considering an Appeal.* Disponível em: https://www.irs.gov/appeals/considering-an-appeal. Acesso em: 22 mar. 2021.

ESTADOS UNIDOS DA AMÉRICA. *Internal Revenue Service. Form 656-L.* Disponível em: https://www.irs.gov/pub/irs-pdf/f656l.pdf. Acesso em: 6 de maio de 2021.

ESTADOS UNIDOS DA AMÉRICA. *Internal Revenue Service. Form 866.* Disponível em: https://www.irs.gov/pub/irs-utl/form_866.pdf. Acesso em: 21 mar. 2021.

ESTADOS UNIDOS DA AMÉRICA. *Internal Revenue Service. Form 906.* Disponível em: https://www.irs.gov/pub/irs-utl/form_906.pdf. Acesso em: 21 mar. 2021.

ESTADOS UNIDOS DA AMÉRICA. *Internal Revenue Service. Internal Revenue Bulletin: 2006-44.* Disponível em: https://www.irs.gov/irb/2006-44_IRB. Acesso em: 22 mar. 2021.

ESTADOS UNIDOS DA AMÉRICA. *Internal Revenue Service. Internal Revenue Manual.* Disponível em: https://www.irs.gov/irm/part33/irm_33-003-002. Acesso em: 6 de maio de 2021.

ESTADOS UNIDOS DA AMÉRICA. *Internal Revenue Service. Internal Revenue Bulletin: 2002-26.* Disponível em: https://www.irs.gov/pub/irs-irbs/irb02-26.pdf. Acesso em: 22 mar. 2021.

ESTADOS UNIDOS DA AMÉRICA. *Internal Revenue Service. Internal Revenue Bulletin: 2008-48.* Disponível em: https://www.irs.gov/pub/irs-irbs/irb08-48.pdf. Acesso em: 22 mar. 2021.

ESTADOS UNIDOS DA AMÉRICA. *Internal Revenue Service. Internal Revenue Bulletin: 2014-53.* Disponível em: https://www.irs.gov/pub/irs-irbs/irb14-53.pdf. Acesso em: 22 mar. 2021.

ESTADOS UNIDOS DA AMÉRICA. *Internal Revenue Service. Offer in Compromise – Frequently Asked Questions.* Disponível em: https://www.irs.gov/businesses/small-businesses-self-employed/offer-in-compromise-faqs. Acesso em: 6 de maio de 2021.

ESTADOS UNIDOS DA AMÉRICA. *Internal Revenue Service. Offer in Compromise.* Disponível em: https://www.irs.gov/payments/offer-in-compromise. Acesso em: 6 de maio de 2021.

ESTADOS UNIDOS DA AMÉRICA. *Internal Revenue Service. Rev. Proc. 2015-44.* Disponível em: https://www.irs.gov/pub/irs-drop/rp-15-44.pdf. Acesso em: 22 mar. 2021.

ESTADOS UNIDOS DA AMÉRICA. *Internal Revenue Service. Test of Arbitration Procedure for Appeals.* Disponível em: https://www.irs.gov/pub/irs-drop/a-00-4.pdf. Acesso em: 22 mar. 2021.

ESTADOS UNIDOS DA AMÉRICA. *Internal Revenue Service. Test of Procedures for Mediation and Arbitration for Offer in Compromise and Trust Fund Recovery Penalty Cases in Appeals.* Disponível em: https://www.irs.gov/pub/irs-drop/a-11-06.pdf. Acesso em: 22 mar. 2021.

ESTADOS UNIDOS DA AMÉRICA. *Internal Revenue Service. Topic No. 204 Offers in Compromise.* Disponível em: https://www.irs.gov/taxtopics/tc204. Acesso em: 6 de maio de 2021.

GOODIN, Melody. What is an Offer in Compromise. The Legal Aid Society of Cleveland. Disponível em: https://lasclev.org/what-is-an-offer-in-compromise/. Acesso em: 22 mar. 2021.

JERÓNIMO, Patrícia. *Lições de Direito comparado.* Elsa Uminho: Braga, Portugal, 2015.

LOPES, Carlos Côrtes Vieira. *Breves considerações acerca do sistema tributário nos Estados Unidos da América.* Publicações da Escola da AGU: 1º Curso de introdução ao direito americano: *Fundamental of US Law Course* – Escola da Advocacia-Geral da União. Ministro Victor Nunes Leal – Ano III, n. 12, (set./out. 2011). Brasília: EAGU, 2011.

MELO FILHO, João Aurino de. *Racionalidade legislativa no processo tributário.* Salvador: Juspodivm, 2018.

MIGUEL GOUVEIA, Ana Carolina. *Common Law no Sistema Jurídico Americano: Evolução, Críticas e Crescimento do Direito Legislado.* Publicações da Escola da AGU: 1º Curso de introdução ao direito americano: *Fundamental of US Law Course* – Escola da Advocacia-Geral da União. Ministro Victor Nunes Leal – Ano III, n. 12, (set./out. 2011). Brasília: EAGU, 2011.

MONTENEGRO, Mariana Cruz. *apud* MELO FILHO, João Aurino de. *Racionalidade legislativa no processo tributário.* Salvador: Juspodivm, 2018.

PEREIRA, Caio Mário da Silva. Direito Comparado e seu estudo. *Revista da Faculdade de Direito de Minas Gerais*, v. 7, 1955.

SABO PAES, José Eduardo. DE OLIVEIRA, Marcos Roberto. Características do Sistema Tributário nos Estados Unidos da América: alguns tópicos relevantes. *Revista de Direito Internacional Econômico e Tributário (RDIET)*, Brasília, v. 10, n. 2, p. 52-78, jul./dez., 2015.

Informação bibliográfica deste texto, conforme a NBR 6023:2018 da Associação Brasileira de Normas Técnicas (ABNT):

ADAMS, Luis Inácio Lucena; RODRIGUES, Ivan Tauil; PORTES, Louise dias. *Offer in Compromise*: o sistema norte-americano de transação tributária. In: SARAIVA FILHO, Oswaldo Othon de Pontes (coord.). *Transação Tributária*: homenagem ao jurista Sacha Calmon Navarro Coêlho. Belo Horizonte: Fórum, 2023. (Coleção Fórum grandes temas atuais de Direito Tributário ; v. 1). p. 63-78. ISBN 978-65-5518-407-5.

ABORDAGEM REGULATÓRIA SOBRE A TRANSAÇÃO TRIBUTÁRIA – ENSAIO SOBRE A APLICAÇÃO DOS ESTUDOS DO DIREITO REGULATÓRIO À ADMINISTRAÇÃO TRIBUTÁRIA

OSWALDO OTHON DE PONTES SARAIVA NETO

I Introdução

O Poder regulatório não se restringe apenas à competência regulamentar. Para além da edição de atos normativos que complementem as leis e possibilitem sua efetiva aplicação, o órgão com poder regulatório tem competência para realizar atividades de fomento, fiscalização, monitoramento, planejamento, mediação/transação e ordenação da economia.

O objetivo deste artigo é demonstrar que os órgãos da Administração Tributária (Receita Federal do Brasil e Procuradoria-Geral da Fazenda Nacional) possuem outras atribuições além da função tradicional de regulamentar, propondo que a transação tributária seja um instrumento à disposição da Administração Tributária para exercer outras funções regulatórias que visem, igualmente, a moldar comportamentos do contribuinte para garantir a recuperação e a conformidade fiscal.

A lei de transação será tratada como um marco regulatório do direito tributário, pois dá diretrizes para a atuação dos administradores, delimita valores a serem perseguidos e almeja moldar comportamentos por meio da concessão de benefícios.

Abordar-se-ão as consequências de conferir à Administração Tributária certa "discricionariedade técnica" no exercício do poder regulatório, destacando-se o aumento da carga de trabalho, do assédio do setor privado e dos riscos de tomada de decisões estranhas ao interesse público.

Propor-se-á o estabelecimento de critérios de racionalização da concessão dos benefícios da transação, bem como de regras de acompanhamento dos resultados das medidas adotadas, que devem estar em constante atualização conjectural.

Por fim, a exposição concluirá que a transação é apenas um instrumento das várias outras técnicas de regulação. Variadas formas de intervenção do Estado Fiscal podem atuar não apenas com o intuito de recuperação de créditos, mas também com a finalidade de assegurar a conformidade fiscal, a colaboração entre as partes e até de realizar valores extrafiscais.

II Atividade regulatória exercida pela administração tributária

Embora estudos envolvendo a regulação no Brasil venham sendo feitos desde o início da política de privatização do governo FHC (década de 90), e apesar de esse assunto estar bastante aprofundado em relação às atividades das agências regulatórias, pouco se produziu a respeito da utilização de instrumentos de regulação e de uma estratégia regulatória para promover a arrecadação de tributos (regularidade e conformidade fiscal) e até de outros valores extrafiscais.

Uma justificativa para essa escassez de abordagens é a postura acanhada dos órgãos da Administração Tributária, que historicamente se mostraram resistentes em promover técnicas de regulação com vistas a aumentar a arrecadação de tributos. A resistência tem duas causas, uma legítima, outra em vias de ser superada, quais sejam: a) a Administração Tributária não pode conceder incentivos fiscais que não estejam previstos em lei; b) historicamente, a relação obrigacional entre contribuinte e Fisco sempre foi concebida a partir de um modelo de regulação ordenadora (ou de controle e comando), marcado por um raciocínio de que a norma tributária é uma norma de rejeição social, cuja eficácia depende da imposição do poder de império do Estado e do controle social através da punição (*enforcement*), não havendo espaço para outras formas de regulação.

A primeira causa é razoável e decorre do mandamento constitucional de que qualquer subsídio ou isenção, redução de base de cálculo, concessão de crédito presumido, anistia ou remissão, relativos a impostos, taxas ou contribuições, só poderão ser concedidos mediante lei específica (art. 150, §6º, da CF/88). Soma-se à vedação da Constituição, a regra do parágrafo único do art. 142 do Código Tributário Nacional (CTN), que estipula a indisponibilidade do crédito tributário: "atividade administrativa de lançamento é vinculada e obrigatória, sob pena de responsabilidade funcional" e a regra do art. 11, da Lei de Responsabilidade Fiscal, de que a previsão e a efetiva arrecadação de todos os tributos da competência do ente da Federação constituem requisitos essenciais da responsabilidade na gestão fiscal.

Conciliando os dispositivos, é possível concluir que a previsão e a efetiva arrecadação de todos os tributos da competência do ente da Federação podem ser relativizadas por lei específica que venha a conceder redução da carga tributária. Ademais, a Administração Tributária não está vinculada a uma legalidade estrita naqueles assuntos que não tratem especificamente de redução da carga tributária, mas de estabelecimento de obrigações acessórias para o contribuinte, uma vez que o art. 113, §2º, do CTN, atribui à "legislação tributária" a função de regulamentar essas obrigações "no interesse da arrecadação ou da fiscalização dos tributos".

Segundo o art. 96 do CTN, a expressão "legislação tributária" compreende as leis, os tratados internacionais, os decretos e as normas complementares que versem sobre tributos e "as relações jurídicas a eles pertinentes". Portanto, a Administração Tributária pode adotar todas aquelas medidas que fomentem conformidade fiscal e uma fiscalização ao mesmo tempo mais eficaz e suave, ressalvados os incentivos que resultem em redução da carga tributária.

A segunda causa para a resistência da Administração Tributária à internalização de técnicas regulatórias abordadas pelos estudiosos das agências reguladoras seria o entendimento de que os órgãos de fiscalização e cobrança, embora detenham poder regulatório, estariam limitados às funções de regulamentação das leis tributárias, fiscalização da arrecadação e fixação das penalidades financeiras aos contribuintes infratores.

Segundo essa avaliação, as funções de monitoramento, planejamento, mediação/transação, fomento de valores extrafiscais e ordenação da economia não estariam dentro do escopo do Estado Regulador Fiscal.

Esse entendimento tende a ser superado diante da introdução de novas técnicas e de novas abordagens entre o Fisco e o contribuinte pautadas por valores de colaboração, resolutividade e prevenção de litígios. Foram editadas medidas legais e infralegais que vêm sendo adotadas tanto pelo Ministério da Economia (PGFN), quanto pelas Secretarias de Finanças Estaduais e Municipais, a exemplo da criação dos Programas "Nos Conformes", pelo Estado de São Paulo; "Retomada Fiscal", pela União e "Confia", pela Receita Federal. A Procuradoria da Fazenda Nacional regulamentou os institutos da transação tributária e do negócio jurídico processual, e a Receita Federal do Brasil aperfeiçoou o programa de acompanhamento especial dos maiores contribuintes.

Dentre os programas listados acima, destaca-se a Lei nº 13.988/2020, que concedeu o instrumento da transação tributária aos órgãos de arrecadação fiscal. Um instrumento regulatório (ou uma técnica regulatória) é um meio de que o Estado lança mão para influenciar o comportamento social com vistas ao alcance dos objetivos inscritos em determinada política pública.

A exposição a seguir mostrará que a Lei de Transação Tributária possibilita a conjunção de outras formas de regulação além das tradicionais, de forma que há algo de inédito, de divisor de tratamento entre contribuinte e Administração Tributária.

III Lei de Transação Tributária como um marco regulatório no Direito Tributário

Pode-se defender que a Lei de Transação Tributária é um marco regulatório, pois ela contém diretrizes para a criação de um ambiente de modelagem de condutas dos contribuintes que concilia o interesse arrecadatório do Estado com a realização de outros valores, como a duração razoável do processo, a eficiência e a capacidade de pagamento.

É importante destacar que o instrumento da transação não é um direito unilateral imponível à Administração Pública Federal. Trata-se de instrumento consensual, que se celebra somente quando ambas as partes envolvidas concordam com sua utilização, nos termos do art. 171, *caput* e parágrafo único, do CTN: "A lei pode facultar, nas condições que estabeleça, aos sujeitos ativo e passivo da obrigação tributária celebrar transação que, mediante concessões mútuas, importe em determinação de litígio e consequente extinção de crédito tributário".

Os benefícios ofertados ao contribuinte são a concessão de descontos sobre as multas, juros e encargos legais relativos a créditos a serem transacionados que sejam classificados como irrecuperáveis ou de difícil recuperação; o oferecimento de prazos e formas de pagamento especiais, incluídos o diferimento e a moratória; o oferecimento, a substituição ou a alienação de garantias; a flexibilização das regras para constrição ou alienação de bens e a possibilidade de utilização de créditos líquidos e certos do contribuinte em desfavor da União ou de precatórios federais para fins de amortização ou liquidação do saldo devedor transacionado.

Por outro lado, o contribuinte deve assumir o compromisso de fornecer informações fiscais sempre que solicitado; manter regularidade dos créditos tributários futuros e das obrigações junto ao Fundo de Garantia do Tempo de Serviço (FGTS); etc. Esta última exigência é de cunho trabalhista, não tributário, o que indica utilização da transação tributária para concretização de valores extrafiscais.

Para efetiva caracterização da transação tributária como um marco regulatório, é preciso ter a compreensão de que ao mesmo tempo em que existem meios para moldar o comportamento dos regulados (no caso, os contribuintes), devem existir meios para o acompanhamento da efetividade das medidas adotadas e para uma atualização conjuntural da realidade. Ou seja, para além das disposições legais, os órgãos regulatórios devem, continuamente, reagir aos resultados da política pública operados na realidade, submetendo-a, por conseguinte, a adequações constantes.

Favoravelmente ao requisito da atualização conjuntural da realidade, nota-se uma maleabilidade das propostas de transação à realidade concreta, como a expedição de portarias voltadas para empresas em recuperação judicial, empresas impactadas pela pandemia do Covid-19 ou empresas do SIMPLES; assim como a publicação de Edital para transação envolvendo litígios de relevante e disseminada controvérsia jurídica.

No campo legislativo, a transação tributária foi adaptada para as empresas em recuperação judicial, com a oferta de mais benefícios voltados à preservação da atividade empresarial. Além de maiores descontos e prazos mais alongados para pagamento das obrigações tributárias, passou-se a conceder benefícios fiscais sobre créditos tributários cujos fatos geradores decorrem de atos da empresa realizados no intuito de sua recuperação financeira: a) para os descontos obtidos na renegociação de dívidas (*haircut*): i) não incide PIS/Cofins; ii) não incide a trava de 30% para pagamento do imposto de renda e da CSLL (art. 50-A da Lei nº 11.101/2005, incluído pela Lei nº 14.112/2021); b) para o ganho de capital decorrente da alienação de bens e direitos, não incide a trava de 30% para pagamento do IR e da CSLL (art. 6º-B); c) possibilidade de pagamento do crédito transacionado mediante utilização de prejuízo fiscal: possibilidade de utilizar 30% do prejuízo como meio de pagamento de débitos administrados pela Receita Federal (art. 10-A).

Faz-se interessante notar uma tímida inclusão de outro dispositivo que permite a utilização da transação tributária para fins extrafiscais. Quando constatado que o devedor em recuperação judicial desenvolve projetos sociais, nos termos da regulamentação, admitir-se-á o aumento do prazo para pagamento das obrigações fiscais por mais doze parcelas (art. 10-C, §1º, da Lei nº 10.522/2000, incluída pela Lei nº 14.112/2021).

Outra relevante alteração legislativa foi a publicação da Lei nº 14.375, de 21 de junho de 2022, que aprimorou a Lei de Transação Tributária (Lei nº 13.988/2020) para permitir: a) a utilização de prejuízo fiscal sem a trava de 30% para equacionar saldo transacionado – limitado ao pagamento de 70% do passivo; b) o aumento do número de parcelas (até 120) e do percentual de desconto (até 65%); e c) a utilização de precatórios e direitos creditórios reconhecidos judicialmente para amortização da dívida.

A Lei nº 14.375/2022, fruto da conversão da Medida Provisória nº 1.090/202, também passou a admitir a transação tributária individual para créditos sob a administração da Secretaria da Receita Federal (RFB) submetidos ao contencioso administrativo federal. Esta alteração atribuiu à Receita Federal a competência de negociar créditos de forma individualizada, alargando sua função regulatória.

Destaca-se que segundo o art. 11, §1º-A, da Lei nº 13.988/2020, alterada pela Lei nº 14.375/2022, a utilização do prejuízo fiscal como moeda de pagamento será admitida a critério exclusivo da Procuradoria-Geral da Fazenda Nacional (PGFN) ou da Receita Federal, sendo adotada em casos excepcionais para a melhor e efetiva composição do plano de regularização e liquidação dos créditos considerados irrecuperáveis ou de difícil recuperação. A Portaria PGFN/ME nº 6.757/2022 ressalta o caráter complementar do instrumento, na medida em que somente poderá ser utilizado "se inexistentes ou esgotados outros créditos líquidos e certos em desfavor da União, ou precatórios federais expedidos em favor do sujeito passivo" (art. 36, inciso III).

A parametrização dos descontos e a cumulação com outros benefícios na transação tributária conferem aos órgãos regulamentadores certa discricionariedade técnica para equacionar o passivo fiscal da empresa aderente.

O exercício da discricionariedade técnica pelo administrador público opera em dois momentos: quando há um primeiro instante de cognição técnica e quando submetem-se as alternativas ao interesse público.

A análise técnica realizada pelos órgãos que efetuam a transação ocorre quando se define a capacidade de pagamento do contribuinte e se classifica o grau de recuperabilidade de suas dívidas, o que repercutirá nos benefícios a serem ofertados. Segundo a Portaria PGFN/ME nº 6.757/2022, a capacidade de pagamento da empresa decorre da sua situação econômica e será calculada de forma a estimar se o sujeito passivo possui condições de efetuar o pagamento integral dos débitos inscritos em dívida ativa da União e do FGTS no prazo de cinco anos, sem descontos.

Na PGFN, existe uma fórmula matemática para apurar a capacidade de pagamento:

> Capacidade de pagamento: 5 x (0,08 x massa salarial + 0,08 x valor pago à Previdência Social + 0,08 x valor pago via DARF + 0,08x rendimentos pagos por terceiros) + 10 x rendimentos de aplicações financeiras + valor das inscrições em benefícios fiscais + valor das inscrições garantidas).

O fator de multiplicação 5 (cinco) corresponde à quantidade de anos que a empresa teria para quitar seu passivo tributário. Um resultado da capacidade de pagamento que não se aproxime do passivo total da empresa enseja o *rating* tipo D (difícil recuperação).

Em relação ao segundo momento do exercício da discricionariedade técnica, que trata da submissão das alternativas ao interesse público (mais especificamente à concessão de benefícios para a melhor e efetiva composição do plano de regularização), nem sempre os critérios técnicos serão capazes de indicar uma única solução correta, devendo a escolha das alternativas caber à autoridade administrativa.[1]

Como consequência inafastável da discricionariedade administrativa, o agente regulador deve prestar contas das razões fáticas e dos fundamentos técnico-jurídicos sobre os quais assenta a sua tomada de decisão através da motivação e transparência de seus atos.

Em relação à transparência, o art. 1º da Lei nº 13.988/2020 dispõe que a observância desse valor será efetivada, entre outras ações, pela divulgação em meio eletrônico de todos os termos de transação celebrados, com informações que viabilizem o atendimento do princípio da isonomia, resguardadas aquelas legalmente protegidas por sigilo.

Em relação à motivação do ato administrativo, não existe ainda uma regulamentação clara de como o auditor ou procurador público deverá justificar o deferimento ou indeferimento de alguns benefícios disponibilizados pela lei.

É exatamente a prestação de contas da política regulatória que impõe alguns desafios à prática tributária.

IV Desafios de uma abordagem regulatória no Direito Tributário

A atividade de dedução e de valoração pelo agente regulador do que seja o interesse público é privativa do servidor público e não escapa ao risco de "falhas de governo" semelhante às "falhas de mercado" do setor privado.

O agente regulador não está imune a desvios, capturas e comportamentos contrários ao interesse público. Indivíduos de dentro do Estado podem se comportar da

---

[1] DAROCA, Eva Desdentado. Los problemas del control judicial de la discrecionalidad técnica: un estudio crítico de la jurisprudencia. Madrid: Civitas, 1997. p. 63 *et seq*. *In:* GROTTI, Dinorá Adelaide Musetti. Eficiência administrativa: alargamento da discricionariedade acompanhado do aperfeiçoamento dos instrumentos de controle e responsabilização dos agentes públicos: um paradigma possível?. *Revista Brasileira de Estado e Função Pública – RBEFP*. Fórum, ano 4, n. 10, jan./abr. 2015, p. 141.

mesma maneira que agentes privados, movidos por concepções próprias e pela maximização de seus interesses, inclusive com vistas a atrair visibilidade – até mesmo para eventual migração para a atividade privada ou mesmo política.

Igualmente, à medida que se estimula a utilização do instrumento regulatório da transação tributária, também se confere maior poder decisório aos agentes reguladores, que ficam mais expostos ao assédio do setor privado, interessado em influenciar a estratégia regulatória.

A atividade reguladora está a todo momento sujeita ao *rent-seeking* – quando grupos de interesse se envolvem com o Governo, visando à obtenção de vantagens sobre os demais grupos. Esses grupos são dos mais variados, de lobistas e entidades de setores da economia a entidades de servidores públicos. Portanto, há uma mão invisível na regulação, contudo, ela opera na direção inversa da mão invisível de Adam Smith.[2]

A busca pela racionalização do processo decisório envolve a delimitação de um processo abstrato e neutro, que preze pela transparência, conceda possibilidade de contribuição das partes interessadas (consulta pública, rodadas de negociação, diálogo), reúna o máximo de informações possível e seja motivado adequadamente.

Também, para uma efetiva atualização conjuntural da realidade, é preciso um acompanhamento dos resultados das medidas adotadas por meio da delimitação de critérios de avaliação dos acordos firmados.

O problema é que à medida que se alarga a função reguladora dos órgãos da Administração Tributária, também se lhes confere uma nova carga de trabalho, deveres e responsabilidades que aparentemente não seriam compatíveis com a carga de trabalho já demandada para fiscalização, arrecadação e punição.

Na transação tributária, são necessárias rodadas de reuniões de negociação com os contribuintes, análise da capacidade de pagamento de cada empresa, monitoramento do cumprimento das cláusulas do acordo, mediação de conflitos, planejamento da arrecadação fiscal para o futuro, análise da saúde financeira da empresa e de sua importância social e econômica.

A insuportável carga de trabalho conduz naturalmente à restrição de acesso dos contribuintes à transação tributária, bem como à padronização dos acordos. A PGFN passa a fixar um valor de piso para receber os pedidos de transação, que não são tratados individualmente, mas submetidos aos benefícios padrão. Esse modo de relação entre Administração Tributária e contribuinte é muito semelhante aos programas de parcelamento especial (Refis), em que não há individualização dos acordos e a única forma de observar os resultados da transação seria pelo acompanhamento do pagamento ou não das parcelas do crédito tributário transacionado.

Por outro lado, a técnica da transação tributária deve ser inserida em um contexto mais amplo, de governança regulatória, ou seja, de uso estratégico da regulação voltado ao alcance do interesse fazendário de eficiência mediante medidas governamentais em favor da recuperação e conformidade fiscal.

---

[2] MITCHELL, W. C., SIMMONS, R. Beyond politics: market, welfare and the failure of bureaucracy. The Independent Institute, Westview Press, 1994, p. 211. *In*: SALGADO, Lúcia Helena. Experiência brasileira: um panorama do atual desenho institucional. IPEA: *Texto para discussão nº 941*: http://repositorio.ipea.gov.br/bitstream/11058/2859/1/TD_941.pdf. Acesso em: 25 out. 2021;

A utilização da transação tributária como uma técnica regulatória já contribui para a redução da litigiosidade e para a diminuição do custo da cobrança da dívida ativa, o que tende a diminuir a carga de trabalho nesses pontos. Porém, toda essa abordagem regulatória não deve ficar adstrita às hipóteses em que os contribuintes já estão em débito com o Fisco. Para não desestimular o bom pagador, ou para estimular a autorregulação, a regulação deve prever formas de recompensar o contribuinte que não gera dificuldades ao exercício da fiscalização e arrecadação tributária.

Com a premissa de que "a autorregulação não existe em um vazio institucional e apenas será eficaz em um contexto de corregulação",[3] a Administração Fiscal precisa encontrar outros meios capazes de estimular e difundir o comportamento voluntário de conformidade fiscal.

Nesse sentido, a Medida Provisória nº 1040, convertida na Lei nº 14.195/2021, passou a prever a criação de um Cadastro Fiscal Positivo, ainda pendente de regulamentação pela PGFN. Assim dispõe a nova lei:

> Art. 17. Fica o Poder Executivo federal autorizado a instituir, sob governança da Procuradoria-Geral da Fazenda Nacional, o Cadastro Fiscal Positivo, com o objetivo de:
> I – criar condições para *construção permanente de um ambiente de confiança entre os contribuintes e a administração tributária federal*;
> II – *garantir a previsibilidade das ações da Procuradoria-Geral da Fazenda Nacional* em face dos contribuintes inscritos no referido cadastro;
> III – *criar condições para solução consensual dos conflitos tributários*, com incentivo à redução da litigiosidade;
> IV – *reduzir os custos de conformidade* em relação aos créditos inscritos em dívida ativa da União e à situação fiscal do contribuinte, a partir das informações constantes do Sira;
> V – *tornar mais eficientes a gestão de risco dos contribuintes inscritos no referido cadastro e a realização de negócios jurídicos processuais*;
> VI – melhorar a compreensão das atividades empresariais e dos gargalos fiscais.
> Parágrafo único. A Procuradoria-Geral da Fazenda Nacional poderá estabelecer convênio com Estados, com Municípios e com o Distrito Federal para compartilhamento de informações que contribuam para a formação do Cadastro Fiscal Positivo.
> Art. 18. Compete ao Procurador-Geral da Fazenda Nacional regulamentar o Cadastro Fiscal Positivo, o qual *poderá dispor sobre atendimento, sobre concessões inerentes a garantias, sobre prazos para apreciação de requerimentos, sobre recursos e demais solicitações do contribuinte, sobre cumprimento de obrigações perante a Procuradoria-Geral da Fazendo Nacional e sobre atos de cobrança administrativa ou judicial*, especialmente:
> I – criação de canais de atendimento diferenciado, inclusive para recebimento de pedidos de transação no contencioso judicial ou na cobrança da dívida ativa da União, nos termos da Lei nº 13.988, de 14 de abril de 2020, ou para esclarecimento sobre esses pedidos;
> II – flexibilização das regras para aceitação ou para substituição de garantias, inclusive sobre a possibilidade de substituição de depósito judicial por seguro-garantia ou por outras garantias baseadas na capacidade de geração de resultados dos contribuintes;

---

[3] FRAZÃO, Ana; LACERDA, Natália de Melo. Desafios aos programas de compliance: Como avaliar efetividade das políticas de conformidade e criar um sistema de incentivo para a sua implementação https://www.jota.info/opiniao-e-analise/colunas/constituicao-empresa-e-mercado/desafios-aos-programas-de-compliance-23102019. Acesso em: 02 fev. 2021.

III – possibilidade de antecipar a oferta de garantias para regularização de débitos futuros;

IV – execução de garantias em execução fiscal somente após o trânsito em julgado da discussão judicial relativa ao título executado (*grifo nosso*)

Observe-se que a Lei nº 14.195/2021 une-se à Lei nº 13.988/2020 como marco regulatório no Direito Tributário, estando ambos os instrumentos à disposição da Administração Tributária para governança regulatória.

O Cadastro Fiscal Positivo resgata a ideia de regulação responsiva[4] no sentido de que a fiscalização ou a intervenção da Administração Tributária será proporcional ao comportamento do contribuinte. É razoável que se simplifiquem procedimentos e obrigações acessórias, assim como que se suavizem fiscalizações sobre aqueles contribuintes que reiteradamente agem conforme à lei.

Outras medidas de corregulação que podem ser tomadas para fomentar uma relação de colaboração entre credor e devedor são: a) conferir agilidade na resposta a consultas fiscais, bem como na análise de requerimentos administrativos, como de compensação ou homologação; b) priorizar a resolução preventiva e alternativa de conflitos; c) conferir oportunidade ao contribuinte de participar da formulação do sistema legal (audiência pública, sistema fisco-contribuinte-fisco); d) dar publicidade à *rating* de contribuinte; e) simplificar novos procedimentos com base na confiança construída entre as partes; f) aperfeiçoar o acompanhamento especial de empresas em situação de crise, propondo soluções via transação tributária ou negócio jurídico processual; g) realizar acordo pela não aplicação de penalidades, desde que o contribuinte promova e mantenha a regularização fiscal; entre outras medidas modernas a serem pensadas e discutidas para gerar conformidade fiscal e arrecadação eficaz.

V Conclusão

A Administração Tributária detém poder regulatório maior do que se imagina. Uma governança regulatória, caracterizada pela utilização de técnicas delimitadas estrategicamente pelos órgãos competentes para modelar comportamentos e realizar valores prefixados, tende a ser mais efetiva do que o tradicional modelo de regulação ordenadora (ou de controle e comando).

O Estado possui instrumentos para a moldura de condutas socialmente desejáveis, o principal deles, atualmente, é a transação tributária. O Estado deve dispor desses instrumentos para reduzir comportamentos evasivos e contribuir para a consolidação de uma norma social de cumprimento do dever de pagar tributos, motivada, a princípio, por recompensas, porém, em um segundo momento, por valores sociais como o desenvolvimento da economia, o aumento da competitividade, a resolução de conflitos e a geração de receitas públicas.

---

[4] AYRES, I.; BRAITHWAITE, J. *Responsive regulation:* transcending the deregulation debate. New York: Oxford University Press, 1992.

Uma abordagem regulatória do Direito Tributário traz consigo os desafios há tempo enfrentados pelos teóricos das agências reguladoras. O agente regulador está sujeito à captura do setor privado, assim como o contribuinte regulado está sujeito às decisões de um regulador imparcial, desinteressado ou influenciado pela política.

Como solução, o artigo propôs a fixação de critérios de racionalização da concessão dos benefícios da transação, como a motivação e a transparência. Inafastável, igualmente, é a fixação de regras de acompanhamento dos resultados das medidas adotadas, que devem estar em constante atualização conjectural.

Ademais, para diminuir os encargos, responsabilidades e riscos de um Estado Fiscal interventor, deve-se prezar por um ambiente de autorregulação regulada, que consiste na manutenção da conformidade fiscal pelo próprio contribuinte, incentivada pela Administração Tributária.

Referências

ARANHA, Márcio Iorio. *Compliance*, governança e regulação. *In:* CUEVA, Ricardo Villas Bôas; FRAZÃO, Ana (coord.). *Compliance*: perspectivas e desafios dos programas de conformidade. Belo Horizonte: Fórum, 2019, p. 437-452.

ARANHA, Márcio Iorio. Poder normativo do Executivo e teoria da regulação. *In: Notícia do Direito Brasileiro* 9: 135-154, 2002.

ARANHA, Márcio Iorio. *Manual de direito regulatório:* fundamentos de direito regulatório. 5. ed. London: Laccademia Publishing, 2019.

AYRES, I.; BRAITHWAITE, J. *Responsive regulation:* transcending the deregulation debate. New York: Oxford University Press, 1992.

CUNHA FARIAS, M. C. O combate à sonegação do ICMS à luz da economia comportamental e da regulação responsiva. *Journal of Law and Regulation*, [S. l.], v. 6, n. 2, p. 96–128, 2020.

DAROCA, Eva Desdentado. Los problemas del control judicial de la discrecionalidad técnica: un estudio crítico de la jurisprudencia. Madrid: Civitas, 1997. p. 63 *et seq. In:* GROTTI, Dinorá Adelaide Musetti. Eficiência administrativa: alargamento da discricionariedade acompanhado do aperfeiçoamento dos instrumentos de controle e responsabilização dos agentes públicos – um paradigma possível?. *Revista Brasileira de Estado e Função Pública – RBEFP –* Fórum, ano 4, n.10,jan/abril 2015, p.141.

FRAZÃO, Ana; LACERDA, Natália de Melo. Desafios aos programas de compliance: Como avaliar a efetividade das políticas de conformidade e criar um sistema de incentivo para a sua implementação. Disponível em: https://www.jota.info/opiniao-e-analise/colunas/constituicao-empresa-e-mercado/desafios-aos-programas-de-compliance-23102019. Acesso em 20 maio 2021.

LOPES, Othon de Azevedo Lopes. *Fundamentos da regulação*. Rio de Janeiro: Processo, 2018.

MEDAUAR, Odete. *Direito administrativo moderno*. 20. ed. São Paulo: Revista dos Tribunais, 2016, p. 141.

MITCHELL, W. C., SIMMONS, R. Beyond politics: market, welfare and the failure of bureaucracy. The Independent Institute, Westview Press, 1994, p. 211. *In:* SALGADO, Lúcia Helena. Experiência brasileira: um panorama do atual desenho institucional. IPEA: *Texto para discussão nº 941*. Disponível em: http://repositorio.ipea.gov.br/bitstream/11058/2859/1/TD_941.pdf. Acesso em: 25/10/2021.

PASCHOAL, Bruno Vinícius Luchi. *Punição, recompensa, persuasão e ajuda:* estratégias regulatórias a partir do caso Nota Fiscal Paulista. Orientadora: Maíra Rocha Machado. 2012. Dissertação – Mestrado em Direito) - FGV, São Paulo, 2012.

SHU-YI, Oei. *Getting More by Asking Less:* Justifying and Reforming Tax Law's Offer-in-Compromise Procedure, L.J. 1673, 2012.

VIANA, Alan Flores. Compliance tributário por intermédio de uma regulação tributária cooperativa. *In:* KUVYEM, Luiz Fernando; CARVALHOSA Modesto (coord.) *Compliance no Direito Empresarial.* v. 4. Revista dos Tribunais, 2020.

Informação bibliográfica deste texto, conforme a NBR 6023:2018 da Associação Brasileira de Normas Técnicas (ABNT):

SARAIVA NETO, Oswaldo Othon de Pontes. Abordagem regulatória sobre a transação tributária – Ensaio sobre a aplicação dos estudos do Direito Regulatório à Administração Tributária. *In:* SARAIVA FILHO, Oswaldo Othon de Pontes (coord.). *Transação Tributária*: homenagem ao jurista Sacha Calmon Navarro Coêlho. Belo Horizonte: Fórum, 2023. (Coleção Fórum grandes temas atuais de Direito Tributário ; v. 1). p. 79-89. ISBN 978-65-5518-407-5.

SOBRE A PRIVATIZAÇÃO DA JUSTIÇA TRIBUTÁRIA

JOSÉ CASALTA NABAIS

I Introdução

    Convidado para participar na justa Homenagem ao Professor Doutor Sacha Calmon Navarro Coêlho, a concretizar através da publicação de um livro sobre "Transação Tributária", não posso deixar de assinalar quanto me sinto honrado pelo convite. Correspondendo assim a este, é com o maior gosto e satisfação que participo na mencionada homenagem com as reflexões críticas relativas à actual tendência para a privatização da justiça tributária. O que se vem verificando num quadro bem mais amplo da tendência para privatizar tudo quanto tradicionalmente tem feito parte das funções clássicas do Estado moderno e que, de algum modo, possa ser rentável no quadro de uma actividade que, por ser tradicionalmente pública e escassamente exposta à racionalidade económica própria de uma economia livre ou de mercado, acaba por ser desenvolvida relativamente abrigada de qualquer concorrência económica significativa a que é suposto estarem expostos os verdadeiros sectores da economia.

    Pois bem, a este respeito, não posso deixar de começar por transcrever o que venho escrevendo, a título de observações prévias, nas minhas lições de direito fiscal, que se mantém inalterado desde a sua primeira edição, em 2000,[1] Aí digo que "...a primeira observação prende-se com a actual produção de normas jurídicas fiscais que, sendo um problema geral que afecta todo o complexo mundo do direito, ganha especiais contornos de gravidade nos domínios normativos massificados como o paradigmático domínio do direito dos impostos. Assim, verifica-se, neste ramo do direito, uma produção normativa que se caracteriza por ser: 1) uma turbo-produção, pois não há praticamente dia nenhum em que nas folhas do DR[2] não surjam diplomas legais respeitantes a impostos, 2) uma produção marcada cada vez mais pelo efémero e pelo descartável como que a dar razão ao slogan 'usar e deitar fora', 3) com patentes sinais de falta de qualidade técnica, própria duma produção normativa a granel, o que contribui naturalmente para fomentar, em vez de evitar, a litigação, que assim cresce exponencialmente, bloqueando, em termos práticos, a efectiva garantia constitucional de acesso aos tribunais. O que leva a interrogarmo-nos mesmo se esta litigação não é, em parte, expressão dum fenómeno perverso, que podemos designar por sistema de 'produção integrada de litigação', em que nos deparamos com segmentos do ordenamento jurídico em que o direito, desde a sua produção até sua aplicação pelos tribunais, passa exclusiva ou hegemonicamente pelas mãos do mesmo grupo ou corporação profissional, cabendo assim ao mesmo grupo (ou até à mesma sociedade) de profissionais a elaboração dos (ante)projectos das leis, a disponibilização da necessária parecerística de suporte e o fornecimento do correspondente patrocínio judiciário em caso de litígio".

Uma observação que, passados mais de vinte anos, impõe-se complementar tendo em conta o desenvolvimento de que foi objecto essa produção de litigação, pois que, com a introdução da arbitragem tributária, em 2011,[3] essa produção passou a ter a possibilidade de integrar mais uma etapa produtiva – a última do processo. De facto, com a introdução da arbitragem tributária, sobretudo enquanto paralela à justiça fornecida pelo Estado, os referidos grupos ou corporações passaram a fornecer também o tribunal, fechando, assim, com chave de ouro, todo o processo produtivo em causa.

Pese embora o tom caricatural e, por conseguinte, tendencialmente excessivo, que comportam as observações feitas, que, naturalmente, revelam bem a limitada simpatia que nutrimos em geral pela fuga para a solução alternativa de litígios mormente através do recurso a tribunais privados, designadamente quando estamos perante domínios normais ou correntes de litigação, vamos tentar proceder a algumas considerações que nos deem conta do que pensamos sobre a arbitragem tributária e que juízo a mesma nos merece, tendo presente e, naturalmente, não deixando de valorizar a jurisprudência tributária produzida pelo Centro de Arbitragem Administrativa (CAAD).

Um fenómeno, que convém assinalar e sublinhar, é bem mais amplo do que o aqui em consideração, pois a fuga denunciada para a privatização vem abrangendo algumas das funções mais tradicionais e clássicas do Estado, levada a cabo, de resto em moldes, que seriam de difícil previsão ainda não há muitos anos, como vamos ilustrar já de seguida com a crescente privatização da administração ou gestão fiscal.

---

[1] V. o nosso *Direito Fiscal*, Almedina, Coimbra, 2000, p. 22, que na 11.ª edição, Almedina, Coimbra, 2019, é também na p. 22.

[2] DR = Diário da República – jornal oficial de Portugal.

[3] Pelo Decreto-Lei nº 10/2011, de 20 de Janeiro, que teve por base a autorização legislativa contida no art. 124º da LOE/2010 = Lei nº 3-B/2010, de 28 de Abril, em que foi autorizado o Governo a «instituir a arbitragem como forma alternativa de resolução jurisdicional de conflitos em matéria tributária».

II A crescente privatização dos poderes tributários

Pois bem, entre as diversas manifestações do fenómeno que, em sentido amplo, podemos considerar de privatização das funções do Estado,[4] temos algumas que dizem respeito aos poderes tributários, sobretudo relativos à administração ou gestão da generalidade dos impostos ou mesmo, em termos mais amplos, da generalidade dos tributos.[5] Mais especificamente, estamos perante a crescente "privatização" da administração ou gestão da generalidade dos impostos, que tem merecido a nossa atenção desde há algum tempo,[6] sobre a qual importa deixar aqui algumas considerações.

Todavia, como vimos escrevendo, porque se trata de uma realidade que se inscreve num mais amplo fenómeno concretizado na visível alteração dos papéis dos actores tributários, impõe-se dizer também alguma a este respeito, para, depois, darmos conta da mencionada privatização da administração tributária. Nesta conformidade, comecemos por dizer algo sobre essas alterações mais gerais, para, de seguida, fazer uma alusão à mencionada privatização.

1 As alterações do papel dos actores tributários

Como é sabido as múltiplas e diversificadas relações tributárias encontram-se construídas em torno e em função da relação tributária principal ou relação de imposto, cuja constituição e desenvolvimento passa pela intervenção cronológica e lógica dos actores tributários, a saber: 1) o legislador fiscal, que cria ou institui em abstracto o imposto e regula necessariamente os seus elementos essenciais; 2) o contribuinte que, como destinatário das normas legais que definem a incidência fiscal *lato sensu*, pratica o facto tributário, facto gerador ou pressuposto de facto do imposto, que não pode deixar de se reconduzir a expressões ou manifestações da capacidade contributiva revelada na obtenção de um rendimento, na titularidade ou aquisição de bens de natureza patrimonial ou na aquisição onerosa de bens e serviços; 3) a administração tributária que dita o acto tributário ou acto de liquidação do imposto, através do qual se identificam o contribuinte ou devedor do imposto e determina o montante do imposto a pagar; e 4) (eventualmente) os tribunais tributários, se a relação de imposto vier a ser afectada

---

[4] V. a tal respeito, desenvolvidamente, Pedro Costa Gonçalves, *Entidades Privadas com Poderes Públicos*, Almedina, Coimbra, 2005.
[5] Se bem que relativamente aos tributos de estrutura bilateral, isto é, as taxas e as contribuições financeiras, dada a sua legitimidade e estrutura de mercado e não de Estado se apresentarem menos expostas à mencionada privatização. Para a diferença radical entre os tributos unilaterais ou impostos e os tributos bilaterais, v. o que escrevemos no nosso livro *Problemas Nucleares de Direito Fiscal*, Almedina, Coimbra, 2020, p. 39 a 58.
[6] Desde o nosso estudo «O princípio da legalidade fiscal e os actuais desafios da tributação», *Volume Comemorativo do 75.º Aniversário do Boletim da Faculdade de Direito*, 2003, p. 1057 a 1119 (p. 1087 a 1093), que passou ao nosso *Direito Fiscal*, 2.ª edição, 2003, p. 337 a 342 (que na 11.ª edição, de 2019, corresponde às p. 343 a 348). Sobre esta temática, v., também, Ferreiro Lapatza (Dir.), *La Justicia Tributaria en España. Informe sobre las relaciones entre la Administración y los contribuyentes y la resolución de conflictos entre ellos*, Marcial Pons, Madrid, 2005, p. 21 e ss.

de alguma patologia contra a qual os afectados venham a reagir, com vista a repor a legalidade das situações.⁷

Um quadro em que era muito clara a delimitação do papel de cada um dos actores tributários. O que era consentâneo com o sistema fiscal em que actuavam, sendo porquanto um sistema fiscal relativamente simples pelo menos face aos que actualmente temos. Pois ao Parlamento cabia não só a criação dos impostos, como a definição da disciplina dos seus elementos essenciais segundo o *princípio da legalidade fiscal*, que, tendo em conta a dogmática desenvolvida sobretudo no século XX, é um princípio que se desdobra em dois aspectos: no princípio da reserva de lei e no princípio da reserva material.

O *princípio da reserva de lei* implica que haja uma intervenção de lei parlamentar, seja esta material, a fixar a própria disciplina dos impostos, ou de carácter formal, a autorizar o governo-legislador a estabelecer essa disciplina. Já o *princípio da reserva material*, em geral referido com base na dogmática alemã por princípio da tipicidade (*Tatbestandsmässigkeit*), exige que a lei contenha a disciplina tão completa quanto possível da matéria reservada, matéria que, nos termos do n.º 2 do art. 103.º da Constituição Portuguesa, é, relativamente a cada imposto, a incidência, a taxa ou alíquota, os benefícios fiscais e as garantias dos contribuintes.⁸

Mas esse quadro foi objecto de importantes modificações que alteraram o papel que cabia a cada um dos actores tributários, sendo de assinalar que o essencial do que a cada um deles cabia se tenha mantido, como o exigem os princípios constitucionais estruturantes do Estado de Direito. A esse respeito é de sublinhar que o actor tributário que, ao menos aparentemente, mais transformado viu o seu papel foi, sem dúvida, o tradicional actor operacional do sistema – a administração tributária. O que, naturalmente, teve reflexos importantes no papel dos outros actores, pois a administração tributária não só ampliou significativamente a sua actuação face ao legislador fiscal, que, de algum modo, foi constrangido a alguma autocontenção, como viu profundamente modificada a sua acção em sede do lançamento, liquidação e cobrança dos impostos, ou seja, no domínio da administração ou gestão dos impostos, que transferiu em larga medida para os particulares, sobretudo as empresas.

Nas alterações em causa temos as transferências da função legislativa do Parlamento para o Governo – governamentalização – e para a Administração Tributária – administrativização – do poder relativo aos impostos. No referente à *governamentalização*, é visível que os governos vêm tendo um papel cada vez maior em relação à disciplina jurídica dos impostos. Pode falar-se de dois tipos de governamentalização: a governamentalização fiscal material, traduzida no facto de, muito embora ainda ser formalmente o Parlamento que decide, autorizando o Governo a legislar ou aprovando sem alterações de monta as propostas de lei que o Governo lhe apresenta, o certo é que o Governo é hoje em dia o verdadeiro protagonista da legislação fiscal; e a governamentalização fiscal formal, concretizada na transferência para o Governo do próprio poder fiscal formal que cabia ao Parlamento, como ocorre sobretudo no seio da União Europeia, em que o legislador, não obstante o reforço crescente do Parlamento Europeu,

---

⁷ Intervenção esta que, dada a complexa e labiríntica disciplina legal que presentemente têm os impostos, se tornou altamente provável, como referimos *infra*, no ponto 2 desta introdução.

⁸ Para mais desenvolvimentos, v. o nosso livro *Problemas Nucleares de Direito Fiscal*, cit., p. 103 a 124

continua a ser um órgão de natureza intergovernamental – o Conselho Europeu. Uma realidade que não pode deixar de ser assinalada, não obstante ser expressão de um fenómeno mais geral – de deslocação das atribuições dos parlamentos para os governos nacionais por via da intervenção do direito europeu – e de, em sede do direito fiscal, as atribuições europeias se encontrarem polarizadas no estabelecimento e funcionamento do mercado interno, constituindo assim mais atribuições de direito económico fiscal do que atribuições de direito fiscal *tout court*.[9]

Por seu turno, no respeitante ao crescente papel da Administração Tributária na disciplina jurídica dos impostos, incluindo por vezes matérias da reserva de lei, é de aludir à imensa teia de orientações administrativas editadas sob diversas formas, embora por via de regra através de circulares. Uma teia de "regulamentos internos" que, tradicionalmente, em virtude da exigência da densidade do princípio da legalidade fiscal, concretizada no princípio da tipicidade, acabava sendo os únicos regulamentos tradicionalmente admissíveis, limitando-se, por conseguinte, os ditos regulamentos internos a contribuir para a interpretação uniforme das leis fiscais. Todavia, o que se vem observando é que a abertura que hoje se impõe à ideia de tipicidade implica deixar para a Administração Tributária aspectos da disciplina legal dos impostos, incluindo alguns que contendem com os próprios elementos essenciais dos impostos, que deviam, todavia, ser regulados por verdadeiros regulamentos. Realidade que se compreende, pois, por evidentes razões de praticabilidade das soluções legais, foi-se aceitando com alguma latitude uma progressiva abertura no respeitante à tipicidade em que se concretiza o princípio da legalidade fiscal.[10]

2 A transferência de tarefas da administração tributária para os contribuintes

Mas, ao mesmo tempo que o Governo, de um lado, e a Administração Tributária, de outro, assumem parte relevante da função do legislador fiscal, os contribuintes e demais sujeitos passivos das relações tributárias, com destaque para as empresas, acabam arcando com a parte decisiva da tarefa da "administração ou gestão dos impostos". De facto, verifica-se a transformação da tradicional administração tributária, que era uma administração activa em sede de lançamento, liquidação e cobrança dos impostos, em uma administração basicamente de controlo, fiscalização ou supervisão, no quadro de uma administração tributária em dois degraus orgânicos: um primeiro degrau de *administração privada*, a cargo sobretudo das empresas que levam a cabo a administração operacional dos impostos; e um segundo degrau de *administração pública* a quem cabe sobretudo um papel de controlo, fiscalização ou supervisão.

Sendo certo que, à transformação acabada de mencionar, acrescem duas outras. Uma que tem a ver com o relacionamento dos diversos órgãos e serviços dentro da Administração Tributária e outra com a alteração da função que esta desempenha neste novo quadro de uma administração de controlo, fiscalização ou supervisão.

---

[9] V. os nossos livros *Direito Fiscal*, cit., p. 397 a 42, e *Problemas Nucleares de Direito Fiscal*, cit., p. 193 a 226.
[10] Mais desenvolvimentos, v. o nosso livro *Problemas Nucleares de Direito Fiscal*, cit., p. 109 a 112.

Quanto à primeira, como é sabido, a Administração Tributária, enquanto administração directa do Estado, tem-se apresentado organizada segundo os padrões de uma estrita hierarquia administrativa, como consta, de resto, do art. 6.º da lei orgânica da Autoridade Tributária e Aduaneira (AT). O que, todavia, já não acontece com as unidades orgânicas que têm vindo a ser criadas nos tempos mais recentes, que têm por base uma estrutura de natureza matricial, como são a Unidade de Grandes Contribuintes (UGC) e, bem assim, a Unidade de Gestão da Relação com os Contribuintes (UGRC).

Por seu turno, no respeitante à alteração, ou melhor, à nova perspectiva de actuação da Administração Tributária no exercício da sua actividade de controlo, fiscalização ou supervisão, traduz-se a mesma na adopção por parte da AT de um *papel proactivo* face aos contribuintes, acompanhando e aconselhando estes no cumprimento das inúmeras obrigações tributárias acessórias que o actual sistema de administração ou gestão privada dos impostos implica, de modo a que se previnam e evitem comportamentos ou formas de actuação que redundem em incumprimento dessas obrigações, cuja reacção *a posteriori* tem inúmeros inconvenientes e amplos custos. Muito embora seja de assinalar que esse novo relacionamento da Administração Tributária com os contribuintes e demais sujeitos passivos das relações tributárias, possa conduzir a certo dualismo, porquanto acabamos por ter um sector da administração tributária especialmente cooperativa com os grandes contribuintes e a administração tributária mais tradicional, actuando segundo o modelo mais interventivo com a generalidade dos demais contribuintes.

Todo um conjunto de alterações que não pode deixar de questionar-nos sobre o sentido e o alcance da aplicação dos princípios que integram a constituição fiscal neste novo quadro da realidade. Realidade que a doutrina, em que nós a seu modo também nos temos incluído, parece não se ter dado conta, continuando a insistir numa narrativa dogmática correspondente à situação existente aquando da integração daqueles princípios nos textos constitucionais. A este respeito é, designadamente, de perguntar se e em que medida os custos de cumprimento e de administração com que, nesse sistema, arcam os contribuintes estão em inteira conformidade com os princípios constitucionais.

Mas, fixando-nos na privatização da administração ou gestão dos impostos, importa dizer que ela tem a sua concretização na actuação, sobretudo das empresas, traduzida na retenção na fonte e pagamentos por conta do Imposto sobre o Rendimento das Pessoas Singulares (IRS), na autoliquidação e pagamentos por conta do Imposto sobre o Rendimento das Pessoas Colectivas (IRC) e na qualidade de sujeitos passivos do Imposto sobre o Valor Acrescentado (IVA). E importa assinalar e sublinhar que essa privatização não vale no respeitante à cobrança coerciva dos impostos, pois esta, que mais por tradição do que por qualquer outra coisa continua a ser objecto de um processo (o processo de execução fiscal), cabe inteiramente à Administração Tributária, já que são os órgãos integrantes desta os competentes para a prática, em primeira mão, de todos os actos primários de execução fiscal, não cabendo aos tribunais tributários outra intervenção que não seja a de decidir as eventuais reacções ou reclamações que sejam dirigidas contra esses actos de execução.

Realidades que, em total contramão, vêm ampliando a actuação da Administração Tributária mediante o alargamento da aplicação do processo de execução fiscal, o qual, com o objectivo de obter uma cobrança coerciva mais rápida e eficaz de diversas dívidas, tem presentemente um âmbito que vai muito para além do da execução das dívidas decorrentes das relações fiscais ou, em termos mais amplos, das relações tributárias. O que tem expressão clara na abertura do art. 148.º do Código de Procedimento e de Processo Tributário, que integra no âmbito da execução fiscal, ao lado das dívidas provenientes de tributos ou de coimas e outras sanções pecuniárias relativas à contra-ordenações tributárias, que constituem, por assim dizer, o âmbito natural do processo da execução fiscal, também, nos termos expressamente previstos na lei, outras dívidas ao Estado e a outras pessoas colectivas de direito público que devam ser pagas por força de acto administrativo ou constituam reembolsos ou reposições. A que foram acrescentadas, em 2010, as dívidas por coimas e outras sanções pecuniárias decorrentes da responsabilidade civil determinada nos termos do Regime Geral das Infracções Tributárias.

Uma extensão do processo de execução fiscal que não deixa, todavia, de constituir uma solução algo anómala, na medida em que constitui mais um segmento da crescente expansão desse processo para a execução de dívidas que têm pouco ou nada a ver com as que estiveram na base da instituição desse processo tão especial de execução, pois este devia limitar-se à execução por dívidas decorrentes de tributos ou dívidas que devam ser pagas por força de um acto administrativo. Assim temos dúvidas sobre a utilização do processo de execução fiscal para a cobrança de dívidas decorrentes de preços, como os preços respeitantes às actividades de exploração de sistemas municipais ou intermunicipais como os cobrados pelo abastecimento público de água, pelo saneamento de águas residuais, gestão de resíduos sólidos e transportes colectivos de pessoas e mercadorias, nos termos do n.º 3 do art. 21.º do Regime de Financiamento das Autarquias Locais e das Entidades Intermunicipais. Com efeito, o recurso ao processo de execução fiscal para a cobrança coerciva das dívidas decorrentes desses preços municipais, como vêm estabelecendo diversos regulamentos municipais e vem sendo entendido pela jurisprudência em continuação da situação anterior, em que esses preços se encontravam legalmente configurados como taxas, na modalidade de tarifas, parece não ter mais base legal que o suporte, designadamente a que tinham antes quando se configuravam como taxas.

Em todo este quadro de alterações do papel dos actores tributários, podemos dizer que os únicos actores que mantiveram basicamente o seu papel foram os tribunais tributários, muito embora mesmo estes, de algum modo, tenham visto modificada a sua actuação. E isso em virtude do aumento muito significativo da litigação relativamente ao qual não terão sido alheias as modificações verificadas no papel dos actores tributários activos que referimos. Alterações que, invariavelmente, têm sido no sentido de "empurrar" parte das tarefas do legislador para a Administração Tributária, da Administração Tributária para os contribuintes e de todos estes actores para os tribunais, que, como actores do fim da linha, não têm para quem empurrar a não ser para fora da órbita do Estado, "privatizando" a justiça. Aumento da litigação muito reforçado pelo crescimento exponencial da litigação em sede do processo de execução fiscal, que passou a ser da competência dos tribunais tributários em virtude da mencionada expansão do processo de execução fiscal.

Realidades estas que têm suportado o crescente apelo e instituição de meios alternativos de resolução de litígios, de que a arbitragem tributária é, naturalmente, um dos mais paradigmáticos. Daí as considerações que, a tal respeito, se seguem.

III A arbitragem tributária

Vejamos, pois, como a arbitragem tributária surgiu e foi instituída em Portugal.[11] O que implica que comecemos por aludir ao particular contexto económico e social que levou ao pedido de apoio externo traduzido num resgate económico-financeiro no qual se inscreve a exigência da arbitragem tributária, para, depois, nos fixarmos no funcionamento da arbitragem tributária em Portugal, dando conta quer dos domínios temáticos em que a mesma tem revelado sucesso, quer do sentido e alcance de uma arbitragem tributária efectivamente orientada para o funcionamento mais eficiente do sistema tributário no seu todo, eficazmente capaz de reduzir os insuportáveis e insustentáveis níveis de litigação que temos.[12]

1 O contexto do surgimento da arbitragem tributária

E, quanto ao surgimento da arbitragem, importa contextualizá-lo, aludindo, de um lado, à situação económica e social em que a mesma ocorreu, e, de outro lado, à sua efectiva imposição externa no quadro do resgate económico-financeiro internacional de que Portugal foi objecto em 2011, depois da verdadeira bancarrota que sofreu.

A este propósito, como já tivemos oportunidade de assinalar, a admissão da arbitragem tributária não pode deixar de estar em total consonância com o que a jurisdição representa e significa no Estado de Direito, seja como um dos poderes soberanos do Estado, seja como a garantia dos direitos e liberdades das pessoas. Duas perspectivas da jurisdição que, como é bom de ver, não jogam inteiramente no mesmo sentido.

De facto, enquanto suportada em tribunais concebidos como órgãos de soberania, a jurisdição partilha com os demais órgãos de soberania – o Presidente da República, a Assembleia da República e o Governo – o exercício do poder do Estado. O que joga claramente no sentido de ser uma função monopólio do Estado.[13] Uma função avessa, por conseguinte, a qualquer partilha com os privados, sobretudo quando se reporta àquele sector da justiça que tem por objecto litígios de natureza pública, em que ao poder judicial não se pede que dirima conflitos entre privados, mas antes que julgue a correcção jurídica dos actos praticados pelos outros órgãos estaduais, ou seja, que, a seu modo, julgue os outros poderes estaduais que são seus pares no exercício da soberania.

Já na perspectiva da sua razão de ser, que é a da garantia dos direitos e liberdades das pessoas, interessa não o exercício de uma função estadual, de um poder soberano, mas antes como assegurar a realização dos direitos e interesses legalmente protegidos

---

[11] Tema de que cuidamos no nosso estudo «Reflexões sobre a introdução da arbitragem tributária», em *Por um Estado Fiscal Suportável – Estudos de Direito Fiscal*, vol. IV, Almedina, Coimbra, 2015, p. 7 a 38. Estudo que, quanto ao aspecto agora em consideração, seguimos no essencial.

[12] Para a distinção de suportabilidade e sustentabilidade em sede do direito dos impostos, v. o nosso livro *Problemas Nucleares de Direito Fiscal*, cit., p. 130 a 160.

[13] Sobre o exacto sentido dos tribunais como órgãos de soberania, que o são apenas porque têm acesso directo à Constituição através da competência para apreciar o controlo difuso da constitucionalidade das normas jurídicas, *maxime* das leis, v. o nosso livro *O Dever Fundamental de Pagar Impostos. Contributo para a Compreensão Constitucional do Estado Fiscal Contemporâneo*, Almedina, Coimbra, 1998, p, 290 a 300.

dos cidadãos. O que, naturalmente, pode passar por, relativamente à resolução dos litígios, deixar aos interessados, aos litigantes, a escolha do órgão para os decidir e, bem assim, o correspondente processo a seguir. Mais, atendendo ao actual contexto de morosidade da justiça visível um pouco por toda a parte, a qual se apresenta cada vez mais como um verdadeiro problema estrutural do Estado de Direito, podemos mesmo questionar-nos se uma recusa ampla da arbitragem não acaba constituindo uma restrição intolerável aos direitos de acesso à justiça e a uma tutela jurisdicional efectiva, mediante a obtenção de uma decisão judicial obtida segundo um processo equitativo e num prazo razoável, como, de resto, se encontra estabelecido no parágrafo i do artigo 6.º da Convenção Europeia dos Direitos do Homem (CEDH).[14]

Mas, no que ao aparecimento da arbitragem tributária em Portugal diz respeito, impõe-se acrescentar algo de mais específico. O que tem a ver com a situação económico-financeira vivida pelo nosso país, em virtude da bancarrota de 2009/10 provocada pela política económica e financeira do XVII e XVIII Governos Constitucionais, liderados pelo Primeiro-Ministro José Sócrates, e do consequente pedido de resgate internacional feito e negociado por este último Governo, em 2011, embora a sua execução, nos estritos termos em que foi negociado, tenha cabido ao Governo seguinte, ao XIX Governo, liderado pelo Primeiro-Ministro Passos Coelho.

De facto, o Governo Português assumiu perante a União Europeia a obrigação de «implementar a nova lei de arbitragem fiscal», tomando «as medidas necessárias para implementar» a fim de «permitir uma resolução extrajudicial efectiva dos litígios em matéria fiscal», até ao 3.º trimestre de 2011, como consta dos pontos 3.35 iii. e 7.14.i. do Memorando de Entendimento sobre as Condicionalidades da Política Económica celebrado entre o Estado Português, de um lado, e o Fundo Monetário Internacional, a Comissão Europeia e o Banco Central Europeu, de outro. Significa isto que a arbitragem tributária foi uma *imposição externa* no quadro do pedido de ajuda decorrente da referida bancarrota económico-financeira. O que, naturalmente, legitima perguntar se faz sentido a sua manutenção para além do período em que estivemos sob resgate económico-financeiro internacional.

Naturalmente que, como é facilmente compreensível e, de resto, observável, a manutenção de instituições, cuja criação ou fundação se ficou a dever a algo relativamente conjuntural, como ocorreu inequivocamente no caso, tem sido frequente ao longo da história e até é de louvar, desde que essa manutenção se justifique no quadro do desenvolvimento das instituições e se autonomiza relativamente à causa que lhe deu origem. Uma realidade relativamente à qual temos algumas dúvidas quanto à sua real verificação em sede da arbitragem tributária. Não que as sentenças e acórdãos do CAAD, no domínio da justiça tributária, não se revelem de visível qualidade técnica e de serem factor de dinamização da ordem jurídico-tributária, como veremos mais adiante. Trata-se, antes, de saber se essa justiça tributária alternativa à justiça estadual constitui um efectivo caminho para uma justiça mais célere e equitativa, reduzindo eficazmente os níveis de litigação que temos, ou se não passa de uma espécie de "via

---

[14] Mais desenvolvidamente, v. o nosso estudo «Reflexões sobre a introdução da arbitragem tributária», *ob. cit.*, p. 8 a 13. Relativamente à aplicação do referido preceito da CEDH no domínio do direito fiscal, v., por todos, Philippe Marchessou & Bruno Trescher, *Droit Fiscal International et Européen*, Bruylant, 2018, p. 329 a 464 (esp. p. 331 a 369).

verde" de que pode beneficiar um relativamente pequeno número de contribuintes que assim conseguem a resolução mais rápida dos seus litígios tributários.[15]

2 O quadro amplo das vias de solução para a hiperlitigação

Atendo-nos, ainda, ao contexto da instituição da arbitragem tributária, mas agora a partir de um anglo bem mais abrangente e estrutural, importa dizer alguma coisa sobre o quadro em que se vem desenvolvendo o presente fenómeno da hiperlitigação, convocando todos os que vêm contribuindo para esta, de modo a que as vias de solução passem também pelos seus fautores. Um quadro em que não podemos, assim, deixar de fazer algumas considerações sobre a prevenção de litígios, de um lado, e sobre a resolução administrativa dos mesmos, de outro.

2.1 A prevenção de litígios

E uma primeira consideração a fazer prende-se com a necessidade de ter presente que a justiça tributária, como qualquer outra, tem por objectivo solucionar, resolver conflitos. O que apenas será viável se o número de litígios a que a ordem jurídica dá origem for compatível com a capacidade de resposta do sistema para a sua solução. Por isso, o melhor sistema de justiça não é tanto o que tem uma grande capacidade para solucionar litígios, um objectivo difícil de alcançar mesmo por parte de países mais ricos, mas aquele que tem uma grande capacidade de prevenir ou evitar litígios, desincentivando-os.

Neste quadro, compreende-se que os actuais problemas da justiça passem, desde logo, pela importância que deve ser dada às medidas de organização social como parte importante da política fiscal, ou seja, as medidas que melhorem a organização social básica, neste caso a organização básica que constitui o suporte das Finanças Públicas. O que implica, designadamente, estar aberto à interrogação sobre a origem, a prevenção e a resolução dos conflitos, ter presente uma preocupação permanente com a simplificação e melhoria técnica do ordenamento jurídico tributário e abandonar a velha ideia de que a aplicação das normas jurídicas sobre impostos tem de passar exclusivamente pela actuação unilateral da Administração Tributária. Ou seja, na adopção de quaisquer medidas no respeitante ao sistema fiscal, não podemos esquecer os conflitos ou litígios que as mesmas podem originar, a premente necessidade de simplificação exigida pelo sistema e a imprescindível convocação da colaboração dos contribuintes para uma lograda aplicação das leis dos impostos, sobretudo num quadro de "privatização" da administração ou gestão dos impostos a que já nos referimos.

Uma missão que tem naturalmente diversos actores, entre os quais sobressai o legislador, cuja actuação se revela verdadeiramente decisiva pela importância que reveste derivada do princípio constitucional da legalidade fiscal e por se traduzir numa

---

[15] V. *infra*, ponto III.3.

intervenção que se situa a montante da acção dos demais. E, embora essa missão esteja sobretudo na mão do legislador do direito substantivo, cujas soluções não podem ser adoptadas sem ter presente essas preocupações, o certo é que também a legislação processual desempenha aí um importante papel, não podendo alhear-se desse problema.

Na verdade, o legislador não pode, hoje em dia, deixar de permanentemente realizar um exigente teste através do qual proceda à avaliação dos impactos, designadamente económicos, que as soluções legais propostas podem desencadear, reportem-se estas ao direito substantivo ou ao direito processual.[16] Uma avaliação que, em domínios como o aqui em consideração, não poderá deixar de ser perspectivada tendo em devida conta não só os resultados, designadamente os montantes de receita fiscal que a disciplina dos impostos visa proporcionar, mas também e de modo muito particular os volumes de litigação que cada lei ou alteração legislativa possa ocasionar, os quais, mais tarde ou mais cedo, não deixarão de se repercutir negativamente na própria obtenção das receitas tributárias.[17]

Mais especificamente, o legislador precisa de estar alertado para obstar a que as soluções legais constituam elas próprias um autónomo suporte de litigação, alimentando litígios artificiais. Pois é sabido como muita da litigação actual não se inscreve num genuíno exercício da garantia jurisdicional orientada para a resolução de reais litígios, isto é, de litígios que a interpretação das normas jurídicas e sua aplicação aos casos da vida efectivamente ocasionam, mas antes num quadro mais ou menos sofisticado de expedientes dirigidos a um ganho de causa traduzido num ganho de tempo e numa concomitante obstrução à efectiva realização da justiça, em que mais não temos do que uma utilização abusiva do processo ancorada exclusivamente na morosidade da justiça activamente aproveitada ou mesmo provocada por qualificados actores processuais.

Daí que, como assinalámos noutro lugar,[18] em qualquer reforma legislativa, e naturalmente numa reforma do direito processual tributário, constitui irrecusável incumbência do legislador ter em devida conta a litigação que a disciplina adjectiva dos impostos pode fomentar ou impedir. O que nos revela, por certo, um dos mais importantes e significativos vectores de avaliação do impacto que as soluções legais podem desencadear no domínio do fomento ou incentivo à litigação, sobretudo no respeitante à litigação artificial, que um sistema de justiça tributária complexo e pesado, pautado por uma ideia basicamente quantitativa da garantia jurisdicional, facilmente pode provocar.[19]

---

[16] Uma avaliação que, sobretudo no mundo anglo-saxónico, desde há muito, se tornou prática corrente, mesmo antes da doutrina da «análise económica do direito» a ter vindo, naturalmente, a favorecer. V. a respeito e por todos, Carlos Costa Morais, «Sistema de avaliação do impacto das normas jurídicas», *Cadernos de Ciência da Legislação*, 32, Outubro – Dezembro de 2002, p. 39 e ss.

[17] Para uma análise interessante e esclarecedora em termos de custos-benefícios da litigação, que o legislador em geral e o legislador processual em particular não pode ignorar, sob pena de fazer reformas inteiramente desfasadas da realidade e, por conseguinte, totalmente inexequíveis, v. Miguel Carlos Teixeira Patrício, *A Análise Económica da Litigação*, Almedina, Coimbra, 2005.

[18] V. o nosso estudo «Considerações sobre o Anteprojecto de Revisão da LGT e do CPPT dirigida à harmonização com a Reforma da Justiça Administrativa», em *Por um Estado Fiscal Suportável – Estudos de Direito Fiscal*, Volume II, Almedina, Coimbra, 2008, p. 160 e s.

[19] Quanto à ideia de uma garantia jurisdicional quantitativa, um aspecto, porventura dos mais expressivos, do que vimos designando por *discurso quantitativo dos direitos* – v. o nosso escrito «Algumas reflexões críticas sobre os direitos fundamentais», em *Por uma Liberdade com Responsabilidade – Estudos sobre Direitos e Deveres Fundamentais*, Coimbra Editora, Coimbra, 2008, p. 87 e ss.

De resto, devemos sublinhar, trata-se de uma preocupação que não tem estado totalmente ausente da actuação do legislador, a qual tem expressão visível em diversas soluções materiais, entre as quais se destaca a adoptada em sede dos preços de transferência traduzida na admissão dos acordos prévios sobre preços de transferência.[20] Pois, parece evidente, que tais acordos consubstanciam uma importante via de resolução preventiva de controvérsias ou litígios que os preços de transferência, dada a manifesta complexidade da matéria, facilmente originam.

2.2 A solução administrativa de litígios

Depois, é de sublinhar que a solução de litígios não pode ser uma reserva absoluta dos tribunais, confundindo o sistema de justiça com o sistema dos tribunais. Pois não nos podemos esquecer que os países mais progressivos, com a ideia de Estado de Direito estabilizada há centenas ou várias dezenas de anos, solucionam a maior parte dos litígios, incluindo os que surgem no agitado domínio do direito dos impostos, em sede administrativa. O que, devemos assinalar, não admira nem impressiona, se tivermos, como se impõe, em devida conta o *law on facts*, e não apenas o *law on books*.

Desde logo, é preciso ter presente que a realização ideia de direito não constitui um exclusivo do poder judicial, como a velha inimizade ao Executivo, herdada do «Estado de polícia» do século XVIII, durante muito tempo deu a entender. Uma ideia que, consubstanciada na tendencial crença de que só os tribunais estão em condições de realizar a ideia de direito e de assegurar, assim, um verdadeiro *due process of law*, tem entre nós resistido de uma maneira particularmente eficaz.

Uma concepção de todo inaceitável no Estado de Direito, em que, por força da sua própria natureza, todos os poderes acabam por participar na realização da ideia de direito. Por isso, o que é correcto e deve ser tomado muito a sério é antes a ideia de que todos os poderes do Estado contribuem, naturalmente cada um a seu modo e em medida variável, para a materialização do Estado de Direito. E, entre esses poderes do Estado, não podemos esquecer que tem especial relevo, por se tratar de um poder operacional, a Administração Pública à qual cabe aplicar e executar o ordenamento jurídico no dia a dia. Por isso é que na generalidade dos países, com um Estado de Direito desenvolvido, constitua normalidade perene uma parte muito significativa dos litígios surgidos, mesmo no campo das relações jurídicas tributárias, caber na competência da própria Administração, embora com o recurso a ampla colaboração dos contribuintes, muitas vezes concretizada em acordos ou mesmo contratos.

Uma realidade bem visível na generalidade dos países, mormente naqueles cujos regimes jurídicos constitucionais mais se aproximam do nosso, como é o caso da Alemanha, Itália, Espanha, Estados Unidos da América, etc.[21] Países em que encontramos seja a exigência de uma impugnação administrativa necessária dos actos tributários, seja

---

[20] Cujo suporte legal consta do art. 138º do Código do IRC e da Portaria nº 620-A/2008, de 16 de Julho.
[21] V., em geral, Ferreiro Lapaza (Dir.), *La Justicia Tributaria en España*, cit., p. 153 e ss. No mesmo sentido, embora tendo em conta a situação anterior, v. Sergio Alburquenque, *La Revisión en Vía Administrativa de los Actos Tributarios: La Tutela Prejudicial de los Derechos y Garantías del Contribuyente. Notas para un Estudio Comparado*, polic., Universidad Complutense de Madrid, 2003.

a abertura ampla para a celebração de acordos entre a Administração e os contribuintes ou demais sujeitos passivos.

Deparamo-nos com a primeira das situações, por exemplo, na Alemanha, com a «impugnação extrajudicial» (*Einspruch*)[22] e em Espanha com as clássicas *reclamaciones económico-administrativas*.[23] Por seu turno, encontramos a segunda das situações, por exemplo, em Itália, com o *accertamento con adesione* (sucessor do bem conhecido e já clássico *concordato tributario*),[24] em Espanha com a *acta con acuerdo* (instituto introduzido pela nova versão da *Ley General Tributaria*, o qual, devemos acrescentar, mais não é do uma cópia do referido instituto italiano),[25] ou mesmo na Alemanha (em que na alternativa entre a colaboração e a confrontação dos contribuintes com a Administração Tributária, se opta claramente pela primeira) com os acordos sobre os factos (*Tatsächliche Verständigung*).[26]

Um quadro em que é de destacar o que ocorre nos Estados Unidos da América, país que, por ser mais sensível à actuação *ex ante*, prevenindo os litígios, do que à procura de remédios *ex post*, sempre se mostrou aberto aos mais diversos tipos de acordos com o *Internal Revenue Service*. Entre as concretizações dessa forma de actuação, encontramos, designadamente, os acordos conclusivos (*close agreements*) e as promessas de compromisso (*offerts in compromise*).[27]

Por conseguinte, é bom que nos convençamos que persistir ou insistir naquela visão das coisas é, com toda a certeza, prestar um mau serviço à justiça. Pois entregar a solução de todos os litígios tendencialmente aos tribunais, muitas vezes contabilizando milhares e milhares de bagatelas jurídicas sem a menor dignidade judicial, o que obtemos é o bloqueio ou a paralisia do sistema judicial. Uma situação que, é importante sublinhá-lo, para além de descredibilizar todo o edifício que suporta o sistema de justiça, não será inteiramente ultrapassável, a nosso ver, através dessa espécie de "*outsourcing* judicial" que, no quadro mais amplo do apelo à "resolução alternativa de litígios", acaba por configurar a "privatização" da função jurisdicional, em que justamente sobressai, como sua expressão mais qualificada, a arbitragem.

Trata-se, todavia, de uma via de solução de litígios bem mais ampla do que a concretizada na arbitragem, via essa que pode desempenhar um papel não despiciendo no aliviar dos tribunais da litigação que a complexidade real das actuais sociedades

---

[22] Regulado nos §§ 347 e ss. da *Abgabenordnung*. V., por todos, Torsten Ehmcke & Diego Martin-Bueno, «La revisión de actos administrativos de naturaleza tributaria en derecho alemán», *Revista Euroamericana de Estudios Tributarios*, 2/1999, p. 331 e ss.; K. Tipke & J. Lang, *Steuerrecht*, 220ª ed., Köln, 2010, p. 1071 e ss., e Ferreiro Lapatza (Dir.), *La Justicia Tributaria en España*, cit., p. 186 e ss.

[23] V., por todos, Agustín Flores Arnedo, «Los Tribunales Económico-Administrativos españoles», e Clemente Checa González, «Las reclamaciones económico-administrativas en el ordenamiento jurídico español», na citada *Revista Euroamericana de Estudios Tributarios*, 2/1999, respectivamente, p. 213 e ss. e 251 e ss.

[24] V. sobre esse instituto, Versiglioni Marco, *Accordo e Dispozione nel Diritto Tributário. Contributo allo Studio dell'Accertamento com Adesione e della Conciliazione Giudiziale*, Giuffré, Milano, 2006. Quanto ao "concordato tributario", v., também, o nosso livro *Contratos Fiscais. Reflexões acerca da sua Admissibilidade*, nº 5 da série *Studia Iuridica*, Coimbra Editora, Coimbra, 1994, p. 101 e ss.

[25] V. sobre esta figura, Yolanda Martinez Muñoz, *Las Actas con Acuerdo en la Nueva LGT*, Marcial Pons, Madrid, 2004, esp. p. 77 e ss., e Iñaki Bilbao Estrada, *Los Acuerdos Tendentes a la Obligación Tributaria en la Nueva Ley General Tributaria*, Instituto de Estudios Fiscales, Madrid, 2006.

[26] V. K. Tipke & J. Lang, *Steuerrecht*, 22.ª ed., 2018, p. 737 e ss.

[27] V., por todos, Sergio Alburquenque, *La Revisión en Vía Administrativa de los Actos Tributarios: La Tutela Prejudicial de los Derechos y Garantías del Contribuyente. Notas para un Estudio Comparado*, cit., p. 146 e ss., e Ferreiro Lapatza (Dir.), *La Justicia Tributaria en España*, cit., p. 157.

vem propiciando. Sobretudo se essa resolução alternativa de litígios for entendida em termos tais que a mesma seja perspectivada não exclusivamente como remédio *ex post* para o bloqueio dos tribunais, mas sobretudo como remédio que, *ex ante*, obste a que essa situação possa vir a ter lugar. Pois não nos podemos esquecer de que, ao lado de uma visível, e por vezes ostensiva, complexidade artificial suportada não raro pelos mais diversos e poderosos interesses organizados,[28] não há dúvida de que nos deparamos, hoje em dia, nesta sociedade altamente tecnológica e particularmente sofisticada, própria da pós-modernidade, com uma efectiva complexidade real, a qual, obviamente, não podemos deixar de enfrentar com coragem.

Ora, é justamente no quadro desta sociedade, em que a actuação administrativa se encontra fortemente envolvida em importantes sectores por exigentes requisitos de ordem técnica e económica, que se vem reflectindo presentemente sobre o verdadeiro sentido da jurisdição administrativa, como suporte da garantia a uma tutela jurisdicional efectiva dos administrados. Reflexões que têm conduzido à proposta de novos caminhos, entre os quais se conta o da recuperação e desenvolvimento do controlo extrajudicial prévio e obrigatório das decisões administrativas de base técnica e económica.[29] Uma via através da qual se visa proceder, numa primeira fase, ao teste das decisões administrativas num ambiente dialéctico consentâneo com a sua natureza genética, já que assente numa discussão de argumentos entre iguais, capaz de trazer ao respectivo procedimento os meios adequados a que, numa segunda fase, quando a questão seja colocada perante tribunal, este possa submetê-la aos testes típicos do controlo jurisdicional no âmbito da ampla discricionariedade técnica presente nessas decisões.[30]

Por conseguinte, o que é de rejeitar, isso sim, é que o recurso à arbitragem ou, mais em geral, à resolução alternativa de litígios *ex post* seja utilizado para dar cobertura a uma litigação artificial. Ou seja, a uma litigação provocada à maneira de uma "indústria",[31] que se suporta numa visão das garantias dos administrados baseada num sistema de garantias de verdadeira "monocultura judicial".

---

[28] Ou seja, corporações, sejam as mais antigas ou clássicas, como as ordens profissionais e outras associações públicas, sejam as mais modernas, como as associações ecológicas e outras organizações não governamentais, frequentemente transnacionais e centradas na defesa, não raro fundamentalista, dos mais diversos interesses. A esse respeito devemos observar que tais organizações exercem cada vez mais significativas parcelas do poder do Estado, decidindo importantíssimos assuntos da comunidade sem que, todavia, lhes tenha sido conferido mandato para tal, mormente através da sujeição a um escrutínio democrático.

[29] Uma realidade que, como é óbvio, suscita muitos outros problemas que se situam naturalmente a montante do controlo, designadamente jurisdicional, das decisões administrativas que a suportam. Efectivamente, eles começam logo no parâmetro normativo a que estas se devem conformar, o qual, para além de cada vez mais se apresentar como um parâmetro de produção multinível (nacional e internacional ou supranacional) e ser, em larga medida, resultado da cooperação entre os parlamentos e os governos, raramente contém um critério de decisão minimamente rigoroso como o decorrente do entendimento clássico do princípio da legalidade ou princípio da juridicidade da acção administrativa. O que continua, depois e em consequência disso, na própria tomada das decisões pelos órgãos administrativos, em que, não raro, estes complementam ou desenvolvem, normativamente ou caso a caso, o parâmetro ou parâmetros da sua decisão. Para uma visão do quadro desses e de outros problemas, v., por todos, Suzana Tavares da Silva, *Direito Administrativo Europeu*, Imprensa da Universidade de Coimbra, 2010, e *Novo Direito Administrativo?*, Imprensa da Universidade de Coimbra, 2010.

[30] V. sobre este e outros aspectos, Suzana Tavares da Silva, «Revisitando a garantia da tutela jurisdicional efectiva dos administrados», *Revista de Direito Público e Regulação*, nº 5, Março de 2010, p. 127 e ss. (134 e ss.).

[31] A qual, não nos podemos esquecer, pode apresentar-se também como uma verdadeira "indústria académica", como foi reconhecido, no respeitante ao actual fenómeno da regulação, por Robert Baldwin & Collin Scott & Christopher Hood, *A Reader on Regulation*, Oxford University Press, 1998, p. 2 e s.

Uma indústria que, no presente quadro de crescente aceitação da responsabilidade civil extracontratual do Estado e demais pessoas colectivas públicas, titulares dos seus órgãos, funcionários e agentes, pode conduzir a que o tempo cada vez mais dilatado despendido na mencionada litigação passe a correr por conta desses responsáveis, que o mesmo é dizer, dados os limitados termos em que é previsível que venha a ser exercido o correspondente direito de regresso, por conta dos contribuintes, aos quais acabam assim por ser endossadas as quantias a desembolsar pela efectivação dessa responsabilidade.[32] O que, atenta a situação já de si verdadeiramente insuportável, que se vive no domínio das finanças públicas, em que o esforço fiscal dos contribuintes se encontra no limite, constituirá mais um factor das já patentes insuportabilidade da carga e esforço fiscais e da insustentabilidade financeira do Estado em que vivemos.[33]

3 A arbitragem tributária em Portugal

Instituída em 2011, no contexto que referimos, a arbitragem tributária sediada no CAAD tem vindo a funcionar normalmente, proferindo centenas de sentenças ou acórdãos em cada ano. Um funcionamento cujos benefícios têm sido objecto de generalizado reconhecimento em virtude, de um lado, da qualidade das decisões, da maior celeridade e do processo simplificado e, de outro lado, pelo contributo para a dinamização da ordem jurídica tributária, traduzido na melhoria da legislação proporcionada pela arbitragem. Muito embora se possam apontar também alguns malefícios, como vamos ver.[34]

3.1 Domínios mais expostos à arbitragem tributária

Tendo agora presente as sentenças e acórdãos proferidos pelo CAAD em matéria tributária, impõe-se dar uma ideia dos temas em que o recurso à arbitragem tributária proporcionou benefícios no sentido de pôr termo a focos de litígios, seja provocando a intervenção da cúpula da jurisdição tributária – a Secção do Contencioso Tributário do

---

[32] V. o Regime da Responsabilidade Civil Extracontratual do Estado e demais Entidades Públicas aprovado pela Lei nº 67/2007, de 31 de Dezembro. V. também o nosso estudo «Responsabilidade civil da Administração Fiscal», em *Por um Estado Fiscal Suportável – Estudos de Direito Fiscal*, Volume II, cit., sobretudo p. 148 e ss.
[33] Sobre estes conceitos, v. o nosso livro *Problemas Nucleares de Direito Fiscal*, cit., p. 130 e ss.
[34] V., a este respeito, Nuno Garoupa, «Domestic tax arbitration: Some economic considerations», *Intertax*, Volume 57, n.º 8/9, Agosto de 2019, p. 760 a765.

Supremo Tribunal Administrativo (STA),[35] seja mediante as correspondentes alterações legislativas.[36]

Pois bem, de entre os problemas mais relevantes para cuja discussão e solução as decisões do CAAD contribuíram, podemos referir o da aplicação da cláusula geral antiabuso (CGAA) relativa à transformação das sociedades por quotas em sociedades anónimas com a posterior alienação das acções com o benefício de exclusão de tributação em IRS quando detidas por mais de um ano, ao abrigo do artigo 10.º, n.º 2, alínea a) do Código deste imposto, na redacção do Decreto-Lei n.º 228/2002, de 31 de Outubro, que teve em vigor até à revogação pela Lei n.º 15/2010, de 26 de Julho. No sentido da sua tributação argumentava a Administração Tributária com o facto de a transformação das sociedades ser um expediente para distribuir dividendos aos accionistas, que estariam sujeitas a uma taxa liberatória de 10% de IRS, sob a forma de mais-valias que estavam isentas de imposto.

Se bem que tanto os tribunais tributários como o CAAD, não obstante de algumas decisões favoráveis à posição da Administração Tributária, tenham acabado se fixar no sentido favorável aos contribuintes por essa solução ser a que melhor se coadunava com a interpretação da lei e a própria vontade do legislador que, conhecendo há anos a questão, se absteve de a resolver no sentido da proposta pela Administração Tributária, mesmo quando procedeu à alteração do preceito legal em causa. O que parecia revelar assumpção por parte do legislador de uma espécie de "lacuna consciente de tributação", permitindo assim às sociedades por quotas a sua transformação em sociedades por acções e o posterior regresso à forma de sociedade por quotas com o inequívoco objectivo de beneficiar da não incidência do IRS sobre as mais-valias.[37]

Uma solução bem diversa da adoptada pelo legislador fiscal, a qual, com a edição de legislação retroactiva, embora sob a capa de lei interpretativa, no caso da assim designada "lavagem de cupões",[38] que se concretizava em os detentores de obrigações, para beneficiarem da isenção em IRS ou IRC dos juros das obrigações, prevista à época para alguns investidores em fundos de pensões e fundações, acordarem vender a

---

[35] Para o qual há recurso, nos termos do n.º 2 do artigo 25.º do Regime Jurídico da Arbitragem Tributária (aprovado pelo Decreto-lei n.º 1072011, de 20 de Janeiro, que dispõe: "A decisão arbitral sobre o mérito da pretensão deduzida que ponha termo ao processo arbitral é ainda suscetível de recurso para o Supremo Tribunal Administrativo quando esteja em oposição, quanto à mesma questão fundamental de direito, com outra decisão arbitral ou com acórdão proferido pelo Tribunal Central Administrativo ou pelo Supremo Tribunal Administrativo."

[36] Para uma visão bastante completa da jurisprudência relativa respeitante aos domínios de mais visível intervenção do CAAD, v. «Dossiê: Arbitragem Tributária em Portugal», *Revista de Finanças Públicas e Direito Fiscal*, n.º 1 e 2 de 2018, p. 209 a 390.

[37] Aliás como era defendido pela doutrina. V. Gustavo Lopes Courinha, *A Cláusula Geral Anti-Abuso no Direito Tributário. Contributo para a sua Compreensão*, Almedina, Coimbra, 2004, p. 185 e s.; e J. L. Saldanha Sanches, *Os Limites do Planeamento Fiscal. Substância e Forma no Direito Fiscal Português, Comunitário e Internacional*, Coimbra Editora, Coimbra, 2006, p. 182.

[38] O Decreto-Lei nº 263/92, de 24 de Novembro, editado com o objectivo de submeter a tributação os chamados "juros decorridos", tendo alterado diversos preceitos do Código do IRS e do Código do CIRC e aditar um extenso artigo ao diploma que contém a disciplina geral do sistema de retenção na fonte em IRS. Apesar da retroctividade evidente, o Tribunal Constitucional, enredando-se em questões processuais de forma de discutível pertinência, conseguiu não conhecer do mérito da legitimidade constitucional desse diploma legal – v. os acórdãos n.º 244/2000 e 196/2003.

estes sujeitos passivos isentos as obrigações antes do pagamento do respectivo cupão, recomprando-as de seguida ao referido pagamento.[39]

Outro sector em que a jurisprudência do CAAD foi visível foi o das tributações autónomas, que constituem em geral verdadeiros impostos autónomos sobre certas despesas empresariais embora integrados no Código do IRS e no Código do IRC e lançados, liquidados e cobrados conjuntamente com o IRS ou o IRC, ou seja, com base na declaração de rendimentos do IRS e da declaração-liquidação de rendimentos do IRC.[40] Pois bem, a este respeito foram tratados dois tipos de situações: a relativa à dedutibilidade dessas tributações no lucro tributável do IRS empresarial e do IRC; e a respeitante à dedutibilidade dos benefícios fiscais sobre as tributações autónomas pagas a título de IRC.

Relativamente à primeira das situações, o CAAD concluiu sempre pela não dedutibilidade das tributações autónomas no lucro tributável. Solução que antes da Reforma do IRC de 2014, operada pela Lei n.º 2/2014, de 16 de Janeiro, resultava da interpretação a dar ao n.º 1 do artigo 45.º do Código do IRC que dispunha: "1. Não são dedutíveis para efeitos de determinação do lucro tributável os seguintes encargos, mesmo quando contabilizados como gastos do período de tributação: a) O IRC e e quaisquer outros impostos que, directa ou indirectamente, incidam sobre os lucros...". O CAAD, em consonância com o que vinham decidindo os tribunais tributários, decidiram praticamente sempre pela não de dedutibilidade como gastos no lucro tributável das tributações autónomas. Solução que veio a de ter o aval de diversos acórdãos do STA e que foi expressamente acolhida pela na Reforma do IRC de 2014, ao incluí-la na lista do artigo 23.º-A do Código do IRC com a epígrafe "encargos não de dedutíveis para efeitos fiscais", em cuja alínea a) do seu n.º 1 se dispõe: "Não são dedutíveis para efeitos da determinação do lucro tributável os seguintes encargos, mesmo quando contabilizados como gastos do período de tributação: a) O IRC, incluindo as tributações autónomas, e quaisquer outros impostos que direta ou indiretamente incidam sobre os lucros".

Já que respeita à segunda das situações o CAAD, embora com decisões contraditórias, tem-se pronunciado, em parte significativa dos casos, pela dedutibilidade dos benefícios fiscais sobre as tributações autónomas pagas a título de IRC, interpretando a favor dos contribuintes as correspondentes normas do Código do IRC, modificadas pela Lei do Orçamento Estado para 2016 (LOE/2016)[41], no sentido de não haver lugar à referida dedução de benefícios fiscais sobre tributações autónomas, ao aditar o n.º 21 ao artigo 88.º do Código do IRC. Pois este dispositivo legal prescreve: "A liquidação das tributações autónomas em IRC é efetuada nos termos previstos no artigo 89.º e tem por base os valores e as taxas que resultem do disposto nos números anteriores, não sendo efetuadas quaisquer deduções ao montante global apurado".

O que significa que o problema se encontra solucionado para os factos tributários surgidos depois da LOE/2016, uma vez que relativamente a situações tributárias anteriores, é de ter em conta o Acórdão n.º 267/2017 do Tribunal Constitucional, que julgou inconstitucional, por violação do princípio da não retroactividade dos impostos,

---

[39] V. sobre o caso, J. L. Saldanha Sanches, *Os limites do Planeamento Fiscal. Substância e Forma no Direito Fiscal Português, Comunitário e Internacional*, cit., p. 237 e ss.

[40] V. o nosso *Direito Fiscal*, cit., p. 575 e ss.

[41] Lei n.º 7-A/2016, de 30 de Março.

constante do n.º 3 do artigo 103.º da Constituição, o artigo 133.º da LOE/2016, na medida em que este preceito atribui natureza interpretativa ao aditado n.º 21 ao artigo 88.º do Código do IRC.[42]

Depois, encontramos duas situações em que o CAAD deu praticamente sempre razão aos contribuintes, tendo o legislador intervindo a impor solução contrária para o futuro. Estamo-nos a referir à tributação constante da Verba 28.1 da Tabela Geral do Imposto de Selo e à da derrama municipal sobre as sociedades tributadas pelo Regime Especial dos Grupos de Sociedades (RETGS). Uma palavra muito rápida sobre dada uma delas.

No que respeita à primeira hipótese, trata-se de um imposto estadual criado pelo Decreto-Lei nº 55-A/2012, de 29 de Outubro, incidente, à taxa de 1%, sobre o valor patrimonial tributário válido para o IMI dos prédios urbanos quando esse valor seja igual ou superior a € 1.000.000: Na versão original a lei falava-se em "prédio urbano habitacional", o que levou a que a jurisprudência do CAAD concluísse quase sempre pela anulação da liquidação do imposto relativamente a terrenos para construção, recusando a equiparação "prédio urbano habitacional" a "prédio urbano com afectação habitacional", como consta do Código do IMI, mas que não tinha guarida em sede do Imposto de Selo. Divergência que ficou, todavia, sanada pela LOE/2014,[43] que ampliou a incidência do imposto em causa de modo a abarcar os prédios habitacionais e os terrenos para construção cuja edificação, autorizada ou prevista, fosse para habitação, nos termos do Código do IMI.[44]

A outra situação reporta-se à exigência da derrama municipal, relativamente a sociedades que tenham optado pelo RETGS em IRC.[45] Como a derrama municipal é um adicionamento ao IRC, que cada município pode decidir lançar no seu território, e que, quando é esse o caso, será liquidado e cobrado pela Autoridade Tributária e Aduaneira e entregue ao respectivo município, colocou-se problema de saber se, no caso de o IRC ser pago pelo grupo de sociedades nos termos do RETGS, a derrama a pagar devia ser a correspondente ao agrupo, como o IRC, seguindo assim este imposto, ou correspondente a cada uma das sociedades individuais. Questão a que a jurisprudência do CAAD respondeu no sentido de ser devida apenas a derrama apurada em relação ao grupo de sociedades e não a relativa a cada uma das sociedades individualmente consideradas. Solução a que o legislador veio por termo, alterando a lei no sentido de a derrama municipal, no caso das sociedades tributadas em IRC segundo o RETGS, ser liquidada e cobrada individualmente a cada uma das sociedades integrantes do grupo.

---

[42] Acórdão esse que se reporta a uma situação em que estava em causa a dedutibilidade, não de verdadeiros benefícios fiscais, mas de pagamentos especiais por conta nas tributações autónomas. Refira-se que esse acórdão segue a linha jurisprudencial do Acórdão n.º 310/2012. V., a propósito, o nosso estudo «Notas a respeito das leis interpretativas e impostos retroactivos», em *Por um Estado Fiscal Suportável – Estudos de Direito Fiscal*, vol. V, Almedina, Coimbra, 2018, p. 307 a 331.

[43] Lei n.º 83-C/2013, de 31 de Dezembro.

[44] Refira-se que esse anómalo imposto de selo foi substituído pelo Adicional ao Imposto Municipal sobre Imóveis (AIMI), criado pela LOE72017 (= Lei n.º 42/2016, de 28 de Dezembro), cuja disciplina consta dos aditados art.s 135.º-A a 135.º-K do Código do IMI. V. sobre este tributo, o nosso estudo «A respeito do Adicional ao Imposto Municipal sobre Imóveis», em *Por um Estado Fiscal Suportável – Estudos de Direito Fiscal*, vol. V, Almedina, Coimbra, 2018, p. 333 a 355.

[45] V. os artigos 69.º a 71.º do Código do IRC.

Finalmente, temos também duas situações relativas a Sociedades Gestoras de Participações Sociais (SGPS) que o CAAD analisou em diversas decisões: uma relativa à consideração tributária dos encargos financeiros suportados pelas SGPS, e outra respeitante à dedutibilidade do IVA das SGPS que tenham pago quando levam a cabo, também, alguma actividade de natureza operacional.

No que concerne à primeira situação, trata-se da interpretação, dada pela Circular n.º 7/2004, de 30 de Março, da Direcção de Serviços do IRC [da então Direcção-Geral dos Impostos, agora Autoridade Tributária e Aduaneira (AT)[46]], ao disposto n.º 2 do artigo 31.º do Estatuto dos Benefícios Fiscais (EBF), na redacção dada a este preceito pela LOE/2003,[47] que dispunha: "2 – As mais-valias e as menos-valias realizadas pelas SGPS, pelas SCR e pelos ICR[48] de partes de capital de que sejam titulares, desde que detidas por período não inferior a um ano, e, bem assim, os encargos financeiros suportados com a sua aquisição não concorrem para a formação do lucro tributável dessas sociedades".

Perante as dificuldades de aplicação deste preceito, em virtude do conceito indeterminado de encargos financeiros, da forma de distribuição destes e da omissão relativa à aplicação no tempo da disposição legal, veio a Circular n.º 7/2004, dispor: "...os passivos remunerados das SGPS e SCR deverão ser imputados, em primeiro lugar, aos empréstimos remunerados, por estas concedidos às empresas participadas e aos outros investidores geradores de juros, afectando-se o remanescente aos restantes activos, nomeadamente participações sociais, proporcionalmente ao respectivo custo de aquisição...".

Determinação administrativa que deu origem a diversa litigação junto dos tribunais tributários e do CAAD, pois a Circular 7/2004, que como orientação administrativa vincula apenas a Administração Tributária,[49] para separar os gastos financeiros com a aquisição de partes sociais (não dedutíveis) e os outros gastos financeiros (dedutíveis), veio estabelecer o método de imputação indirecta dos gastos. O que obviamente não pode obstar a que se recorra ao método à imputação directa, que, atentos os princípios da igualdade fiscal aferida pela capacidade contributiva e a tributação das empresas pelo rendimento real, não pode deixar de ser o método aplicado, a menos que a isso se oponha o princípio da praticabilidade das soluções jurídicas. Uma ideia que foi seguida pela maioria das decisões do CAAD sobre a situação, tendo-se fixado a ideia que tende a prevalecer que cabe à Administração Tributária o ónus de provar a impossibilidade

---

[46] Criada pelo Decreto-Lei n.º 117/2011, de 15 de Dezembro, por junção das anteriores Direcção-Geral dos Impostos e Direcção-Geral das Alfândegas e dos Impostos Especiais sobre o Consumo.
[47] Lei n.º 32-B/2002, de 30 de Dezembro.
[48] SCR = Sociedades de Capital de Risco; ICR = Instrumentos de capital de Risco.
[49] Como de resto a considerou o Tribunal Constitucional que, chamado pronunciar-se em recurso da que foi a primeira decisão do CAAD sobre o tema, pelo Acórdão n.º 42/2014, não tomou conhecimento do mesmo por, em seu entendimento, não estar perante uma "norma", sendo certo que os recursos em sede de fiscalização concreta da constitucionalidade têm que ter necessariamente por objecto normas. O que está certo relativamente às orientações administrativas em geral, isto é, que materialmente se apresentem como orientações, mas já não quando estamos perante orientações com substância legislativa como é o caso de boa parte das orientações administrativas em matéria tributária, e é visível no caso da Circular 7/2004, que disciplina em termos inovadores componentes do lucro tributável das SGPS e SCR, matéria que, inclusive, é da reserva de lei por exigência do princípio da legalidade fiscal. Daí que, a nosso ver, se imponha ao Tribunal Constitucional, na análise das orientações administrativas, uma análise da substância destas, não se encostando apenas ao *nomen juris*. V. as considerações que, a tal respeito, fazemos no nosso *Direito Fiscal*, cit., p. 198 e ss.

de aplicação do método directo para demonstrar a ligação dos gastos financeiros à sua aplicação, distinguindo-os dos suportados com a aquisição de partes sociais.

Também na outra situação relativa às SGPS – a da dedutibilidade do IVA que tenham pago relativamente a actividades que não constituam gestão de participações sociais de outras sociedades – o CAAD foi convocado a dirimir diversos litígios. Em causa está o direito à dedução por parte dos sujeitos passivos do IVA liquidado e cobrado nos *outputs* ao IVA que suportaram nos *inputs*. Um direito que, ao ser exercido com base no método subtrativo indirecto,[50] assegura a neutralidade objectiva – económica e fiscal – e subjectiva junto dos sujeitos passivos,[51] que, como é sabido, constitui o elemento essencial do IVA e a razão do enorme êxito deste tipo de imposto sobre o consumo.[52]

Ora as SGPS, em razão do seu objecto societário, não podem, em princípio, ser considerados sujeitos passivos de IVA, não podendo naturalmente ser titulares do referido direito de dedução. Todavia, como esclareceu o Tribunal de Justiça da União Europeia (TJUE) [53], em jurisprudência iniciada há mais de três décadas, isto apenas é assim relativamente às *holdings* puras, que gerem apenas participações sociais de outras sociedades. Já não quando as SGPS interfiram, directa ou indirectamente, na gestão das sociedades operacionais suas participadas, caso em que não podem deixar de ser consideradas sujeitos passivos de IVA e, naturalmente, titulares do correspondente direito de dedução.

Como bem se compreende, o CAAD mais não fez, neste domínio, do que seguir a referida orientação jurisprudencial do TJUE, reflectindo nas suas decisões a mencionada jurisprudência europeia. O que é de louvar e representa uma solução a favor dos contribuintes que não pode ser revertida, ao contrário do que tem acontecido com a generalidade das tributações mais ou menos anómalas e de discutível legitimidade constitucional que, face à sua contestação, por vezes com êxito, em sede judicial, foram sendo "legalizadas". O que revela bem como os contribuintes – que o são face a cada Estado Membro, e não face à União Europeia (cujos contribuintes são Estados)[54] – beneficiam de uma maior tutela através da via fiscal proporcionada pela garantia de uma economia concorrencial implicada no estabelecimento e funcionamento do mercado interno oferecida do direito europeu, do que a dispensada pelo ordenamento jurídico-fiscal nacional. Algo que não verificamos na generalidade das outras situações descritas anteriormente, em que, por força do seu julgamento conforme à Constituição por parte

---

[50] Ou crédito de imposto, traduzido em cada sujeito passivo entregar (mensalmente ou trimestralmente, consoante o volume de negócios) ao Estado a diferença positiva entre o valor do IVA liquidado e suportado nos *outputs* e o valor do IVA liquidado e cobrado nos *inputs*.

[51] Neutralidade *económica* (pois o IVA não pôr em causa o funcionamento do mercado, seja alterando a formação da oferta de bens e serviços, seja provocando o aumento dos preços para além do que corresponde ao próprio imposto), *fiscal* (porque o IVA incide apenas sobre o valor acrescentado em cada uma das fases do circuito económico, não dando origem a imposto sobre imposto como num imposto plurifásico cumulativo) e *junto dos sujeitos passivos* (porque estes deduzem o imposto pago nos *inputs* e repercutem integralmente para a frente o imposto liquidado e cobrado nos *outputs*). V. o nosso *Direito Fiscal*, cit., p. 581 e ss.

[52] Refira-se que o princípio da neutralidade constitui a trave mestra de toda a tributação relativa às empresas – v. a nossa *Introdução ao Direito Fiscal das Empresas*, 3.ª ed. Almedina, Coimbra, 2018, p. 54 e ss.

[53] V. os acórdãos *Polysar* (Processo C-60/90 de 1991), *Floridienne* (Processo C-142/99 de 2000) e *Welhgrove* (Processo C-102/00 de 2001).

[54] Pois em sede do direito fiscal ou tributário, não há cidadãos da União Europeia, mas apenas cidadãos de cada Estado Membro, qualidade traduzida na relação jurídico-constitucional em que temos, de um lado, o *poder tributário* do Estado e, do outro, o *dever fundamental* de pagar impostos ou tributos. Embora este dever seja bem diverso consoante estejamos face a impostos ou face a tributos de estrutura bilateral.

do Tribunal Constitucional ou por via da "legalização" posterior pelo legislador fiscal, se consolidaram em tributações cuja questionação jurídica – constitucional ou legal – por parte dos contribuintes deixou de ter a menor hipótese de êxito.

3.2 Sentido e alcance da arbitragem tributária

Falta aludir ao sentido e alcance da privatização da justiça tributária que foi concretizada através da instituição da arbitragem tributária, de que vimos falando. Pois bem, algumas ideias a este respeito. E a primeira para assinalar que as decisões proferidas pelo CAAD se revelam de indiscutível qualidade, muito embora como já escrevemos, não obstante essa qualidade, temos a sensação de que esta via não veio substituir os tribunais tributários, no domínio em que estes actuam, mas antes a somar-se a estes, o que, a ser assim, não contribui realmente muito para aliviar a sobrecarga da jurisdição tributária, como foi a sua intensão aquando da introdução da arbitragem tributária por exigências da Troika, em 2011.[55] É certo que, nos domínios a que nos referimos, contribuiu para pôr termo às controversas que aí surgiram, levando a esse resultado de uma maneira mais rápida do que aquela que teria sido proporcionada pela actuação dos tribunais tributários. No que serviu naturalmente para a diminuição da litigação tributária nesses sectores.

Não obstante toda a referida qualidade das decisões arbitrais e a inegável contribuição para por termo à litigação surgida nos sectores referenciados, a jurisprudência do CAAD não conduziu praticamente a qualquer efectivo alívio da rápida degradação da situação dos contribuintes, mas antes levou a uma mais célere consolidação de soluções tributárias que, num verdadeiro plano inclinado, têm por pano de fundo o agravamento constante e acelerado das cada vez mais variadas e intensas tributações que, desde há anos, vem aumentando, e muito, a carga e o esforço fiscais incidentes sobre os portugueses.[56] O que tem sido concretizado sobretudo através de criação de taxas e contribuições, que não obstante o nome que ostentam, mais não são do que impostos que não ousam dizer o nome.[57] Uma realidade que obviamente não honra o Estado de Direito que, assim, se vem degradando e muito no presente século, tornando-se o sistema fiscal simultaneamente insuportável para os contribuintes e insustentável para a existência e o funcionamento de uma economia livre ou de mercado que, como é sabido, constitui o pressuposto e a medida de um sistema fiscal digno desse nome porque capaz de ancorar um Estado de sucesso.[58] Realidade essa que tem expressão

---

[55] V. a nossa *Introdução ao Direito fiscal das Empresas*, cit., p. 118 e s.
[56] Relativamente à carga e esforço fiscais, v. o nosso livro *Problemas Nucleares de Direito Fiscal*, cit., p. 42 e s., e 138 e ss.
[57] V., a este respeito o nosso livro *Problemas Nucleares de Direito Fiscal*, cit., p., 54 e ss.
[58] Como o sucesso e insucesso dos Impérios e dos Estados, ao longo da história, no-lo demonstra. Para o que basta ler as paradigmáticas e clássicas obras de autores como Gabriel Ardant, *Théorie Sociologique de l'Impôt*, Vols. I e II, Paris, 1965, e *Histoire de l'Impôt*, vols. I e II, Fayard, Paris, 1971 e 1972, e de Charles Adams, *For Good and Evil. The Impact of Taxes on the Course of Civilization*, 2.ª ed., Madison Boocks, Lanham. New York e Oxford, 1999.

superlativa no que vimos designando pelas expressões "IRC paralelo", "apartheid fiscal" e "duplicação do Estado fiscal".[59]

Significa isto, de algum modo, que à reconhecida qualidade da jurisprudência arbitral, manifestada na qualidade material das soluções jurídicas tributárias que tem veiculado, não tem correspondido a compreensão da comunidade aberta dos intérpretes e actores jurídicos tributários. De facto, a referida qualidade tem-se defrontado com a pouca compreensão dos tribunais tributários, a quase nula compreensão do Tribunal Constitucional e o manifesto desprezo, para não dizer efectiva oposição, do legislador tributário.

O que, em conclusão, nos leva a assentar na ideia de que, embora a instauração e funcionamento da arbitragem tributária, esteja longe, muito longe mesmo, de constituir uma via que se revele decisiva ou determinante para a solução do problema da hiperlitigação no conturbado domínio do direito dos impostos, ainda assim não pode deixar de ser tomada em consideração. De facto, não obstante as inequívocas limitações que revela, a introdução e desenvolvimento da arbitragem tributária em Portugal deve ser tida como um contributo que, não obstante, vai no sentido da resolução dos problemas da justiça tributária presentemente em tabela. Embora, como referimos e sublinhámos, não devamos esquecer de que os tormentosos problemas, com que presentemente o Estado de Direito se confronta, em que a justiça em geral e a justiça tributária em especial assumem parte decisiva, tem mais que ser prevenidos pelos actores a montante – o legislado, os contribuintes e a administração tributária – do que remediados pelos órgãos da justiça – os tribunais tributários.

Para além de, é importante dizê-lo, a nosso ver não fazer sentido o caminho que parece vir a ser trilhado nos tempos mais recentes por alguns Estados, em que, ao mesmo tempo que se tende a "privatizar" uma das mais essenciais e clássicas funções do Estado – a justiça – se assiste, sem a menor observação ou protesto, à crescente "estadualização" de parte significativa da economia dos dias de hoje, como se comprova em Portugal com a elevada percentagem da economia que se encontra na dependência da contratação pública.

Informação bibliográfica deste texto, conforme a NBR 6023:2018 da Associação Brasileira de Normas Técnicas (ABNT):

NABAIS, José Casalta. Sobre a privatização da justiça tributária. *In*: SARAIVA FILHO, Oswaldo Othon de Pontes (coord.). *Transação Tributária*: homenagem ao jurista Sacha Calmon Navarro Coêlho. Belo Horizonte: Fórum, 2023. (Coleção Fórum grandes temas atuais de Direito Tributário ; v. 1). p. 91-112. ISBN 978-65-5518-407-5.

---

[59] V. sobre esses fenómenos o nossos livros *Direito Fiscal*, cit., p. 469 e ss., e *Problemas Nucleares de Direito Fiscal*, cit., p. 130 e ss., e 189 e ss.

A TRANSAÇÃO TRIBUTÁRIA COMO INSTRUMENTO DE EFICÁCIA DO PRINCÍPIO DA EFICIÊNCIA TRIBUTÁRIA

IVES GANDRA DA SILVA MARTINS

ROGÉRIO VIDAL GANDRA DA SILVA MARTINS

ROBERTA DE AMORIM DUTRA

1 Introdução

O presente escrito tem por escopo revelar o significado e essência do instituto da transação no direito tributário, sua evolução legislativa, seus objetivos e aplicação recente no âmbito dos tributos federais, bem como os limites da relação jurídica transacional junto ao direito tributário.

Destaca-se ainda a importância como denominador comum de forma de solução de conflitos, para fazer valer a autêntica política tributária, como um meio de instrumentalização do princípio da eficiência, a fim de pôr fim a tantas demandas que assolam a máquina judiciária e que impedem a aplicação do princípio da eficiência e transparência tributária, bem como da prestação jurisdicional adequada.

2 O conceito de transação tributária e histórico do instituto no direito brasileiro

O verbo transigir vem do latim *transigere*, que significa concluir um ajuste, findar uma desavença. Dessa forma, transação pode ser entendida como "pacto, convenção, ajuste, em virtude do qual as pessoas realizam um contrato ou promovem uma negociação".[1]

A essência da transação está no aspecto da "cessão recíproca" de parcelas dos direitos por ambas as partes. Cada qual renuncia, abdica, abre mão de uma parte de seu direito para findar uma demanda, um litígio ou evitá-lo.

A transação, que no direito civil é caracterizada como um contrato,[2] encontra, assim, guarida no Direito Tributário como uma modalidade de extinção do crédito tributário. À evidência, por manter semelhanças com o instituto de direito privado, a transação tributária possui todo um regramento especial dado pelo direito público, a começar pelo norteamento constitucional e sua conceituação regida pelo Código Tributário Nacional.

A possibilidade de transação em matéria tributária surgiu em nossa ordem jurídica em 1951, com o advento da Lei nº 1.341, a denominada "Lei Orgânica do Ministério Público". À época, era o órgão da Administração que possuía a competência para cobrar as exações tributárias. Com a promulgação da EC nº 18/65 e depois, em 1966, com a edição do Código Tributário Nacional, a transação em matéria tributária passou a ser instrumento de extinção de crédito tributário desde que a lei fosse promulgada determinando condições e limites para que as partes cedessem parte de seus direitos e chegassem ao término do litígio.

Verifica-se que poucos entes federativos aplicaram ou usaram com grande eficiência o instituto da transação como meio alternativo de litígios processuais.[3]

Trata-se, assim, de forma de extinção do crédito tributário e sua respectiva obrigação em que, mediante autorização de autoridade competente e indicada por lei, celebra-se acordo que preveja concessões mútuas, eliminando-se litígio existente. Esses

---

[1] SILVA, De Plácido e. *Vocabulário jurídico*. Atualizado por Nagib Slaibi Filho e Priscila Pereira Vasques Gomes. 31 ed. Rio de Janeiro: Forense, 2014, p. 2.145-2.149.

[2] Para Maria Helena Diniz "A transação é um negócio jurídico bilateral, pelo qual as partes interessadas, fazendo-se concessões mútuas, previnem ou extinguem obrigações litigiosas ou duvidosas. (...) A transação seria uma composição amigável entre os interessados sobre seus direitos, em que cada qual abre mão de parte de suas pretensões, fazendo cessar as discórdias." (*Curso de direito civil brasileiro*. 19. ed. São Paulo: Saraiva, 2004, v. 2, p. 324-325)

[3] Como bem ensina Ana Paula Sabetzki Boeing, em estudo sobre o tema: "Os Municípios, nesse aspecto, estão mais avançados que os Estados. Conforme estudo realizado em 2018 no âmbito da Faculdade de Direito da Faculdade Getúlio Vargas de São Paulo, apenas 22,22% dos Estados haviam editado leis de transação tributária. Nos Municípios com mais de 500 mil habitantes, aquele percentual era de 61,70%. Quanto às leis estaduais, o estudo apontou que a maioria basicamente reproduz o disposto no artigo 171 do CTN. No âmbito municipal, destacaram-se as leis de Campo Grande, Campinas e Rio de Janeiro, nas quais as hipóteses de transação estavam relacionadas a dúvida na interpretação da lei, incerteza na aplicação de penalidades e matérias nas quais era improvável o êxito judicial da Fazenda. 2 Ainda nos casos em que existem leis em vigor, o que se percebe é que na prática a transação é pouquíssimo utilizada". "Enfim, uma esperança para a transação tributária: uma breve análise da Lei n. 13.988/2020".

os elementos essenciais à configuração do instituto, no caso, o litígio, e as concessões de ambas as partes.[4]

Por ser a matéria de extinção de crédito tributário, é importante ressaltar a necessidade de lei para que a autoridade competente permita a transação, nos casos em que sua política tributária assim aprouver.

Podemos dizer que se trata de acordo entre a Fazenda Pública e contribuintes, intimamente ligado ao conceito de discricionariedade em que a administração pública analisa, no âmbito legalmente circunscrito, a condição, conveniência e oportunidade de seu ato, sob o manto do interesse público.[5]

No mesmo sentido, Juliana Furtado Costa Araujo e Paulo Cesar Conrado[6] bem definiram:

> É, em suma, um instrumento de aproximação entre partes com interesses contrapostos, de modo a viabilizar, no seio de relações jurídico-tributárias conflituosas, o encerramento do litígio, mediante a estipulação de concessões recíprocas, o que, por força de expressa disposição legal, há de culminar com a extinção da obrigação tributária respectiva.

No direito pátrio, podemos afirmar que a transação tem sua raiz na Constituição Federal, quando o artigo 146, ao estabelecer as funções da lei complementar determina em seu inciso III, "b" que:

> Art. 146. Cabe à lei complementar:
> (...)
> III – estabelecer normas gerais em matéria de legislação tributária, especialmente sobre:
> (...)
> b) obrigação, lançamento, crédito, prescrição e decadência tributários.

---

[4] A esse respeito Luciano Amaro assevera: "A transação, instituto previsto no art. 1.025 do Código Civil Brasileiro, é, no plano Tributário, regulada no art. 171 do Código Tributário Nacional. O dispositivo prevê a possibilidade de a lei facultar, nas condições que estabeleça, aos sujeitos ativo e passivo da obrigação tributária, celebrar transação (acordo), que, mediante concessões recíprocas, importe em terminação de litígio e conseqüente extinção da obrigação tributária (ou do "crédito tributário", como diz o Código); deve a lei indicar a autoridade competente para autorizar a transação (art. 171, parágrafo único), o que também não pode implicar a outorga de poderes discricionários". (AMARO, Luciano. Direito Tributário Brasileiro. 7. ed. São Paulo: Saraiva, p. 375).

[5] A respeito da natureza de acordo José Eduardo Soares de Mello ensina: "Trata-se de autêntico acordo entre a Fazenda Pública e os devedores, em que estas partes renunciam ao questionamento de seus eventuais direitos relativos ao tributo. É o caso de lei dispor que, se o contribuinte recolher o imposto atrasado de uma só vez, ficará dispensado das multas; ou, se o contribuinte desistir de ação judicial impugnando exigibilidade tributária, não serão devidos honorários de sucumbência" (MELO, José Eduardo Soares de. Curso de Direito Tributário. 4. ed. São Paulo: Dialética, 2003, p. 261 e 262).
No mesmo sentido Volney Silva: "No Direito Tributário, a transação é nada mais que uma proposta de uma convenção estabelecida no art. 171 do CTN pela Administração Pública com o escopo de por termo a uma demanda judicial ou administrativa que tem como o objeto o pagamento do crédito tributário. Através da transação, ou seja, por concessões da Administração Pública visando o interesse público, credor e devedor põem fim a litígio, extinguindo a relação jurídica tributária. (SILVA, Volney Zamenhof de Oliveira. Código tributário nacional comentado, anotado e atualizado. 3. ed. Campinas: Lex Editora S.A, 2003, p. 627).
E Hugo de Brito Machado: "Transação é acordo. Diz o Código Civil que é lícito aos interessados prevenirem ou terminarem litígio mediante concessões mútuas (art. 1.025). É da essência da transação a existência de concessões mútuas. Cada interessado cede um pouco do que entende ser o seu direito, para chegarem a um acordo, evitando o litígio, ou pondo fim a este, se já iniciado. (MACHADO, Hugo de Brito. curso de direito tributário. 23. ed. São Paulo: Malheiros, 2003, p. 199).

[6] Transação como mecanismo preparatório para a extinção da obrigação tributária. In: ARAUJO. Juliana Furtado Costa; CONRADO, Paulo Cesar (coord.). São Paulo: Thomson Reuters Brasil, RT, 2021, p. 47

Ora, sendo a transação um negócio jurídico que porá fim ao crédito tributário, nascido de uma obrigação tributária, será a lei complementar a responsável por dar as linhas fundamentais desse instituto.

E conforme também visto, tal função é exercida pelo CTN em seu artigo 156, III, quando elenca a transação como uma das espécies extintivas do crédito tributário, insculpidas no artigo 171 trazendo a figura do direito tributário.

Com efeito, reza o artigo 171 do CTN[7] que:

> Art. 171. A lei pode facultar, nas condições que estabeleça, aos sujeitos ativo e passivo da obrigação tributária celebrar transação que, mediante concessões mútuas, importe em determinação de litígio e conseqüente extinção de crédito tributário.
> Parágrafo único. A lei indicará a autoridade competente para autorizar a transação em cada caso.

Do artigo constante do anteprojeto ao disposto no código vigente, verifica-se que o legislador optou por uma linguagem jurídica mais sintética, em linhas gerais, que manteve as diretrizes básicas, deixando ao legislador maior flexibilidade, desde que sempre atrelada ao princípio da legalidade. Percebe-se, contudo, que, embora o anteprojeto destaque as autoridades competentes, a forma, espécies de transação (total ou parcial) e condições mais restritivas para efetivação (prosseguimento da demanda seja desfavorável, inconveniente ou inútil aos interesses do Fisco), entendemos que a maioria do instituto permaneceu com as características intrínsecas do anteprojeto, já que ambas as normas são vinculadas à legalidade e no tocante à sua finalidade passíveis de aplicação visando ao fim e ao cabo o princípio da eficiência da Administração Pública.

De resto, a transação insculpida no CTN abre um maior leque de possibilidades de ajustes na relação Fisco-contribuinte visando ao término da demanda com a extinção do crédito tributário, como um instrumento efetivo de viabilidade da solução de inúmeros conflitos tributários que demasiadamente assolam a máquina judiciária, impedindo que os órgãos jurisdicionais se voltem àquelas demandas que realmente demandam uma atenção peculiar.

É justamente esse o espírito do legislador constitucional, que, ao impor as limitações ao Poder Impositivo, estabeleceu as formas de coexistente entre particular e Estado, como bem leciona Fátima Fernandes Rodrigues de Souza:[8]

---

[7] Referido artigo teve sua gênese no "Anteprojeto do Código Tributário Nacional" idealizado por Rubens Gomes de Souza no artigo 210, ao disciplinar que: "A lei tributária poderá, por disposição expressa, permitir que seja autorizada a transação total ou parcial quanto ao crédito tributário, no curso de processo administrativo ou judicial". E em seu parágrafo único que: "A transação será proposta em cada caso, em expediente reservado, pelo representante da Fazenda Pública no processo, à mais alta autoridade administrativa competente para dele conhecer, ou à mais alta autoridade do Ministério Público e será autorizada pela referida autoridade sempre que, a seu juízo, o prosseguimento do processo seja desfavorável, inconveniente ou inútil aos interesses da Fazenda Pública".

[8] *Apud*, MARTINS, Ives Gandra (coord.). *Limitações ao poder impositivo e segurança jurídica*. São Paulo: CEU e RT, 2005 – Pesquisas Tributárias. Nova Série, 11, p. 492-493

O art. 3º, III, da CF estabelece como objetivos do Estado brasileiro constituir uma sociedade livre, justa e solidária. No entanto, nenhum desses objetivos poderá ser alcançado, se a segurança não for garantida, já que a estabilidade, no plano do direito – valor inerente à dignidade da pessoa humana – correspondente a uma sua necessidade básica do homem, de conduzir, planejar, estrutura sua vida de forma autônoma, com um grau mínimo de previsibilidade, de forma a garantir para si mesma uma coexistência pacífica com os demais integrantes da sociedade e com o próprio Estado.

Outrossim, pelo fato de o direito tributário ser pautado pelo alicerce do princípio da legalidade bem como a Administração Pública (art. 150, I e 137, *caput* da CF), os elementos caracterizadores da transação (vontade das partes, cessão de direitos e busca do fim de um litígio ou demanda pendente) só poderão produzir efeitos caso sigam os estritos liames legais, não podendo a Administração Fazendária exercer sua "vontade" para uma transação sem o devido respaldo na lei. Como é cediço, ao particular tudo é permitido menos o que por lei é proibido, e ao poder público tudo é proibido menos o que por lei é permitido.[9]

Tal princípio visa assegurar que a lei não somente defina todos os aspectos relevantes, mas esgote em todos os sentidos os dados necessários para a identificação da regra matriz do tributo sem que seja necessário à Administração Pública, através de decretos, redefinir ou esclarecer tal diploma, utilizando-se dos critérios da conveniência e oportunidade, colocando em risco a segurança jurídica do contribuinte.[10]

Sobre o instituto da transação em matéria tributária, tal como redigido no artigo 171 do CTN, assim já se pronunciou o primeiro autor deste opúsculo:

> O artigo 171 abre, indiscutivelmente, perspectiva para que se possa transacionar no campo do direito tributário.
> O dispositivo utiliza-se da expressão "mediante concessões mútuas" o que pressupõe uma certa elasticidade na busca de uma solução satisfatória.[11]

---

[9] Roque Antonio Carrazza ensina que: "é ponto bem investigado que o fim precípuo da Administração é agir debaixo da lei, cumprindo-a e fazendo com que seja bem cumprida, por seus servidores. De fato, o Poder Executivo, para a persecução dos fins públicos, deve procurar na lei (emanada do Poder Legislativo da pessoa política a que pertence) alguma determinação do que deve executar e de como vai executar. Podemos dizer, sem exagero, que a lei é o norte da função administrativa. Qualquer ligeiro desvio da rota legal e o Judiciário pode ser chamado a corrigi-lo." *Curso de Direito Constitucional Tributário.* 32. ed. São Paulo: Malheiros, 2019, p. 203.

[10] Nesse sentido, leia-se lição de Luciano Amaro: O conteúdo do princípio da legalidade tributária vai além da simples autorização do Legislativo para que o Estado cobre tal ou qual tributo. É mister que a lei defina in abstrato todos os aspectos relevantes para que, in concreto, se possa determinar quem terá de pagar, quanto, a quem, à vista de que fatos ou circunstâncias. A lei deve esgotar, como preceito geral e abstrato, os dados necessários à identificação do fato gerador da obrigação tributária e à quantificação do tributo, sem que restem à autoridade poderes para, discricionariamente, determinar se "A" irá ou não pagar tributo, em face de determinada situação. Os critérios que definirão se "A" deve ou não contribuir, ou que montante estará obrigado a recolher, devem figurar na lei e não no juízo de conveniência ou oportunidade do administrador público." (*Direito tributário brasileiro.* 9. ed., p. 112)

[11] MARTINS, Ives Gandra da Silva. Transação e arbitragem no direito tributário. Câmara de Comércio Argentino Brasileira de S. Paulo. 25/11/1999. Nota de rodapé nº 6, p. 12-13: "Nada obstante ter posição contrária à transação a que se refere o art. 171", Eduardo Marcial Ferreira Jardim escreve: "O artigo em apreço versa sobre o instituto da transação. Consoante definição inserta no próprio dispositivo, a transação exprime fórmula extintiva da obrigação tributária consubstanciada em término do litígio mediante concessões mútuas. Sob o fulgor da Teoria Geral do Direito, a transação hospeda dois requisitos, quais sejam, a existência de litígio ou controvérsia entre as partes e a presença de ônus ou vantagens recíprocas, em consonância, aliás, com o magistério autorizado de Washington de Barros Monteiro. Álvaro Villaça de Azevedo compartilha desse entendimento ao esclarecer

E prossegue, mostrando a possibilidade desse meio de solução de controvérsias na seara tributária ser um horizonte visando facilitar as relações entre Fisco e contribuinte,[12] citando Aliomar Baleeiro.

Ainda no citado artigo, o primeiro subscritor deste artigo, Ives Gandra da Silva Martins relembra o projeto de Reforma Tributária discutido pela Câmara dos Deputados em 1999, cuja relatoria coube ao então Dep. Mussa Demis, na tentativa de se constitucionalizar o instituto da transação tributária, nos termos seguintes:

> No primeiro relatório do Deputado Mussa Demes para a reforma tributária, fazia ele constar de suas sugestões de alterações o dispositivo seguinte:
> "Art. 10 – São acrescidos os seguintes artigos às Disposições Constitucionais Gerais da Constituição Federal:
> ...
> Art. 252 A União, os Estados, o Distrito Federal e os Municípios poderão, na forma prevista em lei, negociar os créditos tributários inscritos em dívida ativa".
> Embora de indiscutível atualidade, pois tornava princípio constitucional aquele já constante da lei complementar, o dispositivo foi retirado de sua versão final.
> Desconheço o nível das pressões que o fizeram abandonar a idéia original, de resto já consagrada desde 1966.
> Parece-me equivocada a posição dos que propugnaram por sua supressão, visto que o dispositivo não representava alteração do instituto já admitido e usado no direito brasileiro, embora em nível de legislação complementar.
> Pessoalmente, teria mesmo sugestão adicional, qual seja, a de acrescentar ao dispositivo então proposto (art. 252 do projeto original) um parágrafo com a seguinte redação:
> "§único. A lei poderá autorizar para solução rápida de pendências tributárias, que os sujeitos passivo e ativo da relação tributária escolham árbitro capaz de dirimir pendências, com renúncia ao direito de ingressar em juízo."
> Não vejo em que tal princípio poderia ser tido por inconstitucional.
> De início, não feriria qualquer cláusula pétrea, no que diz respeito ao direito do contribuinte, pois esse pode dispor daqueles direitos que são "disponíveis".
> A objeção maior poderia ocorrer em relação ao poder tributante, sob a alegação de que não poderia dispor livremente do interesse público para obter soluções rápidas nas pendências tributárias.

---

que "é indispensável à transação a existência de uma relação jurídica duvidosa". Pontes de Miranda, com sua poderosa autoridade, também qualifica a controvérsia e a reciprocidade como elementos essenciais à transação. São suas palavras: "há o caput *controversum*, sobre o qual se apoia o negócio jurídico, o acordo, e o *caput non controversum*, sobre o qual se apoia o negócio jurídico e do qual se parte tendo-se como certo porque como tal se houvera". (*Comentários ao Código Tributário Nacional*, v. 2, Ed. Saraiva, 1998, p. 402).

[12] Aliomar Baleeiro comenta o artigo 171 da forma que se segue: "O próprio art. 171 conceitua a transação, empregando o vocábulo no sentido jurídico, e não vulgar de negócio qualquer, como, p. ex., a compra e venda, mas como o mesmo conteúdo do art. 1.025 do Cód. Civil, isto é, de ato jurídico específico, no qual um litígio entre os interessados pode ser regulado e extinto mediante ajuste de concessões recíprocas.
Ato jurídico, porque modifica e extingue obrigações preexistentes, e não contrato – apesar de prestigiosas opiniões em contrário – porque não cria tais obrigações.
A autoridade só pode celebrá-la, com relativo discricionarismo administrativo, na apreciação das condições, conveniências e oportunidades, se a lei lh'o faculta e dentro dos limites e requisitos por ela fixados.
Tratando-se de ato, que exige critério elevado e prudência acurada, o CTN determina que a lei designará qual a autoridade competente para celebrar a transação em cada caso" (*Direito tributário brasileiro*. 10. ed., ed. Forense, 1981, p. 575) *apud* MARTINS, Ives Gandra da Silva. Transação e arbitragem no direito tributário. Câmara de Comércio Argentino Brasileira de S. Paulo. 25/11/1999. Nota de rodapé nº 08, p. 12-13.

Creio que, todavia, se a lei permitir que a solução seja adotada, renúncia à discussão judicial se daria nos exatos termos da lei(...).

Aos que entendem que tal flexibilidade da lei não poderia ocorrer, é de se observar que a Constituição oferta a possibilidade de renúncia ao direito de impor ou de cobrar tributos em seu§6º do artigo 150, cuja dicção, que repito, é a seguinte:

"Qualquer subsídio ou isenção, redução da base de cálculo, concessão de crédito presumido, anistia ou remissão, relativos a impostos, taxas ou contribuições, só poderá ser concedido mediante lei específica, federal, estadual ou municipal, que regule exclusivamente as matérias acima enumeradas ou o correspondente tributo ou contribuição, sem prejuízo do disposto no art. 155, §2º, XII, g".

(...)

Parece-me nada impedir que a solução proposta possa vir a ser adotada no bojo de uma reforma tributária ou em outra proposta de emenda constitucional a ser apresentada, o que, a meu ver, simplificaria consideravelmente o processo tributário nacional, seja em nível administrativo, seja em nível judicial."[13]

Ao final do estudo, o mesmo Autor destaca:

"Estou convencido de que nas relações entre o Fisco e o Contribuinte, poder-se-ia reduzir a "permanente litigiosidade" em que hoje se encontram, com benefícios evidentes, se adotasse sistema como aquele que proponho nesse artigo.[14]

A nosso ver, transação pode assim ser conceituada como um procedimento administrativo, previsto em lei, que implica mútuas concessões entre os sujeitos da obrigação tributária, de interpretação consensual e definitiva, que resultará na extinção do crédito tributário.

Em 2009, o Poder Executivo encaminhou ao Congresso Nacional projeto de lei buscando regular a transação tributária em âmbito federal. O PL nº 5.082/2009, que ficou denominado como Lei Geral da Transação Tributária, foi fruto de grandes debates e análises acadêmicas. Interessante notar alguns pontos levantados na Exposição de Motivos do referido projeto, que mostram as dificuldades de cobrança da dívida ativa da União, o prejuízo não só para o Poder Judiciário como para a Administração Pública e para a sociedade como um todo caso não se criem soluções alternativas, como destacamos a seguir:

EM Interministerial nº 00204/2008 – MF
Brasília, 10 de dezembro de 2008.
Excelentíssimo Senhor Presidente da República,
1. Submetemos à elevada apreciação de Vossa Excelência a minuta do Anteprojeto da Lei Geral de Transação em Matéria Tributária, resultado das discussões com vários setores da sociedade, da administração tributária e do Poder Judiciário.
(...)
3. O escopo do anteprojeto é o de constituir nova relação entre a administração tributária e os contribuintes, possibilitando que as duas partes, mediante entendimento direto, alcancem uma aplicação mais homogênea da legislação tributária.

---

[13] *Op. cit.*, p. 22-26.
[14] *Op. cit.*, p. 27.

4. Hoje se estima, no âmbito da Procuradoria-Geral da Fazenda Nacional, que a fase administrativa do processo tributário tenha, em média, uma duração de 04 anos para ser concluída e a fase judicial, 12 anos. Esse fato, somado à ineficácia da execução fiscal dos créditos tributários, explica, em boa medida, o fato de que menos de 1% do estoque da dívida ativa da União de R$ 400 bilhões de reais ingressa nos cofres públicos a cada ano por essa via, sendo que o percentual do ingresso não ultrapassa a dois vírgula cinco por cento do estoque (R$ 9,6 bilhões de reais de arrecadação em 2006), mesmo com as medidas de parcelamento adotadas (REFIS, PAES e PAEX) e com a incorporação dos depósitos judiciais. O estoque da dívida ativa da União, incluída a da Previdência Social, já alcança a cifra de R$ 600 bilhões de reais e, uma vez incorporado o que ainda está em litígio administrativo, chega-se à impressionante cifra de R$ 900 bilhões de reais. Esse número representa 1,5 vezes a arrecadação da União de 2006 e, apenas no âmbito da arrecadação federal, cerca de metade do PIB do país.

5. Vale notar, ainda, que a morosidade na resolução dos litígios tributários produz graves distorções nos mercados, sendo profundamente danoso para a livre concorrência. As sociedades empresariais que honram pontualmente suas obrigações fiscais vêem-se, muitas vezes, na contingência de concorrer com outras que protraem no tempo o pagamento de tributos por meio de discussões administrativas e judiciais meramente protelatórias.

6. A concretização das medidas previstas no Anteprojeto em comento aumentará a eficácia do sistema arrecadatório nacional. Com efeito, os conflitos tributários serão resolvidos em menor prazo, no máximo em um ano, o que tornará, para o contribuinte, mais vantajosa a transação do que a aposta em longas discussões judiciais.

7. Assim sendo, a transação traduzir-se-á em uma maior participação do contribuinte na administração tributária, o que implica uma significativa mudança de paradigmas na relação Estado/contribuinte. Para a Fazenda Nacional, a vantagem será a realização imediata de créditos tributários, sem os altos custos do processo judicial, o que, sem dúvida, vem ao encontro do interesse público. Ademais, a adoção desses meios alternativos, a médio prazo, desafogará as instâncias administrativas de julgamento e o Poder Judiciário.

8. Também é certo que a transação tributária importará em maior segurança jurídica para o contribuinte, bem como no aperfeiçoamento e uniformização da interpretação das normas tributárias no âmbito da Administração Fiscal. De fato, o Anteprojeto prevê o julgamento por um órgão técnico especializado, único apto a lidar com a grande complexidade da legislação tributária pátria, garantindo, assim, a resolução eficiente, segura e justa dos litígios tributários. Além disso, terá efeitos significativos para aliviar o Poder Judiciário e as instâncias administrativas de julgamento, diminuir a litigiosidade na aplicação da legislação tributária, permitir a maior eficiência na arrecadação dos tributos e o aumento do cumprimento voluntário das obrigações tributárias, com a eliminação dos desperdícios públicos decorrentes da sistemática em vigor.[15]

Ainda na Exposição de Motivos do anteprojeto de lei é mencionado o instituto da transação e das soluções alternativas de solução de conflitos em outros países, como foi adotado e como foram positivos seus feitos, conforme se depreende do excerto assim redigido:

9. Importante ressaltar que em vários países, como a Alemanha, França, Reino Unido, Itália, Estados Unidos e México adotam o instituto, que tem-se mostrado de grande valia

---

[15] Disponível em: https://www.camara.leg.br/proposicoesWeb/fichadetramitacao?idProposicao=431269. Acesso em: 03.05. 2021.

para a efetiva recuperação dos créditos e para a própria realização da justiça fiscal. Na atual conjuntura, a falta de sua regulamentação tem sido sentida pelos operadores do direito tributário no Brasil.[16]

Embora o PL supracitado tenha seguido todos os trâmites legislativos, o mesmo continua à espera de votação, em regime de prioridade pelo Plenário da Câmara dos Deputados desde 2018.

A Transação Tributária voltou a ser apreciada pelo Congresso Nacional quando da edição de Medida Provisória nº 899/2019 (16.01.2019), que passou a ser chamada "MP do Contribuinte Legal", dando origem, após discussões e modificações no texto original, na promulgação da Lei nº 13.988/2020,[17] que conferiu parâmetros para a aplicação dessa modalidade de extinção do crédito tributário, como sendo um meio alternativo de solução de controvérsias, que se dará de duas formas: preventiva ou repressiva.

Optou o legislador em adotar como critério classificatório de identificação o grau de generalidade da transação, dividindo em seu artigo 2º pela seguinte forma:

> Art. 2º Para fins dessa Lei, são modalidades de transação as realizadas:
> I – por proposta individual ou por adesão, na cobrança de créditos inscritos na dívida ativa da União, de suas autarquias e fundações públicas, ou na cobrança de créditos que seja competência da Procuradoria-Geral da União;[18]
> II – por adesão, nos demais casos de contencioso judicial ou administrativo tributário; e
> III – por adesão, no contencioso tributário de pequeno valor.

Da leitura acima, destacamos que o legislador atrelou a transação pelos tipos de dívidas existentes, quais sejam, a) dívidas por proposta individual ou por adesão na

---

[16] Idem.
[17] "Art. 1º Esta Lei estabelece os requisitos e as condições para que a União, as suas autarquias e fundações, e os devedores ou as partes adversas realizem transação resolutiva de litígio relativo à cobrança de créditos da Fazenda Pública, de natureza tributária ou não tributária.
§ 1º A União, em juízo de oportunidade e conveniência, poderá celebrar transação em quaisquer das modalidades de que trata esta Lei, sempre que, motivadamente, entender que a medida atende ao interesse público.
§ 2º Para fins de aplicação e regulamentação desta Lei, serão observados, entre outros, os princípios da isonomia, da capacidade contributiva, da transparência, da moralidade, da razoável duração dos processos e da eficiência, e resguardadas as informações protegidas por sigilo, o princípio da publicidade.
§ 3º A observância do princípio da transparência será efetivada, entre outras ações, pela divulgação em meio eletrônico de todos os termos de transação celebrados, com informações que viabilizem o atendimento do princípio da isonomia, resguardadas as legalmente protegidas por sigilo.
§ 4º Aplica-se o disposto nessa Lei:
I – aos créditos tributários não judicializados sob a administração da Secretaria Especial da Receita Federal do Brasil do Ministério da Economia;
II – à dívida ativa e aos tributos da União, cujas inscrição, cobrança e representação incumbam à Procuradoria-Geral da Fazenda Nacional, nos termos do *art. 12 da Lei Complementar nº 73, de 10 de fevereiro de 1993; e*
III – no que couber, à dívida ativa das autarquias e das fundações públicas federais, cujas inscrição, cobrança e representação incumbam à Procuradoria-Geral Federal, e aos créditos cuja cobrança seja competência da Procuradoria-Geral da União, nos termos de ato do Advogado-Geral da União e sem prejuízo do disposto na *Lei nº 9.469, de 10 de julho de 1997* .
[18] Nota do editor: A Lei nº 14.375, de 21 de junho de 2022, alterou o art. 2º, I, da Lei nº 13.988/2020, para incluir ao final do dispositivo a expressão "ou em contencioso administrativo fiscal": "Art. 2º (...) I – por proposta individual ou por adesão, na cobrança de créditos inscritos na dívida ativa da União, de suas autarquias e fundações públicas, na cobrança de créditos que seja da competência da Procuradoria-Geral da União, ou em contencioso administrativo fiscal".

cobrança da dívida ativa;[19] [20] b) dívidas por adesão nos casos de contencioso judicial ou administrativo tributário;[21] c) dívidas por adesão no contencioso administrativo de baixo valor.

Mais adiante, nos artigos 16, 23 e 24, a lei traz uma subclassificação, para dividir a forma de adesão, pelo impacto econômico que ela gera, classificando-as como dívidas de pequeno valor e dívidas de relevante e disseminada controvérsia.

No final de 2019, adveio a Portaria nº 11.956, disciplinando os requisitos e condições necessárias à realização da transação na cobrança da dívida ativa da União. Referida portaria permite que a cada interesse em composição, o referido órgão abrirá os respectivos editais, com suas normas de procedimento.

Vale destacar que todos os benefícios veiculados pelas portarias posteriores sempre se darão a critério exclusivo do Fisco, que lançará periodicamente determinados programas de parcelamento, com as regras da transação, créditos que estarão abrangidos, contribuintes que poderão se beneficiar, formas de pagamento, percentual de redução do valor principal, juros e multa, hipóteses de rescisão de outros parcelamentos, entre outros aspectos.

Após o advento da pandemia de covid-19, foram editadas as Portarias PGFN nºs 14.402/20, 18.731/20 e 1696/21, que são conhecidas como as Portarias de "Transação da Pandemia".[22]

Tanto é assim, que recentemente adveio o Edital nº 11/21,[23] no qual se busca estabelecer um novo paradigma entre contribuintes e Fisco, de forma igualitária, com concessões recíprocas, a fim de colocar fim aos litígios que assolam a máquina judiciária, no tocante às contribuições de PLR, que geraram grande discussão e números de ações nos âmbitos administrativo e judicial.

Por fim, imperioso se faz destacar que a adesão do contribuinte a determinada transação tributária não tem o condão de impedir futuro questionamento judicial acerca da legalidade do ato administrativo ou outras discussões, por força do art. 5º, XXXV, da CF, não se tratando nunca de hipótese de renúncia por eventual acordo entre Fisco e contribuinte.

Cabe observar que renunciar a "alegações de direito" não significa "renunciar ao direito material" *propriamente dito*, e sim deixar de contestar, de resistir, à pretensão do Fisco, submetendo-se à exigência do tributo instituído por lei, presumivelmente legítima, mas que não subsiste quando reconhecida a sua inconstitucionalidade.

Isso porque quando a lei institui programas especiais de parcelamento e condiciona a adesão à desistência das ações que o contribuinte promove para resistir à exigência fiscal, presume-se que o faz para obter, mais celeremente, a arrecadação de

---

[19] Como sendo aquelas que podem ser despertadas por iniciativa do particular ou da Fazenda Nacional
[20] Nota do editor: A Lei nº 14.375, de 21 de junho de 2022, passou a admitir a transação tributária individual para créditos sob a administração da Secretaria da Receita Federal (RFB) submetidos ao contencioso administrativo federal. Esta alteração atribuiu à Receita Federal a competência de negociar créditos de forma individualizada.
[21] Caracterizadas como aquelas que se darão mediante a publicação de portaria e edital, especificando as condições para sua anuência.
[22] Referida portaria prevê a transação por adesão para tributos federais vencidos no período de março a dezembro de 2020 e não pagos, por força dos impactos econômicos decorrentes para toda a sociedade, que se estendeu até junho de 2021.
[23] O Edital 11/21 abrange os débitos de pessoas naturais ou jurídicas, oriundos de contribuições previdenciárias destinadas a terceiros, a título de PLR paga a empregados ou a diretores.

quantias que representem verdadeiros tributos, ou seja, créditos tributários escudados em ato legislativo válido.[24]

A desistência exigida tem, pois, a finalidade de obter do contribuinte o compromisso de que não vai celebrar a novação num dia, para voltar a discutir o crédito tributário no outro, uma vez que a extinção prevista no art. 485 do CPC/15 não impede o ajuizamento de nova demanda. Trata-se, assim, de exigência razoável. Cumprindo à autoridade fiscal arrecadar aquilo que a lei lhe outorga como tributo, ao ensejo da celebração de transação/moratória, é legítimo que obtenha do contribuinte compromisso mais consistente que o da mera desistência da ação nos termos do art. 485, VIII, do CPC.

Nesse sentido, o Eg. Superior Tribunal de Justiça, inclusive, em sede de Recurso Representativo da Controvérsia – Tema nº 375, firmou o entendimento de que cabe revisão judicial de confissão da dívida quando esta tem por fundamento a ilegitimidade da norma que instituiu o tributo.

3 A transação e seus objetivos em matéria tributária e o princípio da indisponibilidade do crédito tributário

Vimos com muito bons olhos a alternativa da transação tributária como meio de atuação proativa da Administração Pública a ensejar medidas incentivadoras, que atendem o interesse público de transacionar com o contribuinte, inclusive, a fim de evitar-se o mal maior da perda de arrecadação pela insuficiência de bens para garantir a discussão.

O estímulo fiscal a ser submetido aos severos controles Constitucionais e de lei orçamentária são os que possam provocar um impacto negativo no orçamento, com possível redução de receitas e não os que não gerem impacto redutor de receitas.[25]

---

[24] Tendo em vista que a obrigação tributária é *ex legis*, ou seja, deriva da ocorrência, em concreto, da situação definida em lei como necessária e suficiente para caracterizar-se a incidência do tributo, não se pode admitir que tal "renúncia às alegações de direito", exigida nos programas de parcelamento, objetivasse outorgar ao Estado um direito material divorciado daquele que só lhe pode advir da estrita observância do princípio da legalidade. Não pode ter pretendido fazê-lo derivar da vontade do contribuinte, mormente quando viciada pela *coação*, representada por sanções políticas, impostas para desestimulá-lo de discutir judicialmente a legalidade de exações tributárias; pelo *erro* a que é levado pela complexidade da legislação tributária e pelas sinalizações da jurisprudência, que corroboravam a presunção de constitucionalidade da lei; e pela impossibilidade de discussão das condições de concessão do parcelamento impostas pela lei.

[25] Carlos Maurício Cabral Figueiredo, Cláudio Soares de Oliveira Ferreira, Fernando Raposo Gameiro Torres, Henrique Anselmo Silva Braga e Marcos Antônio Rios da Nóbrega consideram o artigo 14 aplicável apenas aos estímulos onerosos. Escrevem: "Por essa razão é que a renúncia deve ser acompanhada de aumento de receita. Nesse caso, o aumento será advindo da elevação de alíquotas, de base de cálculo, majoração ou criação de tributo ou contribuição. A lei não menciona uma possível compensação resultante do combate à sonegação, o que para alguns implicaria inconstitucionalidade, posto que determinaria a oneração do contribuinte. Não entendemos dessa forma, até porque a melhoria da arrecadação, de certa forma, já poderá estar contemplada no inciso I.
No entanto, a compensação, via aumento de alíquotas ou majoração de tributos, deve ser usada com cautela. Em primeiro lugar, pode ensejar distorções alocativas e iniquidades. Suponhamos que no Piauí sejam dados incentivos para implantação de uma empresa de fibra ótica através do aumento da alíquota do extrativismo de carnaúba. Decerto, haverá distorções que devem ser levadas em conta" (grifamos) (*Comentários à Lei de Responsabilidade Fiscal*. Recife: Nossa Livraria, 2001, p. 110).

Entretanto, é preciso indagar se tem o condão de fazer subsumir-se à norma do art. 14 da LRF a mera utilização de institutos próprios de incentivos fiscais, como a anistia e a remissão, contidos no bojo de instituto maior, como uma transação que, ao envolver débitos tributários, considera a impossibilidade patrimonial de seu adimplemento.

Entendemos que não. Isto porque, apesar de a renúncia realmente compreender os institutos da anistia, da remissão, do subsídio, da concessão de isenção em caráter não geral etc. não se trata a hipótese de transação de incentivo ou benefício de natureza tributária; pelo contrário, trata-se na verdade de situação de litígio em que não há certeza alguma de que haverá renúncia de receita.

Muito pelo contrário, se estará apenas promovendo, no interesse público, transacionar legitimamente para garantir arrecadação ao invés de inadimplemento ou perda de seu duvidoso direito, em prol do interesse público.

Negativo seria o impacto se a discussão judicial continuasse, com resultado duvidoso futuro e sem entrada qualquer de recursos para os cofres públicos, principalmente em tempos de pandemia, como a que passamos em face da covid-19. O artigo 14 da LRF, portanto, *é* de nenhuma aplicação *à* espécie.

Não se enquadra, portanto, a transação tributária, prevista na Lei *nº* 13.988/2020, na norma do art. 14 da LRF assim redigido:

> Art. 14 – A concessão ou ampliação de incentivo ou benefício de natureza tributária da qual decorra renúncia de receita deverá estar acompanhada de estimativa do impacto orçamentário-financeiro no exercício em que deva iniciar sua vigência e nos dois seguintes, atender ao disposto na lei de diretrizes orçamentárias e a pelo menos umas da seguintes condições:
>
> I – demonstração pelo proponente de que a renúncia foi considerada na estimativa de receita da lei orçamentária, na forma do artigo 12, e de que não afetará as metas de resultados fiscais previstas no anexo próprio da lei de diretrizes orçamentárias;
>
> II – estar acompanhada de medidas de compensação, no período mencionado no "caput", por meio do aumento de receita, proveniente da elevação de alíquotas, ampliação da base de cálculo, majoração ou criação de tributo ou contribuição.
>
> §1º. A renúncia compreende anistia, remissão, subsídio, crédito presumido, concessão de isenção em caráter não geral, alteração de alíquota ou modificação de base de cálculo que implique redução discriminada de tributos ou contribuições, e outros benefícios que correspondam a tratamento diferenciado.
>
> §2º. Se o ato de concessão ou ampliação do incentivo ou benefício de que trata o "caput" desse artigo decorrer da condição contida no inciso II, o benefício só entrará em vigor quando implementadas as medidas referidas no mencionado inciso.
>
> §3º. O disposto nesse artigo não se aplica:
>
> I – às alterações das alíquotas dos impostos previstos nos incisos I, II, IV e V do artigo 153 da Constituição, na forma do seu §1º;
>
> II – ao cancelamento de débito cujo montante seja inferior ao dos respectivos custos de cobrança.[26]

---

[26] Ricardo Lobo Torres escreve: "A expressão renúncia de receitas, equivalente a gasto tributário (tax expenditure), entrou na linguagem orçamentária americana nas últimas décadas e adquiriu dimensão universal pelos trabalhos de Surrey. Gastos tributários ou renúncias são mecanismos financeiros empregados na vertente da receita pública (isenção fiscal, redução de base de cálculo ou de alíquota de imposto, depreciações para efeito de imposto de renda, etc.) que produzem os mesmos resultados econômicos da despesa pública (subvenções,

Sendo assim, não há que se falar na hipótese de benefício de natureza tributária com renúncia de receita, uma vez que não se sabe quem terá o benefício, e a receita pretendida é contestada e poderá nunca entrar, se a discussão continuar.

Em outras palavras, e para concluir, só se renuncia o que se tem certeza de possuir, certeza essa que, na hipótese, inexiste.

4 Números sobre a dívida ativa tributária no Brasil

A transação tributária aparece como uma excelente ferramenta para o gestor administrativo visando diminuir o estoque de dívida pública atualmente existente. Segundo dados publicados pela PGFN, em 2019 o volume da dívida perfazia o montante de R$2,4 trilhões.

Com um crescimento anual de 14%, faz-se necessário criar inúmeros instrumentos para baixar tais níveis estratosféricos. Com efeito, ao compararmos no mesmo ano de 2019 a dívida pública de R$2,4 trilhões com a receita tributária de R$1,411 trilhões, é nítida a constante tendência de alta desse déficit.

Ao analisarmos as principais causas do elevado estoque da dívida, podemos elencar, entre outras, a complexidade da legislação e do sistema tributário nacional, que gera uma impossibilidade de o contribuinte acompanhar as constantes mudanças nos inúmeros tributos, acarretando fiscalizações e autuações fiscais em grande volume. Tais autuações conduzem o contribuinte a um procedimento administrativo longo, ineficiente e falho, em especial nos quesitos da equanimidade com máculas ao princípio do devido processo legal e da razoável duração do processo, garantias constitucionais fundamentais do contribuinte. Basta lembrar da tão polêmica questão do "voto de qualidade" no CARF ao membro da Fazenda Pública, o que se extinguiu apenas há poucos anos, justamente com o advento da Lei nº 13.988/20, que trata precipuamente da transação tributária.

Um sistema processual administrativo tributário não contemplando todos os princípios e garantias processuais constitucionais bem como maculando princípios que a própria administração pública deveria seguir necessariamente geram um imenso número de execuções fiscais, "abarrotando" ainda mais o já "abarrotado" Poder Judiciário, que não consegue diminuir o número de processos tributários.

Sobre o tema ensina é precisa a lição de Kyoshi Harada:

> Com o ajuizamento das execuções fiscais em massa, sem uso do critério qualitativo do crédito tributário, mas, ao contrário, misturando devedores em lugares incertos e não sabidos, ou devedores insolventes sem bens penhoráveis, tem transformado o Judiciário em órgão de investigação do paradeiro do executado, ou da localização de seus bens penhoráveis, travando a atividade jurisdicional. Isso faz com que cada processo de execução fiscal leve de 12 a 14 anos para findar. Muitos deles permanecem inertes por longos 20 ou mais anos, sem decretação da prescrição intercorrente, apesar da previsão legal. É que a cada dois ou três anos a Fazenda vai protocolando pedido de prazo para diligência que

subsídios, restituições de impostos, etc.)" (*Curso de direito financeiro e tributário*. 5. ed. Rio de Janeiro: Renovar, 1998, p. 165).

fica somente no imaginário. No Brasil temos a cultura das leis que "pegam" e outras que "não pegam". Na última categoria estão as leis que são destinadas a combater o ócio dos servidores públicos, tomados por corporativismo sem igual.[27]

Não se vê por parte do Fisco uma linha mestra de grande eficiência de gestão do crédito tributário. Em outras palavras, não se vê por parte do poder tributante uma prévia análise que saiba trabalhar com as variantes "existência de crédito tributário a ser cobrado", "Poder Judiciário altamente moroso", "créditos com maior facilidade de cobrança/retorno" de forma satisfatória.

Nesse cenário, a transação configura-se como excelente instituto jurídico para auxiliar o gestor administrativo na busca de reversão do atual quadro, beneficiando Fisco e contribuintes dentro dos parâmetros constitucionais e legais, trazendo assim mais segurança jurídica e eficiência na Administração Pública.

Prova disso é que a própria Procuradoria-Geral da Fazenda Nacional tem contribuído para a efetivação do instituto, desde a elaboração de parecer no processo de elaboração da Medida Provisória nº 899/19 (MP do Contribuinte Legal), assim como participação em audiências públicas durante o processo legislativo que culminou com a conversão da MP na Lei nº 13.988/20 e normativas de regulamentação e aplicação da transação, conforme se constata de seu relatório de atividades, *verbis*:

> Atuação na Medida Provisória nº 899/19 (Transação Tributária): Participação em audiências públicas promovidas pelo Congresso Nacional e seminários para tratar da transação tributária na cobrança da dívida ativa. Estima-se que a regulamentação dessa importante modalidade de autocomposição de litígios resulte na arrecadação de R$ 13,7 bilhões até 2021.[28]
> (...)
> Coordenação de Consultoria Judicial – COJUD
> A COJUD atua nas atividades de assessoramento, consultoria interna e externa. Entre os principais normativos analisados pela Coordenação, destacam-se a Medida Provisória nº 881/2019, posteriormente convertida na Lei nº 13.874/2019 (Lei da Liberdade Econômica), que consolida no plano legislativo a política de redução de litigiosidade implantada na PGFN desde a Portaria PGFN nº 502/2016, e a Medida Provisória nº 899/2019, que consagrou a Transação Tributária, inclusive no contencioso tributário de relevante e disseminada controvérsia jurídica.[29]

5 A transação tributária e os seus limites no direito tributário

Em se tratando da matéria tributária, o exame da realidade que cerca as relações Fisco/contribuinte deixa evidente que, embora tenhamos uma Constituição semelhante

---

[27] Uma proposta para diminuir o estoque da dívida ativa e reaquecer a economia. Disponível em: https://haradaadvogados.com.br/3174-2/#:~:text=Com%20o%20ajuizamento%20das%20execu%C3%A7%C3%B5es, paradeiro%20do%20executado%2C%20ou%20da. Último acesso: 26.05.2021.

[28] "PGFN em números – Dados 2019", Edição de 2020. Disponível em https://www.gov.br/pgfn/pt-br/acesso-a-informacao/institucional/pgfn-em-numeros-2014/pgfn-em-numeros-2020/view. Acesso em: 25 maio 2021.

[29] *Op. cit.*

às mais adiantadas do mundo, em termos de respeito e proteção aos direitos e garantias individuais, ela não foi capaz de forjar, no Poder Público, um comportamento compatível com o moderno perfil do Estado Democrático de Direito, cujo fim é justamente dar proteção a esses direitos e garantias.

Na busca de arrecadar cada vez mais o Erário com os recursos necessários ao atendimento das demandas, cada vez mais complexas, da sociedade atual, o Estado reiteradamente sucumbe à tentação mais tacanha. Ao invés de utilizar bem o aparato tecnológico que hoje tem à sua disposição para o aperfeiçoamento dos instrumentos de cobrança do crédito tributário, utiliza-o como instrumento de força, para desconsiderar os direitos e garantias que caracterizam o Estado de Direito.

Nesse sentido, um dos autores do presente artigo, Rogério Vidal Gandra da Silva Martins,[30] assim se manifestou:

> Assim é que, ao elabora uma política tributária, deve o agente impositivo analisar e inter-relacionar os fatores jurídicos, econômicos, sociais, administrativos e político que envolvem o tributo, sob pena de se praticar política reducionistas e dissociadas da realidade nacional, sendo essas, na maioria das vezes, prejudiciais ao desenvolvimento pátrio.
> (...)
> A política tributária deve sempre ser focada em dois parâmetros:
> Qual será a sua finalidade; e
> Qual o modo mais adequado de se atingir tal finalidade.
> Em síntese, o agente público analisará o por que, o para que, e o como do fenômeno impositivo.
> Mas, para chegar a essas respostas, deverá colher elementos jurídicos, sociais, políticos, econômicos e administrativos, analisando – os como um todo inter-relacionado e, só após essa análise, da qual surgirão inúmeras questões que deverão ser respondidas pelo administrador, é que ele deverá partir para a resposta definitiva da finalidade da tributação e o meio para alcançar o fim.
> Pode ocorrer que no processo dessa análise chegue-se à conclusão que a imposição fiscal não é necessária, ou que a finalidade a ser alcançada pela tributação pode ser atingida por outro meio mais eficaz, que não necessariamente a imposição, ou, ainda, que a tributação atenderia a uma finalidade, mas prejudicaria muitas outras mais importantes.
> Em suma, política tributária se faz inter-relacionando matérias correlatas ao fenômeno fiscal e não apenas analisando o fenômeno da imposição na esfera arrecadatória pura e simplesmente.

Isso porque, em ambas as hipóteses, o que se busca é a simplicidade e menor onerosidade, tanto para a administração quanto para o contribuinte, atendendo-se, dessa forma, o interesse público. Também em ambos os casos o administrador tributário deve submeter-se ao princípio da conveniência, segundo o qual os custos de ambos os lados da relação jurídico-tributária devem ser reduzidos, objetivando a eficiência, bem como atender aos princípios da legalidade, publicidade, moralidade, eficiência e impessoalidade estabelecidos no *caput* do artigo 37 de nossa Lei Maior, sob pena de responsabilização objetiva pelo descumprimento desses preceitos (art. 37, §6º, da CF).

---

[30] MARTINS. Rogério Vidal Gandra da Silva. A defesa do contribuinte no direito brasileiro. *In:* MARTINS, Ives Gandra da Silva (coord.). São Paulo: IOB/Thompsom, 2002, p. 39-40.

Para se transacionar, portanto, vale ressaltar entre os princípios e requisitos aduzidos, a necessidade do litígio.

Diante desse cenário, não basta apenas considerar, na reforma da legislação, o objetivo da celeridade. No âmbito do direito público, em que a natureza do vínculo que se estabelece entre o Estado e o particular são de subordinação, a prestação jurisdicional, na execução da dívida ativa, deve, antes de tudo, atentar para o princípio da segurança jurídica, a fim de que o cidadão não tenha seu patrimônio agredido sem oportunidade de demonstrar que o crédito tributário é indevido.

E é justamente nesse sentido que a transação tributária busca adequar-se, em sua essência, ao regramento de nosso ordenamento jurídico, como forma de aceitação de um instituto de resoluções alternativas de controvérsias. Assim, ao instituir as exações tributárias, o Estado deve respeitar todos os ditames constitucionais que informam a tributação, especialmente os princípios que resguardam os direitos e garantias fundamentais dos contribuintes.

Nesse sentido, cumpre destacar as lições da dissertação de mestrado de Marcelo José Luz de Macedo:[31]

> (...) a Administração Tributária não mais se sustenta somente na atividade desempenhada pelos agentes administrativos, nem tampouco única e exclusivamente nas informações prestadas unilateralmente pelos administrados. Com efeito, deve haver uma relação intrínseca de cooperação entre Fisco e particular, fundada sobretudo no diálogo entre os direitos fundamentais e os deveres dos contribuintes.

A figura da transação nos moldes estabelecidos pelo Código Civil não encontra amparo legal para aplicação no direito tributário. Caso aplicada, estaria eivada de inúmeros vícios, dentre os quais a ofensa aos princípios da legalidade (CF. art. 150, I e art. 137, *caput*), da lei complementar como estabelecedora de normas gerais concernentes à obrigação e ao crédito tributário (CF. art. 146, II, "b"), bem como todos os mandamentos decorrentes das diretrizes constitucionais.

Isso porque, na transação civil, o elemento volitivo de cessão de direitos visando à solução de um litígio parte do princípio da liberdade das partes, que podem dispor da parcela de seus direitos que assim o quiserem para que a transação obtenha êxito e se caracterize.

Já, no âmbito de uma relação de direito público e, especificamente no direito tributário, estamos diante de um sujeito ativo e passivo de uma relação que tem como objeto o crédito tributário. Neste ponto vale frisar duas caraterísticas inerentes a esse liame obrigacional. A primeira diz respeito ao sujeito ativo da relação, que necessariamente é um ente da Administração Pública e, portanto, possui seus atos vinculados estritamente ao que a lei o permite fazer. O que nos permite dizer que sua esfera de atuação volitiva é reflexo não de um "querer", mas de um "dever", "poder" ou "decidir" adstrito ao que a lei permitir, não estando legitimado a atos fora dos determinados pela norma jurídica.[32]

---

[31] *Sobreposição de obrigações acessórias*: uma análise sob a ótica dos direitos fundamentais. São Paulo: PUC/SP, 2016, p. 106.

[32] Nesse sentido, Hely Lopes Meireles: "Na Administração Pública não há liberdade nem vontade pessoal. Enquanto na administração particular é lícito fazer tudo que a lei não proíbe, na Administração Pública só é permitido fazer o que a lei autoriza" (*Direito Administrativo brasileiro*. 30. ed. São Paulo: Malheiros, 2005).

Nesse sentido, Carlos Augusto Daniel e Diego Diniz Ribeiro ensinam que:

> a supremacia do interesse público possui fundamento axiológico em duas teorias morais distintas, ainda que detentoras de traços comuns – o organicismo e o utilitarismo. O organicismo se baseia na idéia que o individuo é parte de um todo social – orgânico – e que o bem de cada um somente pode ser alcançado por intermédio de um bem comum, de modo que os interesses do grupo social gozariam de supremacia sobre os interesses de suas partes, por estarem diretamente relacionados à finalidade do Estado de promoção desse bem comum. Por outro lado, o utilitarismo sustenta que o melhor curso de escolhas sociopolíticas é aquele que promova, em maior escala, os interesses dos membros da sociedade – o interesse público passa a ser uma fórmula de maximização racional do bem-estar do maior número de pessoas. (Meios alternativos de composição de conflitos e sua incidência no âmbito de persecução do crédito tributário. In ARAÚJO, Juliana Furtado Costa. CONRADO, Paulo Cesar (coord.) Inovações na cobrança do crédito tributário. São Paulo: Thomsoun Reuters Brasil, 2019, p. 169).

Esse dever de vinculação à lei restringe qualquer ato do sujeito ativo da relação jurídica tributária na transação. Corolário dessa afirmação está expresso no próprio artigo 171 do Código Tributário Nacional, que, ao estabelecer a possibilidade de transação, amolda todas as características dessa espécie extintiva do crédito tributário à lei (criação, condições, modo, autoridade para autorizar a efetivação, etc.).

Tal dispositivo, que não tem limitações senão de natureza legislativa – a transação só é possível, se a lei assim o determinar – permite, no interesse da Administração Pública e para encerramento de processo administrativo tributário com o recebimento de tributo devido e não pago, que o ente público, detentor da competência impositiva específica, acorde com o devedor forma de pagamento em serviços, obras ou bens para regularização de seu débito

Não por acaso que o art. 142 do CTN, ao dispor sobre o lançamento que consubstanciará o crédito tributário, determina que a constituição deste está totalmente vinculada aos ditames legais e somente com fundamento na norma jurídica pode o mesmo ser efetivado e legitimado.

Podemos afirmar ainda que, sendo a transação de instituto mais abrangente, por permitir concessões mútuas, pode a lei autorizativa inclusive admitir a compensação de qualquer crédito do contribuinte de natureza tributária ou não no bojo de um acordo maior transacionado.

A segunda característica essencial que merece detida análise na relação jurídica transacional tributária reside no grau de "cessão de parcela do direito" a que a Administração Pública pode abrir mão para findar ou evitar um litígio com o contribuinte,[33] visto que a atividade estatal no campo fiscal é atrelada ao princípio da legalidade e a margem de flexibilidade é extremamente restrita.[34]

---

[33] Nessa esteira, o saudoso Ricardo Lobo Torres bem ensinava que: "renúncia ao litígio fiscal sem a correspectiva concessão é mera desistência, e, não, transação" (2008, p. 298).

[34] Nesse sentido, já se manifestou o STF, nos autos da ADI nº 2405: "Com essas premissas, da mesma forma como delineado no julgamento cautelar da presente ação, entendo que a Constituição Federal não reservou à lei complementar o tratamento das modalidades de extinção e suspensão dos créditos tributários, à exceção da prescrição e decadência, previstos no art. 146, III, b, da CF. Como bem lembrado pelo Min. MOREIRA ALVES, entendo também aplicável ao presente caso a teoria dos poderes implícitos, segundo a qual "quem pode o mais,

Vale dizer, quando se fala em transação na relação tributária está se tratando diretamente com o crédito tributário bem como com o agente público que no exercício de suas atividades, deve seguir os parâmetros estabelecidos pelo *caput* do artigo 37 da CF, estando a "vontade" do gestor público vinculada pelo vetor da discricionariedade e o arbítrio totalmente fora de qualquer de seus atos.

Para o Prof. Ricardo Lobo Torres,[35] "o que distingue uma autêntica política tributária de uma singela política de arrecadação, pelo prisma da eficiência, é a adesão por parte da legislação, da jurisprudência e da administração, à pluralidade dos princípios de legitimação do ordenamento jurídico".

A discricionariedade do gestor público no campo da transação tributária deve seguir rígidos critérios estabelecidos em lei, pautados nos princípios da proporcionalidade, da correta e justa adequação dos meios utilizados aos fins colimados à luz da razoabilidade, ausência de preceitos e regras subjetivos, enfim, entendemos que a transação no direito tributário não suprime a discricionariedade do gestor público contanto os parâmetros desta sejam extremamente rígidos, técnicos, objetivos e coadunados com os princípios gerais da Administração Pública bem como com os princípios gerais do Direito Tributário e, acima de tudo, dos princípios constitucionais.

Em nossa concepção, a praticabilidade **é** um princípio jurídico que constitui limitações objetivas e, portanto, realiza indiretamente, o valor da justiça, uma vez que está presente no exercício de todas as funções estatais (leis e atos administrativos) para ser executado em massa. Possui elevado grau de generalidade e abstração, pois irradia seus efeitos sobre múltiplas normas e contempla a viabilização do atingimento do interesse público objetivado nos atos estatais, no campo tributário. Tem por finalidade garantir a própria validade e eficácia da lei, por meio de presunções, tetos e somatórios na legislação.[36]

Não há que se falar em eficiência se não temos uma política tributária técnica que busque a justiça fiscal, voltada ao crescimento econômico e à otimização da arrecadação, permitindo a coordenação fiscal, a fim de se alcançar a praticabilidade fiscal, que envolve transparência, simplificação e eficiência.

A garantia da transparência da Administração Pública origina-se nas garantias de liberdade de acesso às informações e de publicidade de seus atos aos cidadãos, com fundamento no art. 5º, IV, XIV, XXXIII, XXXIV, "b" e LX da CF e também no art. 37, §§1º e 3º da CF, servindo como base do Estado Democrático de Direito.[37]

---

pode o menos". Dessa forma, se o Estado pode até remir um valor que teria direito, com maior razão pode estabelecer a forma de recebimento do crédito tributário devido pelo contribuinte.

[35] TORRES, Ricardo Lobo. Princípio da eficiência em matéria tributária. Pesquisas Tributárias nova série 12. (coord.). MARTINS, Ives Gandra da Silva. São Paulo, RT, p. 73.

[36] Nas palavras de Heleno Taveira Torres: "O princípio jurídico e técnico da praticabilidade da tributação impõe um verdadeiro dever ao Legislador de busca dos caminhos de maior economia, eficiência e celeridade para viabilizar a imposição tributária, o que poderá ser alcançado com intensificação da participação dos administrados na gestão tributária e possibilidade de solução extrajudicial de conflitos entre a Administração e Contribuintes" (Princípios de segurança jurídica e transação em matéria tributária. *In*: SARAIVA FILHO, Oswaldo Othon de Pontes; GUIMARÃES, Vasco Branco (org). *Transação e arbitragem no âmbito tributário*: homenagem ao jurista Carlos Mário da Silva Velloso. Belo Horizonte: Fórum, 2008, p. 299-300).

[37] Nesse sentido, sugerimos a leitura de Joseph E. Stiglitz. On liberty, the right to know, and public discourse: the role of transparency in public life. Oxford: Oxford Amnestry Lecture, jan. 1999. Disponível em: http://citeseerx.ist.psu.edu/viewdoc/download?doi=10.1.1.594.93&rep=rep1&type=pdf Acesso em: 25 mar. 2021.

Por simplificação podemos entender a facilitação do sistema tributário brasileiro, seja no tocante às inúmeras regras e quantidade de tributos e obrigações, caminhando, assim, para a implementação de medidas simplificadoras que vêm sendo adotadas em diversos países, a fim de facilitar a arrecadação tributária.

Já o princípio da eficiência pode ser definido como a obrigação da Administração Pública de utilizar os recursos públicos do Estado com a maior pertinência e adequação possível em prol da sociedade, devendo ser examinado sob 03 aspectos: a) capacidade dispenditiva do Estado, que deve estar vinculada à correta utilização dos tributos arrecadados para o bem da comunidade; b) justiça da tributação e geração de desenvolvimento econômico e social, pela exata detecção dos limites da capacidade contributiva e das imposições e estímulos necessários para que a sociedade progrida; c) justo combate à sonegação. Deve ser obedecido por todos os Poderes da Federação, inclusive pelo MP.[38]

Roque Antonio Carrazza ensina que:

> O princípio da eficiência exige a adoção de uma política tributária capaz de promover a justiça fiscal, ou seja, de fazer com que (i) os tributos atendam ao primado da capacidade contributiva, não assumam feições confiscatórias, atinjam os contribuintes de modo isonômico e respeitem os direitos e garantias individuais, e (ii) as obrigações acessórias, caminhando na mesma direção, se restrinjam ao mínimo indispensável para que a tributação se desenvolva de modo adequado, sem, no entanto, pôr em risco as fontes produtivas da nação, que, como se sabe, geram empregos e bem estar social. (*Reflexões sobre a Obrigação Tributária*. São Paulo: Noeses, 2010, p. 225)

Ao elaborar política tributária, deve o agente analisar todos os fatores jurídicos (econômicos, sociais, administrativos e políticos) que envolvam o tributo, devendo focar em dois parâmetros: a) qual será a sua finalidade; b) qual o modo mais adequado para se atingir tal finalidade. Traz, ainda, a distinção, pelo prisma da eficiência, de uma política de arrecadação com a política tributária. É que a primeira gera pouco desenvolvimento econômico e social, além de injustiça tributária, e a segunda propicia o crescimento econômico e social e a justiça fiscal.

A Tributação ganha níveis elevados para compensar a receita não arrecadada dos sonegadores, com o que aqueles que pagam têm a certeza de estar pagando mais do que deveriam para cobrir a parte dos que não pagam.[39]

O Prof. Oswaldo Othon de Pontes Saraiva Filho[40] assim ensina:

> Numa verdadeira política de tributação, devem os entes da Federação vivenciar, cada vez mais, a Justiça Fiscal, com a observância, cada vez maior, dos princípios da igualdade, da capacidade contributiva e do não confisco, esforçando-se para que as leis de tributação favoreçam ao crescimento tanto econômico quanto social do País.

---

[38] Nesse sentido, um dos autores deste artigo, Ives Gandra da Silva Martins escreveu artigo em livro de sua coordenação intitulado de *Eficiência em matéria tributária*.

[39] Nesse sentido, um dos autores do presente artigo, Ives Gandra Martins assim escreveu ao longo de toda a sua obra *Uma teoria do tributo*. São Paulo: Quartier Latin, 2006.

[40] Princípio da eficiência em matéria tributária. Pesquisas Tributárias nova série 12 (coord.). MARTINS, Ives Gandra da Silva. São Paulo: RT, p. 303-304.

Podemos concluir, portanto, que o instituto da transação traz inequívocos benefícios à administração pública, sobre não inviabilizar o pagador de tributos, sendo o principal deles a imediatez na recuperação de recursos, o que, de outra forma, seria de difícil obtenção, em razão do exercício do direito de defesa pelo contribuinte, na esfera administrativa e judicial.

Considerando que a eficácia da norma também pode ser usada como critério de controle material, a fim de legitimar a utilização da norma indutora, pois a norma[41] deve produzir seus efeitos sociais e econômicos, a fim de se alcançar o seu meio, podemos concluir que a transação tributária veio para figurar como um desses instrumentos.

Portanto, a transação tributária deve considerar os prós e contras aos direitos fundamentais envolvidos, a fim de se manter uma busca pelo equilíbrio entre os benefícios concedidos aos contribuintes e o princípio da indisponibilidade do interesse público, sempre considerando como parâmetros de fundamentação os princípios da legalidade, isonomia, proporcionalidade e justiça fiscal.

6 Conclusão

O Instituto, portanto, num país em que ainda não superou o mal maior da aplicação pouco eficaz da receita, com uma carga tributária excessiva para a qualidade do serviço público prestado, faz-se necessário para que empreendimentos capazes de gerar o desenvolvimento do país não sejam inviabilizados por uma política inadequada.

Encerramos lembrando o alerta de Roberto Campos, no prefácio do livro do primeiro subscritor desse artigo (*Desenvolvimento econômico e segurança nacional – teoria do limite crítico*), de que "a melhor forma de se evitar a fatalidade é conhecer os fatos".[42]

Informação bibliográfica desse texto, conforme a NBR 6023:2018 da Associação Brasileira de Normas Técnicas (ABNT):

MARTINS, Ives Gandra da Silva; MARTINS, Rogério Vidal Gandra da Silva; DUTRA, Roberta de Amorim. A transação tributária como instrumento de eficácia do princípio da eficiência tributária. In: SARAIVA FILHO, Oswaldo Othon de Pontes (coord.). *Transação Tributária*: homenagem ao jurista Sacha Calmon Navarro Coêlho. Belo Horizonte: Fórum, 2023. (Coleção Fórum grandes temas atuais de Direito Tributário ; v. 1). p. 113-132. ISBN 978-65-5518-407-5.

---

[41] Ives Gandra da Silva Martins, um dos patronos do presente artigo ensina que: "A Ciência Jurídica, não diferentemente das demais ciências, tem como finalidade a apreensão das leis naturais de convivência social, para otimizá-las a favor da sociedade, que por suas leis será conduzida." (*Teoria da imposição tributária*. 2. ed. São Paulo: LTR, p. 403).

[42] O livro de Ives Gandra Martins é uma contribuição útil aos debates desses problemas, que devem ser discutidos com coragem para enfrentar tabus, objetividade para evitar preconceitos e serenidade para interpretar os fatos. Pois que a boa regra do planejamento é sempre "aceitar os fatos, para resistir à fatalidade" (CAMPOS, Roberto de Oliveira. São Paulo: Bushastky, 1971).

A TRANSAÇÃO E O PRINCÍPIO DA LEGALIDADE TRIBUTÁRIA

HUGO DE BRITO MACHADO

SCHUBERT DE FARIAS MACHADO

Introdução

O instituto da transação tem sido apontado como um instrumento útil para modernizar e flexibilizar a relação tributária, de forma a reduzir a litigiosidade que lhe é inerente. Assim, foi editada a MP nº 899/2019, convertida na Lei nº 13.988/2020, com o objetivo de regular o art. 171 do CTN.

As inovações contidas nessa lei colocam em cena velhas questões, agora reabertas na tentativa de compor interesses em permanente conflito, que nos levam a convidar o leitor a reexaminar assuntos que nos pareciam pacificados.

Estamos de pleno acordo com a ideia de Goethe, citada por Radbruch, segundo a qual "as diversas maneiras de pensar acham afinal o seu fundamento na diversidade dos homens e por isso será sempre impossível criar neles convicções completamente uniformes. Se chegarmos a saber de que lado estamos, já conseguiremos bastante; poderemos então ficar tranquilo com a nossa consciência e seremos mais tolerantes para com os outros."[1] Com este artigo pretendemos demonstrar de que lado estamos, oferecendo as razões pelas quais fizemos nossa opção.

Abertos ao debate, receberemos com satisfação as objeções que forem apontadas ao nosso ponto de vista, e certamente nos serão de grande utilidade no caminho do aprendizado, que a cada dia se faz mais longo. Talvez infinito, pois quanto mais aprendemos constatamos que mais ainda temos por aprender.

Revisitaremos os temas da legalidade e da natureza *ex lege* da obrigação tributária, assim como os contornos da transação em nosso Direito Tributário.

1 Princípio/regra da legalidade tributária

A história nos ensina que os governantes não precisam de lei para exigir tributos, bastando o exercício da soberania estatal, tal como ocorreu nos reinados absolutistas. Também deve ser considerado que arrecadar é necessário e interessa a quem governa, inclusive, para manter as atividades essenciais ao bem estar da coletividade.

A busca dessa arrecadação tributária *necessária*, todavia, tem levado ao cometimento de diversos e repetidos abusos contra as liberdades do cidadão.

Tais abusos, por sua vez, motivaram o surgimento dos limites jurídicos formais ao poder de tributar, que são conquistas históricas da civilização, obtidas depois de revoluções e séculos de amadurecimento social, fazendo surgir o Estado Democrático de Direito. O modelo parte de um texto constitucional no qual o Estado assume o compromisso de respeitar os limites legais à sua própria ação, e de proteger determinados direitos subjetivos em função de tais limites.[2]

Dentre as garantias conferidas ao cidadão pelo Estado de Direito, destacamos a *legalidade tributária*, segundo a qual nenhum tributo será exigido ou onerado sem prévia determinação de lei. No Brasil, é estrita e alcança a todos os atos que levem à cobrança do tributo. Está positivada no art. 150, I, da CF/1988,[3] bem como no art. 97 do CTN,[4] observando que o tributo somente estará validamente criado quando a lei estabelecer todos os elementos necessários à sua cobrança: (a) hipótese de incidência; (b) base de cálculo; (c) alíquota; (d) identificação do sujeito passivo e (e) sujeito ativo da relação, quando for diverso daquela pessoa jurídica de direito público que editar a lei.

A garantia da estrita legalidade tributária envolve, ainda, toda a atividade da administração fazendária, inclusive, e especialmente, o lançamento e a posterior cobrança do tributo. Por isso, é mais adequado identificá-la como princípio/regra da *garantia da reserva absoluta de lei tributária*, uma vez que é muito mais ampla que o princípio geral

---

[1] RADBRUCH, Gustav. *Filosofia do Direito*. Tradução de L. Cabral de Moncada. 5. ed. Coimbra: Arménio Amado, 1974, p. 59.

[2] Conforme registra Victor Uckmar: "A Revolução Francesa e a Americana, em grande parte consequências do descontentamento do povo pela opressão fiscal, conduziram à determinação dos princípios que são basilares do Direito Constitucional." UCKMAR, Victor. *Princípios comuns de direito constitucional tributário*. 2. ed. Tradução e notas de Marco Aurélio Greco, São Paulo: Malheiros, 1999, p. 31

[3] CF/1988 – "Art. 150. Sem prejuízo de outras garantias asseguradas ao contribuinte, é vedado à União, aos Estados, ao Distrito Federal e aos Municípios: I – exigir ou aumentar tributo sem lei que o estabeleça;"

[4] CTN – "Art. 97. Somente a lei pode estabelecer: I – a instituição de tributos, ou a sua extinção; II – a majoração de tributos, ou sua redução, ressalvado o disposto nos artigos 21, 26, 39, 57 e 65;"

da legalidade e não admite qualquer ponderação com outros princípios, nem abre o menor espaço para atos discricionários.

Nas palavras de Alberto Xavier,

> Reserva 'absoluta' significa a exigência constitucional de que a lei deve conter não só o fundamento da conduta da Administração, mas também o próprio critério de decisão do órgão de aplicação do direito no caso concreto, ao invés do que sucede na 'reserva relativa', em que muito embora seja indispensável a lei como fundamento para as intervenções da Administração nas esferas de liberdade e de prioridade dos cidadãos, ela não tem que fornecer necessariamente o critério de decisão no caso concreto, que o legislador pode confiar à livre valoração do órgão de aplicação do direito, administrador ou juiz. A exigência de 'reserva absoluta' transforma a lei tributária em *lex stricta* (princípio da estrita legalidade), que fornece não apenas o fim, mas também o conteúdo da decisão do caso concreto, o qual se obtém por mera dedução da própria lei, limitando-se o órgão de aplicação a subsumir o fato na norma, independentemente de qualquer valoração pessoal.[5]

O CTN reflete essa maior extensão da *reserva absoluta de lei*, explicitando que a lei é a fonte abstrata da obrigação tributária (art. 97),[6] materializada com a incidência da norma sobre o fato (art. 113, §1º)[7] e formalizada com o lançamento, através do qual é constituído o crédito tributário (art. 142),[8] o qual envolve, inclusive, a formação do respectivo título executivo (arts. 201 a 203),[9] tudo mediante atividade administrativa plenamente vinculada (art. 3º).[10]

---

[5] XAVIER, Alberto. *tipicidade da tributação simulação e norma antielisiva*. SP: Dialética, 2001, p. 17/18.

[6] "Art. 97. Somente a lei pode estabelecer: I – a instituição de tributos, ou a sua extinção; II – a majoração de tributos, ou sua redução, ressalvado o disposto nos artigos 21, 26, 39, 57 e 65;"

[7] "Art. 113. A obrigação tributária é principal ou acessória. § 1º A obrigação principal surge com a ocorrência do fato gerador, tem por objeto o pagamento de tributo ou penalidade pecuniária e extingue-se juntamente com o crédito dela decorrente."

[8] "Art. 142. Compete privativamente à autoridade administrativa constituir o crédito tributário pelo lançamento, assim entendido o procedimento administrativo tendente a verificar a ocorrência do fato gerador da obrigação correspondente, determinar a matéria tributável, calcular o montante do tributo devido, identificar o sujeito passivo e, sendo caso, propor a aplicação da penalidade cabível. Parágrafo único. A atividade administrativa de lançamento é vinculada e obrigatória, sob pena de responsabilidade funcional."

[9] "Art. 201. Constitui dívida ativa tributária a proveniente de crédito dessa natureza, regularmente inscrita na repartição administrativa competente, depois de esgotado o prazo fixado, para pagamento, pela lei ou por decisão final proferida em processo regular. Parágrafo único. A fluência de juros de mora não exclui, para os efeitos deste artigo, a liquidez do crédito. Art. 202. O termo de inscrição da dívida ativa, autenticado pela autoridade competente, indicará obrigatoriamente: I – o nome do devedor e, sendo caso, o dos co-responsáveis, bem como, sempre que possível, o domicílio ou a residência de um e de outros; II – a quantia devida e a maneira de calcular os juros de mora acrescidos; III – a origem e natureza do crédito, mencionada especificamente a disposição da lei em que seja fundado; IV – a data em que foi inscrita; V – sendo caso, o número do processo administrativo de que se originar o crédito. Parágrafo único. A certidão conterá, além dos requisitos deste artigo, a indicação do livro e da folha da inscrição. Art. 203. A omissão de quaisquer dos requisitos previstos no artigo anterior, ou o erro a eles relativo, são causas de nulidade da inscrição e do processo de cobrança dela decorrente, mas a nulidade poderá ser sanada até a decisão de primeira instância, mediante substituição da certidão nula, devolvido ao sujeito passivo, acusado ou interessado o prazo para defesa, que somente poderá versar sobre a parte modificada."

[10] "Art. 3º Tributo é toda prestação pecuniária compulsória, em moeda ou cujo valor nela se possa exprimir, que não constitua sanção de ato ilícito, instituída em lei e cobrada mediante atividade administrativa plenamente vinculada."

Sendo assim, não há dúvida de que a *reserva absoluta da lei tributária* é um direito fundamental do contribuinte brasileiro e não pode ser alcançado nem mesmo por emenda à Constituição.[11]

Faremos a seguir algumas considerações específicas sobre a natureza *ex lege* da obrigação tributária.

2 Natureza *ex lege* da obrigação tributária

2.1 As três espécies de obrigações jurídicas

As obrigações jurídicas podem ser classificadas em relação à fonte imediata da qual decorrem. É verdade que a fonte das obrigações jurídicas em geral é sempre a lei, mas esta pode ser uma fonte apenas mediata, ou indireta, interpondo-se entre a lei e a obrigação uma causa imediata, sem a qual a obrigação não existirá.

Assim, as obrigações podem ser classificadas em três espécies, a saber, a) as contratuais, ou *ex voluntate*; b) as legais ou *ex lege*; e c) as sanções, ou decorrentes de atos ilícitos. O nascimento das obrigações contratuais depende da manifestação de vontade válida de alguém que a elas se vincula como sujeito da obrigação. O nascimento da obrigação legal, ou *ex lege*, independe de qualquer manifestação de vontade das pessoas. Resulta da ocorrência de fato lícito, embora eventualmente envolvido em circunstâncias que o tornam ilícito, que a lei descreve como suporte de sua incidência. E, finalmente, o nascimento das obrigações da terceira espécie, denominadas sanções, também independe da manifestação de vontade das pessoas. Resulta da ocorrência de um fato ilícito que a lei descreve como suporte de sua incidência. Entre as obrigações legais, ou *ex lege*, está a obrigação tributária.

2.2 Por que obrigação *ex lege*

Temos afirmado que a obrigação tributária deve ser qualificada como uma obrigação *ex lege*, ou obrigação decorrente da lei, e apontado consequências jurídicas que disso resultam. Entretanto, em face das objeções doutrinárias postas por autores de nomeada a essa qualificação, e tendo em vista a sua relevância na determinação do regime jurídico da obrigação tributária, consideramos oportuno voltar ao tema.

É certo que toda e qualquer obrigação, em sentido jurídico, em última análise resulta da lei, mas é certo também que o nascimento de algumas obrigações pressupõe, além da lei, sua fonte mediata, a manifestação válida da vontade daquele que a ela se vincula. Assim, por exemplo, quando compramos um objeto qualquer, fazemos nascer para nós uma obrigação que tem como objeto o preço respectivo. Essa obrigação certamente decorre da lei que regula o contrato de compra e venda, mas o seu nascimento depende da nossa vontade, que se manifesta no ato de comprar. Já a obrigação tributária nasce

---

[11] CF/1988, art. 60, §4º, IV.

independentemente de qualquer manifestação de vontade, e até quando se desconheça a possibilidade de seu nascimento. Na gênese da obrigação tributária a vontade de quem a ela se vincula é irrelevante. Não é relevante a vontade de quem assume o débito, nem de quem assume o crédito. A lei tributária, a lei que institui o tributo, define sua hipótese de incidência. E basta a ocorrência do fato descrito como hipótese de incidência dessa lei para que surja, inexoravelmente, a obrigação tributária que vincula tanto o sujeito passivo como a autoridade administrativa, obrigando-a a lançar e a cobrar o tributo respectivo. O nascimento da obrigação tributária, portanto, independe da vontade do seu sujeito ativo (o Fisco) e do seu sujeito passivo (o contribuinte e o responsável). A esse respeito doutrina Luciano Amaro, com inteira propriedade:

> O nascimento da obrigação tributária independe de uma manifestação de vontade do sujeito passivo dirigida à sua criação. Vale dizer, não se requer que o sujeito passivo queira obrigar-se; o vínculo obrigacional tributário abstrai a vontade e até o conhecimento do obrigado: ainda que o devedor ignore ter nascido a obrigação tributária, esta o vincula e o submete ao cumprimento da prestação que corresponda ao seu objeto. Por isso, a obrigação tributária diz-se *ex lege*. Do mesmo modo, a obrigação de votar, de servir às Forças Armadas, de servir como jurado, entre outras, são obrigações *ex lege*, que dispensam, para o seu aperfeiçoamento, o concurso da vontade do obrigado.
>
> Alfredo Augusto Becker censura a qualificação de certas obrigações (entre as quais a tributária) como obrigações ex lege, dizendo que todo e qualquer dever jurídico é, sempre e necessariamente, *ex lege*, porque nasce como efeito de incidência de uma regra jurídica.
>
> Contudo, ao afirmar-se que certas obrigações (entre as quais a tributária) são *ex lege*, não se quer dizer que somente elas sejam obrigações jurídicas ou obrigações legais. A fonte das obrigações (civis, comerciais, trabalhistas etc.) é a lei, pois, obviamente, não se cuida, no campo do direito, de obrigações simplesmente morais ou religiosas. Todas as obrigações jurídicas são, nesse sentido, legais. O direito do vendedor de receber o preço devido pelo comprador (ambos partícipes de uma obrigação privada) também se funda na lei, que, ao reconhecer o direito de propriedade e regular o contrato de compra e venda, reveste de *legalidade* as obrigações assumidas pelas partes.
>
> A diferença está em que o nascimento de certas obrigações (entre as quais a tributária) prescinde de manifestação de vontade da parte que se obriga (ou do credor) no sentido de dar-se nascimento. A vontade manifestada na prática de certos atos (eleitos como fatos geradores da obrigação tributária) é abstraída. O indivíduo pode querer auferir renda e não querer pagar imposto (ou até mesmo ignorar a existência do tributo); ainda assim, surge a obrigação, cujo nascimento não depende nem da vontade nem do conhecimento do indivíduo. Aliás, independe, também, de estar o sujeito ativo ciente do fato que deu origem à obrigação. É óbvio que o efetivo *cumprimento* da obrigação tributária vai depender de as partes tomarem conhecimento da existência do vínculo. O que se quer sublinhar é que o nascimento da obrigação não depende de nenhuma manifestação de vontade das partes que passam a ocupar os pólos ativo e passivo do vínculo jurídico. Basta a ocorrência do fato previamente descrito na lei para que surja a obrigação.[12]

Para bem entendermos que a vontade é irrelevante na gênese da obrigação tributária basta que se realce a diferença entre querer praticar um ato, participar de um contrato, e querer obrigar-se ao pagamento do tributo. Ou, em outras palavras, com

---

[12] AMARO, Luciano. *Direito Tributário brasileiro*. 4. ed. São Paulo: Saraiva, 1999, págs. 232/233.

Alfonso Cortina, basta que se perquira a respeito da intenção ou propósito daquele que pratica o ato. Nas palavras de Cortina:

> Un acto de consumo tiene como intención y propósito el de usar el objeto de que se trate; una operación de compraventa se efectúa para adquirir el objeto comprado; cuando se obtiene un ingreso, es éste el que se desea. Y es por una ley, es decir, por la voluntad del legislador y no del contribuyente, que del acto de consumo, de contrato de compra-venta, de la actividad productora del ingreso, derivan los impuestos relativos a esos hechos jurídicos.
>
> Por lo anterior, podemos afirmar que la fuente del derecho tributario es la ley, el acto-regla, para emplear la terminología de Duguit, distinto del acto-condición y del acto subjetivo.[13]

2.3 Consequências da classificação como obrigação *ex lege*

Como as obrigações em geral podem ser de três espécies, como acima já ficou esclarecido, a classificação de uma obrigação em uma dessas três espécies certamente tem consequências no plano jurídico.

Importante consequência de qualificar-se a obrigação tributária como uma obrigação *ex lege*, afastando-se inteiramente da relação tributária a ideia de contrato,[14] consiste em evitar os equívocos que ainda hoje são cometidos por falta de atenção à irrelevância da vontade na gênese dessa espécie de obrigação. Equívocos que se manifestam especialmente na solução de questões relacionadas à transação de dívida tributária, que vamos examinar a seguir.

3 A transação no CTN

3.1 Caráter excepcional

Como a obrigação tributária não resulta da vontade, mas da lei, em princípio não se poderia cogitar da transação no Direito Tributário. O Código Tributário Nacional, todavia, admite a transação em caráter excepcional, apenas como uma forma de extinguir litígio. No dizer do art. 171, a lei pode facultar, nas condições que estabeleça, aos sujeitos ativo e passivo da obrigação tributária celebrar transação que, mediante concessões mútuas, importe em terminação do litígio e consequente extinção do crédito tributário. E diz ainda, deixando fora de dúvida o caráter excepcional da transação, que a lei indicará a autoridade competente para autorizar a transação em cada caso.

Diversamente do que acontece com a isenção, que pode ser concedida em caráter geral, diretamente pela lei, ou em caráter individual ou específico, mediante despacho

---

[13] CORTINA, Alfonso. *La obligación tributaria y su causa*. México: Porrúa, 1976, p. 33-34.

[14] A ideia de contrato só pode ser colocada na relação tributária se consideramos essa relação no momento da constitucionalização do poder tributário. Nesse momento é que se pode cogitar da ideia segundo a qual o contribuinte, como cidadão, por intermédio de seus representantes, concorda instituição do tributo.

da autoridade competente, a transação só é possível em caráter individual ou específico, mediante autorização da autoridade competente, em cada caso concreto.

Aliás, a própria finalidade da transação, expressamente estabelecida no Código Tributário Nacional, também evidencia o seu caráter excepcional. A transação tem por finalidade, repita-se, a terminação do litígio e a extinção do crédito tributário nele envolvido. A transação é feita para que o contribuinte, em face da concessão feita pela Fazenda, efetue o pagamento da quantia que há de ser menor em face da concessão feita pela Fazenda – dispensa de multa e juros, por exemplo – e seja extinto o crédito tributário.

Para que seja possível uma transação em matéria tributária evidentemente não basta a autorização constante do art. 171 do Código Tributário Nacional. Como ressalta Paulo Henrique Figueiredo,

> a precondição deste instituto é a de ser implementado com autorização legal específica, objetivando encerrar litígios, respeitando-se os limites impostos ao Poder Público.[15]

A exigência da autorização legal específica decorre da natureza *ex lege* da obrigação tributária, da qual decorre também o caráter excepcional dessa sua forma de extinção, somente admitida diante de um litígio formalmente caracterizado.

3.2 Caracterização do litígio

O litígio, como requisito essencial para a transação em nosso Direito Tributário, caracteriza-se pela resistência de um dos sujeitos da obrigação tributária à pretensão do outro. Quando a Fazenda Pública promove a execução fiscal e a esta o contribuinte se opõe, seja com exceção de pré-executividade ou com embargos. Ou então, quando o contribuinte ingressa em juízo contra a Fazenda, questionando a relação tributária, e a Fazenda se opõe à pretensão por ele formulada.

Já nos pareceu que o litígio, como requisito para a transação, poderia caracterizar-se pela impugnação do auto de infração, ou em qualquer outra situação na qual um órgão julgador administrativo tivesse de resolver algum conflito entre o contribuinte e o Fisco.[16] Entretanto, meditando sobre o assunto, modificamos nossa opinião. Os órgãos de julgamento administrativo integram a própria Administração Pública, de sorte que no processo administrativo fiscal faz-se apenas o controle interno da legalidade do lançamento. Antes de ser este definitivo para a própria Administração não se pode dizer que existe uma pretensão desta a ensejar resistência do contribuinte. Enquanto a própria Administração examina a legalidade da cobrança que pretende fazer, não existe pretensão desta, em sentido jurídico, a ensejar uma lide. E o litígio a que se refere o art. 171 do Código Tributário Nacional somente se caracteriza pela instauração da lide, vale dizer, pela ocorrência de uma pretensão formulada e resistida em juízo.

---

[15] FIGUEIREDO, Paulo Henrique. *A transação tributária como expressão dos direitos do cidadão*. Recife: Bagaço/Instituto do Ministério Público de Pernambuco, 2004, p. 102.

[16] MACHADO, Hugo de Brito. *Comentários ao Código Tributário Nacional*, São Paulo: Atlas, 2005, v. III, p. 519.

3.3 Extinção do crédito tributário

O Código Tributário Nacional coloca a transação como uma forma de extinção do crédito tributário.[17] Não obstante, há quem afirme que a transação não tem esse efeito. Paulo de Barros Carvalho, por exemplo, afirma que mesmo ocorrendo a transação, o que a final extingue o crédito tributário é o pagamento:

> Mas, é curioso verificar que a extinção da obrigação, quanto ocorre a figura transacional, não se dá propriamente, por força das concessões recíprocas, e sim do pagamento. O processo de transação tão-somente prepara o caminho para que o sujeito passivo quite sua dívida, promovendo o desaparecimento do vínculo. Tão singela meditação já compromete o instituto como forma extintiva de obrigações.[18]

Barros Carvalho tem razão na medida em que, mesmo diante de concessões mútuas, geralmente subsiste um valor a ser pago pelo sujeito passivo, e esse pagamento é que a final extingue a relação obrigacional tributária. Não se pode, entretanto, excluir a transação como causa da extinção do crédito tributário, na medida em que havendo concessão por parte da Fazenda, como no caso em que ocorre dispensa, total ou parcial, de multa e juros, ou mesmo de parte do valor do tributo, é a transação que causa a extinção do vínculo, nessa parte consubstanciada pela concessão da Fazenda. E ainda pode ocorrer que a Fazenda dispense inteiramente um crédito tributário, para que o contribuinte, em contrapartida, pague outro que estava questionando. Neste caso o primeiro desses créditos estará sendo extinto pela transação.

Seja como for, certo é que uma vez consumada a transação, com ou sem a subsistência de parte do crédito tributário que a final é extinta pelo pagamento, tem-se como consequência a extinção do crédito tributário, o que de certa forma justifica a regra albergada pelo art. 156, inciso III, do Código Tributário Nacional. E o contribuinte não pode depois ingressar em juízo pedindo a restituição do que pagou. Não porque tenha renunciado ao direito à jurisdição, que é um direito irrenunciável, como acima já afirmamos. É que ele renunciou ao direito material no qual se fundava a ação. Renunciou a um específico direito albergado na relação tributária, em troca de vantagem que lhe foi concedida pela Fazenda. Essa renúncia ao direito material que no caso estava sendo questionado é que compõe a transação, cujos efeitos essenciais consistem na terminação do litígio e extinção da relação obrigacional tributária.

Feitas essas considerações preliminares sobre o instituto da transação posto no CTN (lei complementar que trata das normas gerais de Direito Tributário), passaremos a examinar alguns aspectos da nova legislação ordinária que se propõe a regulá-la.

4 A transação tributária na Lei nº 13.988/2020

A Lei nº 13.988/2020, oriunda da conversão da Medida Provisória nº 899/2019, inaugura a transação tributária no âmbito federal, trazendo uma modalidade bem

---

[17] CTN, art. 156, inciso III.
[18] CARVALHO, Paulo de Barros. *Curso de Direito Tributário*. 18. ed. São Paulo: Saraiva, 2007, p. 479.

diferente daquela excepcional permitida pelo art. 171 do CTN, e da qual pedimos a atenção do leitor para os seguintes pontos.

Inicia conferindo à União o poder de celebrar a transação conforme *juízo de conveniência e oportunidade*, e na medida em que atenda ao *interesse público*,[19] abrindo oportunidade para a autoridade administrativa praticar ato discricionário na determinação do crédito tributário, afrontando a garantia da reserva absoluta da lei, que rege a atividade administrativa de lançamento.

De fato, o princípio/regra da legalidade não permite que a relação tributária, em qualquer de seus momentos, fique a depender da vontade das partes, inclusive e principalmente do fisco. Como já vimos, a lei deve trazer todos os elementos necessários à prática do ato de lançamento tributário, ou seja, de determinação do crédito tributário. A transação é ato determinador do crédito tributário e deve, necessariamente, ficar submetida por inteiro à lei. Ao legislador cabe o exercício do juízo de conveniência e oportunidade de ofertar a possibilidade de transação, e cada um dos contribuintes terá a faculdade de optar por essa forma de resolução dos conflitos com o Fisco.

Além disso, não podemos esquecer que o interesse público não se confunde com o interesse da Fazenda Pública, os quais, em alguns casos, podem inclusive ser antagônicos. Tal distinção é reconhecida no âmbito do STJ, que tem destacado que no trato da falência e recuperação judicial, por exemplo, "o interesse público não se confunde com o interesse da Fazenda, pois o Estado passa a valorizar a importância da iniciativa empresarial para a saúde econômica de um país. Nada mais certo, na medida em que quanto maior a iniciativa privada em determinada localidade, maior o progresso econômico, diante do aquecimento da economia causado a partir da geração de empregos. (...) Raciocínio diverso, isto é, legitimar a Fazenda Pública a requerer falência das empresas inviabilizaria a superação da situação de crise econômico-financeira do devedor, não permitindo a manutenção da fonte produtora, do emprego dos trabalhadores, tampouco dos interesses dos credores, desestimulando a atividade econômico-capitalista. Destarte, a Fazenda poder requerer a quebra da empresa implica incompatibilidade com a *ratio essendi* da Lei de Falências, mormente o princípio da conservação da empresa, embasador da norma falimentar".[20]

---

[19] Lei nº 13.988/2020, Art. 1º, §1º.
[20] "TRIBUTÁRIO E COMERCIAL. CRÉDITO TRIBUTÁRIO. FAZENDA PÚBLICA. AUSÊNCIA DE LEGITIMIDADE PARA REQUERER A FALÊNCIA DE EMPRESA. 1. A controvérsia versa sobre a legitimidade de a Fazenda Pública requerer falência de empresa. 2. O art. 187 do CTN dispõe que os créditos fiscais não estão sujeitos a concurso de credores. Já os arts. 5º, 29 e 31 da LEF, a fortiori, determinam que o crédito tributário não está abrangido no processo falimentar, razão pela qual carece interesse por parte da Fazenda em pleitear a falência de empresa. 3. Tanto o Decreto-lei n. 7.661/45 quanto a Lei n. 11.101/2005 foram inspirados no princípio da conservação da empresa, pois preveem respectivamente, dentro da perspectiva de sua função social, a chamada concordata e o instituto da recuperação judicial, cujo objetivo maior é conceder benefícios às empresas que, embora não estejam formalmente falidas, atravessam graves dificuldades econômico-financeiras, colocando em risco o empreendimento empresarial. 4. O princípio da conservação da empresa pressupõe que a quebra não é um fenômeno econômico que interessa apenas aos credores, mas sim, uma manifestação jurídico-econômica na qual o Estado tem interesse preponderante. 5. Nesse caso, o interesse público não se confunde com o interesse da Fazenda, pois o Estado passa a valorizar a importância da iniciativa empresarial para a saúde econômica de um país. Nada mais certo, na medida em que quanto maior a iniciativa privada em determinada localidade, maior o progresso econômico, diante do aquecimento da economia causado a partir da geração de empregos. 6. Raciocínio diverso, isto é, legitimar a Fazenda Pública a requerer falência das empresas inviabilizaria a superação da situação de crise econômico-financeira do devedor, não permitindo a manutenção da fonte produtora, do emprego dos trabalhadores, tampouco dos interesses dos credores, desestimulando a atividade econômico-capitalista. Dessarte, a Fazenda poder requerer a quebra da empresa implica incompatibilidade com

Na transação não é diferente. O interesse da Fazenda em obter o máximo proveito ao transacionar não se confunde (muitas vezes é oposto) com o interesse público de fiel cumprimento da lei tributária, que tem origem e fundamento na necessidade de se impor limites ao poder de tributar, pois, sem a lei, a força do poder público prevalece e pode até esmagar o cidadão.

Encontramos, também, uma contradição na lei quando estabelece que os atos de transação observem o princípio da transparência, com a divulgação em meio eletrônico de todos os termos de transação celebrados, de forma a atender ao princípio da isonomia, e, ao mesmo tempo, excepcionar as informações protegidas pelo sigilo (fiscal).[21] Tal exceção esvazia a possibilidade de controle da obediência à isonomia antes exigida. Ora, se as condições nas quais a transação é celebrada com determinado contribuinte ficarem ocultas pelo sigilo fiscal, como poderemos saber se está sendo dado tratamento isonômico entre este e os demais que transacionam, sobretudo quando essa mesma lei admite a imposição de condições não previstas em lei e a proposta individual por parte da Fazenda ou do contribuinte.[22]

Há, ainda, a permissão para que a transação alcance créditos tributários não judicializados, bastando que estejam inscritos em dívida ativa da União,[23] ou seja, a lei permite a *transação sem litígio* em torno do crédito transacionado, consistindo mais uma infração ao disposto no art. 171 do CTN, que autoriza a transação apenas para terminar litígios (ver *item 3.2* acima).

A lei em comento, como já referido acima, abre a possibilidade de existirem novas condições nas cláusulas do termo de transação,[24] deixando nessa parte a transação fora do regramento legal e transformando-a em puro acerto de vontades (contrato). Essas condições extralegais somadas ao sigilo fiscal abrem oportunidade para a Fazenda impor dificuldades a alguns e conceder favorecimento a outros, mesmo em relação a contribuintes que se encontrem em igual situação de fato. É larga via para a ofensa ao princípio da isonomia tributária, positivado no inciso II, do art. 150, da CF/1988. Isso já ocorre nos *termos de acordo* firmados no âmbito dos estados federados em relação ao ICMS, nos quais é fixado um regime tributário específico para um contribuinte, enquanto outros em igual situação sofrem a cobrança do imposto de forma e grandeza distintas, prejudicando enormemente a livre concorrência empresarial.

Por fim, vale referir que o CTN tem *status* de lei complementar, trata das normas gerais de Direito Tributário e dentre tais normas está o art. 171, que cuida da transação. Sendo assim, quando a Lei nº 13.988/2020 confere à transação tratamento distinto daquela previsto no CTN está incursionando na matéria reservada ao legislador complementar, infringindo o disposto no art. 146, III, "b", da Constituição.

Em resumo, quando a lei permite que a transação tributária: *(a)* fique sujeita ao juízo de *conveniência* e *oportunidade* da administração; *(b)* tenha em seu termo condições não previstas em lei; *(c)* envolva créditos não litigiosos; *(d)* decorra de proposta

---

a ratio essendi da Lei de Falências, mormente o princípio da conservação da empresa, embasador da norma falimentar. Recurso especial improvido" (REsp nº 363.206/MG, Rel. Min. Humberto Martins, Segunda Turma, julgado em 04.05.2010, *DJe* 21.05.2010).

[21] Lei nº 13.988/2020, art. 1º, §3º.
[22] Lei nº 13.988/2020, art. 2º, I; e art. 10.
[23] Lei nº 13.988/2020, art. 1º, § 4º, I; e art. 2º, I.
[24] Lei nº 13.988/2020, art. 4º, I e VI.

individual; e *(e)* fique protegida por sigilo fiscal, está a atribuir ao Fisco a faculdade de escolher com quem, quando, o que e como transacionar. Esse formato de transação extrapola a exceção referida no art. 171 do CTN e afronta o direito fundamental do contribuinte à legalidade tributária, à isonomia e à liberdade econômica, além de conter grave vício formal por tratar de matéria reservada à lei complementar.

5 A transação no âmbito da recuperação judicial (Lei nº 14.112/2020)

No final de 2020, foi editada a Lei nº 14.112/2020, que regula o parcelamento e a transação tributária, específicos para empresas em recuperação judicial.

Ao tratar do parcelamento de dívidas fiscais pelas empresas em recuperação judicial, a lei cria exigências que dificultam não só que se obtenha o próprio parcelamento, como podem afetar até mesmo o plano de recuperação. É o caso do dever de a empresa amortizar o saldo devedor com parte do produto de cada alienação de bens e direitos integrantes do ativo não circulante.[25] Isso interfere diretamente na capacidade de a empresa pagar aos demais credores, apenas para antecipar o pagamento de dívida fiscal, cujo prazo de parcelamento está previamente definido.

A lei também prevê a obrigação de a empresa em recuperação apresentar *regularidade fiscal* para a obtenção e manutenção do parcelamento.[26] Essa regra tem o claro objetivo de contornar a jurisprudência do STJ, cuja orientação é no sentido de ser desnecessária a certidão de regularidade fiscal para o deferimento e processamento da recuperação judicial, uma vez que a "tendência da atual doutrina e legislação brasileiras sobre o regime falimentar das empresas, especialmente o art. 6º, §7º da Lei 11.101/05, a Lei Complementar 118/05 e a Medida Provisória 449 de 04.12.08, orienta-se no sentido de viabilizar que as empresas, ainda que estejam em situação falimentar, devem ter garantido seu direito ao acesso aos planos de parcelamento fiscal, no sentido de manterem seu ciclo produtivo, os empregos gerados, a satisfação de interesses econômicos e consumo da comunidade" (REsp nº 844.279/SC, Rel. Min. Luiz Fux, Primeira Turma, julgado em 05/02/2009, DJe 19/02/2009). Existem vários precedentes nesse mesmo sentido.[27]

---

[25] Lei nº 14.112/2020 introduziu o art. 10-A, §2º-A, II, na Lei nº 10.522/2002.
[26] Lei nº 14.112/2020 introduziu o art. 10-A, §2º-A, III e IV, na Lei nº 10.522/2002.
[27] "AGRAVO INTERNO NO RECURSO ESPECIAL. AGRAVO DE INSTRUMENTO. RECUPERAÇÃO JUDICIAL. EXIGÊNCIA DE APRESENTAÇÃO DE CERTIDÃO NEGATIVA DE DÉBITO. DESNECESSIDADE. PRECEDENTE. AGRAVO INTERNO DESPROVIDO. 1. Segundo a jurisprudência da Terceira Turma, a apresentação das certidões negativas de débitos tributários não constitui requisito obrigatório para a concessão da recuperação judicial da empresa devedora ante a incompatibilidade da exigência com a relevância da função social da empresa e o princípio que objetiva sua preservação. Precedente. 2. Agravo interno desprovido. (AgInt no REsp nº 1802034/MG, Rel. Min. Marco Aurélio Bellizze, Terceira Turma, julgado em 01.03.2021, *DJe* 03.03.2021)
"PROCESSUAL CIVIL E TRIBUTÁRIO. AGRAVO INTERNO. EMPRESA EM RECUPERAÇÃO JUDICIAL. CERTIDÃO NEGATIVA DE DÉBITOS. APRESENTAÇÃO DISPENSÁVEL. 1. A Corte Especial do Superior Tribunal de Justiça aplicou exegese teleológica à nova Lei de Falências, objetivando dar operacionalidade à Recuperação Judicial. Assim, entendeu ser desnecessária a comprovação de regularidade tributária, nos termos do art. 57 da Lei 11.101/2005 e do art. 191-A do CTN, diante da inexistência de lei específica a disciplinar o parcelamento da dívida fiscal e previdenciária de empresas em recuperação judicial (REsp 1.187.404/MT, Rel. Ministro Luis Felipe Salomão, Corte Especial, *DJe* 21.8.2013). 2. Sem negar prima facie a participação de empresa em processo de licitação pela exigência de apresentação de Certidão Negativa de Débitos (CND), aplica-se a vontade expressa pelo legislador da Lei de Recuperação Judicial, viabilizando, de forma efetiva, à sociedade

Traz, ainda, gravíssimas consequências decorrentes da exclusão do parcelamento, entre as quais a faculdade de a Fazenda Nacional requerer a convolação da recuperação judicial em falência.[28] Tal dispositivo da lei nega a finalidade da recuperação, a lógica decorrente de os créditos tributários não se submeterem ao processo falimentar, e mais uma vez a jurisprudência do STJ que é reiterada no sentido de negar à Fazenda essa possibilidade, pois: o "princípio da conservação da empresa pressupõe que a quebra não é um fenômeno econômico que interessa apenas aos credores, mas sim, uma manifestação jurídico-econômica na qual o Estado tem interesse preponderante".[29] Em

---

empresária a superação da crise econômico-financeira. Precedentes: AgRg no AREsp 709.719/RJ, Rel. Ministro Herman Benjamin, Segunda Turma, DJe 12.2.2016; REsp 1.173.735/RN, Ministro Luis Felipe Salomão, Quarta Turma, DJe 9.5.2014; AgRg na MC 23.499/RS, Rel. Ministro Humberto Martins, Rel. p/ Acórdão Ministro Mauro Campbell Marques, Segunda Turma, DJe 19.12.2014. 3. Agravo não provido" (AgInt no REsp nº 1841307/AM, Rel. Min. Herman Benjamin, Segunda Turma, julgado em 30.11.2020, DJe 09.12.2020).
"PROCESSUAL CIVIL E ADMINISTRATIVO. EMPRESA EM RECUPERAÇÃO JUDICIAL. LICITAÇÃO. PARTICIPAÇÃO. POSSIBILIDADE. CERTIDÃO NEGATIVA DE DÉBITOS FISCAIS. APRESENTAÇÃO. DESNECESSIDADE. 1. O Plenário do STJ decidiu que "aos recursos interpostos com fundamento no CPC/1973 (relativos a decisões publicadas até 17 de março de 2016) devem ser exigidos os requisitos de admissibilidade na forma nele prevista, com as interpretações dadas até então pela jurisprudência do Superior Tribunal de Justiça" (Enunciado Administrativo n. 2). 2. De acordo com o art. 52, II, da Lei n. 11.101/2005, o juiz deferirá o processamento da recuperação judicial e, no mesmo ato, determinará a dispensa da apresentação de certidões negativas para que o devedor exerça suas atividades, exceto para contratação com o Poder Público ou para recebimento de benefícios ou incentivos fiscais ou creditícios, observando o disposto no art. 69 da mesma Lei. 3. O Tribunal de origem, mediante o prestígio ao princípio da preservação da empresa em recuperação judicial (art. 47 da Lei n. 11.101/2005), autorizou a agravada a participar de procedimento licitatório, independentemente da apresentação de certidão negativa de regularidade fiscal, em razão do fato de estar submetida ao regime da recuperação judicial, observados os demais requisitos estabelecidos no edital, entendendo que "parece ser inexigível qualquer demonstração de regularidade fiscal para as empresas em recuperação judicial, seja para continuar no exercício de sua atividade, seja para contratar ou continuar executando contrato com o Poder Público". 4. A Corte Especial do STJ firmou a compreensão de que o art. 47 da referida lei serve como um norte a guiar a operacionalidade da recuperação judicial, sempre com vistas ao desígnio do instituto, que é "viabilizar a superação da situação de crise econômico-financeira do devedor, a fim de permitir a manutenção da fonte produtora, do emprego dos trabalhadores e dos interesses dos credores, promovendo, assim, a preservação da empresa, sua função social e o estímulo à atividade econômica" (REsp 1.187.404/MT, Rel. Ministro LUIS FELIPE SALOMÃO, CORTE ESPECIAL, julgado em 19.06.2013, DJe 21.08.2013). 5. A Segunda Seção desta Corte Superior, em uma exegese teleológica da nova Lei de Falências, tem reconhecido a desnecessidade de "apresentação de certidão negativa de débito tributário como pressuposto para o deferimento da recuperação judicial" (AgInt no AREsp 1185380/SC, Rel. Ministro RICARDO VILLAS BÔAS CUEVA, TERCEIRA TURMA, julgado em 26.06.2018, DJe 29.06.2018, e AgInt no AREsp 958.025/RS, Rel. Ministro LUIS FELIPE SALOMÃO, QUARTA TURMA, julgado em 01.12.2016, DJe 09.12.2016). 6. Este Tribunal "vem entendendo ser inexigível, pelo menos por enquanto, qualquer demonstração de regularidade fiscal para as empresas em recuperação judicial, seja para continuar no exercício de sua atividade (já dispensado pela norma), seja para contratar ou continuar executando contrato com o Poder Público" (AgRg no AREsp 709.719/RJ, Rel. Ministro HERMAN BENJAMIN, SEGUNDA TURMA, julgado em 13.10.2015, DJe 12.02.2016). 7. A inexigibilidade de apresentação de certidões negativas de débitos tributários pelas sociedades empresárias em recuperação judicial, para fins de contratar ou continuar executando contrato com a administração pública, abrange, por óbvio, participar de procedimentos licitatórios, caso dos autos. 8. Ao examinar o tema sob outro prisma, a Primeira Turma do STJ, mediante a ponderação equilibrada dos princípios encartados nas Leis n. 8.666/1993 e 11.101/2005, entendeu possível relativizar a exigência de apresentação de certidão negativa de recuperação judicial, a fim de possibilitar à empresa em recuperação judicial participar de certame licitatório, desde que demonstrada, na fase de habilitação, a sua viabilidade econômica (AREsp 309.867/ES, Rel. Ministro GURGEL DE FARIA, PRIMEIRA TURMA, julgado em 26.06.2018, DJe 08.08.2018). 9. Agravo conhecido para negar provimento ao recurso especial" (AREsp nº 978.453/RJ, Rel. Min. Gurgel de Faria, Primeira Turma, julgado em 06.10.2020, DJe 23.10.2020).

[28] Lei nº 14.112/2020, introduziu o art. 10-A, §4º-A, IV, na Lei nº 10.522/2002.

[29] "TRIBUTÁRIO E COMERCIAL. CRÉDITO TRIBUTÁRIO. FAZENDA PÚBLICA. AUSÊNCIA DE LEGITIMIDADE PARA REQUERER A FALÊNCIA DE EMPRESA. 1. A controvérsia versa sobre a legitimidade de a Fazenda Pública requerer falência de empresa. 2. O art. 187 do CTN dispõe que os créditos fiscais não estão sujeitos a concurso de credores. Já os arts. 5º, 29 e 31 da LEF, a fortiori, determinam que o crédito tributário não está abrangido no processo falimentar, razão pela qual carece interesse por parte da Fazenda em pleitear a

sentido diametralmente oposto, a Lei nº 14.112/2020 deixa a empresa em recuperação impedida de *atrasar* o cumprimento de *qualquer* obrigação fiscal, sob pena não só de perder o parcelamento, como à mercê da possibilidade de a Fazenda pedir a convolação da RJ em falência. É típica sanção política, uma vez que a Fazenda Pública nada aproveita da decretação da quebra. Não podemos deixar de referir que dispositivos de lei como este, que impõem sanções políticas, são repelidos com veemência pelo STF, como indica a decisão abaixo:

> (...) inadmissibilidade da utilização, pelo poder público, de meios gravosos e indiretos de coerção estatal destinados a compelir o contribuinte inadimplente a pagar o tributo (Súmulas 70, 323 e 547 do STF) – Restrições estatais, que, fundadas em exigências que transgridem os postulados da razoabilidade e da proporcionalidade em sentido estrito, culminam por inviabilizar, sem justo fundamento, o exercício, pelo sujeito passivo da obrigação tributária, de atividade econômica ou profissional lícita – limitações arbitrárias que não podem ser impostas pelo Estado ao contribuinte em débito, sob pena de ofensa ao *"substantive due process of law"* – impossibilidade constitucional de o Estado legislar de modo abusivo ou imoderado (RTJ 160/140-141 – RTJ 173/807-808 – RTJ 178/22-24) – O poder de tributar, que encontra limitações essenciais no próprio texto constitucional instituídas em favor do contribuinte, "não pode chegar à desmedida do poder de destruir" (Min. Orosimbo Nonato, RDA 34/132) – A prerrogativa estatal de tributar traduz poder cujo exercício não pode comprometer a liberdade de trabalho, de comércio e de indústria do contribuinte – A significação tutelar, em nosso sistema jurídico, do "Estatuto Constitucional do Contribuinte" – Doutrina – Precedentes – Matéria cuja repercussão geral o Plenário do Supremo Tribunal Federal reconheceu no julgamento do ARE 914.045-RG/MG – Reafirmação, quando da apreciação de mencionado recurso extraordinário, da jurisprudência que o Supremo Tribunal Federal firmou no exame dessa controvérsia. (RE nº 1145279 AGR, rel.: Min. Celso de Mello, 2ª T., julgado em 01/03/2019, processo eletrônico DJE-061 – 28-03-2019)

Com relação especificamente à transação tributária envolvendo empresas em recuperação judicial, a Lei nº 14.112/2020 reitera que a proposta será analisada pela Procuradoria-Geral da Fazenda Nacional, em juízo de conveniência e oportunidade, malferindo o direito fundamental à legalidade tributária, conforme tratamos no *item 1* deste artigo.

---

falência de empresa. 3. Tanto o Decreto-lei n. 7.661/45 quanto a Lei n. 11.101/2005 foram inspirados no princípio da conservação da empresa, pois preveem respectivamente, dentro da perspectiva de sua função social, a chamada concordata e o instituto da recuperação judicial, cujo objetivo maior é conceder benefícios às empresas que, embora não estejam formalmente falidas, atravessam graves dificuldades econômico-financeiras, colocando em risco o empreendimento empresarial. 4. O princípio da conservação da empresa pressupõe que a quebra não é um fenômeno econômico que interessa apenas aos credores, mas sim, uma manifestação jurídico-econômica na qual o Estado tem interesse preponderante. 5. Nesse caso, o interesse público não se confunde com o interesse da Fazenda, pois o Estado passa a valorizar a importância da iniciativa empresarial para a saúde econômica de um país. Nada mais certo, na medida em que quanto maior a iniciativa privada em determinada localidade, maior o progresso econômico, diante do aquecimento da economia causado a partir da geração de empregos. 6. Raciocínio diverso, isto é, legitimar a Fazenda Pública a requerer falência das empresas inviabilizaria a superação da situação de crise econômico-financeira do devedor, não permitindo a manutenção da fonte produtora, do emprego dos trabalhadores, tampouco dos interesses dos credores, desestimulando a atividade econômico-capitalista. Dessarte, a Fazenda poder requerer a quebra da empresa implica incompatibilidade com a ratio essendi da Lei de Falências, mormente o princípio da conservação da empresa, embasador da norma falimentar. Recurso especial improvido" (REsp nº 363.206/MG, Rel. Min. Humberto Martins, Segunda Turma, julgado em 04.05.2010, *DJe* 21.05.2010).

Estabelece, ainda, o dever de a empresa em recuperação fornecer informações bancárias e de eventual comprometimento de recebíveis e ativos futuros, e demonstrar a ausência de prejuízo decorrente do cumprimento das obrigações contraídas na transação, em caso de alienação de patrimônio da empresa e a exigência da necessidade de regularidade fiscal.[30] Com isso, a lei cria um instrumento de controle administrativo paralelo e alheio ao juízo da recuperação judicial, aprofundando a negativa da sua finalidade de preservar a empresa.

Não há dúvida de que ao regular o parcelamento e a transação tributária através da Lei nº 14.112/2020, o legislador buscou atender unicamente o interesse da Fazenda Pública, conferindo mais garantias ao crédito tributário, em detrimento do interesse púbico de preservação da empresa em dificuldade financeira e que busca a recuperação.

Conclusões

a) A *reserva absoluta da lei tributária* é um direito fundamental do contribuinte brasileiro que não pode ser alcançado nem mesmo por emenda à Constituição.

b) A vontade é irrelevante na gênese da obrigação tributária, cuja natureza *ex lege* afasta da relação tributária a ideia de contrato.

c) Como a obrigação tributária não resulta da vontade e sim diretamente da lei, em princípio, não se poderia cogitar da transação no Direito Tributário.

d) O CTN, todavia, em caráter excepcional, admite a transação apenas como uma forma de extinguir litígio e o crédito tributário nele envolvido.

e) O litígio a que se refere o art. 171 do CTN é requisito essencial para que ocorra a transação e caracteriza-se pela resistência, em juízo, de um dos sujeitos da obrigação tributária à pretensão do outro.

f) A impugnação a auto de infração, ou em qualquer outra situação na qual um órgão julgador administrativo resolva algum conflito entre o contribuinte e o Fisco não caracteriza o litígio referido no art. 171, pois esses órgãos de julgamento administrativo integram a própria Administração Pública e no processo administrativo fiscal faz-se apenas o controle interno da legalidade do lançamento. Antes de ser este definitivo para a própria Administração não se pode dizer que existe uma pretensão desta, em sentido jurídico, a ensejar resistência do contribuinte (lide).

g) A Lei nº 13.988/2020, embora se proponha a regular a transação resolutiva de litígio relativo à cobrança de créditos da Fazenda Pública, ignora por completo os limites estabelecidos no art. 171 do CTN e permite que: *i)* a transação tributária fique sujeita ao juízo de *conveniência* e *oportunidade* da administração pública; *ii)* seu termo contenha condições não previstas em lei; *iii)* envolva créditos não litigiosos; *iv)* decorra de proposta individual; e *v)* fique protegida pelo sigilo fiscal. Isso implica atribuir ao Fisco a faculdade de escolher com quem, quando, o que e como transacionar, conferindo imenso poder à Fazenda Nacional, em afronta direta ao direito fundamental do contribuinte à

---

[30] Lei nº 14.112/2020, introduziu o art. 10-C, inciso V, alínea "b", na Lei nº 10.522/2002.

reserva absoluta da lei (CF/1988, art. 150, I) e permitindo a quebra da isonomia tributária (CF/1988, art. 150, II).

h) Aquela lei também autoriza a Fazenda Nacional a pedir a convolação da recuperação judicial em falência, o que consiste em severa sanção política que, além de abrir mais uma possibilidade de tratamento desigual entre contribuintes na mesma situação, nega a liberdade de iniciativa econômica (CF/1988, art. 170, parágrafo único) e a finalidade da lei da recuperação judicial.

i) A Lei nº 14.112/2020, por sua vez, estabelece condições específicas para que se opere a transação tributária na recuperação judicial, criando, inclusive, um instrumento de controle administrativo paralelo e alheio ao juízo da recuperação. Tudo com o único intuito de atender aos interesses da Fazenda Pública. Essas novas garantias ao crédito tributário são conferidas em detrimento do interesse público de preservação da empresa em dificuldade financeira que busca a recuperação. Ofendem, portanto, o art. 171 do CTN, e os mesmos dispositivos constitucionais infringidos pela Lei nº 13.988/2020.

j) As ofensas que essas duas leis fazem ao art. 171 do CTN (norma geral de Direito Tributário que estabelece o contorno jurídico da transação), também implicam a violação ao art. 146, III, "b", da Constituição Federal.

Informação bibliográfica deste texto, conforme a NBR 6023:2018 da Associação Brasileira de Normas Técnicas (ABNT):

MACHADO, Hugo de Brito; MACHADO, Schubert de Farias. A transação e o princípio da legalidade tributária. *In*: SARAIVA FILHO, Oswaldo Othon de Pontes (coord.). *Transação Tributária*: homenagem ao jurista Sacha Calmon Navarro Coêlho. Belo Horizonte: Fórum, 2023. (Coleção Fórum grandes temas atuais de Direito Tributário ; v. 1). p. 133-147. ISBN 978-65-5518-407-5.

TRANSAÇÃO TRIBUTÁRIA: RENÚNCIA DE DIREITOS OU CONCESSÕES MÚTUAS?

GABRIELLA ALENCAR RIBEIRO

Introdução

O presente artigo aborda a transação tributária, uma forma de extinção da obrigação tributária prevista nos arts. 156, inciso III, e 171 do CTN. Esta mostra-se interessante não só para o contribuinte, que extinguirá seu dever jurídico, mas também para o Estado, pois é uma forma inovadora e capaz de pôr fim à lide celeremente, sendo um instrumento de pacificação social para encerrar litígios.

Os requisitos para que se admita a transação estão previstos no mencionado artigo 171, que exige previsão em lei, concessões mútuas, terminação do litígio e consequente extinção do crédito tributário.

Cada um desses requisitos será abordado no presente artigo. O termo de concessões mútuas será objeto de discussão, em virtude das controvérsias existentes a seu respeito, pois debate-se na doutrina se ele envolve renúncia de direitos, visto que alguns entendem que aquele que não pode renunciar, não pode transigir.

Transação tributária como garantia do interesse público

Nos termos do artigo 156, inciso III, do CTN, a transação é uma forma de extinção do crédito tributário. Corrobora-o a previsão do art. 171 do CTN ao determinar que "a lei pode facultar, nas condições que estabeleça, aos sujeitos ativo e passivo da obrigação tributária celebrar transação que, mediante concessões mútuas, importe em determinação de litígio e consequente extinção de crédito tributário".

Posteriormente serão abordados os requisitos do art. 171 do CTN, porém, antes, faz-se necessário ressaltar que pôr fim ao litígio tributário é interessante não só para o contribuinte, que extinguirá seu dever jurídico, mas também para o Estado, pois é uma forma inovadora e capaz de resolver a lide de forma célere, visto que por meio da transação podem ser reduzidos anos de litígios, uma vez que se economiza tempo e recurso com a adoção de formas alternativas de resolução de conflitos, reduzindo a judicialização, pois as partes param de recorrer indefinidamente para compor suas vontades, garantindo um acordo bom para ambas.

Prova-o um estudo realizado pelo Ministério da Justiça, que apontou que a maioria dos créditos cobrados por execução fiscal não são pagos; além do fato de que grande quantidade de tempo e de recursos financeiros são empregados para que ocorra o adimplemento (FERNANDES, 2013, p. 197).

No mesmo sentido estão os dados do CNJ, que no *Justiça em Números* de 2020 demonstrou que as execuções fiscais representam 70% do estoque em execução e que são os principais processos responsáveis pela taxa de congestionamento do Poder Judiciário, pois são esgotados os meios previstos em lei e não é localizado patrimônio capaz de satisfazer o crédito, permanecendo o processo pendente, conforme trecho destacado a seguir:

> A maior parte dos processos de execução é composta pelas execuções fiscais, que representam 70% do estoque em execução. Esses processos são os principais responsáveis pela alta taxa de congestionamento do Poder Judiciário, representando aproximadamente 39% do total de casos pendentes e congestionamento de 87% em 2019. Há de se destacar, no entanto, que há casos em que o Judiciário esgotou os meios previstos em lei e ainda assim não houve localização de patrimônio capaz de satisfazer o crédito, permanecendo o processo pendente. Ademais, as dívidas chegam ao judiciário após esgotados os meios de cobrança administrativos — daí a difícil recuperação.
> O impacto da execução é significativo principalmente nos segmentos da Justiça Estadual, Federal e Trabalhista, correspondendo, respectivamente, a 56,8%, 54,3%, e 55,1% do acervo total de cada ramo, conforme consta na Figura 108. Em alguns tribunais, a execução chega a consumir mais de 60% do acervo. É o caso do: TJDFT, TJPE, TJRJ, TJSP na Justiça Estadual; TRF3 na Justiça Federal; e TRT10, TRT13, TRT14, TRT18, TRT19, TRT2, TRT21, TRT22, TRT23, TRT7, TRT8, TRT9 na Justiça do Trabalho. (CNJ, 2020, p. 150)

Além de congestionar o Judiciário, o trâmite do processo é demorado, pois "o tempo médio de tramitação do processo de execução fiscal baixado no Poder Judiciário é de 8 anos" (CNJ, 2020, p. 161), e acarreta altos custos, pois são necessárias diversas diligências para localizar o patrimônio do devedor.

Portanto, é evidente que a transação é interessante para o Estado, visto que é uma forma de reduzir anos de litígio, gastos para localização do patrimônio do devedor e ainda assim garantir o pagamento do crédito.

Logo, apesar de a transação envolver um direito público, o interesse da sociedade se impõe no encerramento do litígio, prevalecendo o interesse maior sobre os interesses individuais divergentes, uma vez que a transação é um instrumento de pacificação social para pôr fim à lide.

Assim, não é um interesse meramente individual do contribuinte em extinguir o seu dever jurídico de quitar a obrigação tributária, mas um interesse público, pois a sociedade deseja que a arrecadação tributária seja efetiva, não sendo necessário judicializar a cobrança por longos anos.

Além disso, por ser aplicada à sociedade, desde que cumpridos todos os requisitos, a transação não pode se dar de forma arbitrária pela Administração Pública segundo interesses políticos, contrariando a necessária vinculação legal no tratamento dos tributos: "não é admissível que a autoridade administrativa utilize critérios gerais para realizar os acordos. Caso isso fosse possível, o interesse público estaria à mercê da discricionariedade dos agentes administrativos" (LUCHIEZI JÚNIOR, 2010).

Portanto, poder transigir é um direito da sociedade, pois a transação envolve interesse público e, conforme lições de Alice Gonzales, "é um somatório de interesses individuais coincidentes em torno de um bem da vida que lhes significa um valor, proveito ou utilidade de ordem moral ou material, que cada pessoa deseja adquirir, conservar ou manter em sua própria esfera de valores" (2007, p. 9-10). Ou seja, o interesse maior da sociedade prevalece sobre o interesse individual.

Segundo lições de Borges, "o interesse público e o interesse individual colidente ou não coincidente são qualitativamente iguais; somente se distinguem quantitativamente, por ser o interesse público nada mais que um interesse individual que coincide com o interesse da maioria dos membros da coletividade" (2007, p. 9-10).

Logo, a transação é uma forma de instrumentalizar os princípios da celeridade, da eficiência e da supremacia do interesse público, pois, ao implementar um método alternativo para pôr fim aos litígios, possibilita a recuperação dos créditos e uma interação direta do contribuinte com a Fazenda para quitar os débitos.

O princípio da celeridade impõe-se no curso do processo, a fim de evitar lides que se arrastam por anos a fio e está previsto no art. 5º, inciso LXXVIII da Constituição Federal, que prevê que "a todos, no âmbito judicial e administrativo, são assegurados a razoável duração do processo e os meios que garantam a celeridade de sua tramitação".

Já o princípio da eficiência, também relacionado ao princípio da economicidade, decorre do fato de que "como os recursos financeiros e de pessoal são escassos, melhor atende aos princípios da economicidade e da eficiência concentrá-los na inscrição e cobrança de dívidas mais elevadas" (PAULSEN, 2017, p. 312). Assim, não é vantajoso gastar recursos financeiros com débitos de difícil recuperação, sendo melhor realizar concessões mútuas com o contribuinte.

Conforme lições de Pasinatto e Moura Borges, o princípio da supremacia do interesse público, por sua vez, é defendido por Celso Antônio Bandeira de Mello, que entende que "a supremacia do interesse público frente ao interesse particular é 'verdadeiro axioma reconhecível no moderno Direito Público. Proclama a superioridade do interesse da coletividade, firmando a prevalência dele sobre o do particular, como condição, até mesmo, da sobrevivência e asseguramento deste último'" (2020, p. 458). Desse modo, em um sopesamento do interesse público e individual, deve prevalecer o interesse público.

A transação é, portanto, uma forma de garantir o interesse público, pois promove o encerramento do litígio de forma mais rápida, evitando gastos desnecessários de recursos financeiros, a fim de garantir a arrecadação tributária. Consiste na racionalização da arrecadação fiscal, pois de um lado o contribuinte paga menos, mas para de discutir a exigibilidade do crédito, e de outro o Estado recebe um valor incerto, mas recebe de forma mais célere e mais segura do que se for esperar a constituição do crédito tributário, a discussão no âmbito administrativo, a inscrição em dívida ativa e a discussão no âmbito Judiciário por meio do feito executivo.

Diante do evidente interesse público da transação, é necessário analisar seus requisitos, que estão previstos no art. 171 do CTN, conforme será demonstrado a seguir.

Transação tributária – Requisitos do art. 171 do CTN

O art. 171 do CTN apresenta os requisitos para que se admita a transação ao dispor que "a lei pode facultar, nas condições que estabeleça, aos sujeitos ativo e passivo da obrigação tributária celebrar transação que, mediante concessões mútuas, importe em terminação de litígio e conseqüente extinção de crédito tributário".

Sendo assim, da análise do dispositivo, verifica-se que é necessária previsão em lei, concessões mútuas, terminação do litígio e consequente extinção do crédito tributário, sendo o termo correto a extinção da obrigação tributária.

Quanto à necessidade de previsão em lei, decorre do princípio da legalidade, da indisponibilidade dos bens públicos e dos arts. 37 e 150, §6º, da Constituição, pois como a transação está relacionada à arrecadação tributária, que é voltada para a realização de fins sociais, sendo já demonstrado o interesse público na transação, a Administração não pode dispô-la livremente.

Quanto às concessões mútuas, equivalem a um acordo de vontades, que será mais bem detalhado no capítulo seguinte. Porém, em síntese, para sua ocorrência são necessárias reciprocidade, segurança e confiabilidade das partes para que ambas transijam sobre seus direitos e deveres. Os dois lados precisam ponderar o que entendem como seu direito a fim de pôr fim ao litígio.

A transação serve justamente para terminar o litígio e extinguir a obrigação tributária, que equivale ao encerramento daquele, tendo em vista a extinção de todos os elementos que constituem a obrigação tributária.

Todos esses conceitos precisam ser definidos e elucidados, mas o objeto da discussão será o termo de concessões mútuas mencionado no art. 171 do CTN, pois discute-se na doutrina se a transação consiste em renúncia de direitos ou em concessões mútuas, visto que aquele que não pode renunciar, não pode transigir, razão pela qual essa será a última conceituação.

Conforme lições de Cavalcante e Zonari, apesar de a transação ser prevista no CTN, é pouco utilizada, sendo uma das razões "o suposto conflito com o princípio da supremacia do interesse público, bem como com a ideia de restrição à renúncia de receita pelo Estado" (2019, p. 393), motivo pelo qual é necessário definir se equivale a concessões mútuas ou à renúncia fiscal para então pôr fim à controvérsia.

Necessidade de previsão em lei e a Lei nº 13.988/2020

Como demonstrado, a transação só é possível se a lei facultar aos sujeitos ativo e passivo da obrigação tributária celebrar transação, nos termos do art. 171 do CTN. Devido à necessidade de previsão em lei que decorre do princípio da legalidade, da indisponibilidade dos bens públicos e dos arts. 37 e 150, §6º, da Constituição, tendo em vista que a transação está relacionada à arrecadação tributária, voltada para a realização de fins sociais, sendo já demonstrado o interesse público na transação, a Administração não pode dispor livremente.

O princípio da legalidade é uma limitação constitucional ao poder de tributar prevista no art. 150, I, da Constituição, pois "além de exigir que, para a exigência de tributo ou sua majoração, haja lei neste sentido, tal princípio, ainda, exige que a lei tributária cuide de definir todos os elementos intrínsecos à exação tributária" (PEDRON e NUNES, 2020, p. 348). Ou seja, a exação tributária deve ser prevista em lei, visto que, nos termos do art. 37 da Constituição, a Administração Pública obedecerá ao princípio da legalidade.

Assim, a Administração Tributária se depara com deveres positivos e negativos, a ação e a abstenção, que devem ser previstos em lei e, no caso, para a transação é exigida lei, sendo impossível transação sem lei que a estabeleça.

Quanto ao princípio da indisponibilidade dos bens públicos, conforme lições de Paulo de Barros, "impõe seja necessária previsão normativa para que a autoridade competente possa entrar no regime de concessões mútuas, que é da essência da transação" (2012, p. 308), e o diploma legal indicará as autoridades credenciadas a celebrar a transação.

Diante de um cenário de crescente intervenção dos poderes públicos ao nível da sociedade global, o Estado tem diversas fontes de financiamento para subsidiar suas atividades, sendo as principais: emissão de moeda, emissão de títulos do governo, atividade empresarial do próprio Estado e arrecadação tributária.

Uma das principais fontes de receita é a tributação, pois por meio dela o Estado obtém recursos. Segundo as lições de Machado, "a tributação é, sem sombra de dúvida, o instrumento de que se tem valido a economia capitalista para sobreviver. Sem ele, não poderia o Estado realizar os seus fins sociais, a não ser que monopolizasse toda a atividade econômica" (2011, p. 24).

No mesmo sentido são as lições de Nelson, que entende que "o exercício financeiro do Estado é desenvolvido como meio para que este possa prestar as atividades em benefício da sociedade e atingir os fins esculpidos nas normas constitucionais" (2016, p. 2).

Dessa forma, considerando que a tributação está relacionada ao interesse público, visto que é voltada para a realização de fins sociais, por meio da prestação de serviços públicos e de programas essenciais, é necessária previsão em lei para dispor desses valores.

Adicionalmente, o art. 150, §6º, da Constituição prevê que "qualquer subsídio ou isenção, redução de base de cálculo, concessão de crédito presumido, anistia ou remissão, relativos a impostos, taxas ou contribuições, só poderá ser concedido mediante lei específica, federal, estadual ou municipal, que regule exclusivamente as matérias acima enumeradas ou o correspondente tributo ou contribuição, sem prejuízo do disposto no art. 155, §2º, XII, g", de modo que é necessária lei para dispor sobre a redução da arrecadação tributária.

Considerando-se a necessidade de lei para dispor sobre a transação, editou-se a Lei nº 13.988/2020, que dispõe sobre a transação no âmbito federal.

É evidente o interesse público da transação, pois essa só pode ser celebrada se atender ao interesse público, nos termos do art. 1º, §1º, que prevê que "a União, em juízo de oportunidade e conveniência, poderá celebrar transação em quaisquer das modalidades de que trata esta Lei, sempre que, motivadamente, entender que a medida atende ao interesse público".

Além disso, como demonstrado, a lei facultará aos sujeitos ativo e passivo da obrigação tributária celebrar transação, sendo os sujeitos ativos a Receita Federal, a Procuradoria-Geral da Fazenda Nacional, a Procuradoria-Geral Federal e a Procuradoria-Geral da União, nos termos do art. 10 da Lei nº 13.988/2020, uma vez que podem dispor sobre a dívida ativa da União, das autarquias e das fundações públicas federais.

Enquanto o sujeito passivo será o contribuinte que tem créditos tributários não judicializados sob a administração da Secretaria Especial da Receita Federal do Brasil do Ministério da Economia e que está em dívida ativa ou deve tributos da União, das autarquias e das fundações públicas federais, nos termos do art. 1º, §4º, da Lei nº 13.988/2020.

Portanto, a transação deve ser disciplinada em lei, regulamentada, no âmbito federal, pela Lei nº 13.988/2020, porém nada impede que os Municípios e Estados regulamentem lei ordinária, desde que não fujam aos preceitos da norma transacional geral.

Extinção da obrigação tributária

Antes de determinar o conceito de concessões mútuas, é necessário definir o conceito de extinção da obrigação tributária, que também é um requisito do art. 171 do CTN.

Nos termos do artigo 156, III, do CTN, a transação é uma forma de extinção do crédito tributário. Semelhantemente, o art. 171 do CTN prevê que "a lei pode facultar, nas condições que estabeleça, aos sujeitos ativo e passivo da obrigação tributária celebrar transação que, mediante concessões mútuas, importe em terminação de litígio e conseqüente extinção de crédito tributário".

Ou seja, é pacífico nos termos da lei que a transação é um meio de extinção do crédito, sendo o termo correto a extinção da obrigação tributária, uma vez que abole a obrigação como um todo, com todos os elementos que a constituem, como o sujeito passivo, o sujeito ativo, o objeto, o direito subjetivo do sujeito ativo de exigir o crédito e o dever jurídico do sujeito passivo.

Conforme ensina Paulo de Barros, o crédito tributário é uma relação jurídica que nasce da ocorrência do fato descrito no antecedente da proposição normativa, em que o sujeito ativo tem o direito subjetivo de exigir uma prestação, enquanto o sujeito passivo tem o dever de cumpri-la (2009, p. 541). Contudo, alguns elementos podem interferir nessa relação jurídica, que "depois se extingue, por haver realizado seus objetivos reguladores da conduta ou pelas razões que o ordenamento estipula" (CARVALHO, 2009, p. 541).

Consonantes são as lições de Conrado, que prevê que "seja por ter sido realizado seus objetivos reguladores de conduta, seja por razões que o direito positivo estipula, a relação jurídica tributária terá o seu fim assistido pela desintegração de um dos seus elementos" (2010, p. 71), que são os sujeitos (ativo e passivo), o objeto ou os vínculos que congregam esses elementos.

No caso da transação, extinguem-se o direito subjetivo do sujeito ativo de exigir o crédito e o dever jurídico do sujeito passivo, tendo em vista as razões que o ordenamento estipula; no caso, a previsão do art. 156, III, do CTN.

Contudo, também se pode considerar que o objetivo regulador da conduta foi realizado, pois independente dos descontos e reduções acordados, no fim há um pagamento do crédito tributário, que é o intuito da cobrança de tributos, pois, o que efetivamente põe fim à transação "é o pagamento, servindo o processo de transação apenas como instrumento preparatório da quitação da dívida tributária, com o consequente desaparecimento do vínculo que reúne o sujeito ativo e ao passivo" (CONRADO, 2010, p. 76).

Conforme lições de Torres, "a transação implica encerramento do litígio através de ato do sujeito passivo que reconhece a legitimidade do crédito tributário, mediante concessão recíproca da Fazenda Pública" (2007, p. 198). Nesse sentido, embora trate de uma transação entre os sujeitos da obrigação, em que o credor e devedor põem fim ao litígio por concessões mútuas, não pode ser uma compensação, mas sim uma forma de viabilizar o pagamento, pois a transação prepara o caminho para que o sujeito passivo quite a dívida, quitado seu débito tributário, razão pela qual desaparece seu dever jurídico (CARVALHO, 2009, p. 556). Portanto, mesmo envolvendo concessões mútuas, a transação equivale aos meios para o pagamento do crédito tributário.

Do mesmo teor são as lições de Sacha Calmon, que entende que transacionar "não é pagar; é operar para possibilitar o pagar" (COÊLHO, 2007, p. 628).

Logo, a transação não pode ser utilizada para prevenir o litígio, pois sua função é justamente extinguir a obrigação tributária, nos termos do art. 171 do CTN, proporcionando os meios para que seja realizado o pagamento.

Nesse sentido, devem ser aplicadas as lições de Moreira, que ressalta que "o dispositivo não abriga a transação preventiva entre Fisco e contribuinte, apesar desta ser desejável e inclusive defendida por MISABEL DERZI (2004, pp. 2-3)" (2013, p. 19). Assim sendo, só se admite a transação terminativa, já que é necessário existir o litígio para que as partes transijam, sendo necessária a constituição do crédito tributário ou inscrição em dívida ativa.

Concessões mútuas ou renúncia de direitos?

Conforme demonstrado, o art. 171 do CTN impõe que para que haja transação são necessárias concessões mútuas. Contudo, discute-se na doutrina se a transação consiste em renúncia de direitos ou em concessões mútuas, visto que alguns doutrinadores entendem que aquele que não pode renunciar, não pode transigir.

Segundo Cavalcante e Zonari, apesar de a transação ser prevista no CTN, é pouco utilizada, sendo uma das razões "o suposto conflito com o princípio da supremacia do interesse público, bem como com a ideia de restrição à renúncia de receita pelo Estado" (2019, p. 393), motivo pelo qual é necessário definir se equivale a concessões mútuas ou à renúncia fiscal.

A renúncia de receita é definida como um ato do gestor público que concederá incentivos ou benefícios tributários para os cidadãos, abrindo mão do direito de arrecadar. Conforme previsão do art. 89, §2º, da Lei nº 12.645/2011, são considerados incentivos ou benefícios tributários os gastos governamentais para atender objetivos econômicos e sociais explicitados em norma que desonera o tributo, reduzindo a arrecadação potencial e aumentando a disponibilidade econômica do contribuinte.

> Art. 89. Somente será aprovado o projeto de lei ou editada a medida provisória que institua ou altere tributo quando acompanhado da correspondente demonstração da estimativa do impacto na arrecadação, devidamente justificada.
>
> §2º São considerados incentivos ou benefícios de natureza tributária, para os fins desta Lei, os gastos governamentais indiretos decorrentes do sistema tributário vigente que visem atender objetivos econômicos e sociais, explicitados na norma que desonera o tributo, constituindo-se exceção ao sistema tributário de referência e que alcancem, exclusivamente, determinado grupo de contribuintes, produzindo a redução da arrecadação potencial e, consequentemente, aumentando a disponibilidade econômica do contribuinte.

Como exposto no artigo, é necessária norma que desonera o tributo, pois a renúncia de receitas públicas só pode ocorrer nas hipóteses e nas condições da lei, pois segundo lições de Harada, "o exercício total da competência tributária não é compulsório, mas, uma vez exercitado e instituído o tributo, somente a lei poderá dispensar sua arrecadação" (2017, p. 97).

Assim, é uma forma de dispensa de arrecadação prevista em lei, sendo que "por razões de política fiscal, a lei pode conceder incentivos fiscais consistentes em isenções, reduções de alíquotas, reduções da base de cálculo, bem como instituir hipóteses de moratória, de remissão e de anistia" (HARADA, 2017, p. 97). Em geral, as renúncias fiscais equivalem à redução da carga tributária.

A grande dificuldade em conceituar a transação como renúncia de direitos é que essa equivale à renúncia de receita e esbarra no art. 14 da Lei de Responsabilidade Fiscal, que prevê que a concessão de incentivo ou benefício deve estar acompanhada da estimativa do impacto orçamentário-financeiro, atender ao disposto na Lei de Diretrizes Orçamentárias e demonstrar que a renúncia foi considerada na estimativa de receita ou está acompanhada de medidas de compensação, conforme artigo destacado a seguir:

Art. 14. A concessão ou ampliação de incentivo ou benefício de natureza tributária da qual decorra renúncia de receita deverá estar acompanhada de estimativa do impacto orçamentário-financeiro no exercício em que deva iniciar sua vigência e nos dois seguintes, atender ao disposto na lei de diretrizes orçamentárias e a pelo menos uma das seguintes condições: (Vide Medida Provisória nº 2.159, de 2001) (Vide Lei nº 10.276, de 2001) (Vide ADI 6357)

I – demonstração pelo proponente de que a renúncia foi considerada na estimativa de receita da lei orçamentária, na forma do art. 12, e de que não afetará as metas de resultados fiscais previstas no anexo próprio da lei de diretrizes orçamentárias;

II – estar acompanhada de medidas de compensação, no período mencionado no caput, por meio do aumento de receita, proveniente da elevação de alíquotas, ampliação da base de cálculo, majoração ou criação de tributo ou contribuição.

§1º A renúncia compreende anistia, remissão, subsídio, crédito presumido, concessão de isenção em caráter não geral, alteração de alíquota ou modificação de base de cálculo que implique redução discriminada de tributos ou contribuições, e outros benefícios que correspondam a tratamento diferenciado.

§2º Se o ato de concessão ou ampliação do incentivo ou benefício de que trata o caput deste artigo decorrer da condição contida no inciso II, o benefício só entrará em vigor quando implementadas as medidas referidas no mencionado inciso.

§3º O disposto neste artigo não se aplica:

I – às alterações das alíquotas dos impostos previstos nos incisos I, II, IV e V do art. 153 da Constituição, na forma do seu §1º;

II – ao cancelamento de débito cujo montante seja inferior ao dos respectivos custos de cobrança.

A fim de estabelecer um equilíbrio financeiro e orçamentário de administração pública, a Lei de Responsabilidade Fiscal fornece parâmetros para o controle da arrecadação e dos gastos da receita pública, restringindo a atuação do gestor público, visto que não apenas impede que os entes gastem mais do que o arrecadado, mas também dificulta "a realização de programas e gastos públicos sem planejamento, a assunção de dívidas e compromissos ao final dos mandatos, a concessão de isenções ou favores fiscais indiscriminados e sem critério, a gestão desidiosa do patrimônio público, os gastos 'populistas'" (MARTINS, 2013), além de outras práticas nocivas à sociedade.

Portanto, a previsão do art. 14 da LRF serve para impor parâmetros à renúncia de receitas, uma vez que se faz necessário seguir os requisitos para tanto, devendo qualquer ato que importe renúncia ser precedido de prévio estudo e planejamento.

No entanto, é impossível entender que a transação é renúncia de direitos, dado que apesar de também se relacionar à indisponibilidade de bens públicos, a transação não está acompanhada de medidas compensatórias, pois não é obrigatório que a redução de estimativa implique redução de dotação orçamentária.

Além disso, a renúncia se equipara a favores fiscais, e não a concessões mútuas, uma vez que é um favor fiscal concedido unilateralmente. A transação não é um favor fiscal unilateral, mas um acordo de vontades para por fim ao litígio. Visto que já foi pacificado pelo STF que a transação não se equipara a favores fiscais, ou seja, a renúncia de direitos, vide trecho destacado a seguir:

No caso dos autos, verifica-se que a lei gaúcha lançou mão do instituto da transação para pôr fim aos litígios judiciais envolvendo créditos tributários. Assim, conforme o referido instrumento, que necessariamente envolve concessões mútuas de ambas as partes, as disposições contidas na lei não se equiparam a benefício fiscal, principalmente no que diz respeito à redução da multa tributária, que possui um caráter acessório. (ADI nº 2405, Relator(a): ALEXANDRE DE MORAES, Tribunal Pleno, julgado em 20/09/2019, PROCESSO ELETRÔNICO DJe-215 DIVULG 02-10-2019 PUBLIC 03-10-2019)

Ademais, a renúncia também não exige a vontade de ambas as partes, que é requisito da transação, apenas o interesse de previsão pública e o preenchimento dos requisitos do art. 14 da LRF. Portanto, não se encaixa na previsão do §1, do art. 14, da LRF, visto que não pode ser considerada como outros benefícios, conforme lições de Machado:

> A transação é instituto jurídico previsto no próprio CTN, tem características próprias, entre as quais a bilateralidade, de sorte que não pode ser considerada abrangida pela expressão outros benefícios. Não estando especificamente referida, como não está, nem cabendo na referência genérica a outros benefícios, até porque a rigor não é propriamente um benefício, tem-se de concluir que o elemento literal desautoriza a aplicação do art. 14 da Lei de Responsabilidade Fiscal às transações. (MACHADO, 2008, p. 119)

De acordo com Gomes, "concessões feitas somente por um dos interessados implicam renúncia ou reconhecimento do direito do outro. Tudo conceder sem nada receber não é transigir" (2000, p. 441). Por conseguinte, um favor fiscal concedido unilateralmente não pode ser considerado transação.

Inclusive, é previsto no art. 3º da Lei Complementar nº 174/2020 que "a transação resolutiva de litígio relativo à cobrança de créditos da Fazenda Pública não caracteriza renúncia de receita para fins do disposto no art. 14 da Lei Complementar nº 101, de 4 de maio de 2000".

Desse modo, apesar de a Lei nº 13.988/2020 empregar o termo renúncia no art. 3º, V, para prever que o devedor deve renunciar a quaisquer alegações de direito, não se pode entender como concessão, pois não é só o devedor quem abre mão.

Uma das obrigações do devedor é renunciar a quaisquer alegações de direito, porém, também devem ser consideradas as obrigações do Fisco durante o acordo firmado, visto que a transação envolve reciprocidade. Concessões mútuas podem ser consideradas sinônimo de reciprocidade, pois ambas as partes precisarão abrir mão do seu direito; conforme lições de Torres, "para que se caracterize a transação torna-se necessária a reciprocidade de concessões, com vista ao término da controvérsia. Renúncia ao litígio fiscal sem a correspectiva concessão é mera desistência, e, não, transação" (2007, p. 198).

Portanto, quem entende que o processo envolve concessões mútuas, aplica a previsão do art. 840 do Código Civil, que prevê que "é lícito aos interessados prevenirem ou terminarem o litígio mediante concessões mútuas". Ou seja, um acordo entre as partes mediante a renúncia parcial de ambas, não sendo uma renúncia unilateral.

Contudo, essa previsão contraria o art. 841 do Código Civil, que prevê que "só quanto a direitos patrimoniais de caráter privado se permite a transação", porque, apesar de ambos os casos envolverem desistência de parcela dos direitos, enquanto no Direito Civil dá-se uma relação entre particulares, no Direito Tributário trata-se de uma relação entre o Fisco e o particular, visto que a transação será relacionada ao pagamento de tributos com interesse público.

Corrobora-o a doutrina de José Eduardo Soares de Melo, que menciona um "autêntico acordo entre a Fazenda Pública e os devedores, em que estas partes renunciam ao questionamento de seus eventuais direitos relativos ao tributo" (2005, p. 322), sendo evidente o interesse público no recolhimento de tributo. Assim, o Fisco abre mão de parcela do seu direito de exigir tributo, e a outra parte cumpre sua obrigação tributária.

No entanto, apesar de envolver interesse público, ainda assim verifica-se sua possibilidade, visto que "o público é privilegiado em relação ao particular porque dessa forma de agir espera-se que resulte o bem à comunidade sujeita às normas de império de determinado Estado organizado, e, via de consequência, a cada um. Pelo global atinge-se o particular" (CAIS, 1996, p. 78).

Visto que não é em todo caso que a transação é realizada, mas em caso que é mais oneroso ao interesse público não a realizar, uma vez que é a única forma que tem de receber.

Conforme lições de Cassone, "na verdade, em nosso ver, a transação, instituto de direito privado adotado pelo direito tributário, somente ocorre em casos excepcionais, de extrema dificuldade econômico-financeira do sujeito passivo, situação que merecerá o devido exame para justificar a transação" (2000, p. 184).

Não basta, pois, ato unilateral do particular para implementar a transação, visto que o art. 171, parágrafo único do CTN exige que "a lei indicará a autoridade competente para autorizar a transação em cada caso". Ou seja, a autoridade administrativa analisará a viabilidade da transação, mas não há nenhuma autonomia para a vontade do agente público, que deve seguir a lei para verificar se é o caso de transacionar.

De toda forma, o rito será a solicitação de transação pelo contribuinte, que renunciará ao direito sobre o qual se funda a ação e pagará uma parte do que era efetivamente devido se o ente federativo conceder a transação, abrindo mão de parte do crédito tributário, de acordo com as lições de Lopes destacadas a seguir:

> Ao contribuinte basta existir, instaurar uma demanda qualquer sobre alguma questão tributária e, depois, quando lhe for conveniente, pedir a transação. Se a União concedê-la, ela própria é que fará a concessão de abrir mão de parte do crédito tributário (aliás, pode-se chegar a uma parte mais do que substancial do crédito, não havendo limite de valor, podendo-se imaginar, em alguns casos, dispensas milionárias ou, mesmo, bilionárias de valores devidos). O contribuinte, nessa hipótese, apenas concorda com a extinção da ação (que é uma consequência da transação, não uma concessão do contribuinte) e renuncia ao direito sobre o qual ela se funda (direito relativamente ao qual, aliás, já recebeu a vantagem considerável de pagar apenas uma parte do que era efetivamente devido). (LOPES, 2009, p. 19)

Faz-se necessário ressaltar outra diferença entre a transação civil e tributária, pois "ao contrário do que sucede no direito civil, em que a transação tanto previne como termina o litígio, nos quadrantes do direito tributário só se admite a transação terminativa" (CARVALHO, 2012, p. 308). Visto que no Direito Civil pode-se evitar um conflito entre as partes anterior ao litígio, mas no âmbito do direito tributário a transação impõe a extinção do crédito tributário mediante pagamento, sendo aquele exigido apenas após sua constituição, quando já há litígio.

Litígio não necessariamente significa o ajuizamento do processo, pois nos termos do art. 10 da Lei nº 14.375/2022, que incluiu o §4º no art. 1º, inciso I, no art. 2º e o art. 10-A na Lei nº 13.988/2020, é possível a transação de créditos tributários sob a administração da Secretaria Especial da Receita Federal do Brasil do Ministério da Economia. Portanto, o litígio implica a constituição da obrigação tributária.

Ademais, enquanto no Direito Civil basta um negócio jurídico entre as partes, estando dentro do escopo da liberdade de contratar; no âmbito do Direito Tributário, como há envolvimento de autoridade administrativa, exige-se lei ordinária para regulamentar a transação, conforme demonstrado acima.

Portanto, a transação envolve concessões mútuas, que não podem ser equiparadas à renúncia fiscal, nem ao conceito do direito civil, pois é um acordo, firmado entre o Fisco e o contribuinte, que pressupõe a extinção de obrigações em casos de extrema dificuldade econômico-financeira, sendo melhor para o interesse público, assim como para os cofres públicos pôr fim ao litígio.

Diferencia-se do conceito de renúncia fiscal, pois não exige compensação, não é concedida unilateralmente e exige a vontade das partes. Diferencia-se também do conceito do direito civil, visto que envolve interesse público, exige lei ordinária para sua regulamentação, ocorre apenas em casos excepcionais, em que será difícil recolher o tributo, e exige um litígio, necessário para extinguir a obrigação tributária.

Desse modo, a transação equivale a concessões mútuas e exige que ambas as partes abram mão de seus direitos, pois conforme lições de Assunção, "transigir implica em concessões de parte a parte, erradicando a incerteza acerca de uma determinada controvérsia, por meio da celebração de um acordo" (2011, p. 146).

Conclusão

Embora se discuta se a transação envolve concessões mútuas ou renúncia de direitos, o art. 171 do CTN é expresso ao aplicar o termo concessões mútuas, não havendo margem de dúvidas. Pois, para a renúncia de direitos, devem ser cumpridos os requisitos do art. 14 da LRF, e, no caso da transação, não há medidas de compensação, não há favor concedido unilateralmente e se exige um acordo de vontades para pôr fim ao litígio.

A transação assemelha-se ao conceito civilista que envolve a renúncia parcial de ambas as partes, mas não se lhe equipara exatamente, pois o conceito do Código Civil compreende direitos patrimoniais de caráter privado, porém, no caso da transação, trata-se de relação entre Fisco e particular, e, ainda que haja uma parte privada, há um interesse público na composição do litígio.

Além disso, a transação só é admitida em casos de extrema dificuldade econômico-financeira, sendo impossível aplicá-la a todos os tipos de conflitos, devendo ser avaliados o motivo da inadimplência e a capacidade financeira do devedor. Ademais, também não está no escopo da liberdade da autoridade administrativa, pois se exige lei para regulamentá-la.

Portanto, a transação envolve concessões mútuas, não pode ser equiparada à renúncia fiscal, nem ao conceito do direito civil, visto que é um acordo que pressupõe a extinção de obrigações em casos de extrema dificuldade econômico-financeira firmados entre Fisco e contribuinte, sendo melhor para o interesse público, assim como para os cofres públicos pôr fim ao litígio.

Referências

ASSUNÇÃO, Matheus Carneiro. Transação em matéria tributária. *Revista Fórum de Direito Tributário*, Belo Horizonte, Fórum, Ano 1, n. 1, p. 143-166, jan./fev. 2003.

BORGES, Alice Gonzalez. Supremacia do interesse público: desconstrução ou reconstrução? *Revista diálogo jurídico*, Salvador, Instituto de Direito Público, n. 15, p .9-10, jan./fev./mar. 2007.

CAIS, Cleide Previtalli. *O processo tributário*. 2. ed. Coleção Estudos de Direito de Processo. v. 22. São Paulo: Editora Revista dos Tribunais, 1996.

CARVALHO, Paulo de Barros. *Curso de direito tributário*. 24 ed. São Paulo: Saraiva, 2012.

CARVALHO, Paulo de Barros. *Direito tributário, linguagem e método*. 3 ed. São Paulo: Noeses, 2009.

CASSONE, Vittorio. *Direito tributário*. 12. ed. São Paulo: Atlas, 2000, p.184.

CAVALCANTE, Lucas Ernesto Gomes; ZONARI, Marian Luz. Transação tributária e renúncia de receita nos termos do art. 14 da Lei de Responsabilidade Fiscal. *Rev. Controle*, Fortaleza, v. 17, n. 2, p. 393-421, jul./dez. 2019.

COÊLHO, Sacha Calmon Navarro. *Curso de direito tributário*. 9. ed. Rio de Janeiro: Forense, 2007.

CONRADO, Paulo Cesar. *Compensação Tributária e processo*. 2. ed., rev. e atual. São Paulo: Quartier Latin do Brasil, 2010.

CONSELHO NACIONAL DE JUSTIÇA. *Justiça em Números 2020*: ano-base 2019. Brasília, CNJ, 2020.

FERNANDES, Tarsila Ribeiro Marques. Transação como forma de extinção do crédito tributário: eficiência e celeridade. *RVMD*, Brasília, v. 7, no 1, p. 195-220, jan-jun. 2013.

GOMES, Orlando. *Contratos*. 22. ed. Rio de Janeiro: Forense, 2000.

HARADA, Kiyoshi. *Direito Financeiro Tributário*. 26. ed. rev., atual. e ampl. São Paulo: Atlas, 2017.

LOPES, Simone Anacleto. Anteprojeto de lei geral de transação em matéria tributária: uma análise jurídica. *Revista Fórum de Direito Tributário*, Belo Horizonte, Fórum, Ano 1, n. 1, p. 9-26, jan./fev. 2003.

LUCHIEZI JÚNIOR A. et al. Transação tributária e os projetos de lei em trâmite no Congresso Nacional. *Tributação em Revista*, Brasília, DF, ano 16, n. 56, p. 54-61, 2010.

MACHADO, Hugo de Brito. *Curso de Direito Tributário*. 32. ed. São Paulo: Malheiros, 2011, p. 24.

MARTINS, M. G. Facultatividade do exercício da competência tributária e renúncia de receitas na lei de responsabilidade fiscal. *In*: PISCITELLI, T. (org.). *O direito tributário na prática dos tribunais superiores*: sistema tributário nacional e Código Tributário Nacional em debate. São Paulo: Saraiva, 2013. p. 247-296.

MELO, José Eduardo Soares de. *Curso de Direito Tributário*. São Paulo: Dialética, 2005

MOREIRA, André Mendes. *Sistema tributário brasileiro e as relações internacionais*. Congresso Nacional de Estudos Tributários. São Paulo: Noeses, 2013.

NELSON, Rocco Antonio Rangel Rosso. Dos incentivos fiscais: uma análise de sua dimensão normativa no sistema jurídico brasileiro. *RFPTD*, v. 4, n. 4, 2016.

PASINATTO, Ana Paula; BORGES, Antônio de Moura. Enfrentando o paradigma do princípio da indisponibilidade do crédito tributário. *In*: SARAIVA FILHO, Oswaldo Othon de Pontes (org.). *Noções gerais e limitações ao poder de tributar*. Belo Horizonte: Fórum, 2020. p. 453-468.

PAULSEN, Leandro. *Curso de Direito Tributário*. 8. ed. São Paulo: Saraiva, 2017.

PEDRON, Flávio Quinaud; NUNES, Rafael Alves. Princípio da legalidade no Direito Contemporâneo. *In*: SARAIVA FILHO, Oswaldo Othon de Pontes (org.). *Noções gerais e limitações ao poder de tributar*. Belo Horizonte: Fórum, 2020. p. 343-368.

TORRES, R. L. *Curso de Direito Financeiro e Tributário*. 14. ed. Rio de Janeiro: Renovar, 2007

Informação bibliográfica deste texto, conforme a NBR 6023:2018 da Associação Brasileira de Normas Técnicas (ABNT):

RIBEIRO, Gabriella Alencar. Transação tributária: renúncia de direitos ou concessões mútuas?. *In*: SARAIVA FILHO, Oswaldo Othon de Pontes (coord.). *Transação Tributária*: homenagem ao jurista Sacha Calmon Navarro Coêlho. Belo Horizonte: Fórum, 2023. (Coleção Fórum grandes temas atuais de Direito Tributário ; v. 1). p. 149-162. ISBN 978-65-5518-407-5.

A TRANSAÇÃO TRIBUTÁRIA NOS ESTADOS-MEMBROS

MISABEL ABREU MACHADO DERZI

ONOFRE ALVES BATISTA JÚNIOR

VALTER DE SOUSA LOBATO

1 A transação administrativa *lato sensu*

A Constituição da República Federativa do Brasil de 1998 (CRFB/1988) veio para constituir um Estado verdadeiramente democrático e que pudesse consagrar e proteger os direitos fundamentais. Nesse compasso, firma, em seu art. 1º, que o Brasil é um Estado Democrático de Direito e, logo em seu Preâmbulo, firma que o Estado Democrático, na ordem interna e internacional, deve buscar a solução pacífica de controvérsias. Nesse sentido, a Carta Constitucional consagra normas basilares que vinculam a Administração Pública e marca, no Direito Público, a necessidade de se modelar uma administração pública mais democrática, mais próxima do cidadão, mais permeável à participação direta do administrado no processo administrativo decisório.

O art. 1º, §1º, da CRFB/1988 firma que todo poder emana do povo, que deve exercê-lo por meio de representantes ou diretamente. Nesse compasso, tanto a esfera política deve abrir "canais de participação democráticos" para que o povo diretamente possa exercer seu poder, como a Administração Pública deve abrir porosidades que permitam a participação direta do administrado no processo administrativo decisório.[1] Tudo isso quer dizer que o Estado Democrático de Direito, com relação à administração pública, deve proporcionar uma gestão mais dúctil e flexível, mais eficiente e mais aberta à participação direta do administrado, eliminando o distanciamento burocrático.

Por um lado, o "princípio democrático", na medida em que atrai os administrados para o processo administrativo decisório, impõe tendencialmente soluções concertadas, consensuais; por outro giro, afasta a possibilidade de posturas mais autoritárias.

Autores como Otto Mayer,[2] que construíram os alicerces do Direito Administrativo, entendem que "o Estado só manda unilateralmente" e deve tão somente fazer prevalecer o interesse público. É por isso que a construção do Direito Administrativo se deu em torno da figura do "ato administrativo" e houve tanta resistência à aceitação do "contrato administrativo". Entretanto, o ato administrativo, cada vez mais, no Estado Democrático de Direito, vai perdendo sua centralidade e, como afirma Achterberg,[3] o contrato administrativo vai, pouco a pouco, se tornando a figura central do Direito Administrativo. É nesse contexto que o estudo das transações vem se tornando tão importante para o Direito Público.

À luz do fundante princípio (postulado) democrático, pode-se afirmar que, no Direito Público, aquele que pode "mandar" pode se despir do manto de autoridade e combinar (contratar). Em outras palavras, se a Administração Pública pode emanar um ato administrativo, ou seja, se a ela foi dado o poder de determinar, é certo que ela pode optar por estabelecer, no caso concreto, uma solução consensual, isto é, um contrato que dê ensejo a uma relação jurídica. É por isso que o contrato, em diversas situações, vem se apresentando como fórmula alternativa à atuação pública unilateral.[4]

As transações administrativas (em um sentido lato), assim, vêm, pouco a pouco, se apresentando como mecanismo alternativo, muito mais democrático, para a persecução do melhor interesse público possível. Nas transações, a Administração Pública renuncia à imposição unilateral e busca soluções concertadas, de forma muito mais democrática, mais convincente e mais aceitável por parte do administrado. Em regra, a Administração Pública pode, democraticamente, abdicar de impor e adotar uma transação (em sentido *lato*), salvo quando a lei exija a emanação de ato administrativo ou quando o administrado se recuse a compor com a Administração Pública.

No Código Civil brasileiro anterior, a transação era vista como uma forma de extinção de obrigações, mas, no código atual (artigos 840 a 850), o instituto já é tomado como contrato. Antes, as transações não eram consideradas contrato porque, erroneamente, acreditava-se que os contratos tão somente criavam obrigações e que as transações visavam apenas extingui-las. Obviamente, porém, o contrato cria, altera ou extingue obrigações e as transações visam mesmo é prevenir ou extinguir conflitos e,

---

[1] Nesse sentido, BATISTA JÚNIOR, Onofre Alves; CUNHA, Daniel Antônio da; COSTA, João Leonardo Silva. Canais de participação na democracia brasileira. *In:* MURTA, Antônio Carlos Diniz (org.). *Intervenção do Estado e autonomia privada*. Belo Horizonte: Arraes, 2013, v. 1, p. 90-108.

[2] Cf. MAYER, Otto. *Deutsches Verwaltungsrecht*. Tradução espanhola da edição alemã de 1904. *Derecho administrativo alemán: poder de policía y poder tributario*. 2. ed. Buenos Aires: Depalma, 1982, t. II.

[3] Cf. ACHTERBERG, Norbert. *Allgemeines Verwaltungsrecht*. 2. ed. Heidelberg: C. F. Müller Juristicher Verlag, 1986, p. 482.

[4] Para um estudo mais aprofundado da questão, BATISTA JÚNIOR, Onofre Alves. *Transações administrativas*. São Paulo: Quartier Latin, 2007.

para tanto, podem alterar obrigações, extingui-las ou mesmo criar novas obrigações. Enfim, no direito privado, já se firmou a ideia de que a transação seja um contrato pelo qual as partes, mediante concessões recíprocas, previnem ou terminam litígios.

São *elementos da transação no Direito Privado*: 1) a existência de um conflito; 2) a intenção de pôr fim ao litígio; 3) concessões recíprocas. Se não há litígio ou sua iminência, não pode haver transação, ou seja, reclama-se a existência de *res litigiosa* e não se exige, pelo menos em regra, *res dubia*. Em outras palavras, mesmo que alguém tenha uma fé cega em seu direito, é possível transacionar e buscar uma solução mais ágil para o conflito. Exige-se, por outro giro, a vontade de transigir e que essa vontade de encontrar uma solução contratual para o litígio seja estabelecida pelas próprias partes. Quando a solução é dada por um terceiro, se está diante de uma solução judicial ou arbitragem, e não de uma transação. Da mesma forma, não há transação em virtude de lei, porque, nesse caso, não há negócio bilateral no qual as partes abram mão de interesses. Exigem-se, da mesma forma, concessões recíprocas em que cada um ceda um pouco; se há liberalidade, não há transação, mas desistência ou submissão.

A transação pode envolver, ainda, a concessão de outros *bens (transação complexa)*, por exemplo, quando se abre mão da disputa de uma faixa de terra em troca de 200 sacas de café. O contrato de transação é comutativo (equivalência subjetiva de prestações); oneroso e envolve concessões reciprocamente condicionadas e orientadas a um mesmo fim. A transação pode ser *preventiva* (visa prevenir um conflito de interesses) ou *terminativa* (visa pôr fim a um litígio); a transação judicial, por exemplo, é terminativa.

A transação que se processa no Direito Público é a mesma transação do Direito Privado, entretanto, obviamente, apresenta peculiaridades e se sujeita a princípios reitores do Direito Público. Para alguns, ela só pode ser terminativa de litígios, mas essa crença errônea decorre do fato dessa linha de entendimentos tão somente vislumbrar a possibilidade de existência de uma "administração pública mais autoritária", portanto, não faz sentido, no Estado Democrático de Direito, não se aceitar transações preventivas. É possível, preventivamente, em regra, à Administração Pública democrática compor e se despir do manto de autoridade.

A *transação no Direito Público* é um "contrato administrativo", portanto, se sujeita à incidência de várias normas administrativas, sobretudo, normas da Lei de Licitação e Contratação. *No Direito Público, a transação exige*: (1) relação jurídica de natureza pública controvertida (em curso ou potencial) na qual o Estado seja parte; (2) vontade de transigir (no caso da Administração Pública, a vontade manifestada nas margens discricionárias abertas para valoração e escolha da melhor alternativa); (3) capacidade do administrado (ou sujeito passivo) e competência para transigir; (4) objeto litigioso transacionável (direito disponível ou cláusula legal, geral ou específica, que autorize a transação); (5) concessões recíprocas.

A *cláusula legal autorizativa de transação* pode permitir à Administração Pública assumir obrigações de prestação jurídico-administrativas; pode prever obrigação ou autorização de direito público para o cidadão etc. Entretanto, o direito administrativo brasileiro não tem cláusula genérica de transação como as existentes no direito italiano (*Legge* 7 de agosto de 1990, n. 241: *accordi integrativi, accordi sostitutive* e diversas leis especiais), no direito administrativo espanhol (*Ley* 30/1992 e leis especiais) ou como no direito administrativo alemão (*Verwaltungsverfahrensgesetz* de 1976 – *VwVfG*), mas traz diversas *cláusulas setoriais*, como no Direito Tributário (Código Tributário Nacional –

CTN, art. 171),[5] no direito urbanístico, no direito das desapropriações. Nada impede, em diversas situações, no direito administrativo brasileiro, a celebração de transações administrativas (em sentido *lato*), em especial *transações substitutivas* (que substituem a anterior relação jurídica com o Estado) ou *preparatórias* de ato administrativo.

Dentre os diversos casos de transação administrativa (em sentido *lato*), podemos citar: (1) *Contratos alternativos aos atos administrativos*. Esses são contratos celebrados para substituir atos administrativos, de feição mais autoritária. É possível sua celebração salvo quando a lei proibir ou determinar que se exare ato administrativo, ou quando o administrado não quiser celebrar o contrato. A Administração Pública, se pode impor, pode compor, mesmo sem cláusula legal que o autorize. Caso não seja possível o acordo, a decisão sempre pode ser imposta unilateralmente pela Administração Pública.

No direito alemão, o §56 da *VwVfG* autoriza a celebração de transações administrativas complexas, como no caso de alguém se comprometer a contribuir com N Euros para construir um edifício de estacionamentos em troca de lugares de colocação (vagas de estacionamento) em frente à sua loja, nos termos da lei urbanística.[6] No direito administrativo ambiental brasileiro as medidas compensatórias são verdadeiras transações administrativas complexas autorizadas por cláusulas autorizativas setoriais previstas na lei ambiental.

Da mesma forma, temos os (2) *contratos preparatórios do ato administrativo*. São acordos que se incorporam ao procedimento administrativo, preparando a decisão unilateral, e que são celebrados nas margens discricionárias abertas à formatação do ato administrativo (não são substitutivos, como o exemplo anterior). Podem ser celebrados independentemente de lei autorizativa e, com lastro no princípio da boa-fé, vinculam a Administração Pública, uma vez que não ocorre a renúncia ao poder administrativo, mas tão somente a antecipação do sentido da decisão. Podem ser celebrados desde que digam respeito a casos concretos e não se esteja firmando, pela via contratual, atos abstratos. No direito espanhol, é o caso da *acta de conformidad*, que prepara, no direito administrativo, o ato administrativo (finalizador de um procedimento). A *acta de conformidad* pode, por exemplo, preparar o ato (tributário) do lançamento, quando existe uma *res dubia* nos tributos lançados de ofício.

São possíveis, ainda, os (3) *contratos de acertamento*, que também independem de cláusula autorizativa legal e visam ajustar os contornos de um ato administrativo no que diz respeito a aspectos técnicos (exercício de discricionariedade técnica). Esse é o caso do *concordato* italiano previsto na Lei 825 de 1971, que foi afastado posteriormente e que retornou na Lei 656 de 1994. Nesse caso, o Fisco e o contribuinte acordam aspectos do lançamento tributário.

Os (4) *contratos não substitutivos parciais*, dizem respeito a aspectos adjacentes da questão central (modo; prazo; efeitos patrimoniais) e que dependem de cláusula setorial autorizativa. Exemplo: pagamento parcelado; dação em pagamento para quitação de débitos tributários etc. No primeiro caso, o tributo quase sempre é instituído para ser

---

[5] Art. 171 do CTN. "A lei pode facultar, nas condições que estabeleça, aos sujeitos ativo e passivo da obrigação tributária celebrar transação que, mediante concessões mútuas, importe em determinação de litígio e consequente extinção do crédito tributário." As versões impressas do CTN alertam que o uso da palavra *determinação* na publicação oficial da lei teria sido equivocado: em seu lugar, a palavra a ser utilizada seria *terminação*.

[6] Cf. MAURER, Hartmut. *Allgemeines Verwaltungsrecht*. 12. ed. München: C. H. Beck, 1999, p. 356-357.

pago à vista, portanto, o parcelamento, nada mais é do que um contrato administrativo de índole tributária (não substitutivo) que define a possibilidade de extinção do crédito tributário em parcelas mensais.

Os (5) *contratos de transação stricto sensu* (preventivos ou terminativos de litígios), dependem de **cláusula legal autorizativa** e visam prevenir ou terminar litígios com concessões recíprocas da Administração Pública e do administrado. O art. 171 do CTN traz uma cláusula legal setorial autorizativa de transações *stricto sensu* para o direito tributário. Nesse caso, se há renúncia de receitas, em virtude do art. 165, §6º da Lei de Responsabilidade Fiscal (LRF – Lei Complementar nº 101/2000), exige-se *res dubia*. Como se pretende demonstrar.

2 As transações tributárias no Direito comparado

A transação tributária, no Direito comparado e no Brasil, já encontrou disciplina normativa, prática e desenvolvimentos doutrinários aprofundados.

Na *Alemanha*, o Direito Tributário revela-se como um dos últimos focos de resistência contra a admissibilidade dos contratos de direito público, chegando as transações tributárias, para alguns doutrinadores, a ser consideradas ilícitas.[7] Não se encontra na legislação tributária alemã nenhum dispositivo genérico que autorize a celebração de transações, embora o §78, 3, da AO, expressamente, estabeleça que são interessados no procedimento "aqueles com os quais a autoridade financeira queira celebrar ou tenha celebrado um contrato público". Apesar da menção expressa, a maioria dos autores alemães entende que o dispositivo não significa a aceitação da figura contratual no marco das relações tributárias, uma vez que o Parlamento não quis se pronunciar sobre a licitude dos convênios fiscais, mas apenas estabelecer norma procedimental.[8] Entretanto, na prática administrativa, a Administração e os contribuintes celebram convênios de diversas maneiras, até mais frequentemente do que em outros ramos do Direito, e exatamente essa realidade é que levou o *Bundesfinanzhof* (Tribunal Federal de Finanças alemão) a reconhecer o instituto jurídico da transação tributária, pelo menos no que diz respeito à matéria fática, ou seja, "acordo sobre os fatos" (*tatsachliche Verständigung*).[9]

A representação do Direito Tributário como *jus strictum* é que firma o dogma da proibição da transação, traduzindo a ideia de que os tributos não podem ser fixados mediante acordos com os contribuintes. Isso, porém, não significa que acordos sejam estranhos ao lançamento tributário. Ao contrário, o *"procedimento de investigação prévia", que prepara o ato de liquidação (ato final do lançamento)*, oferece terreno propício para a transação. Nos termos do §88 da AO, cabe à autoridade tributária, de ofício, investigar os fatos, entretanto a lei deixa em aberto "como" a autoridade deve averiguar os fatos

---

[7] Nesse sentido, ISENSEE, Josef. *Die typisierende Verwaltung*, Berlin, 1979. p. 191. Josef Isensee considera as transações tributárias como *Arrangement* essencialmente metajurídicos, ou até mesmo como procedimentos "maliciosos" produzidos sob "penumbra" jurídica.

[8] Cf. GONZÁLEZ-CUELLAR SERRANO, Maria Luisa. *Los procedimientos tributários*: su terminación transaccional. Madrid: Colex, 1998, p. 35.

[9] Nesse sentido, SEER, Roman. Contratos, transacciones y otros acuerdos en derecho tributario alemán. Tradução de Maria Luíza González-Cuéllar Serrano. In: ELORRIAGA PISARIK, Gabriel *et al. Convención y arbitraje en el derecho tributario*. Madrid: Marcial Pons, 1996 (p. 133-159), p. 134-135.

desconhecidos, bem como o alcance e a natureza das investigações, que devem ser determinadas, discricionariamente, pela autoridade fiscal.[10]

A prática do Direito Tributário alemão aceita as transações tributárias no que diz respeito a questões fáticas, em momento que antecede ao ato final do lançamento. Ocorre que os referidos *acordos de fixação preparatórios*, realizados antes do lançamento, na prática, não se limitam às questões fáticas, estendendo-se também às questões jurídicas.[11] Na realidade, frequentemente, existem situações nas quais não é sequer simples afirmar se a questão envolve matéria de direito ou matéria de fato.[12] O Direito Tributário alemão, portanto, admite, em primeiro lugar, o chamado "processo de esclarecimento cooperativo", no qual, na fase final do procedimento de fiscalização, o contribuinte celebra verdadeira transação, acertando com o Fisco a fixação dos supostos fáticos do lançamento (*contrato de fixação*). Da mesma forma, no cotidiano da administração tributária, acordos são firmados, antes do lançamento, no que diz respeito a questões jurídicas.

A terminação extrajudicial dos litígios pode-se dar, ainda, ao final do procedimento dos recursos administrativos de reconsideração, mediante conciliação entre o Fisco e os contribuintes, ainda na fase administrativa, sobre questões de fato ou jurídicas. Igualmente, ocorre a terminação convencional dos conflitos tributários por meio de transação judicial, obtida por conciliação celebrada sob os olhos do Tribunal Financeiro alemão.

Curiosamente, se a doutrina alemã, por um lado, nega a licitude da transação tributária, por outro, na prática, homenageando os primados da boa-fé, a admite. Entretanto, a jurisprudência, até hoje, tem evitado qualificar o acordo que é celebrado nos procedimentos de fiscalização como contratos de transação.[13] Na realidade, os acordos mencionados são verdadeiros contratos de transação. A Administração Fiscal alemã não pode fazer lançamento que não observe ao que foi acordado, e o contribuinte fica impossibilitado de atacar, no processo de reclamação, o suposto fático aclarado consensualmente ou a interpretação jurídica fixada negocialmente.[14]

---

[10] "Nos termos do §88 (Princípio Inquisitivo): 1. a autoridade fiscal deve verificar de ofício o fato gerador do tributo; deve determinar a natureza e o alcance das investigações, não estando vinculada às alegações e provas apresentadas pelos contribuintes, mas o alcance desses deveres é regido pelas circunstâncias do caso em particular. 2. A autoridade fiscal deve considerar todas as circunstâncias relevantes para o caso concreto, inclusive quando favoráveis às partes." (tradução livre nossa)

[11] Cf. SEER, Roman. Contratos..., *op. cit.*, p. 143-145.

[12] Como verifica Roman Seer. Contratos..., *op. cit.*, p. 143.

[13] Cf. SEER, Roman. Contratos..., *op. cit.*, p. 148-151. Sistematicamente, desde um julgado de 1925, o *Reichsfinanzhof* pronunciava-se pela ilicitude dos convênios tributários "pretensamente" vinculantes. Para o *Reichsfinanzhof*, os acordos celebrados na prática, como aqueles para a fixação do preço do bem em discussões a respeito do Imposto sobre Imóveis, não representavam transação vinculante, mas "acordos não vinculantes". Entretanto, o *Bundesfinanzhof* (BFH) passou a outorgar eficácia vinculante aos acordos tributários realizados nos casos concretos, fundamentando suas decisões no princípio da boa-fé. Em acórdão de 1962, o BFH reiterou entendimento a respeito de acordos sobre fatos, mantendo o posicionamento pela impossibilidade dos convênios sobre questões jurídicas (só os fatos controvertidos poderiam ser aclarados de forma convencional). Em 11 de janeiro de 1963, acórdão do BFH reconheceu o caráter vinculante de acordo sobre questão de direito, considerando a existência de interesse legítimo de ambas as partes no sentido de convencionar a respeito de questão jurídica duvidosa, com a finalidade de evitar controvérsia. O BFH segue negando que os acordos entre a Administração e o contribuinte tenham caráter vinculante decorrente da natureza contratual da avença, mas entendem que o efeito vinculante provém simplesmente do princípio da boa-fé.

[14] Nesse sentido, SEER, Roman. Contratos..., *op. cit.*, p. 158.

Por certo, a resistência alemã deve-se ao fato de o Direito Tributário submeter-se ao princípio da determinabilidade,[15] que propicia o afastamento de margens de apreciação discricionária à Administração Fiscal, com o consequente distanciamento das possibilidades de soluções contratuais. A Administração Fiscal, porém, deve poder se valer de soluções contratuais para definir ou clarear os fatos sobre os quais recaem as normas de incidência tipificadas na lei, bem como deve poder transacionar para pôr fim a controvérsias que, realmente, envolvam questões de direito.

Enfim, a prática do Direito alemão acabou por aceitar os contratos administrativos de transação, embora a jurisprudência e parcela da doutrina não os reconheçam como tal, acatando seus efeitos vinculantes com base apenas no princípio da boa-fé.

Na Itália, a transação tributária não é, há muito, matéria desconhecida. O art. 40 do Regulamento do *Imposta di Richezza Mobile* de 1877 já estabelecia que o Fisco e os contribuintes poderiam celebrar acordos (*concordato*) para a determinação da renda tributária. Se inicialmente, com certo conforto, admitia-se o *concordato*, a possibilidade de seu manejo, especialmente a partir de 1971, foi muito restringida ou mesmo excluída, embora mais atualmente, em especial a partir de 1994, a matéria tenha voltado à pauta, embora com certa cautela. Desde muitos anos, portanto, as leis e a doutrina já focam atenções na figura da *concordato tributário*, apesar das controvérsias que a matéria sempre despertou.[16]

O *concordato tributário* apresentava certo "parentesco estrutural" com a transação do art. 171 do CTN, uma vez que, em certos casos, abria um procedimento contraditório entre o Fisco e o sujeito passivo, para que se pudesse firmar o lançamento. Tentava-se um acordo, mas se, após os debates, não se chegasse ao consenso, a autoridade lançava o tributo e o sujeito passivo tinha direito de manejar as reclamações, defesas e recursos que lhe cabiam. Todavia, se o acordo afinal se realizasse, autoridade tributária e sujeito passivo assinavam documento, que tomava o nome de *concordato fiscal*, ficando encerrada a possibilidade de recursos: o lançamento passava a ser definitivo.

Após 1994, o legislador italiano buscou estabelecer um novo padrão na relação fisco-contribuinte e, para tanto, promulgou nova reforma tributária (Lei nº 656, de 30 de novembro de 1994, e, mais recentemente, Decreto Legislativo nº 218, de 19 de junho de 1997), que retorna com a possibilidade de soluções concertadas para o lançamento – o *accertamento con adesione*, que se conclui ainda em fase exclusivamente administrativa, bem como cria nova forma de conciliação judicial para a solução do litígio.

O *accertamento con adesione* volta a possibilitar, tanto ao contribuinte quanto à Administração Fiscal, a elaboração de propostas e a celebração de acordos e, com isso, favorecer ao alcance de soluções concertadas, abrindo a possibilidade, até mesmo, de redução de penalidades. Só após o consenso é que o Fisco formaliza o lançamento definitivo, que é feito com a adesão do contribuinte, cristalizando-se, assim, uma solução acordada insusceptível de impugnação.[17]

---

[15] Princípio da determinabilidade ou princípio da legalidade substancial, ou mesmo princípio da tipicidade, como chamado impropriamente no Direito Brasileiro.

[16] Cf. MOSCHETTI, Francesco. Las posibilidades de acuerdo entre la administración financiera y el contribuyente en el ordenamiento italiano. Tradução de PIÑA GARRIDO. Maria Dolores. *In*: ELORRIAGA PISARIK, Gabriel et al. *Convención y arbitraje en el derecho tributario*. Madrid: Marcial Pons, 1996 (p. 117-131), p. 117.

[17] Nesse sentido, MOSCHETTI, Francesco. Las posibilidades..., *op. cit.*, p. 117, 124-127.

As leis italianas procuraram afastar a ideia de "acordos tributários" e passaram a tratar a questão do *concordato* como uma *adesione del contribuente all'accertamento*. Segundo o tratamento legislativo, na Itália, o Fisco não celebra "contrato de transação" com o contribuinte, mas este é que pode (ou não) aderir a um ato unilateral da Administração Fiscal que deixa a base de cálculo estabelecida, com pretensão de definitividade. A adesão do contribuinte pode acontecer mesmo após a notificação de lançamento, devendo o *accertamento con adesione* se sobrepor ao lançamento anterior, firmando valoração dos pressupostos fáticos.

Na Itália, como se pode observar, tal como na Alemanha, a legislação ampara a solução concertada de controvérsias tributárias, em especial no que diz respeito a questões de fato. Os contribuintes, na prática, celebram verdadeiros acordos com o Fisco, porém, em ambos os ordenamentos, buscaram-se alternativas e fórmulas que pudessem afastar a ideia de que a Administração Fiscal estaria travando com os contribuintes "contratos de transação". Entretanto, se a legislação alemã favorece a realização de entrevistas e reuniões, mas fecha os olhos para o resultado delas, pois daí decorrem verdadeiros "acordos", o Direito alemão aceita os efeitos vinculantes do ajuste, com base no princípio da boa-fé. Por outro caminho, na Itália, a ideia usada para ofuscar a celebração de verdadeiros contratos de transação foi a de que o contribuinte estaria apenas aderindo a uma decisão unilateral da Administração Fiscal.[18]

Soa ingênua, porém, a afirmativa de que verdadeiros "acordos" que fixem o *quantum* tributário não é firmado, em especial observando-se que quem efetivamente procede à escrituração da contabilidade fiscal e conhece a realidade dos negócios travados é o próprio contribuinte. Pragmaticamente, por parte dos contribuintes prevalece é o intuito de pagar o menor montante possível de tributos, daí uma "transação" de cunho contratual parece ser mesmo o que ocorre, na prática, nos casos concretos. Trata-se de contrato, pois o Fisco e o contribuinte emitem declarações acordadas vinculantes, cada uma tomada tendo em vista a declaração correspondente do outro.[19] O acertamento com adesão de 1994 pretende imprimir à base imponível estabelecida consensualmente um caráter definitivo, tanto que o contribuinte perde a possibilidade de impugnar o lançamento e a Administração Fiscal o poder de modificá-la por haver chegado a seu conhecimento elementos novos.[20]

O Direito italiano, apesar de certo pioneirismo, com receios e limitações, conta, na prática, apenas com o acertamento por adesão tão-só no que diz respeito à matéria de fato, e com a "conciliação judicial", sujeita, mesmo assim, a muitas restrições. O acertamento por adesão tem um âmbito de aplicação reduzido, uma vez que só pode

---

[18] Cf. MOSCHETTI, Francesco. Las posibilidades..., *op. cit.*, p. 126-127. O acertamento com adesão não admite a retificação quando os elementos, dados e informações que conheçam a Administração Fiscal possam resultar no dever de denúncia por delitos penais. Da mesma forma, as sanções administrativas derivadas do acertamento com adesão aplicam-se em uma medida reduzida (uma quarta parte do mínimo), embora verifique o autor que está não é uma vantagem importante, se considerar que, se houver recurso, as sanções apenas deverão ser pagas depois da decisão de terceira instância, portanto, após vários anos.

[19] Como observa María Luisa González-Cuellar Serrano (*Los procedimientos...*, *op. cit.*, p. 62), *no es posible que un acto administrativo tenga carácter transaccional, pues este negocio jurídico, por su propia naturaleza y debido a la existencia de contraprestaciones, tiene siempre naturaleza contractual.*

[20] Como afirma Francesco Moschetti (Las posibilidades..., *op. cit.*, p. 119), no que diz respeito ao *concordato*, ao contrário, a Administração Fiscal tinha a possibilidade de alterar a base imponível em virtude do conhecimento posterior de fatos novos.

ser praticado quando a Administração Fiscal não tenha detectado, com provas certas, a base de cálculo do imposto, ou seja, o *accertamento con adesione* apenas pode se referir a alguns aspectos da renda empresarial, do trabalho independente e do IVA, assim como ao valor dos bens para fins dos impostos sobre transmissões.[21]

Os acordos tributários não dão ensejo, no Direito italiano, a acordos de massa, nem possibilitam diminuições sensíveis no volume de processos contenciosos, porque são muitas as restrições e os limites previstos, além de, nos termos da legislação atual, não serem significativas as vantagens para o contribuinte.[22] Mesmo de forma incipiente, pode-se observar que a transação tributária foi, na Itália, introduzida (ou reintroduzida) por uma necessidade prática e pela força das circunstâncias; entretanto, não se trata apenas de uma questão de celeridade processual ou de eficiência administrativa, mas também de uma necessidade de se estabelecer uma relação respeitosa entre o Fisco e o contribuinte, em homenagem aos princípios democrático e da moralidade administrativa.

Nos *Estados Unidos da América*, na seara tributária, a transação e os mecanismos alternativos de solução dos débitos para com o Erário são amplamente utilizados, constituindo-se "prática corriqueira", e não fenômeno excepcional do *Internal Revenue Service* (IRS).[23] O *Internal Revenue Code* (Título 26 do *United States Code*), em seu Capítulo 74 (*Closing Agreements and Compromises*), prevê expressamente formulários e procedimentos específicos que possibilitam o acesso isonômico, sem maiores complicações, a qualquer contribuinte, grande ou pequeno, que pretenda realizar transação tributária.[24] É a procedimentalização o mecanismo que favorece a isonomia e a democratização da atuação administrativa, possibilitando o acesso dos contribuintes, independentemente de seu poderio econômico, às soluções acordadas, minimizando os riscos na realização de transações nos casos concretos.

Os *closing agreements* são acordos conclusivos extrajudiciais realizados entre o contribuinte e a Administração visando resolver de forma definitiva litígio tributário (previstos na seção 7121 do Capítulo 74 do *Internal Revenue Code*).[25] Podem ser celebrados a qualquer momento, antes de a questão ser submetida à Corte de Justiça, exceto em

---

[21] Cf. MOSCHETTI, Francesco. Las posibilidades..., *op. cit.*, p. 128.

[22] Cf. MOSCHETTI, Francesco. Las posibilidades..., *op. cit.*, p. 130.

[23] Nesse sentido, CRUZ, Paulo Ricardo de Souza. *A transação no direito tributário*. 2004. Dissertação (Mestrado em Direito Tributário) – Faculdade de Direito da Universidade Federal de Minas Gerais, Belo Horizonte, 2004, p. 118-119.

[24] Nesse sentido, vale conferir o U.S. *Code*, disponível em: http://uscode.house.gov. Acesso em: 29 fev. 2021, e o *Code of Federal Regulations*. Disponível em: https://uscode.house.gov/view.xhtml?path=/prelim@title26/subtitleF/chapter74&edition=prelim. Acesso em: 29 fev. 2021.

[25] "§7121. Closing agreements
(a) Authorization
The Secretary is authorized to enter into an agreement in writing with any person relating to the liability of such person (or of the person or estate for whom he acts) in respect of any internal revenue tax for any taxable period.
(b) Finality
If such agreement is approved by the Secretary (within such time as may be stated in such agreement, or later agreed to) such agreement shall be final and conclusive, and, except upon a showing of fraud or malfeasance, or misrepresentation of a material fact—
(1) the case shall not be reopened as to the matters agreed upon or the agreement modified by any officer, employee, or agent of the United States, and
(2) in any suit, action, or proceeding, such agreement, or any determination, assessment, collection, payment, abatement, refund, or credit made in accordance therewith, shall not be annulled, modified, set aside, or disregarded."

situações especiais. Trata-se de *contrato de transação terminativo extrajudicial*, que visa prevenir e evitar o recurso ao Judiciário. A competência para finalizar os *closing agreements* é do Secretário de Tesouro, entretanto tais funções foram delegadas ao *Commissioner of Internal Revenue* pela *Treasury Order* n. 150-07, de 18 de novembro de 1953, que, por sua vez, foram subdelegadas para as repartições locais do *Internal Revenue Service* a que o contribuinte esteja vinculado.[26][27]

O acordo conclusivo é a fórmula genérica de transação tributária. Para seu manejo, o Direito norte-americano abre ampla margem de apreciação discricionária, bastando, a critério do Secretário do Tesouro, que o caso pareça vantajoso para o Erário e que o contribuinte exiba boas e suficientes razões para desejar o acordo. Entretanto, apesar da ampla autonomia, próxima à das relações privadas, os *closing agreements* são considerados, pela doutrina e pela jurisprudência norte-americanas, "acordos conforme a lei", vinculantes e definitivos, mesmo na ausência de reciprocidade, independentemente de seu conteúdo específico, e não verdadeiros contratos, embora o Direito norte-americano entenda que devam ser interpretados de acordo com as normas que regem os contratos.[28]

O *compromise* (*offer in compromise*) é uma "oferta para transação", isto é, quantia em dinheiro, menor do que a que constitui o crédito tributário, que o contribuinte oferece ao Erário para obter acordo que possibilite a liquidação de seu débito (transação terminativa). Diante de razões que justifiquem a aceitação de pagamento reduzido, o Fisco concorda com prejuízo "aparente", uma vez que a proposta é inferior ao montante integral do crédito tributário.[29] As ofertas para transação vêm disciplinadas na Seção 7.122 do Capítulo 74 do *Internal Revenue Code*, emendado por Lei de 22 de julho de 1998, que estabelece a obrigatoriedade de orientação simplificada e acessível ao contribuinte quanto à transação. A competência para celebrar o *compromise* é do Secretário do Tesouro, com delegação ao *Comissioner of Internal Revenue*.[30]

---

[26] Cf. CRUZ, Paulo Ricardo de Souza. *A transação...*, op. cit., p. 123-126. As possibilidades de acordo, na competência subdelegada às autoridades locais, vêm mais detalhadas em regulamentos, podendo haver a celebração em duas modalidades básicas: *Agreement as to Final Determination of Tax Liability* (referente à responsabilidade tributária de um contribuinte com relação a determinado período de tributação) e *Closing Agreement as to Final Determination Covering Specific Matters* (acordos tributários sobre determinados assuntos da declaração).

[27] Cf. CRUZ, Paulo Ricardo de Souza. *A transação...*, op. cit., p. 126.

[28] Nesse sentido, CRUZ, Paulo Ricardo de Souza. *A transação...*, op. cit., p. 122-128.

[29] Cf. CRUZ, Paulo Ricardo de Souza. *A transação...*, op. cit., p. 121-131.

[30] "§7122. *Compromises*
(a) Authorization
The Secretary may compromise any civil or criminal case arising under the internal revenue laws prior to reference to the Department of Justice for prosecution or defense; and the Attorney General or his delegate may compromise any such case after reference to the Department of Justice for prosecution or defense.
(b) Record
Whenever a compromise is made by the Secretary in any case, there shall be placed on file in the office of the Secretary the opinion of the General Counsel for the Department of the Treasury or his delegate, with his reasons therefor, with a statement of—
(1) The amount of tax assessed,
(2) The amount of interest, additional amount, addition to the tax, or assessable penalty, imposed by law on the person against whom the tax is assessed, and
(3) The amount actually paid in accordance with the terms of the compromise.
Notwithstanding the foregoing provisions of this subsection, no such opinion shall be required with respect to the compromise of any civil case in which the unpaid amount of tax assessed (including any interest, additional amount, addition to the tax, or assessable penalty) is less than $50,000. However, such compromise shall be subject to continuing quality review by the Secretary.
(c) Rules for submission of offers-in-compromise"

O *compromise* constitui-se em possibilidade de transação a ser utilizada após o esgotamento de todas as tentativas de recebimento por parte da Fazenda Pública e pode, nos termos do IRS, ser celebrado em três situações: 1. dúvida quanto à responsabilidade do sujeito passivo do crédito tributário (*doubt as to liability*); 2. dúvida quanto à possibilidade de o tributo ser efetivamente recebido pelo Erário, tendo em vista as reais condições de rendimentos e bens do contribuinte (*doubt as to collectibility*); e 3. interesse em uma administração mais efetiva da tributação (*efective tax administration*). Na segunda situação, o Fisco deve estabelecer um "potencial razoável de cobrança", que equivale ao valor líquido dos bens do contribuinte mais um valor que poderia ser cobrado dos seus rendimentos futuros.[31] A terceira hipótese, porém, abre, mais uma vez, ampla margem de autonomia (contratual) para a Administração Fazendária, permitindo a celebração da transação em circunstâncias excepcionais (a cobrança do tributo pode criar um problema econômico, ou é injusta ou não equitativa) que não se enquadram perfeitamente nas duas hipóteses anteriores, desde que exista motivo relevante não especificado que possa justificar a aceitação da proposta do sujeito passivo da tributação.[32]

Enfim, facilita-se a transação para solucionar as pendências, aceitando-se valores menores do que o crédito tributário lançado, diante da impossibilidade de o contribuinte pagar mais, mas se institui, por outro lado, uma série de procedimentos e responsabilidades, até mesmo penais, para aqueles que não apresentarem dados fidedignos e corretos ao Fisco.[33]

O Direito norte-americano, ao contrário do que se pode verificar no Brasil e na Europa (em geral), abre amplas possibilidades de celebração de contratos de transação na seara tributária, embora evite a qualificação de tais acordos como contratos. A praxe norte-americana vem amparada por um mecanismo formal e predefinido, preparado em "termos simples" e "não técnicos", que tende a favorecer a mais isonômica e ampla acessibilidade dos contribuintes à transação. A procedimentalização, a participação do administrado e a democratização dos mecanismos de administração pública são exatamente os trunfos de que se vale o Direito norte-americano para afastar os riscos à isonomia trazidos pela transação e possibilitar, nos casos concretos, soluções mais conformes aos mandamentos de eficiência administrativa.

Em conclusão, a comparação das diversas legislações permite que se verifique que verdadeiros contratos de transação são celebrados na prática do Direito Tributário. As legislações estrangeiras obscurecem a celebração de verdadeiros contratos, embora amparem, quase sempre, a solução concertada de controvérsias, em especial no que diz respeito a questões de fato. Usualmente, o Direito Tributário favorece e incentiva, quando não obriga, a realização de reuniões de acertamento entre o Fisco e os contribuintes, mas encara o resultado dessas reuniões como acordos dotados de efeitos vinculantes com base no princípio da boa-fé, como o faz o Direito alemão, ou os aceita como mera adesão a uma decisão unilateral da Administração Fiscal, como se verifica na Itália, ou os considera "acordos conforme a lei", como no Direito norte-americano, ou como confissão extrajudicial, como no Direito Espanhol.

---

[31] Cf. CRUZ, Paulo Ricardo de Souza. *A transação...*, op. cit., p. 135-136.
[32] Cf. CRUZ, Paulo Ricardo de Souza. *A transação...*, op. cit., p. 131-142.
[33] Cf. CRUZ, Paulo Ricardo de Souza. *A transação...*, op. cit., p. 132-134.

É a praticidade, a economicidade, a busca de maior consentimento por parte dos contribuintes, bem como a necessidade de atenuar a elevada conflituosidade na solução de controvérsias tributárias que forçam o Direito Tributário a disciplinar e encontrar soluções que possibilitem o traçado de alternativas mais eficientes para o bem comum. Se a legalidade tributária surgiu, historicamente, como forma de garantir a participação dos cidadãos na definição dos tributos que deles seriam exigidos, nas democracias representativas modernas, os acordos entre o Fisco e contribuinte traduzem, de alguma forma, a retomada do consentimento dos cidadãos na tributação não mais de forma genérica, mas em relação a cada situação concreta.

As amarras postas pela Administração Pública mais burocratizada tendem a ceder, e um modelo de administração pública consensual, mais democrática, tende a lastrear o traçado de soluções concertadas, mesmo na seara tributária. A pragmática solução da transação, diante da complexidade das normas tributárias, é hoje uma necessidade.

3 A transação tributária no Direito brasileiro

O CTN prevê, dentre as modalidades de extinção do crédito tributário, no art. 156, III, a transação. Tal como o Código Civil, o CTN não considera a transação como contrato, mas como forma de extinção das obrigações. Disciplinando a figura, o art. 171 do CTN determina que a lei pode facultar, nas condições que estabelecer, aos sujeitos ativo e passivo da obrigação tributária celebrar transação que, mediante concessões mútuas, importe em extinção do crédito tributário.

O CTN abre a possibilidade às pessoas políticas de, por meio de lei, disciplinarem a transação tem como pressuposto a existência de lei da entidade tributante disciplinando sua celebração. Não havendo lei, a transação não pode ser feita, ou seja, a autoridade administrativa não está autorizada a transigir. Obviamente, o dispositivo trata de transações terminativas, mas nada impede, no Direito brasileiro, a realização de contratos de acertamento ou de fixação que preparem o ato (tributário) de lançamento, tal como se verifica no direito europeu, obviamente amparados pelo princípio da eficiência administrativa e, sobretudo, da boa-fé. Ao contrário, uma aproximação entre o Fisco e o contribuinte, nessa questão, pode evitar conflitos intermináveis no Judiciário.

No que diz respeito à *transação terminativa* de litígios, os entes tributantes, nos termos que vierem a estabelecer em lei, podem abrir margens de discricionariedade à Administração para que esta possa celebrar transações. Além das amarras que vierem a ser estabelecidas na lei da pessoa tributante, a Administração Pública, nas margens de discricionariedade, em suas decisões, obviamente, deve respeito aos princípios constitucionais reitores do Direito Administrativo, ou seja, a Administração Pública, para celebrar transação tributária, deve reverência às vinculações tendenciais postas por vetores constitucionais, tais como os princípios da moralidade (boa-fé), da imparcialidade, da isonomia, da razoabilidade, dentre outros.

Para alguns autores, a transação só é admissível para pôr fim a processos judiciais, ou seja, não admitem a *transação preventiva*.[34] Em outras palavras, para uma corrente doutrinária, apenas depois de instaurado o "litígio" é possível a transação. Nessa linha de ideias, o litígio somente se verifica em processo contencioso, no qual existe formação de juízo para apreciação da causa, daí a transação somente pode ser realizada no curso de processos judiciais.[35] O CTN, porém, emprega o termo "litígio" no sentido amplo, abrangendo pendências administrativas ou judiciais,[36] portanto a transação pode ocorrer em processo administrativo ou judicial, pois envolve pretensão resistida por uma das partes. Dessa forma, se a lei da pessoa política tributante determinar, a transação pode ser realizada no curso de um processo administrativo-tributário.[37]

O conceito de litígio deve ser tomado da forma mais ampla e técnica, querendo significar "conflito de interesses qualificado por uma pretensão resistida",[38] e essa resistência, em especial na seara tributária, pode se dar no curso de processo administrativo. "Lide" e "litígio" tecnicamente são sinônimos e "correspondem a evento anterior ao processo", sendo que sua existência constitui *conditio sine qua non* do processo, ou seja, "inexistindo litígio, não há sequer interesse em instaurar-se a relação processual".[39] O momento, pois, em que surge o "litígio" é aquele quando o conflito surgido na disputa em torno do mesmo bem não encontra solução voluntária ou espontânea entre os diversos concorrentes e, persistindo o primeiro na exigência de que o segundo lhe entregue o bem, este resiste, negando a cumprir o que é reclamado.[40] Enfim, o litígio ocorre em momento anterior à existência do processo judicial e à provocação da jurisdição, daí, nos termos do CTN, a transação presta-se à solução de litígios, entendidos estes como pretensões do Fisco resistidas pelo contribuinte, anteriores ou posteriores ao processo judicial.

A expressão literal do art. 171 assinala que a lei pode facultar a celebração de transação que importe em "determinação" de litígio. A "determinação" do litígio significa a "resolução" do litígio, a "decisão" que pode se dar perante litígio potencial ou efetivamente instaurado. Em outras palavras, litígio tributário, efetivo ou potencial

---

[34] Nesse sentido, MACHADO, Hugo de Brito. *Curso de direito tributário.* 14. ed. São Paulo: Malheiros, 1998, p. 146-147; MARTINS, Sérgio Pinto. *Manual de direito tributário.* São Paulo: Atlas, 2002, p. 196; ÁLVARES, Manoel. Comentários aos artigos 165 a 174. In: FREITAS, Vladimir Passos de (coord.). *Código tributário nacional comentado.* São Paulo: Revista dos Tribunais, 1999. p. 653-656.

[35] Para Werther Botelho Spaniol (*Curso de direito tributário.* Belo Horizonte: Del Rey, 2004, p. 239), por exemplo, apenas pode se dar transação "em matérias que se encontram sob o crivo do Poder Judiciário".

[36] Nesse sentido, CARVALHO, Paulo de Barros. *Curso de direito tributário.* 7. ed. São Paulo: Saraiva, 1995, p. 309. Leciona o citado autor que divergem os estudiosos a propósito das proporções semânticas do vocábulo "litígio". Como afirma, alguns querem que se trate de conflito de interesses deduzido judicialmente, ao passo que outros estendem a acepção a ponto de abranger as controvérsias meramente administrativas. Concorda com a segunda alternativa e afirma que "o legislador do Código não primou pela rigorosa observância das expressões técnicas" e não vê por que o entendimento mais largo viria em detrimento do instituto ou da racionalidade do sistema. Em suas palavras, "o diploma legal permissivo da transação trará, certamente, o esclarecimento desejado, indicando a autoridade ou as autoridades credenciadas a celebrá-la".

[37] Nesse sentido, MARTINS, Sérgio Pinto. *Manual...*, op. cit., p. 196.

[38] Nesse sentido, citando a clássica lição de Carnelutti, THEODORO JÚNIOR, Humberto. *Curso de direito processual civil.* 2. ed. Rio de Janeiro: Forense, 1997, v. I, p. 35.

[39] Cf. THEODORO JÚNIOR, Humberto. *Curso...*, op. cit., p. 35. Nesse mesmo sentido, afirma José Frederico Marques (*Manual de direito processual civil.* 2. ed. atualizado por Vilson Rodrigues Alves, Campinas: Millennium, 1998, v. I, p. 257) que "o litígio é extraprocessual. Contudo, ao ser levado ao processo, sua configuração será a que se lhe der na ação".

[40] Nesse sentido, THEODORO JÚNIOR, Humberto. *Curso...*, op. cit., p. 36.

pode ser resolvido por meio de transação preventiva ou terminativa. Em homenagem à eficiência administrativa, perante um potencial conflito, o Fisco não tem de esperar que esse se instale para poder solucioná-lo com a mesma decisão que poderia preventivamente ser abraçada.[41]

Os artigos 156, III, e 171 do CTN determinam que a transação é modalidade de extinção do "crédito tributário", entretanto o CTN não prima pela utilização adequada das expressões "crédito tributário" e "obrigação tributária".[42] Na transação terminativa, que se dá após o lançamento (judicial ou extrajudicial), o que se pode estar extinguindo é o crédito tributário; na transação preventiva, o que se pode extinguir não é o crédito tributário, mas a obrigação tributária, uma vez que sequer o lançamento pode ter acontecido.

Para parcela da doutrina nacional, preventivamente não se extingue crédito tributário, mas a transação apenas verifica, de forma concertada, os exatos limites da obrigação tributária. O Fisco, ao celebrar a transação, não atua discricionariamente, mas no exercício de "discricionariedade técnica".[43] A transação, assim, é mero mecanismo para se verificar a realidade resultante da incidência legal, encoberta por uma penumbra que impede que se verifique com exatidão a matéria fática.

Paulo Ricardo de Souza Cruz,[44] por exemplo, argumenta que, no procedimento de fiscalização, muitas vezes, o Fisco apura infrações à legislação, mas não consegue precisar certas circunstâncias fáticas, o que leva à utilização de algum critério de arbitramento. Portanto, antes, no curso, ou após o lançamento, deve-se admitir a transação, quando impossível prova firme dos fatos efetivamente ocorridos, para que Fisco e contribuinte cheguem a um acordo sobre algum elemento fático relevante para o lançamento. Na realidade, ele acredita que não se está fixando contratualmente o *quantum* do crédito tributário, mas estabelecendo, de forma concertada, algum elemento fático que não pode ser determinado de forma precisa pela Administração. Para o autor, em sintonia com a doutrina majoritária brasileira, uma vez estabelecido o acordo sobre o elemento fático, o agente da Administração deve fazer o lançamento de forma unilateral, ou seja, na realidade, entende, tal como o faz doutrina italiana, que a transação dá ensejo a um ato administrativo unilateral da Administração Fiscal ao qual o contribuinte dá sua mera adesão.[45]

O contribuinte escritura seus livros e é quem conhece suas reais operações, ao contrário da Administração Fiscal; portanto, o que de fato ocorre é que o Fisco não consegue precisar o *quantum* efetivamente devido (que retrate a realidade resultante da incidência legal), ao efetuar o lançamento. Realmente, existem interesses em conflito que precisam ser pacificados: de um lado, a Administração Fiscal, que deve buscar a realidade resultante da incidência das normas legais tributárias, uma vez que deve

---

[41] Nesse sentido, CRUZ, Paulo Ricardo de Souza. *A transação...*, op. cit., p. 200.
[42] Nesse sentido, vale conferir AMARO, Luciano. *Direito tributário brasileiro*. 4. ed. São Paulo: Saraiva, 1999, p. 365-366.
[43] A discricionariedade técnica se dá quando a Administração deve tomar suas decisões puramente segundo critérios extraídos de normas técnicas. Não se trata de verdadeira discricionariedade, porque, embora não exista vinculação legal estrita, à Administração não é aberta margem de valoração e escolha dentre alternativas legalmente possíveis.
[44] Cf. CRUZ, Paulo Ricardo de Souza. *A transação...*, op. cit., p. 200-201.
[45] Nesse sentido, CRUZ, Paulo Ricardo de Souza. *A transação...*, op. cit., p. 201.

estrita reverência ao princípio da legalidade; de outro, o contribuinte, que deseja, quase sempre, reduzir o montante dos tributos a recolher.

A *transação que prepara o lançamento*, se devidamente formalizada, não é uma ingênua tentativa de buscar a realidade resultante da incidência das normas tributárias por parte do contribuinte e do Fisco, mas, de fato, acordo celebrado entre a Administração Fiscal e o contribuinte (contrato administrativo de transação, preventivo, de fixação, parcial, extrajudicial, não substitutivo). Diante da controvérsia quanto à definição de elemento fático (ou sua iminência), se houver vontade de transigir, as partes fazem, efetivamente, recíprocas concessões, para que se firme lançamento acordado. As duas declarações de vontade integram-se em uma totalidade dotada de sentido, não sendo a manifestação de vontade do contribuinte mero requisito de validade para que nenhum ato unilateral do Fisco (lançamento) produza os efeitos que lhe são peculiares.

A Administração Fiscal, mesmo podendo unilateralmente lançar o tributo, buscando o "melhor interesse público possível", despe-se de parcela de seu poder de império ao celebrar contratos de transação, nos quais as duas declarações volitivas, do Fisco e do contribuinte, se fundem. O lançamento unilateralmente praticado pela Administração, por si, se assim efetuado, surtiria seus efeitos próprios, mesmo sem a participação da vontade do administrado, entretanto poderia vir a ser questionado, administrativamente ou em juízo, em litígio que poderia se arrastar por anos.

Na realidade, a necessidade de transação quando há dúvida fundada da Administração Fiscal quanto a um elemento fático é corriqueira, entretanto essa não é a única hipótese de solução concertada admissível entre o Fisco e o contribuinte. Também é possível a transação preventiva com relação a questões de direito, isto é, para delimitação de interpretação jurídica. A propósito, muitas vezes, é para resolver questões de direito duvidosas que normas administrativas são elaboradas. Da mesma forma, o Direito Tributário estruturou o instituto da "consulta", pelo qual o contribuinte pode verificar com o Fisco o entendimento que a Administração tem sobre determinada matéria. Muitas vezes, a própria compreensão administrativa de certos assuntos pode se alterar, demonstrando que a interpretação de algumas questões jurídicas pode não ser inequívoca e firme, mas passível de gerar litígios. Exatamente porque muitas vezes é a própria Administração Fiscal que não se firma confortavelmente em uma posição quanto à interpretação da matéria jurídica, que o próprio CTN prevê, no art. 106, a possibilidade de manejo, pela Administração, de normas "expressamente interpretativas". Da mesma forma, reconhecendo a possibilidade de litígios quanto à matéria de direito e de alteração da posição do Fisco, o art. 146 do CTN, em homenagem à boa-fé,[46] determina que as modificações nos critérios jurídicos adotados pela autoridade administrativa no exercício do lançamento somente podem ser efetivadas, em relação a um mesmo sujeito passivo, quanto a fato gerador ocorrido posteriormente à sua introdução.

A aceitação da própria possibilidade de celebração de transação, no Direito brasileiro, entretanto, não é pacífica. Para diversos doutrinadores, o instituto não poderia existir na seara tributária, porque a atividade administrativa do lançamento

---

[46] A propósito, sobre a aplicação do princípio da boa-fé no Direito Administrativo, vale conferir Edílson Pereira Nobre Júnior (*O princípio da boa-fé e sua aplicação no direito administrativo brasileiro*. Porto Alegre: Fabris, 2002, p. 136), quando afirma: "Mesmo no que concerne à cobrança de tributos, onde se põe imoderada vassalagem à legalidade, a Administração Tributária não se encontra livre para deixar de exercer uma postura leal".

é vinculada e obrigatória, ou seja, a autoridade tributária não pode fazer concessões, mas, ao contrário, deve efetuar o lançamento estritamente conforme determina a lei. Por outro giro, alguns autores reconhecem o caráter essencialmente pragmático da transação e acabam, tal como se verifica na doutrina tributária estrangeira, a reconhecer a necessidade do instituto.[47]

Para a primeira corrente, não há lugar no Direito Tributário para a transação. Para Eduardo Marcial Ferreira Jardim, por exemplo, o instituto afigura-se inaplicável na seara tributária, incompatível com as premissas concernentes à tributação, ou seja, em seu entendimento, a necessária discricionariedade que preside a transação não é compatível com o caráter vinculado que permeia toda a função administrativa relativa aos tributos. Para o autor, a transação, como instituto da Teoria Geral do Direito, consolida-se em acordo, somente podendo ser efetivada por meio de ato administrativo discricionário, "o que atrita o postulado da vinculabilidade da tributação". A seu ver, trata-se de ato tipicamente bilateral e decorrente de acordo de vontades entre o agente administrativo e o contribuinte, que contraria, destarte, a cláusula derradeira do art. 3º do CTN, que preconiza a atividade vinculada como premissa maior da tributação. Na visão do autor, o art. 171 exprime patente antinomia e abriga "vitanda impropriedade, merecendo ser declarado ilegal e inconstitucional pelas Cortes Administrativas e Judiciais, enquanto o Congresso Nacional não fizer o que deve, ou seja, bani-lo do CTN".[48]

Na mesma direção, referendando a posição de Eduardo Marcial Ferreira Jardim, Paulo de Barros Carvalho não concebe que se inclua entre as concessões da transação o abrir mão do valor do tributo, pois configuraria hipótese de remissão; da mesma forma, a dispensa de quantias relativas a sanções, punitivas ou moratórias, que cairiam debaixo da anistia. Para o autor, apenas admite-se transação sobre aspectos acessórios do implemento da dívida, tendentes a propiciar a criação de clima favorável entre os sujeitos da relação, tudo para estimular o contribuinte a liquidá-la pelo pagamento.[49]

Na realidade, a transação tributária é contrato de direito público que possibilita, mediante a existência de controvérsia (efetiva ou potencial), a fixação acordada do montante do crédito tributário (*transação preventiva de fixação*), anteriormente ao lançamento, bem como a extinção das obrigações tributárias controversas (ou do crédito tributário) por meio do perdão de multas (ou de parte das multas), ou mesmo do afastamento do tributo (ou de parte deste), tal como se dá na anistia ou remissão (figuras específicas do CTN). Neste último caso, a transação tributária é *terminativa do litígio*. Da mesma forma, o contrato terminativo, visando pôr fim à controvérsia, pode determinar que se faça o pagamento nos termos acordados ou a entrega de bens (dação ou adjudicação).[50]

---

[47] Nesse sentido, dentre outros, MORAES, Bernardo Ribeiro de. *Compêndio de direito tributário*. 3. ed. Rio de Janeiro: Forense, 1997. v. II, p. 457.

[48] Cf. JARDIM, Eduardo Marcial Ferreira. *In* MARTINS, Ives Gandra da Silva (coord.). *Comentários ao código tributário nacional*. São Paulo: Saraiva, 1998, p. 402-403. Nesse sentido, também, ÁLVARES, Manoel. *Comentários...*, op. cit., p. 654.

[49] Cf. CARVALHO, Paulo de Barros. *Direito...*, op. cit., p. 198-199.

[50] Para Paulo de Barros Carvalho (*Curso...*, op. cit., p. 309), "a extinção da obrigação, quando ocorre a figura transacional, não se dá, propriamente, por força das concessões recíprocas, e sim do pagamento. O processo de transação, em verdade, apenas prepara o caminho para que o sujeito passivo quite sua dívida, promovendo o desaparecimento do vínculo. Tão singela meditação já compromete o instituto como forma extintiva de obrigações". Para Sacha Calmon Navarro Coêlho (A obrigação: nascimento e morte: a transação como forma de extinção do crédito tributário. *Revista de Direito Tributário*, São Paulo, n. 62, p. 70, [s.d.]), a "transação é fato que pode resultar em remissão ou pagamento. A remissão e o pagamento, estes sim, extinguem o crédito".

A transação pode, por exemplo, redundar em parcelamento do crédito tributário remanescente; nesse caso, a extinção apenas se dará com o adimplemento da última parcela, ficando o crédito tributário com a exigibilidade suspensa durante o curso do parcelamento. Se o parcelamento não é cumprido, o crédito tributário pode voltar a ser exigido pelo saldo remanescente atinente às parcelas não quitadas (contrato não substitutivo, que não altera a natureza do crédito tributário).

Pode-se verificar que a *transação tributária terminativa* é contrato de transação que estabelece "caminho acertado alternativo", possibilitando que as obrigações controversas, postas pela lei de forma heterônoma, sejam extintas. Nesse sentido, o CTN admite que a Administração firme com o administrado transação terminativa parcial, não substitutiva, que permite que o crédito se mantenha tributário e que, por meio do acordo, sejam acertados alguns elementos ou aspectos da obrigação (tributária) para possibilitar a extinção do crédito.

Praticada em matérias potencial ou efetivamente litigiosas, a transação tributária terminativa pode, desde que autorizada por lei, versar tanto sobre o *quantum debeatur*, como sobre a forma de pagamento (prazo de pagamento, entrega de bens etc.). Se, por exemplo, a Fazenda Pública apenas parcela o crédito tributário, estabelece contrato de transação tributário parcial (não substitutivo) com o contribuinte, abrindo-lhe a possibilidade de efetuar o pagamento de forma mais alongada. O crédito tributário mantém-se íntegro, mas o pagamento se dá de forma parcelada. Em outras palavras, o crédito tributário deve ser pago no prazo estabelecido na legislação, entretanto o contrato, que redunda em parcelamento, altera o "prazo de pagamento" posto pela legislação tributária. O Estado, para que o contribuinte tenha condições de pagar e abdique dos recursos ou mecanismos protelatórios, concede prazo mais dilatado para o pagamento do crédito tributário devido. Na "consideração" e ponderação dos interesses públicos e privados envolvidos, a Administração pode tomar em conta interesses secundários, isto é, se não parcelar, pode comprometer a própria capacidade de funcionamento da empresa, dando ensejo a desemprego, redução da capacidade industrial do Estado etc. Enfim, a Fazenda Pública, para receber o crédito tributário e/ou com lastro em interesses públicos secundários, faz concessões e celebra, realmente, contrato de parcelamento.

A transação tributária terminativa pode se dar também, mediante dação em pagamento, por meio de acordos pelos quais se extinga obrigação que o contribuinte contesta. Trata-se, por certo, de solução acordada com a Administração, prevista no art. 156, XI, do CTN, para a solução de conflitos tributários, que só pode ser celebrada em uma espécie de contrato de transação parcial (não substitutivo), pois ao invés de pagar o tributo, em espécie, com o consentimento da Administração, que deseja encerrar o litígio, na forma da lei da pessoa política tributante, o contribuinte extingue a obrigação tributária entregando ao patrimônio do Estado um bem de interesse deste. A Administração Fiscal, para encerrar o litígio, aceita, no caso concreto, um bem para que possa o crédito tributário ser extinto e o litígio encontrar termo. Basta verificar que, para a Administração aceitar o bem, no mínimo, as partes devem celebrar um acordo sobre o valor do bem, sobre as condições de entrega, sobre o prazo etc.

Na Alemanha, os devedores dos Impostos de Sucessão ou Patrimônio podem celebrar contrato com a máxima autoridade financeira dos Länder para entrega de bens culturais como forma de extinguir o crédito tributário, em vez do pagamento, nos termos da Lei de Fomento à Cultura e das Fundações, de 13 de dezembro de 1990, que expressamente qualifica esse acordo como contrato de direito público e remete sua disciplina ao Direito Civil. No Brasil, o desenvolvimento da cultura aparece como dever estatal no art. 215 da CRFB/1988. Para que se cumpra tal desiderato constitucional, o Estado de Minas Gerais, por exemplo, editou a Lei Estadual nº 12.733, de 30 de dezembro de 1997 (substituída pela Lei nº 22.944, de 15 de janeiro de 2018), chamada de "lei de incentivo à cultura". Os contribuintes, por meio de acordos com o Fisco, ouvidos os órgãos administrativos dedicados ao incentivo à cultura, se assim desejarem, podem extinguir créditos tributários controversos, parcialmente, mediante a compensação com os valores investidos na cultura. De fato, havendo res litigiosa, efetiva ou potencial, ocorre a celebração de contrato de transação tributária, que abre a possibilidade de extinção do crédito tributário por meio da compensação com investimentos do contribuinte, de interesse do Estado, realizados em prol da cultura.

A extinção de créditos tributários controversos inscritos em dívida ativa pode ser também incentivada por meio de outros mecanismos legais.[51] Em Minas Gerais, por exemplo, editou-se a Lei estadual nº 12.276, de 24 de julho de 1996,[52] que possibilitava a extinção de créditos tributários mediante compensação com investimentos do contribuinte em infraestrutura de interesse do Estado. Se o contribuinte efetuasse construção, recuperação ou melhoramento de rodovia, porto, viaduto, silo ou outra obra pública de infraestrutura, prevista em plano estatal regional ou setorial e na lei orçamentária, poderia compensar os valores investidos com o crédito tributário devido, desde que a obra redundasse, também, em comprovado incremento de faturamento, geração de tributos e de empregos. Diversos investimentos podem ser de interesse do Estado e importantes para o desenvolvimento da atividade produtiva, daí a interessante lei autorizava a compensação de tributos como forma de extinção do crédito tributário, em benefício do Estado, do contribuinte e da coletividade. O mecanismo é similar aos *agréments fiscaux* francês, entretanto não se trata de contrato de direito tributário, uma vez que não existe acordo sobre elementos das normas que "instituem" tributos, mas se trata de mecanismo contratual terminativo, que possibilita a extinção de crédito já lançado. A Administração celebra contrato de transação (parcial e não substitutivo) com o contribuinte, nos estritos termos da lei autorizativa, no qual acerta as condições, a forma pela qual a compensação ocorrerá, os prazos de execução da obra etc.

No caso da Lei estadual nº 12.276, de 24 de julho de 1996, o contribuinte que não pretendia quitar o tributo, mas que, em virtude da possibilidade aberta pela lei, resolvesse extinguir o crédito, celebrava com a Administração Fiscal um contrato de transação (terminativo), cujo objetivo era pôr fim ao litígio. Trata-se de contrato de transação, parcial, não substitutivo, celebrado nos exatos termos da lei, que deve contar, por certo, com a interveniência dos órgãos primariamente competentes e que, sobretudo, abre a possibilidade de estabelecimento de uma via alternativa para o atendimento otimizado

---

[51] Nota do editor: A Lei nº 14.375, de 21 de junho de 2022, incluiu os incisos IV e V ao art. 11, §2º, III, da Lei nº 13.988/2020, para dispor: "Art. 11. A transação poderá contemplar os seguintes benefícios: (...) IV – a utilização de créditos de prejuízo fiscal e de base de cálculo negativa da Contribuição Social sobre o Lucro Líquido (CSLL), na apuração do Imposto sobre a Renda das Pessoas Jurídicas (IRPJ) e da CSLL, até o limite de 70% (setenta por cento) do saldo remanescente após a incidência dos descontos, se houver; V – o uso de precatórios ou de direito creditório com sentença de valor transitada em julgado para amortização de dívida tributária principal, multa e juros".

[52] Revogada, porém, pelo art. 15 da Lei nº 18.038, de 12 de janeiro de 2009.

do bem comum. Se o acordo, nos termos permitidos pela lei, autorizar o contribuinte a compensar os investimentos com o imposto corrente, na ausência de litígio efetivo, o contrato, que visa igualmente ao atendimento de interesses secundários para o Fisco, será contrato administrativo complexo.

A lei pode atribuir competência à Administração Fiscal para que esta tenha o poder/dever de, no caso concreto, ponderar os vários interesses (públicos e privados) envolvidos e, à luz do mandamento de eficiência, escolher alternativa que contemple o melhor interesse público possível. Ouvidos os órgãos que têm o incentivo à cultura como interesse primário, ou os órgãos voltados para o desenvolvimento econômico, a Administração Fiscal, para quem esses interesses públicos são secundários, celebra, com a anuência ou mesmo participação desses outros órgãos, *contrato administrativo alternativo*, levando em "consideração", no processo administrativo decisório, os interesses secundários envolvidos, juntamente com o interesse público arrecadatório, primário para o Fisco, para que se possa moldar decisão mais conforme ao atendimento otimizado do bem comum.

Por outro lado, cumpre gizar que o contrato de transação exige res litigiosa e envolve concessões recíprocas, portanto, diante de uma pretensão tributária levada a cabo pelo Fisco, se o contribuinte concorda integralmente com o pleito fiscal, não haverá contrato de transação stricto sensu. Da mesma forma, se a concordância é da Fazenda Pública, poderá, por exemplo, ocorrer um "cancelamento de lançamento" ou "revisão de lançamento", quando se constatar erro ou ilegalidade por parte da autoridade fiscal, mas não contrato de transação.

Para o exercício do poder de tributar, o Direito Tributário traçou uma formulação mais restritiva do princípio da legalidade (determinabilidade): a lei, mesmo em sentido material, deve conter, para além do fundamento da conduta da Administração, todos os elementos essenciais para a decisão no caso concreto, eliminando, pois, o subjetivismo na aplicação da lei. O princípio da determinabilidade exige que lei formal contenha os elementos essenciais caracterizadores dos tributos, proibindo a discricionariedade sobre os elementos necessários à sua individualização.[53] A lei, assim, cumpre sua função de veículo de segurança jurídica e certeza do Direito, devendo o Direito Tributário, nessa ótica, ser capaz de garantir a susceptibilidade de previsão objetiva, por parte dos contribuintes, dos encargos que deverão suportar.[54]

Autores como Alberto Xavier admitem a transação, embora a tenham como excepcional para o Direito Tributário. O citado autor, por exemplo, aceita a existência de atos discricionários nos domínios fiscais, embora entenda que o princípio da "tipicidade" visa exatamente restringir a relevância da vontade do contribuinte na produção de efeitos jurídicos tributários.[55] Para o autor, a tipicidade cessa no exato ponto onde

---

[53] Como afirma Klaus Tipke (Límites de la integración en el derecho tributario. *Revista Española de Derecho Financiero*, n. 34, p. 181-184, abr./jun. 1982), o Direito Tributário tem, em todo o mundo, uma específica tradição positivista, sendo que, sempre que se trata de uma questão de normas de incidência, persiste um entendimento tendente a orientar uma interpretação mais literal e a proibição da analogia. Os fundamentos dessa tradição positivista, como firma o autor, deitam raízes no próprio ideário político-estamental e liberal da Europa, que, tomando o tributo como repressivo e perturbador, nos moldes dos anseios da burguesia, buscava sempre os menores impostos possíveis.

[54] Nesse sentido, GOMES, Nuno de Sá. *Manual de direito fiscal*. Lisboa: Rei dos Livros, 1997. v. II, p. 42.

[55] Cf. XAVIER, Alberto. *Do lançamento*: teoria geral do ato, do procedimento e do processo tributário. 2. ed. Rio de Janeiro: Forense, 2001, p. 209.

terminam as fronteiras postas pelo tipo legal, e, para além delas, a Administração Fiscal pode, com fundamento na lei, manejar poderes discricionários ou mesmo praticar atos que envolvam disposição total ou parcial do crédito tributário, tais como transacionar, anistiar ou remitir dívidas, renunciando à cobrança. O princípio da tipicidade não é, aí, invocável, porque se está "extramuros" do tipo legal e, portanto, a disposição do crédito tributário já não é vedada pelo princípio, que veicula a proibição da discricionariedade. Conclui o autor que não existem barreiras constitucionais para que sejam outorgadas legalmente à Administração Fiscal faculdades de disposição do crédito tributário (tais como remissão, anistia ou transação).[56]

A prestação tributária é obrigatória e nenhum tributo é pago voluntariamente, mas em face de determinação legal, em decorrência de imposição heterônoma estatal. É certo que os tributos não são prestações de caráter contratual, e a compulsoriedade constitui sua característica marcante e essencial, não constituindo a vontade do contribuinte fator relevante na "instituição" do tributo. As prestações contratuais também são obrigatórias, mas sua obrigatoriedade nasce diretamente do contrato, e só indiretamente deriva da lei. Ao contrário, na prestação tributária, a obrigatoriedade nasce diretamente da lei, sem que se interponha qualquer ato de vontade daquele que assume a obrigação.[57] Exatamente por causa dessa natureza compulsória do tributo, ou seja, pela essência heterônoma de sua "instituição", é que muitos doutrinadores não aceitam a possibilidade de extinção da obrigação tributária em decorrência de contrato de transação. O tributo não nasce de contrato, mas decorre diretamente da lei, porém isso não quer dizer que a extinção da obrigação não possa se dar como consequência de contrato firmado pelo Fisco com o contribuinte.

O Direito Tributário, sujeito ao princípio da determinabilidade, coloca algumas limitações e condicionamentos específicos que restringem as possibilidades de celebração de transação. Por outro giro, o princípio da legalidade, consagrado sobretudo no art. 37 da CRFB/1988, não afasta a possibilidade de transação, mas apenas coloca a necessidade de lei que autorize a Administração Fiscal a realizar transação, devendo essa lei indicar a autoridade competente e o procedimento a ser seguido. De nada adiantaria a norma constitucional determinar a necessidade de tratamento isonômico aos contribuintes, quando da instituição de tributos, se as autoridades administrativas pudessem, sem lei, conceder isenções, anistias, remissões ou outras formas de exoneração tributária, à mercê do seu subjetivismo, do seu desejo de favorecer amigos, integrantes de grupo político, financiadores de campanha etc.[58]

O art. 171 do CTN estabelece cláusula setorial autorizativa de transação tributária, que determina que o acordo pode ser celebrado nas condições que a lei de cada uma das pessoas políticas estabelecer. Como se pode depreender do citado dispositivo, a lei mantém nas mãos de cada pessoa política o poder de tributar mais amplo, deixando à decisão do legislador a possibilidade de outorga ao administrador de um poder de transacionar, mais ou menos discricionário, conforme disponha a lei.[59] Os limites, portanto,

---

[56] Cf. XAVIER, Alberto. *Do lançamento...*, op. cit., p. 215-217.
[57] Nesse sentido, MACHADO, Hugo de Brito. *Curso...*, op. cit., p. 43.
[58] Nesse sentido, CRUZ, Paulo Ricardo de Souza. *A transação...*, op. cit., p. 76.
[59] Nesse sentido, afirma Aliomar Baleeiro (*Direito tributário brasileiro*. 11. ed. Rio de Janeiro: Forense, 1999, p. 905) que "a autoridade administrativa só pode celebrá-la, com relativo discricionarismo administrativo na

mais vincados, deverão vir, assim, na lei da pessoa política competente para instituir o tributo. O parágrafo único do dispositivo determina, ainda, que a lei deverá indicar, em cada caso, a autoridade competente para autorizar a transação. Por certo, trata-se de medida que exige prudência e rigor elevados, além de critérios bem homogêneos, sob pena de ofensa à isonomia e generalidade da tributação, razão pela qual a lei de cada pessoa política deve especificar, minuciosamente, as autoridades competentes para tanto.[60]

Quando a transação tributária provocar *"renúncia de receita"*, a CRFB/1988 exige uma legalidade mais endurecida, nos termos do art. 150, §6º, que determina que a lei deve ser "específica". O art. 150, §6º, em homenagem ao princípio da generalidade da tributação, determina que as exonerações fiscais, tais como a isenção, anistia ou remissão devem ser veiculadas por lei específica, pelo menos a partir da Emenda Constitucional nº 3/1993. Apenas o legislador pode avaliar os superiores interesses da coletividade que venham legitimar a isenção, a anistia ou a remissão.

Evita-se, assim, na expressão de Misabel de Abreu Machado Derzi, os "oportunismos" por meio dos quais, sub-repticiamente, certos grupos parlamentares introduziam favores em leis estranhas ao tema tributário, aprovadas pelo silêncio ou desconhecimento da maioria.[61] Para a autora, o dispositivo constitucional firma a necessidade de especificidade da lei tributária, vedando fórmulas indeterminadas ou delegantes da possibilidade de concessão de favores fiscais pelo Poder Executivo, retirando, assim, a validade, por exemplo, do art. 172 do CTN. Para a Professora, o art. 150, §6º, da CRFB/1988 retira a possibilidade de a lei autorizar o agente administrativo a conceder remissão sem definir com precisão a oportunidade, as condições, a extensão e os limites quantitativos de seu alcance. Na mesma direção, comenta Sacha Calmon Navarro Coêlho que o constituinte se impressionou com a enorme quantidade de "delegações" legislativas nas três ordens de governo da Federação, "autorizando" o Poder Executivo a dar anistias ou remissões, sob meras cláusulas abertas, deixando para o ato administrativo a fixação dos permissivos.[62]

---

apreciação das condições, conveniências e oportunidades, se a lei lho faculta e dentro dos limites e requisitos por ela fixados".
[60] Cf. BALEEIRO, Aliomar. *Direito...*, op. cit., p. 905.
[61] Cf. DERZI, Misabel de Abreu Machado. *Notas...*, op. cit., p. 100-102.
[62] COÊLHO, Sacha Calmon Navarro. *Curso de direito tributário brasileiro*. São Paulo: Forense, 1999. p. 299-300. Nas palavras do autor, "a anistia é o perdão das penalidades fiscais (multas). A remissão é o perdão do tributo já constituído, a pagar ou que já deveria ter sido pago. Evidentemente não cabe ao Executivo decidir sobre a tributação ou a sua dispensa, daí a ênfase da Constituição de 1988. O dispositivo, juridicamente dispensável, encontra justificativa política. Em fim de governo ou vésperas de eleição, tornou-se hábito por estes brasis afora dar anistias e remissões fiscais sem motivos justos, a não ser o de captar a simpatia do eleitor (mancomunados, o Executivo e o Legislativo utilizavam o patrimônio fiscal realizável, dispensando-o e dissipando-o com intuitos eleitoreiros). Em detrimento, diga-se, dos bons contribuintes. A regulação de como podem ser concedidas anistias e remissões é hoje regrada no CTN, em pleno vigor, certo, entretanto, que o art. 172 está parcialmente atingido pela nova Constituição, negatória de autorizações [...]. A Constituição de 1988 não se limita a exigir lei específica, caso a caso, para a concessão de anistias e remissões fiscais. A limitação ao poder de tributar e de exonerar abarca "qualquer subsídio" ou isenção, redução de base de cálculo (reconhecendo que a expressão "isenção parcial" para nominar as reduções de base de cálculo não faz sentido) e concessão de crédito presumido. O objetivo da extensão foi evitar a guerra fiscal entre os Estados-Membros da Federação. *O imposto mais visado foi o ICMS*, por razões óbvias, de todos conhecidas. Obtempere-se que a expressão "qualquer subsídio" não tem conteúdo jurídico preciso. Financiamentos a empreendimentos, oferta de distritos industriais, políticas diversas de auxílio a instalações de indústrias novas, incentivos creditícios e às exportações, dilação do termo *ad quem* para pagamento de tributos estariam abrangidos pela vedação? Tudo indica que sim, embora tais

O art. 165, §6º, da CRFB/1988, da mesma forma, torna mais rigorosas as exigências para que possa ocorrer "renúncia de receita" e determina que o projeto de lei orçamentária deve ser acompanhado de demonstrativo regionalizado do efeito causado na receita tributária pelas isenções, anistias, remissões, subsídios e benefícios de natureza financeira, tributária e creditícia. Enfim, a CRFB/1988 exige "lei específica" e "demonstrativo regionalizado de efeitos na lei orçamentária" para que o legislador possa conceder desonerações fiscais que provoquem "renúncia de receita". A propósito, o art. 113 do ADCT/CRFB/1988, incluído pela Emenda Constitucional nº 95, de 2016, estabelece que "a proposição legislativa que crie ou altere despesa obrigatória ou renúncia de receita deverá ser acompanhada da estimativa do seu impacto orçamentário e financeiro".

Densificando o mandamento constitucional, a Lei de Responsabilidade Fiscal (Lei Complementar nº 101, de 4 de maio de 2000) submete a concessão de favores, benefícios e incentivos fiscais (renúncia de receita) a normas especiais de controle e limitação. O art. 14 determina que a concessão ou ampliação de incentivo ou benefício de natureza tributária da qual decorra "renúncia de receita" deve estar acompanhada da estimativa do impacto orçamentário-financeiro no exercício em que deva iniciar sua vigência e, nos dois seguintes, atender ao disposto na lei de diretrizes orçamentárias e a pelo menos uma das seguintes condições: demonstração pelo proponente de que a renúncia foi considerada na estimativa de receita da lei orçamentária e de que não afetará as metas de resultados fiscais previstas na lei de diretrizes orçamentárias; estar acompanhada de medidas de compensação, mediante o aumento de receita proveniente da elevação de alíquotas, ampliação da base de cálculo, majoração ou criação de tributo ou contribuição.

O §1º do art. 14 delimita o que se pode acomodar na ideia de "renúncia fiscal", isto é, determina que anistia, remissão, subsídio, crédito presumido, concessão de isenção em caráter não geral, alteração de alíquota ou modificação de base de cálculo que implique redução discriminada de tributos ou contribuições, bem como outros benefícios que correspondam a tratamento diferenciado, devem ser considerados "renúncia fiscal". Na noção de "renúncia tributária" podem-se alinhar todos os benefícios ou medidas exonerativas que, de um lado, reduzem a arrecadação, aumentando a disponibilidade econômica do contribuinte e, de outro, configuram uma discriminação em favor de certos contribuintes ou de certos grupos em relação à norma geral de tributação.[63] As renúncias de receita são "amputações" de tributação por meio de exonerações fiscais de todo o gênero. São exceções à norma geral, segundo a qual todos devem contribuir, pagando tributos, na medida de sua capacidade contributiva (princípio da generalidade da tributação).[64] São exonerações fiscais concedidas, em atendimento a interesses públicos diversos do interesse arrecadatório.

A transação, pelo menos a princípio, "é uma das formas de extinção do crédito tributário que não é considerada renúncia de receita, quer pela Lei de Responsabilidade Fiscal, quer pelos Demonstrativos dos Benefícios Tributários, que obrigatoriamente

---

matérias, exceto a do dia do pagamento (moratória), sejam estranhas ao Direito Tributário, não porém ao Financeiro. Houve atecnicismo. Contudo, a disposição é salutar por exigir a reforçar o princípio da reserva de lei para operar assuntos conexos à tributação, mantendo o mais possível o princípio da generalidade, obstando, sobremais, a guerra fiscal".

[63] Cf. DERZI, Misabel de Abreu Machado. *Em favor de uma transação justa e eficiente*. Resposta à consulta formulada pela TELEMIG (Telecomunicações de Minas Gerais S/A), Belo Horizonte, jul. 2004, p. 2-3.
[64] Cf. DERZI, Misabel de Abreu Machado. *Em favor...*, op. cit., p. 4.

devem acompanhar o Projeto de Lei Orçamentária".⁶⁵ Entretanto, a transação exige relação jurídica controvertida (em curso ou potencial), vontade de transigir, capacidade do interessado e competência administrativa, objeto litigioso transacionável e concessões recíprocas. Se envolve concessões recíprocas, pelo menos a princípio a transação não envolve simples renúncia de direitos; entretanto, para afastar litígio, a transação pode ocasionar o perdão de multas ou tributos, daí pode veicular renúncia de receitas no sentido posto pela Lei de Responsabilidade Fiscal.

Quando a *transação for preparatória do lançamento,* ou quando for celebrada *para encerrar dúvida decorrente de questão de alta indagação jurídica,* a transação não traduz perda ou renúncia de receita, não dando ensejo a uma "derrogação" da norma tributária geral que determina o pagamento do tributo como dever de todos.⁶⁶ A transação que envolve incerteza objetiva quanto ao direito ou aos fatos (*res dubia*), que não decorre apenas da resistência do contribuinte ao pagamento do tributo, não envolve renúncia de receita. Ao contrário, se a transação é celebrada tão só para encerrar o litígio e antecipar o pagamento do crédito tributário, ocorre renúncia a uma receita tributária certa (não duvidosa).

Em síntese, quando a transação envolver incerteza objetiva, a existência do crédito não é certa, portanto, existe risco real no recebimento da pretensão fazendária; daí a transação, nesses casos, não traduz renúncia de receitas, não se confundindo com os benefícios ou incentivos fiscais, remissões, anistias. Nesse caso, inexiste a necessidade de a cláusula setorial autorizativa de transação ser veiculada por "lei específica" ou qualquer impedimento ou requisito especial a ser observado à luz da Lei de Responsabilidade Fiscal.⁶⁷ Por outro giro, a transação é mecanismo que pode traduzir perdão de tributos ou de penalidades certos, tal como se dá na anistia ou remissão. Nesses casos, a transação (terminativa) que encerra litígio em que não se apresenta incerteza real quanto ao direito ou aos fatos exige "lei específica" que veicule cláusula setorial autorizativa de transação, bem como a adoção dessas cláusulas deve submeter-se às normas de controle e limitações especiais previstas no art. 165, §6º, da CRFB/1988 e na Lei de Responsabilidade Fiscal.

O CTN especifica e, expressamente, prevê a possibilidade genérica de celebração de transação, abrindo o veio pelo qual os contratos de transação podem, legitimamente, ser celebrados. Entretanto, nos termos expressos do art. 150, §6º, da CRFB/1988, qualquer benefício fiscal, subsídio, isenção, anistia ou remissão só pode ser concedido mediante lei específica da pessoa política tributante que regule exclusivamente as matérias acima enumeradas ou o correspondente tributo. Assim, o estabelecimento de cláusulas setoriais autorizativas de transações terminativas que envolvam renúncia de receita necessita de leis específicas.

A lei da pessoa política, na exata dicção constitucional, deve "regular" exclusivamente a matéria ou o correspondente tributo, isto é, a lei deve disciplinar e regular as hipóteses nas quais os benefícios fiscais podem ser concedidos, especificamente, ou deve ser a lei que institui e disciplina o tributo. Não é possível, por exemplo, que uma lei que trate de outra matéria venha com artigo "escondido", "sub-reptício", que veicule

---

[65] Cf. DERZI, Misabel de Abreu Machado. *Em favor...*, op. cit., p. 3.
[66] Nessa mesma direção, DERZI, Misabel de Abreu Machado. *Em favor...*, op. cit., p. 4.
[67] Nesse sentido, DERZI, Misabel de Abreu Machado. *Em favor...*, op. cit., p. 6, 11.

hipótese de remissão. Esse é o corte teleológico do dispositivo. Na realidade, o dispositivo não exige que a lei deva, exaustivamente, definir as hipóteses de perdão de tributos ou de penalidades, retirando qualquer margem de valoração pela Administração. A transação é possível, embora cuidados especiais devam ser observados. Em sede contratual, é aberta à Administração Fiscal a possibilidade de celebrar transação (terminativa) que tenha como efeito o perdão de tributos ou de penalidades, desde que o faça nos estritos termos postos pelo art. 171 do CTN, bem como nos exatos limites da lei específica que disciplinar a transação, se demonstrado cabalmente o melhor interesse público possível. Em consonância com o art. 150, §6º, da CRFB/1988, a lei federal, distrital, estadual ou municipal prevista pelo art. 171 do CTN deve exclusivamente disciplinar as possibilidades de transação que envolva renúncia de receita, ou a previsão das hipóteses autorizativas deve vir expressa na lei que disciplina especificamente o tributo.

Para Paulo Ricardo de Souza Cruz a "competência que a CRFB/1988 reservou para tratamento por lei só pode ser tratada por lei, inadmissíveis quaisquer delegações". Dessa forma, o autor entende inconstitucionais leis que deleguem ao Poder Executivo quaisquer fatias de poder para dispor sobre as exonerações tributárias. Se isso é verdade, na visão do autor, a transação ficaria condicionada à prévia existência de determinações legais exaurientes das possibilidades de acordo (transações concretamente especificadas pela lei). Apesar dos cuidados que a questão merece, o dispositivo constitucional não conduz a tal interpretação. Por certo, a exigência de lei específica está gizada, de forma que não se admitem mais "rabiscos" ou "emendas" que incluam, na cauda de outros projetos, exonerações fiscais ou quaisquer reduções do encargo tributário, mesmo por intermédio de mecanismos alheios ao Direito Tributário, como os financeiros. Entretanto, a segurança jurídica é reforçada pela exigência de "lei específica", como já mencionado – apenas isso.

Como observa Alberto Xavier, "as leis ordinárias que conferem ao Fisco a faculdade de dispor, por qualquer forma, dos créditos tributários exprimindo a sua discricionariedade quanto aos elementos do tipo são inconstitucionais"; por outro giro, "as leis ordinárias que atribuem à Fazenda Pública o direito de dispor da obrigação tributária quanto às zonas extratípicas daquela obrigação são excepcionais, com todas as qualificações que esta qualificação comporta".[68]

De fato, não existem barreiras constitucionais impeditivas para que sejam outorgadas legalmente à Administração Fiscal faculdades de disposição do crédito tributário, mas apenas alguns cuidados e limitações especiais. Não se admite que a Administração Fiscal, em homenagem ao princípio da determinabilidade (tipicidade), possa, discricionariamente, fazer alterações nos critérios de "instituição" de tributos. Entretanto, criado o tributo, existente a obrigação ou o crédito tributário, é possível à lei abrir margens para que o Executivo possa celebrar transações. A isenção, por exemplo, traduz-se em norma de restrição a um dos aspectos da norma tributária, daí a necessidade de lei e a necessária observância ao princípio da determinabilidade, uma vez que se trata de norma de "instituição" de tributo. Já quanto à transação, a questão é diferente, pois não se trata de interferência administrativa na regra-matriz de incidência do tributo (norma de "instituição" de tributos), mas da possibilidade de a Administração celebrar

---

[68] Cf. XAVIER, Alberto. *Do lançamento...*, op. cit., p. 215-217.

transação que envolva crédito tributário já existente e constituído, e que observou, em sua "instituição", o princípio da determinabilidade.

Na transação que envolva renúncia de receita exige-se lei específica, por ser esta determinação do art. 150, §6º, da CRFB/1988, mas não se está, no dispositivo constitucional, subtraindo a possibilidade de transação com o crédito já constituído, isto é, o princípio da determinabilidade não se aplica afastando a possibilidade de celebração de contrato de transação.

Evidentemente, a lei da pessoa política que autorizar a transação não pode atribuir à Administração Fiscal um "cheque em branco", isto é, não pode permitir que, em qualquer situação, a Fazenda Pública conte com liberdade decisória ampla para celebrar transação, em especial porque os princípios da generalidade da tributação e da isonomia tributária restariam atacados na essência. Exatamente por isso é que a lei que abrir a possibilidade de transação deve definir, com precisão e clareza, a oportunidade, as condições, a extensão e os limites de seu alcance.

É verdade que os princípios tributários da legalidade estrita e da determinabilidade ficariam essencialmente enfraquecidos se permitida a adoção da transação em qualquer situação. Se a transação fosse permitida em qualquer situação, "a lei não estaria mais estabelecendo rigorosamente o tributo a ser cobrado, mas, quando muito, um teto, um limite, para o tributo".[69] Se a transação fosse admissível em qualquer situação, estando a Administração livre para fazer as concessões que entendesse pertinentes, estaria, pragmaticamente, nulificado o mandamento de observância do princípio da estrita legalidade tributária.[70]

Enfim, a admissibilidade da transação em quaisquer circunstâncias é incompatível com o princípio da legalidade substancial (determinabilidade). Exatamente por isso que a admissibilidade da transação deve se circunscrever a situações especiais. De fato, não é possível compatibilizar o princípio da legalidade substancial com ampla atribuição de liberdade para se fazer transação, que se traduziria, em última análise, em liberdade de a Administração intervir, praticamente e a *posteriori*, na quantificação do tributo a ser levado aos cofres públicos. A transação é solução pragmática e excepcional que não tem o condão de transformar em regra aquilo que deve ser tratado como exceção.

Nos domínios do direito público, a lei que fundamenta as possibilidades de transação deve determinar as circunstâncias nas quais o contrato pode ser celebrado, suas condições, bem como seus limites, caso contrário a legalidade restaria pragmaticamente desvalorizada. Em ramos sujeitos ao princípio da determinabilidade, em especial nos domínios tributários, com maior rigor ainda, apenas quando a lei, no caso concreto, dê ensejo a uma solução de flagrante prejuízo para o bem comum, se comparada com a solução derivada da transação, é possível o contrato. Nesses casos, a legalidade não está sendo colocada de lado, porque é com suporte em lei (autorizativa de transação) que uma má aplicação de outra lei (de incidência tributária) é excepcionalmente substituída, em prol dos interesses maiores da coletividade.

---

[69] Cf. CRUZ, Paulo Ricardo de Souza. *A transação...*, op. cit., p. 185-187.
[70] Cf. CRUZ, Paulo Ricardo de Souza. *A transação...*, op. cit., p. 185. Como afirma o autor, "de que adiantaria a lei ter previsto por normas abstratas que diante do fato ocorrido o tributo devido seria 'x', se a Administração pudesse, por sua vontade, transigir para fixar o montante do tributo devido em 'y'?"

No caso do imposto sobre operações relativas à circulação de mercadorias e sobre prestações de serviços de transporte interestadual e intermunicipal e de comunicação (*ICMS*), em consonância também com a CRFB/1988 (art. 155, §2º, XII, "g"), lei complementar específica que discipline o imposto estadual deverá regular como as cláusulas setoriais autorizativas de transação, pelo menos as que envolvam renúncias fiscais, devem ser deliberadas pelos Estados e Distrito Federal. Portanto, a transação atinente ao ICMS, se dela decorrer perdão de tributos ou de penalidades, deve encontrar respaldo e fundamento, ainda, em convênio celebrado pelos Estados e Distrito Federal.[71] Para o ICMS, assim, sem convênio prévio não pode haver transação que envolva renúncia de receita.

A vigente Lei Complementar Federal nº 24, de 7 de janeiro de 1975 (LC 24/1975), determina:

> Art. 10. Os *convênios* definirão as condições gerais em que se poderão conceder, unilateralmente, *anistia, remissão, transação*, moratória, *parcelamento* de débitos fiscais e ampliação do prazo de recolhimento do imposto de circulação de mercadorias. (g.n.)

Como se pode verificar, antes de qualquer coisa, para os Estados-Membros, a transação apenas é possível nos termos que forem marcados nos convênios que forem celebrados, nos exatos termos da LC nº 24/1975. O CONFAZ (Conselho Nacional de Política Fazendária), colegiado de Estados-Membros, próprio para as deliberações atinentes ao ICMS, disciplina a transação envolvendo o ICMS em dois convênios principais: o Convênio ICMS nº 33/2000 e o Convênio ICMS nº 24/1975 (que foi substituído pelo Convênio ICMS 169/17, de 23 de novembro de 2017).

O Convênio nº 169/17 estabelece *condições gerais para a concessão de transação*. Dispõe a cláusula primeira que a celebração de transação, pelos Estados ou Distrito Federal, relativamente ao ICMS, deve observar as condições gerais fixadas no Convênio. Nesse compasso, fica gizado no Convênio nº 169/17 que sua finalidade primeira é exatamente a de estabelecer as condições gerais para a celebração de transação. Trata-se, pois, do que se chama "transação comum". A Cláusula Primeira marca o seguinte, *verbis*:

> Cláusula Primeira. A concessão unilateral pelos Estados ou Distrito Federal de moratória, parcelamento, ampliação de prazo de pagamento, remissão ou anistia, bem como a celebração de *transação*, relativamente ao Imposto sobre Circulação de Mercadorias – ICM – e ao Imposto sobre Operações Relativas à Circulação de Mercadorias e Sobre Prestações de Serviços de Transporte Interestadual e Intermunicipal e de Comunicação – ICMS –, observará as *condições gerais estabelecidas neste convênio*.
> Parágrafo único. A concessão de quaisquer destes benefícios em *condições mais favoráveis* dependerá de autorização em *convênio para este fim especificamente celebrado*.
> Cláusula segunda. O disposto neste convênio aplica-se aos créditos tributários, constituídos ou não, inscritos ou não em dívida ativa, inclusive os ajuizados, podendo ser incluídos os valores espontaneamente declarados ou informados pelo sujeito passivo à administração tributária.
> Cláusula terceira. A adesão do sujeito passivo à fruição dos benefícios:

---

[71] Nesse sentido, DERZI, Misabel de Abreu Machado. Notas..., *op. cit.*, p. 100-102.

I – Implica o reconhecimento dos débitos tributários neles incluídos, ficando condicionada à desistência de eventuais ações ou embargos à execução fiscal, com renúncia ao direito sobre o qual se fundam, nos autos judiciais respectivos, e a desistência de eventuais impugnações, defesas e recursos apresentados no âmbito administrativo;
II – Não confere qualquer direito à restituição ou compensação das importâncias já pagas. (g.n.)

As "transações comuns", portanto, são aquelas celebradas à luz do Convênio nº 169/17 e devem observar o que dispõe a Cláusula Décima Primeira:

Cláusula décima primeira. Quanto à *transação*, fica permitida sua celebração somente em *casos excepcionais*, de que *não resulte dispensa do imposto devido*. (g.n.)

As "transações comuns", assim, apresentam uma vinculação fundamental: o CTN não impede que a transação atinja o valor do crédito tributário relativo ao imposto, entretanto, na "transação comum", o acordo atinente ao ICMS, em razão do Convênio CONFAZ nº 169/17, não pode avançar por sobre a parcela do crédito tributário relativa ao valor do imposto monetariamente corrigido. A propósito, determina a Cláusula Décima Segunda do Convênio nº 169/17:

Cláusula décima segunda. O crédito tributário será atualizado monetariamente e consolidado com todos os acréscimos legais previstos na legislação vigente na data dos respectivos fatos geradores da obrigação tributária, não constituindo a atualização monetária parcela autônoma ou acessória.

Os Estados podem celebrar, também, o que se pode chamar de *"transações especiais"*. Nesse caso, podem estabelecer condições especiais mais favoráveis que as trazidas pelo Convênio nº 169/17, entretanto, a possibilidade de se estabelecer tais "transações especiais" fica a depender da celebração de Convênio para este fim especificamente celebrado.

A Cláusula Primeira do Convênio CONFAZ ICMS nº 33/2000, por outro giro, traz uma cláusula geral de transação envolvendo *res dubia*.[72] Nessa modalidade, os Estados e o Distrito Federal ficam apenas autorizados a celebrar transação que importe a extinção do crédito tributário, a não constituir crédito tributário ou a desconstituí-lo, quando o litígio envolva matéria tributável igual a que tenha sido objeto de reiteradas decisões do Superior Tribunal de Justiça ou de decisão proferida por pelo menos dois terços dos membros do Pleno do Supremo Tribunal Federal, definitivas de mérito e desfavoráveis ao sujeito ativo. O Convênio ICMS nº 33/2000, assim, autoriza transação apenas em situações que envolvam matéria tributária que tenha sido objeto de reiteradas

---

[72] "Cláusula primeira. Ficam os Estados e o Distrito Federal autorizados a celebrar transação que importe em extinção de crédito tributário, a não constituir crédito tributário ou a desconstituí-lo, sempre que o litígio envolva matéria tributável igual a objeto de reiteradas decisões do Superior Tribunal de Justiça ou de decisão proferida por pelo menos dois terços dos membros do Pleno do Supremo Tribunal Federal, definitivas de mérito e desfavoráveis ao sujeito ativo.
Parágrafo único. No caso de litígio judicial, a celebração fica condicionada à renúncia a eventual direito a verbas de sucumbência, responsabilizando-se ainda o sujeito passivo da obrigação tributária pelo pagamento das custas e demais ônus processuais".

decisões do Superior Tribunal de Justiça ou de decisão proferida por pelo menos dois terços dos membros do Pleno do STF. Se isso vem posto, apenas perante questões de "alta indagação jurídica" com jurisprudência absolutamente avessa à pretensão do Erário é possível haver essa modalidade de transação. Sendo mais rigoroso, não se trata exatamente de permissivo para transação envolvendo *res dubia*, mas de questões altamente desfavoráveis ao Fisco nos tribunais.

Se essa última modalidade de transação requer ser a matéria de "alta indagação jurídica" e de "jurisprudência absolutamente avessa", apenas é possível haver transação por tema, isto é, a transação exige a análise de cada Processo Tributário Administrativo (PTA), com suas eventuais matérias sendo tratadas. Essa modalidade de transação pode atingir o valor do imposto. De fato, o que há de especial nessa modalidade de transação é exatamente a possibilidade de se adentrar ao montante do ICMS, e exatamente por isso ela é especial e exige requisitos mais apertados. O Convênio, vale deixar marcado, autoriza até o "cancelamento do lançamento" e da respectiva obrigação tributária, evitando-se, assim, eventuais ônus sucumbenciais.

4 A disciplina das transações tributárias em Minas Gerais

Em Minas Gerais, a legislação, em perfeita sintonia com o CTN, acolheu a possibilidade de realização de transações tributárias, como se pode observar no art. 218, da Lei Estadual nº 6.763, de 26 de dezembro de 1975, *verbis*:

> Art. 218. A transação será celebrada nos casos definidos em decreto, observadas as condições estabelecidas no art. 171 da Lei Federal nº 5.172, de 25 de outubro de 1966, e observará o seguinte:
> I – (vetado);
> II – (vetado);
> III – (vetado);
> IV – Dependerá de parecer fundamentado, aprovado por resolução conjunta do Secretário de Estado de Fazenda e do Advogado-Geral do Estado, que será publicada no órgão oficial de imprensa dos Poderes do Estado.

Por sua vez, a Lei Estadual nº 14.699, de 6 de agosto de 2003, dispõe sobre formas alternativas de extinção do crédito tributário, disciplinando, entre outras matérias, a dação em pagamento e a adjudicação de bens. O Regulamento do Processo e dos Procedimentos Tributários Administrativos (RPTA), trazido pelo Decreto Estadual nº 44.747, de 03 de março de 2008, densifica as leis mineiras, balizando devidamente a margem de discricionariedade do administrador, ao reger os institutos da transação, da dação e pagamento e da adjudicação de bens.

No Estado de Minas Gerais, a legislação determina que a transação poderá ser realizada em casos excepcionais, quando se tratar de matéria de alta indagação jurídica, de fato ou de direito. Confira-se o RPTA:

Art. 191. A transação será realizada em casos excepcionais, no interesse da Fazenda Pública Estadual, mediante concessões mútuas, para extinguir litígio, quando se tratar de *matéria de alta indagação jurídica, de fato ou de direito.*
Parágrafo único. A transação dependerá:
I – De parecer da Advocacia-Geral do Estado e, em se tratando de matéria de fato, de parecer técnico emitido pelas Superintendências de Fiscalização, de Tributação, e de Arrecadação e Informações Fiscais, no âmbito de suas competências, ratificado pelo Subsecretário da Receita Estadual e pelo Secretário de Estado de Fazenda;
II – De parecer aprovado por resolução conjunta do Secretário de Estado de Fazenda e do Advogado-Geral do Estado, publicada no órgão oficial.
Art. 192. O crédito tributário objeto de transação poderá ser extinto mediante dação em pagamento, observado o disposto no Capítulo XII, ou compensação, nos termos da legislação que disciplina este instituto.
Art. 193. No despacho que autorizar a transação ou a compensação serão especificadas as condições e garantias de sua efetivação.

Embora a legislação se valha de "conceitos jurídicos indeterminados", tais como o de "casos excepcionais" e "alta indagação jurídica", os parâmetros para a delimitação dos casos em que poderá ser celebrada a transação podem ser bem delineados pelo intérprete. É óbvio que o fechamento do conceito só poderá ser feito pelo aplicador da lei no caso concreto, e é por isso mesmo que se justifica a utilização de "conceitos jurídicos indeterminados" em todos os ramos do Direito.

Situações excepcionais podem existir por razões das mais diversas, como, por exemplo, resultantes de: 1. avaliação do custo/benefício da transação, levando-se em consideração a previsão do tempo de duração da demanda, aliada aos altos custos do processo judicial; 2. situações excepcionais do mercado, que levem à retração da economia, causando maiores prejuízos para ramos específicos de atividades (como já ocorreu no passado com a siderurgia, e com vários setores da indústria de base, automobilística e de construção civil); 3. boa-fé do contribuinte, que eventualmente consiga comprovar que a prática da infração à legislação tributária resultou de erro escusável; etc.

Paralelamente, a par do grau de indeterminação do conceito, é indiscutível que a expressão *"alta indagação jurídica"* traduz a ideia de que não existe uma solução jurídica final para um determinado caso concreto nos Tribunais e que a solução final é duvidosa, controversa, ou não se pacificou. Essa alta indagação jurídica a que se refere o art. 191 do RPTA pode ser relativa à matéria de fato ou de direito. No procedimento de fiscalização, por exemplo, muitas vezes o Fisco apura infrações à legislação, mas não consegue precisar certas circunstâncias fáticas, o que leva à utilização de algum critério de arbitramento. Portanto, antes, no curso, ou após o lançamento, deve-se admitir a transação, quando impossível prova firme dos fatos efetivamente ocorridos, para que Fisco e contribuinte cheguem a um acordo sobre algum elemento fático relevante para o lançamento.

Na realidade, a necessidade de transação quando há dúvida fundada da Administração Fiscal quanto a um elemento fático é corriqueira, entretanto essa não é a única hipótese de solução concertada admissível entre o Fisco e o contribuinte. Também é possível a transação preventiva com relação a questões de direito, isto é, para delimitação de interpretação jurídica. A propósito, muitas vezes, é para resolver questões de direito duvidosas que normas são elaboradas.

Da mesma forma, o Direito Tributário estruturou o instituto da "consulta", pelo qual o contribuinte pode verificar com o Fisco o entendimento que a Administração tem sobre determinada matéria. Muitas vezes, a própria compreensão administrativa de certos assuntos pode se alterar, demonstrando que a interpretação de algumas questões jurídicas pode não ser inequívoca e firme, mas passível de gerar litígios.

Quanto ao momento em que poderá ser celebrada, em virtude da redação do art. 171 do CTN, alguns autores defendem que a transação em matéria tributária só seria admissível para pôr fim a processos judiciais, ou seja, não seria admitida a transação preventiva.[73] O art. 191 do Regulamento do Processo Tributário Administrativo mineiro, assim como o CTN, também afirma que a transação será realizada para extinguir litígio. Porém, tanto o CTN como a legislação mineira empregam o termo "litígio" no sentido amplo, abrangendo pendências administrativas ou judiciais,[74] donde se conclui que a transação pode ocorrer em processo administrativo ou judicial, uma vez que ambos envolvem pretensão resistida por uma das partes. O conceito de litígio deve ser tomado da forma mais ampla e técnica, querendo significar "conflito de interesses qualificado por uma pretensão resistida",[75] e essa resistência, em especial na seara tributária, pode também se dar no curso de processo administrativo.

Ao balizar a utilização do instituto, o RPTA determina que a transação dependerá: a) de parecer da Advocacia-Geral do Estado e, em se tratando de matéria de fato, de parecer técnico emitido pelas Superintendências da Secretaria de Estado da Fazenda, no âmbito de suas competências, devidamente ratificado pelo Subsecretário da Receita Estadual e pelo Secretário de Estado da Fazenda; ou b) de parecer aprovado por resolução conjunta do Secretário de Estado da Fazenda e do Advogado-Geral do Estado, publicada no órgão oficial. Estes pareceres deverão especificar as condições e garantias para a efetivação do acordo.

Em Minas Gerais, tanto a chamada "transação comum" como a chamada "transação especial" foram autorizadas pelo RPTA. O art. 217 da Lei nº 6.763/1975 estabelece:

> Art. 217. O Poder Executivo poderá realizar *transação*, conceder *moratória, parcelamento* de débito fiscal e *ampliação de prazo* de recolhimento de tributo, observadas, relativamente ao ICMS, as condições gerais definidas em *convênio*. (g.n.)
>
> §1º. O Poder Executivo poderá delegar à autoridade fazendária a ser indicada em decreto a competência prevista no caput deste artigo, inclusive para estabelecer outras condições e formalidades relativas às formas especiais de extinção de crédito tributário nele mencionadas.
>
> §2º. Para os efeitos de parcelamento, o crédito tributário será considerado monetariamente atualizado, observada a legislação específica.
>
> §3º. O pedido de parcelamento implica a confissão irretratável do débito e a expressa renúncia ou desistência de qualquer recurso, administrativo ou judicial, ou de ação judicial.

---

[73] Nesse sentido, MACHADO, Hugo de Brito. *Curso...*, *op. cit.*, p. 146-147; MARTINS, Sérgio Pinto. *Op. cit.*, p. 196; ÁLVARES, Manoel. Comentários aos artigos 165 a 174. In: FREITAS, Vladimir Passos de (Coord.). *Código...*, *op. cit.*, p. 653-656.

[74] Nesse sentido, CARVALHO, Paulo de Barros. *Direito...*, *op. cit.*, p. 309.

[75] Nesse sentido, citando a clássica lição de Carnelutti, THEODORO JÚNIOR, Humberto. *Curso...*, *op. cit.*, p. 35.

§4º. No caso de cancelamento de parcelamento, se o crédito tributário já estiver inscrito em dívida ativa e ajuizada a execução fiscal, será apurado o débito remanescente, prosseguindo-se a execução fiscal.

§5º. Presume-se fraudulenta a alienação ou a oneração de bens e rendas, ou o seu início, feito por sujeito passivo que tenha requerido o parcelamento do débito tributário ou possua parcelamento em curso, salvo quando reservar bens ou renda suficiente para o integral pagamento do crédito tributário.

O art. 217 abre o que se pode chamar "cláusula legal geral autorizativa de transação", ou seja, abre um permissivo, igualmente legal, para a celebração de transações pelo Poder Executivo, nos termos que vierem postos em Convênio CONFAZ, apenas para o ICMS. Nos exatos termos da LC nº 24/1975 e do art. 217 da Lei nº 6.763/1975, o Poder Executivo poderá realizar transação, observadas, relativamente ao ICMS, as condições gerais definidas em Convênio. Por outro giro, o art. 218, como visto, estabelece que a transação poderá ser celebrada nos casos definidos em decreto, observadas as condições estabelecidas no art. 171 do CTN. O Convênio CONFAZ/ICMS nº 169/17 estabelece condições gerais para a concessão de transação, dispondo acerca da "transação comum", que não pode resultar em dispensa do imposto devido.

Nos termos do RPTA, a "transação comum" pode se dar (sem poder adentrar o valor do ICMS) nas hipóteses de "alta indagação jurídica". Salvo havendo convênio específico autorizativo de "transação especial", a transação pode adentrar o valor do próprio imposto (ICMS) apenas quando a "alta indagação jurídica" encontrar seu lastro no debate dos Tribunais Superiores com "jurisprudência absolutamente avessa", nos termos do Convênio CONFAZ ICMS nº 33/2000. Isso porque o Convênio CONFAZ nº 33/2000 parametrizou o que se pode entender por "alta indagação jurídica". O Convênio CONFAZ nº 169/17 apenas marca que a situação seja "excepcional", entretanto, o RPTA reclama "alta indagação jurídica" para a transação.[76]

---

[76] Vale registrar que a legislação mineira admite a possibilidade de "revisão de lançamento" em casos manifestamente antijurídicos em que a Fazenda Pública, fatalmente, sucumbiria no Judiciário. Isso é o que prevê o art. 227, §3º, da Lei nº 6.763/1975 alterado pela Lei nº 14.699/2003:
"Art. 227. O exercício do controle administrativo da legalidade que se refere o §3º do art. 2º da Lei Federal nº 6.830, de 22 de setembro de 1980, poderá alcançar o mérito do lançamento, por provocação fundamentada da autoridade incumbida da inscrição e cobrança do crédito tributário, observado o seguinte:
I – Se o parecer fundamentado e conclusivo do Advogado-Geral do Estado for pelo cancelamento parcial ou total do crédito tributário formalizado, o processo será submetido ao Secretário de Estado de Fazenda para decisão, devendo ser inscrito em dívida ativa, em caso de confirmação do lançamento;
II – A decisão pelo cancelamento total ou parcial somente produzirá efeitos legais após sua publicação no órgão oficial dos Poderes do Estado.
§1º – O Advogado-Geral do Estado, mediante ato motivado, poderá reconhecer de ofício a prescrição do crédito tributário.
§2º – Pode ser pedida a extinção da execução fiscal em que não tenha sido citado o executado ou, se citado, não tenham sido localizados bens penhoráveis, após ter sido o processo suspenso, nos termos do art. 40 da Lei Federal nº 6.830, de 22 de setembro de 1980, por prazo igual ou superior a cinco anos, somados os períodos de suspensão.
§3º – Fica o Secretário de Estado de Fazenda autorizado a determinar que não seja constituído ou que seja cancelado o crédito tributário:
I – Em razão de jurisprudência pacífica do Superior Tribunal de Justiça ou do Supremo Tribunal Federal contrária à Fazenda Pública, mediante parecer normativo da Advocacia-Geral do Estado;
II – De valor inferior a R$ 5.000,00 (cinco mil reais), ressalvadas as hipóteses estabelecidas em decreto".

Por fim, a legislação mineira deixa claro que o que extingue o crédito tributário não é a transação, ao prever que o crédito objeto da avença poderá ser extinto por dação em pagamento ou compensação, nos termos da legislação que rege estes institutos.

O Código Tributário Nacional enuncia onze causas de extinção do crédito tributário em seu art. 156.[77] A primeira delas é exatamente a forma usual de extinção do crédito, que é o pagamento da dívida em dinheiro (pecúnia). Porém, também prevê outras formas de extinção, conforme se verifica do extenso rol do art. 156. Da leitura do dispositivo, observa-se que o legislador se inspirou indubitavelmente nas modalidades de extinção da obrigação então previstas pelo Código Civil de 1916, praticamente repetidas pelo atual Código Civil Brasileiro.[78]

O art. 192 do RPTA estabelece que o crédito tributário objeto de transação poderá ser extinto mediante dação em pagamento. Trata-se, por certo, de solução acordada com a Administração, para a solução de conflitos tributários, que só pode ser celebrada em uma espécie de contrato de transação, pois ao invés de pagar o tributo, em espécie, com o consentimento da Administração, que deseja encerrar o litígio, na forma da lei da pessoa política tributante, o contribuinte extingue a obrigação tributária entregando ao patrimônio do Estado um bem de interesse deste.

A Administração Fiscal, para encerrar o litígio, aceita, no caso concreto, um bem para que possa o crédito tributário ser extinto e o litígio encontrar termo. Basta verificar que, para a Administração aceitar o bem, no mínimo, as partes devem celebrar um acordo sobre o valor do bem, sobre as condições de entrega, sobre o prazo etc.

Discordamos daqueles que entendem que a dação em pagamento só passou a ser admitida no Direito Tributário após a Lei Complementar nº 104/2001, que introduziu o inciso IX ao art. 156 do CTN, prevendo como modalidade de extinção do crédito tributário a dação em pagamento em bens imóveis. A uma, porque o rol de modalidades extintivas previsto no CTN não é exaustivo. Conforme alerta Regina Helena Costa, "pode-se ainda cogitar de outras modalidades de extinção das obrigações em geral, segundo a disciplina do Código Civil, como a hipótese de confusão."[79] A duas,

---

[77] "Art. 156. Extinguem o crédito tributário: I – o pagamento; II – a compensação; III – a transação; IV – remissão; V – a prescrição e a decadência; VI – a conversão de depósito em renda; VII – o pagamento antecipado e a homologação do lançamento nos termos do disposto no artigo 150 e seus §§1º e 4º; VIII – a consignação em pagamento, nos termos do disposto no §2º do artigo 164; IX – a decisão administrativa irreformável, assim entendida a definitiva na órbita administrativa, que não mais possa ser objeto de ação anulatória; X – a decisão judicial passada em julgado; XI – a dação em pagamento em bens imóveis, na forma e condições estabelecidas em lei (incluído pela Lei Complementar nº 104/2001).
Parágrafo único. A lei disporá quanto aos efeitos da extinção total ou parcial do crédito sobre a ulterior verificação da irregularidade da sua constituição, observado o disposto nos artigos 144 e 149."

[78] O Livro I da Parte Especial do Código Civil, que trata do Direito das Obrigações, prevê, em seu Título III – Do Adimplemento e Extinção das Obrigações, nove causas extintivas: pagamento (Capítulo I); pagamento em consignação (Capítulo II); pagamento com sub-rogação (Capítulo III); imputação do pagamento (Capítulo IV); dação em pagamento (Capítulo V); novação (Capítulo VI); compensação (Capítulo VII); confusão (Capítulo VIII); e remissão das dívidas (Capítulo IX). Observe-se que, ao contrário do que ocorria com o Código de 1916, a transação não está arrolada como causa extintiva das obrigações, embora continue encontrando previsão no Ordenamento Civil Codificado, no Título V – Dos Contratos em Geral. Pensamos, porém, que a alteração topográfica do instituto não gerou qualquer alteração em sua natureza jurídica.

[79] Cf. COSTA, Regina Helena. *Curso de direito tributário:* Constituição e Código Tributário Nacional. São Paulo: Saraiva. 1. ed., 2. tir. 2009, p. 246. Exemplifica a autora: "Imagine-se, por exemplo, que um Município receba, mediante doação, imóvel urbano, sobre o qual penda débito referente ao IPTU. O credor e devedor tributários, desse modo, confundem-se na mesma pessoa, acarretando a extinção da obrigação correspondente." No mesmo sentido, cf. voto do Min. Ilmar Galvão na ADI nº 2.405-MC/RS: "De ser entendido, por isso, não ser exaustivo o rol de institutos suscetíveis de gerar tais efeitos, contido nos arts. 151 e 156 do CTN." (fls. 89)

porque a entrega em pagamento do crédito tributário de algo que não seja dinheiro já se encontrava autorizada genericamente no inciso III do mesmo art. 156, que prevê a figura da transação.

A Lei Complementar nº 104/2001 reinstaurou a polêmica na doutrina e na jurisprudência sobre a possibilidade de extinção do crédito tributário através da dação em pagamento. Isso porque ao prever como "nova" causa extintiva a dação em pagamento de bens imóveis, levou alguns a entender que a possibilidade de dação estaria agora restrita a este tipo de bem. Contudo, a disposição, pelas razões já expostas, não teve o efeito de ampliar o rol de causas de extinção do crédito tributário e muito menos restringir a possibilidade de dação em pagamento aos bens imóveis.

Como bem asseverou o Ministro Ilmar Galvão em seu brilhante voto na ADI nº 2.405-MC, do Rio Grande do Sul, "nada impedia, nem impede, por isso, em princípio, que a lei estadual, com vista ao incremento da receita, estabeleça novas modalidades de extinção da dívida ativa, como fez a lei gaúcha, ao instituir a dação em pagamento [...]. Trata-se de medida de economia interna de cada unidade federada, que, por isso, não exige uniformidade normativa, ditada por lei complementar."[80] Com o devido respeito àqueles que entendem que apenas a União, através de lei complementar, poderia dispor sobre as modalidades de extinção do crédito tributário, oportuno invocar as palavras do Ministro Sepúlveda Pertence, proferidas quando do julgamento da ADI acima mencionada: "não creio que a tanto se deva chegar nesse caminho de centralização asfixiante da federação brasileira."

A Lei Mineira nº 14.699/2003 prevê a possibilidade de extinção do crédito tributário mediante dação em pagamento de bens móveis novos ou imóveis.[81] O RPTA estabelece as balizas para a aplicação do instituto em seus artigos 194 a 199. Para que a dação em pagamento seja efetivada, deve ser previamente verificada sua viabilidade econômico-financeira, conveniência e oportunidade. Isso significa dizer que, em primeiro lugar, é necessário que o Estado precise adquirir os bens que serão entregues em dação. Imprescindível, ainda, que estes mesmos bens atendam exatamente às especificações exigidas pelo adquirente e que sua aquisição por esse meio seja, por alguma razão, mais vantajosa, para o Estado.[82] O devedor deverá comprovar a propriedade do bem e estar na sua posse direta – exceto se esta posse estiver com o próprio Estado ou entidade de sua Administração indireta – de forma a evitar que o Estado enfrente qualquer contratempo quando de seu recebimento. A avaliação do bem será realizada por servidor estadual ou profissional habilitado e cadastrado para essa função na Administração Pública Estadual, e obviamente que é este o valor que será levado em conta para abatimento do montante do crédito tributário a ser quitado.

Verifique-se que, embora possa a Administração se embasar em laudos e avaliações particulares apresentadas pelo próprio devedor, servidores habilitados ou

---

[80] ADI nº 2405 MC / RS – RIO GRANDE DO SUL, in DJ de 17.02.2006, p. 54.
[81] "Art. 3º. O Estado e suas entidades da administração indireta com personalidade jurídica de direito público poderão permitir a extinção de crédito inscrito em dívida ativa, tributário ou não tributário, por meio de dação em pagamento.
Art. 4º. O Poder Executivo poderá autorizar a extinção de crédito inscrito em dívida ativa, mediante dação em pagamento ao Estado de bens móveis novos ou imóveis, verificada a viabilidade econômico-financeira, a conveniência e a oportunidade."
[82] Várias vantagens podem ser apontadas para esta forma de aquisição, sendo a principal delas o fato de o ente público não precisar despender recursos para adquirir os bens.

profissionais devidamente cadastrados no Estado para essa função deverão ratificar a avaliação apresentada. Caso o valor do bem seja superior ao valor do crédito tributário objeto de extinção, o devedor deverá renunciar ao valor excedente, renúncia esta que será presumida pelo simples oferecimento do bem para dação. Sendo seu valor inferior ao do crédito tributário, o devedor deverá efetuar o pagamento do valor remanescente do crédito objeto da extinção, além dos honorários advocatícios e custas judiciais, quando se tratar de crédito inscrito em dívida ativa em execução ou sujeito à demanda judicial.

Sobre o bem objeto da dação também não podem recair quaisquer ônus, exceto garantias ou penhoras estabelecidas em favor do Estado credor. A extinção do crédito só se dá após o registro no cartório competente e a imissão na posse do imóvel pelo Estado — em se tratando de dação em pagamento de bens imóveis – ou a tradição do bem móvel e o registro da transferência, se for o caso, além da comprovação do pagamento do valor remanescente do crédito tributário, dos honorários advocatícios e das custas judiciais, se for o caso. Como por vezes é relativamente demorado o procedimento de registro da transferência do bem, sem falar no cálculo das custas judiciais que depende de atos da Secretaria do Juízo onde tramita o processo judicial, para fins de interrupção da incidência dos juros moratórios, estabeleceu a legislação mineira que, para esses efeitos, considera-se extinto o crédito tributário na data do instrumento público de dação.

Embora não o diga a legislação mineira, se o Estado credor for evicto da coisa recebida em pagamento, restabelecer-se-á a obrigação primitiva, ficando sem efeito a extinção do crédito tributário.[83] Isso porque o contrato de transação não é substitutivo, na legislação mineira. O sujeito passivo deverá formular requerimento de extinção do crédito tributário mediante dação em pagamento, instruído com documentos que comprovem o preenchimento de todos os requisitos necessários para que se efetive a dação.[84] Embora o RPTA atribua ao Procurador Regional da Advocacia Geral do Estado a competência para apreciar o requerimento, como a dação em pagamento será sempre um meio alternativo de quitação do crédito tributário aceito via transação, será também necessária sua autorização mediante parecer da Advocacia Geral do Estado, aprovado pelo Advogado-Geral, bem como a assinatura do termo de transação pela autoridade superior do órgão que receberá o bem objeto de dação.

---

[83] Art. 359 do CCB. "Se o credor for evicto da coisa recebida em pagamento, restabelecer-se-á a obrigação primitiva, ficando sem efeito a quitação dada, ressalvados os direitos de terceiros."

[84] "Art. 199. O sujeito passivo interessado em liquidar crédito tributário mediante dação em pagamento encaminhará à Advocacia-Geral do Estado requerimento instruído com a seguinte documentação: I – certidão recente do cartório de registro de imóveis que comprove a sua propriedade, nota fiscal ou qualquer outro comprovante de propriedade, no caso de bens móveis; II – certidão negativa da existência de ônus sobre o bem oferecido em pagamento; III – certidão negativa de tramitação de processo de execução fiscal pelas Fazendas Públicas federal e municipal; IV – certidão negativa de distribuição de ações e protestos contra o requerente, excetuada a execução objeto da dação; e V – termo de confissão irretratável do total da dívida e da responsabilidade por seu pagamento, com renúncia formal a eventuais direitos demandados em juízo, compromisso de desistência da ação e recursos judiciais ou administrativos e de responsabilização pelas despesas com instrumentos públicos ou particulares, registro e imissão na posse ou tradição do bem objeto da dação, assinado pelo sujeito passivo ou seu representante.
§1º O Procurador Regional apreciará o requerimento a que se refere o caput no prazo de até 180 (cento e oitenta) dias contados da data de sua protocolização regularmente instruído.
§2º Na hipótese de indeferimento do pedido de que trata este artigo pela Advocacia-Geral do Estado, o sujeito passivo poderá interpor recurso dirigido ao superior hierárquico da autoridade que proferiu a decisão, no prazo de 5 (cinco) dias contados da ciência do indeferimento.
§3º A autoridade a que se refere o parágrafo anterior deverá, no prazo de 5 (cinco) dias contados do recebimento do recurso, reconsiderar a decisão ou encaminhá-lo ao seu superior hierárquico para decisão."

Se o bem que será entregue em pagamento da dívida for objeto de penhora nos autos de execuções fiscais movidas contra o devedor, a transação pode se dar através da adjudicação desse bem pelo Estado credor, caso em que deverá ser necessariamente homologada pelo Poder Judiciário, seguindo-se as formalidades legais. A adjudicação é um ato executivo, através do qual são expropriados bens do patrimônio do executado, que haviam sido objeto de penhora, transferindo-se tais bens diretamente para a propriedade do exequente.[85]

A propósito, a adjudicação passou a ser considerada a forma preferencial de pagamento ao credor no processo executivo,[86] tendência esta que foi consolidada no Código de Processo Civil[87] que entrou em vigor em 17 de março de 2016. Embora a execução fiscal seja regida por lei especial (Lei nº 6.830/1980), na parte em que esta for omissa aplicam-se subsidiariamente as disposições do Código de Processo Civil.

5 Conclusão

Pelo exposto, podemos recolher do texto algumas conclusões basilares:
1. No Direito norte-americano e europeu, contratos de transação são celebrados na prática do Direito Tributário. Usualmente, o Direito Tributário favorece e incentiva, quando não obriga, a realização de reuniões de acertamento entre o Fisco e os contribuintes, mas encara o resultado dessas reuniões como acordos dotados de efeitos vinculantes com base no princípio da boa-fé, como o faz o Direito alemão.
2. A praticidade, a economicidade, a busca de maior consentimento por parte dos contribuintes, bem como a necessidade de atenuar a elevada conflituosidade na solução de controvérsias tributárias favorecem soluções concertadas que possibilitem o traçado de alternativas mais eficientes para o bem comum.
3. Os contratos de transação *stricto sensu* (preventivos ou terminativos de litígios), dependem de cláusula legal autorizativa e visam prevenir ou terminar litígios com concessões recíprocas da Administração Pública e do administrado. O art. 171 do CTN traz uma cláusula legal setorial autorizativa de transações stricto sensu para o direito tributário. Nesse caso, se há renúncia de receitas, aplica-se o art. 165, §6º da Lei de Responsabilidade Fiscal (LRF – Lei Complementar nº 101/2000).
4. O CTN, porém, emprega o termo "litígio" no sentido amplo, abrangendo pendências administrativas ou judiciais, portanto a transação pode ocorrer em processo administrativo ou judicial, pois envolve pretensão resistida por uma das

---

[85] Cf. CÂMARA, Alexandre Freitas. *Lições de Direito Processual Civil*. v. II. 8. ed. Rio de Janeiro: Lumen Juris, 2010, p. 311.
[86] Cf. DIDIER JR., Freddie; CUNHA, Leonardo José Carneiro da; BRAGA, Paula Sarno; OLIVEIRA, Rafael. *Curso de direito processual civil. Execução*. 2. ed. Bahia: Juspodivm, 2010, v. 5, p. 619.
[87] Lei nº 13.105/2015: "Art. 825. A expropriação consiste em: I – adjudicação; II – alienação; III – apropriação de frutos e rendimentos de empresa ou de estabelecimentos e de outros bens." Observe-se que a adjudicação vem em primeiro lugar no rol dos atos expropriatórios.

partes. Dessa forma, se a lei da pessoa política tributante determinar, a transação pode ser realizada no curso de um processo administrativo-tributário.

5. Quando a transação for preparatória do lançamento, ou quando for celebrada para encerrar dúvida decorrente de questão de alta indagação jurídica, a transação não traduz perda ou renúncia de receita. Nesse caso, inexiste a necessidade de a cláusula setorial autorizativa de transação ser veiculada por "lei específica" ou qualquer impedimento ou requisito especial a ser observado à luz da Lei de Responsabilidade Fiscal.

6. Quando a transação traduz perdão de tributos ou de penalidades certos, tal como se dá na anistia ou remissão, a transação terminativa que encerra litígio em que não se apresenta incerteza real quanto ao direito ou aos fatos exige "lei específica" que veicule cláusula setorial autorizativa de transação, bem como a adoção dessas cláusulas deve submeter-se às normas de controle e limitações especiais previstas no art. 165, §6º, da CRFB/1988 e na Lei de Responsabilidade Fiscal.

7. O Fisco, ao celebrar a transação preventiva, não atua discricionariamente, mas no exercício de "discricionariedade técnica", portanto, a transação, nesse caso, é apenas um mecanismo para se verificar a realidade encoberta da incidência legal, que impede que se verifique com exatidão a matéria fática.

8. No caso do ICMS, em consonância com a CRFB/1988 (art. 155, §2º, XII, "g"), as cláusulas setoriais autorizativas de transação, pelo menos as que envolvam renúncias fiscais, devem ser deliberadas pelos Estados e Distrito Federal, por meio de Convênio CONFAZ. Para o ICMS, sem convênio prévio não pode haver transação que envolva renúncia de receita.

Referências

ACHTERBERG, Norbert. *Allgemeines Verwaltungsrecht*. 2. ed. Heidelberg: C. F. Müller Juristicher Verlag, 1986.

ÁLVARES, Manoel. Comentários aos artigos 165 a 174. In: FREITAS, Vladimir Passos de (coord.). *Código tributário nacional comentado*. São Paulo: Revista dos Tribunais, 1999.

AMARO, Luciano. *Direito tributário brasileiro*. 4. ed. São Paulo: Saraiva, 1999.

BALEEIRO, Aliomar. *Direito tributário brasileiro*. 11. ed. Rio de Janeiro: Forense, 1999.

BATISTA JÚNIOR, Onofre Alves. Transações administrativas. São Paulo: Quartier Latin, 2007.

BATISTA JÚNIOR, Onofre Alves; CUNHA, Daniel Antônio da; COSTA, João Leonardo Silva. Canais de participação na democracia brasileira. In: MURTA, Antônio Carlos Diniz (org.). *Intervenção do Estado e autonomia privada*. Belo Horizonte: Arraes, 2013, v. 1, p. 90-108.

CÂMARA, Alexandre Freitas. *Lições de direito processual civil*. 8. ed. Rio de Janeiro: Lumen Juris, 2010, v. II.

CARVALHO, Paulo de Barros. *Curso de direito tributário*. 7. ed. São Paulo: Saraiva, 1995.

COÊLHO, Sacha Calmon Navarro. A obrigação: nascimento e morte: a transação como forma de extinção do crédito tributário. *Revista de Direito Tributário*, São Paulo, n. 62, [s.d.].

COÊLHO, Sacha Calmon Navarro. *Curso de direito tributário brasileiro*. São Paulo: Forense, 1999.

COSTA, Regina Helena. *Curso de direito tributário*: Constituição e Código Tributário Nacional. 1. ed., 2. tir. São Paulo: Saraiva. 2009.

CRUZ, Paulo Ricardo de Souza. *A transação no direito tributário*. 2004. Dissertação (Mestrado em Direito Tributário) – Faculdade de Direito da Universidade Federal de Minas Gerais, Belo Horizonte, 2004.

DERZI, Misabel de Abreu Machado. Em favor de uma transação justa e eficiente. *Resposta à consulta formulada pela TELEMIG (Telecomunicações de Minas Gerais S/A)*. Belo Horizonte, jul. 2004

DIDIER JR., Freddie; CUNHA, Leonardo José Carneiro da; BRAGA, Paula Sarno; OLIVEIRA, Rafael. *Curso de direito processual civil. Execução*. 2. ed. Bahia: Jus PODIVM, 2010, v. 5.

GOMES, Nuno de Sá. *Manual de direito fiscal*. Lisboa: Rei dos Livros, 1997. v. II, p. 42.

GONZÁLEZ-CUELLAR SERRANO, Maria Luisa. *Los procedimientos tributários:* su terminación transaccional. Madrid: Colex, 1998.

ISENSEE, Josef. *Die typisierende Verwaltung*. Berlin, 1979.

JARDIM, Eduardo Marcial Ferreira. In: MARTINS, Ives Gandra da Silva (coord.). *Comentários ao Código Tributário Nacional*. São Paulo: Saraiva, 1998.

MACHADO, Hugo de Brito. *Curso de direito tributário*. 14. ed. São Paulo: Malheiros, 1998.

MARQUES, José Frederico. *Manual de direito processual civil*. 2. ed. Atualizado por Vilson Rodrigues Alves, Campinas: Millennium, 1998, v. I.

MARTINS, Sérgio Pinto. *Manual de direito tributário*. São Paulo: Atlas, 2002.

MAURER, Hartmut. *Allgemeines Verwaltungsrechet*. 12. ed. München: C. H. Beck, 1999.

MAYER, Otto. *Deutsches Verwaltungsrecht*. Tradução espanhola da edição alemã de 1904. Derecho administrativo alemán: poder de policía y poder tributario. 2. ed. Buenos Aires: Depalma, 1982, t. II.

MORAES, Bernardo Ribeiro de. *Compêndio de direito tributário*. 3. ed. Rio de Janeiro: Forense, 1997. v. II.

MOSCHETTI, Francesco. Las posibilidades de acuerdo entre la administración financiera y el contribuyente en el ordenamiento italiano. Tradução de PIÑA GARRIDO. Maria Dolores. In: ELORRIAGA PISARIK, Gabriel et al. *Convención y arbitraje en el derecho tributario*. Madrid: Marcial Pons, 1996, p. 117-131.

NOBRE JÚNIOR, Edílson Pereira. *O princípio da boa-fé e sua aplicação no direito administrativo brasileiro*. Porto Alegre: Fabris, 2002.

SEER, Roman. Contratos, transacciones y otros acuerdos en derecho tributario alemán. Tradução de Maria Luíza González-Cuéllar Serrano. In: ELORRIAGA PISARIK, Gabriel et al. *Convención y arbitraje en el derecho tributario*. Madrid: Marcial Pons, 1996, p. 133-159.

SPANIOL, Werther Botelho. *Curso de direito tributário*. Belo Horizonte: Del Rey, 2004.

THEODORO JÚNIOR, Humberto. *Curso de direito processual civil*. 2. ed. Rio de Janeiro: Forense, 1997, v. I.

TIPKE, Klaus. Límites de la integración en el derecho tributario. *Revista Española de Derecho Financiero*, n. 34, p. 181-184, abr./jun. 1982.

XAVIER, Alberto. *Do lançamento*: teoria geral do ato, do procedimento e do processo tributário. 2. ed. Rio de Janeiro: Forense, 2001. p. 209.

Informação bibliográfica deste texto, conforme a NBR 6023:2018 da Associação Brasileira de Normas Técnicas (ABNT):

DERZI, Misabel Abreu Machado; BATISTA JÚNIOR, Onofre Alves; LOBATO, Valter de Sousa. A transação tributária nos estados-membros. In: SARAIVA FILHO, Oswaldo Othon de Pontes (coord.). *Transação Tributária*: homenagem ao jurista Sacha Calmon Navarro Coêlho. Belo Horizonte: Fórum, 2023. (Coleção Fórum grandes temas atuais de Direito Tributário ; v. 1). p. 163-199. ISBN 978-65-5518-407-5.

TRANSAÇÃO: CONCEITOS DO CÓDIGO CIVIL: POSSIBILIDADE E LIMITES

ANDRESA SENA

1 Introdução

Na medida em que se têm novas configurações da autonomia privada e novas disposições concernentes ao Direito Público, o instituto da transação merece especial atenção no atual ordenamento jurídico, como forma de se chegar a um final célere e vantajoso das controvérsias e litígios.

Na seara civilista, o acordo de vontades entre as partes, desde que devidamente instrumentado, já se apresentava como negócio jurídico perfeito e acabado, independentemente de homologação judicial, sendo dispensável a sentença como condição essencial para sua validade.

Mas com o advento do Código de Processo Civil de 2015, os institutos da conciliação e da mediação ganharam protagonismo na sistemática processual brasileira, de modo que o término da demanda judicial deve ser buscado sempre que possível, por meio da autocomposição.

No direito público, a Lei nº 13.988, de 14 de abril de 2020 veio autorizar a transação, mediante concessões mútuas, com vistas à extinção de créditos da União, de natureza tributária ou não tributária.

Nesse contexto, para analisar a matéria de maneira mais ampla, partiremos do estudo do instituto da transação sob o enfoque do Direito Civil para, então, passar à análise do disposto nos artigos 3º, V, e 12, §3º, da Lei nº 13.988/20, que dispõem sobre aspectos peculiares da novação e da renúncia nos créditos da União.

2 Transação no Direito Civil e Tributário

Para o ramo do Direito Civil, a transação é um negócio jurídico que se realiza por meio de um acordo de vontades e tem por objeto encerrar ou prevenir um litígio mediante concessões recíprocas. Nas palavras do doutrinador Carlos Roberto Gonçalves (2011, p. 540),[1] o termo Transação significa:

> A palavra transação costuma ser empregada, na linguagem comum, para designar todo e qualquer tipo de negócio, especialmente os de compra e venda de bens. É qualquer convenção econômica, sobretudo de natureza comercial. Fala-se, nesse sentido, em transação comercial, transação bancária, transação na Bolsa etc. No sentido técnico-jurídico do termo, contudo, constitui negócio jurídico bilateral, pelo qual as partes previnem ou terminam relações jurídicas controvertidas, por meio de concessões mútuas. Resulta de um acordo de vontades, para evitar os riscos de futura demanda ou para extinguir litígios judiciais já instaurados, em que cada parte abre mão de uma parcela de seus direitos, em troca de tranquilidade. Segundo CUNHA GONÇALVES, "transação é o contrato pelo qual os transigentes previnem ou terminam um litígio, cedendo, um deles ou ambos, parte das suas pretensões ou prometendo um ao outro alguma coisa em troca do reconhecimento do direito contestado".

Para Diniz (2008, p. 602),[2] trata-se de "uma composição amigável entre interessados sobre seus direitos, em que cada qual abre mão de parte de suas pretensões, fazendo cessar as discórdias".

Pamplona Filho e Gagliano (2017, p. 839)[3] definem o instituto como "um negócio jurídico pelo qual os interessados, denominados transigentes, previnem ou terminam um litígio mediante concessões mútuas".

O Código Civil vigente trata da transação nos artigos 840 a 850, dispondo que "é lícito aos interessados prevenirem ou terminarem o litígio mediante concessões mútuas". Dessa maneira, diante de uma situação de incerteza quando ao direito em debate, as partes colocam um fim na controvérsia, ainda que não plenamente satisfeita com o acordo por elas estabelecido.

A natureza jurídica do instituto já foi muito controvertida na doutrina. Enquanto uns sustentavam a natureza contratual, outros consideravam a transação como um meio

---

[1] GONÇALVES, Carlos Roberto. *Direito civil esquematizado*. v. I. São Paulo: Saraiva, 2011, p. 540.
[2] DINIZ, Maria Helena. *Dicionário jurídico universitário*. 3. ed. São Paulo: Saraiva, 2008. 632 p.
[3] GAGLIANO, Pablo Stolze; PAMPLONA FILHO, Rodolfo. *Manual de Direito Civil*. São Paulo: Saraiva, 2017.

de extinção de obrigações, e, dessa forma, não poderia ser equiparada a um contrato, que tem por fim gerar obrigações.

Isso porque, no Código Civil de 1916, a figura da transação era tratada como um modo extintivo das obrigações. No entanto, o Código Civil de 2002 acabou por esvaziar tal celeuma, incluindo a transação no capítulo dos contratos (Título VI).

Com efeito, a transação extingue a relação jurídica anteriormente controvertida, fazendo com que as partes se obriguem ao cumprimento dos termos nela pactuados. E essa obrigatoriedade nasce justamente do acordo de vontades e só pode ser anulada, na forma do art. 849 do Código Civil, por dolo, coação ou erro essencial quanto à pessoa ou coisa controversa, não sendo ainda admitida a retratação unilateral, tal como nos contratos em geral.

Trata-se de um negócio jurídico bilateral declaratório, uma vez que reconhece ou declara direito, transformando em incontestável no futuro o que hoje é litigioso ou incerto. Assim, a transação não se restringe a extinguir obrigações, já que dela podem surgir outras relações jurídicas. De acordo Carnelutti (*apud* PESSOA, 2003, p. 63)[4] "a transação é a solução contratual da lide" ou "equivalente contratual da sentença".

Por força de previsão expressa do Código Civil, a transação vincula apenas as partes, com eficácia liberatória equiparada à coisa julgada. "Art. 844. A transação não aproveita, nem prejudica senão aos que nela intervierem, ainda que diga respeito a coisa indivisível." O dispositivo consagra o princípio da relatividade dos contratos, que trata dos efeitos contratuais do ponto de vista subjetivo.

Não obstante, o §1º do supramencionado dispositivo consigna que, concluída a transação entre o devedor e o credor, estará desobrigado o fiador não anuente, por ser a fiança uma obrigação acessória. Já o §2º dispõe que a transação envolvendo um credor solidário liberará também aos demais credores, ainda que não tenham participado da transação. E, por fim, o §3º preceitua que celebrada a transação com um dos devedores solidários, os demais também estarão liberados da dívida.

Na linha do que dispõe o art. 843 do Código Civil, uma das características da transação é que ela sempre deverá ser interpretada de maneira restritiva, de modo que somente o que foi expressamente concedido deve ser considerado como objeto da transação, não se transmitindo direitos, mas declarando-se ou reconhecendo-se obrigações.

Explica Gonçalves (2010, p. 576)[5] que:

> [...] a regra, que inviabiliza o emprego da analogia ou qualquer interpretação extensiva, decorre do fato de toda transação implicar em renúncia de direito. Presume-se que o renunciante age da forma menos onerosa possível em relação a seus direitos. Na dúvida sobre se determinado bem fez parte do acordo, ou se foram convencionados juros, por exemplo, devem ser excluídos pois só pode ser considerado o que foi expressamente mencionado.

Destarte, em sendo o instituto uma espécie de negócio jurídico, é necessário que a manifestação da vontade seja livre e consciente para que se lhe possa atribuir validade e eficácia. Daí por que a transação deve ser interpretada restritivamente.

---

[4] PESSOA, Valton Dória. *Transação extrajudicial nas relações individuais do Trabalho*. São Paulo: LTR, 2003.
[5] GONÇALVES, Carlos Roberto. *Direito das obrigações:* parte especial: contratos. 12. ed. São Paulo: Saraiva, 2010.

Com respaldo em precedentes firmados pelo Superior Tribunal de Justiça, os nossos Tribunais vêm prestigiando a referida norma quando se discute o alcance da interpretação dos termos do acordo pelo julgador, limitando-a ao que fora expressamente concedido na transação:

> APELAÇÃO CIVIL. ACORDO EXTRAJUDICIAL. HOMOLOGAÇÃO. CUSTAS PROCESSUAIS. AUSÊNCIA DE REFERÊNCIA A SEGUNDO PROCESSO EM QUE CONTENDEM AS PARTES. INTERPRETAÇÃO RESTRITIVA. ARTIGO 843 DO CÓDIGO CIVIL. SENTENÇA MANTIDA. 1. Nos termos do artigo 843 do Código Civil, a transação deve ser interpretada de forma restritiva. Não cabe, pois, ao magistrado, conferir maior abrangência aos encargos assumidos pelas partes, em inobservância do expressamente avençado. 2. Recurso conhecido e desprovido. (BRASIL, 2020)[6].

> APELAÇÃO CÍVEL. AÇÃO DE REPARAÇÃO POR DANOS MORAIS E MATERIAIS. ACIDENTE DE TRÂNSITO. SEGURADORA. ACORDO EXTRAJUDICIAL. QUITAÇÃO. INTERPRETAÇÃO RESTRITIVA. LUCROS CESSANTES. COMPROVAÇÃO. DANO MORAL. NÃO OCORRÊNCIA. (...) 2. Conforme orientação do Superior Tribunal de Justiça, embora os acordos extrajudiciais de geral e plena quitação celebrados entre as partes sejam válidos e hábeis a produzir seus regulares efeitos, quando ausentes vícios que possam invalidá-los, "devem ser interpretados de forma restritiva, tendo repercussão apenas aos danos a que se referem" (AgRg no Ag 637.975/RJ). (...) Apelação parcialmente provida. (BRASIL, 2019)[7].

Desta feita, considerando que a transação contempla uma renúncia de direitos e possui efeito extintivo, a interpretação do pacto formulado entre as partes deve ser restritiva, sendo vedado o alcance de situações que não estejam expressamente especificadas no instrumento celebrado entre as partes.

Ainda nos termos do artigo 848, parágrafo único do Código Civil, a transação, além de ato convencional ou consensual, também é vista como indivisível e restrita. "Art. 848. Sendo nula qualquer das cláusulas da transação, nula será esta". Assim, sendo um negócio jurídico uno, a ineficácia de qualquer das cláusulas da transação induz a nulidade do todo.

No entanto, o parágrafo único desse artigo destaca que, caso uma transação verse sobre direitos independentes entre si, em sendo reconhecida a nulidade de uma cláusula, outras poderão prevalecer. Isto é, atestada a autonomia de certas cláusulas da transação, estas podem vir a ser parcialmente validadas, desde que se possa verificar a efetiva desvinculação com o grupo de direitos afetado pela nulidade.

No entanto, Gustavo Tepedino (2006, p. 665)[8] pondera que deve ser observado o princípio da norma quando da análise da autonomia das cláusulas, sob pena de colocar-se em risco a harmonia do negócio:

---

[6] BRASIL. Tribunal de Justiça do Distrito Federal e Territórios. 1ª Turma Cível. Apelação Cível nº 004601453.2012.8.07.0001, Relator: CARLOS RODRIGUES, julgado em 20.05.2020, DJe 02.06.2020.

[7] BRASIL. Tribunal de Justiça do Distrito Federal e Territórios. 2ª Turma Cível. Apelação Cível nº 071239059.2018.8.07.0001, Relator: CESAR LOYOLA, julgado em 10.04.2019, DJe 08.05.2019.

[8] TEPEDINO, Gustavo. *Código Civil Interpretado*. v. II. Renovar, 2006, p. 665.

Considere-se, de início, que a transação é indivisível, de modo que a nulidade de qualquer uma de suas cláusulas provoca a nulidade da transação (Carlos Alberto Dabus Maluf, A Transação, p. 82). Nesse sentido, Silvio Rodrigues argumenta que: 'se a transação representa uma recíproca troca de concessões, cada cláusula pode, eventualmente, constituir o motivo e a justificativa a renúncia de um direito por parte de um dos transigentes. Ora, nula tal cláusula, pode romper-se a harmonia do negócio, pode-se desequilibrar a balança em que se colocaram os favores recíprocos e, dessa maneira, aquilo que, por ser contratual, era justo, talvez venha a deixar de sê-lo.

Quanto à forma, a transação pode ser judicial (se for realizada no curso do processo, recaindo sobre direitos contestados em juízo) ou extrajudicial. Haverá de ser escritura pública quando a lei exigir, conforme determina o art. 842 do Código Civil:

> Art. 842. A transação far-se-á por escritura pública, nas obrigações em que a lei o exige, ou por instrumento particular, nas em que ela o admite; se recair sobre direitos contestados em juízo, será feita por escritura pública, ou por termo nos autos, assinado pelos transigentes e homologado pelo juiz.

A intervenção judicial limita-se a verificar a regularidade da avença celebrada e, estando presentes os requisitos de validade do ato, encerrar o processo com sentença meramente homologatória. Para desconstituição dessa sentença será necessária a ação anulatória (art. 486 do CPC), ou rescisória, se a referida sentença também apreciar o mérito do negócio jurídico, deixando de ser meramente homologatória (art. 966 do CPC).

O Superior Tribunal de Justiça, em voto do Ministro Luis Felipe Salomão,[9] tratou da necessidade de ação própria para desfazer transação já homologada:

> (...) Com efeito, apenas mediante o ajuizamento de ação declaratória (nulidade absoluta do ato); ou ação anulatória (nulidade relativa), voltada à desconstituição de atos processuais (homologação judicial de transação) e/ou de direito material inquinados de qualquer das nulidades estabelecidas nos arts. 145 e 147 do CC/16 – similares aos arts. 166 e 171 do CC/02 –, poderá o interessado obter a revogação de quaisquer atos praticados. (TUCCI, Rogério Lauria. Doutrinas Essenciais de Direito Processual Civil. São Paulo: Revista dos Tribunais, vol. 5, 2011, p. 635).

> Uma vez acolhida ação anulatória, produzirá o exclusivo e específico efeito do desfazimento desse ato, a que corresponde a restituição do interessado ao *status quo ante*, ou seja, à situação anterior à sua realização. (TUCCI, Rogério Lauria. Doutrinas Essenciais de Direito Processual Civil. São Paulo: Revista dos Tribunais, vol. 5, 2011, p. 635).

> Dessarte, em havendo transação, o exame do juiz deve se limitar à sua validade e eficácia, verificando se houve efetiva transação, se a matéria comporta disposição, se os transatores são titulares do direito do qual dispõem parcialmente, se são capazes de transigir e se estão adequadamente representados – não podendo, sem que se proceda a esse exame, ser simplesmente desconsiderada a avença.

> A propósito, segue precedente deste Colegiado, referente ao REsp nº 617.285/SC, relatado pelo Ministro Fernando Gonçalves, reconhecendo que a transação, com observância das exigências legais, sem demonstração de algum vício, é ato jurídico perfeito e acabado, não

---

[9] BRASIL. Superior Tribunal de Justiça. Quarta Turma. Recurso Especial nº 1.172.929/RS. Relator: Ministro LUIS FELIPE SALOMÃO. Julgado em: 10.06.2014. DJ de 01 agosto de 2014.

podendo o simples arrependimento unilateral de uma das partes dar ensejo à anulação do acordo (...).

No tocante à possibilidade de homologação da transação judicial realizada após a prolação de sentença ou acórdão, a jurisprudência já se posicionou de forma afirmativa, entendendo não existir obstáculo, já que objetivo da conciliação dos interesses em conflito é a finalidade que deve prevalecer:

> Cinge-se a controvérsia a definir se é passível de homologação judicial acordo celebrado entre as partes após ser publicado o acórdão de apelação, mas antes do seu trânsito em julgado. 2. A tentativa de conciliação dos interesses em conflito é obrigação de todos os co-operadores do direito desde a fase pré-processual até a fase de cumprimento da sentença. 3. Ao magistrado foi atribuída expressamente, pela reforma processual de 1994 (Lei n. 8.952), a incumbência de tentar, a qualquer tempo, conciliar as partes, com a inclusão do inciso IV ao artigo 125 do Código de Processo Civil. Logo, não há marco final para essa tarefa. 4. Mesmo após a prolação da sentença ou do acórdão que decide a lide, podem as partes transacionar o objeto do litígio e submetê-lo à homologação judicial. 5. Na transação acerca de direitos contestados em juízo, a homologação é indispensável, pois ela completa o ato, tornando-o perfeito e acabado e passível de produzir efeitos de natureza processual, dentre eles o de extinguir a relação jurídico-processual, pondo fim à demanda judicial. 6. Recurso especial provido. (BRASIL, 2015).[10]

Dita orientação ganhou força com a promulgação do Código de Processo Civil de 2015 que prestigia consideravelmente os meios alternativos de solução dos conflitos. O inciso V do artigo 139 do dito diploma legal consigna expressamente que o juiz deverá promover, a qualquer tempo, a autocomposição. Assim sendo, Nery Júnior (2016, p. 636)[11] destaca que:

> Não há termo final para a tentativa de conciliação pelo juiz, pois, mesmo depois de proferida a sentença, sendo vedado ao magistrado alterá-la (CPC 494), as partes podem chegar à composição amigável de natureza até diversa da que fora estabelecida na sentença. O término da demanda judicial é sempre interessante e deve ser buscado sempre que possível.

Ainda conforme jurisprudência da mais alta Corte do país, a homologação pelo Juízo não é requisito indispensável para o aperfeiçoamento da transação, uma vez que se trata de um contrato e as partes não podem se arrepender do que pactuou:

> Agravo Regimental no Agravo em Recurso Especial. Transação. Arrependimento e rescisão unilateral. Impossibilidade. Súmula 83 (MIX\2010\1336)/STJ. Análise da existência de vício de consentimento. Súmula 7 (MIX\2010\1261)/STJ. Agravo não provido. 1 É pacífica a jurisprudência desta corte no sentido de que, em regra, é descabido o arrependimento e a rescisão unilateral da transação, ainda que antes da homologação judicial. Incidência da Súmula 83 (MIX\2010\1336)/STJ. 2. A revisão do concluído pelo Tribunal *a quo*, no sentido

---

[10] BRASIL. Superior Tribunal de Justiça. Terceira Turma. Recurso Especial nº 1267525/DF. Relator: Ministro RICARDO VILLAS BÔAS. Julgado em: 20.10.2015. DJ de 29 de outubro de 2015.

[11] NERY JUNIOR, Nelson; ANDRADE NERY, Rosa Maria. *Código de Processo Civil comentado*. São Paulo: Revista dos Tribunais, 2016.

de que não ocorreu vício de consentimento, demandaria, no caso, o revolvimento do acervo fático-probatório dos autos, situação que encontra óbice na Súmula 7 (MIX\2010\1261)/STJ. (BRASIL, 2015).[12]

Na transação extrajudicial também deverá existir a reciprocidade de concessões e ser adotada, necessariamente, a forma escrita. No entanto, não se faz necessária a homologação judicial, que acarreta apenas efeitos processuais de extinção da lide e formação de coisa julgada. Caio Mário (2017, p. 368)[13] ensina que "a homologação do acordo que nesta tem lugar não interfere na substância do negócio, nem o transmuta em algo diverso de um contrato".

Os efeitos da transação extrajudicial serão os mesmos da judicial, com a ressalva de que para se valer como título extrajudicial deverá observar o que dispõe o art. 784, III, do CPC, "documento particular assinado pelo devedor e por 2 (duas) testemunhas", a fim de que o credor possa se valer da ação de execução diante de um inadimplemento. Caso contrário, será necessário o ajuizamento da ação monitória.

Quanto ao seu objeto, a transação civil é restrita a direitos patrimoniais de caráter privado, sobre os quais recaia o litígio ou a suscetibilidade do litígio – direitos disponíveis. (art. 841, CC). Assim, a disponibilidade do objeto se apresenta como um dos requisitos para esse negócio.

Por meio dessa regra, o legislador veda a utilização da transação que tenham por objetos direitos indisponíveis (direitos personalíssimos, direito à vida, direto à saúde, direito à dignidade, direitos pessoais de família), bem como direitos patrimoniais de natureza pública, haja vista os limites estritos que o Poder Público possui para transigir.

Como nos ensinam Pamplona e Stolze (2017, p. 845),[14] "como critério básico para se verificar se determinados direitos podem ser objeto de transação, basta analisar se os mesmos estão no campo da disponibilidade jurídica ou não".

A transação, portanto, apresenta-se viável somente àquelas situações jurídicas de conteúdo econômico que podem se expressar em pecúnia. No entanto, embora não seja possível negociar um direito personalíssimo, não haveria óbice ao negociar a compensação pecuniária por um dano moral sofrido em razão da sua violação.

E quanto aos direitos de natureza pública, a Lei nº 13.988/2020 veio regulamentar de forma específica a transação como forma de extinção do crédito tributário cobrado pelo Fisco (CTN, ar. 171), estabelecendo as condições, os requisitos e hipóteses em que ela poderá ocorrer.

Também se apresentam como elementos constitutivos da transação: o acordo entre as partes; a existência de uma relação jurídica controvertida ou litigiosa; a intenção (*animus*) de extinguir ou prevenir o litígio, e concessões recíprocas, sem que seja necessária a proporcionalidades nas concessões.

A transação é um negócio jurídico que não pode ser extraído de nenhuma das partes. Pessoa (2003, p. 72)[15] nos alerta que "o interesse deve ser espontâneo e bilateral".

---

[12] BRASIL. Superior Tribunal de Justiça. Quarta Turma. AgRG no Agravo em Recurso Especial nº 612.086/MG. Relator: Ministro RAUL ARAÚJO. Julgado em: 05.11.2015. DJ 03 de dezembro de 2015.
[13] PEREIRA, Caio Mário da Silva; Mulholland, Caitlin. *Instituições de direito civil*: contratos. Rio de Janeiro: Forense, 2017. v. III. p. 367-368.
[14] GAGLIANO, Pablo Stolze; PAMPLONA FILHO, Rodolfo. *Manual de Direito Civil*. São Paulo: Saraiva, 2017.
[15] PESSOA, Valton Dória. *Transação extrajudicial nas relações individuais do trabalho*. São Paulo: LTR, 2003.

Assim, em se tratando de um acordo entre as partes, deve atentar-se aos requisitos de validade (art. 104, CC), principalmente quanto à capacidade dos transigentes e a legitimação, bem como a outorga de poderes especiais quando realizada por mandatário (art. 661, §1º, CC).

Nas palavras da professora Gisele Leite:[16]

> A capacidade para transacionar está relacionada à capacidade jurídica plena e a quem tem poder de disposição sobre a situação jurídica objeto da transação. Não podem, em regra, transigir os menores, os absolutamente incapazes, salvo se assistidos por seus representantes legais e devidamente autorizados pelo juiz.

Dessa forma, as partes não podem transigir sobre aquilo que não se pode dispor. Como exemplo, podemos citar o Enunciado nº 442 da V Jornada de Direito Civil: "A transação, sem a participação do advogado credor dos honorários, é ineficaz quanto aos honorários de sucumbência definidos no julgado".

Quanto à manifestação pessoal da parte, a transação não se anula por erro de direito a respeito das questões que foram objeto de controvérsia entre as partes (art. 849, parágrafo único, CC), mas apenas por dolo, coação, ou erro essencial quanto à pessoa ou coisa controversa (art. 849, *caput*, CC).

O dispositivo também deixa de fora os vícios de lesão e de estado de perigo, como fundamentos para anulação. No entanto, considerando tais situações como manifestações da coação em sentido lato, Viana de Oliveira Martins, Maria Inês (2019, p. 319)[17] defendem a possibilidade de anulação nestes casos:

> A norma constante do art. 849 deve, pois, ser interpretada de modo sistematicamente coerente com os princípios da proteção da autonomia privada, na vertente da liberdade de contratar, e da boa-fé. Tal não implica mais do que continuar a acolher o entendimento tradicional nesta matéria: a transação deve ser atacável quando não se basear num consentimento íntegro, formado com liberdade. Tal ocorre nas situações de estado de perigo ou lesão que podem, pois, ser consideradas manifestações da coação em sentido lato, já que assentam numa situação de coação fática, em que o contexto da contratação retira ao declarante a sua liberdade contratual.

Destaca-se ainda que não existe qualquer restrição relativamente às causas de nulidade absoluta (arts. 166 e 167 CC), que se aplicam de forma ampla à transação, assim como a possibilidade de resolução pelo inadimplemento ao que foi acordado.

E conforme já exposto, realizada a transação com o preenchimento dos requisitos de sua validade, impõe-se a extinção da obrigação principal, resultando na definitiva extinção da obrigação controvertida, não se admitindo a retratação unilateral da transação, mesmo que ainda não tenha sido homologado o acordo em juízo.

---

[16] LEITE, Gisele. Algumas linhas sobre o contrato de transação. Âmbito Jurídico, 2008. Disponível em: https://ambitojuridico.com.br/cadernos/direito-civil/algumas-linhas-sobre-o-contrato-de-transacao/#:~:text=A%20capacidade%20para%20transacionar%20est%C3%A1,e%20devidamente%20autorizados%20pelo%20juiz. Acesso em: 11 dez. 2020.

[17] MARTINS, Maria Inês Viana de Oliveira. *Revista de Direito Civil Contemporâneo*, v. 20, p. 305-344, jul./set. 2019.

A transação se pauta em uma razoável dúvida. A incerteza das pretensões das partes é algo inerente ao instituto e as direciona para a intenção de extinguir ou prevenir o litígio. E este requisito decorre dos próprios termos empregados pelo legislador na redação do art. 840 do Código Civil, "prevenirem ou terminarem o litígio". Assim, ao sacrificar uma parte de seu respectivo interesse, as partes o fazem com intuito promoverem o exaurimento do conflito.

Venosa (2002, p. 30)[18] esclarece sobre o alcance da dúvida que deve recair sobre a relação jurídica, restringindo o âmbito da transação às questões discutidas pelo devedor:

> [...] qualquer obrigação que possa trazer dúvida aos obrigados pode ser objeto de transação. Deve ser elástico o conceito de dubiedade. Somente não pode ser objeto de transação, em tese, as obrigações cuja existência, liquidez e valor não são discutidos pelo devedor.

Por outro lado, o Professor Fabio Siebeneichler (2017, p. 174)[19] defende a possibilidade de a transação envolver direitos diversos daqueles controversos pelas partes:

> No Código Civil (LGL\2002\400) brasileiro, não há solução expressa a respeito. Muito embora a ausência de dispositivo expresso na lei, essa circunstância não deve conduzir a uma leitura restritiva sobre o âmbito da transação, na medida em que deve prevalecer o princípio da autonomia privada a regrar a presente questão. Nada impede que as partes, ao transacionarem, resolvam incluir no acordo celebrado concessões distintas das que decorriam da relação substancial controvertida, pois a tipicidade da transação permite esta abrangência.

Parece-nos mais acertado o segundo posicionamento, na medida em que o princípio da livre contratação e da autonomia da vontade se apresenta como o alicerce das relações contratuais de qualquer espécie.

O negócio jurídico será enquadrado como transação tão somente se existir a reciprocidade das concessões. Dessa forma, o artigo 850 do Código Civil dispõe que a transação será nula "a respeito do litígio decidido por sentença passada em julgado, se dela não tinha ciência algum dos transatores, ou quando, por título ulteriormente descoberto, se verificar que nenhum deles tinha direito sobre o objeto da transação".

Nas palavras de Viana de Oliveira Martins, Maria Inês (2019, p. 306),[20] são concessões "aquilo a que cada uma das partes renuncia, face ao que considerava ser a posição jurídica que lhe cabia".

No tocante à exigência da reciprocidade das concessões, Diniz (2007, p. 594)[21] explica:

> A transação é instituto em que há "reciprocidade de concessões, pois será necessário que ambos os transigentes concedam alguma coisa ou abram mão de alguns direitos em troca de segurança oferecida pela transação. Daí o caráter oneroso desse instituto, já que cada parte procura tirar uma vantagem do acordo, sem que as concessões mútuas

---

[18] VENOSA, Silvio de Salvo. *Teoria geral das obrigações e teoria geral dos contratos*. 2. ed. São Paulo: Saraiva, 2002.
[19] ANDRADE, Fabio Siebeneichler. *Revista de Direito Civil Contemporâneo*, v. 13, p. 171-198, out./dez. 2017.
[20] MARTINS, Maria Inês Viana de Oliveira. *Revista de Direito Civil Contemporâneo*, v. 20, p. 305-344, jul./set. 2019.
[21] DINIZ, Maria Helena. *Curso de Direito Civil brasileiro*. 23. ed. São Paulo: Saraiva, 2007, p. 594.

devam implicar equivalência ou proporcionalidade das prestações ou correspondência das vantagens e sacrifícios.

O Supremo Tribunal Federal[22] também já decidiu que a reciprocidade de concessões não precisa ser equivalente:

> Transação. Pressupostos e validade. Independe da equivalência das prestações. Aplicação da regra do art 1.033 do Código civil. Inexistência de usura real. Recurso extraordinário não conhecido por não caracterizada negativa de vigência do direito federal, nem comprovado o dissídio de jurisprudência. (BRASIL, 1971).

E quando realizada judicialmente, via de regra, a transação não dá azo à sucumbência, justamente em razão dessa reciprocidade de concessões:

> HONORÁRIOS SUCUMBENCIAIS. AÇÃO DE EXTINÇÃO DE CONDOMÍNIO. HOMOLOGADO ACORDO ENTABULADO NOUTROS AUTOS. RENÚNCIA DO PEDIDO. EXTINÇÃO DO PROCESSO, COM RESOLUÇÃO DE MÉRITO, NOS TERMOS DO ARTIGO 487, III, ALÍNEA "C", DO CPC. HONORÁRIOS ADVOCATÍCIOS CARREADOS AO AUTOR. IRRESIGNAÇÃO. CABIMENTO. AUTOCOMPOSIÇÃO NA MODALIDADE TRANSAÇÃO. RECIPROCIDADE DE CONCESSÕES. HIPÓTESE EM QUE, PARA O EFEITO DA SUCUMBÊNCIA, DESCABE SE FALAR EM VENCEDOR OU VENCIDO. ATO JURÍDICO COMPLEXO BILATERAL QUE NÃO DÁ ENSEJO AO ARBITRAMENTO DE HONORÁRIOS ADVOCATÍCIOS SUCUMBENCIAIS. EXTINÇÃO FULCRADA NO ARTIGO 487, III, ALÍNEA "B", DO CPC. HONORÁRIOS, ADEMAIS, QUE CONSTITUEM 'TERTIUM GENUS' E QUE NÃO SE CONFUNDEM COM AS CUSTAS E DESPESAS DO PROCESSO. CONDENAÇÃO AFASTADA. SENTENÇA REFORMADA. RECURSO PROVIDO. (BRASIL, 2018).[23]

Assim, desde que observados os requisitos de validade do negócio jurídico e que a relação controvertida recaia sobre direitos patrimoniais de caráter privado, no âmbito civil as partes possuem liberdade de transacionar mediante concessões recíprocas, nos termos das normas dispostas no Código Civil.

Por outro lado, no âmbito do direito público, terreno onde se assenta esta obra, conforme preceitua o §6º do art. 150 da Constituição Federal, inserido pela EC nº 3/1993, em se tratando de transação tributária, é necessário que haja lei ordinária que preveja os contornos da negociação, *in verbis*:

> (...) qualquer subsídio ou isenção, redução de base de cálculo, concessão de crédito presumido, anistia ou remissão, relativos a impostos, taxas ou contribuições, só poderá ser concedido mediante lei específica, federal, estadual ou municipal, que regule exclusivamente as matérias acima enumeradas ou o correspondente tributo ou contribuição, sem prejuízo do disposto no art. 155, §2º, XII, g.

---

[22] BRASIL. Supremo Tribunal Federal. Primeira Turma. Recurso Extraordinário nº 72.675/GB. Relator: Ministro OSWALDO TRIGUEIRO. Julgado em: 23.11.1971.
[23] BRASIL. Tribunal de Justiça de São Paulo. 6ª Câmara de Direito Privado. Apelação Civil nº 1010396-80.2014.8.26.0114. Relator: Desembargador Vito Guglielmi, Julgado em 09.08.2018.

Isso porque o Direito Administrativo tem como corolário o princípio da legalidade estrita, segundo o qual à Administração Pública só é permitido fazer o que a lei autoriza. Nas palavras de Maria Sylvia Zanella Di Pietro (*apud* BERGAMASCHI, 2015):[24]

> Segundo o princípio da legalidade, a Administração Pública só pode fazer o que a lei permite. (...) Em decorrência disso, a Administração Pública não pode, por simples ato administrativo, conceder direitos de qualquer espécie, criar obrigações ou impor vedações aos administrados; para tanto, ela depende de lei.

Nesse sentido, o então Ministro do Superior Tribunal de Justiça[25] Luiz Fux também já decidiu pela necessidade de lei específica na transação tributária:

> O instituto da transação tributária, assim como a compensação e a remissão (artigo 156, do CTN), submete-se ao subprincípio da reserva da lei tributária (art. 97 do CTN), consectário do princípio da legalidade, que decorre do valor supraconstitucional da segurança jurídica. (BRASIL, 2007).

O princípio da supremacia do interesse público, que determina que, em havendo conflito entre o interesse público e o privado, prevalecerá o primeiro, também traz consequências diretas para a questão da possibilidade de a Administração Pública adotar práticas consensuais de resolução de conflitos.

Marçal Justen Filho (*apud* BERGAMASCHI, 2015), no entanto, pondera que mesmo em casos de conflitos de interesses públicos e privados, "não se pode impor uma escolha prévia em favor do interesse dito público – senão quando evidenciar ser a decisão a mais conforme e adequada em face do conjunto da ordem jurídica".

Juliana de Palma (*apud* BERGAMASCHI, 2015) também reconhece o ato consensual como expressão do interesse público:

> Ainda que se admita o princípio da supremacia, o ato consensual pode ser considerado o próprio interesse público, de forma que a atuação administrativa consensual não determina a prevalência do interesse privado em detrimento do interesse público, pelo contrário, segundo esse argumento a consensualidade corresponderia ao processo de satisfação do interesse público concretizado no acordo administrativo. O ponto está em considerar não apenas o ato administrativo como expressão do interesse público, mas também o acordo firmado entre Administração e administrado no âmbito do processo, no qual haja negociação da prerrogativa pública (imperativa). Tendo em vista os possíveis efeitos positivos da consensualidade – como a efetividade da decisão bilateral, a economia de tempo e de custos, bem como a maior adequação da solução negociada em relação às particularidades da situação concreta –, é importante que se reconheça o ato consensual como a própria expressão do interesse público.

---

[24] BERGAMASCHI, André Luís. *Sobre a resolução dos conflitos envolvendo a administração pública por meio de mecanismos consensuais*. Dissertação de Mestrado – Faculdade de Direito da Universidade de São Paulo. São Paulo, 2015.

[25] BRASIL. Superior Tribunal de Justiça. Primeira Turma. Recurso Especial nº 929.121/MT. Relator: Ministro LUIZ FUX. Julgado em: 11 dez. 2007. DJ 29 de maio de 2007.

Em sua tese, André Luís Bergamaschi (BERGAMASCHI, 2015), além de destacar as vantagens que podem decorrer de um método consensual, como a economia de tempo e recursos, ainda conclui:

> A adoção de uma solução consensual não significa privilegiar o particular em detrimento do público. O interesse público (aquele obtido após a ponderação dos diversos interesses existentes) pode ser veiculado também pelo ato consensual. Basta notar os Termos de Compromisso firmados no âmbito das Ações Civis Públicas, as quais, em tese, mesmo sendo frutos de consenso, procuram veicular a própria proteção do interesse público.

Destarte, o interesse público também pode estar presente em uma transação e não pode ser visto como um óbice intransponível para adoção de meios consensuais.

Nesse sentido, a nova Lei nº 13.988, de 14 de abril de 2020, que dispõe sobre a transação no Direito Tributário, em seu art. 1º, §1º preceitua que "A União, em juízo de oportunidade e conveniência, poderá celebrar transação em quaisquer das modalidades de que trata esta Lei, sempre que, motivadamente, entender que a medida atende ao interesse público".

3 Impossibilidade de novação dos créditos transacionados (art. 12, §3º, da Lei nº 13.988)

A Lei nº 13.988/2020, em seu artigo 12, *caput*, §3º preceitua que a proposta de transação não implica novação e não suspende a exigibilidade dos créditos por ela abrangidos.

Nos termos do art. 360 do Código Civil, dá-se a novação:

> I – quando o devedor contrai com o credor nova dívida para extinguir e substituir a anterior;
> II – quando novo devedor sucede ao antigo, ficando este quite com o credor;
> III – quando, em virtude de obrigação nova, outro credor é substituído ao antigo, ficando o devedor quite com este.

Para Washington de Barros Monteiro (2006, p. 291),[26] a novação se apresenta como:

> A substituição de uma dívida por outra, eliminando-se a precedente. Desaparece a primeira, e, em seu lugar, surge nova. Esse seu conteúdo essencial, aliás, duplo: um extintivo, referente à obrigação antiga; outro gerador, relativo à obrigação nova. Não existe, pois, tão-somente, uma transformação; o fenômeno é mais complexo, abrangendo a criação de nova obrigação, que se substitui à antiga.

Gomes (1994. p. 137)[27] destaca que a novação implica, para o credor, a renúncia do seu direito de crédito e dos respectivos acessórios, seja de modo expresso, seja por

---

[26] MONTEIRO, Washington de Barros. *Curso de Direito Civil*. Obrigações. 32. ed. Saraiva: São Paulo, p. 291.
[27] GOMES, Orlando. *Obrigações*. Rio de Janeiro: Forense, 1994. p. 137.

força das circunstâncias que envolvem a estipulação, neste último caso, contanto que não resulte de mera presunção.

Assim, a transação se difere da novação por se tratar de uma forma de extinção de obrigação, via concessões recíprocas, em que não surge uma nova obrigação, mas que apenas se extingue uma relação jurídica duvidosa.

Neste contexto, a Lei nº 13.988/20 consigna expressamente que a transação não implica novação dos créditos justamente porque a capacidade do credor de dispor do seu direito de crédito é um dos requisitos para que haja a novação, juntamente ao *animus novandi*.

Nessa toada, o Superior Tribunal de Justiça[28] já havia fixado o seguinte entendimento quanto aos requisitos essenciais da novação:

RECURSO ESPECIAL. (...) NOVAÇÃO. INTENÇÃO DE NOVAR. PREEXISTÊNCIA DE OBRIGAÇÃO. CRIAÇÃO DE NOVA OBRIGAÇÃO. (...) 2. A novação constitui a assunção de nova dívida, tendo por consequência a extinção da anterior. Os requisitos essenciais à configuração da novação são: a intenção de novar, a preexistência de obrigação e a criação de nova obrigação; podendo também ser reconhecida em razão da evidente incompatibilidade da nova obrigação com a anterior. (...) 9. Recurso especial da recorrente Vonpar provido para excluir a condenação quanto a verbas referentes a "fretes"; recurso especial da recorrente Bortolazzo não conhecido. (BRASIL, 2013).

E na seara do parcelamento de débito fiscal, o inciso VI do art. 151 do Código Tributário Nacional já dispunha que o parcelamento consiste apenas na faculdade dada ao credor optante para suspender a exigibilidade do crédito tributário, de modo a adimpli-lo de forma segmentada.

Assim, antes mesmo do diploma normativo em debate encerrar a discussão, já era do entendimento dos Tribunais Superiores que a adesão ao programa de parcelamento administrativo de débito fiscal não acarretaria a extinção da execução por novação, mas tão somente a suspensão do crédito tributário enquanto perdurar o período do parcelamento, *in verbis*:

AGRAVO DE INSTRUMENTO EM RECURSO DE REVISTA. EXECUÇÃO FISCAL. ADESÃO AO PROGRAMA DE PARCELAMENTO DO DÉBITO. LEI 11.914/2009. SUSPENSÃO DA EXECUÇÃO. AUSÊNCIA DE NOVAÇÃO. Demonstrada possível violação do art. 151, VI, do Código Tributário Nacional, impõe-se o provimento do agravo de instrumento para determinar o processamento do recurso de revista. Agravo de instrumento provido. II – RECURSO DE REVISTA. EXECUÇÃO FISCAL. ADESÃO AO PROGRAMA DE PARCELAMENTO DO DÉBITO. LEI 11.914/2009. SUSPENSÃO DA EXECUÇÃO. AUSÊNCIA DE NOVAÇÃO. A jurisprudência desta Corte pacificou o entendimento de que, nos termos do art. 151, VI, da Lei 5.172/66 (Código Tributário Nacional), o parcelamento da dívida fiscal acarreta a suspensão da exigibilidade do crédito tributário até que o débito seja quitado. Em caso de descumprimento da obrigação,

---

[28] BRASIL. Superior Tribunal de Justiça. Quarta Turma. Recurso Especial nº 1297847/RS, Relator: Ministro LUIS FELIPE SALOMÃO, julgado em 17.10.2013, *DJe* 28.10.2013

a execução deve ser retomada nos autos originários na Justiça do Trabalho. Precedentes desta Corte. Recurso de revista conhecido e provido. (BRASIL, 2012).[29]

> AGRAVO INTERNO. RECURSO DE REVISTA. DECISÃO MONOCRÁTICA. EXECUÇÃO FISCAL. PARCELAMENTO DO DÉBITO. NOVAÇÃO. NÃO OCORRÊNCIA. A decisão monocrática proferida nestes autos merece ser mantida, pois esta Corte Superior firmou entendimento no sentido de que o parcelamento de débito fiscal tem por efeito a suspensão da exigibilidade do crédito tributário (artigo 151, VI, do CTN) e, por consequência, a suspensão da execução fiscal em curso, não ensejando a sua extinção por novação. Considerando, portanto, a improcedência do presente apelo, aplica-se ao agravante a multa prevista no art. 1.021, §4º, do CPC. Agravo interno não provido, com aplicação de multa. (BRASIL, 2020).[30]

Destarte, na esteira do que preceitua o inciso I do artigo 111 do CTN, em que se interpreta "literalmente a legislação tributária que disponha sobre: I – suspensão ou exclusão do crédito tributário"; a Lei nº 13.988/20 veio ultimar com qualquer discussão acerca da possibilidade de novação do crédito tributário, sendo mantidas as garantias que o crédito tributário anteriormente possuía, e permanecendo incólumes eventuais penhoras ou constrições judiciais eventualmente implementadas nos autos de uma Execução Fiscal.

4 Renúncia de direitos ou concessões mútuas? (art. 3º, V, da Lei nº 13.988/20)

Disciplina o inciso V do artigo 3º da Lei nº 13.988/20 que a proposta de transação deverá estar condicionada à assunção pelo devedor do compromisso de:

> renunciar a quaisquer alegações de direito, atuais ou futuras, sobre as quais se fundem ações judiciais, inclusive as coletivas, ou recursos que tenham por objeto os créditos incluídos na transação, por meio de requerimento de extinção do respectivo processo com resolução de mérito, nos termos da alínea c do inciso III do caput do art. 487 da Lei nº 13.105, de 16 de março de 2015 (Código de Processo Civil).

Muito embora a concessão mútua esteja presente na transação, e que esta não venha a acarretar a extinção da execução por novação, mas tão somente a extinção de uma relação duvidosa, a Lei nº 13.988/20 fala em renúncia pelo devedor a quaisquer alegações de direito sobre os quais se fundem ações judiciais.

Com efeito, a transação tributária possui natureza contratual, firmada pelos sujeitos da obrigação tributária, mediante concessões mútuas com encargos e vantagens

---

[29] BRASIL. Tribunal Superior do Trabalho. Sétima Turma. Recurso de Revista nº 162000-78.2009.5.03.0015. Relatora: Ministra DELAÍDE MIRANDA ARANTES. DEJT de 04 de maio de 2012.
[30] BRASIL, Tribunal Superior do Trabalho. 5ª Turma. Ag em EDcl em RR 10683-35.2013.5.03.0163. j. 2.12.2020 – julgado por João Pedro Silvestrin – *DJe* 4.12.2020

para prevenir ou terminar um litígio. No entanto, diferente do que ocorre no ramo civil, as obrigações tributárias não decorrem da vontade das partes, mas sempre da lei.

E quando se trata de obrigação tributária, dividida pelo artigo 113 do CTN em principal ou acessória, tem-se que o tema prescrição se apresenta como um condutor de raciocínio para demonstrar que a renúncia na transação tributária, ainda que agora prevista, não seria irrevogável, diferentemente do que ocorre na esfera civil.

Nos termos do art. 191 do Código Civil, a renúncia da prescrição pode ser expressa ou tácita quando se presume de fatos do interessado, incompatíveis com a prescrição. Por outro lado, a prescrição no Direito Tributário é matéria de ordem pública, sendo causa de extinção do crédito tributário (art. 156, V, CNT).

Ainda, a Constituição Federal preconiza em seu artigo 5º, inciso XXXV, que "nenhuma lesão ou ameaça a direito será excluída de apreciação do Poder Judiciário".

Nesse sentido, anterior à promulgação da Lei nº 13.988/20, a jurisprudência já vinha se posicionando no sentido de que a renúncia ao direito de discutir o débito para adesão aos programas de parcelamento, não seria irrevogável quando a exigência do tributo não encontra amparo legal:

> PROCESSUAL CIVIL E TRIBUTÁRIO. EXECUÇÃO FISCAL. PRESCRIÇÃO DECRETADA DE OFÍCIO. ALEGAÇÃO DE RENÚNCIA EM VIRTUDE DE CONFISSÃO DE DÍVIDA. IMPOSSIBILIDADE. APELAÇÃO IMPROVIDA. 1. Uma vez consumada a prescrição e, consequentemente, extinto o crédito tributário, posterior pedido de parcelamento não implica na renúncia prevista no art. 191 do CC, pois a prescrição em matéria tributária é regulada pelo art. 156, V, do CTN. 2. Precedentes do STJ e desta Corte Regional: RESP 1161958, 200902050140, MAURO CAMPBELL MARQUES, STJ – SEGUNDA TURMA, *DJE*: 1.9.2010; AG111468/SE, DESEMBARGADOR FEDERAL MANOEL ERHARDT, Primeira Turma, JULGAMENTO: 15/09/2011, PUBLICAÇÃO: *DJE* 22.9.201. 3. Apelação improvida. (BRASIL, 2012)[31].

> PROCESSUAL CIVIL – TRIBUTÁRIO – EXECUÇÃO FISCAL – PARCELAMENTO ACORDADO – ALEGADA VIOLAÇÃO DOS ARTS. 174 DO CTN, E 191 DO CC – INEXISTÊNCIA – PRESCRIÇÃO CONSUMADA. 1. O preenchimento de termo de confissão de dívida para fins de parcelamento do débito não tem o condão de restabelecer o direito do Fisco de exigir o crédito extinto pela prescrição. 2. Precedentes: AgRg no REsp nº 1087838/RS, Rel. Min. Herman Benjamin, Segunda Turma, julgado em 23.4.2009, DJe 19.5.2009; REsp 812669/RS, Rel. Min. José Delgado, Primeira Turma, julgado em 17.8.2006, DJ 18.9.2006. (BRASIL, 2010)[32].

Assim, a renúncia realizada como condição para efetivação de um parcelamento administrativo não impediria a sua discussão, uma vez que a obrigação tributária resulta de lei, nada valendo o crédito tributário que dela destoe.

Tal raciocínio pode ser também aplicado à Lei nº 13.988/20, que, apesar de imputar ao contribuinte a renúncia a quaisquer alegações de direito, em determinados casos, poderá encontrar óbice nas questões de ordem pública, tal como a prescrição.

---

[31] BRASIL. Tribunal Regional Federal – 5ª Região. Primeira Turma. Apelação Cível – AC540350/SE – Número do Processo: 200085000039164 – Data do Julgamento: 17 de maio de 2012.

[32] BRASIL. Superior Tribunal de Justiça. Segunda Turma. Agravo regimental improvido. AgRg no REsp 1116753 / 2009/0007075-. Relator: Ministro HUMBERTO MARTINS. Data do Julgamento 06 de abril de 2010.

Ainda, considerando que a transação judicial implica a extinção do feito com a resolução do mérito nos termos do artigo 487, III, "b", do CPC, não parece razoável que a Lei nº 13.988/20 preveja a renúncia de direitos por apenas uma das partes, quando deveria ocorrer a extinção do direito material que deu ensejo ao processo, e formação da coisa julgada material que advém da sentença de mérito.

Para que a transação tributária seja de fato efetiva ao desenvolvimento econômico e social do contribuinte, e ainda promova uma arrecadação mais eficiente e um processo mais célere, deve existir concessões mútuas e equilibradas sobre o direito em que se funda a ação.

5 Conclusão

Apesar de muito prestigiada no Direito Civil, a transação como negócio jurídico em que as partes realizam concessões mútuas para extinção da obrigação, ainda não é tão comum no Direito Tributário, uma vez que somente poderá ser realizada mediante lei específica; presente um cenário específico que a possibilite, ou quando ditados pelo governo os requisitos que deverão ser cumpridos.

No entanto, em sendo respeitado os parâmetros da legalidade e, ao mesmo tempo, atingida a finalidade do interesse público, em menor tempo e custo, o meio consensual deve se apresentar como uma forma de atingir inclusive o dever de eficiência da Administração Pública. E para o contribuinte, como um mecanismo célere de solucionar suas dívidas, possibilitando a reestruturação da sua atividade econômica e evitando a constrição de seus bens.

Referências

GONÇALVES, Carlos Roberto. *Direito civil esquematizado*. v. I. São Paulo: Saraiva, 2011, p. 540.

DINIZ, Maria Helena. *Dicionário jurídico universitário*. 3. ed. São Paulo: Saraiva, 2008. 632 p.

GAGLIANO, Pablo Stolze; PAMPLONA FILHO, Rodolfo. *Manual de direito civil*. São Paulo: Saraiva, 2017.

PESSOA, Valton Dória. *Transação extrajudicial nas relações individuais do trabalho*. São Paulo: LTR, 2003.

GONÇALVES, Carlos Roberto. *Direito das obrigações*: parte especial: contratos. 12. ed. São Paulo: Saraiva, 2010.

BRASIL. Tribunal de Justiça do Distrito Federal e Territórios. 1ª Turma Cível. Apelação Cível nº 004601453.2012.8.07.0001, Relator: CARLOS RODRIGUES, julgado em 20/05/2020, DJe 02.06.2020.

BRASIL. Tribunal de Justiça do Distrito Federal e Territórios. 2ª Turma Cível. Apelação Cível nº 071239059.2018.8.07.0001, Relator: CESAR LOYOLA, julgado em 10/04/2019, *DJe* 08.05.2019.

TEPEDINO, Gustavo. *Código Civil Interpretado*. v. II. Renovar, 2006, p. 665.

BRASIL. Superior Tribunal de Justiça. Quarta Turma. Recurso Especial nº 1.172.929/RS. Relator: Ministro LUIS FELIPE SALOMÃO. Julgado em: 10/06/2014. DJ de 01 agosto de 2014.

BRASIL. Superior Tribunal de Justiça. Terceira Turma. Recurso Especial nº 1267525/DF. Relator: Ministro RICARDO VILLAS BÔAS. Julgado em: 20.10.2015. DJ de 29 de outubro de 2015.

NERY JUNIOR, Nelson; ANDRADE NERY, Rosa Maria. *Código de Processo Civil Comentado*. São Paulo: Revista dos Tribunais, 2016.

BRASIL. Superior Tribunal de Justiça. Quarta Turma. AgRG no Agravo em Recurso Especial nº 612.086/MG. Relator: Ministro RAUL ARAÚJO. Julgado em: 05.11.2015. DJ de 03 de dezembro de 2015.

PEREIRA, Caio Mário da Silva; Mulholland, Caitlin. *Instituições de direito civil*: contratos. Rio de Janeiro: Forense, 2017. v. III. p. 367-368.

LEITE, Gisele. Algumas linhas sobre o contrato de transação. Âmbito Jurídico, 2008. Disponível em: https://ambitojuridico.com.br/cadernos/direito-civil/algumas-linhas-sobre-o-contrato-de-transacao/#:~:text=A%20capacidade%20para%20transacionar%20est%C3%A1,e%20devidamente%20autorizados%20pelo%20juiz. Acesso em: 11 dez. 2020.

MARTINS, Maria Inês Viana de Oliveira. *Revista de Direito Civil Contemporâneo*, v. 20/2019, p. 305-344, jul./set. 2019.

VENOSA, Silvio de Salvo. Teoria geral das obrigações e teoria geral dos contratos. 2. ed. São Paulo: Saraiva, 2002.

ANDRADE, Fabio Siebeneichler. *Revista de Direito Civil Contemporâneo*, v. 13, p. 171-198, out./dez. 2017.

DINIZ, Maria Helena. *Curso de Direito Civil brasileiro*. 23. ed. São Paulo: Saraiva, 2007, p. 594).

BRASIL. Supremo Tribunal Federal. Primeira Turma. Recurso Extraordinário nº 72.675/GB. Relator: Ministro OSWALDO TRIGUEIRO. Julgado em: 23.11.1971.

BRASIL. Tribunal de Justiça de São Paulo. 6ª Câmara de Direito Privado. Apelação Civil nº 1010396-80.2014.8.26.0114. Relator: Desembargador Vito Guglielmi, Julgado em 09.08.2018.

BERGAMASCHI, André Luís Sobre *A resolução dos conflitos envolvendo a administração pública por meio de mecanismos consensuais*. Dissertação de Mestrado – Faculdade de Direito da Universidade de São Paulo. São Paulo, 2015.

BRASIL. Superior Tribunal de Justiça. Primeira Turma. Recurso Especial nº 929.121/MT. Relator: Ministro LUIZ FUX. Julgado em: 11 dez. 2007. DJ 29 de maio de 2007.

MONTEIRO, Washington de Barros. *Curso de Direito Civil*: obrigações. 32. ed. Saraiva: São Paulo, p. 291.

GOMES, Orlando. *Obrigações*. Rio de Janeiro: Forense, 1994. p. 137.

BRASIL. Superior Tribunal de Justiça. Quarta Turma. Recurso Especial nº 1297847/RS, Relator: Ministro LUIS FELIPE SALOMÃO, julgado em 17.10.2013, DJe 28/10/2013.

BRASIL. Tribunal Superior do Trabalho. Sétima Turma. Recurso de Revista nº 162000-78.2009.5.03.0015. Relatora: Ministra DELAÍDE MIRANDA ARANTES. DEJT de 04 de maio de 2012.

BRASIL. Tribunal Regional Federal – 5ª Região. Primeira Turma. Apelação Cível – AC 540350/SE – Número do Processo: 200085000039164 – Data do Julgamento: 17 de maio de 2012.

BRASIL. Superior Tribunal de Justiça. Segunda Turma. Agravo regimental improvido. AgRg no REsp nº 1116753/2009/0007075. Relator: Ministro HUMBERTO MARTINS. Data do Julgamento 06 de abril de 2010.

Informação bibliográfica deste texto, conforme a NBR 6023:2018 da Associação Brasileira de Normas Técnicas (ABNT):

SENA, Andresa. Transação: conceitos do Código Civil: possibilidade e limites. *In*: SARAIVA FILHO, Oswaldo Othon de Pontes (coord.). *Transação Tributária*: homenagem ao jurista Sacha Calmon Navarro Coêlho. Belo Horizonte: Fórum, 2023. (Coleção Fórum grandes temas atuais de Direito Tributário ; v. 1). p. 201-217. ISBN 978-65-5518-407-5.

TRANSAÇÃO E NOVAÇÃO: A EXTINÇÃO DO CRÉDITO TRIBUTÁRIO PELO ARTIGO 171 DO CTN E A (IM)POSSIBILIDADE DE REPETIÇÃO DO INDÉBITO

LUÍS EDUARDO SCHOUERI

MATEUS CALICCHIO BARBOSA

Com a Lei nº 13.988/20, a transação tributária em matéria federal, antes restrita a casos específicos, ganhou termos amplos e expressos. Conquanto possam ser tecidas críticas pertinentes à amplitude do texto legal, merecendo dúvidas a sua compatibilidade com a disciplina da transação como modalidade de extinção do crédito tributário pelo Código Tributário Nacional (CTN), este estudo debruça-se sobre a natureza do próprio instituto. Com efeito, foi no âmbito abstrato do CTN que, antes de qualquer prática concreta, a transação recebeu desconfiança e menoscabo pela literatura: além dos questionamentos face ao Princípio da Legalidade, muitas vozes se levantaram até mesmo a questionar o seu efeito jurídico, negando-se a possibilidade de que, pela via exclusiva da transação, pudesse estar extinta a obrigação tributária.

Estudioso do Direito Tributário, o homenageado não deixou de refletir e posicionar-se no tema. É a sua opinião que, no Código, a transação é, de fato, "*modus faciendi*, tem feitio processual, preparatório do pagamento", sendo que, "por meio de uma transação, muita vez ocorre pagamento em moeda consorciado a pagamento por compensação, a aplicação de remissões e anistias, ou mesmo a dação em pagamento de coisa diversa do dinheiro".¹ Assim é que, já se manifestou o homenageado, a "transação é fato que pode redundar em remissão ou pagamento", no que "a remissão e o pagamento, estes sim, extinguem o crédito".²

Não há melhor modo de honrar um pensador que refletir sobre suas ideias, mesmo que se chegue a resultado diverso. É o que pretende este estudo: não se defende, aqui, que a transação esteja submetida a outros meios de extinção do crédito tributário; sustenta-se que a transação é, em si, modalidade de extinção do crédito tributário, apta a substituir aquela obrigação extinta por um novo vínculo entre as partes.

No tópico 1, o artigo argumenta que, no Direito Tributário como no Direito Privado, a transação extingue a obrigação litigiosa, em modalidade inconfundível com pagamento, remissão ou anistia. No tópico 2, aponta-se que o instituto tem o efeito de novação: se da transação decorre um novo débito com o Fisco, em monta inferior ao débito original, é porque já se está diante de novo vínculo obrigacional entre as partes. No tópico 3, o artigo identifica a novação no Direito pátrio e a sua ocorrência na transação. No tópico 4, afastam-se certas críticas à transação novatória no CTN. Finalmente, o artigo analisa, à luz dos regimes legais de transação, uma consequência prática: a (im) possibilidade de que, depois de entabulada a transação, possa o contribuinte pleitear eventual restituição do indébito, como no artigo 165 do CTN, se constatado o pagamento indevido.

1 Transação e extinção do crédito tributário

Apesar da previsão expressa do inciso III do artigo 156 do Código, muitos autores têm opinião semelhante à do homenageado, sustentando que a transação não seria meio de extinção do crédito tributário. Há quem argumente que "a extinção da obrigação não se dá propriamente por força das concessões recíprocas, e sim do pagamento", no que o "processo de transação tão somente prepara o caminho para que o sujeito passivo quite sua dívida, promovendo o desaparecimento do vínculo".³ Em raciocínio semelhante, afirma-se que "não é da essência da transação a extinção da relação obrigacional que ensejara o litígio": ainda que a "generalidade dos casos da transação resulte a extinção do litígio e também do crédito tributário a respeito do qual se havia aquele instaurado, pode ocorrer que de uma transação não decorra a extinção da relação obrigacional tributária", sendo o caso, antes, de "que em face da transação seja concedido um novo prazo para o pagamento, de uma só vez ou em parcelas, do crédito tributário respectivo".⁴ Com uma transação, diz-se ainda neste sentido, "desparece a própria lide, ou seja, a pretensão resistida, e não a relação ensejadora das pretensões contrapostas".⁵ Quando

---

[1] Cf. COÊLHO, Sacha Calmon Navarro. *Curso de Direito Tributário Brasileiro*, Rio de Janeiro, Editora Forense.
[2] Cf. COÊLHO, Sacha Calmon Navarro. A Obrigação Tributária – Nascimento e Morte – A Transação como forma de Extinção do Crédito Tributário. *Revista de Direito Tributário*, São Paulo, Malheiros, n. 62, p. 70, 1993.
[3] Cf. CARVALHO, Paulo de Barros. *Curso de Direito Tributário*. São Paulo. Saraiva, 2012, p. 540.
[4] Cf. MACHADO, Hugo de Brito. A Transação no Direito Tributário. *Revista Dialética de Direito Tributário*, n. 75, , São Paulo, Dialética p. 62, 2001.
[5] Cf. FIGUEIREDO, Paulo Henrique. *A transação tributária*. Recife: Edições Bagaço, 2004, p. 128-129.

muito, seria razoável "dizer que a transação extingue o crédito tributário na parte em que a Fazenda abriu mão, concedeu".[6]

Não é este o entendimento sustentado neste artigo. Ao contrário, acredita-se que atribuir ao pagamento o efeito de extinção do crédito tributário transacionado implica negar vigência à própria disciplina da transação no CTN. Na sistemática do Código, o artigo 171 deixa claro que os sujeitos ativo e passivo da obrigação tributária podem concluir "transação que, mediante concessões mútuas, importe em [de]terminação de litígio e consequente *extinção de crédito tributário*". Fosse o pagamento o meio pelo qual se extingue o crédito tributário objeto de transação, então nenhum sentido jurídico restaria à transação no já referido inciso III do artigo 156 do CTN, onde o instituto é enumerado, consistentemente, como uma modalidade autônoma – note-se – de *extinção do crédito tributário*. Este é o efeito positivo que o Código determina à transação.

Não parece acertado, outrossim, esgotar a transação na simples composição da lide. Sob perspectiva processual, é correto que o Código de Processo Civil estabelece que, com a homologação da transação pelo juiz, tem-se a resolução do mérito da lide (artigo 487, III, "b"), extinguindo-se o processo mediante a sentença homologatória. Materialmente, contudo, a transação não se limita a tanto: basta ver que o próprio Código de Processo enumera o instituto como "causa modificativa ou extintiva da obrigação", em lista onde também figuram o pagamento, a novação, a compensação e a prescrição (artigo 525, §1º, VII; artigo 535, VI).

Com efeito, sob o Código Civil de 1916 – vigente quando editado o CTN, que adotou igual sentido – a transação constava como uma modalidade de extinção da obrigação na Parte Geral das obrigações (Capítulo IX do Título II do Livro III). O então Código Civil brasileiro se incluía, assim, entre diplomas como os de Argentina, Áustria e Peru, que legislavam a transação como um meio de extinguir obrigações, na premissa de que "en realidad este último carácter es el resaltante en ella"; ou seja, uma transação poderia configurar um "contrato en la medida que representa el resultado de la concordia de las voluntads, pero como es una convención que tiene por fin jurídico principal liquidar relaciones obligatorias preexistentes, es real y verdaderamente un medio de extinción de obligaciones".[7]

A querela sobre a natureza daquele instituto – se ato jurídico ou contrato, propriamente – levou a que o atual Código Civil deslocasse a transação para o Título dos "Contratos em Geral", mais em linha com a doutrina majoritária.[8] Nem pela modificação, todavia, a transação perdeu o efeito material: afirma-se somente que é "negócio jurídico bilateral, pelo qual as partes interessadas, fazendo-se concessões mútuas, previnem ou *extinguem obrigações* litigiosas ou duvidosas".[9] O efeito de extinguir as obrigações permanece, até por força de disposições do próprio Código, que muito reproduziu a disciplina de 1916 (*e.g.*, "Artigo 845. Dada a evicção da coisa renunciada por um dos

---

[6] Cf. MACHADO, Hugo de Brito. Transação e arbitragem no âmbito tributário. *Revista Fórum de Direito Tributário*, Belo Horizonte, Fórum, n. 28, 2007.

[7] Cf. PARODI, Felipe Osterling; FREYRE, Mario Castillo. La transacción. *Derecho PUCP*, n. 51, Pontificia Universidad Católica del Perú, 1997, p. 405-406.

[8] Cf. RODRIGUES, Silvio. *Direito Civil*: dos Contratos e das Declarações Unilaterais da Vontade. v. 3. São Paulo: Saraiva, 2004, p. 368-369.

[9] Cf. DINIZ, Maria Helena. *Curso de Direito Civil brasileiro*: teoria das obrigações contratuais e extracontratuais. São Paulo: Saraiva, 2013, p. 629.

transigentes, ou por ele transferida à outra parte, não revive a *obrigação extinta* pela transação").

Tal como no Direito Privado, não parece haver como negar a uma transação, no CTN, o efeito de extinção da obrigação tributária litigiosa. Tampouco parece acertado sustentar que, mesmo extintiva do crédito tributário, a transação não iria além de operar sobre a parcela do crédito exonerada ao contribuinte, preservando-se o vínculo original entre as partes. Com a transação, não se cuida de simplesmente liberar o contribuinte de parcela do débito, mediante redução no valor do crédito tributário constituído. As exonerações ou reduções sobre o crédito tributário são institutos que, no CTN, recebem a disciplina da anistia ou remissão, inconfundíveis, nos artigos 175 e 172, com uma transação. A posição acima, cogitando a extinção "parcial" do crédito tributário a título de transação, ignora que este instituto, muito diverso de anistia ou remissão, implica a novação da obrigação tributária. A transação extingue, mediante uma novação, o crédito tributário constituído e a obrigação tributária subjacente, integralmente substituídos por um novo vínculo entre o contribuinte e a Administração.

2 A transação novatória

Desde há muito, encontra-se na literatura o reconhecimento de que "la transacción y la composición fiscal implican en cierto modo novación".[10] Também alhures, fala-se, a este respeito, na chamada "transacción novatoria", que "desde el punto de vista tributario, adquiere especial relevancia cuando se trata de una transacción que implica la novación de la obligación principal, esto es, cuando en virtud del acuerdo de voluntades, las partes convienen la extinción de la obligación que se encuentra en discusión y dan nacimiento a una nueva".[11] Admite-se que a tal transação, por levar a uma nova obrigação entre Administração e contribuinte, causa certa "inquietud de en qué momento se causa el ingreso, cuál es su naturaleza y cuál ha de ser la retención en la fuente que deberá practicarse". Todavia, não se rejeita, fundamentalmente, que uma "transacción puede convertirse en una verdadera novación, cuando las partes en desarrollo de su autonomía de la voluntad, para poder llegar a la terminación de la litis, de manera clara e inequívoca, manifiestan su voluntad de transformar la relación primera y se proyectan hacia el futuro mediante la creación de relaciones nuevas, ajenas a la disputa", no que então "la novación funciona como modo extintivo de la obligación primigenia y como fuente de la nueva obligación que es creada por la virtualidad del acto".

Em verdade, o cabimento de uma "transação novatória", ainda antes de ocupar o Direito Tributário, é questão que se desenvolve no âmbito do Direito Privado, quer em vista do efeito possível de uma transação, quer em vista do que se entende por novação naquela seara. Aos autores que postulam a natureza somente "declaratória" da transação, porque distinta da novação e limitada a determinar a relação jurídica existente, contrapõem-se os que sustentam o caráter "constitutivo" do instituto, na

---

[10] Cf. BIELSA, Rafael. *Compendio de Derecho Público*: constitucional, administrativo y fiscal. v. 3. Buenos Aires: Depalma, 1952, p. 65-66.
[11] Cf. BUITRAGO DUARTE, Bibiana. La transacción novatoria y sus implicaciones tributarias. *Revista Impuestos*, Bogotá, n. 154, p. 27-28, 2009.

premissa de que a transação "implica siempre una novación, como consecuencia lógica de la consideración que esta tesis sustenta de la transacción como productora en todo caso de una modificación o sustitución de la realidad preexistente".[12] Nesta perspectiva, a transação implicaria uma novação com caráter dito "objetivo", linha que compreende a novação mais como efeito possível para atos variados que como um contrato típico e autônomo, no que a vontade das partes (*"animus"*), considerada vaga e incerta para definir o instituto, perde primazia para o critério da incompatibilidade objetiva entre as obrigações nova e extinta.[13]

A questão já não é meramente teórica, mas ganhou os tribunais. Consta de decisão do *Supremo Tribunal* na Espanha que a transação bem pode ter "naturaleza declarativa, no atribuyendo derechos nuevos, sino que, simplemente, aclara la situación jurídica confusa en relación con derechos ya pertenecientes a las partes", como "también puede alterar el contenido de la relación en alguno o todos sus elementos esenciales, lo que 'equivale a una novacción'".[14] Aqui, o Tribunal recorreu a precedentes para elucidar que, na segunda modalidade mencionada, uma transação provoca "el nacimiento de nuevos vínculos u obligaciones, en sustitución de los extinguidos, o la modificación de éstos, de suerte que, sea judicial o extrajudicial, tiene carácter novatorio y produce el efecto de la sustitución de una relación jurídica puesta en litigio por otra cierta e incontrovertida". Mesmo a transação judicial, mais associada pelo Direito Processual à mera composição do litígio, considera-se com o efeito possível de novação, como em decisão do Tribunal da Relação de Coimbra, pela qual "a transação poderá operar como que uma substituição da obrigação primitiva por outra de contornos não coincidentes e até mais alargados", sendo vedado ao "juiz recusar-se a homologá-la com fundamento em que as respectivas cláusulas extravasam o objeto da causa".[15]

Em Direito Tributário, é justamente o efeito de novação que se percebeu, por exemplo, na legislação editada na Argentina para a denominada "regularización patrimonial".[16] Sobre os débitos incluídos naqueles programas é aplicada "una alícuota reducida, de la cual surge una deuda tributaria inferior a la que habría correspondido si se hubiese cumplido en tiempo y forma la originaria obligación tributaria sustancial", no que surge "una nueva deuda para con el fisco". Ocorre, então, "lo que para el derecho civil es la causal extintiva denominada 'novación', y que consiste en la transformación de una obligación en otra (art. 724 del C. Civil), lo cual viene a significar la sustitución de una obligación por otra diferente, al tiempo que queda extinguida la primera". Não sobraria dúvida acerca da "extinción de la originaria obligación sustancial tributaria, por cuanto en su lugar aparece otra obligación diferenciable por su objeto, que pasa a ser un tributo de menor monto".

---

[12] Cf. GONZÁLEZ-CUÉLLAR SERRANO, Luisa. *Los Procedimientos tributarios*: su terminación transaccional. Madri: Colex, 1998, Capítulo I, Tópico IV B.

[13] Cf. SORDINI, Rozo; EMANUELE Paolo. La novación objetiva y la transacción en el Código Civil italiano. *Revista de Derecho Privado*, n. 5, p. 135-136, 2000.

[14] Cf. Tribunal Supremo, STS 3089/2016, Sala de lo Contencioso, j. em 28.06.16.

[15] Cf. SOUSA, Luís Filipe Pires de. *Processos especiais de divisão de coisa comum e de prestação de contas*. Coimbra: Almedina, 2020.

[16] Cf. B. VILLEGAS, Héctor. *Curso de finanzas, derecho financiero y tributario*. 7. ed. Buenos Aires: Depalma, 2001, p. 297.

Também no ordenamento brasileiro, e inclusive nos programas de recuperação fiscal, o efeito de novação parece intrínseco à transação prevista no Código Tributário Nacional. Afinal, se o instituto é estabelecido ali entre as modalidades de *extinção* do crédito tributário, a existência de obrigação com a Administração que suceda a uma transação somente pode decorrer de novo vínculo obrigacional, diverso do crédito tributário – que se extinguiu, afinal, com a própria transação. É dizer: se da transação decorre um novo débito com o Fisco, em monta inferior ao débito original, é porque já se está diante de novo vínculo entre as duas partes. O efeito legal da transação é extinguir a obrigação tributária preexistente, conforme liquidada em lançamento. Não é que, mediante uma transação, o crédito tributário somente se modifica pelas partes, aplicando-se descontos sobre a monta constituída em lançamento pelo Fisco; o que se tem é, sim, uma novação, implicando a extinção da obrigação anterior. É o que se demonstra no tópico seguinte, evidenciando a novação por conta da causa da nova obrigação.

3 Novação e obrigação tributária

No Direito pátrio, a novação não é negócio típico e autônomo, mas efeito que decorre de atos ou contratos variados. É dizer, "com a expressão 'contrato de novação', só se há de entender 'contrato a que se atribuiu eficácia novativa'"; a "novação é eficácia", e a "eficácia novativa consiste em ser em ser simultânea, *ipso iure*, ao nascimento do novo crédito a extinção do anterior".[17] Bem pode a transação, neste sentido, ter aquele efeito de novação sobre a obrigação existente e controversa entre as partes.

A mera definição de novo prazo, ou mesmo a mudança do valor não são suficientes para caracterizar a novação. É cediço que a alteração de prazo, como o aumento ou redução da prestação devida, não constituem novação: apenas modificam a dívida original, sem extingui-la.[18] A novação, no ordenamento, dá-se "quando o devedor contrai com o credor nova dívida, para extinguir e substituir a anterior", como descrita no artigo 360, I, do Código Civil. É a novação denominada "objetiva", admitida no Direito brasileiro desde o antigo Código Comercial, pelo qual se dava uma novação "quando o devedor contrai com o credor uma nova obrigação que altera a natureza da primeira" (artigo 438). Operando novação "objetiva", o *aliquid novi* pode estar no objeto da obrigação, i.e. "em vez de entregar certa coisa devida, o devedor se obriga a prestar determinado serviço"; na sua natureza, "substituindo, por exemplo, uma obrigação pura por obrigação condicional"; ou, importa mais, na causa jurídica, havendo uma "substituição do título de que deriva a obrigação, como quando alguém que deve *ex empto vendite*, passa a dever a título de mutuário", em "mudança na causa jurídica da atribuição patrimonial".[19] No caso da transação tributária, surge nova causa para a obrigação e, portanto, há novação. É o que se passa a sustentar.

---

[17] Cf. PONTES DE MIRANDA, Francisco Cavalcanti. *Tratado de Direito Privado*: direito das obrigações. Tomo XXV. Rio de Janeiro: Borsoi, 1959, p. 72.

[18] Cf. PAULO, Lôbo. *Direito Civil*: obrigações. 5. ed. São Paulo: Saraiva, 2017, p. 241-242.

[19] Cf. GOMES, Orlando. *Obrigações*. 18. edi. Rio de Janeiro: Forense, 2016, p. 143.

Conquanto sejam vários os sentidos para a "causa" de uma obrigação, quando se busca a novação se tem em mente a "causa eficiente" ou "fonte" – sentido mais conhecido do Direito Privado. Aqui, classificam-se as obrigações oriundas da vontade, cuja causa jurídica é apontada "na própria manifestação protegida e validada pelo direito", em oposição às que se originam da lei, cuja causa seria "a lei mesma" – dicotomia clássica que inspirou estudiosos como Blumenstein a postular que "a causa imediata da obrigação tributária não pode ser senão a lei, como em todas as demais relações obrigacionais 'ex lege'", ao passo que, diversamente, "nas obrigações negociais, a vontade é elemento relevante".[20]

A natureza *ex lege* da obrigação tributária decorre claramente do CTN: na definição do artigo 3º, o tributo, sendo uma prestação instituída em lei, é cobrado mediante atividade administrativa plenamente vinculada. A vinculação à lei determina o comportamento da Administração: deve o Fisco prosseguir com o lançamento nos termos legais estritos, sem liberdade para avaliar a conveniência ou a oportunidade da sua prática. Subtrai-se, igualmente, qualquer relevância que poderia ter a vontade do contribuinte: o vínculo obrigacional ignora a sua manifestação subjetiva. Claro que o contribuinte tem a liberdade de incorrer, ou não, no fato jurídico tributário. Este ocorrido, pouco resta ao contribuinte, senão prestar informações de fato ao Fisco, como no lançamento dito "por declaração", ou sujeitar-se à homologação, ainda que tácita, do que antecipara ao Erário, a título de lançamento por homologação. O crédito tributário é constituído por um ato administrativo unilateral e vinculado da Administração, dizendo-se assim que "todo o procedimento preparatório, mesmo quando houver a participação vicária do sujeito passivo", é "um conjunto de atos sem maior validade, enquanto não aperfeiçoado por aquele último e exclusivo da autoridade administrativa".[21]

A toda vista, não é como se passa em transação. Para transacionar com a União, deve o contribuinte aderir ao acordo, ou mesmo propor condições, tudo a depender do regime legal: por adesão ou por proposta, a manifestação da vontade do contribuinte é sempre imprescindível. Nestes termos, a causa eficiente da obrigação decorrente da transação não mais se esgotará, como a obrigação tributária original, na própria lei. Sublinhando o papel da vontade, cogita-se, mesmo, um "ato administrativo participativo" para designar a "norma individual e concreta" que contém a transação, dado que "a participação do contribuinte dá-se no processo de produção do ato administrativo, quando o sujeito passivo discute e acorda (na qualidade de portador de interesse seu, individual) com a Fazenda".[22] Incompatível com o regime jurídico da obrigação e crédito tributários, a manifestação de vontade passa a ser relevante para a *nova* obrigação. Tem-se, afinal, novação, porque constatada a nova causa jurídica (eficiente) para a obrigação acordada. Em síntese, se a obrigação tributária é *ex lege*, na transação se tem obrigação contraída *ex voluntate*. Basta essa mudança da causa eficiente, para que já não mais se possa negar a ocorrência de novação como efeito de uma transação.

---

[20] Cf. CANTO, Gilberto de Ulhôa. Causa da obrigação tributária. *Temas de Direito Tributário*. Rio de Janeiro: Alba, v. 1, p. 295; 310, 1963.

[21] Cf. MARTINS, Ives Gandra da Silva. Do lançamento. *Revista de Direito Administrativo*, Rio de Janeiro, Fundação Getúlio Vargas, n. 168, p. 25, 1987.

[22] Cf. DACOMO, Natalia de Nardi. *Direito tributário participativo*: transação e arbitragem administrativas da obrigação tributária. Tese (Doutorado) - Pontifícia Universidade Católica de São Paulo, 2008, p. 191.

Dada a nova causa jurídica da obrigação decorrente da transação, a novação apenas não se dará caso o legislador providencie, expressa e positivamente, para tanto. Foi deveras cuidadosa, por exemplo, a recente Lei nº 13.988/20, que estabeleceu que "a proposta de transação aceita não implica novação dos créditos por ela abrangidos" (artigo 12, §3º). Ciente do efeito, cuidou a lei de suspender a novação que, não fosse a determinação legal expressa, teria lugar desde logo na transação entre a União e o contribuinte. Não se trata, é bem ver, de rejeitar a novação: a Lei nº 13.988/20 apenas diligenciou para que "os créditos abrangidos pela transação somente serão extintos quando integralmente cumpridas as condições previstas no respectivo termo" (artigo 3º, §3º). Ou seja: optou o legislador por opor uma condição *suspensiva* à transação, suspendendo-se o seu efeito novatório até o cumprimento das condições estipuladas para o contribuinte. A *contrario sensu*, a falta de providência legal naquele sentido torna irresistível que, pela nova causa jurídica, tenham as partes acordado desde logo um novo vínculo obrigacional, distinto da obrigação tributária que se extinguira na transação.

4 Críticas

Alguma resistência já se opôs na literatura a que a transação prevista pelo CTN levasse a novação da obrigação tributária. A crítica aponta que "sustentar a sua ocorrência seria fugir dos critérios legais previstos no Código Tributário Nacional para a ocorrência do lançamento tributário como forma de constituição do crédito", haja vista que o "CTN não prevê que acordos celebrados entre Fisco e contribuinte, individualmente, possam perfazer lançamento tributário".[23]

Logo se percebe que a crítica não se inteira do fato de que o crédito constituído em virtude da transação, que substitui o anterior, já não mais é tributário. É, sem dúvida, crédito público, mas de natureza *ex voluntate*. Daí descaber cogitar lançamento.

Ademais, a crítica incorre em *petitio principii*: atribui o descabimento da transação ao CTN, quando é o próprio Código que prevê aquele instituto, inclusive com efeito de uma novação. Interessante constatar que, no Anteprojeto que concebeu para o CTN, Rubens Gomes de Sousa foi expresso em que a transação bem excepcionava a disciplina ali prevista para a constituição do crédito tributário – que naquele trabalho germinal já se dava por um lançamento "vinculado e obrigatório, sob pena de responsabilidade funcional" (artigo 169).[24] Lia-se no artigo 124 que "a obrigatoriedade da aplicação da legislação tributária somente sofre exceção nos casos de suspensão, exclusão ou remissão do crédito tributário ou transação a seu respeito", elucidando-se no parágrafo único que "o disposto neste artigo refere-se unicamente à aplicação dos dispositivos relativos à cobrança dos créditos tributários, inclusive os decorrentes da imposição de penalidades pecuniárias". O cuidado de Gomes de Sousa pode se explicar pelo receio anunciado pelo próprio estudioso, que antes do Código houvera escrito, em doutrina, que a transação "não seria possível no direito tributário", tendo em vista que "a

---

[23] Cf. SANTOS, Helder Silva dos. *Transação tributária*: limites, desafios e propostas. Dissertação (Mestrado) - Fundação Getúlio Vargas, São Paulo, 2020, p. 72.

[24] Cf. MINISTÉRIO DA FAZENDA. *Trabalhos da Comissão Especial do Código Tributário Nacional*. Rio de Janeiro: Fundação Getúlio Vargas, 1954.

atividade administrativa do lançamento é vinculada e obrigatória", significando que "a autoridade fiscal não pode deixar de efetuar o lançamento exatamente como manda a lei, não podendo fazer exceções".[25] Parece claro que, no método rigoroso do autor do Anteprojeto, a vinculação da atividade de lançamento, ignorando o papel da vontade, não mais poderia se opor à transação, dada a exceção ali estabelecida. O instituto era inconfundível com a constituição do crédito tributário na disciplina prevista.

Nada se altera pelo fato de o artigo acima não ter constado do CTN finalmente editado. É bem lembrar que, sob o artigo 146 da Constituição Federal, obrigação e lançamento tributários não esgotam o papel do CTN como norma geral em matéria de legislação tributária. Se o Código baixa regime para constituição de crédito em que a vinculação da Administração é elemento irrenunciável, bem pode o CTN também prever institutos com finalidade diversa, onde aquele critério abra espaço para a vontade do contribuinte. Tal é o caso da transação: o instituto não constitui, mas *extingue* o crédito tributário.

Diversamente do que faz crer a crítica acima, nada no CTN sugere que, na transação, estariam Fisco e contribuinte a "perfazer lançamento tributário". Ao contrário: o crédito tributário já fora "constituído" por lançamento, então objeto de litígio. Não cabe, daí, um novo lançamento referente àquele crédito. Efetuado o lançamento e "constituído" o crédito, só resta buscar uma das formas para sua extinção. Pois bem, com o "acordo", as partes *extinguem* aquele crédito lançado e entabulam novo vínculo obrigacional que, como já foi dito, é de natureza pública, mas já não é crédito tributário, pois decorre da manifestação da vontade. Daí ser irrelevante a disciplina do CTN para a liquidação da obrigação tributária em crédito tributário. Ambos já não existem, por novação. Se alguma, a dita "indisponibilidade" do crédito tributário tem, no CTN, uma exceção expressa e "aberta por lei que especifique em que condições pode a transação consumar-se e qual a autoridade competente para autorizá-la".[26]

Mais contundente é a crítica que, concluindo que "uma transação no Art. 171, CTN, não pode acordar uma novação", considera que "o direito tributário repele inteiramente a possibilidade de um ajuste para modificação da natureza legal da obrigação ou de sua causa jurídica", pois seriam "desvios da exigência constitucional de estrita legalidade para esses temas".[27]

O argumento parece ter em vista a irrelevância jurídica da vontade do contribuinte, que, em virtude da natureza *ex lege* da obrigação tributária, não poderia assumir qualquer protagonismo em Direito Tributário. Não nota que a transação em nada contraria o Princípio da Legalidade. Afinal, este exige que por lei se preveja a hipótese tributária, em todos os seus elementos. Com isso, a obrigação tributária se apresenta como *ex lege*. Entretanto, se o Princípio da Legalidade opera para o surgimento da obrigação tributária, não se estende ele à sua extinção. Existente a obrigação, deve ela ser liquidada como a lei em vigor o previr. Ora, se o CTN prevê a possibilidade de extinção da obrigação por transação, então não falta lei sobre a matéria. É o CTN a lei que prevê tal forma de extinção da obrigação.

---

[25] Cf. SOUSA, Rubens Gomes de. *Compêndio de legislação tributária*. Edição Póstuma. São Paulo: Resenha Tributária, 1975, p. 116.

[26] Cf. COSTA, Alcides Jorge. *Da extinção das obrigações tributárias*. São Paulo, 1991, p. 208.

[27] Cf. ARAÚJO, Nadja Aparecida Silva de. *A transação do Direito Tributário*: relações sistêmicas para controle de uma especialidade. Dissertação (Mestrado) - Universidade Federal de Pernambuco, 2006, p. 113.

Parece mais adequado entender que a transação, como um instrumento que "permite a negociação entre o Fisco e contribuinte" sem nenhum prejuízo à Legalidade Tributária, é manifestação do "contratualismo fiscal *lato sensu*".[28] O fenômeno é bem reconhecido e admitido na literatura estrangeira, que também teve de enfrentar a resistência daqueles que "han rechazado la licitud del contrato en las relaciones Administración-ciudadano debido a la creencia de que dicha forma supone por sí misma una violación al principio de legalidad, puesto que la libertad negocial que conlleva se encuentra, en su opinión, en irreconciliable contradicción con aquella máxima".[29] Também alhures, já pareceu que o princípio da Legalidade Tributária, longe de impedir que as partes contratassem com vistas à transação, não iria além de exigir "una ley que habilite a la Administración a ejercitar su potestad", i.e. "el principio de legalidad implica la existencia de una habilitación normativa, expresa y específica, previa a la actuación administrativa"; e que a lei fixe o procedimento para tanto, i.e. "una vez que la Administración tributaria goza de una potestad, ha de ejercitarla mediante el procedimiento establecido por la ley".

No Brasil, com diversos exemplos de autorizações legais para a realização de acordos administrativos – aí incluída a transação, que "representa uma estratégia de negociação por meio da qual as partes envolvidas na relação jurídica administrativa controvertida, mediante concessões recíprocas, previnem ou terminam litígio" –, já parece flagrante no Direito Administrativo "a evolução de um modelo centrado no ato administrativo (unilateralidade) para um modelo que passa a contemplar os acordos administrativos (bilateralidade e multilateralidade)".[30] Ainda que se entenda que "estaria praticamente nulificado o mandamento de observância do princípio da estrita legalidade" caso uma "transação fosse admissível em qualquer situação, estando a Administração livre para fazer as concessões que entendesse pertinentes", não se aponta incompatibilidade com o princípio da Legalidade caso a transação se circunscreva a "situações especiais", i.e. "a lei que fundamenta as possibilidades de transação deve determinar as circunstâncias nas quais o contrato pode ser celebrado, suas condições, bem como seus limites".[31]

É bem verdade que a doutrina tributária já encontra quem vá adiante no tema da Legalidade, afastando, correta e efetivamente, empecilhos dirigidos a que o contribuinte manifeste a sua vontade e acorde com o Fisco no Brasil, nos termos de lei que assim autorize.

Nesse sentido, admite-se que o "princípio da estrita legalidade impõe limites materiais à utilização de contratos fiscais tendo em vista a dependência de lei prévia", no que um "arranjo consensual entre Fisco e contribuinte não pode dispor acerca de tais temas em contrariedade à lei"; nem pelo limite material identificado, deixam de existir, "mesmo em temas relativos à obrigação tributária, situações nas quais a lei

---

[28] Cf. OLIVEIRA, Phelippe Toledo Pires de. *A transação em matéria tributária*. São Paulo: IBDT/Quartier Latin, 2015, p. 121.

[29] Cf. GONZÁLEZ-CUÉLLAR SERRANO, Luisa. *Los Procedimientos tributarios:* su terminación transaccional. Madri: Colex, 1998, Capítulo II, Tópico II B.

[30] Cf. OLIVEIRA, Gustavo Justino de; SCHWANKA, Cristiane. A administração consensual como a nova face da administração pública no séc. xxi: fundamentos dogmáticos, formas de expressão e instrumentos de ação. *Revista da Faculdade de Direito*, São Paulo, Universidade de São Paulo, n. 104, p. 303-322, 2009.

[31] Cf. BATISTA JÚNIOR, Onofre Alves; CAMPOS, Sarah. A administração pública consensual na modernidade líquida. *Revista Fórum Administrativo*, Belo Horizonte, n. 155, p. 36, 2014.

confere margens de apreciação à autoridade administrativa", no que uma "opção pela via contratual nessas hipóteses – em vez da atuação unilateral impositiva – não contraria o princípio da estrita legalidade e, pelo contrário, colabora com o seu aperfeiçoamento, favorecendo a justiça tributária e a maior eficiência da Administração".[32] Sustenta-se, ainda, que "as situações de incerteza decorrentes da imprecisão legislativa traduzem a concessão de margens de apreciação à autoridade administrativa e revelam que o legislador optou por abrir o procedimento de concreção da norma ao jogo de vontade das partes, reduzindo-se, com isso, o grau de coatividade do princípio da legalidade em matéria tributária", sem que haja "nenhuma ofensa" ao princípio: em verdade, "a constatação de que a vontade das partes interfere em determinados pontos da obrigação tributária não só é compatível como também colabora com o aperfeiçoamento do princípio da legalidade".

A admissão da vontade até mesmo na concreção da norma de incidência, posto bem fundada em tese de doutorado apresentada na Faculdade de Direito da USP e bem aceita noutras jurisdições, ainda não é pacífica na literatura brasileira. Entretanto, não é disso que aqui se trata. Na transação, opera-se com crédito tributário já constituído. Não se cogita a manifestação da vontade para o surgimento da obrigação. Ao contrário, a vontade opera em momento posterior, para a liquidação do crédito. E – cabe insistir – é o legislador que prevê essa modalidade de extinção do crédito tributário. Pela vontade do contribuinte, amparada em lei tributária específica, o crédito tributário lançado pelo Fisco e objeto de litígio é extinto, dando lugar ao novo vínculo obrigacional, baseado em causa jurídica (acordo de vontades) inconfundível com a causa jurídica da obrigação tributária extinta.

5 Novação e repetição do indébito

Ao se admitir a novação como efeito da transação, surge consequência relevante: se o crédito tributário foi extinto, sendo substituído por outro, igualmente público, mas de causa distinta, que fazer no caso de se concluir que o crédito original não era devido? Seria válida a pretensão de reaver aquilo que se pagou, depois da transação? Não parece imediata a possibilidade de o sujeito passivo se reportar ao crédito tributário para então pleitear, sob o artigo 165 do CTN, a repetição do indébito. Afinal, por força do artigo 171 do Código, está extinto o crédito tributário depois de concluída a transação. Esta implica a novação da obrigação original, conforme visto: no lugar do crédito tributário extinto, tem-se um novo crédito, também de natureza pública, decorrente da transação. O "fato gerador" do crédito, todavia, é a própria transação. Por conseguinte, ainda que aquele débito original fosse indevido, depois da transação não há mais que cogitar a repetição do indébito. Realizada a transação, não há pagamento indevido. O crédito tributário terá sido extinto pela transação, e não pelo pagamento. O sujeito passivo pagou obrigação nova, surgida na transação.

---

[32] Cf. POLIZELLI, Victor Borges. *Contratos Fiscais:* viabilidade e limites no contexto do direito tributário brasileiro. Tese (Doutorado) - Universidade de São Paulo, 2013, Capítulo I, Tópico 3.2.

A conclusão tem lógica na própria ideia da transação: serve o instituto para resolver, de modo definitivo, questão antes controversa. Antes da transação, o crédito era objeto de litígio. Este, nos termos do artigo 171 do CTN, é pressuposto da transação. Conquanto o Fisco o entendesse por definitivo, o sujeito passivo a ele se opunha. A transação encerra o litígio. Não se indaga se estava certo o sujeito ativo ou o sujeito passivo: por acordo de vontades, o litígio desaparece e um novo crédito (público) surge. Ora, fosse possível revisitar o tema, então já não teria sentido a própria transação.

É certo que, para débitos que não tenham qualquer fundamento válido no ordenamento, literatura e jurisprudência acordam em que o contribuinte poderá pleitear a declaração judicial de inexistência de relação jurídica tributária com o Estado, com a repetição de pagamentos. Para a literatura, a "legalidade tributária, consagrada constitucionalmente, impede que a vontade do contribuinte crie a obrigação fiscal", não podendo ser admitido que "a confissão do contribuinte legitime a cobrança feita em desacordo com as normas legais e constitucionais".[33] Para o Superior Tribunal de Justiça, os "elementos da relação jurídica tributária obrigatoriamente encontram fundamento de validade na legislação ordinária e constitucional, não podendo ser afastados por simples acordo de vontade entre as partes".[34]

Naqueles precedentes, é bom notar, o Tribunal não tinha em vista a ocorrência de uma transação, mas apenas a cláusula de "confissão" em programas legais de "recuperação" e os seus efeitos sobre o débito. De todo modo, o que dizer de um indébito decorrente de "aspectos fáticos"[35] do lançamento, mais corriqueiros, e que para o Superior Tribunal não poderiam ser rediscutidos? Ou, então, de débito que configure legítima *res dubia*, inexistindo certeza de ambas as partes sobre a existência e o limite da cobrança? Nunca poderia o contribuinte pleitear, nestes casos, a eventual restituição do indébito, dado o efeito novatório da transação? No silêncio da lei, parece que não: com a transação, já se torna irrelevante qualquer circunstância que pudesse afetar aquele crédito tributário (original), que não mais existe; somente no caso de a própria transação ser inválida (e.g. celebrada por agente incapaz) é que caberá a repetição – repetição, note-se, que se reportará à invalidade do crédito surgido da transação, não do original.

A solução, que decorre da natureza da transação, pode não ser seguida pelo legislador: tem este a possibilidade de, antevendo tal consequência, optar por solução distinta. É o que se vê na Lei nº 13.988/20, que, conforme mencionado, cuidou para que a proposta de transação não implicasse, desde o aceite, a "novação dos créditos por ela abrangidos" (artigo 12), dispondo então que "os créditos abrangidos pela transação somente serão extintos quando integralmente cumpridas as condições previstas no respectivo termo" (artigo 3º). Qual uma condição suspensiva da transação, o regime legal assegura a suspensão do efeito novatório até o cumprimento das condições definidas legalmente ao contribuinte. Naquele ínterim, pode o contribuinte rescindir a transação e prosseguir com o seu pleito, dado que ainda não se operou, por novação, a extinção do crédito tributário originalmente constituído contra si. Concluído o pagamento, desaparece a condição e surge, aí sim, a novação. Dessa forma, já não há que se investigar se o crédito original era devido, ou não. Afinal, ele foi extinto pela transação. O que se

---

[33] Cf. DEXHEIMER, Vanessa Grazziotin. *Parcelamento tributário:* entre vontade e legalidade. São Paulo: IBDT/Quartier Latin, 2015, p. 173.
[34] Cf. Superior Tribunal de Justiça, REsp nº 1.724.932/SP, Relator Ministro Herman Benjamin, j. em 20.03.18.
[35] Cf. Superior Tribunal de Justiça, AgInt no AgRg no REsp nº 1.368.356/PB, Relator Ministro Napoleão Nunes Maia Filho, j. em 17.12.19.

pagou foi outro crédito igualmente público: aquele que surgiu com a novação. Se este não contiver vício, não há que cogitar repetição do indébito.

Menos evidente é a situação de programas legais de "recuperação" que, sob designações genéricas como Refis ou Paex, combinam a transação com institutos jurídicos como a moratória e o parcelamento. Naqueles programas ditos de recuperação fiscal, não se encontra dispositivo que, a exemplo da lei de 2020, cuide expressamente de lidar com os efeitos (novatórios) da transação ali prevista. Na falta de semelhante dispositivo, os efeitos ordinários da transação são assegurados pelo CTN: a pronta e integral extinção do crédito tributário, com um novo vínculo obrigacional entre as partes. Cabe, daí, ver o que dizem os dispositivos legais que tratam de tais programas.

Nos tais programas de recuperação fiscal, não se estabelece faculdade geral de transação em matéria tributária que, a nosso ver, seria incompatível com a legalidade exigida pelo CTN. Ao contrário: ainda que programas de recuperação, via de regra, não discriminem a natureza dos débitos elegíveis ou litígios a que se refiram, ficam limitados no tempo os créditos tributários passíveis de transação, dado o prazo definido para a adesão. Mais importante: para o Fisco e os contribuintes, estão estabelecidas as condições do acordo – notadamente a desistência de ações e recursos, com a renúncia a alegações de direito –, assim como as contrapartidas possíveis, todas elas em critérios postos na lei. Não sobra espaço para a discricionariedade, mas fica um convite, feito pelo legislador, para que o sujeito passivo, querendo, tome os passos definidos em lei para que seja extinta a sua obrigação, também nos termos legais do programa.

Tratando-se, pois, de transação a participação no contribuinte nos programas legais de recuperação fiscal, seria lícito que o contribuinte, como no regime da Lei nº 13.988/20, pleiteasse a repetição do indébito depois de rescindir a sua participação no programa, no decurso das parcelas da nova obrigação acordada com a União? Ou seja: qual é o efeito da exclusão do programa sobre a transação realizada e, por conseguinte, sobre a própria obrigação dela decorrente, em novação? Apresentada nestes termos, a questão cuida da possibilidade de que uma transação, embora já celebrada entre as partes, condicione a nova obrigação a um determinado evento futuro – como, no caso dos programas legais, a conclusão satisfatória do parcelamento pelo contribuinte.

Em Direito Privado, a questão é apresentada como a condicionalidade ou atermação da própria novação, havendo uma "diferença entre condicionalidade do negócio jurídico posterior, ou atermação do negócio jurídico posterior, e condicionalidade ou atermação da novação" – noutras palavras, "é preciso não se confundir com a novação condicional ou a termo (efeito novativo *se* ocorrer *a*, ou *quando* ocorrer *a*), o que depende do que os interessados convencionarem, a sujeição da dívida nova a condição ou a termo".[36] Nesta premissa, ensina Pontes de Miranda que a novação pode ser condicionada suspensiva ou resolutivamente, a depender da vontade das partes.

Opondo-se, por um lado, cláusula suspensiva à novação, ter-se-á que, "enquanto pende a condição, ou não se atinge o termo, a *nova* dívida não exsurge"; ou seja, "se é o caso de novação condicionada, a eficácia novativa (e pois extintiva) só se produz ao se impelir a condição", colocando-se "de lado, portanto, que a novação se haja dado *antes*, ao se concluir o negócio jurídico novativo". Por outro lado, a novação pode se dar sob uma condição resolutiva, sendo que a "resolutividade, de que se cogita, é a do efeito jurídico novativo".

---

[36] Cf. PONTES DE MIRANDA, Francisco Cavalcanti. *Tratado de direito privado*: direito das obrigações. Tomo XXV. Rio de Janeiro: Borsoi, 1959, p. 111 e ss.

Aqui, o dilema que se trava é acerca da natureza da obrigação que, caso verificada a condição resolutiva, passa a vigorar entre as partes. Afinal, sob o Código Civil, "se for resolutiva a condição, enquanto esta se não realizar, vigorará o negócio jurídico", mas uma vez "sobrevindo a condição resolutiva, extingue-se, para todos os efeitos, o direito a que ela se opõe" (artigos 127 e 128), i.e. extingue-se a novação que houvera cessado o vínculo obrigacional original. Na dúvida enunciada por Pontes de Miranda, depois de ocorrida aquela condição, "a *prior obligatio* extingue-se, mas outra se estabelece por efeito da novação resolutivamente condicionada?".

Àquele autor, parecia, de fato, que "não se trata de ressurgimento da dívida extinta, mas de *nova obligatio* em dois tempos, a *obligatio* que existe até a resolução e a *obligatio* que se implanta com essa, irradiada do negócio jurídico novativo", i.e. "não há identidade entre a *prior obligatio* e essa *nova obligatio*, ainda após a resolução". O estudioso concedeu, todavia, que a sua posição não é unânime, mas concorreria com o entendimento de autores como Demolombe, Aubry e Rau, para quem "resolúvel seria a extinção da *prior obligatio*". Nesta linha alternativa, haveria "a *prior obligatio*, a *nova obligatio* e, depois, em virtude da resolução da novação (resolução da extinção da *prior obligatio*!), mais uma vez a *prior obligatio*", raciocínio que "permitiria renascimento, ressureição de vínculo" original.

Em Direito Tributário, todavia, a posição que, para Pontes de Miranda, "repugna aos princípios" do Direito Privado não é apenas elucubração de doutrina menos advertida. É, sim, decorrência de uma escolha legislativa positiva: basta ver que a Lei nº 9.964/00 já determinava que "a exclusão da pessoa jurídica do Refis implicará exigibilidade imediata da totalidade do crédito confessado e ainda não pago e automática execução da garantia prestada, restabelecendo-se, em relação ao montante não pago, os acréscimos legais na forma da legislação aplicável à época da ocorrência dos respectivos fatos geradores" (artigo 5º, §1º). Idêntica providência constou do Parcelamento Especial (Paes ou Refis II) na Lei nº 10.684/03 (artigo 12), assim como do Parcelamento Excepcional (Paex) na Medida Provisória nº 303/06 (artigo 7º, §2º). Na Lei nº 11.941/09 e no dito Programa Especial de Regularização Tributária (Pert) da Lei nº 13.496/17, determinou-se, no mesmo sentido, que, uma vez rescindido o parcelamento, "será efetuada a apuração do valor original do débito, com a incidência dos acréscimos legais, até a data da rescisão" (respectivamente, artigos 1º, §14º; e 9º, §1º).

Naqueles regimes legais, se são restabelecidos os juros de mora devidos pelo prazo em que perdurou a *nova obligatio*, é porque retorna a *prior obligatio*. A técnica legislativa é adequada: embora a nova obrigação derivada da transação bem possa ser fundamentada na vontade, uma obrigação tributária não pode prescindir do "fato gerador" definido em lei para a sua ocorrência. É dizer: o "ressurgimento" do vínculo original é uma técnica legislativa que, por remeter a *prior obligatio*, já constituída em lançamento, acomoda-se ao CTN, que define o "fato gerador" como a situação "necessária e suficiente" para a ocorrência da obrigação tributária (artigo 114). Não seria lícito que, pela mera rescisão da transação com a condição resolutiva, fosse então estabelecido novo vínculo tributário entre partes, dada a ausência do "fato gerador" hábil para ocorrência de uma obrigação tributária. Daí que, para restabelecer o crédito tributário, a legislação remete à obrigação tributária original, conforme já materializada no respectivo "fato gerador".

Consistentemente, é firme a jurisprudência do Superior Tribunal de Justiça "no sentido de que o pedido de parcelamento interrompe o prazo prescricional, que recomeça a ser contado por inteiro da data em que há a rescisão do negócio jurídico celebrado em questão por descumprimento da liquidação das parcelas ajustadas no vencimento".[37] O que se tem para o Tribunal é a "interrupção do prazo prescricional, nos termos do inciso IV do artigo 174 do CTN", sendo que o "descumprimento do acordo" importa "iniciar novamente a contagem do prazo prescricional do crédito".[38] Rescindida a transação, tem-se o mesmo crédito tributário antes constituído: a pretensão executória é a mesma que já assistia à Fazenda Nacional, desde a constituição definitiva do crédito tributário, apenas interrompida pelo reconhecimento do débito pelo devedor, como no artigo 174 do CTN. A rescisão da transação não cria novo vínculo entre as partes, mas reestabelece o crédito tributário constituído em lançamento.

Daí que, quando paga as prestações convencionadas nos programas de recuperação, o sujeito passivo já não tem diante de si o crédito tributário constituído em lançamento. Tem, sim, uma nova obrigação, decorrente da transação e inconfundível com aquela obrigação tributária primeira. Nesses termos, uma vez adimplidas todas as parcelas, já não há que cogitar o ressurgimento do crédito original. Este desapareceu por conta da transação e o que se pagou foi nova dívida, surgida por conta da transação e – como visto – com causa distinta da própria obrigação tributária. Daí que eventual discussão que se pudesse ter quanto ao crédito tributário original (*e.g.* inconstitucionalidade do tributo) se torna irrelevante, já que não foi este que se pagou, e sim a dívida nova. A menos que a própria transação tenha vício, não há como alegar houvesse pagamento indevido, já que se adimpliu dívida surgida por um acordo entre as partes. Não se pagou – cabe insistir – o tributo; o crédito tributário não foi extinto por pagamento, mas por transação. Daí que não cabe cogitar a repetição do indébito tributário na transação, quando esta se dá por aperfeiçoada. E não há repetição de indébito tributário porque não há crédito tributário pago. Há um crédito de natureza pública, sem dúvida, mas não tributário. É crédito que decorre da vontade das partes, por ocasião da transação.

Nos termos legais, todavia, a verificação de uma das condições opostas nos programas de parcelamento – e.g. a rescisão do parcelamento – implicará a resolução da nova obrigação, com o restabelecimento do crédito tributário originalmente constituído em lançamento. Com o cancelamento da transação, o débito já adimplido pelo contribuinte no decurso programa de recuperação naturalmente aproveitará, por imputação, o crédito tributário restabelecido, que se restaura líquido das parcelas quitadas no programa. Ora, se o crédito tributário original foi restabelecido, então fica evidente que se indevido o tributo, pode o contribuinte pleitear a restituição do indébito, nos termos do artigo 165 do CTN. Afinal, o que se pagou foi o tributo.

6 Conclusões

Até pela prática mais limitada no tempo, não se viu em Direito Tributário brasileiro o desenvolvimento que se encontra para a transação em Direito Privado. Foram poucos os que se debruçaram sobre a natureza e o regime jurídico do instituto, mormente

---

[37] Cf. Superior Tribunal de Justiça, Recurso Especial nº 945.956/RS, Relator Ministro José Delgado, j. em 04.12.07.
[38] Cf. Superior Tribunal de Justiça, Agravo Regimental no Agravo de Instrumento nº 976.652/RS, Relator Ministro Benedito Gonçalves, j. em 03.09.09.

sobre os efeitos da celebração e rescisão. Mesmo aqueles que, contrapondo-se aos que entendem que a transação não extinguiria *per se* o crédito tributário, sustentam que "a transação teria por efeito imediato a extinção do crédito tributário", terminam por assim sustentar sem "qualquer referência à necessidade do cumprimento das condições pactuadas na transação".[39] Na literatura, restam "dúvidas acerca da forma como essa extinção ocorre, se no momento da celebração do termo de transação, com o surgimento de uma nova obrigação, ou se no momento da celebração, mas com a condição do cumprimento integral do termo de transação", então "permitindo que a obrigação originária fosse retomada no caso de descumprimento".[40]

Este artigo argumentou que, *ex vi* do artigo 156 do CTN, a transação extingue imediata e integralmente o crédito tributário, com o efeito de novação para estabelecer um novo vínculo obrigacional entre as partes. O efeito novatório, assegurado pelo CTN, pode ser modulado pela lei, com vistas a permitir que o contribuinte, mesmo já tendo entabulado uma transação com a Administração, ainda possa rescindir o negócio e pleitear eventual restituição do indébito, antes de verificada a condição legal para a novação. Na recente Lei nº 13.988/20, o efeito novatório é expressamente suspendido até o cumprimento das condições definidas ao contribuinte. Nos programas de recuperação fiscal, a estipulação de certas condições na lei – especialmente o adimplemento de todas as parcelas da nova obrigação firmada – tem o efeito de resolver o novo vínculo entre as partes, opondo uma condição resolutiva da novação, cuja verificação reestabelece a obrigação tributária.

Por conseguinte, até que cumpridas as condições legais, seja na Lei nº 13.988/20, seja nos programas de recuperação, a rescisão da transação pelo contribuinte não impede que se prossiga com eventual pedido de repetição do indébito, dada a ineficácia da novação até aquele momento. Se não operou a novação, o crédito tributário persiste e, sendo indevido o tributo, cabe a repetição do indébito tributário. Depois de cumpridas as condições legais, todavia, opera a novação e já não poderá mais o contribuinte se reportar ao crédito tributário original para postular a repetição do indébito, porque a transação terá extinguido o vínculo pretérito, substituído em novação pela obrigação acordada.

Informação bibliográfica deste texto, conforme a NBR 6023:2018 da Associação Brasileira de Normas Técnicas (ABNT):

SCHOUERI, Luís Eduardo; BARBOSA, Mateus Calicchio. Transação e novação: a extinção do crédito tributário pelo artigo 171 do CTN e a (im)possibilidade de repetição do indébito. *In*: SARAIVA FILHO, Oswaldo Othon de Pontes (coord.). *Transação Tributária*: homenagem ao jurista Sacha Calmon Navarro Coêlho. Belo Horizonte: Fórum, 2023. (Coleção Fórum grandes temas atuais de Direito Tributário ; v. 1). p. 219-234. ISBN 978-65-5518-407-5.

---

[39] Cf. OLIVEIRA, Phelippe Toledo Pires de. *A transação em matéria tributária*. São Paulo: IBDT/Quartier Latin, 2015, p. 124.
[40] Cf. SOUZA, Priscila Maria F. Campos de. *A reiteração de parcelamentos extraordinários de créditos tributários federais*. São Paulo: IBDT, 2020, p. 118.

CONFISSÃO DE DÉBITO TRIBUTÁRIO E A SUPERVENIENTE DECLARAÇÃO DE INCONSTITUCIONALIDADE PELO STF

MARILENE TALARICO MARTINS RODRIGUES

Em homenagem ao *Professor Sacha Calmon Navarro Coêlho*, dedico este estudo e agradeço aos organizadores o convite para participar desta obra.

Falar do homenageado é falar do professor, jurista, estudioso do Direito Tributário, que tem contribuído de forma marcante para o debate de temas de grande relevância para o Direito Tributário. Suas obras bem refletem o pensamento jurídico como doutrinador e contribuem para a melhor interpretação do direito em nosso país.

A iniciativa dos coordenadores pela merecida homenagem deve ser aplaudida pela comunidade jurídica e em especial pelos estudiosos do Direito Tributário.

1 Considerações iniciais

O tema objeto deste estudo compreende também aspectos da teoria geral do direito e normas de interpretação, enfrentadas pelos tribunais superiores.

Um dos problemas mais discutidos e relevantes no Poder Judiciário é *o acesso* à *Justiça*. No Estado Democrático de Direito, o acesso de todos à Justiça é indispensável e *um direito fundamental* que consta do rol do artigo 5º, inciso XXXV, da Constituição

Federal de 1988: "a lei não excluirá da apreciação do Poder Judiciário lesão ou ameaça a direito.

Celso Ribeiro Bastos, sobre a função jurisdicional escreve:

> Ao lado da função de legislar e administrar, o Estado exerce a função jurisdicional. Coincidindo com o próprio envolver da organização estatal, ela foi absorvendo o papel de dirimir as controvérsias que surgiram quando da aplicação das leis. Esta, com efeito, não se dá de forma espontânea e automática. Cumpre que seus destinatários a ela se submetam, para o que se faz mister que tenham uma correta inteligência do ordenamento jurídico, assim como estejam dispostos a obedecer à sua vontade. (...) À função jurisdicional cabe esse importante papel de fazer valer o ordenamento jurídico, de forma coativa, toda vez que seu cumprimento não se dê sem resistência.[1]

A lição do Prof. Arruda Alvim é primorosa a esse respeito:

> Podemos, assim, afirmar que a função jurisdicional é aquela realizada pelo *Poder Judiciário*, tendo em vista aplicar a lei a uma hipótese controvertida mediante processo regular, produzindo, afinal, coisa julgada, com o que substitui, definitivamente, a atividade e a vontade das partes.[2]

Tal garantia é assegurada ao Contribuinte, mediante o Processo Judicial Tributário, que é instaurado, por meio de ação específica, sempre que houver conflito de interesses entre o Fisco e o contribuinte, que deve ser resolvido no âmbito do Poder Judiciário.

Todo direito processual tem suas linhas fundamentais estabelecidas pelo Direito Constitucional, que fixa a estrutura dos órgãos jurisdicionais e a declaração do direito objetivo, com a prestação jurisdicional de forma ampla.

Este foi o entendimento da Suprema Corte, ao examinar o RE nº 172.084/MG, tendo como Relator o Min. Marco Aurélio de Mello, com seguinte ementa: "A garantia constitucional alusiva ao acesso ao Judiciário engloba a entrega da prestação jurisdicional de forma completa, emitindo o Estado-Juiz entendimento explícito sobre as matérias de defesa veiculadas pelas partes. Nisto está a essência da norma inserta no inciso XXXV do art. 5º da Carta da República".

Na definição do Prof. Alfredo Buzaid, que presidiu e coordenou a Comissão de Reforma do Código de Processo Civil de 1973, conforme exposição de motivos: "Processo é o instrumento que o Estado coloca a disposição das partes, para solucionar a lide".

O direito de ação é público (o Estado que é obrigado a prestar a jurisdição), subjetivo (qualquer pessoa pode exercê-lo, estando autorizada pelo direito objetivo), autônomo (desvinculado do direito material) e abstrato (não é um direito a uma sentença favorável, mas o direito de expor a pretensão e obter a prestação jurisdicional, que poderá ser favorável ou não).

O processo judicial tributário é regido em grande parte pelas normas gerais aplicáveis ao processo civil, e paralelamente convive com normas específicas próprias do direto tributário, como por exemplo, o Código Tributário Nacional (Lei nº 5.172/1966) e a Lei de Execução Fiscal (Lei nº 6.830/1980).

---

[1] BASTOS, Celso Ribeiro. *Comentários à Constituição do Brasil*. Coautoria com Ives Gandra da Silva Martins. 2. ed. São Paulo, 2001, 2. v, p. 184

[2] *Curso de Direito Processual Civil*. São Paulo: Revista dos Tribunais, 1989. v. I, p. 149.

Os direitos e garantias fundamentais assumem posição de destaque nas relações entre Estado e contribuinte, por estabelecerem os limites de atuação do Estado, para a necessária segurança jurídica.

Essa garantia de acessibilidade ampla ao Poder Judiciário – direito à jurisdição – contudo, não foi suficiente para *proteger o acesso à Justiça*, já que, apesar de todos poderem levar seus litígios ao Poder Judiciário, não havia nenhuma garantia de que o processo seria apreciado *em um tempo razoável*.

A partir da EC nº 45/2004, que introduziu a Reforma do Poder Judiciário, foram incluídos alguns dispositivos na Constituição com objetivo de promover *maior celeridade dos processos* e *segurança jurídica*, como segue:

1º) Art. 5º da CF – Inciso LXXVIII;

a todos, no âmbito judicial e administrativo, são assegurados a razoável duração do processo e os meios que garantam a celeridade de sua tramitação.

2º) Art. 102 da CF – §3º;

No recurso extraordinário o recorrente deverá demonstrar a *repercussão geral* das questões constitucionais discutidas no caso, nos termos da lei, a fim de que o Tribunal examine a admissão do recurso, somente podendo recusá-lo pela manifestação de dois terços de seus membros.

3º) Art. 103-A da CF, que instituiu a súmula vinculante, nos seguintes termos;

O Supremo Tribunal Federal poderá, de ofício ou por provocação, mediante decisão de dois terços dos seus membros, após reiteradas decisões sobre matéria constitucional, aprovar súmula que, a partir de sua publicação na imprensa oficial, terá *efeito vinculante* em relação aos demais órgãos do Poder Judiciário e à administração pública direta e indireta, nas esferas federal, estadual e municipal, bem como proceder à sua revisão ou cancelamento, na forma estabelecida em lei.

§1º – A súmula terá por objetivo a *validade*, a *interpretação* e a *eficácia* de normas determinadas, acerca das quais haja controvérsia atual entre órgãos judiciários ou entre esses e a administração pública que acarrete grave insegurança jurídica e relevante multiplicação de processos sobre questão idêntica.

No contexto do elevado volume de recursos no STF, a ideia é positiva, por obrigar os órgãos inferiores (Judiciais e Administrativos) a respeitarem as decisões e súmulas vinculantes do STF.

Devem ser considerados certos valores como: (a) o *acesso à Justiça*; (b) a *celeridade processual*; (c) a *isonomia* no tratamento de questões constitucionais, interpretadas de forma uniforme.

Esses valores são indispensáveis ao Estado Democrático de Direito.

De fato, se uma questão constitucional foi apreciada e já está consolidada no âmbito da Suprema Corte, nada justifica que seja reexaminada inúmeras vezes.

A *segurança jurídica* é o valor principal do sistema, obtido por meio da garantia de que determinada lei preexistente será aplicada pelo magistrado, conforme entendimento do Supremo Tribunal Federal.

A partir da *previsibilidade das decisões judiciais*, toda a sociedade organiza-se e adota condutas de forma segura, antevendo as consequências futuras no caso de questionamentos judiciais. É essa previsibilidade *que garante a segurança jurídica* e é fundamental para a vida organizada e para que seja possível a pacífica convivência em sociedade, resultando na desejada paz social.

Não seria coerente, a partir de decisões reiteradas de súmula vinculante, que essa mesma matéria continuasse a ser interpretada de forma diversa por magistrados de instâncias inferiores ou pela própria Administração Pública, razão pela qual a súmula vinculante é necessária para *dar estabilidade às relações processuais* e concretizar a *segurança jurídica*.

2 O Estado e a tributação

A tributação é, por excelência, a principal fonte de geração de recursos para o Estado, mas é preciso que haja lei que autorize a exigência de tributos e que essa lei esteja em equilíbrio e conformidade com a Constituição, que atribui competência tributária aos entes públicos (União, Estados, Distrito Federal e Municípios), *estabelece limites* para a exigência de tributos, em conformidade com os princípios e garantias dos contribuintes, para que possam ser exigidos. A não observância dos preceitos constitucionais, quando da elaboração da lei que institui o tributo, torna a exigência inconstitucional, passível de discussão judicial.

A capacidade que o cidadão possui para contribuir com os gastos públicos deve ser respeitada. O ponto de *equilíbrio da tributação* deve ser traduzido por aquilo que possa ser *razoável* e *coerente* com o objeto econômico do tributo, de forma a dimensionar a *racionabilidade* do seu pagamento.

Nos sistemas constitucionais modernos, cada vez mais, há preocupação com a *dinâmica das relações sociais* e, portanto, com *o exercício dos direitos*.

3 Garantias fundamentais e segurança jurídica no procedimento tributário

Uma das garantias fundamentais que o Estado de Direito assegura aos cidadãos contribuintes, no procedimento tributário é a *segurança jurídica*, que compreende, em geral, as imposições jurídicas e procedimentais pela administração tributária. Essas garantias jurídico-fundamentais atuam nas relações jurídicas com o contribuinte e também vinculam a Administração Tributária com exigências fiscais em observação à *legalidade, celeridade, de respeito aos direitos dos cidadãos e eficiência* (art. 37 da CF). A segurança jurídica está diretamente ligada à *eficácia do sistema jurídico tributário* e à *legalidade no procedimento tributário*, à medida que garante que a lei tributária seja rigorosamente respeitada e que ninguém seja obrigado a pagar tributos não previstos em lei (arts. 5º, II e 150, I, ambos da CF) ou que a exigência tributária de determinado tributo, tenha sido *declarada inconstitucional pelo STF*. A cuidadosa observância da lei tributária só faz sentido para ser aplicada se essa lei for justa. É o princípio da *estrita legalidade tributária*, que a Administração está obrigada a observar na aplicação da lei.

Assim, a segurança jurídica exige *leis justas* para que sejam aceitas pela sociedade, ou seja: leis que devem ser *corretamente interpretadas* e *aplicadas pela Administração Pública*, sendo objeto de um intenso *controle jurisdicional* na solução dos conflitos que forem suscitados (art. 5º, XXXV, da CF).

Por outro lado, a *segurança jurídica*, que se traduz na *estabilidade e na previsibilidade do direito*, significa que os contribuintes devem poder conhecer as normas jurídicas e, em geral, o direito aplicado pela Administração Tributária, a fim de poderem ajustar a sua conduta a essas normas e a esse direito. O direito, necessariamente, precisa ter *estabilidade*, uma vez que *sucessivas* e *frequentes alterações* geram aos cidadãos *incerteza* sobre o futuro, que deixam de programar suas decisões que muitas vezes levam tempo a preparar e se prolongam no tempo. A *tributação* é parte importante das decisões dos contribuintes e das empresas, uma vez que *necessitam de saber claramente a que lei e a que obrigações fiscais estão sujeitos*.

A estabilidade do direito é essencial para os seus destinatários. A proibição da *retroatividade* das normas tributárias, a garantia de *prazos de vigência*, a *publicidade* das normas e das decisões da Administração Tributária, bem como a *legalidade* são, entre outros, *fatores de estabilidade jurídica*.

4 Clareza e precisão da lei tributária

A *segurança jurídica* é indissociável da *certeza jurídica* e exige clareza e precisão das normas jurídicas. Somente mediante normas jurídicas tributárias estáveis e conhecidas (ou facilmente conhecidas), podem assegurar aos seus destinatários elevados níveis de certeza.

A *essência* do direito não se afina com a letra da lei. O direito é o resultado de uma interpretação e aplicação que se vai *consubstanciando e impondo com o tempo, com a diversidade dos casos* que vão surgindo.

Antonio Francisco de Souza, sobre o tema escreve:

> Assim, a verdadeira essência do direito não está apenas plasmada na lei, mas à letra desta é acrescentado um casuísmo interpretativo e aplicado que lhe confere a sua identidade própria ou dimensão específica. Em última instância, os contornos específicos do direito são definidos pela jurisprudência, embora esta também seja sujeita à crítica e à evolução, num permanente desenvolvimento. Para o direito e para a justiça em concreto é importante a interpretação e a aplicação da lei, tal como o controle jurisdicional.[3]

---

[3] SOUZA, Antonio Francisco. Garantias Fundamentais de Segurança Jurídica no Procedimento Tributário. *In*: BRANCO, Paulo Gonet; MEIRA; Liziane Angelotti; CORREIA NETO, Celso de Barros (coord.). *Tributação e direitos fundamentais*. São Paulo: Saraiva/Instituto Brasiliense de Direito Público, 2012, p. 76/94.

5 Princípio da proporcionalidade

Outra importante exigência prévia da *segurança jurídica* no procedimento tributário é o *princípio da proporcionalidade* na atuação da Administração Pública.

O reconhecimento formal do princípio da proporcionalidade como limite dessa atuação pela Administração surgiu em finais da década de 1960 pelo Tribunal Administrativo Federal, na Alemanha, e pelo Conselho de Estado Francês.

Trata-se de um princípio estruturante do Estado Democrático de Direito, que *estabelece limites para a Administração Pública*, em toda a sua atuação.

O princípio da *proporcionalidade* deve cumprir três exigências cumulativas em relação às decisões administrativas: *adequação, indispensabilidade* e *proporcionalidade em sentido estrito:* (1) Pela adequação, a medida adotada pela Administração deve permitir alcançar o fim legítimo que se tem em vista, conforme a finalidade e limites da lei a ser aplicada, que a Administração está obrigada a observar em toda a sua atuação. (2) Pela exigência da *indispensabilidade*, a medida (adequada) adotada no caso concreto deve ser absolutamente necessária ou exigível para se atingir o fim determinado, o que obriga a Administração Pública a escolher, entre os meios adequados, aquele menos gravoso ao particular, o que *menor sacrifício lhe cause*, razão pela qual se fala em princípio da menor afetação possível aos direitos do cidadão, tendo em vista os interesses públicos superiores. (3) A exigência de *proporcionalidade em sentido estrito*, obriga a que os sacrifícios da medida administrativa para os seus destinatários e para o interesse público não sejam excessivos, no sentido de ultrapassarem os *benefícios que com segurança* e fundamento dela se espera. Essa exigência *de proporcionalidade em sentido estrito* representa *proibição do excesso*, remetendo para uma ponderação entre custos-benefícios, em que os benefícios devem superar claramente os custos.

6 Participação do contribuinte no procedimento tributário

A garantia de *segurança jurídica* no procedimento tributário também está diretamente relacionada com a *participação dos contribuintes* como garantia fundamental dos cidadãos, tanto que a Constituição da República em seu art. 5º, inciso LV, garante ampla defesa nos seguintes termos:

> LV – aos litigantes, em processo judicial ou administrativo, e aos acusados em geral são assegurados o contraditório e ampla defesa, com os meios e recursos a ela inerentes.

A ampla defesa administrativa compreende também o contraditório, com os meios e recursos a ela inerentes, com possibilidade de sustentação oral e entrega de memoriais, prova pericial, juntada de documentos, etc.

E, portanto, a participação dos interessados na formação das decisões que lhe dizem respeito é uma *garantia estruturante do Estado Democrático de Direito*, que permite melhorar a qualidade, a justiça e a representatividade das decisões, assegurando a própria *dignidade da pessoa humana, no exercício dos seus direitos fundamentais*.

A *proteção da confiança* também é uma exigência do Direito Administrativo do Estado Democrático de Direito. Em relação ao *Direito Tributário*, a proteção da confiança significa que o *contribuinte deve confiar* nas expectativas da *correta interpretação da lei* aplicável e também dos atos da Administração que resultam para sua relação tributária com a Administração.

Dessa forma, tanto o direito procedimental como o direito processual contribuem para a *segurança jurídica*, considerando a garantia dos direitos dos contribuintes assegurados pela Constituição, que vinculam a Administração e o Poder Judiciário, quanto à interpretação dos tribunais superiores, conforme jurisprudência na aplicação da lei que devem ser observadas.

Feitas essas considerações, passamos a examinar a questão relacionada com o tema do parcelamento, como segue:

7 Adesão a pedidos de parcelamentos pelas empresas e a confissão de débitos tributários

A União, os Estados, o Distrito Federal e os Municípios, periodicamente, têm procurado instituir leis que concedem benefícios, destinados a empresas e pessoas físicas em situação de inadimplência tributária.

A carga tributária excessiva em nosso país prejudica a competitividade das empresas, contribuindo negativamente para o desenvolvimento social, com altos índices de desemprego. As empresas inadimplentes, muitas vezes, precisam fazer opção entre pagar os salários de seus empregados ou os tributos.

Para os defensores dessa corrente – entre os quais me incluo – os parcelamentos são forma de incentivos às empresas inadimplentes, inclusive para evitar desemprego nos períodos de crises enfrentadas, como, por exemplo, a pandemia de covid-19 enfrentada pelo nosso país. Porém há aqueles que afirmam que a concessão de benefícios incentiva as empresas "mal pagadoras", em detrimento daqueles que procuram manter a sua situação tributária regular, criando concorrência desleal e consequente desequilíbrio no mercado. Tal afirmativa merece temperamentos. É preciso analisar caso a caso, para constatar a real situação de cada empresa e a finalidade desses pedidos de parcelamento, que contribuem para aumentar a arrecadação do Erário, junto aos contribuintes inadimplentes e auxiliá-los na regularização de suas obrigações tributárias.

Por outro lado, as empresas necessitam periodicamente de Certidões Negativas de Débito (CND), para desenvolvimento de suas atividades, e encontram grandes dificuldades para sua expedição, inclusive muitas vezes necessitando de recorrer ao Poder Judiciário para obter a Certidão Negativa (art. 205 do CTN); ou Certidão Positiva com efeitos de Negativa (art. 206 do CTN).

O direito a obtenção de Certidão de situação Fiscal do contribuinte está assegurado pela Constituição Federal, no rol dos direitos e garantias estabelecidos no artigo 5º nos seguintes incisos:

> XXXIII – todos têm direito a receber dos órgãos públicos informações de seu interesse particular, ou de interesse coletivo ou geral, que serão prestadas no prazo da lei, sob pena

de responsabilidade, ressalvadas aquelas cujo sigilo seja imprescindível à segurança da sociedade e do Estado.

XXIV – são a todos assegurados, independentemente do pagamento de taxas:

(...)

b) a obtenção de certidões em repartições públicas, para defesa de direitos e esclarecimento de situações de interesse pessoal.

Nesse contexto surgiram as diversas leis de concessão de parcelamentos, *para suspender a exigibilidade do crédito tributário*, a teor do art. 151, VI do CTN,[4] tais como: a Lei nº 9.964 de 10.04.2000, que criou o *Programa de Recuperação Fiscal* (REFIS). Na sequência vieram, entre outros, o regime de parcelamento ordinário (Lei nº 10.522/2002), o *Parcelamento Especial* – PAES 9 (Lei nº 10.684/03), o *Parcelamento Excepcional* (PAEX) (Medida Provisória nº 303/06) e o *"REFIS DA CRISE"* (Lei nº 11.941/09). Além desses programas, foram instituídas, ainda, algumas *anistias de créditos tributários* (multa e juros), para estimular a adesão dos contribuintes, tais como as veiculadas pelas Medidas Provisórias nºs 38/2002 e 75/2003.

Tendo em vista as dificuldades de toda ordem enfrentadas pelas empresas, que têm sido criadas pela Administração Pública para o desenvolvimento regular de suas atividades – pessoa jurídica – que vai a juízo discutir a *legalidade das exigências tributárias*, tais como: certidão negativa de regularidade, inscrição no CADIN, etc., e também diante da morosidade e incerteza do desfecho das medidas judiciais adotadas e de uma decisão pela improcedência poder acarretar a situação de inadimplência caracterizada no art. 7º da Lei nº 10.684/03, com a consequente exclusão das empresas do parcelamento que viesse a ser obtido, as empresas viram-se na contingência de, ao optarem por aderir a tais programas governamentais de recuperação de créditos, incluir também os que eram *objeto de discussão judicial, com fundamento, como por exemplo, na inconstitucionalidade da majoração da base de cálculo do PIS e da COFINS, pela Lei nº 9.718/98, e que estavam, inclusive, com a exigibilidade suspensa*.

A legislação referente ao parcelamento de débitos tributários determina que o *pedido de parcelamento* implica *confissão irretratável da dívida*. O contribuinte, portanto, ao aderir ao parcelamento, não poderia insurgir-se contra a exigência do tributo.

Ocorre que em muitos casos, o pedido de parcelamento é feito em face da ação fiscal contra o contribuinte em que se *discute que o tributo na verdade não é devido*, seja porque não houve a *ocorrência do respectivo fato gerador*, ou que a *base de cálculo é inconstitucional*.

A questão que se coloca, nesses casos, é a de saber se *a confissão efetivamente impede que o contribuinte se oponha à exigência, e qual o significado da norma legal, que diz ser a confissão irretratável e irrevogável*.

No exame dessas questões jurídicas de um modo geral, é preciso examinar a *relevância da norma dentro do sistema jurídico*.

Juarez Freitas, sobre o tema com propriedade escreve:

---

[4] "Art. 151 do CTN:
Suspendem a exigibilidade do crédito tributário:
(...)
VI – o parcelamento."

Interpretar uma norma é interpretar o sistema inteiro; qualquer exegese comete, direta ou obliquamente, uma aplicação da totalidade do Direito.

Assentes tais pressupostos, convém assinalar que todas as frações do sistema guardam conexão entre si. Daí resulta que qualquer exegese comete, direta ou indiretamente, uma aplicação de princípios e regras e de valores componentes da totalidade do Direito.

Retido esse aspecto, registre-se que cada preceito deve ser visto do todo, eis que apenas ao exame de conjunto tende a ser melhor equacionado qualquer caso problemático, quando se almeja bem-fundamentada hierarquização tópica dos princípios proeminentes.

Com efeito, ao hierarquizar prudentemente princípios, regras e valores, a interpretação tópico-sistemática opera escalonando-os, renovando – se necessário – os seus significados. Quando configurada antinomia lesiva ou para evita-la, os princípios devem ocupar o lugar das diretrizes harmonizadoras ou solucionadoras, na base e no ápice do sistema, vale dizer, fundamento e cúpula do sistema."[5]

Ao interpretar a Constituição, o Ministro Carlos Velloso, quando da decisão pelo Plenário do STF, da Reclamação nº 383-3/SP, em seu voto consignou:

> Ora, a meu ver, essa interpretação puramente literal de um texto isolado não seria boa. Temos que interpretar a Constituição no seu contexto e quando interpretamos a Constituição é bom lembrar a afirmativa de Marshall, no "MCulloch v. Maryland", de 1819: "quando se interpretam normas constitucionais, deve o intérprete estar atento ao espírito da Constituição, ao que ela contém no seu texto".
> Parece-me que a interpretação literal não prestaria obséquio à Constituição, que deve ser sistematicamente interpretada.[6]

É preciso, portanto, considerar a norma dentro do Sistema, para o exame da questão.

Roque Antonio Carraza, a propósito, observa:

> a interpretação sistemática, embora parta da interpretação gramatical, vai além desta, uma vez que, após atentar para as palavras da lei, acaba por estabelecer o sentido objetivamente válido de um preceito ou disposição jurídica, levando em conta todo o Direito.[7]

Isso demonstra que se a lei não estiver em conformidade com a Constituição, nos limites por ela estabelecidos e com seus princípios e garantias, de forma a dar efetividade a seus objetivos, não pode o intérprete considerar a lei, isoladamente, para fins de torná-la constitucional.

O *princípio da legalidade* está expresso na Constituição Federal, no art. 5º, inciso II, de forma genérica ao estabelecer que "II – *ninguém será obrigado a fazer ou deixar de fazer alguma coisa senão em virtude de lei*"; e de forma específica, para o Direito Tributário no art. 150, inciso I, ao dispor que entre as garantias asseguradas aos contribuintes é vedado "I – *exigir ou aumentar tributos sem lei que o estabeleça*"; enfatizado pelo artigo 37,

---

[5] FREITAS, Juarez. *A Interpretação Sistemática do Direito*. 5. ed. Malheiros, 2010, p. 73-74
[6] VELLOSO, Carlos. Ministro do STF. Voto na Reclamação nº 383-3/SP.
[7] CARRAZA, Roque Antonio. *O regulamento no Direito Tributário brasileiro*. São Paulo: Revista dos Tribunais, 1981, p. 141.

caput, em sua aplicação pela Administração. No plano infraconstitucional, a legalidade tributária consta dos arts. 3º e 142 do Código Tributário Nacional, que prescrevem que a atividade administrativa é plenamente vinculada – tanto no âmbito do Processo Administrativo como no Processo Judicial – e obedecerá, entre outros requisitos de validade, os princípios da *publicidade,* da *economia,* da *motivação* e da *celeridade,* assegurados o *contraditório* e a *ampla defesa*, com os meios e recursos a ela inerentes.

É importante assinalar que todo direito tributário é regido pelo princípio da legalidade, que é também corolário do princípio da tipicidade da tributação, de tal forma que a exigência de tributos deve estar prevista expressamente na lei e em seus limites, para ter condição de validade.

Em conhecido pronunciamento, o Min. Celso de Mello anotou que:

> a essência do direito tributário – respeitados os postulados fixados pela própria Constituição – reside na integral submissão do poder estatal a *"rule of law"*. A lei, enquanto manifestação estatal estritamente ajustada aos postulados subordinantes do texto consubstanciado na Carta da República, qualifica-se como decisivo instrumento de garantia constitucional dos contribuintes contra eventuais excessos do Poder Executivo em matéria tributária. Considerações em torno das dimensões em que se projeta o princípio da reserva constitucional de lei.[8]

Referida transcrição sintetiza a importância da legalidade para o ordenamento jurídico como um todo e, em especial, para o Direito Tributário. A legalidade, princípio basilar do Estado de Direito, mereceu atenção duplicada do constituinte de 1988. Dada a sua relevância, Dino Jarach observa ser ela a "partida do nascimento" de todo Direito Tributário.[9] Surge logo no início das garantias individuais e, uma vez mais, nas limitações ao poder de tributar. Na primeira das previsões, a legalidade impõe a necessidade de lei para que possam ser impostas obrigações ao cidadão (art. 5º, inciso II). No seu aspecto tributário, a legalidade impõe a sujeição de todo poder tributário à lei, ou seja, toda a ação do Fisco deverá estar estritamente vinculada aos ditames das normas jurídicas aprovadas pelo Parlamento.

Em suma: *não se pode obrigar o cidadão contribuinte* ao pagamento de um determinado tributo *se o mesmo não foi, expressamente, instituído ou majorado por lei válida.*

Dúvida não resta, portanto, da sua relevância para o tema das renúncias em matéria tributária.

Dessa forma, nenhum ato administrativo-fiscal, seja de formalização, seja de julgamento, pode ser discricionário, uma vez que as atividades administrativas de fiscalização, apuração, lançamento e julgamento são atividades plenamente vinculadas (arts. 3º e 142 do CTN):

> Art. 3º – Tributo é toda prestação pecuniária compulsória, em moeda ou cujo valor nela se possa exprimir, que não constitua sanção de ato ilícito, instituída em lei e cobrada mediante atividade administrativa plenamente vinculada.
>
> Art. 142 – Compete privativamente à autoridade administrativa constituir o crédito tributário pelo lançamento, assim entendido o procedimento administrativo tendente a

---

[8] STF. Tribunal Pleno. ADI/MC nº 1.296, Rel. Min. Celso de Mello, *DJU.* 10.08.1995.
[9] *Curso superior de derecho tributario.* Buenos Aires: Liceo Profesional, Cima, 1969, p. 101.

verificar a ocorrência do fato gerador da obrigação correspondente, determinar a matéria tributável, calcular o montante do tributo devido, identificar o sujeito passivo e, sendo caso, propor a aplicação da penalidade cabível.

Parágrafo único – A atividade administrativa de lançamento é vinculada e obrigatória, sob pena de responsabilidade funcional.

E devem atender as normas jurídicas e procedimento e processo, com a finalidade de aplicar a lei e o Direito, na exata medida da Constituição e do Sistema Jurídico Infraconstitucional que rege a relação jurídico-tributária, de modo a preservar a aplicação da lei ao caso concreto, distribuindo a Justiça, de tal forma que o princípio da legalidade é bem mais amplo do que a mera sujeição do ato administrativo à lei, pois obriga, necessariamente, a submissão também ao Direito, ao ordenamento jurídico, às normas e princípios constitucionais.

A título exemplificativo, podemos mencionar o caso de diversas empresas que ajuizaram ações tendo por objeto assegurar o direito de, anteriormente à EC nº 20/98, recolher a COFINS exclusivamente sobre o faturamento, não se submetendo às disposições da Lei nº 9.718/98, que pretendeu ampliar a base de cálculo da Contribuição, sem amparo Constitucional.

No curso das ações, o Governo Federal editou alguns programas de recuperação de créditos por meio de parcelamentos, especificamente o REFIS, entre outros e as empresas necessitando de Certidão Negativa de Débito e medida para suspender a exigibilidade do crédito tributário, diante da morosidade do julgamento das ações ajuizadas, viram-se na contingência de, ao optarem por aderir a tais programas governamentais de recuperação de créditos, incluir também os que eram objeto de discussão judicial, com fundamento na inconstitucionalidade da majoração da base de cálculo do PIS e da COFINS pela Lei nº 9.718/98, e que estavam, inclusive, com a exigibilidade suspensa.

Ocorre que, conforme antes mencionado, tal *adesão está condicionada a que os contribuintes não apenas desistam das ações ajuizadas, de forma irrevogável e irretratável, mas também confesse o débito e renuncie, nos autos dos processos que estiverem promovendo, a quaisquer alegações de direito sobre as quais ele se fundamente* (Lei nº 10.684/03, art. 1º, §2º, e art. 4, II).

Referida exigência tributária foi posteriormente julgada inconstitucional pelo Supremo Tribunal Federal e, portanto, *não pode ser objeto de cobrança pela Administração Pública*, ainda que tenha ocorrido *confissão do pretenso débito* por parte *do contribuinte*, que aderiu ao parcelamento do débito.

8 Da possibilidade de discussão judicial quanto a débito incluído em parcelamento cuja norma foi declarada inconstitucional pelo STF

A obrigação tributária surge com a ocorrência do fato gerador (art. 113 do CTN) por lei válida, compatível com a Constituição. *Trata-se de um direito subjetivo público, que não é suscetível de renúncia.*

O que pode o contribuinte é de livre vontade, tendo em vista que o pagamento do tributo envolve um *direito patrimonial*, deixar de oferecer resistência à pretensão fiscal, quando isso lhe for oportuno e conveniente. Nesse sentido é que se diz que o direito do contribuinte, em relação ao pagamento do tributo, é um direito *disponível*, na medida em que ele pode exercer ou não a faculdade de se opor a exigência fiscal.

A questão foi examinada por *Ives* Gandra da Silva Martins, em parecer jurídico em coautoria com Fátima Fernandes Rodrigues de Souza, do qual transcrevemos os seguintes trechos:[10]

A situação em comento é exatamente essa. Diversas empresas aderiram ao parcelamento especial (Lei nº 11.941/2009) e, *posteriormente, houve o reconhecimento, pelo Supremo Tribunal Federal, da inconstitucionalidade da norma instituidora do suposto débito incluído no parcelamento, por implicar a alteração da legislação tributária com efeitos "ex tunc", ensejando, assim, a invalidade da própria transação ocorrida entre o Fisco e o Contribuinte.*

Com efeito, além da desistência, expressa e de forma irrevogável, da impugnação, do recurso interposto administrativamente ou da ação judicial propostos, a lei instituidora do parcelamento impôs a renúncia *"a quaisquer alegações de direito sobre as quais se fundam os referidos processos administrativos e ações judiciais, relativamente à matéria cujo respectivo débito queira parcelar".*

De observar que renunciar as *"alegações de direito"* não significa *"renunciar ao direito material"* propriamente dito, mas sim tão somente deixar de contestar, de resistir, à pretensão do fisco, submetendo-se à exigência do tributo instituído por lei presumivelmente legítima.

Nas hipóteses em que a lei institui *Programas Especiais de Parcelamento* e condiciona a adesão à desistência das ações que o contribuinte promove para discutir a exigência fiscal, *presume-se que tal exigência é feita para obter maior celeridade à arrecadação de quantias que representem verdadeiros tributos, ou seja, créditos tributários originários de ato legislativo válido.*

No caso em comento, a desistência exigida tem por finalidade obter do contribuinte o compromisso de que não vai celebrar a novação num dia, e voltar a discutir o crédito tributário no outro, uma vez que a extinção prevista no art. 485, inciso VIII, do CPC,[11] não impede o ajuizamento de *nova demanda*. Portanto, sendo descabido cogitar-se que, estabelecendo a exigência da renúncia nesses casos, o legislador ou a autoridade administrativa tenham tido por objetivo assegurar à Administração Pública receitas a que a União não fazia jus, sob pena de ofensa ao artigo 37 da CF, que consagra os princípios da *legalidade,* da *moralidade,* da *eficiência* e da *impessoalidade* que a Administração Pública deve observar em todos os seus atos, nos seguintes termos:

> Art. 37 – A administração pública direta e indireta de qualquer dos Poderes da União, dos Estados, do Distrito Federal e dos Municípios obedecerá aos princípios de *legalidade, impessoalidade, moralidade, publicidade* e *eficiência...*

---

[10] Parecer jurídico – *"ASPECTOS CONTROVERTIDOS NA ADESÃO DO PROGRAMA DO PARCELAMENTO ESPECIAL COM VISTAS À OBTENÇÃO DE REGULARIDADE FISCAL".* Disponível em: https://gandramartins. adv.br/parecer/aspectos-controvertidos-na-adesao-do-programa-do-parcelamento-especial-com-vistas-a-obtencao-de-regularidade-fiscal-parecer/.

[11] O art. 485 do CPC, dispõe:
"Art. 485 – O juiz não resolverá o mérito quando:
(...)
VIII – homologar a desistência da ação:"

Assim, *não é razoável que a imposição da renúncia tenha por finalidade assegurar ao Estado o direito de receber tributos cuja lei foi julgada inconstitucional*, como, por exemplo, contribuições sociais calculadas sob base de cálculo alargada, na forma da Lei nº 9.718/98, não obstante o reconhecimento de sua *inconstitucionalidade, pela Suprema Corte, a pretexto de que disponibilidade do direito, manifestada pelo contribuinte, supriria o vício da norma, atribuindo à Receita a legitimidade que a lei declarada inválida* não tem condições de ser aplicada.

Em relação aos *efeitos da renúncia*, portanto, *não houve renúncia ao direito material*, mas ao *direito de resistir à pretensão fiscal*.

A atuação do Estado, segundo as normas constitucionais, na instituição de tributos é *direito subjetivo público, irrenunciável*, de que o direito material do contribuinte é reflexo.

Gilmar Mendes, sobre a vinculação dos Poderes Públicos lembra que:

> O fato de os direitos fundamentais estarem previstos na Constituição torna-os parâmetros de organização e limitação dos poderes constituídos. A constitucionalização dos direitos fundamentais impede que sejam considerados meras autolimitações dos poderes constituídos – dos Poderes Executivo, Legislativo e Judiciário –, passíveis de serem alterados ou suprimidos ao talante destes. Nenhum desses Poderes se confunde com o poder que consagra o direito fundamental, que lhes é superior. Os atos dos Poderes constituídos devem conformidade aos direitos fundamentais e se expõem à invalidade se os desprezarem."[12]

E nem poderia ser de outra forma.

Caso contrário, a administração pública estaria *atuando contra o princípio da moralidade e da impessoalidade* a que faz menção o art. 37 da CF.

O interesse público de arrecadar tributos deve respeitar à *legalidade* e à *ordem jurídica*, na instituição do tributo. Esse interesse público é condicionado à *legitimidade da arrecadação, à existência de obrigação tributária estabelecida em lei, em ato legislativo válido, compatível com a Constituição*. Há, portanto, *limites* que devem ser observados.

Dessa forma, qualquer acordo entre o Estado e o particular, tendo por objeto o tributo, há de existir, *sempre*, por parte do Estado, a *presunção de constitucionalidade da lei*, que autoriza *a sua cobrança*. Ocorre que *ninguém está obrigado a cumprir lei inconstitucional*, muito menos a própria Administração Pública, *cuja atuação conforme a lei e a Constituição* é *exigida no art. 37 da Constituição da República*.

Considerando que a obrigação tributária é *ex legis*, ou seja, tem origem na lei, que estabelece a ocorrência, em concreto, da situação definida em lei como necessária e suficiente para concretizar a incidência do tributo, não se pode admitir que a "renúncia às alegações de direito", *exigida nos programas de parcelamento*, objetivasse outorgar ao *Estado um direito material dissociado daquele que somente pode surgir da estrita observância ao princípio da legalidade*. Não pode ter pretendido fazê-lo derivar da vontade do contribuinte, que premido para poder administrar seus negócios e necessitando de expedição de *CND*, se vê obrigado a aderir ao parcelamento, para evitar a aplicação de sanções políticas, impostas para desestimulá-lo de discutir judicialmente a legalidade das exações tributárias pelo *erro* a que é levado pela complexidade da legislação tributária e

---

[12] MENDES, Gilmar. *Curso de Direito Constitucional*. COELHO, Inocêncio Mártires; BRANCO, Paulo Gustavo Gonet (coautoria). Saraiva/IDP Instituto Brasileiro de Direito Público, 2007, p. 235.

pela jurisprudência com decisões divergentes até que a Suprema Corte venha a decidir a questão.

Ora, se o *Supremo Tribunal Federal*, em sessão Plenária, posteriormente ao pedido de parcelamento, *reconheceu que a lei instituidora* do tributo objeto do acordo é *inconstitucional e, portanto, inválida, por contrária à Constituição Federal*, a consequência é *que se altera a situação jurídica que foi objeto da transação, com efeitos ex tunc, não sendo legítimo que o Estado se ampare na renúncia que impôs ao contribuinte, para continuar a exigir o "tributo inconstitucional"*.

Por outro lado, o contribuinte que cumpriu o compromisso na renúncia de não continuar resistindo judicialmente à pretensão do Estado *passa a ter o legítimo direito de não pagar o parcelamento indevido*, quando verificada a *alteração da situação jurídica, pela decretação de inconstitucionalidade* – desde a sua origem – da lei instituidora do tributo declarado inconstitucional. Nesse caso, *desfaz-se a presunção de constitucionalidade, que embasou o fundamento para celebração da transação*, fazendo jus, inclusive, ao ressarcimento dos danos causados pelo ato legislativo inválido, por força do art. 37, §6º, da CF.

Caso contrário, além de violar o princípio da *moralidade*, contraria também o princípio da *isonomia*, que, tendo o STF reconhecido por seu Plenário a *inconstitucionalidade da lei* que instituiu determinado *"tributo"*, essa decisão beneficia a *todos os contribuintes*, tanto aqueles que entraram em juízo como aqueles que não se utilizaram dessa faculdade. O que não é admissível é que aqueles que estando em Juízo para discutirem o vício e a inconstitucionalidade foram levados a optar pela adesão ao parcelamento de boa-fé, e confiança no Estado, não possam ser beneficiados em igualdade de condições, com os demais contribuintes.

Nos Estados Democráticos de Direito, a *legalidade* subordina também o Estado em toda sua atuação. Por outro lado, em razão da natureza *não contratual* da *obrigação tributária*, é cabível o controle da legitimidade das fontes normativas que disciplinam a sua instituição, mesmo quando há *confissão de dívida* que tenha por fundamento a *inconstitucionalidade da norma que instituiu o tributo*, como de fato ocorreu.

A obrigação tributária é uma obrigação de estrito direito público, absolutamente indisponível, quer por parte da Administração, quer por parte do contribuinte, não compromissível nem transigível.[13]

O Tribunal Regional Federal da 4ª Região, ao apreciar a questão, entendeu que a "confissão de dívida não impede a discussão judicial fundada na inconstitucionalidade".[14]

Merece destaque o seguinte trecho do referido julgado:

> A confissão de dívida tributária não impede a discussão judicial fundada na inconstitucionalidade ou na incorreta aplicação da legislação infraconstitucional, daí decorrendo, diante da aplicação de índices de atualização, juros e outros encargos que ensejam controvérsias, o inafastável direito do devedor de pleitear sua revisão, assim na via administrativa como na judicial, notadamente quando reputa incorretos e excessivamente onerosos os critérios adotados, de vez que os parâmetros de cálculo do débito fiscal não se inserem no âmbito de discricionariedade da autoridade administrativa, e sim de sua atuação vinculada. A *obrigação tributária decorre de lei, e a confissão do contribuinte diz respeito tão-somente ao fato*

---

[13] PUGLIESE, Maria. *La Prova nel Processo Tributario*, p. 97, apud NOGUEIRA, Ruy Barbosa. *Curso de Direito Tributário*. 15 ed. São Paulo: Saraiva, 1999, p. 55.

[14] TRF 4ª Região, 1ª T., AC nº 2000.04.01.048455-3, Rel. Des. Vivian Josete Pantaleão Caminha, DJ 25.1.2006.

do inadimplemento, do que denota não importar, a sua concordância inicial com o valor do débito apurado pelo Fisco, na imutabilidade deste, pois que, ao credor, não se reconhece o direito de cobrar mais do que é efetivamente devido, por força de lei. (grifamos)

As garantias constitucionais, expressa e implicitamente conferidas ao contribuinte pela Constituição de 1988, e em especial a garantia da legalidade – primazia da lei – impedem que ao fato jurídico-tributário seja conferido um caráter contratual, dando ensejo à criação de obrigações tributárias com base tão somente na vontade do contribuinte.

Conforme lições de Geraldo Ataliba, sobre o tema, "para o direito tributário é irrelevante a vontade das partes na produção de um negócio jurídico. Tal vontade é relevante para os efeitos privados (negociais) do negócio. Para o direito tributário a única vontade relevante, juridicamente, é a vontade da lei, que toma esse negócio (ou ato unilateral privado) como fato, ao colocá-lo, como simples fato jurídico, na hipótese de incidência".[15]

Assim sendo, a confissão irrevogável e irretratável se dá no pressuposto da legalidade e constitucionalidade do tributo. Uma vez declarada a sua ilegalidade ou inconstitucionalidade, *resulta ineficaz a confissão*, visto que se reconhece a inexistência de relação jurídica que obrigue o contribuinte a recolher o tributo.

Tais argumentos demonstram a superioridade da lei sobre a vontade do particular. O *consentimento ou a sua declaração de vontade não podem, em se tratando de Direito Tributário criar obrigação*. No caso de ser declarado inconstitucional/ilegal o tributo, *não há relação jurídico-tributária e, portanto, não há obrigação tributária* que obrigue o contribuinte ao pagamento de débito com fundamento em lei declarada inconstitucional.

9 Conclusões

- É direito fundamental do contribuinte exercer o seu direito de levar a questão ao Poder Judiciário – direito à jurisdição –, exercendo o seu direito de ampla defesa;
- O *acesso à Justiça*, a *celeridade processual* e a *isonomia no tratamento de questões constitucionais*, quando apreciadas pelo STF, devem ter tratamento uniforme;
- Nos sistemas constitucionais modernos, cada vez mais há preocupação com a dinâmica das relações sociais e, portanto, com o exercício dos direitos.
- A *segurança jurídica* é indissociável da certeza jurídica e exige clareza e precisão das normas jurídicas;
- É preciso considerar a norma jurídica dentro do sistema para o exame da questão a partir de interpretação sistemática;
- A *renúncia a* "alegações de direito" não significa "renunciar ao direito material" em pedidos de parcelamento, mas tão somente deixar de contestar à pretensão do Fisco, submetendo-se à exigência do tributo instituído por lei presumivelmente legítima;

---

[15] *Hipótese de incidência tributária*. 6. ed. 11. tir. São Paulo: Malheiros, 2010, p. 72.

- Se a lei foi declarada inconstitucional pelo STF, em sessão Plenária, não impede o ajuizamento de nova demanda, a teor do art. 485, VIII, do CPC;
- Não é razoável que a imposição da renúncia tenha por finalidade assegurar ao Estado o direito de receber tributos com base em lei julgada inconstitucional pelo STF;
- Se o STF reconheceu que a lei instituidora do tributo objeto do acordo de parcelamento é inconstitucional e, portanto, inválida, não sendo legítimo que o Estado se ampare na renúncia que impôs ao contribuinte, para continuar a exigir tributo inconstitucional. Esse comportamento fere diretamente o princípio da *moralidade* que a administração pública está obrigada a observar (art. 37 – CF);
- O contribuinte, assim, passa a ter o legítimo direito de não pagar tributo julgado inconstitucional, objeto de parcelamento. Essa decisão da Suprema Corte beneficia a *todos os contribuintes*. Pretender dar tratamento desigual para os contribuintes que aderiram ao parcelamento, além de violar o *princípio da moralidade,* contraria ainda o *princípio da isonomia,* uma vez que a decisão do STF beneficia a todos os contribuintes, por ter sido julgada a *inconstitucionalidade da lei ex tunc.*

Informação bibliográfica deste texto, conforme a NBR 6023:2018 da Associação Brasileira de Normas Técnicas (ABNT):

RODRIGUES, Marilene Talarico Martins. Confissão de débito tributário e a superveniente declaração de inconstitucionalidade pelo STF. *In*: SARAIVA FILHO, Oswaldo Othon de Pontes (coord.). *Transação Tributária*: homenagem ao jurista Sacha Calmon Navarro Coêlho. Belo Horizonte: Fórum, 2023. (Coleção Fórum grandes temas atuais de Direito Tributário ; v. 1). p. 235-250. ISBN 978-65-5518-407-5.

TRANSAÇÃO TRIBUTÁRIA E RESPONSABILIDADE DO GRUPO ECONÔMICO

JOSÉ EDUARDO SOARES DE MELO

I Extinção de obrigação

Direito Civil

A transação é negócio jurídico bilateral, pelo qual as partes interessadas, fazendo-se concessões mútuas, previnem ou extinguem obrigações litigiosas ou duvidosas (CC, art. 840).

A definição possibilita extrair os *elementos constitutivos* seguintes: (a) acordo de vontade em que as partes abrem mão de seus interesses; (b) impendência ou existência de litígio ou dúvida; (c) intenção de pôr termo à *res dúbia* ou litigiosa; (d) reciprocidade de concessões; e (e) prevenção ou extinção de um litígio ou de uma dívida (DINIZ, Maria Helena. *Curso de Direito Civil brasileiro*. 2. Teoria Geral das Obrigações. 26. ed. Saraiva, 2011, p. 371).

Entende "tratar-se de modalidade especial de negócio jurídico bilateral, que se aproxima do contrato, na sua constituição e do pagamento, nos seus efeitos, por ser meio extintivo de obrigações" (*ob. cit.*, p. 371).

Pode ser realizada por escritura pública nas obrigações em que a lei exige (casos previstos nos arts. 215 a 218 do CC); ou por instrumento particular, nas em que ela o admite; se recair sobre direitos contestados em juízo será feita por escritura ou por termo nos autos, assinado pelos transigentes e homologado pelo juiz (CC, art. 482).

A transação interpreta-se restritivamente nos casos em que declara ou reconhece direitos, não tendo força jurídica para transmitir direitos (CC, art. 843).

Não aproveita e nem prejudica senão aos que nela intervierem, ainda que diga respeito à coisa indivisível. Se for concluída entre credor e devedor, desobrigará o fiador. Se realizada entre um dos devedores solidários e seu credor, extingue a dívida em relação aos codevedores (CC, art. 844, §§1º a 4º).

Trata-se de "um instituto jurídico *sui generis*, por consistir uma modalidade especial de negócio jurídico bilateral, que se aproxima do contrato (*RT* 277:226; RF 117:407), na sua constituição, e no do pagamento, nos seus efeitos, por ser causa extintiva de obrigações (Caio Mario da Silva Pereira, *Instituições de Direito Civil*, vol. 3, Rio de Janeiro, Forense, 1978, pp. 220, 221 e 223), possuindo dupla natureza: a de negócio jurídico bilateral e de pagamento indireto. É um *negócio jurídico bilateral declaratório*, uma vez que, tão somente, reconhece ou declara direito, tornando certa uma situação jurídica controvertida e eliminando a incerteza que atinge um direito. A finalidade da transação é transformar em incontestável no futuro o que hoje é litigioso ou incerto" (DINIZ, Maria Helena. *Curso*, p. 611).

Direito Tributário

O Código Tributário Nacional (art. 156) dispõe que extingue o crédito tributário (I) o pagamento; (II) a compensação; (III) *a transação*; (IV) a remissão; (V) a prescrição e a decadência; (VI) a conversão de depósito em renda; (VII) o pagamento antecipado e a homologação do lançamento, nos termos do disposto no art. 150 e seus §§1º e 4º; (VIII) a consignação em pagamento, nos termos do disposto no §2º do art. 164; (IX) a decisão administrativa irreformável, assim entendida a definitiva na órbita administrativa que não mais possa ser objeto de ação anulatória; (X) a decisão judicial passada em julgado; (XI) a dação em pagamento em bens imóveis, na forma e condições estabelecidas em lei.

O CTN preceitua o seguinte:

> Art. 171. A lei pode facultar, nas condições que estabeleça, aos sujeitos ativo e passivo da obrigação tributária, celebrar *transação* que, mediante concessões mútuas, importe em determinação (*sic*) de litígio e consequente extinção de obrigação tributária.
> Parágrafo único. A lei indicará a autoridade competente para autorizar a transação em cada caso.

Trata-se de acordo firmado entre a Fazenda Pública e os devedores, em que essas partes renunciam ao questionamento de seus eventuais direitos relativos ao tributo, firmando-se os entendimentos seguintes:

> Transação é *acordo*. (...) Tanto como no direito privado, a transação é um acordo, que se caracteriza pela ocorrência de concessões mútuas. Mas no direito tributário a transação (a) depende sempre de previsão legal; e (b) não pode ter o objetivo de evitar litígio, só sendo possível depois da instauração deste.

As razões dessa diferença são bastante simples. Se o agente do Estado pudesse transigir sem autorização legal, estaria destruída a própria estrutura jurídica deste. Por outro lado, não sendo a transação forma comum de extinção do crédito tributário, nada justifica sua permissão a não ser nos casos em que efetivamente exista um litígio. (MACHADO, Hugo de Brito. *Curso de Direito Tributário*. 38. ed. Malheiros, 2017, p. 221/222)

A natureza bilateral das mútuas concessões reforça a *natureza contratual*, contando com quatro elementos essenciais: (i) conflito (instaurado ou iminente); (ii) intenção de encerrar o conflito; (iii) concessões recíprocas; e (iv) contrato onde é formalizada a relação jurídica substituta da antiga relação jurídica controvertida, extinta pela transação. (PARISI, Fernanda Drummond. *Transação Tributária no Brasil*: supremacia do interesse público e a satisfação do crédito tributário. Tese (Doutorado em Direito) Pontifícia Universidade Católica de São Paulo – PUC-SP, em 2016. Em que tive a honra de participar)

A transação implicaria *novação* porque, uma vez concluída, extingue o crédito tributário, surgindo em seu lugar um novo crédito, resultado da transação. Assim, uma vez aperfeiçoada, mesmo que o débito original seja considerado indevido, não cabe cogitar sequer de repetição do indébito; porque a restituição somente tem cabimento no caso de pagamento, o que não ocorre com a transação em que inexiste pagamento (SCHOUERI, Luís Eduardo. *Direito Tributário*. 9. ed. Saraiva *jur*, p. 2019, p. 696).

O eminente jurista também assinala que "a transação não se confunde com a arbitragem", sob os fundamentos seguintes:

a) na arbitragem tem-se um terceiro (árbitro) que decidirá o litígio, no âmbito da legalidade; em que as partes não se predispõem de abrir mão de um direito;

b) na transação há um pressuposto que as próprias partes, abrindo mão de suas posições iniciais, cheguem a um consenso, sendo seu objeto a negociação. (SCHOUERI, *op. cit.*, p. 696).

II Aspectos básicos

Federal

A Lei Federal nº 13.988, de 14.04.2020, estabelece os requisitos e as condições para que a União, as suas autarquias e fundações, e os devedores ou as partes adversas realizem transação resolutiva de litígio relativo à cobrança de créditos da Fazenda Pública, de natureza tributária ou não tributária.

Trata-se de ato discricionário (facultativo), de conformidade aos juízos de conveniência e oportunidade, devendo ser motivado (fundamentado), observando os princípios da isonomia, capacidade contributiva, transparência, moralidade, razoável duração dos processos, eficiência, e publicidade, resguardadas as informações protegidas por sigilo.

Aplicação:

I – aos créditos tributários não judicializados sob a administração da Secretaria Especial da Receita Federal do Brasil;[1]

---

[1] Nota do editor: A Lei nº 14.375, de 21 de junho de 2022, excluiu a expressão "não judicializados": "Art. 1º (...) §4º Aplica-se o disposto nesta Lei: I – aos créditos tributários sob a administração da Secretaria Especial da Receita Federal do Brasil do Ministério da Economia".

II – à dívida ativa e aos tributos da União, cuja inscrição, cobrança e representação seja, de competência da Procuradoria-Geral da Fazenda Nacional; e
III – no que couber, à dívida ativa das autarquias e das fundações públicas federais, cuja inscrição, cobrança e representação incumbam à Procuradoria-Geral Federal, e aos créditos cuja cobrança seja competência da Procuradoria-Geral da União, nos termos de ato do Advogado-Geral da União.

Condições e compromissos:
I – não utilizar a transação de forma abusiva com a finalidade de limitar, de falsear, ou de prejudicar, de qualquer forma, a livre concorrência ou a livre iniciativa;
II – não utilizar pessoa natural ou jurídica interposta para ocultar ou dissimular a origem ou a destinação de bens, de direitos e de valores, os seus reais interesses ou a identidade dos beneficiários de seus atos, em prejuízo da Fazenda Pública federal;
III – não alienar nem onerar bens ou direitos sem a devida comunicação ao órgão da Fazenda Pública competente, quando exigido em lei;
IV – desistir das impugnações, ou dos recursos administrativos, que tenham por objeto os créditos incluídos na transação e renunciar a quaisquer alegações de direito sobre as quais se fundem as referidas impugnações ou recursos; e
V – renunciar a quaisquer alegações de direito, atuais ou futuras, sobre a quais se fundem ações judiciais, inclusive as coletivas, ou recursos que tenham por objeto os créditos incluídos na transação por meio de requerimento de extinção do respectivo processo com resolução de mérito.

Os créditos abrangidos pela transação somente serão extintos quando integralmente cumpridas as condições previstas no respectivo termo.

Rescisão:
I – descumprimento das condições das cláusulas ou dos compromissos assumidos;
II – constatação pelo credor de ato tendente ao esvaziamento patrimonial do devedor como forma de fraudar o cumprimento da transação, ainda que realizado anteriormente à sua celebração;
III – decretação de falência ou de extinção, pela liquidação, a pessoa jurídica transigente;
IV – comprovação de prevaricação, de concussão ou de corrupção passiva na sua formação;
V – ocorrência de dolo, de fraude, de simulação ou de erro essencial quanto à pessoa ou quanto ao objeto do conflito;
VI – ocorrência de alguma das hipóteses rescisórias adicionalmente previstas no respectivo termo de transação; ou
VII – inobservância de quaisquer disposições desta lei ou do edital.

Vedação:

A proposta de transação e a sua eventual adesão por parte do sujeito passivo ou devedor não autorizam a restituição ou a compensação de importâncias pagas, compensadas ou incluídas em parcelamentos pelos quais tenham optado antes da celebração do respectivo termo.

Modalidades:

I – Por proposta individual ou por adesão, na cobrança de créditos inscritos na dívida ativa da União, de suas autarquias e fundações públicas, ou na cobrança de créditos inscritos na dívida ativa da União, de suas autarquias e fundações públicas federais, ou na cobrança de créditos que seja competência da Procuradoria-Geral da União.[2]

Benefícios:[3]

a) descontos nas multas, nos juros de mora[4] e nos encargos legais relativos a créditos a serem transacionados que sejam classificados como irrecuperáveis ou de difícil recuperação, conforme critérios estabelecidos pela autoridade fazendária, nos termos do inciso V do *caput* do art. 14 desta lei;
b) oferecimento de prazos e formas de pagamento especiais, incluídos o diferimento e a moratória; e
c) concessão, substituição ou alienação de garantias e de constrições.

Vedações:

a) redução do montante principal do crédito, assim compreendido o seu valor originário, excluídos os acréscimos de que trata o inciso I do art. 11;
b) redução superior a 50% (cinquenta por cento) do valor total dos créditos a serem transacionados;[5]
c) concessão de prazo de quitação dos créditos superior a 84 (oitenta e quatro) meses;[6]
d) envolva créditos não inscritos em dívida ativa da União, exceto aqueles sob responsabilidade da Procuradoria-Geral da União.[7]

---

[2] Nota do editor: A Lei nº 14.375, de 21 de junho de 2022, alterou o art. 2º, I, Lei nº13.988/2020, para dispor: "Art. 2º Para fins desta Lei, são modalidades de transação as realizadas: I – por proposta individual ou por adesão, na cobrança de créditos inscritos na dívida ativa da União, de suas autarquias e fundações públicas, na cobrança de créditos que seja da competência da Procuradoria-Geral da União, ou em contencioso administrativo fiscal".

[3] Nota do editor: A Lei nº 14.375, de 21 de junho de 2022, incluiu os incisos IV e V ao art. 11, §2º, III, da Lei nº 13.988/2020, para dispor: "Art. 11. A transação poderá contemplar os seguintes benefícios: (...) IV – a utilização de créditos de prejuízo fiscal e de base de cálculo negativa da Contribuição Social sobre o Lucro Líquido (CSLL), na apuração do Imposto sobre a Renda das Pessoas Jurídicas (IRPJ) e da CSLL, até o limite de 70% (setenta por cento) do saldo remanescente após a incidência dos descontos, se houver; V – o uso de precatórios ou de direito creditório com sentença de valor transitada em julgado para amortização de dívida tributária principal, multa e juros".

[4] A expressão "de mora" foi excluída pela Lei nº 14.375, de 21 de junho de 2022.

[5] Nota do editor: A Lei nº 14.375, de 21 de junho de 2022, alterou o art. 11, §2º, III, da Lei nº 13.988/2020, para dispor: "Art. 11 (...) §2º É vedada a transação que: II – implique redução superior a 65% (sessenta e cinco por cento) do valor total dos créditos a serem transacionados".

[6] Nota do editor: A Lei nº 14.375, de 21 de junho de 2022, alterou o art. 11, §2º, III, da Lei nº 13.988/2020, para dispor: "Art. 11 (...) §2º É vedada a transação que: III – conceda prazo de quitação dos créditos superior a 120 (cento e vinte) meses".

[7] Nota do editor: A Lei nº 14.375, de 21 de junho de 2022, alterou o art. 11, §2º, III, da Lei nº 13.988/2020, para dispor: "Art. 11 (...) §2º É vedada a transação que: IV – envolva créditos não inscritos em dívida ativa da União,

Garantias:
Aceitação de quaisquer espécies previstas em lei, inclusive garantias reais ou fidejussórias, cessão fiduciária de direitos creditórios alienação fiduciária de bens móveis, imóveis, ou de direitos, bem como créditos líquidos e certos do contribuinte em desfavor da União, reconhecidos em decisão transitada e julgado.[8]

Proposta. Efeitos.
a) não suspende a exigibilidade dos créditos por ela abrangidos, nem o andamento das respectivas execuções fiscais;
b) não implica novação dos créditos por ela abrangidos.

II – Por adesão, nos demais casos de contencioso judicial ou administrativo tributários.

O Ministro da Economia poderá propor aos sujeitos passivos transação resolutiva de litígios aduaneiros ou tributários, decorrentes de relevante e disseminada controvérsia jurídica, com base em manifestação da Procuradoria-Geral da Fazenda Nacional e da Secretaria Especial da Receita Federal.

Considera-se controvérsia jurídica relevante, e disseminada, a que trate de questões tributárias que ultrapassem os interesses subjetivos da causa.

A proposta de adesão será divulgada em edital que especifique as hipóteses fáticas e jurídicas nas quais a Fazenda Nacional propõe a transação no contencioso tributário, que definirá (a) as exigências a serem cumpridas, as reduções ou concessões oferecidas, os prazos e as formas de pagamento admitidas; e (b) o prazo para a adesão à transação; podendo limitar os créditos contemplados considerando a etapa em que se encontre o respectivo processo tributário (administrativo ou judicia), ou os períodos de competência a que se refiram.

As reduções e concessões são limitadas ao desconto de 50% (cinquenta por cento) do crédito, com prazo máximo de quitação de 84 (oitenta e quatro) meses.[9]

A transação somente será celebrada se constatada a existência, na data da publicação do edital, de inscrição em dívida ativa, de ação judicial, de embargos à execução fiscal ou de reclamação ou recurso administrativo pendente de julgamento definitivo, relativamente à tese objeto da transação.

O sujeito passivo que aderir à transação deverá (I) requerer a homologação judicial de acordo, para fins do disposto nos incisos II e III do *caput* do art. 515 do CPC/2015; (II) sujeitar-se, em relação aos fatos geradores futuros ou não consumados, ao entendimento

---

exceto aqueles sob responsabilidade da Procuradoria-Geral da União ou em contencioso administrativo fiscal de que trata o art. 10-A desta Lei".

Assim dispõe o art. 10-A: "A transação na cobrança de créditos tributários em contencioso administrativo fiscal poderá ser proposta pela Secretaria Especial da Receita Federal do Brasil, de forma individual ou por adesão, ou por iniciativa do devedor, observada a Lei Complementar nº 73, de 10 de fevereiro de 1993".

[8] Nota do editor: A Lei nº 14.375, de 21 de junho de 2022, alterou o art. 11, §6º, da Lei nº 13.988/2020, para dispor: "Art. 11 (...) §6º Na transação, poderão ser aceitas quaisquer modalidades de garantia previstas em lei, inclusive garantias reais ou fidejussórias, cessão fiduciária de direitos creditórios e alienação fiduciária de bens móveis ou imóveis ou de direitos, bem como créditos líquidos e certos do contribuinte em desfavor da União reconhecidos em decisão transitada em julgado, observado, entretanto, que não constitui óbice à realização da transação a impossibilidade material de prestação de garantias pelo devedor ou de garantias adicionais às já formalizadas em processos judiciais".

[9] Nota do editor: Vide notas de rodapé 5 e 6.

dado pela administração tributária à questão em litígio, ressalvada a eficácia prospectiva da transação decorrente do advento e precedente persuasivo nos termos dos incisos I, II, III e IV do *caput* do art. 927 do CPC/2015, ou nas demais hipóteses previstas no art. 19, da Lei nº 10.522/2002.

III Por adesão, no contencioso de pequeno valor[10]

O Ministro da Economia, observados os princípios da racionalidade, da economicidade e da eficiência, regulamentará (I) o contencioso administrativo fiscal de pequeno valor, assim considerado aquele cujo lançamento fiscal ou controvérsia não supere 60 (sessenta) salários mínimos; e (II) a adoção de métodos alternativos de solução de litígio, inclusive transação, envolvendo processos de pequeno valor.

A transação será realizada na pendência de impugnação, de recurso ou de reclamação administrativa, ou no processo de cobrança da dívida ativa da União.

Benefícios que poderão ser contemplados: (I) concessão de descontos observado o limite máximo de 50% (cinquenta por cento) do valor total do crédito; (II) oferecimento de prazos e formas de pagamento especiais, incluídos o diferimento e a moratória, obedecido o prazo máximo de quitação de 60 (sessenta) meses; e (III) oferecimento, substituição ou alienação de garantias e de constrições.

O Procurador-Geral da Fazenda Nacional expediu os atos administrativos seguintes:

I – Portaria PGFN nº 9.917, de 14.04.20, disciplinando os procedimentos, os requisitos e as condições necessárias à realização da transação na cobrança da dívida ativa da União, cuja inscrição e administração incumbam à mesma Procuradoria.[11]

Neste sentido, tratara da *capacidade de pagamento*, no caso de mais de uma pessoa física ou jurídica responsável, conjuntamente, por pelo menos uma inscrição em dívida (art. 21, §2º),[12] que será objeto de análise específica neste estudo (item III – "Responsabilidade Tributária").

II – Portaria nº 14.402, de 16.06.20, estabelecendo as condições para transação excepcional na cobrança da dívida ativa da União, em função dos efeitos da pandemia causada pelo coronavírus (covid-19) na perspectiva de recebimento de créditos inscritos.

---

[10] Nota do editor: A Lei nº 14.375, de 21 de junho de 2022, incluiu o art. 27-A na Lei nº 13.988/2020, para dispor: "Art. 27-A. O disposto neste Capítulo também se aplica: I – à dívida ativa da União de natureza não tributária cujas inscrição, cobrança e representação incumbam à Procuradoria-Geral da Fazenda Nacional, nos termos do art. 12 da Lei Complementar nº 73, de 10 de fevereiro de 1993; II – aos créditos inscritos em dívida ativa do FGTS, vedada a redução de valores devidos aos trabalhadores e desde que autorizado pelo seu Conselho Curador; e III – no que couber, à dívida ativa das autarquias e das fundações públicas federais cujas inscrição, cobrança e representação incumbam à Procuradoria-Geral Federal, e aos créditos cuja cobrança seja competência da Procuradoria-Geral da União, sem prejuízo do disposto na Lei nº 9.469, de 10 de julho de 1997. Parágrafo único. Ato do Advogado-Geral da União disciplinará a transação dos créditos referidos no inciso III do caput deste artigo".

[11] Nota do editor: A Portaria PGFN nº 9.917/20 foi revogada pela Portaria PGFN/ME nº 6.757/22.

[12] Nota do editor: Correspondente ao art. 22, §2º, da Portaria PGFN/ME nº 6.757/22.

Estadual (SP)

A Lei nº 17.293, de 15.10.20, do Estado de São Paulo, dispôs sobre a *transação de créditos de natureza tributária ou não tributária* (arts. 41 a 56), outorgando competência à Procuradoria Geral do Estado para celebrar transação resolutiva, aplicando-se:

I –   à dívida ativa inscrita, pela Procuradoria-Geral do Estado;

II – no que couber, às dívidas ativas inscritas de autarquias e de fundações estaduais, cuja inscrição, cobrança ou representação incumbam à Procuradoria-Geral do Estado;

III – às execuções fiscais e às ações antiexacionais, principais ou incidentais, que questionem a obrigação a ser transacionada, parcial ou integralmente.

A transação poderá ser por (I) por adesão, nas hipóteses em que o devedor ou a parte adversa aderir aos termos e condições estabelecidos em edital publicado pela Procuradoria-Geral do Estado; (II) por proposta individual, de iniciativa do devedor. A proposta, em qualquer das duas modalidades, não suspende a exigibilidade dos débitos a serem transacionados nem o andamento das respectivas execuções fiscais.

A transação deferida não implica novação dos débitos por ela abrangidos nem autoriza repetição ou restituição de valores pagos.

O devedor interessado em celebrar a transação deverá indicar expressamente os meios de extinção dos débitos nela contemplados e assumir, no mínimo, os compromissos seguintes:

I –   não alienar nem onerar bens ou direitos dados em garantia de cumprimento de transação, sem a devida comunicação à Procuradoria-Geral do Estado;

II – desistir das impugnações ou dos recursos administrativos que tenham por objeto os débitos incluídos na transação, e renunciar aos direitos sobre os quais se fundem as referidas impugnações ou recursos;

III – renunciar aos direitos sobre os quais se fundem ações judiciais, inclusive as coletivas, os recursos que tenham por objeto os débitos incluídos na transação, por meio de requerimento de extinção do respectivo processo com resolução de mérito, nos termos da lei processual, especialmente conforme a alínea "c" do inciso III do *caput* do artigo 487 do CPC/2015.

A celebração da transação implica confissão dos débitos nela contemplados e aceitação plena e irretratável de todas as condições estabelecidas em lei, regulamentos e edital aplicáveis, além daquelas previstas nos respectivos instrumentos, nos termos do CPC/2015.

Pelo ente público, a transação limita-se às seguintes transigências, vedada, em qualquer caso, a utilização de direitos, mesmo que líquidos, certos, e exigíveis como os de precatórios, ou ordens de pagamento de pequeno valor para liquidação ou parcelamento do débito:

I –   descontos nas multas e nos juros de mora incidentes sobre débitos inscritos em dívida ativa, conforme critérios estabelecidos nos termos dos incisos V e VI do artigo 54;

II – prazos e formas de pagamento especiais, incluídos o diferimento de pagamento, o parcelamento e a moratória;

III – substituição ou a alienação de garantias e de constrições.

Estabelece os casos de vedação de transação (art. 47), sendo estipulado que a transação não autoriza a restituição ou a compensação, a qualquer título, de importâncias pagas, compensadas ou incluídas em parcelamentos, à conta dos débitos transacionados (art. 51); prevendo-se os casos de rescisão (art. 52); e as situações específicas objeto de regulamentação pelo Procurador-Geral do Estado (art. 54).

Municipal (SP)

A Lei nº 17.324, de 18.03.20, do Município de São Paulo, instituíra a Política de Desjudicialização no âmbito da Administração Pública Municipal Direta e Indireta.

A *transação tributária* fora expressamente disciplinada (arts. 8º a 23), estatuindo, basicamente, os mesmos princípios, modalidades, requisitos condições, vedações, etc. constantes da legislação federal.

Observação: As normas estaduais, e municipais, não tratam de matéria atinente à capacidade de pagamento (inscrição conjunta, grupo econômico, etc.).

IV Responsabilidade tributária

Conceitos e modalidades

Sujeito passivo é a pessoa obrigada ao pagamento de tributo ou penalidade pecuniária, compreendendo (a) o contribuinte, quando tenha relação pessoal e direta com a situação que constitua o respectivo fato gerador (CTN, art. 116, parágrafo único, item I); e o responsável, quando, sem revestir a condição de contribuinte, sua obrigação decorra de disposição expressa em lei (CTN, art. 121).

Responsabilidade é a imputação de obrigação tributária a terceira pessoa vinculada ao fato gerador respectivo (denominado *responsável*), excluindo-se a obrigação do contribuinte, ou atribuindo-a a este em caráter supletivo do cumprimento total ou parcial da referida obrigação (CTN, arts. 121, II, e 128).

Significa exigência de carga fiscal de pessoa diversa daquela que praticou o negócio jurídico, estabelecendo a legislação os critérios norteadores desse procedimento.

Constitui obrigação cometida a sucessores, a terceiros, e aos infratores (CTN, arts. 129 a 137); bem como dever das fontes pagadoras pela prestação de serviços, aquisição de mercadorias, rendimentos financeiros, etc., relativamente à exigência documental e retenção de tributos.

O CTN (art. 124) estipula que "são solidariamente obrigadas (I) as pessoas que tenham interesse comum na situação que constitua o fato gerador da obrigação principal; e (II) as pessoas expressamente designadas por lei (parágrafo único)". A solidariedade não comporta o benefício de ordem.

A *solidariedade* tributária consiste na possibilidade de a Fazenda Pública poder exigir o tributo de mais de uma pessoa vinculada ao fato gerador. Entretanto, devido à pluralidade de participantes dos eventos tributários, torna-se problemático especificar quais as pessoas que podem ser qualificadas como solidárias para efeitos fiscais.

O "interesse comum" deve ser captado de conformidade com os lineamentos normativos pertinentes aos negócios jurídicos que irradiam os decorrentes efeitos tributários. Necessário considerar a substância jurídica do fato gerador, vinculando intimamente as pessoas. Não há nenhum sentido cogitar-se de interesse de distinta natureza (econômico, financeiro, político), não só porque despiciendo para o universo jurídico, e permeados por meras elucubrações; mas também pela circunstância de não conferirem segurança e certeza concernentes ao princípio da tipicidade cerrada.

No *consórcio empresarial* não há solidariedade tributária dos consorciados face o Fisco. Constitui negócio jurídico celebrado entre as companhias e quaisquer outras sociedades, com a finalidade de executar determinado empreendimento, não revestindo personalidade jurídica, situação em que as consorciadas somente se obrigam nas condições previstas no respectivo contrato, respondendo cada uma por suas obrigações, sem presunção de solidariedade (art. 278 da Lei Federal nº 6.404/76).

As empresas integrantes do consórcio respondem pelos tributos administrados pela Receita Federal, devidos em relação às operações praticadas pelo consórcio, na proporção de sua participação no empreendimento.

Grupo econômico

Empresas pertencentes aos mesmos titulares (pessoas naturais ou jurídicas) podem realizar atividades diversificadas, para melhor otimização de seus objetivos societários (fornecimento de bens, serviços, obtenção de lucros), sob orientação central, mediante a utilização (ordenada e sincronizada) de imóveis, máquinas e equipamentos, e atividades administrativas.

Os conglomerados empresariais também podem ser vislumbrados nos negócios em que distintas sociedades realizam atividades coordenadas, como é o caso de empresa fabricante de componentes de equipamentos, mantendo associação (mesmo sem formalidade) com comerciantes e prestadores de serviços, com a finalidade de concluir o fornecimento de bens e atender adequadamente o mercado consumidor.

Pode tratar-se da complexa atividade relativa a elevadores, na qual concretizam-se diversas operações: (i) projeto elaborado sob encomenda para a construtora; (ii) fabricação de partes e peças; (iii) transporte dos materiais para o canteiro de obras; (iv) montagem com a conclusão do elevador; e (v) instalação.

As empresas abrangidas pelos aludidos negócios coordenam suas atividades, colimando a diminuição de ônus (administrativos, financeiros, fiscais) mediante a utilização de bens disponíveis (evitando ociosidade), que também podem redundar em oferta de preços mais atraentes no curso do ciclo econômico (fornecedores, distribuidores, etc.), pautados pelo princípio da autonomia da vontade empresarial, diretriz da atividade econômica.

O *grupo econômico* pode ser constituído com amparo jurídico na forma prevista na Lei Federal nº 6.404, de 15.12.76 (Legislação das Sociedades Anônimas):

> Art. 265. A sociedade controladora e suas controladas podem constituir, nos termos deste Capítulo, grupo de sociedades, mediante convenção pela qual se obriguem a combinar

recursos ou esforços para a realização dos respectivos objetos, ou a participação de atividades ou empreendimentos comuns.

As relações entre as sociedades, a estrutura administrativa do grupo e a coordenação ou subordinação dos administradores das sociedades filiadas serão estabelecidas na convenção do grupo, mas cada sociedade conservará personalidade e patrimônios distintos; sendo o grupo constituído por convenção, aprovada pelas sociedades que o componham, mediante específicos requisitos, e com validade a partir da data do arquivamento no Registro do Comércio (Lei nº 6.404/76, arts. 266, 269 e 271).

A Instrução Normativa RFB nº 971, de 13.11.09, relativa à *tributação previdenciária*, dispusera o seguinte:

> Art. 494. Caracteriza-se *grupo econômico* quando 2 (duas) ou mais empresas estiverem sob a direção, o controle ou a administração de uma delas compondo grupo industrial comercial ou de qualquer outra atividade econômica.
> Art. 495. Quando do lançamento do crédito previdenciário de responsabilidade de empresas integrantes do *grupo econômico*, as demais empresas do grupo, responsáveis solidárias entre si pelo cumprimento das obrigações previdenciárias, na forma do inciso IX do art. 30 da Lei nº 8.212, de 1991, serão cientificadas da ocorrência. (Grifei)

O mencionado preceito (art. 30, IX, da Lei nº 8.212/91) determina que "as empresas que integram o *grupo econômico* de qualquer natureza respondem entre si, solidariamente, pelas obrigações decorrentes desta Lei".

No âmbito *trabalhista* (Decreto-Lei nº 5.452/1943) fora previsto (art. 2º) o seguinte:

> §2º Sempre que uma ou mais empresas, tendo, embora, cada uma delas, personalidade jurídica própria, estiverem sob a direção, controle ou administração de outra, constituindo *grupo econômico*, serão, para os efeitos da relação de emprego, solidariamente responsáveis a empresa principal e cada uma das subordinadas.

Entendo que a Administração Fazendária não tem competência para alargar as hipóteses de responsabilidade tributária previstas no CTN, muito menos adotar o conceito de "grupo econômico" delineado na CLT (art. 2º, §2º) por constituir matéria reservada à lei complementar.

Embora o conceito de "grupo econômico" seja objeto de distintas considerações normativas – para efeitos trabalhistas, previdenciários –, para a consideração da responsabilidade tributária há que ser obedecido o tratamento jurídico disposto na lei complementar (CTN), sob pena de manifesta inconstitucionalidade de regras administrativas.

Nos *negócios societários* a questão afeta à solidariedade tem que ser examinada com parcimônia, e de conformidade com rigorosos critérios jurídicos, como se contém do aresto seguinte:

> O entendimento consagrado no Superior Tribunal de Justiça é no sentido de que o fato de duas pessoas jurídicas pertencerem ao mesmo grupo econômico não caracteriza, necessariamente, a solidariedade entre essas empresas. (AgRg no Agravo em Recurso Especial 311.413-SP. Primeira Turma. Rel. Arnaldo Esteves de Lima, j. 05.09.2013, *DJe* 17.09.2013).

Capacidade de pagamento

A Portaria PGFN nº 9917/20 estabelecera o seguinte:[13]

Art. 21. Para a mensuração da capacidade de pagamento dos sujeitos passivos, poderão ser consideradas, sem prejuízo das informações prestadas no momento da adesão e durante a vigência do acordo, as seguintes fontes de informação (...);
§2º Havendo mais de uma pessoa física ou jurídica responsável, conjuntamente, por pelo menos uma inscrição em dívida ativa da União, a capacidade de pagamento do grupo poderá ser calculada mediante soma da capacidade de pagamento individual de cada integrante do grupo econômico (redação dada pela Portaria PGFN nº 25165, de 17 de dezembro de 2020, vigente em 11 de março de 2021).

Importante considerar, antes de tudo, o âmbito da *dívida ativa* (ato administrativo), e a natureza do *grupo econômico*, face à constituição do crédito tributário e a decorrente capacidade para honrar a transação tributária.

Relativamente à *inscrição da dívida como controle da legalidade,* não padece dúvida de que somente poderá ser promovida depois de esgotado o prazo fixado para pagamento, e consubstanciada em específico Termo, que indicará obrigatoriamente (arts. 201 e 203 do CTN):

I – o nome do devedor e, sendo o caso, o dos co-responsáveis, bem como, sempre que possível, o domicílio ou a residência de um e de outros;
II – a quantia devida e a maneira de calcular os juros de mora acrescidos;
III – a origem e a natureza do crédito, mencionada especificamente a disposição da lei em que seja fundado;
IV – a data em que foi inscrita;
V – sendo o caso, o número do processo administrativo de que se originar o crédito.

A inscrição da dívida ativa – de competência da Procuradoria da Fazenda Nacional (PGFN) nos tributos pertinentes à União – *constitui ato de controle da legalidade* (art. 2º, §§3º e 4º, da Lei federal nº 6.830, de 22.9.80), revestindo a mesma natureza dos créditos tributários das demais pessoas jurídicas de direito público, observadas as respectivas competências administrativas.

Em decorrência, a Lei Complementar nº 73, de 10.2.93 (Lei Orgânica da Advocacia-Geral da União) dispôs que à PGFN compete especialmente apurar a liquidez e certeza da dívida ativa da União, de natureza tributária, inscrevendo-a para fins de cobrança amigável ou judicial (art. 12, I).

---

[13] Nota do editor: A Portaria PGFN nº 9.917/20 foi revogada pela Portaria PGFN/ME nº 6.757/22. O art. 21 da portaria revogada corresponde ao art. 22 da nova portaria, que dispõe: "Art. 22. Para mensuração da capacidade de pagamento dos sujeitos passivos, além das informações prestadas à Administração Tributária Federal e demais órgãos da Administração Pública, poderão ser consideradas informações prestadas no momento da adesão e durante a vigência do acordo (...)
§2º Havendo mais de uma pessoa física ou jurídica responsável, conjuntamente pelo débito, a capacidade de pagamento do grupo poderá ser calculada mediante a soma da capacidade de pagamento individual de cada integrante do grupo econômico".

Cumpre examinar os limites da atribuição conferida à Procuradoria, tendo em vista todos os elementos (materiais e processuais), da "coisa julgada administrativa" (no caso de processo contencioso), submetidos ao teste de legitimidade (constitucionalidade), para que a propositura da ação judicial de execução fiscal esteja juridicamente embasada.

Trata-se de questão controvertida sem encontrar efetivo consenso. Em termos de *participação restritiva* tem sido argumentado o seguinte:
   a) a inscrição da dívida representa um controle suplementar de sua legalidade, adstrito aos requisitos extrínsecos (formais) da certeza e liquidez da dívida, não implicando exame de mérito do lançamento e da decisão tributária;
   b) a coisa julgada administrativa não pode ser objeto de modificação, nulidade ou anulação, por constituir prerrogativa das autoridades administrativas pertinentes à expedição de lançamento e julgamento;
   c) os atos destinados a apurar o binômio "liquidez-certeza", e ordenar a inscrição da dívida, nada têm a ver com a sua determinação, tendo por finalidade a formação de um título de crédito contra terceiro, com repercussões jurídicas, mediante a verificação da possibilidade de sua cobrança, sem interferência nos elementos de seu conteúdo;
   d) a verificação cinge-se, basicamente, à identificação dos sujeitos passivos, aos fundamentos legais opostos, a correção dos valores, ao julgamento de eventuais recursos administrativos, e o pagamento efetuado e não imputado.

No âmbito da *participação ampla* são asseverados os fundamentos seguintes:
   a) a "certeza" do crédito tributário só tem condição de ser positivada, mediante a apuração e o exame de todos os requisitos – intrínsecos e extrínsecos – compreendendo a integral observância dos princípios e normas constitucionais;
   b) a presunção de "certeza" só pode ser acolhida se os fatos restarem incontroversos e estiverem tipificados legalmente, observados todos os princípios constitucionais (de natureza tributária, administrativa, pessoal, etc.);
   c) as questões constitucionais devem ser examinadas, pois a Carta Magana é que traça o arquétipo da norma tributária, delimitando as competências em razão das respectivas materialidades, só cabendo ao legislador (complementar e ordinário) explicitar a regra-matriz de incidência disposta na CF;
   d) a "liquidez" do crédito impõe a caracterização de valores exatos e determinados, de conformidade com os documentos constantes do processo administrativo, mediante a aplicação dos elementos previstos normativamente (base de cálculo, alíquota, encargos financeiros, índices de atualização, etc.);
   e) a legitimidade do crédito tributário também obriga a análise de todo o *iter* procedimental, mediante a constatação da observância do devido processo legal e os diversos princípios administrativos (ampla defesa, contraditório, publicidade, motivação, competência, etc.). Controlar a legalidade significa promover um exame abrangente do processo administrativo, inclusive no que tange aos aspectos materiais.

O Procurador – ou qualquer outra autoridade ou órgão incumbido de proceder a referido controle –, provavelmente, não prolatará uma nova decisão sobre o mérito da lide, ou sequer determinará a retificação do lançamento. Assim, não é o caso de promover o exame das alegações oferecidas pelas partes litigantes, prejudicando o critério pautado no julgamento, ou mesmo revalorando as provas.

Compete-lhe apurar se fora concedido o direito de exercer ampla defesa, com a interposição dos recursos cabíveis e sustentação oral, bem como a oportunidade para se manifestar sobre informações fiscais, juntada de documentos, etc.

Encontra-se compelido a verificar a eventual ocorrência de decadência do direito da Fazenda em constituir o crédito tributário pelo lançamento, ou o decurso do prazo prescricional para a propositura da ação de execução fiscal.

Todos esses procedimentos revelam-se imprescindíveis e salutares para aquilatar se a União terá de deixar de promover a inscrição de pretensos créditos tributários, carentes do indispensável amparo constitucional, objetivando evitar os ônus de sucumbência prejudicial aos interesses da coletividade (esvaziamento do patrimônio público), implicando o natural e inútil desgaste fazendário.

Sensível à situação apontada, a Lei Federal nº 9.430, de 27.12.96 (art. 77), autoriza o Poder Executivo a disciplinar as hipóteses em que a administração tributária federal, relativamente aos créditos tributários baseados em dispositivo declarado inconstitucional por decisão definitiva do STF, possa (I) abster-se de constituí-los; (II) retificar o seu valor ou declará-los extintos, de ofício, quando houverem sido constituídos anteriormente, ainda que inscritos em dívida ativa; e (III) formular desistência de ações de execução fiscal já ajuizadas, bem como deixar de interpor recursos de decisões judiciais.

Ressalte-se que, embora a função do Procurador seja distinta das funções do lançador e do julgador, não há dúvida de que o resultado do controle da legalidade (constitucionalidade) da dívida pode implicar o prejuízo do mérito da lide tributária, que poderá restar viciado por manifesta inconstitucionalidade.

É possível que esta postura seja criticada porque a apontada providência prejudicaria a agilização judicial, interferindo no princípio da economia processual. Todavia, tendo o órgão fazendário que demonstrar (na inicial) que o crédito cobrado possui amparo constitucional, a referida presunção tornar-se-ia efetivamente alicerçada, permitindo ao Juízo dar andamento a uma lide que não possa ser acoimada de temerária.

A inexistência de atendimento e comprovação de observância aos pressupostos constitucionais, na configuração do crédito, contamina o título executivo, uma vez que restará eivado de nulidade o anterior processo administrativo.

É injurídica a presunção de liquidez e certeza da dívida inscrita, no caso de não ter sido verificada e positivada a consideração das normas constitucionais nas decisões administrativas.

No que concerne ao *grupo econômico* merecem ser apreciadas as considerações seguintes:

O fato de várias empresas se organizarem como grupos econômicos de direito, é um ato lícito e que não enseja, por si só, a responsabilidade tributária por débitos devidos por quaisquer delas. Eventual responsabilização apenas de concretiza caso haja o cumprimento de requisitos que venham a ser legalmente dispostos.

(...)

É possível identificarmos grupos de empresas reunidas por força de uma convenção ou consórcio avençado (grupo de direito), grupos de empresas em que a participação societária entre elas indica uma relação de controle ou coligação (controladas ou coligadas), e grupos de empresa em que a relação de controle não se mostra clara pela ausência da tradução em linguagem competente da participação societária entre elas;

(...)

O grupo de fato também existirá se houver controle sobre as decisões políticas, operacionais e financeiras entre as sociedades que compõem o conglomerado;

(...)

Quando várias empresas se reúnem aparentando manter existência autônoma, embora, na verdade, com atuação que as leva a ocultar e mesmo distorcer a ocorrência do fato jurídico tributário, não estaremos diante de um verdadeiro grupo econômico. O que teremos é uma única sociedade, com atuação mascarada pela existência de outras empresas, cujo objetivo é a blindagem patrimonial e, ao final, o não pagamento do tributo. (ARAUJO, Juliana Furtado Costa. Responsabilidade tributária de grupos econômicos. *Contraponto Jurídico*. Thomson Reuters Revista dos Tribunais. 2018, p. 1225 a 1238).

O direito positivo brasileiro prevê duas espécies de grupo empresarial: o "de direito", disciplinado pelos arts. 265 a 278 da Lei 6.404-76 e pouco encontrado, e o "fato", regulado pela legislação trabalhista (Decreto-Lei 5.452-43) e tributária (IN RFB 971-09).

(...)

A existência de grupo econômico não compromete ou desnatura a identidade das empresas associadas, que permanecem como pessoas jurídicas distintas e autônomas, respondendo cada qual pelo pagamento das dívidas contraídas de forma isolada, exceto quando houver disposição legal em sentido contrário.

(...)

Para a configuração do grupo "de fato" necessário que (i) uma das sociedades tenha influência significativa na outra, sem controlá-la (coligada), ou (ii) uma das empresas seja titular de direitos de sócio sobre as outras que lhe assegure, de modo permanente, preponderância nas deliberações sociais, em especial o de eleger a maioria dos administradores hipótese em que será considerada sociedade controladora;

(...)

Passa a ser relevante tratar das situações em que, formalmente, as sociedades não são coligadas, tampouco controladas, mas que, em razão dos indícios identificados, conclui-se pela formação de grupo econômico "de fato", e autoriza-se, normalmente com fulcro no art. 50 do CC, o redirecionamento da cobrança da dívida. (FERRAGUT, Maria Rita. Responsabilidade Tributária dos Grupos Econômicos. *Contraponto Jurídico*, 2018, p. 1239-1253).

Destarte, o *grupo econômico* com conformação legítima poderá possibilitar a utilização da transação tributária – na forma prevista no art. 21, §2º, da Portaria PGFN nº 9.917/20[14] – enquanto o grupo que consubstancie propósito ilícito (prática de fraude) poderá ser excluído dos benefícios fiscais.

Informação bibliográfica deste texto, conforme a NBR 6023:2018 da Associação Brasileira de Normas Técnicas (ABNT):

MELO, José Eduardo Soares de. Transação tributária e responsabilidade do grupo econômico. In: SARAIVA FILHO, Oswaldo Othon de Pontes (coord.). *Transação Tributária*: homenagem ao jurista Sacha Calmon Navarro Coêlho. Belo Horizonte: Fórum, 2023, (Coleção Fórum grandes temas atuais de Direito Tributário ; v. 1). p. 251-266. ISBN 978-65-5518-407-5.

---

[14] Nota do editor: Correspondente ao art. 22, §2º, da Portaria PGFN/ME nº 6.757/22.

(IM)POSSIBILIDADE DE DISCUSSÃO JUDICIAL DE ASPECTOS JURÍDICOS DO CRÉDITO APÓS A CONFISSÃO IRRETRATÁVEL E IRREVOGÁVEL

HUGO DE BRITO MACHADO SEGUNDO

Introdução

Os contornos da transação tributária, suas premissas, seus pressupostos e seus desdobramentos, carecem ainda de maior aprofundamento por parte dos estudiosos da matéria, razão pela qual está de parabéns o Dr. Oswaldo Othon de Pontes Saraiva Filho, por mais esta iniciativa, de reunir pesquisadores em torno de temas relevantes que orbitam essa excepcional forma de extinção do crédito tributário. Sou grato ao convite que me foi formulado, pois me permite examinar, neste texto, alguns aspectos da "confissão irrevogável e irretratável" que se exige como condição para a feitura de uma transação.

Não se tem a pretensão de esgotar o assunto, e sequer de dar a ele uma solução completa, o que no âmbito do conhecimento humano é praticamente impossível. Mas se espera, pelo menos, provocar os que se ocupam do tema a dar continuidade a reflexões que certamente são importantes. Qual o sentido e o alcance de referida "confissão", e, em especial, de seu caráter "irrevogável e irretratável"? É o que se pretende aferir nas linhas que se seguem.

1 Confissão irrevogável e irretratável como condição para a transação tributária

Faz parte da própria ideia de transação, veiculada no art. 171[1] do Código Tributário Nacional, a existência de concessões mútuas. A pretensão da Fazenda consiste no recebimento de quantia superior, em prazos mais curtos. A pretensão do sujeito passivo pode consistir em não recolher quantia alguma, por considerar indevida a exigência. A incompatibilidade de ambas as pretensões leva a que sejam reciprocamente resistidas, gerando o conflito, que, para ser solucionado pela via da transação, demanda que ambos os lados cedam, em parte, relativamente ao que pretendem. O sujeito passivo paga mais do que considera devido, e o Fisco admite receber menos do que inicialmente lhe parecia adequado, ou em prazos mais elásticos que os inicialmente aplicáveis.

No que mais de perto interessa aos propósitos deste artigo, ao elencar as concessões exigidas do sujeito passivo, o art. 3º da Lei nº 13.988/2020 dispõe:

> Art. 3º A proposta de transação deverá expor os meios para a extinção dos créditos nela contemplados e estará condicionada, no mínimo, à assunção pelo devedor dos compromissos de:
> (...)
> IV – desistir das impugnações ou dos recursos administrativos que tenham por objeto os créditos incluídos na transação e renunciar a quaisquer alegações de direito sobre as quais se fundem as referidas impugnações ou recursos; e
> V – renunciar a quaisquer alegações de direito, atuais ou futuras, sobre as quais se fundem ações judiciais, inclusive as coletivas, ou recursos que tenham por objeto os créditos incluídos na transação, por meio de requerimento de extinção do respectivo processo com resolução de mérito, nos termos da alínea c do inciso III do **caput** do art. 487 da Lei nº 13.105, de 16 de março de 2015 (Código de Processo Civil).
> §1º A proposta de transação deferida importa em aceitação plena e irretratável de todas as condições estabelecidas nesta Lei e em sua regulamentação, de modo a constituir confissão irrevogável e irretratável dos créditos abrangidos pela transação, nos termos dos arts. 389 a 395 da Lei nº 13.105, de 16 de março de 2015 (Código de Processo Civil).

Seguindo tendência já verificada em parcelamentos especiais anteriores, a transação tributária exige, por parte do sujeito passivo, a desistência de impugnações ou recursos administrativos, de eventuais ações judiciais, e a confissão irrevogável e irretratável dos créditos transacionados. E é compreensível que assim seja, porquanto se trata de modalidade de extinção do crédito tributário, destinada a terminar litígio

---

[1] "Art. 171. A lei pode facultar, nas condições que estabeleça, aos sujeitos ativo e passivo da obrigação tributária celebrar transação que, mediante concessões mútuas, importe em determinação de litígio e conseqüente extinção de crédito tributário. Parágrafo único. A lei indicará a autoridade competente para autorizar a transação em cada caso."

havido em torno de sua existência, validade ou quantificação. Não haveria como terminar o litígio se, após a transação ter sido celebrada, com a extinção do crédito, o litígio havido em torno dele pudesse ser restabelecido.

Desse modo, na hipótese de a transação ser celebrada, e serem cumpridos os seus termos por ambas as partes, com a extinção do crédito tributário nos termos nela pactuados, o significado dos dispositivos legais anteriormente transcritos é bastante simples e claro: a questão está definitivamente resolvida, não podendo o Fisco exigir eventuais diferenças; tampouco poderá o contribuinte reabrir o debate para tentar obter a devolução do que pagou.

Entretanto, vale lembrar que a clareza de um texto legal decorre da falta de imaginação do intérprete,[2] incapaz de pensar em situações futuras, diversas daquelas tidas como "padrão" pelo idealizador da norma, nas quais seu sentido, alcance e aplicabilidade não seriam assim tão nítidos. É o que se dá no presente caso.

Com efeito, imagine-se a hipótese de a transação ser rescindida, por descumprimento de requisitos por parte do sujeito passivo, ou mesmo do Fisco, caso este ilegalmente decida colocar o acordo de lado e exigir toda a quantia inicialmente lançada, inclusive as parcelas dispensadas na transação. Estará o sujeito passivo impedido de questionar o crédito, por conta da confissão?

2 Confessam-se fatos, não direitos (ou obrigações)

Cumpre lembrar, de início, que a confissão aludida no art. 3º, §1º, da Lei nº 13.988/2020 diz respeito a fatos, consistindo em um meio de prova de que afirmações feitas em torno de fatos são verdadeiras. Não se confessam direitos, ou efeitos jurídicos de fatos.

Para compreender melhor essa distinção, vale recordar a diferença entre questões de fato, e questões de direito. As primeiras giram em torno de acontecimentos do mundo fenomênico, ao passo que as segundas dizem respeito à existência, ao conteúdo, à validade, à significação e ao alcance de normas jurídicas, as quais são qualificação jurídica aos fatos.

Se a contribuinte afirma que arcou com algumas despesas, e a Fazenda entende que isso não é verdade, e que os documentos que espelham tais despesas são falsos, tem-se uma questão de fato. Se, diante de despesas cuja ocorrência não se põe em dúvida, o contribuinte entende que a legislação permite que sejam deduzidas da base de cálculo do imposto de renda, e a Fazenda defende que não, tem-se uma questão de direito.

Diante da venda de uma mercadoria, se há dúvida quanto ao valor praticado na operação, estando o contribuinte a afirmar a concessão de um desconto, e a Fazenda a negar a existência desse desconto, tem-se uma questão de fato. Mas, diante de consenso quanto à concessão do desconto, o qual não é questionado, perquire-se a respeito da possibilidade legal de ele ser considerado, ou não, para fins de determinação da base de cálculo do ICMS, tem-se uma questão de direito.

---

[2] PERELMAN, Chaïm. *Lógica Jurídica*. Tradução de Vergínia K. Pupi. São Paulo: Martins Fontes, 2000, p. 51.

As questões de fato são objeto de prova. As afirmações feitas sobre fatos, podendo corresponder à realidade afirmada ou não, podem ser verdadeiras ou falsas. E, para fundamentar a crença de que são verdadeiras, recorre-se à prova, sendo úteis testemunhas, documento, perícias etc. As questões de direito, em regra, não. As normas se consideram conhecidas pelo julgador (aliás, por todos), e não demandam comprovação de sua existência, salvo em casos excepcionais em que se discute em torno de normas municipais ou estaduais, quando a discussão se trava em unidade da federação diversa daquela prolatora das tais normas, ou, em termos análogos, quando se debate em torno do direito estrangeiro.

Essa recordação é necessária porque a confissão é um meio de prova. Assim, ela pode tornar incontroverso que houve venda de mercadoria, ou que houve lucro, por exemplo. Mas ela não tem nenhum efeito sobre os significados jurídicos de tais fatos. Não se confessa que um lucro é tributável, ou que uma mercadoria é ou não é isenta. Confessa-se o tipo de mercadoria vendida, mas não se a lei lhe concede, ou não, isenção.[3]

Com isso, permite-se um primeiro esclarecimento em torno do sentido e do alcance da "confissão" a que alude o art. 3º, §1º, da Lei nº 13.988/2020: por mais irretratável e irrevogável que seja considerada, ela não impedirá a discussão dos efeitos ou dos significados jurídicos dos fatos "confessados". Um contribuinte que confessa ter recebido uma indenização por danos materiais, nessa ordem de ideias, não está impedido de discutir se essa indenização – cujo recebimento pode ter se tornado incontroverso pela confissão – está ou não sujeita ao imposto de renda.

Em acréscimo, merece registro a circunstância de que a obrigação tributária é *ex lege*, sendo o tributo uma prestação pecuniária *compulsória*. Trata-se de uma obrigação que decorre da lei, e da ocorrência do fato nesta previsto, em cuja composição o ingrediente volitivo não é necessário. Em outras palavras, a prestação tributária é compulsória não por que seu adimplemento independa da vontade (toda obrigação tem essa nota, mesmo as contratuais), mas porque sua gênese independe da vontade do sujeito passivo, dela não decorrendo. Daí a irrelevância, para a definição da sujeição passiva, da capacidade civil das pessoas naturais, nos termos do art. 126 do CTN.

Se assim é, por dever de coerência, da mesma forma que a ausência da vontade não impede a obrigação de nascer, se houver lei válida instituindo o tributo, que incide sobre o fato nela hipoteticamente previsto, a presença da vontade, em eventual confissão, não tem o condão de fazer nascer uma obrigação, se falta lei válida instituindo o tributo, ou se não se dá sua incidência sobre o fato nela hipoteticamente previsto.[4]

Em virtude de disposição semelhante já ter constado de leis anteriores, que disciplinam parcelamentos, o Superior Tribunal de Justiça já teve oportunidade de se debruçar sobre o tema, manifestando-se no sentido de que a "[...] confissão da dívida não inibe o questionamento judicial da obrigação tributária, no que se refere aos seus aspectos jurídicos. Quanto aos aspectos fáticos sobre os quais incide a norma tributária,

---

[3] Como ensina Pontes de Miranda, "só existe confissão de fato, e não de direito; o direito incide: está, portanto, fora da órbita da confissão. Ninguém confessa que o contrato é de mútuo ou de hipoteca, confessa fatos de que pode resultar tratar-se de mútuo, ou de hipoteca" (*Comentários ao Código de Processo Civil*. 3. ed. Atualização legislativa de Sérgio Bermudes. Rio de Janeiro: Forense, 2001, t. IV, p. 320).

[4] Nesse sentido: TAVARES, Alexandre Macedo. O Parcelamento de Débito Tributário e a Ineficácia das Condicionantes Cláusulas de 'Confissão Irretratável' e de 'Renúncia de Discussão Administrativa e Judicial' do Objeto Parcelado. *RDDT*, 123, p. 9, dez. 2005.

a regra é que não se pode rever judicialmente a confissão da dívida efetuada com o escopo de obter parcelamento de débitos tributários".[5]

Como se nota, o STJ reconheceu a irrelevância da confissão, no que tange aos elementos jurídico-normativos formadores da relação tributária, tendo-a como pertinente apenas para a definição dos ingredientes fáticos, os quais não podem ser reabertos, salvo se comprovado eventual vício no consentimento do sujeito passivo. Essa ressalva, que se afigura equivocada porque confunde a relação tributária com uma relação contratual,[6] pelo menos deixa em aberto a possibilidade de questionamento, nas hipóteses em que o sujeito passivo firma o parcelamento – e o mesmo vale para a transação[7] – compelido pela necessidade de certidões de regularidade fiscal, ou para se eximir de eventual sanção política, sem que isso implique reconhecimento da validade do vínculo jurídico pela confissão efetiva da ocorrência de seus pressupostos de fato.

3 Preclusão administrativa e coisa julgada

A legislação anteriormente transcrita (Lei nº 13.988/2020), contudo, não se refere apenas à confissão. Ela indica a necessidade de renúncia inclusive ao direito de provocar questionamentos futuros. Se já houver processos em curso, tal renúncia levará à sua extinção, com a prevalência da tese segundo a qual o tributo até então questionado é devido, com a formação de preclusão administrativa, ou de coisa julgada, conforme se trate de processo administrativo ou de processo judicial. Nesses casos, em princípio, o sujeito passivo não mais pode questionar a dívida, até porque isso é condição para que se dê a transação. Mas se deve registrar justamente isso: trata-se apenas de uma condição para que se implemente a transação. E se ela for rescindida, ou não chegar a se consumar, por outras razões?

Caso o contribuinte cumpra todos os requisitos, salvo este, ou seja, caso deixe de desistir das demandas que mantenha contra o Fisco, o único resultado, válido e possível, será a impossibilidade de se celebrar a transação, à míngua de pressuposto legalmente necessário. O julgador não pode extinguir unilateralmente a demanda, mesmo tendo notícia de possível celebração de transação no plano extrajudicial, salvo se houver

---

[5] REsp 113.3027/SP, Rel. p/ Acórdão Min. Mauro Campbell Marques, Primeira Seção, julgado em 13.10.2010, *DJe* 16.3.2011.

[6] Em rigor, com o devido respeito, o Superior Tribunal de Justiça, embora tenha reconhecido a irrelevância da confissão no que tange aos aspectos normativos, exagerou ao vê-la como impeditiva da discussão no que tange aos elementos fáticos Em verdade, como adverte Hugo de Brito Machado, a utilidade da confissão reside unicamente "em inverter o ônus da prova. Comprovado o fato, pela confissão, fica a Administração Tributária dispensada de produzir qualquer outra prova do fato cujo acontecimento gerou a dívida" (Confissão de dívida tributária. *Revista Jurídica LEMI*, Belo Horizonte, Lemi, n. 184, p. 10, mar. 1983).

[7] Vale esclarecer, a propósito, que transação não se confunde com parcelamento, anistia ou remissão, mas pode, de algum modo, envolver esses institutos. Nesse contexto, debater a distinção entre transação e parcelamento é semelhante a discutir a diferença entre incentivo fiscal e isenção ou redução de base de cálculo: por meio destes últimos institutos se realiza o primeiro, pois o incentivo fiscal pode consistir precisamente na concessão de uma isenção. No caso da transação, a *concessão* que faz o Fisco, em troca das que serão cobradas do sujeito passivo (*v.g*, desistir de ações ou recursos), pode consistir precisamente na feitura de um parcelamento, ou na remissão de parcelas relativas a multas ou juros. A transação, portanto, envolve a presença de concessões mútuas, as quais podem englobar o emprego de institutos outros, como parcelamentos, remissões etc., com os quais, todavia, a primeira não deve ser confundida.

manifestação específica e expressa do contribuinte litigante dentro dos autos. Do mesmo modo, se tiver havido a extinção do questionamento (administrativo ou judicial), vista como condição para a celebração da transação, e esta, a transação, não se efetivar, a renúncia ao direito de questionar, pelas vias processuais que ainda estiverem abertas, não se mantém, assim como as reduções de multas e juros não mais subsistirão. Como as multas e demais parcelas das quais o Fisco tiver aberto mão são restabelecidas, o mesmo deve ocorrer com o direito do sujeito passivo a eventuais questionamentos.

4 Rescisão da transação, retorno ao *status quo ante* e igualdade

Realmente, tem-se aqui aspecto presente nos vários REFIS, desde o primeiro de 1999, que remanesce na Lei nº 13.988/2020, a demandar reflexão mais séria por parte dos estudiosos da matéria. Trata-se da imensa assimetria em que se colocam as partes, na hipótese de rescisão do acordo ou transação. Especialmente no que tange à confissão em análise e à necessidade de se abrir mão do direito de questionar a validade da exigência objeto da transação.

Para que se celebre a transação, como explicado, as partes fazem concessões mútuas. O sujeito passivo, basicamente, desiste de qualquer oposição que esteja apresentando ao crédito tributário contra si constituído. Desiste das ações em curso, e dos processos administrativos (impugnações e recursos) que eventualmente existam. Abre mão de provocar o controle de legalidade, seja interno, seja jurisdicional. O Fisco, por sua vez, abre mão de juros, multas, e de receber em um prazo mais curto. Há aspectos adicionais, que um e outro lado podem por igual adicionar ao que abrem mão, mas essencialmente esses são os principais pontos.

Nem sempre o contribuinte que adere a soluções assim é um inadimplente contumaz e confesso. Muitas vezes são pessoas que de fato divergem do Fisco na interpretação de fatos ou das normas que lhes são aplicáveis, e levam esse questionamento ao Judiciário. A lentidão e a imprevisibilidade deste é que, não raro, faz com que figuras como o REFIS, ou como a transação da Lei nº 13.988/2020, mostrem-se interessantes. O contribuinte, então, abdica de ver realizado o controle da legalidade ou da constitucionalidade da exigência, em troca de descontos e de prazos mais elásticos.

Nesse contexto, caso venha a ser desfeita a transação, as partes serão recolocadas no *status quo ante*, vale dizer, na situação em que se encontravam antes de tentarem a avença. Descontadas as parcelas já pagas, o valor da dívida é restabelecido, e corrigido, com a reinclusão de todas as multas e juros que haviam sido dispensados. Ou seja: o Fisco recobra tudo aquilo de que havia abdicado. Caso se entenda, nesse contexto, que o contribuinte não pode mais questionar a exigência, ou seja, que esse seu direito, do qual abriu mão para transigir, não é restabelecido, haverá evidente e desproporcional assimetria.

Por isso, diante de mera desistência de impugnações ou recursos administrativos, o posterior insucesso da transação, fazendo com que ela não seja levada a termo, em rigor, não impede o contribuinte de questionar em juízo a cobrança. Precisamente porque a obrigação tributária é compulsória, não fazendo a vontade parte de sua gênese, pouco importa se o contribuinte confessou ou admitiu a dívida quando da feitura da transação. A jurisprudência, como anteriormente referido, tem já entendimento firmado em torno do assunto, o qual ressalva ter a confissão do contribuinte efeitos apenas no que tange às questões de fato, e, mesmo assim, somente no caso de não ter ela sido firmada com eventual vício do consentimento.

O problema, na verdade, coloca-se de maneira mais intensa no caso de já existir o questionamento judicial, pois o contribuinte é obrigado, para realizar a transação, a desistir da demanda e renunciar ao direito no qual ela se fundamenta, dando azo à extinção do feito com exame do mérito (Lei nº 13.988/2020, art. 3º, V), com formação de coisa julgada. Nesse caso, o correto é considerar que a renúncia e a análise mérito dela decorrente podem ser rediscutidas pelo sujeito passivo caso a transação seja desfeita. Afinal, a renúncia é uma condição necessária à transação, e do mesmo modo que o Fisco tem os juros e as multas restabelecidos no caso de rescisão, o contribuinte também deve ter restituído o seu direito de provocar o controle da legalidade da dívida. A renúncia e a própria coisa julgada que neste caso dela decorre estão vinculadas à transação, e só produzem efeitos *se* e *enquanto* perdurar a transação que as motivou. Se o contribuinte honrar o acordo e pagar toda a dívida, não poderá depois rediscuti-la (*v.g.*, pleitear sua restituição). Mas se o acordo for desfeito, a renúncia perde o sentido, não podendo impedi-lo, caso queira, de questionar a dívida.

5 Considerações finais

A confissão irrevogável e irretratável do débito objeto da transação, bem como tudo o que o sujeito passivo é obrigado a aceitar como condição para a realização da avença é, como dito, condição para a realização da avença. São as concessões que devem ser feitas da parte do sujeito passivo da relação tributária, que se somam às concessões feitas pela Fazenda (reduções de multas e juros) para que se extinga o conflito e, com ele, o crédito tributário.

Referida confissão, contudo, diz respeito apenas a fatos, não ao significado jurídico deles. Não tem efeito sobre juízos relativos à existência, à validade, ao sentido e ao alcance de textos normativos. Quanto à renúncia ao direito de questionar, ela é condição para que se realize – e se mantenha – a transação. Caso haja questionamento, ou não haja desistência de questionamento pré-existente, a transação não se celebra, ou, se já celebrada, não se mantém. Nessa ordem de ideias, se a transação é por outros motivos desfeita, ou se não se consuma, retornando as partes ao *status quo ante*, inclusive com o restabelecimento de multas e juros, a referida renúncia por igual não mais se sustenta, nada impedindo que o sujeito passivo, pelos caminhos processuais disponíveis, questione a validade do crédito tributário correspondente.

Informação bibliográfica deste texto, conforme a NBR 6023:2018 da Associação Brasileira de Normas Técnicas (ABNT):

MACHADO SEGUNDO, Hugo de Brito. (Im)possibilidade de discussão judicial de aspectos jurídicos do crédito após a confissão irretratável e irrevogável. *In*: SARAIVA FILHO, Oswaldo Othon de Pontes (coord.). *Transação Tributária*: homenagem ao jurista Sacha Calmon Navarro Coêlho. Belo Horizonte: Fórum, 2023. (Coleção Fórum grandes temas atuais de Direito Tributário ; v. 1). p. 267-273. ISBN 978-65-5518-407-5.

TRANSAÇÃO POR ADESÃO NO CONTENCIOSO DE RELEVANTE E DISSEMINADA CONTROVÉRSIA JURÍDICA TRIBUTÁRIA OU ADUANEIRA

ANDREI PITTEN VELLOSO

Introdução

A transação é mecanismo tradicional de prevenção e resolução de litígios, tendo sido prevista no Código Civil de 1916 (art. 1.025) e também no atual, de 2002 (art. 840), que restringe a sua aplicação a "direitos patrimoniais de caráter privado" (art. 841).

Essa restrição não inviabiliza a transação em matéria tributária. Apenas afasta a aplicação da regulação civilista às relações estabelecidas entre o Fisco e os contribuintes. Aplica-se a regulação própria do Direito Tributário, veiculada pelo Código Tributário Nacional (CTN), que, desde a sua redação original, elenca a transação como modalidade de extinção do crédito tributário (art. 156, III), autorizando que a lei ordinária viesse a facultar "aos sujeitos ativo e passivo da obrigação tributária celebrar transação que, mediante concessões mútuas, importe em determinação de litígio e conseqüente extinção de crédito tributário" (art. 171, *caput*).

Assim dispondo, o CTN, de um lado, consagrou a transação em matéria tributária e, de outra, condicionou-a à edição de lei ordinária que veiculasse regulação específica.

Isso porque, como adverte Sacha Calmon Navarro Coêlho: "Em Direito Tributário, o sujeito ativo não pode dispor do crédito tributário, que é público e indisponível. Somente a lei pode dele dispor".[1]

Passaram-se, porém, mais de cinquenta anos sem que a transação em matéria tributária fosse regulamentada no âmbito federal, haja vista as ressalvas e os questionamentos quanto a concessões envolvendo recursos públicos.

Finalmente, editou-se a Medida Provisória nº 899, de 2019, regulando a transação "resolutiva de litígio, nos termos do art. 171 da Lei nº 5.172, de 25 de outubro de 1966 – Código Tributário Nacional" (art. 1º, *caput*). Convertida a medida provisória na Lei nº 13.988/2020, a regulação passou a ter feição mais ampla, aplicando-se claramente aos "créditos da Fazenda Pública, de natureza tributária ou não tributária" (art. 1º, *caput*).

A Lei nº 13.988/2020 traz disposições gerais acerca da transação com a Fazenda Pública (Capítulos I e II), prevendo que esta pode ocorrer por "proposta individual" ou "por adesão" (art. 2º). Regula especificamente duas modalidades de transação por adesão: a "transação por adesão no contencioso tributário de relevante e disseminada controvérsia jurídica" (Capítulo III) e a "transação por adesão no contencioso tributário de pequeno valor" (Capítulo IV).

Este artigo se destina a: i) analisar e sistematizar a regulação estabelecida para a transação por adesão no contencioso de relevante e disseminada controvérsia jurídica tributária ou aduaneira (Capítulo I); ii) especificar a noção de "relevante e disseminada controvérsia jurídica" (Capítulo II, "a"); iii) averiguar a possibilidade de: a) transação quanto a créditos não impugnados ou inscritos em dívida ativa, porém constituídos a partir de relevante e disseminada controvérsia jurídica (Capítulo II, "b"); e b) adesão a edital de transação simultaneamente à proposta de transação individual (Capítulo II, "c").

I A transação por adesão no contencioso tributário de relevante e disseminada controvérsia jurídica

A modalidade de transação em apreço pressupõe a *publicação de edital*, contendo proposta formulada pelo Ministro da Economia com lastro em manifestação da Procuradoria-Geral da Fazenda Nacional e da Secretaria Especial da Receita Federal (art. 16, *caput*). O edital deverá especificar, "de maneira objetiva, as hipóteses fáticas e jurídicas nas quais a Fazenda Nacional propõe a transação no contencioso tributário" (art. 17, *caput*), além de definir "as exigências a serem cumpridas", "as reduções ou concessões oferecidas", "os prazos e as formas de pagamento admitidas" e "o prazo para adesão à transação" (art. 17, §1º).

A proposta fazendária de transação evidencia o reconhecimento de certa plausibilidade na tese jurídica sustentada pelos contribuintes, mas, de acordo com ressalva expressa da lei, *não implica o reconhecimento do direito*: "A proposta de transação e a eventual adesão por parte do sujeito passivo não poderão ser invocadas como fundamento

---

[1] COÊLHO, Sacha Calmon Navarro. *Curso de direito tributário brasileiro*. 15. ed. Rio de Janeiro: Forense, 2016, p. 746.

jurídico ou prognose de sucesso da tese sustentada por qualquer das partes e serão compreendidas exclusivamente como medida vantajosa diante das concessões recíprocas" (art. 16, §1º).

O *objeto* da transação no contencioso de relevante e disseminada controvérsia jurídica diz, a toda evidência, com a interpretação de atos normativos, não com questões fáticas ou probatórias. Estas podem ser objeto de transação individual, não de transação por adesão.

A transação por adesão pode envolver a exegese de leis, de atos infralegais e até mesmo de preceitos constitucionais. Porém, não se pode propor transação quanto a controvérsias já dirimidas. Malgrado fosse dispensável previsão expressa nesse sentido, o legislador, cauteloso, dispôs ser vedada a oferta de transação quanto a créditos baseados em tese jurídica já consolidada em favor ou desfavor da Fazenda Nacional (art. 20, II).[2]

Também se proíbe transação que implique "alteração de regime tributário" (art. 16, §2º). Deve-se entender por "regime tributário", para fins de aplicação dessa interdição, aquela que decorra do nítido texto constitucional e do legal e até mesmo da exegese perfilhada pelo Fisco quanto ao direito vigente. Isso porque a transação jamais pode ter "efeito prospectivo que resulte, direta ou indiretamente, em regime especial, diferenciado ou individual de tributação" (art. 20, III). É o que ocorreria caso o Fisco transacionasse quanto a tese que persiste a sustentar acerca da interpretação do direito vigente: haveria um regime tributário para os sujeitos passivos que transacionaram, e outro para os demais.

Por outro lado, autoriza-se a *limitação dos créditos contemplados pela transação* em razão: da etapa em que se encontre o processo correlato, seja na esfera administrativa, seja na judicial; e da competência a que digam respeito (art. 17, §1º, II).

As *vantagens concedidas ao sujeito* passivo para aderir à transação podem implicar a redução do crédito a até 50% e a concessão de prazo de pagamento de até 84 meses (art. 17, §2º).[3]

Entre as condições legais para se aderir à transação, merece destaque aquela consistente na exigência de que haja litígio presente ou, pelo menos, débito formalizado pela inscrição em dívida ativa. O art. 18, *caput*, da lei exige especificamente que, na data da publicação do edital, exista: reclamação ou recurso administrativo pendente de julgamento; inscrição em dívida ativa, seguida ou não de embargos à execução fiscal; ou outra espécie de ação judicial em curso. As hipóteses são alternativas. E a consequência dessa condição é a de que créditos não questionados pelos contribuintes não poderiam ser objeto de transação, salvo se já tiverem sido inscritos em dívida ativa, o que será enfocado com detença, em tópico específico.

Quanto à *adesão*, esta há de ser universal, abrangendo "todos os litígios relacionados à tese objeto da transação existentes na data do pedido, ainda que não

---

[2] Essa é a sua redação: "Art. 20. São vedadas: [...] II – a oferta de transação por adesão nas hipóteses: a) previstas no art. 19 da Lei nº 10.522, de 19 de julho de 2002, quando o ato ou a jurisprudência for em sentido integralmente desfavorável à Fazenda Nacional; e b) de precedentes persuasivos, nos moldes dos incisos I, II, III e IV do caput do art. 927 da Lei nº 13.105, de 16 de março de 2015 (Código de Processo Civil), quando integralmente favorável à Fazenda Nacional".

[3] Nota do editor: A Lei nº 14.375, de 21 de junho de 2022, alterou o art. 11, §2º, incisos II e III, da Lei nº 13.988/2020, para admitir descontos de até 65% e parcelamentos de até 120 meses. O legislador parece ter se esquecido de alterar o art. 17, §2º, da mesma lei.

definitivamente julgados" (art. 19, §3º). Deverá, ademais, importar a imediata resolução do litígio, nos termos do art. 19, §2º: "Será indeferida a adesão que não importar extinção do litígio administrativo ou judicial, ressalvadas as hipóteses em que ficar demonstrada a inequívoca cindibilidade do objeto".

O sujeito passivo que aderir à transação e estiver questionando judicialmente o crédito tributário deverá postular a homologação do acordo nos termos do art. 515, incisos II e III, do Código de Processo Civil (art. 19, §1º, I). E se estiver impugnando administrativamente o lançamento, haverá de desistir da sua impugnação ou recurso, renunciando às alegações de direito (art. 3º, IV).

Como efeito imediato da solicitação de adesão, tem-se a *suspensão da tramitação dos processos administrativos* (art. 19, §4º) e, embora a lei não o diga, também deve haver a suspensão dos processos judiciais, mediante decisão do magistrado competente.

No que diz com a *suspensão da exigibilidade dos créditos tributários*, a lei dispõe que a "apresentação da solicitação de adesão não suspende a exigibilidade dos créditos tributários definitivamente constituídos aos quais se refira" (art. 19, §5º). A despeito da sua redação geral, esse dispositivo somente deve ser aplicado às transações que não envolvam moratória ou parcelamento, haja vista que, para estas, o art. 3, §2º, da lei determina a suspensão da exigibilidade do crédito tributário.[4]

Compete à Secretaria Especial da Receita Federal do Brasil celebrar a transação no âmbito do contencioso administrativo e, nas demais hipóteses, à Procuradoria-Geral da Fazenda Nacional (art. 17, §3º).

Não se aceitarão adesões a propostas de transação que colidam com decisões judiciais trânsitas em julgado. E, caso posteriormente se constate contrariedade a decisão que transitou em julgado antes da celebração da transação, esta deverá ser rescindida (art. 18, parágrafo único).

A transação possui efeitos prospectivos, haja vista implicar a necessidade de conformação ao entendimento da Administração que embasa a transação inclusive quanto às competências futuras (art. 17, §1º, II), ressalvada a "cessação de eficácia prospectiva da transação decorrente do advento de precedente persuasivo nos termos dos incisos I, II, III e IV do caput do art. 927" do CPC ou nas demais hipóteses previstas no art. 19 da Lei nº 10.522, de 19 de julho de 2002 (art. 19, §1º, II).[5] Portanto, se o contribuinte aderir à transação e posteriormente, v.g., o Superior Tribunal de Justiça proferir, no regime dos recursos repetitivos, decisão contrária ao entendimento fazendário que embasou a transação, este deixará de prevalecer quanto às competências ulteriores à publicação do acórdão. Trata-se de hipótese de eficácia *ultra partes* da decisão judicial, que, por força

---

[4] O preceito citado assim dispõe: "§2º Quando a transação envolver moratória ou parcelamento, aplica-se, para todos os fins, o disposto nos incisos I e VI do caput do art. 151 da Lei nº 5.172, de 25 de outubro de 1966".

[5] O art. 927 do CPC elenca diversas prescrições interpretativas que devem ser seguidas pelos Magistrados, tais como súmulas de tribunais superiores, nos seguintes termos: "Art. 927. Os juízes e os tribunais observarão: I – as decisões do Supremo Tribunal Federal em controle concentrado de constitucionalidade; II – os enunciados de súmula vinculante; III – os acórdãos em incidente de assunção de competência ou de resolução de demandas repetitivas e em julgamento de recursos extraordinário e especial repetitivos; IV – os enunciados das súmulas do Supremo Tribunal Federal em matéria constitucional e do Superior Tribunal de Justiça em matéria infraconstitucional; V – a orientação do plenário ou do órgão especial aos quais estiverem vinculados". O art. 19 da Lei 10.522/2002, por sua vez, dispensa a resistência da Procuradoria da Fazenda Nacional a entendimentos já consolidados em seu desfavor, permitindo aos seus membros deixar de contestar, oferecer contrarrazões e de interpor recursos, além de autorizá-los a desistir dos recursos já interpostos.

da lei, implica a cessação de pleno direito (ou seja, automática) da eficácia prospectiva da transação, dispensada qualquer providência por parte do contribuinte.

II Questões específicas

a) Significado da expressão "relevante e disseminada controvérsia jurídica tributária"

A lei define "controvérsia jurídica relevante e disseminada" como aquela que "trate de questões tributárias que ultrapassem os interesses subjetivos da causa" (art. 16, §3º).

Considerando-se a transcendência dos "interesses subjetivos da causa", pode-se vislumbrar a relevância e a disseminação da controvérsia quando envolver, como sói ocorrer, direitos individuais homogêneos dos contribuintes, entendidos, segundo a Lei nº 8.078/90, como aqueles "decorrentes de origem comum" (art. 81, parágrafo único, inciso III). É o caso, por exemplo, do direito dos contribuintes à intributabilidade dos juros de mora devidos pelo atraso no pagamento de remuneração (Tema nº 808 da Repercussão Geral do STF).

No entanto, não aparenta ter sido o escopo da lei simplesmente reconduzir a definição de "controvérsia jurídica relevante e disseminada" à de questões que "ultrapassem os interesses subjetivos da causa", o que justifica a indagação acerca do significado específico, em seu contexto, dos termos "relevância" e "disseminação".

Os significados desses termos entrelaçam-se. A disseminação da controvérsia denota a sua relevância e, além disso, que ela transcende os interesses subjetivos de causas específicas. E a relevância, no contexto da transação tributária por adesão, pressupõe controvérsia acerca de direitos individuais homogêneos.

Quanto à sua relevância, a controvérsia, considerada como um todo, há de envolver razoável vulto financeiro para justificar a proposta de transação por adesão. Em contrapartida, os casos concretos que gravitam sobre essa controvérsia não precisam ostentar elevada dimensão econômica. Contudo, não se pode olvidar que a Lei nº 13.988/2020 estabelece uma regulação específica para o contencioso tributário de pequeno valor (Capítulo IV), definido como aquele que envolva crédito tributário de até sessenta salários mínimos e que, além disso, "tenha como sujeito passivo pessoa natural, microempresa ou empresa de pequeno porte" (art. 24, parágrafo único).[6]

No âmbito administrativo, a expressão "controvérsia jurídica relevante e disseminada" foi definida pelo art. 30 da Portaria ME nº 247, de 16 de junho de 2020, nos seguintes termos:

> Art. 30. Considera-se controvérsia jurídica relevante e disseminada aquela que trate de questões tributárias que ultrapassem os interesses subjetivos da causa e, preferencialmente,

---

[6] O que implicaria a sua resolução: na última instância administrativa, por "órgão colegiado da Delegacia da Receita Federal do Brasil" (art. 23, parágrafo único), sem possibilidade de se recorrer ao Conselho Administrativo de Recursos Fiscais (CARF); e, no âmbito judicial, pelos Juizados Especiais Federais, regidos pela Lei nº 10.259/2001.

ainda não afetadas a julgamento pelo rito dos recursos repetitivos, nos moldes dos arts. 1.036 e seguintes da Lei nº 13.105, de 2015.

§1º A controvérsia será considerada disseminada quando se constate a existência de:

I – demandas judiciais envolvendo partes e advogados distintos, em tramitação no âmbito de, pelo menos, três Tribunais Regionais Federais;

II – mais de cinquenta processos, judiciais ou administrativos, referentes a sujeitos passivos distintos;

III – incidente de resolução de demandas repetitivas cuja admissibilidade tenha sido reconhecida pelo Tribunal processante; ou

IV – demandas judiciais ou administrativas que envolvam parcela significativa dos contribuintes integrantes de determinado setor econômico ou produtivo.

§2º A relevância de uma controvérsia estará suficientemente demonstrada quando houver:

I – impacto econômico igual ou superior a um bilhão de reais, considerando a totalidade dos processos judiciais e administrativos pendentes conhecidos;

II – decisões divergentes entre as turmas ordinárias e a Câmara Superior do CARF; ou

III – sentenças ou acórdãos divergentes no âmbito do contencioso judicial.

O *caput* agrega à definição legal um critério de conveniência temporal, consistente na inexistência de afetação do tema a julgamento pelo rito dos recursos repetitivos, de modo a afastar do âmbito da transação questões jurídicas que, supõe-se, estão na iminência de serem resolvidas definitivamente pelo Poder Judiciário.

Por outro lado, o parágrafo primeiro define o que se entende por controvérsia "disseminada", elencando requisitos alternativos, o que torna o seu âmbito bem amplo. Bastam cinquenta processos de sujeitos passivos distintos para configurar a disseminação da controvérsia.

O parágrafo segundo também traz hipóteses alternativas, considerando a repercussão econômica e a divergência entre decisões judiciais ou administrativas. Peculiar é a autorização da transação quando configurada divergência entre turmas ordinárias e a Câmara Superior do Conselho Administrativo de Recursos Fiscais (CARF – inciso II), haja vista a hierarquia existente entre tais órgãos administrativos. No entanto, a restrição de acesso à instância superior e a possibilidade de revisão da jurisprudência autorizam falar na existência de controvérsia efetiva mesmo entre órgãos de hierarquia distinta.

b) (Im)Possibilidade de transação quanto a créditos não impugnados ou inscritos em dívida ativa, porém constituídos a partir de relevante e disseminada controvérsia jurídica

Como dito, uma das condições para a adesão à transação em apreço é que haja lide administrativa ou judicial quanto ao crédito tributário ou, ao menos, que este tenha sido inscrito em dívida ativa. Para elucidar essa condição, vale transcrever o art. 18, *caput*, da Lei nº 13.988/2020:

> Art. 18. A transação somente será celebrada se constatada a existência, na data de publicação do edital, de inscrição em dívida ativa, de ação judicial, de embargos à execução

fiscal ou de reclamação ou recurso administrativo pendente de julgamento definitivo, relativamente à tese objeto da transação.

Pela redação desse preceito, pode haver transação quanto a todos os créditos inscritos em dívida ativa, mesmo que não estejam sendo questionados pelo sujeito passivo. Dispensa-se, pois, a lide. Por outro lado, *créditos que não tenham sido inscritos em dívida ativa não podem ser objeto de transação, a menos que sejam litigiosos.*

Essa conclusão é corroborada pelo preceito do art. 11, §2º, IV, da lei, que, de modo categórico, dispõe: "É vedada a transação que: [...] IV – envolva créditos não inscritos em dívida ativa da União, exceto aqueles sob responsabilidade da Procuradoria-Geral da União".[7]

É inevitável a indagação: qual a razão do discrímen? Noutros termos, por que se estabeleceu tratamento diferenciado entre créditos inscritos e não inscritos em dívida ativa, quando se autoriza a transação até mesmo quanto a créditos que não foram definitivamente constituídos? E, identificando-se o fundamento do discrímen, ele seria apto a justificar o tratamento diferenciado?

Não nos parece que haja razão idônea a justificar a disparidade de trato. Na realidade, não há razão alguma para se excluírem do universo dos potenciais beneficiados pela transação aqueles que possuem débitos devidamente formalizados, mas ainda pendentes de inscrição em dívida ativa.

E, se a diferenciação não encontra razão apta a sustentá-la, evidencia-se lesiva da isonomia, mesmo à luz da débil "fórmula da arbitrariedade" (*Willkürformel*), enunciada pelo Tribunal Constitucional Federal alemão nos seguintes termos:

> Viola-se o princípio da igualdade quando, para a diferenciação legislativa ou para o tratamento paritário, não há um fundamento razoável (*vernünftiger*), resultante da natureza da coisa (*Natur der Sache*) ou que seja, ao menos, objetivo e de caráter evidente (*sachlich einleuchtender*), em suma, quando a determinação deva se qualificar como arbitrária (*willkürlich*).[8]

Flagrante, portanto, a violação da igualdade, que, como se sabe, é um princípio constitucional, de observância obrigatória pela legislação tributária. A própria Lei nº 13.988/2020 reforça a cogência desse fundamental princípio, ao dispor que: "Para fins de aplicação e regulamentação desta Lei, serão observados, entre outros, os princípios da isonomia [...]" (art. 1º, §2º).

---

[7] Nota do editor: A Lei nº 14.375, de 21 de junho de 2022, alterou o art. 11, §2º, inciso IV, para dispor: "É vedada a transação que: [...] "envolva créditos não inscritos em dívida ativa da União, exceto aqueles sob responsabilidade da Procuradoria-Geral da União ou em contencioso administrativo fiscal de que trata o art. 10-A desta Lei".

[8] Primeiramente em BVerfGE 1, 14 [52]: "Der Gleichheitssatz ist verletzt, wenn sich ein vernünftiger, sich aus der Natur der Sache ergebender oder sonstwie sachlich einleuchtender Grund für die gesetzliche Differenzierung oder Gleichbehandlung nicht finden läßt, kurzum, wenn die Bestimmung als willkürlich bezeichnet werden muß". Para uma análise detida acerca da teoria da interdição de arbitrariedade e, de forma mais ampla, das distintas teorias acerca do significado da igualdade tributária, remetemos o leitor à nossa tese doutoral: VELLOSO, Andrei Pitten. *O princípio da isonomia tributária*: da teoria da igualdade ao controle das desigualdades impositivas. Livraria do Advogado: 2010.

Via de consequência, o art. 11, §2º, IV, não pode ser lido literalmente, e o art. 18 não há de receber interpretação *a contrario sensu*, no sentido de que a celebração da transação pressupõe litígio ou inscrição em dívida ativa.⁹

Esses preceitos têm de ser lidos no sentido de que, na data da publicação do edital, o crédito tributário deve estar devidamente formalizado para que se viabilize a transação. Caso contrário, chegaríamos ao absurdo de favorecer, *v.g.*, o contribuinte que fraudou, foi autuado e está impugnando infundadamente o lançamento tributário, em detrimento daquele que declarou corretamente o seu débito, mas não o quitou por absoluta falta de recursos e somente não poderia aderir à transação por ainda não ter ocorrido a inscrição em dívida ativa.

c) (Im)Possibilidade de adesão a edital de transação de débitos de relevante e disseminada controvérsia jurídica simultaneamente à proposta de transação individual (art. 20, I, da Lei nº 13.988/20)

A transação pode ser proposta pelo Fisco, de forma individual ou por adesão, ou pelo contribuinte, nos termos do art. 10 da Lei nº 13.988/2020 e dos arts. 32 e seguintes da Portaria PGFN nº 9917, de 14 de abril de 2020.¹⁰

Consectariamente, é possível que se verifique duplicidade de propostas de transação envolvendo o mesmo débito, sobretudo porque não há celebração automática.

Note-se que a Lei nº 13.988/2020 veda a "celebração de nova transação relativa ao mesmo crédito tributário" (art. 20, I), mas não distintas propostas relativas a um mesmo crédito tributário.

Nada impede, portanto, que o sujeito passivo, tendo realizado proposta de transação individual, adira a edital de transação. O impasse resolve-se pelo critério cronológico. A proposta que se perfectibilizar primeiramente prejudicará a proposta que pende de análise/formalização: homologada a adesão a edital de transação, a proposta individual restará prejudicada; e, se a proposta individual for aceita anteriormente à deliberação acerca da adesão ao edital de transação, esta é que ficará inviabilizada.

É irrelevante que a proposta remanescente tenha sido formulada anteriormente. Irrelevante também que seja mais favorável ao contribuinte. Impõe-se a proposta que primeiramente redundou em transação perfectibilizada.

Essa lógica há de orientar a solução das demais hipóteses de simultaneidade de propostas de transação. O contribuinte pode aderir a edital de transação e formular

---

⁹ Nota do editor: A Lei nº 14.375, de 21 de junho de 2022, passou a admitir a transação tributária individual para créditos sob a administração da Secretaria da Receita Federal (RFB) submetidos ao contencioso administrativo federal. Esta alteração atribuiu à Receita Federal a competência de negociar créditos de forma individualizada.
O art. 11, §2º, IV, da Lei nº 13.988/2020 atualmente está transcrito da seguinte forma: "Art. 11 (...) § 2º É vedada a transação que: IV - envolva créditos não inscritos em dívida ativa da União, exceto aqueles sob responsabilidade da Procuradoria-Geral da União ou em contencioso administrativo fiscal de que trata o art. 10-A desta Lei".
Assim dispõe o art. 10-A: "A transação na cobrança de créditos tributários em contencioso administrativo fiscal poderá ser proposta pela Secretaria Especial da Receita Federal do Brasil, de forma individual ou por adesão, ou por iniciativa do devedor, observada a Lei Complementar nº 73, de 10 de fevereiro de 1993".

¹⁰ Nota do editor: A Portaria PGFN nº 9.917/20 foi revogada pela Portaria PGFN/ME nº 6.757/22. Os arts. 32 e seguintes da portaria revogada correspondem aos arts. 46 e seguintes da nova portaria.

proposta individual de transação, sempre que a adesão não tenha sido homologada. Também pode, após ter aderido a edital de transação, acatar a proposta de transação formulada pela Fazenda.

Conclusões

A autorização, trazida pela Lei nº 13.988/2020, de se transacionar quanto a créditos tributários federais é alvissareira, prometendo redução não só da acentuada litigiosidade fiscal que há no Brasil, mediante a autocomposição entre o Fisco e os contribuintes, mas também dos estoques de crédito fiscal de difícil ou morosa cobrança.

Em particular, a transação por adesão quanto a controvérsias relevantes e disseminadas, regulada pelo seu Capítulo III, objetiva a resolução de lides exegéticas, concernentes à interpretação da Constituição da República, das leis federais e até mesmo de atos infralegais.

Em virtude de resolver lides de amplo espectro, a modalidade de transação em apreço é mecanismo de elevada envergadura para reduzir a litigiosidade fiscal e, consequentemente, a judicialização de controvérsias tributárias. Porém, demanda cautelas específicas, a fim de não implicar favorecimentos e/ou regimes jurídicos diferenciados.

Entre tais cautelas sobressai a de que a Fazenda Nacional, ao transacionar, não renuncie a teses que persiste a defender acerca do direito vigente, sob pena de criar regimes jurídicos diferenciados.

Via de regra, a transação envolverá a adesão integral dos sujeitos passivos à tese jurídica fazendária, a fim de desfrutarem de redução parcial do débito ou de prazo dilatado de pagamento. Renunciarão à sua posição no litígio, mas não totalmente à aplicação da exegese que defendem: esta se imporá para as competências futuras caso seja acolhida pelo Supremo Tribunal Federal ou pelo Superior Tribunal de Justiça, quando do julgamento do paradigma correlato.

Informação bibliográfica deste texto, conforme a NBR 6023:2018 da Associação Brasileira de Normas Técnicas (ABNT):

VELLOSO, Andrei Pitten. Transação por adesão no contencioso de relevante e disseminada controvérsia jurídica tributária ou aduaneira. In: SARAIVA FILHO, Oswaldo Othon de Pontes (coord.). *Transação tributária*: homenagem ao jurista Sacha Calmon Navarro Coêlho. Belo Horizonte: Fórum, 2023. (Coleção Fórum grandes temas atuais de Direito Tributário ; v. 1). p. 275-283. ISBN 978-65-5518-407-5.

ACCERTAMENTO CON ADESIONE E *CONCILIAZIONE GIUDIZIALE*: CONTRATO DE TRANSAÇÃO NO DIREITO TRIBUTÁRIO?

FRANCISCO NICOLAU DOMINGOS

1 Palavras iniciais

A transação é, no Direito português,[1] definida como o contrato pelo qual as partes que o celebram previnem ou terminam um litígio, mediante concessões mútuas, que podem envolver a constituição, modificação ou extinção de direitos diversos do direito controvertido. No aludido conceito é, assim, possível segmentar a existência de concessões recíprocas entre as partes e a presença de uma contraposição de interesses.

A atuação unilateral da Administração tem, nos últimos tempos, vindo a ser substituída por modelos negociados (consensuais) de decisão.[2] A utilização destas

---
[1] Artigo 1248.º do Código Civil ("CC").
[2] V. sobre esta alteração de paradigma no Direito Tributário, designadamente, GAMA, João Taborda da. Contrato de transação no Direito Administrativo e Fiscal. *In*: CORDEIRO, António Menezes; LEITÃO Luís Menezes; GOMES, Januário da Costa (coord.) *Estudos em Homenagem ao Professor Doutor Inocêncio Galvão Telles*. Coimbra: Almedina, 2003. p. 669-670; ANTÓN, Fernando Serrano. *La terminación convencional de procedimientos tributarios*

fórmulas não resulta de qualquer opção contingente, mas de um novo paradigma do exercício do poder administrativo na relação tributária. Diga-se, em abono da verdade, que, frequentemente, a Administração ignora que no poder administrativo também cabe a resolução de litígios.

É neste contexto dogmático que, na ordem jurídica italiana, encontramos diversos institutos com uma finalidade conciliativa, como, por exemplo, o *accertamento con adesione* e a *conciliazione giudiziale*. Se o primeiro é, regra geral, utilizado em momento pré-contencioso (durante o procedimento tributário), já o segundo tem aplicação na fase contenciosa do dissídio – junto das comissões tributárias. Revela-se, assim, particularmente instigante analisar o regime jurídico dos institutos, pois a obrigação tributária (e consequente crédito) é apresentada nos manuais de Direito Tributário como: (i) *ex lege*; (ii) de caráter público; e (iii) indisponível.[3]

Assim, a partir do método dedutivo, monográfico e da técnica de pesquisa bibliográfica, o trabalho começará por descrever o ambiente normativo que legitima a utilização do consenso no Direito Tributário, analisará as linhas estruturantes do *accertamento con adesione* e da conciliação judicial tributária (italiana) e tomará posição quanto à natureza jurídica dos institutos.

2 Eclosão da consensualidade administrativa (e tributária) nos sistemas jurídicos de tradição continental

A introdução da cultura de consenso entre a Administração e os destinatários da sua atuação é recente nos países de corte continental, pois, tradicionalmente, a atividade administrativa pautava-se pela unilateralidade e pelo privilégio da execução prévia (poder de execução coativa dos atos). Pelo contrário, nos países de matriz anglo-saxónica, o Estado, historicamente, submeteu-se à normatividade aplicável às relações entre particulares. A sujeição dos órgãos e agentes da Administração ao direito comum justificaria a ausência de privilégios ou prerrogativas de autoridade pública.

A concertação entre os sujeitos da relação jurídico-administrativa (e tributária) não tinha, assim, sustentáculo dogmático no modelo continental – a unilateralidade não se limitava ao resultado, como também ao meio para o alcançar, *v.g.*, o procedimento.

O paradigma altera-se com o advento do Estado social e, particularmente, com o direito de participação dos cidadãos nas decisões que lhes dizem respeito. Vejamos.

A Administração, no modelo liberal de Estado, não tinha encomendada a prossecução positiva de quaisquer objetivos que se repercutissem no conforto social (passividade), mas, somente, reservada a função de manutenção da ordem na sociedade – a sua ação, em nada, podia alterar a natureza das coisas.[4] O interesse público seria objeto de composição, sem necessidade de qualquer intervenção positiva por parte

---

y otras técnicas transaccionales. Madrid: Asociación española de Asesores Fiscales, 1996. p. 24-25; e ESTRADA, Iñaki Bilbao. *Los acuerdos tendentes a la determinación de la obligación tributaria en la nueva Ley General Tributaria*. Madrid: Instituto de Estudios Fiscales, 2006. p. 33-75.

3   NABAIS, José Casalta. *Direito Fiscal*. Coimbra: Almedina, 2000. p. 209.

4   TESO, Ángeles de Palma del. *Los acuerdos procedimentales en el Derecho Administrativo*. Valência: Tirant lo Blanch, 2000. p. 26-28.

dos cidadãos, a esfera de atuação do Estado nunca se encontraria com a da sociedade, a única nota que caracterizava a relação era o antagonismo.

A lei, neste modelo, era o meio de proteção da sociedade contra os abusos do executivo, limitando esse poder que até então sempre foi inimigo das liberdades dos cidadãos. O interesse público encontrava-se vertido na lei (de forma absoluta), assim se compreendendo que a Administração não necessitasse de qualquer contributo, pois devia limitar-se a executar a previsão legislativa, sem margem para a participação dos administrados.

Com o advento do Estado social o paradigma inverte-se, há uma aproximação da Administração à sociedade, pois deixa de ter um papel passivo, de mero garante da ordem na sociedade, para assumir definitivamente uma postura de promoção do bem-estar da comunidade, de tutela dos vários interesses nela presentes, atuando sobre esses novos domínios.[5] Inscrevem-se nas funções do Estado, a modelação e a estruturação da sociedade.

A lei, a partir de então, passa a ser o instrumento fundamental de tal atividade, mas para alcançar esse fim não era exequível que continuasse a prever de forma detalhada todos os elementos que legitimassem a atuação da Administração. Altera-se, deste modo, o formato das normas administrativas materiais, cujo conteúdo perde determinabilidade, pois já não se encontra pormenorizadamente concretizado. O legislador opta por normas onde se preveem objetivos e resultados[6] que a Administração deve alcançar,[7] colocando na sua disponibilidade os meios para prosseguir o interesse público, que deixa de estar rigidamente fixado *ab initio*. Isto é, cada vez mais a atuação da Administração tem por fundamento normas abertas,[8] em prejuízo de normas que a obrigam a agir num sentido positivo ou negativo. A plena realização do Estado social implica que a Administração, perante a situação *sub iudice*, se encontre habilitada a optar pela decisão que mais intensamente prossiga o interesse público e a necessidade social subjacente.

O modelo é reforçado com a crise do Estado social e com o aparecimento das ideologias neoliberais que advogam o reforço da posição da sociedade perante os poderes do Estado.[9] A Administração fica, assim, impossibilitada de desenvolver a sua atividade sem a colaboração dos destinatários concretos da sua atuação.

Um dos instrumentos para tornar efetiva essa colaboração é através da participação dos cidadãos nas decisões que lhes digam respeito. O princípio da participação é uma

---

[5] MOSCATELLI, Maria Teresa. *Moduli consensuali e istituti negoziali nell'attuazione della norma tributaria*. Roma: Aracne, 2005. p. 21.
[6] Ou, nas palavras de TESO, Ángeles de Palma del, *op. cit.*, p. 30, normas finais ou de direção.
[7] TESO, Ángeles de Palma del, *op. cit.*, p. 26-28.
[8] PIQUERAS, Francisco Delgado. *La terminación convencional del procedimiento administrativo*. Madrid: Aranzadi, 1995. p. 152. A lei já não limita o papel da Administração "[a] una mera ejecución substantiva de reglas condicionales, abstractas y generales, sino que plantea un programa de objetivos y de resultados que la Administración ha de rendir, incluso creando ella misma las condiciones o premisas en función de la situación concreta sobre la que se trata de influir".
[9] ANTÓN, Fernando Serrano, *op. cit.*, p. 24. Ou, nas palavras de PIQUERAS, Francisco Delgado, *op. cit.*, p. 153, no levantamento de barreiras entre o Estado e a sociedade.

das exigências do moderno Estado de direito, ancorado nos cidadãos, enquanto meio de aprofundamento da democracia representativa.[10]

O procedimento administrativo (e tributário) é uma das modalidades que permite dar concretização prática ao princípio constitucional da participação dos cidadãos na aludida atividade, domínio para a confrontação de todos os interesses envolvidos na atuação administrativa. Ou, dito de outro modo, essa intervenção funciona como um mecanismo para que o decisor adquira informação acerca de todos os interesses envolvidos, habilitando-o à composição ótima do interesse público.

Nesse domínio importa dizer que a natureza da participação no procedimento administrativo e tributário não é unívoca – pelo contrário – pode ser contraditória ou coconstitutiva da decisão, consoante se reconduza à mera intervenção ou tenha a aptidão para influir materialmente no exercício da função administrativa. É na segunda modalidade que se inserem as técnicas consensuais para a extinção do procedimento.

Se a participação contraditória do interessado nas decisões da Administração que afetam a sua esfera jurídica não teve quaisquer dificuldades de inserção na dogmática jurídica, o mesmo não se pode dizer relativamente às técnicas consensuais de resolução de conflitos (cuja admissibilidade no direito público, especialmente no domínio tributário, provoca as maiores dúvidas por parte de alguma doutrina).[11]

No atual Direito Tributário, também a norma não contém todos os parâmetros de decisão, ou seja, a atividade da Administração não se limita à subsunção dos factos à norma, nem tal seria possível. A complexidade económica e social dificulta ou impede o acesso a todos os elementos necessários à concretização da dimensão quantitativa da obrigação tributária.

Por outro lado, é hoje uma evidência que a lei tributária reveste uma especial complexidade (pense-se, por exemplo, na utilização massiva de conceitos jurídicos indeterminados), circunstância que dificulta a apreensão do seu conteúdo pelo contribuinte médio, consequentemente, a interpretação das normas tributárias é tudo menos unívoca.

Em resumo, no Direito Tributário do século XXI há duas notas incontornáveis: (i) incerteza quanto aos elementos necessários à concretização da dimensão quantitativa do facto gerador – incerteza fáctica; e (ii) incerteza na interpretação das normas substantivas – incerteza jurídica.

É, precisamente, este o ambiente político-normativo que conduziu a doutrina juspublicista a olhar para os meios complementares de resolução (e prevenção) de litígios. Defendemos a utilização da nomenclatura "meios complementares", pois no epicentro do sistema de justiça tributária adjetiva estão os tribunais do Estado.

---

[10] A participação dos cidadãos no exercício do poder administrativo ganhou, em Portugal, dignidade constitucional com o artigo 267.º, n.º 5 da nossa lei fundamental – a formação da decisão administrativa é legitimada com essa intervenção no procedimento.

[11] ALFONSO, Luciano Parejo. El artículo 88 de la ley 30/1992, de 26 de noviembre: el pacto, acuerdo, convenio o contrato en el procedimiento administrativo. In: PISARIK, Gabriel Elorriaga (coord.). Convención y Arbitraje en el Derecho Tributario. Madrid: Instituto de Estudios Fiscales – Marcial Pons, 1996. p. 32-33; SEER, Roman. Contratos, transacciones y otros acuerdos en Derecho Tributario Alemán. In: PISARIK, Gabriel Elorriaga (coord.). Convención y Arbitraje en el Derecho Tributario. Madrid: Instituto de Estudios Fiscales – Marcial Pons, 1996. p. 133-135; e PIQUERAS, Francisco Delgado, op. cit., p. 63-71.

Mas é possível subsumir a transação tributária nos métodos alternativos (complementares) de resolução de conflitos, quando a alternatividade inculca um referente que não pode deixar de ser o tribunal?

Se é verdade que no conceito cabem aqueles métodos que constituem uma alternativa à heterocomposição judicial, como é o caso da arbitragem, não devemos esquecer os acordos procedimentais no âmbito da aplicação das normas tributárias substantivas.[12] As técnicas convencionais[13] de natureza procedimental, ao envolverem uma aplicação concertada do Direito, constituem se não um meio de resolução (e prevenção) de disputas entre a Administração e o contribuinte, pelo menos permitem a aproximação das partes da relação tributária.

A doutrina converge na inserção da transação na categoria dogmática de métodos autocompositivos de resolução de litígios. Porém, devemos acrescentar, a transação pode ter por fonte a conciliação, quando há a participação de um terceiro que promove o acordo conciliatório – a transação constitui o resultado da sincronia de vontades, a conciliação é o meio processual para alcançá-la.

É neste contexto de concertação de vontades, não só em momento prévio à determinação do crédito tributário (prevenção de litígios), como também após o seu apuramento (resolução de litígios), que devemos olhar para o sistema tributário italiano.

3 Modelo italiano

A positivação dos meios complementares de resolução de litígios constitui um movimento transversal a várias ordens jurídicas, hoje não exclusivamente de matriz anglo-saxónica, como, é disso exemplo, a italiana.

O Direito Tributário italiano foi pioneiro nos sistemas ditos continentais, ao consagrar legislativamente diversos métodos complementares de resolução (e prevenção) de conflitos tributários, nomeadamente, o *accertamento con adesione*, a *conciliazione giudiziale* e, mais recentemente, a mediação tributária.

3.1 *Accertamento con adesione*

O *accertamento con adesione* é um instituto que permite a consensualização da matéria tributável (ou base de cálculo) com fonte na matéria de facto ou na matéria de direito, após debate contraditório e, por essa via, do crédito tributário.

A administração tributária pode convidar o contribuinte a comparecer junto do *ufficio unico delle entrate* para um debate contraditório prévio à liquidação ou lançamento,

---

[12] AGÜERO, Antonia Agulló. La introducción en el Derecho Tributario español de las fórmulas convencionales previstas en la Ley 30/1992. In: PISARIK, Gabriel Elorriaga (coord.) *Convención y Arbitraje en el Derecho Tributario*. Madrid: Instituto de Estudios Fiscales – Marcial Pons, 1996. p. 181.

[13] No seu conteúdo cabem não só os acordos endoprocedimentais, preparatórios do ato final, como também os substitutivos do próprio ato (administrativo) tributário.

no qual deve identificar os períodos de tributação que podem ser objeto de acordo, a data, o lugar agendado para o debate e todos os elementos que vão ser objeto de discussão.[14]

O contribuinte tem, após ser notificado dos referidos elementos, duas alternativas: (i) aceita o convite formulado e tenta alcançar um acordo com a Administração relativamente ao *quantum* da matéria tributável ou (ii) recusa[15] e fica impedido de, por sua iniciativa, requerer o início do procedimento de *accertamento con adesione*. Compreende-se, a *contrario sensu*, que também o sujeito passivo detém legitimidade para solicitar o início do procedimento em estudo, naturalmente prévio ao *avviso di accertamento* ou *avviso di rettifica* e desde que não tenha utilizado a via judicial para impugná-los.

A *ratio* do instituto consiste na colaboração entre os sujeitos da relação tributária (debate que se inicia com a presença do contribuinte junto do órgão da Administração com habilitação legal para proceder ao *accertamento con adesione*) na concretização do interesse público. É durante esta fase contraditória que se vislumbram dois interesses antagónicos, o da Administração, que pretende confirmar as razões já descritas no relatório de inspeção, e o do contribuinte, que procurará redimensionar a pretensão tributária com, por exemplo, a consensualização da interpretação de uma norma substantiva. Daí que, em caso de concertação, o regime jurídico do instituto em estudo legitima a alteração da pretensão tributária inicial.[16]

Relevante é ainda acrescentar que não é imperativo que o contribuinte expresse a sua concordância relativamente ao proposto no primeiro debate. Podem realizar-se vários debates, terminando cada uma dessas diligências com uma ata do agente responsável pelo procedimento onde se resumirá o resultado. No final de cada debate devem (ainda) indicar-se expressa e concretamente os motivos que obstam ao prosseguimento do procedimento, pois só assim é possível compreender o *iter* valorativo e cognoscitivo percorrido até ao *accertamento con adesione*.

O referido *atto* deve, insiste-se, indicar a sua motivação, concretizando os fundamentos de facto e de direito que o alicerçam,[17] pois só assim se consegue reconstituir o *iter* percorrido para se ter estipulado um determinado *quantum* da matéria tributável, permitindo controlar, por exemplo, toda a atividade do funcionário responsável pelo procedimento.

A fase final do procedimento integra dois estádios, o da redação do *atto di accertamento con adesione* e o da sua perfeição, com o pagamento do crédito tributário, apurado a partir da matéria tributável acordada.[18]

A perfeição do procedimento exige que o contribuinte proceda ao pagamento integral do crédito tributário emergente do *accertamento con adesione* ou, em caso de pagamento em prestações, apresente uma garantia que o assegure. Em bom rigor, só é decretada a validade de todos os atos praticados quando, dez dias após o pagamento, o sujeito passivo proceda ao envio do respetivo comprovativo.

---

[14] POLLARI, Nicolò. *Diritto Tributario. Parte Generale*. Roma: Laurus Robuffo, 2004. p. 327.

[15] A recusa pode ser tácita, pense-se na hipótese de não comparência do contribuinte no dia agendado para o debate.

[16] Instituto distinto é o da *acquiescenza*, pois neste o contribuinte concorda, sem contraditório, com o crédito tributário apurado a partir da matéria tributável ou base de cálculo, obtendo, por essa via, uma redução de sanções.

[17] TESAURO, Francesco. *Istituzioni di Diritto Tributario. Parte Generale*, Vol. 1, Ottava edizione. Turim: Utet, 2003. p. 242.

[18] GARBARINO, Carlo. *Imposizione ed effettività nel Diritto Tributario*. Pádua: Cedam, 2003. p. 182.

São múltiplos os efeitos do *accertamento con adesione*, a definitividade do ato, pelo que o contribuinte fica impossibilitado de proceder à sua impugnação[19] e, simultaneamente, a Administração não pode, regra geral, iniciar novo procedimento de inspeção com aptidão para alterar o conteúdo do acordo. Para além do mais, há uma redução da sanção administrativa e criminal aplicável.[20]

O *accertamento con adesione* é assim um acordo pré-contencioso entre a Administração e o contribuinte, cujo regime jurídico tem por finalidade tornar efetiva a cobrança do crédito tributário no quadro de colaboração na definição do interesse público.

3.2 Conciliazione giudiziale

Outro método complementar de resolução de litígios disponível neste ordenamento jurídico é a *conciliazione giudiziale* que pode ser utilizada em qualquer litígio pendente de resolução judicial junto das comissões tributárias – órgãos com natureza jurisdicional.

A utilização do instituto exigia, no momento da sua positivação, o preenchimento de uma condição, no objeto do litígio dever-se-iam colocar questões que não pudessem ser resolvidas com recurso à prova certa. Isto é, aquela categoria de prova que perante os documentos que alicerçam a pretensão da Administração permite uma interpretação inequívoca que dispensa a utilização de quaisquer presunções para proceder à liquidação do imposto.

O campo de aplicação do instituto estava gizado para aquelas hipóteses que pressupunham incerteza, quando a Administração não conseguisse afastar a insegurança, sobretudo por falta de conhecimento da situação fáctica. Porém, pretendeu-se acautelar o princípio da reserva de lei material, se a pretensão da Administração não tivesse por alicerce prova certa e se vigorasse uma determinada incerteza, então a *conciliazione giudiziale* não violaria o princípio.

Hoje já não existe esse limite, opção que não legitima naturalmente concluir-se que os princípios da reserva de lei material e da indisponibilidade do crédito tributário não têm validade, pois o objeto do acordo não pode estender-se ao *an* da obrigação tributária, mas circunscrever-se ao *quantum*, sob pena de violação dos referidos princípios.

Com a consolidação do instituto, o legislador entendeu estender o seu âmbito de aplicação podendo ter por objeto quaisquer matérias com aptidão a fundamentarem uma impugnação junto da comissão tributária territorialmente competente. Isto é, pode respeitar não só à matéria de facto, como também à matéria de direito.

A *conciliazione giudiziale* é um instituto que permite, perante a consensualização de aspetos da matéria de facto e de direito, extinguir o processo judicial,[21] na justa medida em que o acordo permite apurar o montante do crédito tributário e das sanções.

---

[19] O instituto também pode ser utilizado após a determinação do crédito tributário, sempre na condição de o sujeito passivo não ter apresentado impugnação judicial do ato de liquidação – lançamento.

[20] Por exemplo, a redução é para 1/3, do mínimo legal, nas sanções administrativas.

[21] O acordo pode não abranger toda a latitude do dissídio, revestindo, nessa hipótese, a *conciliazione giudiziale* uma natureza parcial.

Em resultado do acordo produzem-se alguns efeitos, *v.g.*, a redução da sanção que se apura sobre o crédito emergente do acordo,[22] a cobrança do crédito tributário e a extinção do litígio judicial.

Relevante é ainda acrescentar que a *conciliazione giudiziale* pode revestir duas modalidades, a extrajudicial e a judicial.[23] Se a conciliação extrajudicial tem lugar antes da primeira audiência pública (fora dos tribunais), a judicial verifica-se junto da respetiva comissão tributária, destacando-se que nesta modalidade a promoção da conciliação pode também ser desenvolvida pelo juiz, convidando as partes a alcançarem um acordo sobre o litígio.[24] A presença das partes na audiência,[25] diferentemente do que acontece no Processo Civil, é condição para a realização da conciliação, promove-se assim *o favor conciliationis*.[26]

3.3 Natureza jurídica do *accertamento con adesione* e da *conciliazione giudiziale*

O debate quanto à natureza jurídica destes institutos é bastante interessante, pois mobiliza várias teses.

A doutrina identifica três teses, a do *accertamento con adesione* como (i) ato unilateral; (ii) ato bilateral (contrato de transação); e (iii) acordo de direito público.[27]

Na primeira, o *accertamento con adesione* é um ato unilateral da Administração a que o contribuinte presta o seu consentimento. O grande impulsionador desta tese foi Giannini, mas ainda hoje é defendida por um sector da doutrina.[28] Afirma Santamaria:[29]

> Trattasi infatti di atto unilaterale *da* cui l'adesione del contribuente consentirebbe di far sortire determinati effetti (definitività a certe condizione e in determinati limiti). E ciò non solo e non tanto in forza del principio di indisponibilità della pretesa tributaria (che certamente resta incontrovertibile), quanto ancor più in relazione al fatto che mancherebbe il quantum certo dell'obbligazione sul quale eventualmente concordare.

---

[22] A sanção administrativa é reduzida para 40% em relação ao montante do crédito tributário resultante do acordo.

[23] V. sobre estas duas modalidades PATRIZI, Bruno; MARINI, Gianluca; PATRIZI, Gianluca. *Accertamento con adesione, conciliazione e autotutela. La definizione degli accertamenti a tutela del contribuente*. Milão: Giuffrè Editore, 1999. p. 147-149.

[24] GARBARINO, Carlo, *op. cit.*, p. 280.

[25] Se a parte pretende alcançar um acordo durante a primeira audiência pública deve depositar um requerimento junto da secretaria do órgão colegial e notificar a outra parte com, pelo menos dez dias de antecedência relativamente à audiência.

[26] GARBARINO, Carlo, *op. cit.*, p. 271.

[27] V. sobre a natureza jurídica, FANTOZZI, Augusto. *Corso di Diritto Tributario*. Roma: Utet, 2005. p. 217-220; RUSSO, Pasquale. *Manuale di Diritto Tributario. Parte Generale*. Milão: Giuffrè Editore, 2002. p. 324; NATOLI, Luigi Ferlazzo; SERRANÒ, Maria Vittoria. Il nuovo concordato tributario dopo il D. Legs. 19 giugno 1997. In: *Il Fisco, n.º 218*, 1998. p. 3725; TINELLI, Giuseppe. *Istituzioni di Diritto Tributario*. Pádua: Cedam, 2003. p. 257-259; e GALLO, Franco. La natura giuridica dell'accertamento con adesione. *Rivista di Diritto Tributario*, n. 5, v. XII, Maggio 2002. p. 425-434.

[28] V. CRISTAUDO, Antonio. *Elementi di Diritto Tributario*. Roma: Maggioli Editore, 2003. p. 259; e SANTAMARIA, Baldassarre. *Diritto Tributario. Parte Generale*, Quinta Edizione. Milão: Giuffrè Editore, 2006. p. 145-146.

[29] SANTAMARIA, Baldassarre, *op. cit.*, p. 145-146.

É, assim, um ato unilateral da Administração que exige a participação do contribuinte para a sua perfeição. Em resumo, estaríamos perante um ato com a estrutura normal de um *accertamento,* um ato unilateral a que o contribuinte presta a sua adesão, com vista à produção de efeitos.

Deste modo, o *accertamento con adesione* nunca podia ser um negócio jurídico, a participação do contribuinte não é *conditio sine qua non* para a quantificação da obrigação tributária, a adesão do contribuinte apenas torna o ato definitivo, por renúncia à impugnação judicial. A Administração, dentro de determinados limites, conserva o poder de modificar o ato. Ou, dito de outro modo, esta tese procura evidenciar que são totalmente autónomos o ato de liquidação da Administração e a adesão que o contribuinte presta ao seu conteúdo.

A principal crítica que se pode fazer à tese em análise está no facto de o *accertamento con adesione* não ser elaborado unilateralmente pela Administração – bem pelo contrário – é o resultado de um debate contraditório que culmina no acordo entre a Administração e o contribuinte.[30] Em segundo lugar, esta primeira posição doutrinal ignora a transformação ocorrida na dogmática da relação tributária, o Estado está hoje ao serviço da comunidade e, como tal, o interesse público é definido de forma aberta, opção que legitima a participação coconstitutiva do contribuinte na atividade administrativa.[31]

Na segunda, o *accertamento con adesione* é descrito como um negócio jurídico que visa obter o consenso do contribuinte e da Administração sobre o montante da matéria tributável e, consequentemente, prevenir a eclosão de um litígio. Parte-se de uma ideia de que os sujeitos do contrato estão numa posição de igualdade e, em sua defesa, sustenta-se[32] que: (i) o contrato de transação torna-se perfeito com o pagamento do crédito tributário que emerge do acordo; e (ii) a Administração não pode alterar o acordo que havia alcançado com o contribuinte, salvo em hipóteses manifestamente excecionais. Em resumo, o *accertamento con adesione* não depende exclusivamente da vontade da Administração, envolve concessões recíprocas entre esta e o contribuinte sobre a obrigação tributária.[33]

A principal objeção à sustentabilidade desta posição está na dificuldade de harmonização com o princípio da indisponibilidade do crédito tributário, o *an* da obrigação tributária é irrenunciável.[34] Ainda assim, são duas as observações, complementares, que a doutrina aponta à tese (i) a diferente natureza jurídica dos sujeitos da relação tributária impede que seja possível concetualizar uma posição de

---

[30] TESAURO, Francesco, *op. cit.*, p. 243.
[31] Por isso, observa GALLO, Franco, *op. cit.*, p. 428: "Si capisce, perciò, come alla luce della ricordata evoluzione legislativa non abbia più molto senso una ricostruzione dell`accertamento con adesione in termini di atto am-ministrativo unilaterale; e ciò, anche se tale ricostruzione fosse considerata nella sua più evoluta versione di procedimento di riesame".
[32] RUSSO, Pasquale, *op. cit.* p. 325.
[33] Essas concessões sobre uma *res dubia*, constituem uma nota típica da transação, v. RUSSO, Pasquale, *op. cit.*, p. 325.
[34] Nesta linha afirma GARBARINO, Carlo, op. cit., p. 178 – "L´accertamento con adesione non può quindi essere configurato come contratto o negozio giuridico per il semplice fatto di costituire un provvedimento impositivo risultato di (istituto da) un procedimento nel quale siffatto accordo sostanziale costituisce un presupposto di fatto".

igualdade e ii) a impossibilidade de celebrar negócios jurídicos bilaterais no domínio do direito público, face ao poder de império da Administração.[35]

A terceira tese propugna a natureza híbrida do *accertamento con adesione*, coloca-o entre o ato administrativo unilateral e o contrato. Assim, o instituto corresponderia à soma de duas vertentes, pública e privada. Se pela primeira, pretende-se indiretamente fixar a matéria tributável para que, subsequentemente, se produzam os efeitos previstos na lei – liquidação do imposto de acordo com os critérios nela definidos.[36] Já pela segunda, a doutrina defende que o *accertamento con adesione* participa de algumas das características de uma transação, uma vez que, através de uma valoração entre dois sujeitos, para afastar a incerteza sobre elementos que influenciam a determinação da matéria tributável do sujeito passivo, permite-se que a vontade das partes tenha efeitos transacionais.

Em tais termos, o *accertamento con adesione* é um exemplo daquela tendência de o direito público incorporar esquemas consensuais do direito privado, separando o aspeto formal do ato (de natureza pública), do aspeto material, onde a aproximação de vontades produz efeitos transacionais (de feição privatística).[37]

A tese que, a nosso ver, melhor concretiza a natureza jurídica do *accertamento con adesione* é a posição intermédia. Se por um lado a administração tributária pode, unilateralmente, modificar o acordo alcançado com o contribuinte,[38] por outro, não nos devemos esquecer que, pelo menos, a vontade deste produz efeitos transacionais. Ou, dito de outro modo, apesar de a Administração poder quantificar autonomamente o crédito (a partir da dimensão quantitativa da obrigação tributária – base de cálculo) tributário e proceder à sua cobrança coerciva, não deixa de ser verdade que o *accertamento con adesione* só atinge a perfeição com o pagamento do crédito tributário (apurado a partir da consensualização de elementos que permitem a fixação de uma base de cálculo – matéria tributável) pelo contribuinte. Assim, o objeto de composição plasma-se, por exemplo, no ajuste dos factos necessários à determinação da matéria tributável e não na quantificação da sua dimensão, esta é apurada com fundamento naqueles[39] – a matéria tributável fixada decorre da estipulação consensual da matéria de facto ou da matéria de direito – sem renunciar à liquidação nos precisos termos definidos na lei.[40]

Em suma, o *accertamento con adesione* consiste num método mais flexível de apurar a matéria tributável que afasta o risco de incerteza e promove a colaboração dos sujeitos da relação tributária no sentido de prevenir a eclosão de um litígio (natureza preventiva).[41]

---

[35] COCIVERA, Benedetto. *Il concordato tributario*. Milão: Società Editrice Libraria, 1948. p. 5-7.

[36] Para GALLO, Franco, *op. cit.*, p. 430, não se verificam duas condições necessárias à qualificação do instituto como um verdadeiro contrato a)"[u]n incontro e una compenetrazione tra due volontà autonome, una del privato e l'altra dell'amministrazione finanziaria" e b) "[u]n'uguaglianza di libera valutazione che permetta l'unione di tali volontà in un contratto".

[37] FANTOZZI, Augusto, *op. cit.*, p. 218.

[38] Caso descubra novos factos.

[39] Neste sentido, TINELLI, Giuseppe, *op. cit.*, p. 258.

[40] Facto demonstrativo da impossibilidade da qualificação da transação tributária como contrato é para GALLO, Franco, *op. cit.*, p. 431, a obrigatoriedade de fundamentação do ato. Ou, dito de outro modo, tal obrigação não é compatível com a autonomia da vontade das partes.

[41] Embora a contraposição de interesses já exista, a nosso juízo, durante o procedimento de inspeção tributária.

Já quanto à *conciliazione giudiziale* são duas as teses adotadas pela doutrina quanto à natureza jurídica do instituto, a maioritária, que advoga a natureza contratual[42] e a minoritária, que defende a natureza processual.[43]

São três os argumentos utilizados pela doutrina para sustentar a natureza contratual: 1. o regime jurídico do instituto prevê uma margem para que as partes alcancem um acordo assente, de um lado, na redução da pretensão originária do Fisco e, de outro lado, na disponibilidade de o contribuinte concordar com uma liquidação superior à proposta; 2. os efeitos jurídicos que se produzem resultam da manifestação da vontade das partes em se conciliarem e 3. os efeitos são substantivos, pois respeitam ao objeto do conflito.

Pelo contrário, o substrato argumentativo subjacente à segunda tese (natureza processual) corporiza-se no seguinte: 1. A *conciliazione giudiziale* reveste uma natureza processual e não substantiva, até porque surge no seio da disciplina do contencioso tributário; 2. A *conciliazione giudiziale* não integra a jurisdição voluntária e não tem uma natureza substantiva que permita a extinção da obrigação tributária por uma nova com objeto e título diverso; e 3. se fosse entendida como um negócio de direito privado, colocar-se-iam sérias dúvidas quanto à violação do princípio da indisponibilidade do crédito tributário.[44]

A natureza jurídica da *conciliazione giudiziale* é, a nosso juízo, semelhante à do *accertamento con adesione*, trata-se de um ato que consta de um acordo em que, por efeito deste, a administração tributária modifica o conteúdo do ato impugnado. O litígio extingue-se em resultado do acordo (sendo que este é alcançado com o ajuste da vontade das partes da relação tributária), embora os efeitos jurídicos resultantes do mesmo se encontrem exclusivamente previstos na lei – a autonomia da vontade é deste modo limitada. Em suma, a *conciliazione giudiziale* representa uma projeção do *accertamento con adesione* no âmbito jurisdicional, assim, a sua natureza jurídica terá de ser semelhante.[45]

Em resumo, a *conciliazione giudiziale* não importa nenhuma renúncia ao crédito tributário, envolve somente uma nova valoração da matéria de facto ou da matéria de direito, circunstância que provoca uma diversa interpretação da norma – a Administração apenas renuncia à lide judicial e não ao crédito tributário.[46]

---

[42] AZZONI, Valdo. Appunti sulla natura giuridica della conciliazione giudiziale. *Il Fisco*, n. 5/2007, p. 681; BUSCEMA, Angelo. Il giudice di legittimità precisa i limiti temporali della conciliazione giudiziale. *Il fisco*, n. 20/2007. p. 2893; e FANTOZZI, Augusto, *op. cit.*, p. 723-724.
[43] GARBARINO, Carlo, *op. cit.*, p. 291.
[44] BUSCEMA, Angelo, *op. cit.*, p. 2893; e GARBARINO, Carlo, *op. cit.*, p. 291.
[45] Neste sentido, ROSA, Salvatore la. *Principi di Diritto Tributario*. Turim: G. Giappichelli Editore, 2004. p. 275.
[46] A este propósito observa VERSIGLIONI, Marco. La conciliazione giudiziale. *In*: UCKMAR, Victor; TUNDO, Francesco (coord.). *Codice del Processo Tributario, capítulo 56*. Milão: La Tribuna, 2007. p. 1398, que a previsão da conciliação judicial e sua conformidade constitucional contribuiu para a extinção de alguns dogmas que incorporavam o discurso do nosso ramo de ciência jurídica, a falta de igualdade das partes da relação tributária, a indisponibilidade do crédito tributário e a unilateralidade da atuação administrativa.

4 Palavras finais

O Direito Tributário do século XXI carateriza-se pela incerteza nos elementos de facto necessários à quantificação da obrigação tributária (incerteza fáctica) e na incerteza emergente da interpretação das normas substantivas (incerteza jurídica).

Foi este o ambiente político-normativo que conduziu a doutrina juspublicista, no final do século XX, a olhar para os meios complementares de resolução (e prevenção) de litígios, o direito de acesso à Justiça não é hoje um direito com a configuração de acesso aos tribunais, mas de acesso ao Direito (o acesso aos tribunais do Estado efetua-se após a utilização de alguns filtros). Afastamos, por isso, a conceção de que a utilização dos aludidos meios se funda (exclusivamente) na redução dos índices de litigância.

O *accertamento con adesione* é assim um acordo pré-contencioso entre a Administração e o contribuinte, cujo regime jurídico tem por finalidade tornar efetiva a cobrança do crédito tributário no quadro de colaboração, na definição do interesse público, entre a Administração e o contribuinte.

A *conciliazione giudiziale* constitui um instituto passível de ser utilizado na fase judicial do litígio, gizada para a extinção do dissídio. O acordo envolve uma nova valoração da matéria de facto ou da matéria de direito, circunstância que provoca uma diversa interpretação da norma e, assim, a arrecadação do crédito tributário e a redução das sanções.

O *accertamento con adesione* tem de ser assimilado como um acordo de direito público, os efeitos da vontade das partes são aqueles que se encontram vertidos na lei, obrigação de pagamento do crédito tributário emergente da matéria tributável resultante do acordo; renúncia à impugnação judicial e redução de sanções.

A natureza jurídica da *conciliazione giudiziale* não é distinta, pois os efeitos do consenso também se encontram descritos na lei – corporiza o instituto processual que permite a celebração de um acordo entre os sujeitos da relação tributária.

Se o *accertamento con adesione* permite a prevenção (ou resolução – pense-se no momento da sua utilização) de um litígio, já a *conciliazione giudiziale* tem aptidão para o eliminar, com efeitos nada despiciendos, *e.g.*, arrecadação de receita tributária e estabilização dos índices de litigância tributária.

Referências

AGÜERO, Antonia Agulló. La introducción en el Derecho Tributario español de las fórmulas convencionales previstas en la Ley 30/1992. In: PISARIK, Gabriel Elorriaga (coord.). *Convención y Arbitraje en el Derecho Tributario*. Madrid: Instituto de Estudios Fiscales – Marcial Pons, 1996.

ALFONSO, Luciano Parejo. El artículo 88 de la ley 30/1992, de 26 de noviembre: el pacto, acuerdo, convenio o contrato en el procedimiento administrativo. In: PISARIK, Gabriel Elorriaga (coord.). *Convención y Arbitraje en el Derecho Tributario*. Madrid: Instituto de Estudios Fiscales – Marcial Pons, 1996.

ANTÓN, Fernando Serrano. *La terminación convencional de procedimientos tributarios y otras técnicas transaccionales*. Madrid: Asociación española de Asesores Fiscales, 1996.

AZZONI, Valdo. Appunti sulla natura giuridica della conciliazione giudiziale. In: *Il Fisco, n.º 5/2007*.

BUSCEMA, Angelo. Il giudice di legittimità precisa i limiti temporali della conciliazione giudiziale. In: *Il Fisco, n.º 20/2007*.

COCIVERA, Benedetto. *Il concordato tributario*. Milão: Società Editrice Libraria, 1948.

CRISTAUDO, Antonio. *Elementi di Diritto Tributario*. Roma: Maggioli Editore, 2003.

DOMINGOS, Francisco Nicolau. Transação e Mediação tributárias: um imperativo? In: *Justiça Tributária. Um novo roteiro*. 2.ª edição. Lisboa: Rei dos Livros, 2019.

DOMINGOS, Francisco Nicolau. Atas de regularização tributária: um novo paradigma de inspeção? In: *Estudos em Homenagem ao Professor Doutor António Carlos dos Santos* (Org. José Guilherme Xavier de Basto, Eduardo Paz Ferreira, Clotilde Celorico Palma, Cidália Maria Mota Lopes). Coimbra: Almedina, 2021.

ESTRADA, Iñaki Bilbao. *Los acuerdos tendentes a la determinación de la obligación tributaria en la nueva Ley General Tributaria*. Madrid: Instituto de Estudios Fiscales, 2006.

FANTOZZI, Augusto. *Corso di Diritto Tributario*. Roma: Utet, 2005.

GALLO, Franco. La natura giuridica dell`accertamento con adesione. In: *Rivista di Diritto Tributario n.º 5*, Vol. XII, Maggio 2002.

GAMA, João Taborda da. Contrato de transação no Direito Administrativo e Fiscal. *In*: CORDEIRO, António Menezes; LEITÃO Luís Menezes; GOMES, Januário da Costa (coord.). *Estudos em Homenagem ao Professor Doutor Inocêncio Galvão Teles*. Coimbra: Almedina, 2003.

GARBARINO, Carlo. *Imposizione ed effettività nel Diritto Tributario*. Pádua: Cedam, 2003.

MOSCATELLI, Maria Teresa. *Moduli consensuali e istituti negoziali nell`attuazione della norma tributaria*. Roma: Aracne, 2005.

NABAIS, José Casalta. *Direito Fiscal*. Coimbra: Almedina, 2000.

NATOLI, Luigi Ferlazzo; SERRANÒ, Maria Vittoria. Il nuovo concordato tributario dopo il D. Legs. 19 de giugno de 1997. In: *Il Fisco, n.º 218*, 1998.

PATRIZI, Bruno; MARINI, Gianluca; PATRIZI, Gianluca. *Accertamento con adesione, conciliazione e autotutela. La definizione degli accertamenti a tutela del contribuente*. Milão: Giuffrè Editore, 1999.

PIQUERAS, Francisco Delgado. *La terminación convencional del procedimiento administrativo*. Madrid: Aranzadi, 1995.

POLLARI, Nicolò. *Diritto Tributario. Parte Generale*. Roma: Ed. Laurus Robuffo, 2004.

ROSA, Salvatore la. *Principi di Diritto Tributario*. Turim: G. Giappichelli Editore, 2004.

RUSSO, Pasquale. *Manuale di Diritto Tributario. Parte Generale*. Milão: Giuffrè Editore, 2002.

SANTAMARIA, Baldassarre. *Diritto Tributario. Parte Generale*, Quinta Edizione. Milão: Giuffrè Editore, 2006.

SEER, Roman. Contratos, transacciones y otros acuerdos en Derecho Tributario Alemán. *In*: PISARIK, Gabriel Elorriaga (coord.). *Convención y Arbitraje en el Derecho Tributario*. Madrid: Instituto de Estudios Fiscales – Marcial Pons, 1996.

SERRANÒ, Maria Vittoria. Il nuovo concordato tributario dopo il D. Legs. 19 giugno 1997. In: *Il Fisco, n. 218*, 1998.

TESAURO, Francesco. *Istituzioni di Diritto Tributario. Parte Generale*, Vol. 1., Ottava edizione. Turim: Utet, 2003.

TESO, Ángeles de Palma del. *Los acuerdos procedimentales en el Derecho Administrativo*. Valência: Tirant lo Blanch, 2000.

TINELLI, Giuseppe. *Istituzioni di Diritto Tributario*. Pádua: Cedam, 2003.

VERSIGLIONI, Marco. La conciliazione giudiziale. *In*: UCKMAR, Victor; TUNDO, Francesco (coord.). *Codice del Processo Tributario*, capítulo 56. Milão: La Tribuna, 2007.

Informação bibliográfica deste texto, conforme a NBR 6023:2018 da Associação Brasileira de Normas Técnicas (ABNT):

DOMINGOS, Francisco Nicolau. *Accertamento con adesione e conciliazione giudiziale*: contrato de transação no Direito Tributário?. *In*: SARAIVA FILHO, Oswaldo Othon de Pontes (coord.). *Transação Tributária*: homenagem ao jurista Sacha Calmon Navarro Coêlho. Belo Horizonte: Fórum, 2023. (Coleção Fórum grandes temas atuais de Direito Tributário ; v. 1). p. 285-297. ISBN 978-65-5518-407-5.

O PIONEIRISMO DA TRANSAÇÃO TRIBUTÁRIA EM BLUMENAU, CONTEMPLADA COM O PRÊMIO INNOVARE 2020

CLEIDE REGINA FURLANI POMPERMAIER

Introdução

Na transação sempre deve prevalecer o princípio consensualístico. Faz-se cada vez mais necessário abandonar a imposição unilateral pela Administração Tributária dotada de autoridade e formalismos em favor da valorização e da introdução de módulos bilaterais fundados no consenso do contribuinte e em observância ao princípio da "democracia fiscal". Os métodos adequados de solução de conflitos, dentre os quais se encontra o instituto objeto de nosso estudo, são um verdadeiro exemplo de interferência dos institutos e conceitos do direito privado nas dependências do Direito Tributário, na medida em que a autonomia negocial, manifestação típica e essencial do direito civil, faz o seu ingresso nas relações que se instauram entre Fisco e contribuinte para o fim de se chegar a um acordo, pondo fim à lide tributária, cujo consenso do sujeito passivo é elemento determinante para a formalização do negócio jurídico consensual. Depois de muitos debates teóricos, a transação tributária é uma realidade no Brasil. Em Blumenau, o instituto foi implementado com base em um modelo inovador, em que se trabalhou a questão dos descontos do débito com base no grau de risco em relação à possibilidade de o Município perder a ação judicial. Cuidou-se, igualmente, de preservar a legalidade, estando os critérios para a realização da transação devidamente estipulados em lei e não em ato legislativo menor, em observância ao princípio da indisponibilidade do tributo. Por fim, levam-se em conta, finalmente, o valor do débito e a possibilidade de se conceder descontos sobre o montante da dívida, e não apenas sobre os valores respeitantes aos juros e à multa.

1 Conceito de transação tributária e o destaque para as concessões mútuas

Todos os modernos e atuais institutos de solução de conflitos são manifestações que envolvem a prática colaborativa entre Fisco e contribuinte, os quais despertam e objetivam o diálogo entre as partes, na intenção de terminar a lide, através da colaboração dos interessados e reduzindo o risco do Erário de receber o que lhe é devido, acrescido da não menos importante humanização do processo tributário. São medidas, enfim, que permitem o diálogo entre administração tributária e contribuinte.

A transação tributária está prevista no artigo 171 e no artigo 156, inciso III, ambos do Código Tributário Nacional desde 1966, mas nunca havia sido colocada em prática objetivamente, ao menos no que concerne ao padrão adotado em Blumenau, muito embora não falte doutrina nesse sentido, incentivando a aplicação da medida prevista em lei.

Reza o artigo 171 do Código Tributário Nacional:

> Art. 171. A lei pode facultar, nas condições que estabeleça, aos sujeitos ativo e passivo da obrigação tributária celebrar transação que, mediante concessões mútuas, importe em determinação de litígio e consequente extinção de crédito tributário.

A finalidade da composição pela via da transação é, portanto, dirimir conflitos. Dirimir conflitos é interpretar a legislação relativa a obrigações tributárias conflituosas e dar um basta à lide. Esse basta pode se dar por meio de concessões mútuas e consequente extinção do crédito tributário. O grande norte da autocomposição é lançar mão de uma burocracia que assola o país e ir ao encontro de soluções que desmistifiquem o Direito Tributário e o próprio Poder Judiciário. As medidas devem ser de ordem prática e que alcancem resultados positivos para o contribuinte, para o Judiciário e para o Poder Público. A verdade está em dizer, em suma, que novas medidas devem ser adotadas pelos Entes Federados, "a fim de que os mesmos continuem no mercado".

O grande objetivo da transação tributária é o término do litígio e a extinção do crédito tributário mediante concessões mútuas. Ou seja, para que se possa caracterizar a transação é necessário que as duas partes renunciem aos direitos que entendem lhe pertencer para dar fim à lide, seja ela judicial ou administrativa. Ambos ganham e perdem, porque, para o acordo se concretizar, os interessados terão que abrir mão de uma parcela de seus direitos.

Uma dessas concessões, desde que amparadas por critérios rígidos dispostos em lei formal, pode ser a concordância da Administração Pública de conceder descontos sobre o próprio tributo ou sobre os encargos incidentes sobre o mesmo, enquanto, também fazendo uma concessão, o contribuinte/devedor consinta em dar um fim à lide, lembrando que não há nada no Sistema Tributário Nacional que impeça tal procedimento, seja na Constituição Federal, bem como nas leis infraconstitucionais.

Giuzeppe Marini,[1] ao falar sobre a transação tributária, diz que por se tratar de uma esperada intervenção normativa, esta deve se efetivar com a rigorosa observância da lei, porque, do contrário, agredirá o princípio da legalidade. Enfatiza, ademais, que deve derivar de uma suficiente motivação, fundamentando a possibilidade de transigir posto que, se não houver esse equilíbrio, o instituto será privado de seu necessário suporte administrativo.

É bom que fique claro, igualmente, que o instituto da transação tributária não é um benefício fiscal, mas sim uma forma legal de se extinguir a lide e o próprio crédito tributário, nos exatos termos previstos pelo art. 171 e art. 156, III, do Código Tributário Nacional e tanto isso é verdade que o art. 3º da Lei Complementar nº 174, a qual autoriza a extinção de créditos tributários apurados na forma do Regime Especial Unificado de Arrecadação de Tributos e Contribuições devidos pelas Microempresas e Empresas de Pequeno Porte (Simples Nacional), mediante celebração de transação resolutiva de litígio, dispõe que:

> Art. 3º A transação resolutiva de litígio relativo à cobrança de créditos da Fazenda Pública não caracteriza renúncia de receita para fins do disposto no art. 14 da Lei Complementar nº 101, de 4 de maio de 2000.

A transação tributária é uma modalidade de extinção do crédito tributário, devidamente prevista em lei (art. 156, inciso III, do CTN), assim como o é a compensação, o pagamento, a decadência, a prescrição, a remissão, entre outros modos estipulados no referenciado artigo de lei, não podendo, em nenhuma hipótese, ser confundida com um benefício fiscal, tributário ou econômico.

Essa modalidade de autocomposição, também não pode ser confundida com os programas temporários de refinanciamento de dívidas existentes em nosso país, popularmente conhecidos como REFIS, RENOVAR, PERT e outras tantas nomenclaturas dadas aos mesmos. Tais figuras, já enraizadas pelo costume, foram criadas pelos governos de todas as esferas da federação sem qualquer base jurídica e, tanto isso é verdade, que não exigem o cumprimento de qualquer critério para a sua realização, tratando-se de meras liberalidades e sendo, por isso, sempre muito criticadas pela área técnica, que as conceitua como verdadeiros programas de incentivo a inadimplência.

A transação tributária representa uma das soluções adotadas nos momentos de crise, mas apresenta dificuldade de ser operacionalizada. O certo é que, se aplicada de modo correto pode servir para superar o período de dificuldade financeira e movimentar a economia. As reformas, aliás, são filhas da crise. O instituto aqui tratado é uma

---

[1] Insolvenza, fallimento e dispozione del credito tributario. Editora Ancona, 2006, p. 457. Indisponibilità e transazione fiscale. Disponível em: http://www.treccani.it/magazine/diritto/approfondimenti/diritto_tributario/2_marini_transazione_fiscale.html. Acesso em: 06 fev. 2020.

exceção e, por ser uma exceção, as regras devem ser muito bem definidas pela lei, que não deve dar margem a interpretações dúbias. A lei deve privilegiar a celeridade e o bom andamento da administração pública.

2 O princípio da indisponibilidade na transação tributária e a necessidade de os critérios para a sua realização estarem dispostos em lei formal

No estudo da ciência do Direito Público e, mais exatamente, no Direito Tributário, existe uma grande dificuldade em se admitir que no âmbito da função impositiva da administração tributária se possa exercitar a autoridade de se dispor do crédito ou de se renunciar de uma parte dele, porque todos os cidadãos contribuem para as despesas públicas, e, dessa forma, não seria sensato e nem justo que os gestores abrissem mão do que recebem para beneficiarem alguns em detrimento de outros, considerando a finalidade da arrecadação tributária, que é o financiamento do Estado como um todo. Deve-se ter em mente, enfim, que quando o cidadão paga o tributo, ele está participando na quitação das despesas públicas na medida de sua capacidade contributiva.

O fato é que, muitas vezes, em nome do cumprimento do rígido princípio da indisponibilidade, esquece-se que o dispêndio de cifra pública sem qualidade também é medida maléfica para o Estado. Ou seja, não adianta gastar os recursos públicos arrecadados sem qualquer finalidade com o único objetivo de se fazer cumprir o princípio da indisponibilidade do interesse público e do crédito tributário, em detrimento da sociedade. Nesse diapasão, é certo afirmar que não se pode ficar recorrendo eternamente aos tribunais e desembolsando o dinheiro dessa coletividade com os altos custos que o processo judicial e administrativo impõe à administração pública, por exemplo.

Lupi,[2] afirma que há confusão em torno do conceito do princípio da indisponibilidade, dizendo que é uma metáfora jurídica daquelas tanto eficazes como não conclusivas, tratando-se de uma figura que deve a sua sorte a sua ambiguidade.

Antonella Tropeano, citando Zanni e G. Rebecca,[3] diz que é legítima a transação fiscal porque cria um balanceamento do princípio da indisponibilidade com a preservação de vagas de emprego, com a efetividade da pretensão tributária e com a eficiência da administração pública:

> Un orientamento dottrinale giustifica la legittimità della transazione fiscale in quanto creerebbe un bilanciamento del principio di indisponibilità con quello della salvaguardia dei posti del lavoro, dell'effettività della pretesa tributaria e dell'efficienza della pubblica amministrazione. Tale bilanciamento degli interessi coinvolti dev'essere tuttavia rigoroso,

---

[2] Insolvenza, fallimento e dispozione del credito tributario. Editora Ancona, 2006, p. 457. Indisponibilità e transazione fiscale. Disponível em: http://www.treccani.it/magazine/diritto/approfondimenti/diritto_tributario/2_marini_transazione_fiscale.html. Acesso em: 06 fev. 2020.

[3] Strumenti deflativi del contenzioso, disponibilità dell'obbligazione tributaria e discrezionalità dell'amministrazione finanziaria 16299–6308. Disponível em: https://www.academia.edu/15149904/Strumenti_deflativi_del_contenzioso_disponibilit%C3%A0_dellobbligazione_tributaria_e_discrezionalit%C3%A0_dellamministrazione_finanziaria?email_work_card=interaction_paper. Acesso em: 08 fev. 2021.

dal momento che sarà, nel caso, giustificatore dell'eccezionale deroga al principio di indisponibilità.

Na transação tributária os limites devem ser respeitados e é necessário que sejam bem precisos. A transação tributária não é para todos. É uma exceção. Por isso a necessidade de critérios bem definidos em lei formal para a sua realização, bem como a necessária análise para cada caso em particular.

O fenômeno tributário representado pelos meios de solução adequada de conflitos, como ocorre com a transação, deve ser valorizado em conformidade com uma tendência sempre mais acentuada no nosso ordenamento jurídico, lembrando que se trata de institutos idôneos introduzidos pelo legislador ordinário e que em nada se contrapõe aos ditames constitucionais.

Mas para se falar em dispor do tributo ou de se deixar de determinar a sua extensão é necessário, igualmente, que se faça um balanceamento entre os interesses envolvidos na situação e que possam justificar uma exceção ao princípio da indisponibilidade. Esse balanceamento deve ser rigoroso e não superficial, tendo-se o cuidado para que a disposição do crédito tributário não seja relegada, em nenhuma hipótese, à discricionariedade da administração tributária.

E é aí, portanto, que se encontra o segredo da transação. Para poder se efetivar o acordo na esfera tributária, é necessário que haja critérios rígidos para a sua realização e que esses pressupostos estejam descritos em lei. Não é possível, em hipótese alguma, em obediência ao princípio da indisponibilidade, que as decisões respeitantes à efetivação da transação tributária sejam atribuídas à autoridade administrativa, pela via de atos normativos menores, porque só lei formal pode conversar com a transação.

Luiz Mathias Rocha Brandão e Melanie Claire Fonseca Mendoza indicam de forma precisa os fatores primordiais que devem ser observados em relação ao princípio da indisponibilidade:

> A indisponibilidade das imposições tributárias (obrigações tributárias) e do produto da arrecadação (créditos tributários) tem relação direta com dois fatores: a) o dever de obediência estrita ao princípio da legalidade; b) os limites da discricionariedade atribuída aos atos administrativos inerentes à tributação.[4]

Serena Busatto,[5] em artigo intitulado "Il principio di indisponibilità dell'obbligazione tributaria" também nos ensina, em suma, que somente a lei formal pode fixar pressupostos voltados a instituir tributos ou implementar tipos tributários de exceção ou de exclusão tributária, como é o caso da transação. Veja-se:

> il principio di indisponibilità trova una prima giustificazione nella gerarchia delle fonti legislative, per la quale gli atti emessi dalle pubbliche amministrazioni non

---

[4] Desafios contemporâneos para a prática da transação tributária: da discricionariedade compartilhada e da cooperação do contribuinte. Caminho para a eficiência da atividade tributária. Disponível em: file:///C:/Users/199605/Downloads/Estudo+importante+sobre+transa%C3%A7%C3%A3o+tribut%C3%A1ria.+Dia+31+de+janeiro+de+2020%20(3).pdf. Acesso em: 05 fev. 2020.

[5] Disponível em: http://dspace.unive.it/bitstream/handle/10579/3113/806309-1164171.pdf?sequence=2. Acesso em: 05 dez. 2019.

possono porsi in contrasto con la legge formale, con la naturale conseguenza che è inibito all'Amministrazione Finanziaria di produrre norme volte alla fissazione di presupposti d'imposta, ed altresì di istituire fattispecie di esenzione o di esclusione tributaria, dovendosi esclusivamente limitare all'applicazione della legge ordinaria.

Muito importante dizer que no Direito Civil a regra é a disponibilidade, e a indisponibilidade é a exceção. No Direito Tributário, a regra é a indisponibilidade, e a disponibilidade é a exceção e, nesse diapasão, importante enfatizar que a transação tributária não pode prescindir do perfil garantidor da lei, sendo certo afirmar que o legislador, repita-se, é o único titular para dar certa discricionariedade e relatividade ao princípio da indisponibilidade do tributo. Normas menores e editadas unilateralmente não podem sobrepor-se à lei, seja nas questões de imposição tributária, seja nas questões de exoneração ou redução tributária, dentre as quais se encontra a transação.

A administração tributária, enfim, no exercício de sua função pública não é titular de modo exclusivo do interesse do tributo e de sua arrecadação. Pelo contrário, o grande detentor desse poder é o cidadão, que entrega dinheiro ao Estado. Tanto o gestor governamental, como a autoridade fiscal ou o procurador fazendário são apenas a representação do poder tributário, responsáveis pela operacionalização da busca da receita pública, não havendo espaço de se dispor do crédito tributário se inexistente a autorização legislativa.

Nesse sentido, e desde que adotadas as cautelas necessárias para a realização do instituto, muito salutar é a adoção da transação tributária como forma de extinguir o crédito tributário, nos moldes já previstos no Código Tributário Nacional, em seu art. 156, inciso III.

3 A possibilidade de conceder descontos no montante principal do tributo e seus limites

Em relação à particularidade de os descontos poderem atingir o montante do tributo e não apenas os valores respeitantes a juros e a multa, vale lembrar que se trata de um tema muito pouco explorado pela doutrina tributária. O que se vê são estudos em torno da possibilidade de se excetuar o princípio da indisponibilidade tributária, mas é difícil localizar manifestações expressas quanto à probabilidade de se poder adentrar na redução tributária referente ao montante principal da exação tributária.

O tema exige debate e a doutrina deve, sim, se debruçar sobre o assunto. Em nosso entendimento, a resposta está no próprio conceito de transação tributária insculpido no art. 171 do Código Tributário Nacional, quando permite que o ente tributante possa celebrar acordos mediante concessões mútuas.

Importante também ressaltar que dentro das medidas que relativizam o princípio da indisponibilidade está a remissão (art. 156, inciso IV, do CTN), que, como a transação (art. 156, inciso III, do CTN), é uma causa de extinção do crédito tributário. Ora, se a lei pode prever o perdão total do débito, por qual motivo não pode dispor sobre a extinção parcial do mesmo por meio da transação, devendo ater-se apenas aos encargos incidentes sobre o tributo?

Sob esse prisma, faz-se mister lembrar que a maioria dos Municípios brasileiros, todos os anos, por meio de lei, autoriza descontos no IPTU em caso de pagamento à vista, visando premiar o bom pagador. Ou seja, os referenciados atos legislativos, há muito, vêm autorizando descontos sobre o montante principal do tributo municipal sem qualquer contestação, o que faz cair por terra o argumento de que não se pode conceder reduções sobre o valor principal do débito tributário quando da efetivação da transação tributária.

Ora, se a lei permite a premiação do bom pagador concedendo descontos no montante do tributo, por qual motivo não poderia fazer o mesmo em relação a débitos que são de difícil recuperação? Não se trata de uma benesse ao mau pagador, como muitos criticam ao se falarem transação tributária, mas de receber, ao menos em parte, o crédito que, pela via da cobrança usual, estaria quase ou totalmente perdido. E diga-se mais: a simples manutenção do processo com o único objetivo de preservar o incompreendido princípio da indisponibilidade vem de encontro ao princípio da eficiência e do interesse público, considerando que se trata de uma medida inútil e altamente custosa à Administração Pública.

Dentro desse contexto, interessante frisar, igualmente, que na Itália, por exemplo, por meio do Programa *Pace Fiscale*[6] trinta e dois milhões de euros resultantes de débitos fiscais foram cancelados de ofício pela Administração Tributária a mais de doze milhões de contribuintes. Trata-se de dívidas tributárias antigas e respeitantes aos anos de 2000 a 2010 e de pequena monta. Ou seja, inferiores a mil euros.

4 O passo a passo do modelo de transação implementado em Blumenau

No dia 13 de dezembro de 2017, o Município de Blumenau editou a Lei Municipal nº 8.532/2017, que, em resumo, implementou a transação de créditos tributários e não tributários objeto de execuções fiscais e ações de conhecimento ajuizados até 31 de dezembro de 2014, cujo valor da causa que não ultrapasse 40 salários-mínimos vigentes à época do acordo e cujo devedor não responda, ou tenha respondido, judicialmente pela prática de crime contra a ordem tributária no âmbito municipal.

O Estatuto Legal permite, ademais, descontos de 100% (cem por cento) na multa e nos juros, podendo chegar, ainda, dependendo do caso e de forma excepcional, a até 70% (setenta por cento) do principal, sendo que o valor acordado poderá ser parcelado em até seis (6) parcelas mensais ou vinte e quatro (24) vezes, se houver garantia nos autos da ação judicial.

A composição dos litígios judiciais envolvendo créditos tributários e não tributários do Município de Blumenau é realizada em audiência presidida por uma Câmara de Transação, composta exclusivamente por procuradores municipais de cargo de

---

[6] Il Messaggero.It. Effetto mini-condono: cancellate cartelle per oltre 32 miliardi, azzerate quelle sotto 1.000 euro. Disponível em: https://www.ilmessaggero.it/pay/edicola/mini_condono_cartelle_cancellate_oggi_ultime_notizie-4541580.html. Acesso em: 05 fev. 2021.

provimento efetivo, conforme preconiza o art. 5º da Lei Municipal nº 8.532/2017, da qual participa o contribuinte ou seu representante, acompanhado ou não de advogado.

Assim, cumpridos os requisitos legais para a transação, a Câmara propõe o encerramento do litígio e a consequente extinção do crédito tributário, mediante o pagamento do crédito com descontos. E para o oferecimento das respectivas reduções, a Câmara analisa a situação específica de cada devedor ou proponente de ação de conhecimento, considerando: **1)** o histórico fiscal do devedor; **2)** a situação financeiro-econômica do contribuinte e existência ou não de bens capazes de garantir o pagamento do crédito; **3)** o tempo de duração do processo em Juízo e seus custos, e a economicidade que o acordo pode gerar aos cofres públicos; **4)** a chance de êxito do Município na causa; e **5)** a existência de precedentes jurisprudenciais contra a tese do credor já pacificadas por súmula dos tribunais superiores, repercussão geral ou recursos repetitivos.

Para cada um dos cinco (5) critérios mencionados, a Câmara de Transação atribui uma nota de zero (0) a cinco (05), sendo que a somatória das notas determina a faixa de descontos percentuais possíveis de serem aplicados no caso concreto, conforme tabela devidamente publicada em lei. Quanto maior o risco de não pagamento do crédito, maior a nota e, consequentemente, maiores os percentuais de descontos oferecidos.

As notas relativas aos critérios do histórico fiscal e do tempo de duração da ação e economicidade da medida já estão predeterminadas na tabela prevista em lei, em quadro que indica objetivamente parâmetros fechados para a concessão da pontuação.

Em relação à situação econômica do devedor/contribuinte, à chance de êxito do Município na causa e, finalmente, no que concerne à existência de precedentes jurisprudenciais contra a tese do credor já pacificadas por súmula dos tribunais superiores, repercussão geral ou recursos repetitivos, a Câmara goza de maior liberdade para atribuição das notas, sempre respeitando a máxima de que quanto maiores os riscos para realização do crédito, maiores as notas, e maiores os descontos.

Explica-se: o requisito número 1 e o número 3 são objetivados. Já em relação aos requisitos de número 2, o 4 e o 5, **a lei formal** dá uma certa **elasticidade** para se aplicar ao devedor uma nota entre 0 e 5, dependendo do grau de prova da condição financeira do contribuinte e, igualmente, do grau de risco em relação à possibilidade de o Município perder a ação.

Às vezes, na própria audiência, em conversa com as partes ou com os advogados, acaba-se por constatar que o Município poderia sair perdedor na ação judicial, diante da existência de mais de uma tese jurídica favorável ao contribuinte já pacificada na jurisprudência por meio de súmula, recursos repetitivos ou de repercussão geral. Em casos tais, as notas atribuídas pela Câmara aos quesitos 4 e 5 seriam as máximas (notas 5 para cada critério), enquanto no caso do devedor ter apenas uma situação jurídica que lhe favoreça, as notas seriam intermediárias (notas 3 a 4 para cada critério), lembrando que tudo deverá ser provado e documentado no termo de transação confeccionado no momento do encontro entre os partícipes do processo.

Em relação ao critério da situação financeira do contribuinte ocorre a mesma coisa. Ou seja: é no momento da audiência que o devedor é entrevistado e é nessa oportunidade que apresenta os documentos comprobatórios de sua condição. Assim, dependendo do caso em particular e, principalmente, das provas produzidas em audiência em relação à escassez de recursos, incluindo-se aí a comprovação de gastos com alguém da família acometido de doença grave, por exemplo, a Câmara de Transação tem a liberdade de atribuir ao devedor uma nota de 0 a 5, exatamente como prevê a Lei Municipal nº 8.532/2017, no seu art. 10, §1º, tendo como parâmetro sempre o risco do Município em perder a ação.

E não se diga que é caso de discricionariedade e que tal atuação estaria ofendendo o princípio da indisponibilidade. Não. Porque em nenhum momento o Município de Blumenau deixou nas mãos da autoridade administrativa essa possibilidade. A própria lei municipal, repita-se, reza que o devedor pode receber uma nota de 0 a 5 na medida da comprovação do alegado, sendo os descontos inversamente proporcionais às chances de êxito do Município na cobrança do crédito, fazendo-se cumprir, assim, igualmente, o princípio da justiça tributária.

Essa elasticidade na transação se faz necessária, porque, do contrário, não poderíamos falar na caracterização de tal instituto, ainda mais quando os parâmetros e a tabela de pontuação se encontram devidamente previstos em lei formal, como ocorre em Blumenau; ou seja: não há que se falar em ferimento ao princípio da indisponibilidade, considerando que, em nenhum momento, a disposição do crédito tributário foi relegada à discricionariedade da administração tributária ou de qualquer outra autoridade administrativa.

Na transação tributária, portanto, pode e deve haver sim certa maleabilidade na apreciação dos requisitos para a obtenção do desconto da dívida tributária, desde que haja lei formal dispondo sobre os critérios para a sua realização, que essa lei seja constitucional e desde que os interesses envolvidos na situação possam justificar uma exceção ao princípio da indisponibilidade. Esse balanceamento deve ser rigoroso e não superficial, tendo-se o cuidado para que a disposição do crédito tributário, em nenhuma hipótese, seja relegada a qualquer autoridade da Administração Pública.

O ponto alto que deve ser destacado na transação de créditos tributários e não tributários implementada em Blumenau é o ato processual da audiência, momento em que o contribuinte/devedor é entrevistado, ocorrendo aí o necessário diálogo entre as partes, podendo-se afirmar que tal ato processual e a aplicação da técnica de escuta ativa do contribuinte são os responsáveis pelos 1.362 (mil trezentos e sessenta e dois) acordos firmados até o momento, pelos 2.567 (dois mil quinhentos e sessenta e sete) processos executivos fiscais encerrados, e pelos R$4.427.894,23 (quatro milhões, quatrocentos e vinte e sete mil, oitocentos e noventa e quatro reais e vinte e três centavos) negociados.

Percebe-se que a humanização do processo faz a diferença na relação Fisco-contribuinte. Os métodos adequados de solução de conflitos, dentre os quais se encontra o instituto objeto de nosso estudo, são um verdadeiro exemplo de interferência dos institutos e conceitos do direito privado nas dependências do Direito Tributário, na medida em que a autonomia negocial, manifestação típica e essencial do Direito Civil, faz o seu ingresso nas relações que se instauram entre Fisco e contribuinte para o fim de se chegar a um acordo, pondo fim à lide tributária, cujo consenso do sujeito passivo é elemento determinante para a formalização do negócio jurídico consensual.

Todos os modernos e atuais institutos de solução de conflitos são manifestações que envolvem a prática colaborativa entre Fisco e contribuinte, os quais despertam e objetivam, principalmente, o diálogo entre as partes, na intenção de terminar a lide, através da colaboração dos interessados, reduzindo o risco do Erário de não receber o que lhe é devido, acrescido da não menos importante humanização do processo tributário.

A transação em Blumenau já está sendo operacionalizada há quase três anos. O Município foi o primeiro a implementar o instituto no modelo aqui apresentado. Com esse tempo de experiência, nossa percepção é de que algumas modificações podem e devem ser feitas para adequar o instituto à realidade atual de pós-pandemia, como, por exemplo, aumentar o limite do valor possível de ser transacionado e o marco final da data de ajuizamento das ações de conhecimento e das ações executivas que poderão ser objeto de acordos via transação.

Uma alternativa interessante seria a de não permitir que novas ações executivas de baixo valor fossem propostas, cabendo às Procuradorias, em tais casos, encaminhar tais processos para a Câmara de Transação, a fim de tentar a extinção de tais créditos pela via da transação tributária. Somente em caso de não aceitação do acordo é que os débitos seriam submetidos a protesto e demais medidas restritivas de crédito.

A Lei de Blumenau também merece reparos quanto a algumas nomenclaturas e uma delas diz respeito ao termo "requisitos subjetivos". Explica-se: a Lei Municipal nº 8.532/2017, em seu art. 10, §1º dispõe que: "Os descontos concedidos para fins de transação obedecerão à somatória das notas atribuídas pela Câmara de Transação a cada um dos critérios subjetivos descritos nos incisos I a VII do art. 9º, de acordo com a tabela que constitui o Anexo *Único* desta Lei, observada a escala de pontos abaixo: (...)".

Na verdade, como já se frisou em tópico anterior, a formação da pontuação para a concessão dos descontos não se submete a nenhuma subjetividade, e tanto isso é verdade que obedece a critérios rígidos estipulados em lei formal. O que há, na verdade, é uma elasticidade na aplicação da nota, mediante a produção da prova pelo contribuinte/devedor, que deverá ser feita em audiência ou quando da análise das teses aventadas no processo executivo ou na ação de conhecimento, que será objeto da transação tributária.

5 A prática da transação tributária contemplada com o Prêmio Innovare 2020 e a necessidade de se padronizar o modelo nos demais Municípios

No ano de 2020, a "Prática Transação Tributária" foi a vencedora da 17ª edição do Prêmio Innovare na categoria Juiz. A inscrição foi feita pelo magistrado Emanuel Shenkel do Amaral e Silva, da 2ª Vara da Fazenda da Comarca de Blumenau, em parceria com a procuradora Cleide Regina Furlani Pompermaier, que subscreve o presente artigo, e com a também procuradora municipal Ângela dos Santos Farias, tendo a prática se destacado dentre as 646 (seiscentos e quarenta e seis) enviadas de todo o Brasil. A premiação aconteceu em cerimônia pública virtual realizada no dia 1º de dezembro, com a presença de autoridades do Poder Judiciário, do Ministério Público e da Advocacia, além de diretores do Instituto Innovare e convidados.

A prestigiada premiação serve de estímulo para que outros entes federados adotem o paradigma de Blumenau, principalmente os municípios, lembrando que a padronização do modelo se faz necessária, a fim de que o instituto não seja desvirtuado. Explica-se: se não houver um modelo unificado, muito facilmente os 5.570 (cinco mil quinhentos e setenta) entes municipais poderão adotar padrões diferenciados, prejudicando o verdadeiro objetivo da transação tributária, que é o término do litígio e a extinção do crédito tributário mediante concessões mútuas, a ser realizada por meio de critérios bem definidos em lei formal e necessária análise dos requisitos para cada caso em particular, conforme se descreveu no texto.

Conclusão

A transação, enfim, representa uma das soluções adotadas nos momentos de crise. O certo é que, se aplicada de modo correto, pode servir para superar o período de dificuldade financeira e movimentar a economia. As reformas, aliás, são filhas da crise. O instituto aqui tratado é uma exceção e, por ser uma exceção, deve ter regras muito bem definidas pela lei, não dando margem a interpretações dúbias.

Necessitamos de novos paradigmas jurídicos que se prestem à modernização das administrações tributária e de programas que visem à recuperação da economia em épocas de pandemia e pós-pandemia. Necessitamos de uma revolução cultural, e quatro ingredientes devem estar presentes nesse processo revolucionário: simplificação, desmistificação, capital humano e ousadia. De nada adianta as empresas trabalharem de forma inovadora e flexível se o Estado não consegue responder de modo eficaz às exigências dos novos tempos.

Referências

BLUMENAU. A Lei Municipal nº 8.532/2017 de Blumenau. Disponível em: https://leismunicipais.com.br/a/sc/b/blumenau/lei-ordinaria/2017/853/8532/lei-ordinaria-n-8532-2017-dispoe-sobre-transacao-de-creditos-tributarios-e-nao-tributarios-do-municipio-de-blumenau-objeto-de-execucao-fiscal-ajuizada-ate-31-122014-ou-de-litigio-judicial-nas-hipoteses-que-especifica-e-da-outras-providencias. Acesso em: 07 fev. 2021.

BRANDÃO. Luiz Mathias Rocha; MENDOZA; Melanie Claire Fonseca. Desafios contemporâneos para a prática da transação tributária: da discricionariedade compartilhada e da cooperação do contribuinte. Caminho para a eficiência da atividade tributária. Disponível em: file:///C:/Users/199605/Downloads/Estudo+importante+sobre+transa%C3%A7%C3%A3o+tribut%C3%A1ria.+Dia+31+de+janeiro+de+2020%20(3).pdf. Acesso em: 05 fev. 2021.

BRASIL. Código Tributário Nacional.

BUSATTO. Serena. Il principio di indisponibilità dell'obbligazione tributaria. Disponível em: http://dspace.unive.it/bitstream/handle/10579/3113/806309-1164171.pdf?sequence=2. Acesso em: 26 abr. 2021.

IL MESSAGGERO.It. Effetto mini-condono: cancellate cartelle per oltre 32 miliardi, azzerate quelle sotto 1.000 euro. Disponível em: https://www.ilmessaggero.it/pay/edicola/mini_condono_cartelle_cancellate_oggi_ultime_notizie-4541580.html. Acesso em: 05 fev. 2021.

ITÁLIA. Constituição Italiana.

MARINI. Giuseppe *apud* LUPI. Insolvenza, fallimento e dispozione del credito tributario. Editora Ancona, 2006, p. 457. Indisponibilità e transazionefiscale. Disponível em: http://www.treccani.it/magazine/diritto/approfondimenti/diritto_tributario/2_marini_transazione_fiscale.html. Acesso em; 06 fev. 2021.

TROPEANO. Antonella *apud* ZANNI E G. REBECCA. Strumenti deflativi del contencioso, disponibilità dell'obbligazione tributaria e discrezionalità dell'amministrazione finanziaria 16299 – 6308. Disponível em: https://www.academia.edu/15149904/Strumenti_deflativi_del_contenzioso_disponibilit%C3%A0_dellobbligazione_tributaria_e_discrezionalit%C3%A0_dellamministrazione_finanziaria?email_work_card=interaction_paper. Acesso em: 08 fev. 2021.

Informação bibliográfica deste texto, conforme a NBR 6023:2018 da Associação Brasileira de Normas Técnicas (ABNT):

POMPERMAIER, Cleide Regina Furlani. O pioneirismo da transação tributária em Blumenau, contemplada com o Prêmio Innovare 2020. *In*: SARAIVA FILHO, Oswaldo Othon de Pontes (coord.). *Transação Tributária*: homenagem ao jurista Sacha Calmon Navarro Coêlho. Belo Horizonte: Fórum, 2023. (Coleção Fórum grandes temas atuais de Direito Tributário ; v. 1). p. 299-310. ISBN 978-65-5518-407-5.

COBRANÇA E RENEGOCIAÇÃO DE TRIBUTOS EM ATRASO NO BRASIL

CRISTIANO NEUENSCHWANDER LINS DE MORAIS

1 Introdução

As Agências Tributárias se utilizam de diversos mecanismos para induzir ou forçar os devedores ao pagamento das dívidas em atraso (OECD, 2014). Um dos instrumentos comumente utilizados é a concessão de anistias fiscais, com o perdão de parte dos valores devidos, visando a estimular o pagamento do valor da dívida remanescente e, assim, aumentar a arrecadação e proporcionar o futuro *compliance* (STELLA, 1989).

No Brasil, a partir do ano 2000, a política de recuperação de débitos não pagos foi pautada pela reiterada instituição de programas de anistia fiscal, que ficaram conhecidos pelo nome Refis, como serão, doravante, denominados no presente trabalho.

Entretanto, no ano de 2019, houve uma mudança nessa política de anistias tributárias gerais, com a edição de um novo programa, inspirado nas melhores práticas internacionais e no *Offer in compromise*, instituído pelo *Internal Revenue Service* (IRS) – a Agência Tributária norte-americana – denominado "Contribuinte Legal", por intermédio da Medida Provisória nº 899, daquele ano, posteriormente convertida na Lei nº 13.988, de 14 de abril de 2020 (BRASIL, 2020), regulamentando-se em nível federal o instituto da transação tributária.

O objetivo anunciado no programa federal de transação tributária brasileiro – retratado explicitamente na exposição de motivos da Medida Provisória nº 899, de 2019 – foi superar os efeitos negativos dos diversos Refis anteriores (BRASIL, 2019).

O presente artigo pretende, fundamentalmente, responder à seguinte pergunta: em que medida o programa de transação tributária federal tem a potencialidade de atender aos objetivos de aumento de arrecadação e de *compliance* fiscal, sob a ótica da teoria econômica?

Evidenciou-se que, no âmbito do referido programa de transação, o Fisco, atendendo às restrições de participação e de compatibilidade de incentivos, tem a possibilidade de desenhar ofertas de contratos diferentes com instrumentos que promovam a atração dos seus respectivos tipos de devedores de alta capacidade de pagamento e de baixa capacidade de pagamento, capazes de conter a seleção adversa, bem como de estruturar mecanismos de monitoramento eficazes para evitar o risco moral.

Essas exigências tornam o contrato desinteressante para os devedores de alta capacidade de pagamento, tendo em vista que trariam uma diminuição na sua utilidade esperada, por permitirem que o Fisco identifique com maior facilidade o tipo do devedor envolvido e cancele o contrato, acarretando ainda consequências de ordem criminal e a retomada imediata da cobrança.

Este artigo foi estruturado da seguinte forma. Após esta introdução, apresenta-se o referencial teórico utilizado, com uma breve revisão da literatura econômica sobre o *compliance* tributário e os efeitos das anistias fiscais e das renegociações de dívidas. Após, apresenta-se a metodologia utilizada e as premissas adotadas.

Com base nesses elementos, é realizada a avaliação da estrutura de incentivos do programa de transação tributária brasileiro, com foco na comparação com os programas de anistia fiscal anteriores, descrevendo-se os achados decorrentes do uso das ferramentas analíticas, que apontam para a adequação teórica do programa de transação tributária para alcance dos objetivos de aumento da arrecadação e do *compliance* tributário. Por fim, realiza-se a discussão dos resultados e as considerações finais.

2 Revisão da literatura

Andreoni, Erard e Feinstein (1998), Slemrod (2007) e Hashimzade, Myles e Tran-Nam (2013) trazem uma revisão compreensiva da literatura econômica sobre *tax compliance*, abordando, inclusive, a temática das anistias fiscais.

Pesquisa abrangente realizada por Baer e Le Borgne (2008) indica que os resultados de diversos programas de anistia adotados pelos diferentes governos raramente são positivos.

Ainda em relação ao desenho dos programas, as boas práticas recomendadas internacionalmente registram que perdões amplos e incondicionados de débitos tributários já identificados pelas autoridades fiscais (*up-front write-offs*) devem ser evitados, mesmo em períodos de crise econômica (BRONDOLO, 2009).

É possível classificar os modelos econômicos teóricos sobre *compliance* tributário em três grandes grupos: i) modelos clássicos, centrados na análise da decisão do contribuinte quanto à declaração do tributo devido (*tax declaration*); ii) modelos que incorporam o comportamento da Administração Tributária, com base na teoria Principal-Agente e na teoria dos jogos; e iii) modelos que passaram a prever a influência de fatores não financeiros, com abordagens de economia comportamental (ANDREONI; ERARD; FEINSTEIN, 1998; HALLSWORTH, 2014) ou que dão ênfase na cooperação entre Fisco e contribuintes.

Atribui-se a Allingham e Sandmo (1972) o desenvolvimento do modelo econômico clássico quanto à decisão do agente (contribuinte) de sonegar ou não o tributo, baseado na teoria econômica do crime (ANDREONI; ERARD; FEINSTEIN, 1998; HALLSWORTH, 2014; LUTTMER; SINGHAL, 2014).

Outros autores desenvolveram evoluções nesse modelo clássico, passando a utilizar o comportamento da Administração Tributária como elemento relevante nas predições, mediante exploração de abordagens baseadas no Modelo Principal-Agente e na teoria dos jogos (ANDREONI; ERARD; FEINSTEIN, 1998; GRAETZ; REINGANUM; WILDE, 1986).

As vantagens dessas abordagens baseadas no modelo Principal-Agente e na teoria dos jogos é que as rodadas prévias de transmissão de informação entre a Agência Tributária e os contribuintes são consideradas, permitindo análises sequenciais mais condizentes com a realidade prática da relação tributária (GRAETZ; REINGANUM; WILDE, 1986).

Estudos posteriores, que formam o terceiro grupo acima referido, apontaram a insuficiência das abordagens, tendo em vista que os níveis de conformidade fiscal verificados empiricamente eram consideravelmente maiores do que as previsões desses modelos (GRAETZ; REINGANUM; WILDE, 1986; HALLSWORTH, 2014; LUTTMER; SINGHAL, 2014).

Assim, passou-se a destacar a influência de terceiras partes responsáveis por retenção dos tributos ou por prestação de informações às autoridades fiscais, bem como motivações não financeiras na decisão quanto à evasão fiscal, no que se convencionou denominar "moral tributária" (*tax morale*), expressão genérica que abrange todas as citadas motivações não financeiras que influenciam o *compliance*, mas que escapam ao modelo econômico de utilidade esperada (LUTTMER; SINGHAL, 2014).

Outra observação digna de registro é a de que a grande maioria dos estudos teóricos aborda a etapa do *compliance* tributário relacionada à sonegação fiscal, com foco na decisão do agente quanto a declarar ou não ao Fisco a ocorrência do fato gerador (*tax declaration*), não enfrentando a etapa posterior da decisão do agente quanto ao pagamento do tributo já declarado ou mesmo descoberto pelo Fisco no prazo devido (*tax payment*), ou seja, tributos inadimplidos (*tax arrears*) pelos devedores (*delinquent tax payers*), casos nos quais a Administração Tributária se utiliza dos mecanismos de cobrança forçada ou coativa (*tax debt enforcement measures*) (HALLSWORTH, 2014).

Stella (1989) pontua que a concessão de uma anistia fiscal pode passar uma percepção de fraqueza ou debilidade da Administração Tributária nas suas atividades de fiscalização e cobrança de tributos. Em um ambiente de assimetria de informação, esse padrão de comportamento pode fornecer indícios sobre o tipo de Agência Tributária (eficiente/ineficiente) com a qual os contribuintes interagem, o que poderá incentivar os contribuintes a esperarem novas anistias e aumentarem a sonegação, considerando a percepção de baixa probabilidade de punição pela conduta irregular.

Por outro lado, a literatura econômica fornece um cenário teórico diferente para a análise da renegociação de dívidas, sejam elas tributárias ou não tributárias, entre credor e devedor, quando este último não possui capacidade de pagamento para quitar a integralidade da dívida, havendo risco de insolvência.

Essa situação difere bastante da concessão de uma anistia, que se configura como um perdão unilateral, dissociado da verificação das circunstâncias econômicas do devedor.

Jorge Neto (2005) pontua que eventual promessa de um credor em não renegociar não é crível, do ponto de vista racional, dado que a renegociação pode mitigar a perda bruta decorrente dos procedimentos de cobrança em face de devedores insolventes.

Silva Neto (2021) corrobora essa assertiva, ao registrar que resolver disputas por meio de concessões recíprocas é uma prática negocial comum entre particulares e que o governo, tal como outros credores, pode se encontrar em uma situação em que o devedor não possui condições de pagar integralmente uma dívida, sendo a negociação, nesses casos, uma alternativa mais eficiente.

Nesse sentido, Silva Neto (2021) exemplifica com a experiência norte-americana, em que o *Internal Revenue Service* (IRS) tenta cooperar com os seus devedores ao oferecer possibilidades de parcelamento e de transação tributária, de maneira que a solução amigável é preferível porque ela produz um excedente cooperativo.

Nessa toada, um instrumento de recuperação de débitos tributários utilizado é a *Offer in Compromise*, o programa de transação tributária utilizado pelo *Internal Revenue Service* (IRS), dos Estados Unidos da América, que é baseado nas condições econômicas de cada devedor e é considerado um exemplo bem-sucedido de boa prática em administração tributária (OECD, 2014) e que serviu de base para o desenho do programa de transação tributária brasileiro instituído pela Lei nº 13.988, de 2020.

3 Metodologia

Seguindo a linha proposta por Hallsworth (2014) e tomando por base os principais aspectos abordados pela literatura pesquisada, a análise realizada foi centrada em um momento posterior da relação entre o Estado e o contribuinte: o tributo devido já foi declarado pelo contribuinte ou descoberto pela fiscalização, mas, no entanto, não foi pago no prazo estabelecido.

Por simplicidade, o presente estudo segmentou os contribuintes em dois tipos: devedores com alta capacidade de pagamento e devedores com baixa capacidade de pagamento.

Como evidenciado pela literatura sobre *tax compliance*, a capacidade de pagamento é elemento determinante, de forma que, via de regra, os modelos pressupõem que não poderá haver exigência de tributo e penalidades acessórias em valor superior à renda ou capacidade econômica dos contribuintes (GRAETZ; REINGANUM; WILDE, 1986; HALLSWORTH et al., 2017).

Adotou-se, ainda, a mesma perspectiva de Hallsworth *et al.* (2017), restringindo-se a análise ao fenômeno da inadimplência de tributos (*delinquent taxpayers*), ao invés da análise da sonegação (*tax evasion*) ou da declaração (*tax declaration*).

Justifica-se a abordagem não só pelas vantagens metodológicas teóricas e de posterior validação empírica do modelo (HALLSWORTH *et al.*, 2017), mas também pelo significativo volume de débitos tributários inadimplidos. No Brasil, apenas na dívida ativa da União, esse montante ultrapassa a casa dos dois trilhões de reais (PGFN, 2020a).

Para realizar a análise econômica das atividades de cobrança em atraso e construção do respectivo modelo simplificado, foram utilizados insumos de teoria dos jogos, com base na abordagem realizada por Graetz, Reinganum e Wilde (1986) e por Stella (1989).

De forma específica, na análise da etapa de renegociação dos tributos não pagos e elaboração do modelo simplificado, foi utilizado o modelo Principal-Agente, para se estruturar as condições necessárias para se alcançar contratos ótimos.

Dadas as premissas de assimetria de informações e de tomada de decisões em ambiente de incerteza, a teoria econômica enfatiza que praticamente toda atividade que envolva delegação de tarefas na economia, na política ou na administração pública pode ser analisada do ponto de vista da Teoria Principal-Agente (LAFFONT; MARTIMORT, 2002; BOLTON; DEWATRIPONT, 2005).

Utilizaram-se, igualmente, informações divulgadas pelos órgãos da Administração Tributária brasileira, com base em seus dados administrativos, bem como informações divulgadas por outros órgãos da Administração Pública brasileira.

Por fim, também se recorreu ao acervo documental representado por projetos de lei, leis, medidas provisórias e outros atos normativos.

4 Resultados e discussão

4.1 A atividade de cobrança forçada de tributos não pagos e a teoria dos jogos

Suponha-se que existem dois tipos de capacidade de pagamento dos contribuintes: alta capacidade de pagamento e baixa capacidade de pagamento. A baixa capacidade de pagamento será representada por I_L e a alta capacidade de pagamento como I_H, onde $I_H > I_L$.

O tipo I_H ocorre com a probabilidade q. A Agência Tributária não observa os tipos, em razão da assimetria de informação existente. Os contribuintes com alta capacidade de pagamento suportam o pagamento integral do tributo, inclusive das penalidades e demais encargos decorrentes do atraso no pagamento e da cobrança forçada da dívida.

O montante de tributo que pode ser pago pelo contribuinte de alta capacidade de pagamento será denotado por T_H e o que pode ser pago pelo contribuinte de baixa capacidade de pagamento será indicado por T_L.

Ao receber uma notificação de cobrança de um débito tributário, o contribuinte poderá resistir ou não ao pagamento voluntário. Nesse momento, o devedor de alta capacidade de pagamento poderá pagar a quantia T_H, que corresponde ao valor do tributo devido e ficar adimplente. Já o devedor de baixa capacidade de pagamento poderá pagar a quantia T_L, mas ficará em débito com o equivalente a $T_H - T_L$.

Importante notar que o valor da dívida cobrada de I_H e I_L é o mesmo e corresponde a T_H. O contribuinte do tipo I_L, contudo, sofreu alguma adversidade econômica, e somente consegue pagar a quantia T_L.

Caso qualquer um dos tipos resista, o valor devido é acrescido de penalidades, juros e demais encargos decorrentes da mora e do processo de cobrança, denominados de F. O valor de F aumenta com o tempo.

Além dos encargos financeiros, o contribuinte que possui débitos tributários em atraso também sofre um custo moral ou social, por descumprir um dever para com a sociedade. Esse custo moral será indicado por M.

De outro lado, ao manter em seu poder o valor correspondente a T_H ou T_L, os contribuintes experimentam um acréscimo de utilidade em I_H ou I_L, correspondente ao custo de oportunidade do capital que ficou em sua disponibilidade.

Configurada a resistência ao pagamento do tributo em atraso, a Agência Tributária poderá promover a execução forçada da dívida, com a probabilidade k, incorrendo, nesse caso, no custo J. Registre-se que o custo J aumenta com o tempo.

A execução forçada na Justiça tem sucesso com a probabilidade β. Note-se que, nesse caso, o contribuinte do tipo I_H pagará na Justiça $T_H + F$. Já o contribuinte do tipo I_L pagará $T_L + F$ e ainda continuará devendo uma parte da dívida, equivalente a $T_H - T_L - F$.

De outro lado, caso a execução forçada não tenha sucesso, o que ocorre com a probabilidade $1 - \beta$, os tipos I_H e I_L não pagam nada.

O valor total devido corresponde a D. O contribuinte com baixa capacidade de pagamento encontra-se em situação de restrição de liquidez ou de solvência, de forma que $I_L < D$. O valor total que o contribuinte com baixa capacidade de pagamento pode honrar equivale a B, em que $B \leq I_L$.

Para chegar a B, a Administração Tributária aplicará um desconto ou um alongamento sobre T_H de modo a reduzir o seu valor presente para T_L. Observe-se que $T_L + F \leq I_L$, $T_H + F \leq I_H$ e $T_L < T_H$.

O não pagamento do tributo no prazo devido pelo contribuinte sinaliza uma resistência que pode decorrer ou não de problema com capacidade de pagamento, ou seja, tanto contribuintes com alta capacidade de pagamento quanto de baixa capacidade de pagamento podem resistir ao pagamento dos débitos tributários, adotando um comportamento estratégico.

A resistência ao pagamento do tributo em atraso em razão de comportamento estratégico ocorre com a probabilidade p. Adicionalmente, a probabilidade de que um devedor que resiste tenha alta capacidade de pagamento é representada por α.

Pelo teorema de *Bayes*, pode-se afirmar que a probabilidade de que o devedor tenha alta capacidade de pagamento, sabendo-se que houve resistência ao pagamento do débito tributário, é dada por:

$$\mu(\alpha) = \frac{p*q*\alpha}{[p*q*\alpha+1-q]}$$

Por sua vez, ainda pelo teorema de *Bayes*, a probabilidade de a Agência Tributária ter sucesso na execução forçada do tributo, sabendo-se que foi adotado um procedimento de execução forçada em razão da resistência do contribuinte, é indicada por:

$$\Omega(k) = \frac{k*\beta}{k*\beta+1-k}$$

A função objetivo da Agência Tributária, na atividade de cobrança forçada de tributos, pode ser representada por:

$$\Pi(p,k) = \Omega\left[\mu(T_H + F - J) + (1-\mu)(T_L + F - J)\right] + (1-\Omega)(-J)+ \quad (1)$$

$$(1-\kappa)(1-p)(T_L) + (1-k)(1-p)(T_H)$$

O primeiro termo da função objetivo retrata a utilidade esperada quando a cobrança forçada em face de ambos os tipos de devedores têm êxito. O segundo termo da função representa o retorno esperado quando a cobrança em face dos devedores não tem sucesso. O terceiro e o quarto termos indicam a utilidade esperada dos pagamentos espontâneos realizados pelos devedores de alta capacidade de pagamento e de baixa capacidade de pagamento que não resistem.

A função de utilidade dos devedores de tributos conforme os tipos de capacidade de pagamento traz o seu ganho esperado e pode ser assim representada:

$$U_H(p,k) = p\left[\beta u(I_H - T_H - F - M) + (1-\beta)u(I_H - M)\right] + (1-p)u(I_H - T_H) \quad (2)$$

$$U_L(p,k) = p\left[\beta u(I_L - T_H - F - M) + (1-\beta)u(I_L - M)\right] + (1-p)u(I_L - T_H) \quad (3)$$

O primeiro termo da função de utilidade dos devedores de tributos traz o ganho, em termos de utilidade esperada, caso haja resistência à cobrança. O segundo termo das equações representa a utilidade esperada caso a decisão seja pelo pagamento do débito tributário.

4.2 *Compliance* de equilíbrio nas estratégias da Administração Tributária e dos devedores

Chegando-se à condição de primeira ordem que designa o máximo, a Administração Tributária terá um valor de k, que representa uma melhor resposta para toda e qualquer estratégia de resistência p, a ser adotada pelos contribuintes de alta ou de baixa capacidade de pagamento.

De outro lado, os contribuintes dos tipos I_H e I_L também terão a condição de primeira ordem de suas funções objetivo, de forma que terão um valor de p, que será uma melhor resposta, para toda e qualquer estratégia de cobrança k a ser adotada pela Administração Tributária.

Chega-se a uma situação de um *compliance* de equilíbrio, em que nenhuma das partes terá interesse de adotar comportamento diverso, já que estão reciprocamente em uma situação de melhor resposta, caracterizando um equilíbrio de *Nash*.

Esse equilíbrio pode ser alterado pela Administração Tributária, que tem a possibilidade de adotar medidas para aumentar ou diminuir os valores das variáveis T_H, F, M, J, k e Ω.

Com efeito, ao implantar políticas que alterem os custos financeiros adicionais para contribuintes inadimplentes (F), os custos reputacionais decorrentes do não pagamento do tributo (M) e as estratégias para propositura de cobrança forçada (k), a efetividade da cobrança forçada (Ω), bem como os custos a serem incorridos com a cobrança (J), os elementos das funções de utilidade dos contribuintes e da própria Administração serão alterados e, com isso, um novo equilíbrio será alcançado.

A concessão de anistias fiscais, por exemplo, diminui o valor de T_H, F e M, bem como afeta negativamente a probabilidade de êxito da execução forçada (Ω), diminuindo a utilidade esperada da Administração Tributária, já que os contribuintes que teriam a maior probabilidade de pagar a dívida na sua integralidade é que terão os maiores incentivos a resistir e aguardar a oportunidade de ingressar nos programas de anistia fiscal.

A Administração Tributária, caso a legislação assim o permita, também poderá atuar sobre os valores de T_H, F e M, para melhorar a sua utilidade esperada e a dos contribuintes do tipo I_L, alterando o equilíbrio existente de forma a buscar um arranjo mais eficiente, propondo acordos com a redução desses valores de T_H, F e M, de forma a superar a *outside option* dos contribuintes do tipo I_L, que, por falta de capacidade de pagamento, são incentivados a resistirem ao pagamento dos tributos no valor de T_H.

Isto porque, em relação aos devedores do tipo I_L, a Administração Tributária sabe que são baixas as probabilidades de êxito da cobrança forçada (Ω) e que é alto o percentual de resistência ao pagamento por esse grupo, dada a restrição decorrente da sua falta de capacidade de pagamento. Sem um acordo para extinguir a dívida por um valor adequado às suas condições, o contribuinte do tipo I_L tem poucos incentivos para simplesmente pagar o montante disponível à Administração, tendo em vista que ainda ficaria em débito e, portanto, sujeito à cobrança de $T_H - I_L + F + M$.

Assim, do ponto de vista racional, a renegociação é um caminho que poderá ser eficiente para os jogadores. Ao propor um acordo com a redução desses valores, a Agência Tributária cria incentivos para que esses contribuintes do tipo I_L aceitem a oferta e paguem parte do valor devido e sejam considerados adimplentes (*compliers*), minimizando assim os seus custos de cobrança (J) e aumentando as receitas recebidas (T e F).

Chega-se, portanto, à etapa da renegociação das dívidas em atraso, em que, mais uma vez, a Administração Tributária se depara com a assimetria de informações e, em especial, com a seleção adversa. A teoria Principal-Agente fornece elementos para se chegar a uma situação ótima nessas renegociações.

4.3 A teoria Principal-Agente e a renegociação de tributos em atraso

O cenário ora analisado se inicia quando o Principal tenta cobrar uma dívida de um Agente, que resiste. O Principal não sabe se o Agente passa por problemas de liquidez ou solvência e cogita a possibilidade de um acordo. Para isto, o Principal vai propor que o Agente pague um determinado valor B e a dívida seja encerrada. O contrato também tem uma variável que determina o benefício do Agente com o pagamento da dívida.

Fornecer tal benefício para o Agente tem um custo para o Principal. O Agente pode ser de dois tipos. O tipo H recebe um benefício $\theta_H t_H$ se aceitar um acordo que estipula um benefício t_H e o tipo L um benefício $\theta_L t_L$, se aceitar um acordo com um benefício t_L. Parte-se das hipóteses de que $\theta_H > \theta_L > 0$ e $0 \leq t_L$, e t_H é a variável que afeta o benefício do Agente com o contrato, sob o controle do Principal. A opção externa dos agentes está normalizada para zero.

Suponha-se, primeiro, que o Principal consiga identificar os dois tipos de Agente e que seja permitido oferecer um contrato distinto para cada tipo. Neste caso, o Principal só precisa garantir que o contrato (B, t) que será oferecido a um Agente que recebe um benefício θt com o pagamento da dívida seja aceito por este.

Considerando que o custo do Principal ao oferecer um benefício t ao agente seja quadrático, o problema do Principal pode ser escrito como:

$$\max_{(B,t)\in\mathbb{R}\times\mathbb{R}_+} B - t^2 \qquad (4)$$

s.a.

$$\theta t - B \geq 0.$$

O modelo acima é apenas uma reinterpretação do modelo de Mussa e Rosen (1978), mas permite ilustrar alguns pontos interessantes do processo de realização de acordos para pagamentos de dívidas. É fácil ver que a solução do problema tem que satisfazer a restrição de participação do Agente com igualdade, o que permite que o problema seja simplificado para:

$$\max_{t\in\mathbb{R}_+} \theta t - t^2 \qquad (5)$$

A condição de primeira ordem para uma solução interior nos dá que:

$$t = \frac{\theta}{2} \text{ e } B = \frac{\theta^2}{2}$$

Naturalmente, o Agente do tipo que obtém um benefício maior com o pagamento da dívida acaba aceitando um contrato que estipula um pagamento e um benefício maiores.

Agora, suponha-se que o Principal não consiga distinguir os dois tipos de Agente e somente seja permitido oferecer um único contrato. Considere-se, ainda, que a probabilidade do Agente ser do tipo H seja $\lambda \in (0;1)$. Como o Principal só pode oferecer um contrato (B, t), este tem duas possibilidades. Na primeira, o melhor contrato que é aceito pelos dois tipos resolve o problema:

$$\max_{(B,t)\in\mathbb{R}\times\mathbb{R}_+} B - t^2 \qquad (6)$$

s.a.

$$\theta_H t - B \geq 0$$
$$\theta_L t - B \geq 0$$

Qualquer contrato que satisfaça a segunda restrição também satisfaz a primeira. Logo, o problema acima é equivalente ao problema com tipos observáveis do agente do tipo L.

Assim, o contrato ótimo satisfaz:

$$t = \frac{\theta_L}{2} \text{ e } B = \frac{\theta_L^2}{2}$$

O Principal tem como outra opção oferecer um contrato que seja aceito apenas pelo tipo H. Nesse caso, o contrato será o mesmo que é aceito por este tipo quando os tipos são observáveis. Isto é, o contrato resolve o problema:

$$\max_{(B,t)\in\mathbb{R}\times\mathbb{R}_+} B - t^2 \qquad (7)$$

s.a.

$$\theta_H t - B \geq 0$$

Conforme visto na subseção anterior, neste caso o contrato ótimo satisfaz as seguintes condições:

$$t = \frac{\theta_H}{2} \text{ e } B = \frac{\theta_H^2}{2}$$

Entretanto, nessa situação, apenas uma fração λ dos devedores aceita tal contrato. Mesmo que o Principal não consiga diferenciar os dois tipos, em geral ainda é possível que este ofereça um *menu* de contratos que oferte os incentivos para que os próprios Agentes escolham os contratos direcionados a eles. O problema do Principal agora é:

$$\max_{(B_H,t_H),(B_L,t_L)\in\mathbb{R}\times\mathbb{R}_+} \lambda(B_H - t_H^2) + (1-\lambda)(B_L - t_L^2) \qquad (8)$$

s.a.

$$\theta_H t_H - B_H \geq 0$$
$$\theta_L t_L - B_L \geq 0$$
$$\theta_H t_H - B_H \geq \theta_H t_L - B_L$$
$$\theta_L t_L - B_L \geq \theta_L t_H - B_H$$

No problema acima, a restrição de participação do tipo H é redundante e, além disso, a restrição de compatibilidade de incentivos do tipo L não será ativa na solução, razão pela qual o problema pode ser simplificado para:

$$\max_{(B_H,t_H),(B_L,t_L)\in\mathbb{R}\times\mathbb{R}_+} \lambda(B_H - t_H^2) + (1 - \lambda)(B_L - t_L^2)) \qquad (9)$$

s.a.

$$\theta_L t_L - B_L \geq 0$$
$$\theta_H t_H - B_H \geq \theta_H t_L - B_L$$

É fácil ver que as duas restrições têm que ser satisfeitas com igualdade. Resolvendo o sistema formado pelas duas restrições em igualdade e substituindo na função objetivo, o problema vira:

$$\max_{t_H,t_L\in\mathbb{R}_+} \lambda(\theta_H t_H - (\theta_H - \theta_L)t_L - t_H^2) + (1 - \lambda)(\theta_L t_L - t_L^2) \qquad (10)$$

As condições de primeira ordem do problema nos dão que:

$$t_H = \frac{\theta_H}{2}$$

e

$$t_L = \frac{\theta_L - \lambda\theta_H}{2(1-\lambda)}$$

O que implica que:

$$B_L = \theta_L \left(\frac{\theta_L - \lambda\theta_H}{2(1-\lambda)}\right)$$
$$B_H = \frac{\theta_H^2}{2} - (\theta_H - \theta_L)\left(\frac{\theta_L - \lambda\theta_H}{2(1-\lambda)}\right)$$

Com a configuração do parâmetro t, o Principal pagará um excedente ao devedor tipo H, em razão da informação privada detida por ele. Com isso, no menu de contratos, em troca da quantidade de pagamento B demandada de cada tipo, o Principal oferece benefícios como contrapartida. Os benefícios oferecidos ao tipo H têm de ser maiores aos conferidos ao Agente do tipo L.

Assim, o Fisco pode estipular no contrato de renegociação de dívidas direcionado ao devedor do tipo L diversas obrigações, tais como, por exemplo, abertura de sigilo bancário ou comunicar previamente uma venda de bens. Essas restrições, na prática, funcionam como uma retirada de benefícios. Já no contrato direcionado ao devedor do tipo H, o contribuinte paga o valor da dívida e fica desonerado dessas obrigações.

4.4 A oferta do acordo e o problema de seleção adversa

Para lidar com a seleção adversa, o Principal terá de configurar dois tipos de contratos, um para cada tipo de devedor. Para induzir a uma solução em que cada tipo de devedor seja incentivado a buscar o contrato desenhado para seu tipo, o Principal deverá utilizar um mecanismo de triagem (*screening*) utilizando o parâmetro θt, de forma a retirar benefícios do contrato direcionado ao devedor do tipo L.

Assim, no contrato configurado para o devedor do tipo L, se, de um lado, o valor da dívida B ofertado é reduzido – o que poderia atrair o devedor do tipo H – a utilidade dele decorrente deve ser reduzida, com a imposição de obrigações que retiram benefícios e que seriam onerosas ao devedor do tipo H.

De outro lado, no contrato para o devedor do tipo H, apesar de não ser ofertado o desconto no valor da dívida previsto para o devedor do tipo L, o Principal deve prover a configuração do parâmetro θt de forma a aumentar a utilidade do devedor do tipo H e atender a sua restrição de compatibilidade de incentivos.

Com esse mecanismo de triagem, o Principal pagará um excedente ao devedor tipo H, comparativamente ao devedor do tipo L, que configura uma espécie de renda adicional paga em razão da informação privada detida por ele. Ou seja, em troca da quantidade de pagamento demandada de cada tipo, o Principal oferece benefícios como contrapartida. Os benefícios oferecidos ao tipo H têm de ser maiores que os conferidos ao Agente do tipo L.

Em um acordo para pagamento da dívida tributária, uma forma de diferenciar o tratamento nessa variável e cumprir com a restrição de compatibilidade de incentivos do Agente do tipo H seria exigir uma série de obrigações de fazer no contrato destinado ao Agente do tipo L, obrigações essas que geram um custo ou desutilidade nesse contrato. Assim, o benefício ao agente do tipo H seria representado pela ausência dessas obrigações de fazer.

5 Análise comparativa da estrutura de incentivos do Refis e do programa de Transação Tributária

Diante de um contribuinte com baixa capacidade de pagamento, do ponto de vista racional, é interessante para a Administração Tributária oferecer um contrato de renegociação de dívidas, em que sejam oferecidos descontos e prazos adequados, de modo a demover o contribuinte de baixa capacidade de pagamento quanto a sua postura de resistência à cobrança e, além de arrecadar receitas compatíveis com essa capacidade de pagamento, obter a sua conformidade, a um menor custo.

Dessa forma, a Administração Tributária consegue criar um incentivo para o recebimento de um valor cuja probabilidade de sucesso na cobrança forçada era sabidamente baixa, bem como se desonera de um custo adicional pela manutenção da cobrança J, sendo certo, contudo, que os procedimentos de verificação de capacidade de pagamento e de monitoramento e auditoria posteriores à celebração dos acordos também envolvem custos, embora menores que os da execução forçada.

Como visto, a Administração Tributária possui o controle sobre os parâmetros de T_H, F e M, e pode alterá-los, mediante oferta de um acordo de transação tributária, para melhorar a sua utilidade e a dos contribuintes do tipo I_L, alterando o equilíbrio de forma a buscar um arranjo mais eficiente do ponto de vista de Pareto.

É possível inferir, todavia, que, com a criação do programa de transação tributária brasileiro, contribuintes de alta capacidade de pagamento, sabendo da existência do programa de transação tributária, podem ser atraídos pela possibilidade de obter um acordo em condições financeiras vantajosas, com vistas a maximizar a sua utilidade, permanecendo com um excesso de renda em seu poder.

No entanto, como demonstrado formalmente no modelo teórico do contrato de renegociação de dívidas, o Principal, no caso, a Administração Tributária, pode utilizar mecanismos de *screening* com objetivo de fazer com que cada tipo de contribuinte seja incentivado a buscar o contrato próprio e adequado a seu tipo.

No desenho do contrato de transação tributária, esse mecanismo atua de forma a retirar do contribuinte de baixa de capacidade de pagamento determinados benefícios e exigir obrigações adicionais que seriam muito custosas ao contribuinte de alta capacidade de pagamento. Com isso, o contribuinte de alta capacidade de pagamento perceberá que o contrato oferecido ao tipo de baixa capacidade de pagamento não é o adequado e poderá lhe expor a riscos e desutilidades indesejáveis.

Na lei de transação tributária e na decorrente regulamentação do programa, foram estabelecidas diversas obrigações a serem assumidas pelo interessado na formalização do acordo, dentre as quais, destacam-se: i) abertura de sigilo bancário; ii) prestação de informações amplas sobre a situação econômica e patrimonial do devedor e de seus sócios; iii) declaração de veracidade das informações prestadas, sob as penas da lei criminal; iv) submissão a auditorias frequentes e por prazo de até cinco anos após a quitação do acordo; v) obrigação de regularização de todo passivo tributário e de *compliance* futuro; vi) possibilidade de cancelamento dos benefícios, caso constatado o descumprimento de alguma obrigação ou compromisso; e vii) ampla publicidade da celebração do acordo e de seus termos (BRASIL, 2020; PGFN, 2020b).

Essas exigências – inexistentes nos contratos ofertados nos programas conhecidos como Refis – tornam o contrato desinteressante para os devedores de alta capacidade de pagamento, tendo em vista que trariam uma grande desutilidade, por permitirem que o Fisco, em atividades de auditoria e monitoramento, identifique com maior facilidade o tipo do devedor envolvido e cancele o contrato, acarretando ainda consequências de ordem criminal e a retomada imediata da cobrança.

Analisando o contrato que decorre de um programa do tipo Refis, tem-se que há uma oferta de um único tipo de contrato, independentemente do tipo do agente, criando-se ambiente em que há forte seleção adversa: se o contrato ofertado no âmbito do Refis, for adequado ao contribuinte de baixa capacidade de pagamento, permite-se que os contribuintes de alta capacidade de pagamento escolham o contrato que não seria adequado ao seu tipo; de outro lado, se o contrato ofertado pelo Refis for adequado ao contribuinte com alta capacidade de pagamento, os contribuintes de baixa capacidade de pagamento não irão conseguir aderir, já que não estará atendida a sua restrição de participação.

5.1 Transação tributária, Refis e risco moral

Para evitar o risco moral (*moral hazard*), os contratos ofertados devem ter ferramentas que induzam o agente, após a aceitação do contrato, a atuar no interesse do principal, cumprindo com o acordado. Uma vez aceita a proposta de renegociação do débito tributário, o contrato deve prever instrumentos que induzam o agente a promover o nível de esforço necessário à entrega do resultado pactuado.

Conforme evidenciado, a reiteração de programas do tipo Refis gerou problemas de *moral hazard*. Os sucessivos Refis não trouxeram qualquer mecanismo que impedisse que contribuintes que participaram de Refis anteriores fizessem nova opção pelos programas subsequentes, seja para incluir novas dívidas ou mesmo renegociar as dívidas anteriormente parceladas no programa anterior (BRASIL, 2019).

No programa brasileiro de transação tributária, ao revés, há regras que exigem o *compliance* com todos os tributos passados e futuros, bem como impedem a realização de um novo acordo por um período de dois anos, caso descumprido o acordo anterior (BRASIL, 2020; PGFN, 2020b).

Com isso, o risco de ação oculta de devedores oportunistas é debelado, já que o Fisco poderá facilmente cancelar o contrato caso o contribuinte volte a incidir em situação de inadimplência após a formalização da transação, o que incentiva o contribuinte a manter o nível de esforço necessário para gerar a capacidade de pagamento pactuada no contrato.

Pode-se objetar com base na suposição de que, diante da previsibilidade da medida, contribuintes podem se planejar para não pagar as dívidas no vencimento, descumprindo o contrato social originário onde posto o dever de pagamento dos tributos, e dilapidar o seu patrimônio, com objetivo de obter um perdão de dívidas.

Ocorre que esse risco moral pode ser afastado quando o procedimento para a realização da transação permite a verificação da efetiva da capacidade de pagamento dos contribuintes, inclusive desconsiderando eventuais transferências patrimoniais ocorridas em período anterior à formalização da transação, conforme previsto nos arts. 5º e 48, da Portaria PGFN nº 9.917, de 2020 (PGFN, 2020b),[1] de modo que se consiga extrair adequadamente o potencial de pagamento detido pelo devedor (SILVA NETO, 2021).

Importante destacar ainda que, após a formalização do acordo, o contribuinte fica ainda sujeito a monitoramento e auditoria pela Administração Tributária (art. 5º e art. 48, da Portaria PGFN nº 9.917, de 2020), de forma que, caso detectada a realização de alguma ação oculta que represente violação dos compromissos e obrigações assumidas, o acordo poderá ser rescindido e os benefícios concedidos estornados (PGFN, 2020b).

Ao operacionalizar o programa de transação tributária, contudo, é importante levar em consideração os achados trazidos por experimentos relacionados à cobrança de tributos (HALLSWORTH, 2014; MASCAGNI, 2018) relacionados a influências dos fatores não financeiros na decisão do contribuinte.

Esse tipo de estratégia pode aumentar a adesão a contratos adequados e reduzir a tentativa de dissimulação pelos contribuintes do tipo de alta capacidade de pagamento,

---

[1] Nota do editor: A Portaria PGFN nº 9.917/20 foi revogada pela Portaria PGFN/ME nº 6.757/22. Os arts. 5º e 48 da portaria revogada correspondem respectivamente aos arts. 5º e 69 da nova portaria.

contribuindo com a efetividade da cobrança dos tributos e do programa federal de transação tributária, de forma semelhante ao demonstrado por Castro e Scartascini (2019).

6 Conclusão

Em um cenário de crise fiscal, há grande pressão pelo aumento de impostos e corte de despesas. Medidas desse jaez, contudo, costumam ser politicamente complexas e custosas. Uma alternativa interessante é aprimorar a cobrança em face dos devedores de tributos em atraso.

Como visto, os estudos teóricos e empíricos evidenciam a inadequação dos programas isolados de anistia tributária, diante dos efeitos deletérios no *compliance* fiscal e na arrecadação. De outro lado, as boas práticas internacionais e a análise econômica do programa federal de transação tributária brasileiro demonstram a aptidão teórica do novo instrumento para o incremento da arrecadação e do *compliance* tributário.

O novo programa prevê a possibilidade de renegociação de débitos tributários com previsão de descontos e prazos alongados de forma direcionada ao tipo de devedor com baixa capacidade de pagamento, com incentivos para que esse tipo de devedor deixe de manifestar resistência ao pagamento dos tributos em atraso e obtenha a conformidade fiscal.

Para evitar que os tipos de devedores de alta capacidade de pagamento tentem dissimular sua condição, o programa de transação tributária brasileiro exige diversas obrigações ao aderente, dentre elas, a de regularização de todo o passivo fiscal, exigência de *compliance* futuro, abertura de sigilo bancário, prestação de informações periódicas relacionadas à verificação da sua capacidade de pagamento e declaração de veracidade das informações prestadas, sob as penas da lei criminal.

Demonstrou-se formalmente que o novo programa brasileiro está aderente aos fundamentos preconizados pela teoria econômica, possuindo mecanismos de triagem (*screening*) capazes de lidar adequadamente com as questões relacionadas à seleção adversa, bem como instrumentos de monitoramento e auditoria para evitar o risco moral, revelando assim sua aptidão para produzir arranjos mais eficientes do ponto de vista econômico e, com isso, aumentar a arrecadação e o *compliance* tributários.

É importante destacar que a temática da renegociação de dívidas tributárias, seja através de mecanismos de anistia fiscal ou de transação tributária, permanece atual. Estudos teóricos e empíricos são, portanto, imprescindíveis para a constante evolução e aprimoramento dos institutos.

O presente estudo buscou trazer uma contribuição capaz de servir de insumo não só para novas explorações teóricas, mas também, principalmente, para avaliações de impacto do programa federal de transação tributária brasileiro.

Com efeito, trata-se de um programa recente e que carece de estudos empíricos, para que os seus resultados concretos possam ser adequadamente evidenciados, especialmente mediante a aferição de relações de causalidade com a arrecadação e *compliance*, permitindo-se o aprimoramento ou até mesmo o redesenho de algum aspecto do programa.

Nesse sentido, avaliações de impacto podem ser realizadas, com a utilização das variáveis independentes que foram objeto dos modelos teóricos aqui apresentados, com o objetivo de se verificar se, na prática, o programa de transação tributária está produzindo concretamente, em relação de causalidade, os resultados de aumento de arrecadação e de *compliance*, tal como previsto teoricamente.

Importante destacar que nessas avaliações e na operacionalização prática do programa, também há amplo espaço para utilização das contribuições dos estudos de economia comportamental, especificamente no tocante à estruturação de mecanismos de arquitetura da decisão, com vistas a apresentar os contratos disponíveis de forma mais facilitada, com menor custo informacional aos agentes, dada a atenção limitada, com a previsão de instrumentos que possam induzir cada tipo de devedor à tomada de uma decisão mais bem informada e mais aderente às regras do programa (CASTRO; SCARTASCINI, 2019).

Os elementos fornecidos pelo presente trabalho, portanto, possuem ampla aplicação para a estruturação de uma avaliação de impacto da política pública representada pelo programa federal de transação tributária, em especial mediante a realização de um experimento de campo, a baixo custo. A discricionariedade existente na oferta dos acordos, inclusive, auxilia na estruturação da avaliação, permitindo a criação dos grupos de tratamento e controle, sem prejuízo a qualquer beneficiário potencial da política.

Espera-se, assim, que os insumos teóricos produzidos no presente trabalho sirvam de elemento relevante para subsidiar debates, novos estudos, avaliações e aprimoramentos dessa política pública, bem como levar a decisões políticas mais bem informadas.

Referências

ALLINGHAM, M. G.; SANDMO, A. Income Tax Evasion: A Theoretical Analysis, *Journal of Public Economics*, 1, 323-8, 1972.

ANDREONI, J.; ERARD, B.; FEINSTEIN, J. Tax Compliance, *Journal of Economic Literature*, 36, 818-60, 1988.

BAER, K.; LE BORGNE, E. *Tax amnesties: theory, trends and some alternatives*. Washington, DC: International Monetary Fund, 2008.

BOLTON, P.; DEWATRIPONT, M. *Contract Theory*. MIT Press, 2005.

BRASIL. PROCURADORIA-GERAL DA FAZENDA NACIONAL (PGFN). *PGFN em números*, 2020a.

BRASIL. PROCURADORIA-GERAL DA FAZENDA NACIONAL (PGFN). *Portaria PGFN nº 9.917/2020*, 2020b.

BRASIL. *Lei nº 13.606, de 09 de janeiro de 2018*, 2018.

BRASIL. *Medida Provisória nº 899, de 16 de outubro de 2019. Exposição de Motivos*, 2019.

BRASIL. *Lei nº 13.988, de 14 de abril de 2020*, 2020a.

BRONDOLO, J. *Collecting Taxes During an Economic Crisis:* Challenges and Policy Options. Washington, DC: International Monetary Fund, 2009.

CASTRO, E.; SCARTASCINI, C. *Imperfect Attention in Public Policy:* A Field Experiment During a Tax Amnesty in Argentina. Washington, DC: Inter-American Development Bank, 2019.

GRAETZ, M. J.; REINGANUM, J. R.; WILDE, L. The Tax Compliance Game: Toward an Interactive Theory of Law Enforcement. *Journal of Law, Economics, and Organization*, 1-32, 1986;

HALLSWORTH, M. The use of field experiments to increase tax compliance. *Oxford Review of Economic Policy*, Volume 30, Number 4, p. 658-679, 2014.

HALLSWORTH, M et al. The behavioralist as tax collector: Using natural field experiments to enhance tax compliance. *Journal of Public Economics*, v. 148, p. 14-31, 2017.

HASHIMZADE, Nigar; MYLES, Gareth D.; TRAN-NAM, Binh. Applications of behavioural economics to tax evasion. *Journal of Economic Surveys*, v. 27, n. 5, p. 941-977, 2013.

JORGE NETO, P. M. Debt Renegotiation with incomplete contract. *Est. Econ*, v. 35, n.3, p.461-480, 2005.

LAFFONT, J.J.; MARTIMORT, D. *The Theory of Incentives: The Principal-Agent Model*. Princeton University Press, 2002.

LUTTMER, E. F. P.; SINGHAL, M. Tax Morale. *Journal of Economic Perspectives*. v. 28, n. 4, p. 149-168, 2014

MASCAGNI, G. From the Lab to the Field: A Review of Tax Experiments, *Journal of Economic Surveys*, v. 32, n. 2, p. 273-301, 2018.

MUSSA, Michael; ROSEN, Sherwin. Monopoly and product quality. *Journal of Economic theory*, v. 18, n. 2, p. 301-317, 1978.

ORGANISATION FOR ECONOMIC CO-OPERATION AND DEVELOPMENT (OECD). *Working Smarter in Tax Debt Management*. [s.l.] OECD Publishing, 2014.

ORGANISATION FOR ECONOMIC CO-OPERATION AND DEVELOPMENT (OECD). *Tools and Ethics for Applied Behavioural Insights: The BASIC Toolkit*, OECD Publishing, Paris, 2019.

SILVA NETO, C. M. F. DA. A transação tributária nos Estados Unidos: estrutura normativa e análise econômica. In: SEEFELDER, C. et al. (coord.). *Comentários sobre transação tributária à luz da Lei nº 13.988/20 e outras alternativas de extinção do passivo tributário*. São Paulo: Revista dos Tribunais, p-103-117, 2021.

SIMONSON, Itamar. Choice based on reasons: The case of attraction and compromise effects. *Journal of consumer research*, v. 16, n. 2, p. 158-174, 1989.

STELLA, P. *An Economic Analysis of Tax Amnesties*. IMF Working Paper No. 89/42, 1989.

TABAK, B. M. A análise econômica do direito: proposições legislativas e políticas públicas. *Revista de Informação Legislativa*, v. 52, ed. 205, p. 321-345, 2015.

TABAK, B. M.; AMARAL, P. H. R. Vieses cognitivos e desenho de políticas públicas. *Revista Brasileira de Políticas Públicas*, v. 8, n. 2, p. 472-491, 2018.

Informação bibliográfica deste texto, conforme a NBR 6023:2018 da Associação Brasileira de Normas Técnicas (ABNT):

MORAIS, Cristiano Neuenschwander Lins de. Cobrança e renegociação de tributos em atraso no Brasil. In: SARAIVA FILHO, Oswaldo Othon de Pontes (coord.). *Transação Tributária*: homenagem ao jurista Sacha Calmon Navarro Coêlho. Belo Horizonte: Fórum, 2023. (Coleção Fórum grandes temas atuais de Direito Tributário ; v. 1). p. 311-327. ISBN 978-65-5518-407-5.

A EXPERIÊNCIA ESTRANGEIRA EM RELAÇÃO À TRANSAÇÃO EM MATÉRIA TRIBUTÁRIA

PHELIPPE TOLEDO PIRES DE OLIVEIRA

1 Introdução

A transação em matéria tributária consiste em um mecanismo alternativo de composição de conflitos que vem ganhando força em vários países do mundo. Na transação, as próprias partes envolvidas na controvérsia fazem concessões, abrindo mão de suas posições iniciais, para chegar a um consenso.[1] Trata-se de instrumento cujo objetivo é colocar fim a eventuais discussões entre Fisco e contribuinte, reduzindo a litigiosidade entre ambos. Este instituto encontra respaldo na legislação de diversos países pelo mundo afora.

O estudo do instituto da transação tributária no direito estrangeiro é bastante relevante. É que, em um mundo globalizado, não é mais possível falar em sistemas jurídicos hermeticamente isolados uns dos outros. Os problemas tributários enfrentados pelos diversos países assemelham-se. O mesmo ocorre em relação ao volume

---

[1] SCHOUERI, Luís Eduardo. *Direito Tributário*. São Paulo: Saraiva, 2013, p. 624.

de demandas administrativas e judiciais. A sobrecarga do Judiciário, assim como a lentidão dos processos que nele tramitam, não é uma peculiaridade exclusiva do nosso sistema. Outros países enfrentam os mesmos problemas e adotaram a transação como tentativa de solução.

A forma como a transação em matéria tributária se apresenta em outros países não é analisada neste trabalho com o intuito de copiá-la *ipsis litteris*. A transposição de normas estrangeiras à realidade brasileira, sem entender o contexto em que foram editadas, pode acarretar consequências desastrosas. Em realidade, o que se pretende é analisar o funcionamento e a eficácia desse instituto em outros sistemas jurídicos, compreendendo as particularidades e o contexto em que esse instituto se desenvolveu, de maneira a auxiliar a compreensão e eventual necessidade de aperfeiçoamento da legislação brasileira.

Por essas razões é que se contextualiza a discussão sobre a transação em matéria tributária a partir da experiência de alguns países, notadamente, a França, a Itália e os Estados Unidos. De toda forma, cumpre destacar que, embora a análise tenha recaído sobre esses três países, outros ordenamentos jurídicos também dispõem de institutos que se assemelham à transação tributária, como é o caso da Espanha, Portugal e México.[2]

2 A transação tributária no Direito francês

A França utiliza a transação em matéria fiscal como forma de colocar fim a um litígio já há algum tempo. Emprestado originalmente do Direito Civil (art. 2044 e ss. do Código Civil francês),[3] a transação tributária estava prevista já em uma *ordonnance* de 1822.[4] No entanto, esse instituto sempre foi utilizado de forma bastante restrita. Essa restrição baseava-se na submissão da Administração aos princípios da legalidade e igualdade. A Administração deveria se pautar pelo conjunto de regras de direito, o que, supostamente, não lhe permitiria fazer concessões a contribuintes específicos.

Prevista inicialmente apenas a alguns tributos, posteriormente, a transação fiscal foi ampliada para outros tributos.[5] Atualmente, ela está regulamentada no art. L 247 e seguintes do Código de Procedimentos Fiscais (*Livre de Procédures Fiscales* ou *LPF*). O legislador francês inseriu a transação como um instrumento de *"juridiction gracieuse"*,[6] previsto no Capítulo III (*les remises et transactions à titre gracieux*) do Título II, reservado

---

[2] DACOMO, Natalia de Nardi. *Direito Tributário participativo*: transação e arbitragem administrativas da obrigação tributária. Tese (Doutorado em Direito) – Faculdade de Direito da Pontifícia Universidade Católica de São Paulo, 2008, p. 79 e ss.

[3] De acordo com o artigo 2044 do Código Civil francês: *"La transaction est un contrat par lequel les parties terminent une contestation née ou préviennent une contestation à naître. Ce contrat doit être rédigé par écrit"*. Disponível em: legifrance.gouv.fr. Acesso em: 03 maio 2021.

[4] COLLET, Martin. *Droit fiscal*. Paris: Themis Droit PUF, 2007, p. 195.

[5] GROSCLAUDE, Jacques; MARCHESSOU, Philippe. *Procédures fiscales*. Paris: Dalloz, 2012, p. 273 e ss.

[6] No Direito Francês, a distinção entre o caráter gracioso ou contencioso de um requerimento depende, sobretudo, da fundamentação apresentada pelo contribuinte: (a) uma reclamação formulada com base em argumentos jurídicos constitui um requerimento de jurisdição contenciosa; (b) um pedido formulado pelo contribuinte de redução de penalidades e juros, sem qualquer questionamento fundado em argumentos jurídicos, constitui um requerimento de jurisdição graciosa.

ao contencioso administrativo de imposição (*contentieux de l'impôt*) que se difere do contencioso de cobrança (*contentieux du recouvrement*).

De acordo com a legislação francesa, a autoridade fiscal poderá, a requerimento do contribuinte, conceder uma redução das penalidades administrativas relacionadas aos tributos e obrigações acessórias devidas.[7] No entanto, depois de 2004, passou-se a admitir a transação não somente em relação às *penalidades administrativas*, mas também em relação aos *juros moratórios*.[8] Em qualquer caso, porém, a Administração fiscal francesa não poderá transacionar em relação ao tributo devido a título de principal.[9]

Além da limitação material (penalidades e juros), existia também uma limitação temporal. De acordo com a legislação, não era possível haver transação a partir do momento em que o tributo sobre o qual incide as penalidades e os juros se tornar definitivo. Em outras palavras, a transação somente podia ocorrer durante o denominado *contentieux de l'impôt* ou *contentieux de l'assiette*, onde Administração e contribuinte discutem a legalidade da imposição e dos valores lançados pelo Fisco. Após a conclusão do *contentieux de l'assiette*, não haveria mais interesse da Administração em transacionar.[10] Essa limitação temporal perece ter sido superada mais recentemente.[11]

Dada a noção contratual do instituto, a transação baseia-se na ideia de concessões recíprocas das partes envolvidas. De um lado, a Administração fiscal concede ao contribuinte uma redução das penalidades e dos juros moratórios incidentes sobre o tributo em discussão, renunciando a levar a questão perante os tribunais. De outro, o contribuinte se compromete a pagar o tributo devido e os valores acordados em relação às penalidades e juros moratórios, renunciando a eventual procedimento judicial presente e futuro, não somente em relação aos acessórios, como também ao valor do tributo a título de principal.[12]

No entanto, para que a transação acarrete esses efeitos, são necessárias duas condições: (a) que a autoridade fiscal competente aprove o acordo celebrado com o contribuinte;[13] e (b) que as partes cumpram com as suas respectivas obrigações constantes do instrumento transacional. Somente a partir desse momento é que a transação pode

---

[7] De acordo com o art. 247 do LPF: "L'administration peut accorder sur la demande du contribuable: [...], 3º Par voie de transaction, une atténuation d'amendes fiscales ou de majorations d'impôts lorsque ces pénalités et, le cas échéant, les impositions auxquelles elles s'ajoutent ne sont pas définitives". Disponível em: legifrance.gouv.fr. Acesso em: 05 maio 2021.

[8] A partir da Lei nº 2003-1311 de 30 de dezembro de 2003, art. 35: "les dispositions des 2º et 3º sont le cas échéant applicables s'agissant des sommes dues au titre de l'intérêt de retard visé à l'article 1727 du code général des impôts".

[9] LAMARQUE, Jean; NÉGRIN, Olivier; AYRAULT, Ludovic. *Droit Fiscal Général*. Paris: LexisNexis, 2011, p. 439.

[10] COLLET, Martin. *Droit Fiscal*. Paris: Thémis Droit PUF, 2007, p. 196. Nessa hipótese, no entanto, a Administração, a requerimento do contribuinte, poderá conceder uma redução unilateral das penalidades administrativas e juros moratórios, bem como dos tributos propriamente ditos, nas situações previstas de *remise gracieuse* (art. L 247, 1º e 2º do LPF).

[11] Conforme se observa do relatório sobre a política das transações e reduções unilaterais a título gratuito para o ano de 2019, 67% das transações ocorreram antes das medidas de cobrança coercitiva, o que sugere, *a contrario senso*, que 33% ocorreu após as medidas de cobrança coercitiva, durante o denominado *contentieux de recouvrement* (FRANÇA, *Rapport au Parlement Remises et transactions à titre gracieux et règlements d'ensemble en matière fiscale pour l'année 2019*. p. 12. Disponível em: https://www.impots.gouv.fr/portail/files/media/3_Documentation/rapports_gracieux/rapport_parlement_gracieux_2019.pdf. Acesso em: 06 maio 2021.

[12] LAMARQUE, Jean; NÉGRIN, Olivier; AYRAULT, Ludovic. *Droit Fiscal Général*. Paris: LexisNexis, 2011, p. 440.

[13] De acordo com o Conselho de Estado francês, uma proposta de transação feita pelo fiscal e aceita pelo contribuinte, mas não aprovada pelo superior hierárquico competente, em conformidade com as disposições regulamentares sobre a matéria, não possui o condão de impedir que a Administração fiscal notifique o

ser considerada definitivamente concluída e, por conseguinte, as partes não poderão mais levar ou retomar a discussão perante as autoridades administrativas e judiciais.[14] Após a conclusão da transação, eventuais questionamentos por quaisquer das partes, seja em relação ao tributo ou seus acessórios, não serão sequer conhecidos.

Com efeito, tanto na hipótese de a Administração fiscal ter se equivocado em relação ao valor de sua proposta de transação, quanto na hipótese de o contribuinte ter cometido um erro em relação aos tributos sobre os quais incidiriam as penalidades e juros objetos da transação, ambos não poderão contestar o acordo celebrado. Dessa forma, se por um lado a Administração não pode cobrar do contribuinte a parcela da penalidade e dos juros que renunciou quando da celebração da transação, por outro, o contribuinte não poderá requerer a restituição dos valores eventualmente pagos indevidamente.[15]

No que tange ao atual procedimento de transação em matéria tributária no Direito francês, a transação se inicia com um requerimento do contribuinte endereçado à autoridade fiscal competente. A partir de então, uma proposta de transação será apresentada ao contribuinte. Essa proposta conterá o valor do imposto devido, bem como do remanescente de penalidades e juros de mora deixados a cargo do contribuinte. O contribuinte terá, então, trinta dias a contar da data que receber a proposta de transação para aceitá-la ou recusá-la.

A autoridade competente para decidir acerca da transação varia conforme o valor envolvido: se o valor for inferior a €200.000, será de competência do diretor de serviços fiscais; se o valor for superior, será de competência do respectivo Ministro, após a oitiva de um comitê.[16] Celebrada a transação, em havendo sua inexecução pelo contribuinte, a transação será rescindida e a administração fiscal poderá dar continuidade à cobrança da integralidade dos valores legalmente exigíveis.

A administração fiscal tradicionalmente incentiva os seus agentes a celebrar transação em matéria tributária, na medida em que a transação evita procedimentos contenciosos longos e demorados e, com isso, assegura o ingresso de recursos aos cofres públicos. Não obstante, a transação visa também facilitar o consentimento do contribuinte ao imposto, além de permitir que a administração fiscal se concentre em matérias (e contribuintes) em que não seja possível um acordo.[17]

---

interessado do lançamento efetuado, desde que evidentemente dentro do prazo de prescrição (CE 11 juil. 1973, req. nº 81913: Dr. Fisc. 1974, comm. 1084, concl. Delmas-Marsalet).

[14] O art. L 251 do LPF francês dispõe que: "Lorsqu'une transaction est devenue définitive après accomplissement des obligations qu'elle prévoit et approbation de l'autorité compétente, aucune procédure contentieuse ne peut plus être engagée ou reprise pour remettre en cause les pénalités qui ont fait l'objet de la transaction ou les droits eux-mêmes". Disponível em: legifrance.gouv.fr. Acesso em: 05 maio 2021.

[15] LAMARQUE, Jean; NÉGRIN, Olivier; AYRAULT, Ludovic. *Droit Fiscal Général*. Paris: LexisNexis, 2011, p. 441.

[16] A partir da modificação trazida pelo Decreto nº 2013-443 de 30 de maior de 2013, o artigo R 247-4 do LPF passou a ter a seguinte redação: "Sauf en matière de contributions indirectes, la décision sur les demandes des contribuables tendant à obtenir une modération, remise ou transaction appartient: a) au directeur départemental des finances publiques ou au directeur chargé d'un service à compétence nationale ou d'une direction spécialisée pour les affaires relatives à des impositions établies à l'initiative des agents placés sous son autorité, lorsque les sommes faisant l'objet de la demande n'excèdent pas 200.000€ par cote, exercice ou affaire, selon la nature des sommes en cause; b) au ministre chargé du budget, après avis du comité du contentieux fiscal, douanier et des changes, dans les autres cas".

[17] FRANÇA. *Rapport au Parlement Remises et transactions à titre gracieux et règlements d'ensemble en matière fiscale pour l'année 2019*. p. 12. Disponível em: https://www.impots.gouv.fr/portail/files/media/3_Documentation/rapports_gracieux/rapport_parlement_gracieux_2019.pdf. Acesso em: 06 maio 2021.

Registre-se que apesar de a transação ser um instrumento de há muito consolidado no Direito francês, sua utilização é bastante restrita. Sobre o assunto, Martin Collet ressalta que, mesmo que a Administração fiscal incite seus agentes a utilizar esse instrumento para encerrar amigavelmente os litígios com os contribuintes, na prática, a transação tributária é pouco utilizada.[18] Um dos argumentos para o número reduzido de transações fiscais na França é a complexidade do instituto, que seria utilizado tão somente por grandes empresas acompanhadas por advogados especializados.[19]

Por fim, cabe destacar que a partir da Lei nº 2019-1479, de 28 de dezembro de 2019, compete ao ministro do orçamento publicar um relatório informando sobre a política das transações e reduções unilaterais a título gratuito, contendo uma série de informações, entre as quais, o número, o valor das transações segregado por tipo de tributo, bem assim pessoas físicas e jurídicas. Esse relatório, com dados consolidados, assegura maior transparência em relação às transações celebradas e permite o debate mais qualificado em relação à política adotada pela administração fiscal.

3 A transação tributária no Direito italiano

Assim como ocorre em outros países, a Itália admite há muito tempo institutos que se assemelham à transação tributária. O objetivo desses instrumentos é a extinção dos conflitos tributários por meio de um acordo celebrado entre a administração fiscal e os contribuintes. Além da redução significativa da litigiosidade, garante-se segurança ao contribuinte, ao mesmo tempo em permite a célere obtenção de recursos pelo Estado.[20]

A Itália possui experiência na solução alternativa de conflitos em matéria tributária. No passado, havia previsão de um instituto denominado *concordato*.[21] Tal instrumento permitia que Fisco e contribuinte celebrassem um acordo durante o procedimento de lançamento fiscal, que tinha o condão de determinar o valor tido como incontroverso.

Esse acordo, no entanto, não possuía caráter definitivo. É que as comissões tributárias de primeira instância poderiam eventualmente revogá-lo, aumentando a base de cálculo do imposto devido. Por essa razão, José Casalta Nabais ressalta que, nessa época,

---

[18] Ilustrando o reduzido número de transações fiscais ocorridas na França, Martin Collet destaca que esse número não excedeu a 6 mil no ano de 2007. (COLLET, Martin. *Droit Fiscal*. Paris: Thémis Droit PUF, 2007, p. 196). Esse reduzido número de transações é confirmado pelo relatório sobre a política das transações e reduções unilaterais a título gratuito para o ano de 2019, o qual indica que, nos anos de 2017-2019, o número de transações ficou em torno de 3 a 4 mil (FRANÇA. *Rapport au Parlement Remises et transactions à titre gracieux et règlements d'ensemble en matière fiscale pour l'année 2019*. p. 12. Disponível em: https://www.impots.gouv.fr/portail/files/media/3_Documentation/rapports_gracieux/rapport_parlement_gracieux_2019.pdf. Acesso em: 06 maio 2021).

[19] JUNQUEIRA, Helena Marques Junqueira. *Transação tributária*. Tese (Doutorado) – Faculdade de Direito da Pontifícia Universidade Católica de São Paulo, 2009, p. 156.

[20] BUSA, Vincenzo. Gli istituti deflativi del contenzioso nell'esperienza italiana: a experiência italiana sobre transação e conciliação em matéria tributária e demais modalidades alternativas de solução de controvérsias fiscais: *In*: TÔRRES, Heleno Taveira (coord.). *Direito Tributário Internacional aplicado*. v. V, São Paulo: Quartier Latin, 2008, p. 529.

[21] MORAIS, Carlos Yuri Araújo Morais. Transação e arbitragem em matéria tributária: a experiência estrangeira e sua aplicabilidade no direito brasileiro. *In*: SARAIVA FILHO, Oswaldo Othon de Pontes; GUIMARÃES, Vasco Branco (org.). *Transação e arbitragem no âmbito tributário*. Belo Horizonte: Fórum, 2008, p. 493-495. Segundo o autor, o concordato, instituído em 1907, previa a possibilidade de um acordo entre Administração tributária e contribuinte para determinar o rendimento imponível para fins de *imposto di richezza mobile*.

a natureza jurídica do *concordato tributário* era bastante controvertida, prevalecendo o entendimento segundo o qual esse instituto não possuía natureza contratual, mas sim de um ato administrativo unilateral carecido de colaboração.[22]

Atualmente, um instituto semelhante à transação em matéria tributária é previsto no Direito italiano no Decreto Legislativo nº 218, de 19 de junho de 1997, que regulamentou a Lei nº 662, de 23 de dezembro de 1996, sob o nome de *accertamento con adesione*. Esse instituto permite a participação do contribuinte no procedimento de lançamento tributário (também denominado em italiano de *"accertamento"*).

Trata-se de um acordo que ocorre durante a fase administrativa do procedimento de lançamento.[23] Assim é que, efetuada a proposta de lançamento pelo Fisco, o contribuinte poderá impugná-lo, questionando seu fundamento e apresentando as provas a seu favor.[24] Uma vez efetuado o lançamento, contendo o valor a ser cobrado, as partes (Fisco e contribuinte) poderão celebrar um acordo em que se defina o valor devido, hipótese em que o contribuinte adere ao lançamento.

O *accertamento con adesione* é bastante amplo. Não está adstrito a requisitos, nem a modalidades específicas de lançamento. Ademais, pode ele abranger diversas espécies de tributos, bem como vários períodos de apuração.[25] A iniciativa para sua celebração pode ser do contribuinte ou da administração tributária. Em regra, seu procedimento é composto de quatro fases: (a) a iniciativa do Fisco ou do contribuinte; (b) o contraditório; (c) a formação da proposta de adesão; e (d) o perfazimento do ato de adesão pelo contribuinte.[26]

O instituto do *accertamento con adesione* oferece algumas vantagens. A uma, permite à administração tributária a possibilidade de redefinir o valor do tributo, a partir da apresentação de novas informações e documentos pelo contribuinte. A duas, autoriza também que a administração fiscal reduza a penalidade administrativa em até um terço do mínimo legal. A três, o acordo seguido do respectivo pagamento do tributo e seus acessórios constitui circunstância atenuante para fins penais.[27]

---

[22] José Casalta Nabais destaca que por ocasião das seguidas reformas ocorridas na legislação italiana ganhou força na doutrina a tese da natureza contratual do instituto. Isso porque, a partir de 1956, com a denominada reforma Tremelloni, as comissões tributárias passaram a somente poder modificar ou integrar os lançamentos quando diante de novos elementos de fato, sendo considerada como uma hipótese de *rescisão contratual*. (NABAIS, José Casalta. *Contratos Fiscais*: reflexões acerca da sua admissibilidade. Coimbra: Coimbra, 1994, p. 101 e ss). Sobre a natureza jurídica do *concordato tributário*, Natália de Nardi Dacomo afirma que havia controvérsia na doutrina: uma parcela considerava que o instituto tinha natureza contratual; outra, que se tratava de um ato unilateral, embora dependesse de adesão do contribuinte; uma terceira, que reconhecia a natureza consensual do acordo, tivesse ele natureza contratual ou não. (DACOMO, Natalia de Nardi. *Direito Tributário participativo*: transação e arbitragem administrativas da obrigação tributária. Tese (Doutorado em Direito) – Faculdade de Direito da Pontifícia Universidade Católica de São Paulo, 2008, p. 170-171).

[23] BUSA, Vincenzo. Gli instituti deflativi del contenzioso nell'esperienza italiana: a experiência italiana sobre transação e conciliação em matéria tributária e demais modalidades alternativas de solução de controvérsias fiscais: In: TÔRRES, Heleno Taveira (coord.). *Direito Tributário Internacional aplicado*. v. V. São Paulo: Quartier Latin, 2008, p. 529.

[24] JUNQUEIRA, Helena Marques. *Transação tributária*. Tese (Doutorado em Direito) – Faculdade de Direito da Pontifícia Universidade Católica de São Paulo, 2009, p. 156.

[25] MORAIS, Carlos Yuri Araújo Morais. Transação e arbitragem em matéria tributária: a experiência estrangeira e sua aplicabilidade no direito brasileiro. In: SARAIVA FILHO, Oswaldo Othon de Pontes; GUIMARÃES, Vasco Branco (org.). *Transação e arbitragem no âmbito tributário*. Belo Horizonte: Fórum, 2008, p. 494.

[26] INFANTE, Gianni. *L'accertamento con adesione*. Tese de Láurea (Láurea em Administração, Finanças e Gestão) – Faculdade de Economia da Universidade Ca'Foscari de Veneza, 2009/2010, p. 47.

[27] Sobre as principais características, procedimento e vantagens do instituto do *accertamento con adesione*, ver informações no sítio da agência fiscal italiana. Disponível em: https://www.agenziaentrate.gov.it/portale/web/

Além disso, uma das principais consequências desse instituto consiste em que ele vincula as partes, que não mais poderão questioná-lo: o contribuinte não poderá impugnar o lançamento cujos termos aderiu, do mesmo modo que não será permitido ao Fisco integrar ou modificar o lançamento, salvo quando o acordo celebrado contiver alguma espécie de vício de consentimento ou em algumas circunstâncias específicas.[28]

Outro instrumento previsto no direito italiano que se assemelha à transação em matéria tributária é a *conciliazione giudiziale*. Diferentemente do *accertamento con adesione*, que ocorre durante a fase administrativa, a *conciliazione giudiziale* ocorre na fase judicial, tendo o instituto sofrido modificações pelo Decreto Legislativo nº 156, de 24 de setembro de 2015, que alterou o Decreto Legislativo nº 546, de 31 de dezembro de 1992.

Esse instrumento permite uma nova oportunidade para que Fisco e contribuinte cheguem a um acordo em relação ao valor do tributo devido, pondo fim à controvérsia existente entre ambos. Trata-se de mais um incentivo para reduzir a litigiosidade, bem como para diminuir o tempo de tramitação do processo judicial e dos custos a ele inerentes. Ademais, justifica-se pelo risco de derrota na ação judicial, admitindo-se atualmente sua utilização até o segundo grau de jurisdição.

Existem duas modalidades de *conciliazione giudiziale*: a) o acordo fora de audiência (*fuori udienza*); e b) o acordo em audiência (*in udienza*). No primeiro, a administração tributária e o contribuinte chegam a um acordo subscrito por ambos e este acordo é apresentado à secretaria da Comissão. No segundo, um acordo é obtido em juízo, até dez dias antes da audiência. A conciliação é formalizada por um documento que indicará o valor devido e a sua forma de pagamento.

Não importa em qual das modalidades acima, a *conciliazione giudiziale* é um acordo celebrado entre a administração tributária e o contribuinte. Estes é que definirão os seus termos e condições. Ao juiz compete apenas verificar os pressupostos e condições de admissibilidade do acordo celebrado e homologá-lo.[29] Uma vez homologada a *conciliazione giudiziale*, o processo será extinto.

Talvez uma das principais vantagens da *conciliazione giudiziale* consiste em o contribuinte poder usufruir de uma redução da penalidade administrativa. Essa redução varia conforme a instância em que estiver a controvérsia no momento em que a administração tributária e o contribuinte chegam a um acordo, podendo tal redução ser de 60% em primeiro grau e 50% em segundo grau.[30]

A legislação italiana previa também a *transazione fiscale*. Esse instituto era aplicável ao crédito tributário líquido e exigível, sobretudo quando houvesse risco de não

---

guest/schede/accertamenti/contenzioso-e-strumenti-deflativi/accertamento-con-adesione-cont-strum-defl. Acesso em: 27 maio 2021.

[28] Nesse sentido, Vicenzo Busa destaca ser possível a integração e revisão do lançamento na hipótese em que sobrevier conhecimento pelo fisco de elemento novo que possa dar ensejo a um rendimento não declarado superior a 50% daquele definido no lançamento por adesão; isso desde que o valor remanescente não seja inferior a 25.000€. (BUSA, Vincenzo. Gli istituti deflativi del contenzioso nell'esperienza italiana: a experiência italiana sobre transação e conciliação em matéria tributária e demais modalidades alternativas de solução de controvérsias fiscais: *In*: TÔRRES, Heleno Taveira (coord.). *Direito Tributário Internacional Aplicado*. v. V. São Paulo: Quartier Latin, 2008, p. 533).

[29] JUNQUEIRA, Helena Marques. *Transação tributária*. Tese (Doutorado em Direito) – Faculdade de Direito da Pontifícia Universidade Católica de São Paulo, 2009, p. 156.

[30] Sobre a *conciliazione giudiziale*, ver informações no sítio da agência fiscal italiana. Disponível em: https://www.agenziaentrate.gov.it/portale/web/guest/schede/accertamenti/contenzioso-e-strumenti-deflativi/conciliazione-giudiziale. Acesso em: 27 maio 2021.

recuperação do crédito. Baseava-se no princípio da eficiência. Entretanto, na prática, teve aplicação limitada, em especial, em razão da controvérsia envolvendo a indisponibilidade do crédito tributário e a dificuldade de se avaliar a possibilidade de recuperação do crédito, ficando sua aplicação restrita aos procedimentos falimentares.[31]

Por fim, mais recentemente, em 2012, a legislação italiana criou mais um instrumento de solução alternativa de controvérsias em matéria tributária, com o objetivo de reduzir o tempo, o custo e a incerteza de um processo judicial. Trata-se da denominada *"mediazione tributaria"*, criada pelo Decreto-Lei nº 98, de 06 de julho de 2011, e em vigor a partir de abril de 2012, que não tem a característica de transação propriamente dita.

Esse instituto caracteriza-se como uma espécie de condição de admissibilidade (ou procedibilidade) do recurso administrativo. O recurso não pode prosseguir até que decorrido o prazo de noventa dias, contados a partir de sua notificação, dentro do qual deverá ser concluído o procedimento de mediação. A instrução do procedimento é atribuída a estruturas específicas, distintas daquelas que efetuam o ato impugnado.

A *mediazione tributaria* sofreu diversas alterações ao longo dos anos. Em especial, registrem-se as modificações introduzidas com o Decreto Legislativo nº 156, de 24 de setembro de 2015, que ampliou o seu escopo de aplicação, bem assim com o Decreto-Lei nº 50, de 24 de abril de 2017, que aumentou o valor máximo de alçada das controvérsias sujeitas à mediação tributária, de 20 mil para 50 mil euros.[32]

Enfim, a experiência italiana é bastante rica em instrumentos alternativos de solução de controvérsias, que visam à redução do contencioso em matéria tributária.

4 A transação tributária no Direito norte-americano

A exemplo da França e outros países, os Estados Unidos da América (EUA) também utilizam instrumentos semelhantes à transação como mecanismo de solução de controvérsias em matéria tributária. A utilização de acordo como meio alternativo de solução de controvérsias – não somente em matéria tributária como também em outras áreas do direito – decorre da própria cultura norte-americana.[33]

No que se refere à matéria tributária, a doutrina destaca duas modalidades principais de acordos passíveis de serem celebrados entre a administração fiscal e o contribuinte no ordenamento jurídico norte-americano. São elas: (a) os *closing agreements*

---

[31] BUSA, Vincenzo. Gli instituti deflativi del contenzioso nell'esperienza italiana: a experiência italiana sobre transação e conciliação em matéria tributária e demais modalidades alternativas de solução de controvérsias fiscais: In: TÔRRES, Heleno Taveira (coord.). *Direito Tributário Internacional Aplicado*. v. V. São Paulo: Quartier Latin, 2008, p. 538.

[32] Sobre a *mediazione tributaria*, ver informações no sítio da agência fiscal italiana. Disponível em: https://www.agenziaentrate.gov.it/portale/web/guest/schede/accertamenti/contenzioso-e-strumenti-deflativi/reclamo-mediazione-cont-strum-defl. Acesso em: 27 maio 2021.

[33] Arnaldo Sampaio Godoy explica que: "É da cultura normativa norte-americana a alternativa da transação, circunstância historicamente plasmada no processo civil e no processo penal, como nos dá conta a figura do plea bargaining". (GODOY, Arnaldo Sampaio. Transação e arbitragem no Direito Norte-Americano. In: SARAIVA FILHO, Oswaldo Othon de Pontes; GUIMARÃES, Vasco Branco (org.). *Transação e arbitragem no âmbito tributário*. Belo Horizonte: Fórum, 2008, p. 425).

(acordos terminativos); e (b) os *offers in compromise* (ofertas de compromisso). Ambas modalidades encontram-se previstas no Capítulo 74 do *Internal Revenue Code (IRC)*.[34]

Os *closing agreements*, previstos no §7121 do *IRC*, são acordos extrajudiciais celebrados entre o Fisco e os contribuintes. Esta modalidade de acordo põe fim à controvérsia existente antes mesmo de essa ser levada aos tribunais. Uma vez celebrado o acordo, este encerra de forma final e definitiva as controvérsias existentes entre as partes. Seu conteúdo poderá abranger qualquer tributo e qualquer período impositivo.[35]

Conforme se depreende da redação do dispositivo, a competência para celebração dos *closings agreements* é do Secretário do Tesouro. Esta competência, entretanto, foi delegada ao Comissário do IRS, que por sua vez delegou-a às repartições locais. Na prática, compete aos agentes da repartição fiscal a que o contribuinte esteja vinculado negociar e celebrar (ou não) tais acordos com os contribuintes.

Em regra, esses acordos são vinculantes e definitivos. Uma vez concluídos, não podem ser alterados ou modificados, sendo vedada às partes a rediscussão da matéria objeto do acordo.[36] A legislação excetuou, entretanto, algumas hipóteses. Não são definitivos os acordos celebrados na hipótese de fraude ou prevaricação, tampouco quando a matéria fática seja apresentada com inexatidão pela parte.[37]

Os formulários mais comuns para os *closing agreements* são: (1) o formulário 866: utilizado para se determinar o crédito tributário em relação a um ou mais exercícios, vinculante para as partes somente em relação aos exercícios objeto do acordo; e (2) o formulário 906: utilizado para formalizar um acordo em relação a um assunto específico que poderá ser aplicado também para eventuais exercícios futuros.[38]

O *offer in compromise*, previsto no §7122 do *IRC*, por sua vez, é uma oferta de pagamento em dinheiro efetuada pelo contribuinte em valor inferior ao seu débito tributário. A Fazenda poderá aceitar tal proposta quando existirem motivos que justifiquem a redução do valor de sua dívida frente ao Fisco.[39]

Essa modalidade de acordo é mais abrangente do que a anterior, podendo incluir matéria penal.[40] A competência para celebração dos *offers in compromise* varia conforme o

---

[34] Arnaldo Sampaio Godoy, entretanto, destaca a existência de outras normas prevendo a transação em matéria tributária espalhadas em outros capítulos do *IRC*. (GODOY, Arnaldo Sampaio de Moraes. Transação e arbitragem no direito norte-americano. *In*: SARAIVA FILHO, Oswaldo Othon de Pontes; GUIMARÃES, Vasco Branco (org.). *Transação e arbitragem no âmbito tributário*. Belo Horizonte: Fórum, 2008, p. 417).

[35] §7121 (a) do IRC: "The Secretary is authorized to enter into an agreement in writing with any person relating to the liability of such person (or of the person or estate for whom he acts) in respect of any internal revenue tax for any taxable period". Disponível em: https://www.law.cornell.edu/uscode/text/26/7121. Acesso em: 24 maio 2021.

[36] GODOY, Arnaldo Sampaio de Moraes. Transação e arbitragem no direito norte-americano. *In*: SARAIVA FILHO, Oswaldo Othon de Pontes; GUIMARÃES, Vasco Branco (org.). *Transação e arbitragem no âmbito tributário*. Belo Horizonte: Fórum, 2008, p. 418.

[37] Conferir a redação da parte final do § 7121 (b) do IRC: "If such agreement is approved by the Secretary (within such time as may be stated in such agreement, or later agreed to) such agreement shall be final and conclusive, and, except upon a showing of fraud or malfeasance, or misrepresentation of a material fact". Disponível em: https://www.law.cornell.edu/uscode/text/26/7121. Acesso em: 24 maio 2021.

[38] Uma minuta dos referidos formulários pode ser obtida no sítio do *Internal Revenue Service*. Disponível em: https://www.irs.gov/businesses/closing-agreements-1. Acesso em: 28 maio 2021.

[39] JUNQUEIRA, Helena Marques. *Transação tributária*. Tese (Doutorado em Direito) – Faculdade de Direito da Pontifícia Universidade Católica de São Paulo, 2009, p. 158.

[40] GODOY, Arnaldo Sampaio de Moraes. Transação e arbitragem no direito norte-americano. *In*: SARAIVA FILHO, Oswaldo Othon de Pontes; GUIMARÃES, Vasco Branco (org.). *Transação e arbitragem no âmbito tributário*. Belo Horizonte: Fórum, 2008, p. 422.

momento" de sua realização: (1) antes do encaminhamento do caso para o Departamento de Justiça, a competência para celebrar o acordo é do Secretário do Tesouro; (2) após o encaminhamento, a competência é do Procurador-Geral ou alguém por ele delegado.[41]

Três fundamentos justificam a aceitação de uma proposta desse gênero pelo Fisco: (a) dúvida quanto à responsabilidade (*doubt as to liability*): quando houver controvérsia quanto à existência ou o valor do tributo; (b) dúvida quanto à possibilidade de pagamento (*doubt as to collectibility*): quando o contribuinte não tiver condições financeiras de pagar a totalidade do valor devido; e (c) efetividade da Administração tributária (*effective tax administration*): quando a política pública ou a equidade indicarem adequado.[42]

Juntamente com a proposta de compromisso, o contribuinte deverá apresentar informações detalhadas sobre sua condição financeira. Ao analisar os termos da proposta oferecida, a administração tributária levará em consideração uma série de fatores, entre os quais, o patrimônio líquido do contribuinte, bem como sua perspectiva de renda futura.[43] Com base nessas informações, será possível verificar o potencial de pagamento do contribuinte, aceitando ou não a proposta e, eventualmente, fazendo uma contraproposta.

A legislação prevê que sejam divulgados padrões a serem seguidos pelos funcionários da administração tributária para se determinar se uma oferta de compromisso é adequada e pode ser aceita.[44] Esses padrões levam em consideração as despesas básicas para sobrevivência do contribuinte (*basic living expenses*). Entretanto, a análise das ofertas de compromisso deve levar em consideração a situação particular de cada requerente.[45] Caso os padrões definidos não sejam apropriados, os agentes do Fisco poderão afastá-los.

A apresentação da proposta e eventual celebração de um acordo gera uma série de consequências. Do lado do contribuinte: ele obtém a redução do valor de seu débito tributário; além disso, o Fisco não poderá adotar medidas coercitivas sobre o seu patrimônio enquanto pendente a oferta e antes de decorridos 30 dias de sua eventual rejeição. Do lado do Fisco: além da arrecadação imediata, o Fisco obtém compromisso do contribuinte de que este cumprirá com suas obrigações tributárias pelo prazo de 5 anos.[46]

---

[41] Conforme §7122 (a) do IRC: "The Secretary may compromise any civil or criminal case arising under the internal revenue laws prior to reference to the Department of Justice for prosecution or defense; and the Attorney General or his delegate may compromise any such case after reference to the Department of Justice for prosecution or defense." Disponível em: https://www.law.cornell.edu/uscode/text/26/7122. Acesso em: 24 maio 2021.

[42] OEI, Shu-Yi. *Getting More by Asking Less: Justifying and Reforming Tax Law's Offer-in-Compromise Procedure*. p. 1078. Disponível em: http://papers.ssrn.com/sol3/papers.cfm?abstract_id=1909006. Acesso em: 20 maio 2021; DACOMO, Natalia de Nardi. *Direito Tributário participativo*: transação e arbitragem administrativas da obrigação tributária. Tese (Doutorado em Direito) – Faculdade de Direito da Pontifícia Universidade Católica de São Paulo, 2008, p. 186.

[43] WATSON, Camilla E. *Tax Procedure and Tax Fraud in a nutshell*. [S.L.]: Thompson, 2006, p. 108-109 e 196; DACOMO, Natalia de Nardi. *Direito Tributário participativo*: transação e arbitragem administrativas da obrigação tributária. Tese (Doutorado em Direito) – Faculdade de Direito da Pontifícia Universidade Católica de São Paulo, 2008, p. 187.

[44] §7121 (d) '1' do IRC: "The Secretary shall prescribe guidelines for officers and employees of the Internal Revenue Service to determine whether an offer-in-compromise is adequate and should be accepted to resolve a dispute." Disponível em: https://www.law.cornell.edu/uscode/text/26/7122. Acesso em: 24 maio 2021.

[45] GODOY, Arnaldo Sampaio de Moraes. Transação e arbitragem no direito norte-americano. In: SARAIVA FILHO, Oswaldo Othon de Pontes; GUIMARÃES, Vasco Branco (org.). *Transação e arbitragem no âmbito tributário*. Belo Horizonte: Fórum, 2008, p. 423.

[46] OEI, Shu-Yi. *Getting More by Asking Less: Justifying and Reforming Tax Law's Offer-in-Compromise Procedure*. p. 1077. Disponível em: http://papers.ssrn.com/sol3/papers.cfm?abstract_id=1909006. Acesso em: 20 maio 2021.

A experiência norte-americana em relação aos acordos em matéria tributária é bastante peculiar. Essa peculiaridade decorre de seu próprio sistema jurídico-tributário. Nesse sistema, o formalismo exacerbado dá lugar a práticas simples que privilegiam os resultados,[47] entre as quais, a celebração de acordos entre Fisco e contribuinte.

5 Conclusões

Como se vê, a experiência estrangeira dá conta de que a transação em matéria tributária (ou um instituto análogo) já vinha sendo utilizada por diversos países, como forma de composição de conflitos com o contribuinte, muito antes de a transação ser implementada em nível federal com o advento da Medida Provisória nº 899/2019 (posteriormente convertida na Lei nº 13.988/2020). Apesar de esse instrumento não estar isento de críticas, vê-se a experiência em outros países, de uma forma geral, como positiva, tendo servido de inspiração para o legislador e a administração tributária brasileiros.

Referências

BUSA, Vincenzo. Gli instituti deflativi del contenzioso nell'esperienza italiana: a experiência italiana sobre transação e conciliação em matéria tributária e demais modalidades alternativas de solução de controvérsias fiscais. *In*: TÔRRES, Heleno Taveira (coord.). *Direito Tributário Internacional aplicado*. v. V. São Paulo: Quartier Latin, 2008, p. 525-543.

COLLECTIF DALLOZ. *Códe de Procédure Fiscale commenté*. 19. éd. Paris: Dalloz, 2012.

COLLET, Martin. *Droit fiscal*. Paris: Themis Droit PUF, 2007.

DACOMO, Natalia de Nardi. *Direito Tributário participativo*: transação e arbitragem administrativas da obrigação tributária. Tese (Doutorado em Direito), Faculdade de Direito da Pontifícia Universidade Católica de São Paulo, 2008.

EUA. Cornell Law School. Internal Revenue Code. Disponível em: https://www.law.cornell.edu/uscode/text/26. Acesso em: 03 maio 2021.

FRANÇA. Legifrance. *Code Civil*. Disponível em: legifrance.gouv.fr. Acesso em: 03 mai. 2021.

FRANÇA. Rapport au Parlement: Remises et transactions à titre gracieux et règlements d'ensemble en matière fiscale pour l'année 2019. Disponível em: https://www.impots.gouv.fr/portail/files/media/3_Documentation/rapports_gracieux/rapport_parlement_gracieux_2019.pdf. Acesso em: 03 maio 2021.

GODOY, Arnaldo Sampaio de Moraes. Transação e arbitragem no direito norte-americano. *In*: SARAIVA FILHO, Oswaldo Othon de Pontes; GUIMARÃES, Vasco Branco (org.). *Transação e Arbitragem no Âmbito Tributário*. Belo Horizonte: Fórum, 2008, p. 417-440.

GROSCLAUDE, Jacques; MARCHESSOU, Philippe. *Procédures fiscales*. Paris: Dalloz, 2012.

INFANTE, Gianni. *L'accertamento con adesione*. Tese de Láurea (Láurea em Administração, Finanças e Gestão) – Faculdade de Economia da Universidade Ca'Foscari de Veneza, 2009/2010.

JUNQUEIRA, Helena Marques Junqueira. *Transação tributária*. Tese (Doutorado) – Faculdade de Direito da Pontifícia Universidade Católica de São Paulo, 2009.

---

[47] JUNQUEIRA, Helena Marques. *Transação tributária*. Tese (Doutorado em Direito) – Faculdade de Direito da Pontifícia Universidade Católica de São Paulo, 2009, p. 158.

LAMARQUE, Jean; NÉGRIN, Olivier; AYRAULT, Ludovic. *Droit Fiscal Général*. Paris: LexisNexis, 2011.

MICHELIN, Dolizete Fátima. O anteprojeto da Lei Geral de Transação em Matéria Tributária e os princípios constitucionais da legalidade, isonomia e moralidade administrativa. *In*: SARAIVA FILHO, Oswaldo Othon de Pontes; GUIMARÃES, Vasco Branco (org.). *Transação e arbitragem no âmbito tributário*. Belo Horizonte: Fórum, 2008, p. 331-363.

MORAIS, Carlos Yuri Araújo Morais. Transação e arbitragem em matéria tributária: a experiência estrangeira e sua aplicabilidade no direito brasileiro. *In*: SARAIVA FILHO, Oswaldo Othon de Pontes; GUIMARÃES, Vasco Branco (org.). *Transação e arbitragem no âmbito tributário*. Belo Horizonte: Fórum, 2008, p. 483-503.

NABAIS, José Casalta. *Contratos fiscais:* reflexões acerca da sua admissibilidade. Coimbra: Coimbra, 1994.

OEI, Shu-Yi. *Getting More by Asking Less:* Justifying and Reforming Tax Law's Offer-in-Compromise Procedure. p. 1078. Disponível em: http://papers.ssrn.com/sol3/papers.cfm?abstract_id=1909026. Acesso em: 20 maio 2021.

SCHOUERI, Luís Eduardo. *Direito Tributário*. São Paulo: Saraiva, 2013.

WATSON, Camilla E. *Tax Procedure and Tax Fraud in a nutshell*. [S.L.]: Thompson, 2006.

Informação bibliográfica deste texto, conforme a NBR 6023:2018 da Associação Brasileira de Normas Técnicas (ABNT):

OLIVEIRA, Phelippe Toledo Pires de. A experiência estrangeira em relação à transação em matéria tributária. *In*: SARAIVA FILHO, Oswaldo Othon de Pontes (coord.). *Transação Tributária*: homenagem ao jurista Sacha Calmon Navarro Coêlho. Belo Horizonte: Fórum, 2023. (Coleção Fórum grandes temas atuais de Direito Tributário ; v. 1). p. 329-340. ISBN 978-65-5518-407-5.

O DEVEDOR CONTUMAZ NA TRANSAÇÃO TRIBUTÁRIA

SILVIA FABER TORRES

FLÁVIA ROMANO DE REZENDE

Com muita satisfação que recebemos o honroso convite do Professor Oswaldo Otton de Pontes Saraiva Filho para integrar a obra coletiva em homenagem ao icônico e estimado tributarista Sacha Calmon Navarro Coêlho, para debater o instituto da transação tributária como um dos grandes temas atuais do Direito Tributário, nos cabendo examinar especificamente a questão do devedor contumaz e o consequente confronto com os princípios constitucionais aplicáveis à medida.

1 Introdução

A temática se reveste de importância ímpar, sobretudo após a edição da Lei Federal nº 13.988/20, fruto da denominada medida provisória do contribuinte legal (MP nº 899/19), que procurou alcançar a autocomposição em causas de natureza fiscal e dar maior efetividade na recuperação de créditos fiscais federais, com regulamentar o art. 171 do CTN. Não obstante prevista desde a edição do código, a figura da transação sempre foi permeada de polêmicas e dogmas e nunca logrou atingir um tratamento nacional. Apenas a partir do ano 2000, em que se intensificou o anseio por um novo relacionamento entre Fisco e contribuinte, é que algumas legislações estaduais deram tratamento ao instituto[1] e que se procurou dilatar o debate em espaços públicos deliberativos mais amplos, em especial a partir do Anteprojeto da Transação Tributária, elaborado pela Procuradoria da Fazenda Nacional,[2] com participação do brilhante jurista Heleno Torres e de vários setores da sociedade civil. Embora mais tímido que a proposta inicial do aludido Anteprojeto, que admitia a transação não só para pôr fim ao litígio tributário mediante concessões mútuas, mas também para prevenir tais litígios,[3] a Lei nº 13.988/20 logrou superar alguns dogmas no âmbito fiscal, como o princípio da superioridade do interesse público, da indisponibilidade do crédito fiscal, da legalidade fechada e absoluta e da especificidade do rito da execução fiscal,[4] e vem se firmando como um importante instrumento de solução alternativa de conflitos tributários, de modo a ampliar a eficiência na gestão da dívida ativa e expandir a relação ajustada entre Fisco e contribuinte.

Como é sabido, a litigiosidade tributária é em grande parte responsável pela taxa de congestionamento do Poder Judiciário,[5] e a opção por uma justiça consensual fiscal não é mais uma questão meramente de escolha dos agentes políticos, mas uma saída preconizada pelo legislador para solucionar o *déficit* na recuperação do crédito fiscal e, ainda, fazer frente aos efeitos nefastos que a pandemia de covid-19[6] tem causado à atividade produtiva, além da necessária diminuição do volume expressivo de execuções fiscais que abarrotam os escaninhos do Judiciário.

Apenas para se ter uma ideia do problema, segundo números divulgados pelo CNJ – Justiça em Números, no último sumário executivo de 2020, as execuções ficais representavam 58,7% de todo o acervo do TJRJ, 63,5% do TJSP e 54,2% do TJPE, os três tribunais que concentram aproximadamente 62,4% do total de processos dessa natureza em trâmite no Poder Judiciário brasileiro.

Nesse sentido, a adoção dos métodos alternativos de solução de conflitos vai ao encontro do esperado ganho de eficiência na gestão da dívida ativa, alvo, no Estado do Rio de Janeiro, de um sem-número de medidas no âmbito da Coordenadoria Judiciária

---

[1] Confira-se, a título de exemplo, as pioneiras Lei nº 11.475/00, do Estado do Rio Grande do Sul e LC 105/07 do Estado de Pernambuco.

[2] Projeto de Lei que "Estabelece regras gerais sobre transação e conciliação administrativa e judicial de litígios tributários, ou outras soluções alternativas de controvérsias tributárias, cria a Câmara Geral de Conciliação da Fazenda Nacional (CGCFN) e as Câmaras de Conciliação da Fazenda Nacional (CCFN), e dá outras providências".

[3] O anteprojeto previa a transação preventiva antes do lançamento ou da lavratura do auto de infração e mesmo o compromisso arbitral quando Fisco e contribuinte não chegassem a um consenso. Admitia, outrossim, outras formas de transação não previstas na tímida MP nº n899/19 e Lei nº 13.988/20.

[4] Quanto à superação dos referidos dogmas para implementar-se definitivamente a cultura consensual através da transação tributária, confira-se a obra de PARISI, Fernanda Drummond. *A transação tributária no brasil*: supremacia do interesse público e a liquidação do crédito tributário. São Paulo: IOB, 2017. Da mesma autora, o recente artigo "Reflexões sobre a transação tributária no Brasil e sua aderência ao princípio da supremacia do interesse público". In: BRIGAGÃO, Gustavo; MATA, Juselder Cordeiro da (org). *Temas de Direito Tributário em homenagem a Gilberto de Ulhoa Canto*. Belo Horizonte: Arraes Editores, 2020, p. 605/622.

[5] Os processos de execução fiscal representam 39% do total de casos pendentes e 70% das execuções pendentes no Poder Judiciário, com taxa de congestionamento de 87%. Ou seja, de cada cem processos de execução fiscal que tramitaram no ano de 2019, apenas 13 foram baixados. FONTE: CNJ – Justiça em Números 2020 – Sumário Executivo

[6] Portaria PGFN Portaria PGFN nº 14.402

de Articulação das Varas com Competência em Dívida Ativa (CODAT), que buscam atenuar (mas não resolvem) os graves problemas na arrecadação tributária, redução de acervo e o alto custo das execuções fiscais, que podem tramitar até seis anos e sete meses[7] para uma solução definitiva.

Arnaldo Sampaio de Moraes Godoy[8] simplifica:

> O modelo administrativo-fiscal atual esgota-se na própria seiva. Soluções bem comportadas, a exemplo da ampliação da máquina de cobrança e de uma maior dotação orçamentária para os órgãos de execução do crédito fiscal (entre eles o próprio Judiciário) a par de inexequíveis, mostram-se utópicas e imprestáveis.

Veja-se que há decisões da mais alta corte do país que encampam as soluções alternativas, como ocorreu na ADI nº 5.135-DF,[9] de relatoria do Min. Roberto Barroso, em que, por maioria de votos, afirmou a constitucionalidade da inclusão das certidões de dívida ativa no rol de títulos sujeitos a protesto, para alcançar o fim pretendido de modo menos gravoso para o particular.

Por essas e outras razões, a palavra de ordem é a desjudicialização, e os exemplos de sucesso se multiplicam, como comprova o acordo recente, já considerado por muitos o maior e de proporções históricas, entre o Estado de Minas Gerais e a mineradora Vale, para a definição das medidas socioeconômicas e socioambientais de enfrentamento da tragédia causado com o rompimento da barragem Mina Córrego do Feijão, em Brumadinho, em janeiro de 2019.

A realidade da desjudicialização da recuperação crédito-fiscal com ênfase no acordo entre Fisco e contribuinte não passa despercebida no direito comparado. Antes, a transação tributária tem sua relevância de há muito reconhecida, não obstante a forma e a operacionalização desses acordos de vontades ainda sejam reféns de severas críticas. De qualquer forma, é assente o entendimento que tanto os créditos provenientes de relevante e disseminada controvérsia ("dúvida"), quanto os créditos considerados irrecuperáveis ou de difícil recuperação são os principais alvos das transações.

Nos Estados Unidos,[10] o *offer in compromisse*, previsto §7122 do IRC,[11] é uma proposta de transação feita pelo contribuinte à Receita Federal em valor inferior ao seu débito tributário. A análise da proposta pela Fazenda leva em conta a capacidade real de pagamento do devedor (receita bruta da pessoa jurídica ou o rendimento mensal da pessoa física), não sendo elegíveis àqueles que estiverem em processo falimentar. Há ainda uma advertência aos proponentes-devedores de que somente serão consideradas aquelas ofertas que contemplem o maior valor que se poderia arrecadar dentro de um prazo razoável de tempo.

---

[7] CNJ – Justiça em Números – Sumário Executivo – 2020
[8] Transação tributária: contexto, texto e argumentos. *Revista Fórum de Direito Tributário – RFDT*. Belo Horizonte, ano 7, n. 39, maio/junho. 2009.
[9] Ação Direta de Inconstitucionalidade nº 5.135 – DF, julgado em 09.11.2016.
[10] CATARINO, João Ricardo; ROSSINI, Guilherme de Mello. A transação tributária e o mito da (in) disponibilidade dos interesses fazendários. *Revista da AGU*. Belo Horizonte, ano 15, n. 2, abr./jun. 2016.
[11] Offer in Compromise. *Internal Revenue*. Service www.irs.gov › payments ›.

A lei tributária espanhola traz como modalidade de transação as *actas con acuerdos*, previstas no artigo 155 da *Ley General Tributa*ária *(LGT)*,[12] e segundo Melo Filho[13] possuem "grande potencial para evitar conflitos, pois trabalham para eliminar questões que são fontes de constantes divergências entre Fazenda Pública e contribuinte: a análise de conceitos jurídicos indeterminados e a delimitação de situações de fato que não possam ser facilmente comprovadas".

Na Itália, após duras críticas, o *concordato* foi extinto em razão de sua natureza impositiva, dando lugar ao *accertamento con adesione*,[14] acordo na fase administrativa do lançamento que pressupõe a participação ativa do contribuinte sempre que houver dúvida plausível acerca da cobrança do crédito tributário.

Sobre o Direito francês, Phelippe Toledo Pires de Oliveira[15] adianta que a transação é um instrumento de *"juridiction gracieuse"* previsto no Capítulo III, art. L247 e seguintes do Código de Procedimentos Fiscais. A administração fiscal somente está autorizada a negociar a redução de penalidades, juros de mora e obrigações acessórias, restando intocado o tributo devido. Há, segundo o mesmo autor, também uma limitação temporal que exige que a transação ocorra até a constituição do crédito tributário.

Nada obstante as diferenças de tratamento e a extensão da transação tributária nos diversos países, o que parece claro é que a transação tributária nos remete sobretudo a um novo relacionamento entre Fisco e contribuinte calcado na cooperação e na participação, e escorado em princípios jurídicos como os da razoabilidade, transparência, livre concorrência, boa-fé e proteção da confiança do contribuinte.[16] Esse novo relacionamento quebra a verticalidade Fisco-contribuinte e permite sejam ultrapassados os limites impostos pelo binômio poder-dever do Estado, dando concretude a uma relação jurídica tributária voltada à realização do bem comum e ao pleno exercício da cidadania, cujo modelo comportamental advém da própria Constituição (art. 3º, IV, CF).

Também parece inequívoco que a transação, por instituir diferença de tratamento entre contribuintes, será ultimada e levada a efeito se permeada pela boa-fé dos sujeitos, seja no que diz respeito às informações prestadas ao Fisco, seja no cumprimento das obrigações de parte a parte, e de um agir moral das partes transatoras.

Com efeito, é indene de dúvidas que a transação tributária, ao implicar em redução da exigência fiscal ou de seus acessórios e prazos de pagamento, é instituto que coloca em rota de colisão princípios como a igualdade fiscal e a livre concorrência, de um lado, com a economicidade, a eficiência administrativa e atenuação da crise do Judiciário de outro, inserindo-os em um processo de ponderação do qual resulte a prevalência lógica de um ou outro interesse contraditório. Afora o aspecto profundamente ideológico que o marca, tal sopesamento de interesses antagônicos relativos ao fundamental

---

[12] Além disso, de acordo com a lei, a ata com acordo deverá conter resumidamente: (a) o fundamento da aplicação, estimativa, valoração ou mediação realizada; (b) os elementos de fato, fundamentos jurídicos e quantificação da proposta de regularização; e (c) manifestação expressa de conformidade do contribuinte com a totalidade do conteúdo da ata. CATARINO, João Ricardo Catarino; FILIPPO, Luciano Gomes. *A transação sobre questões de fato e sobre a interpretação das normas fiscais:* novas perspectivas para resolução de litígios, 2014, p. 11.

[13] MELO FILHO, João Aurino de. *Racionalidade Legislativa do processo tributário.* Salvador: Juspodivm, 2018, p. 381.

[14] OLIVEIRA, Phelippe Toledo Pires. *A transação em matéria tributária.* São Paulo: Quartier Latin, 2015.

[15] *Op. cit. A transação em matéria tributária.*

[16] São ideias ínsitas às transformações do Estado Democrático de Direito, e suas várias configurações, quer sob o aspecto administrativo, quer fiscal. Sobre as novas bases deliberativas e cooperativas do Estado de Direito, v. TORRES, Silvia Faber, *op. cit.,* p. 38 e seguintes.

dever de pagar tributos[17] – que não se confunde com instrumento de maximização da tributação, contudo[18] – não é uma particularidade do instituto, muito menos novidade na extinção do crédito tributário em âmbito nacional. Ao revés, figuras como isenção, anistia, remissão, programas de recuperação fiscal, etc., são deveras comuns na prática tributária, fruto, inclusive, de uma pré-ponderação do legislador fiscal[19] que de modo usual torna relativamente disponível o crédito fiscal para a Administração, desde que as respectivas medidas sejam proporcionais e razoáveis.

Nesse sentido, além do truísmo da falta de hierarquia entre os princípios e da mais que necessária racionalização da cobrança da dívida ativa, ao analisar a transação como solução consensual de conflito fiscal por meio de concessões recíprocas, interessa-nos, aqui, o princípio da boa-fé, que, como princípio de via de mão dupla, protege tanto o contribuinte como a Fazenda. Se bem que amalgamados, interessa-nos, também, a moralidade tributária, especificamente, para os limites deste estudo, a moralidade do contribuinte, que, com atitudes evasivas, rompem o princípio da solidariedade, que informa o dever fundamental de pagar tributos, da igualdade e da livre concorrência, a tornar de todo injustificável a solução consensual aventada recentemente pelo legislador federal.

2 A transação tributária sob o influxo do princípio da boa-fé e da moralidade tributária

A relação jurídica tributária é informada pelo princípio da boa-fé e da proteção da confiança, que limitam assim a atividade fiscal como o comportamento dos contribuintes.

---

[17] "O tributo é um dever fundamental. Sim, o tributo se define como o dever fundamental estabelecido pela Constituição no espaço aberto pela reserva da liberdade e pela declaração dos direitos fundamentais." TORRES, Ricardo Lobo. *Tratado de direito constitucional financeiro e tributário – Volume II – Valores e princípios constitucionais tributários*. Rio de Janeiro: Renovar, 2005, p. 181. Por certo, ressalve-se, que não se tem um dever (de pagar) sem se ter um respectivo direito (pagar o valor justo, de acordo com a capacidade econômica de contribuir e dentro das regras de competência definidas na Constituição). Afinal, não se trata de um poder ou valor pré-estatal, como lembra Casalta Nabais: aquele dever decorre da exigência de tributos segundo a capacidade distributiva e outros critérios de justiça próprios do Estado de Direito. NABAIS, José Casalta. *O dever fundamental de pagar impostos*: contributo para a compreensão constitucional do Estado Fiscal contemporâneo. Coimbra: Almedina, 1998, p. 37.

[18] Sérgio André Rocha, para quem o "o dever fundamental de pagar impostos não é e não pode ser visto como um instrumento de maximização da tributação", com a adoção de uma "visão de ampliação da incidência pela via hermenêutica, numa espécie de *in dubio pro fiscum*". "O Dever Fundamental de Pagar Impostos: Direito Fundamental a uma Tributação Justa". *In*: ROCHA, Sérgio André; GODOI, Marciano Seabra de (org.). *O dever fundamental de pagar impostos*: o que realmente significa e como vem influenciando na jurisprudência?. Belo Horizonte: D'Plácido, 2017, p. 40. Com esta interessante obra coletiva, Sérgio André Rocha conclui o seu projeto dedicado ao estudo da obra de doutorado do autor português, objeto da matéria oferecida no Programa de Pós-graduação *stricto sensu* da Universidade do Estado do Rio de Janeiro. Nela o professor carioca procura esclarecer ao público brasileiro a densidade da obra do professor português, afastando ideologias e análises rasas acerca da profunda análise de José Casalta Nabais.

[19] O equilíbrio que caracteriza a relação do legislativo com os demais poderes, em especial com o poder Executivo, se faz também sentir no campo da ponderação, para a qual o legislador tem primazia. Este é o seu destinatário inicial, o primeiro a ser chamado a solucionar a colisão entre princípios e interesses em situação de tensão recíproca, dando prevalência a um ou outro em face de determinadas circunstâncias que reputa relevantes. Sobre a Pré-ponderação do Legislativo, cf. TORRES, Silvia Faber. *A flexibilização do princípio da legalidade no direito do Estado*. Rio de Janeiro: Renovar, 2012, p. 92.

De fato, como lembra Karl Larenz, a defesa da fidelidade e a manutenção da confiança formam o fundamento do tráfego jurídico e principalmente as relações jurídicas especiais.[20] Por isso, vai além das relações jurídicas obrigacionais, para se tornar verdadeiro princípio geral, aplicável a todos os ramos jurídicos.[21]

O princípio da boa-fé, ensina Ricardo Lobo Torres, "ingressa no direito administrativo e tributário, mas é indefinível. Em linhas gerais significa que o Estado deve respeitar a segurança dos direitos fundamentais do contribuinte, agindo segundo a moralidade e a equidade".[22] Mas consiste em princípio de via de mão dupla e protege tanto o contribuinte de atos administrativos-fiscais atentatórios a seus direitos e expectativas, como a Fazenda Pública em relação à conduta do contribuinte, que tem o dever moral de agir com lealdade e cooperação, de modo a não causar prejuízos à atividade fiscalizatória e arrecadatória, dificultando, em última instância, a prestação dos serviços públicos em prol da população.

Na lição de Valter Schuenquener de Araújo "o princípio da boa-fé objetiva pode ser invocado tanto pelo Estado como por particulares. Ele obriga que uma parte considere efetivamente os interesses da outra e que ela evite um comportamento contraditório".[23]

Em sua vertente objetiva, a boa-fé estabelece regras ou cláusulas de conduta que prescrevem um comportamento de fidelidade e confiança nas relações jurídicas. "O princípio da boa-fé protege o contribuinte que conduz seus negócios, rendas ou patrimônio com transparência e diligência normal de um bom administrador ou de um homem probo."[24] Em seu aspecto subjetivo, refere-se à conduta adotada nas relações pessoais, ou naquelas entre administração e administrado ou Fisco e contribuinte, e se vincula especialmente ao impedimento de atos contraditórios (*venire contra factum proprium*).

E se assim o é na relação jurídica *ex lege*, tanto mais em âmbito transacional, que, configurando modalidade de solução consensual de conflito adotada pelas próprias partes envolvidas, pressupõe a lealdade no estabelecimento de concessões recíprocas, com o fito de pôr fim a impasse acerca de direitos duvidosos ou relações jurídicas subjetivamente incertas, tornando-as seguras.[25] Aliás, a lei federal de transação está repleta de exemplos da proibição de atos contraditórios entre os transatores.[26]

---

[20] LARENZ, Karl. *Derecho de obligaciones*. Madrid: Revista de Derecho Privado, 1958. p. 148. *Apud* TORRES, Heleno. Boa-fé e confiança são elementares no direito tributário. Disponível em: https://www.conjur.com.br/2013-abr-24/consultor-tributario-boa-fe-confianca-sao-elementares-direito-tributario#:~:text=A%20exist%C3%AAncia%20e%20funcionamento%20do,lhe%20confere%20o%20sistema%20normativo. Acesso em: 01 mar. 21.

[21] TORRES, Heleno. Boa-fé e confiança..., *cit*.: Deveras, a boa-fé, ao longo dos séculos, assumiu uma presença constante nas relações contratuais e daí sua expressiva aplicação, preferencialmente à confiança. Esta, porém, tal como a boa-fé objetiva, não se circunscreve aos limites do "Direito Privado", mas assume a condição de verdadeiro princípio geral, aplicável a todos os ramos jurídicos.

[22] TORRES, Ricardo Lobo, *Tratado de direito constitucional financeiro e tributário... op. cit.*, p. 570.

[23] *O princípio da proteção da confiança: uma nova forma de tutela do cidadão diante do estado*. Niterói: Impetus, 2009, p. 36.

[24] TORRES, Heleno. *Boa-fé e confiança... op. cit.*

[25] Ainda segundo Ricardo Lobo Torres, o requisito essencial para a transação é que haja direitos duvidosos ou relações jurídicas subjetivamente incertas, tornando-se necessária a reciprocidade de concessões, com vista ao término da controvérsia. Curso de Direito Financeiro e Tributário, 20ª edição. Rio de Janeiro: ed. Processo, 2018, p. 290. Em igual sentido, João Ricardo Catarino e Guilherme de Mello Rossini adotam como requisito essencial para a transação, "a existência de direitos duvidosos na disputa (Portaria ME nº 247) (...) quer dos elementos de fato, quer de direito". E acrescentam que não se fere "qualquer princípio da Administração Pública o reconhecimento, por seus agentes, de dúvidas exegéticas, nem tampouco fere o seu dever de agir, porquanto a eles – frise-se – a atividade interpretativa igualmente se impõe". CATARINO, João Ricardo; ROSSINI, Guilherme de Mello. *Op. cit.* Transação tributária no direito comparado.

[26] Ver, em especial, artigo 3º e incisos.

Em uma abordagem mais ampla,[27] o princípio da moralidade informa diretamente a relação jurídico-tributária. Em sendo o Estado essencialmente financiado por meio da arrecadação tributária, os membros da sociedade e as empresas que ali desenvolvem suas atividades têm o dever moral de contribuir para a sua sustentabilidade no limite de suas capacidades econômicas, proporcionando-lhe os meios financeiros para o seu funcionamento.[28]

Sendo um dos princípios fundamentais da Administração Pública, consagrado no art. 37 da Constituição de 1988, a moralidade, para a doutrina tributária brasileira, sempre esteve mais ligada ao Direito Administrativo, e geralmente remetia à proteção do contribuinte contra arbitrariedades fiscais, a ensejar, inclusive, responsabilização dos agentes fiscais.[29] Para Humberto Ávila, o princípio da moralidade limita a atividade administrativa em vários aspectos e estabelece o dever de buscar um ideal de estabilidade e mensurabilidade na atuação do poder público.[30]

Mas a moral tributária, como já se deixou antever, possui duas vertentes, que se implicam mutuamente. A moral do Estado, de um lado, com a "teoria do agir moral-impositivo dos poderes públicos" e, de outro, a moralidade do contribuinte, informado pelo "agir moral-tributário do sujeito passivo da relação jurídico-tributária", cuja construção teórica das mais respeitadas vem do renomado jurista alemão Klaus Tipke.[31]

Do ponto de vista do contribuinte, a conduta moral é aferida por suas atitudes em relação à imposição fiscal, que, se evasivas, abusivas ou sonegadoras são contrárias à moral tributária, que resultam, ao fim e ao cabo, a transferência para os outros contribuintes do encargo financeiro da obrigação de pagar o tributo sonegado ou evadido, quebrando, dessa forma, o vínculo de solidariedade que os une.[32]

Klaus Tipke elenca certas atitudes dos contribuintes sob o ponto de vista fiscal,[33] questionando se elas se ajustariam à moralidade tributária. Dentre elas, algumas

---

[27] Humberto Ávila lembra que da moralidade decorre o princípio da boa-fé e da proteção da confiança.
[28] Aqui apenas uma advertência: como não se trata de um artigo específico sobre moralidade tributária, para os limites específicos do tema objeto deste estudo a trataremos esta apenas sob o viés da moral do contribuinte. Esta, porém, é uma visão restrita do princípio, que abarca também – e tradicionalmente quase que exclusivamente – a essencial moralidade do Estado, que dentre outras atitudes, devem respeitar a boa-fé e confiança do contribuinte, agir sem agressividade na fiscalização e pressão sobre o contribuinte, observar os julgados em precedentes vinculantes, etc.
[29] Nesse sentido, MARTINS, Ives Gandra da Silva. O princípio da moralidade no direito tributário. Disponível em: http://bibliotecadigital.fgv.br/ojs/index.php/rda/article/view/46791/46449. Acesso em: 01 mar. 21. Para o autor, os §§5º e 6º são aplicáveis à fiscalização tributária.
[30] ÁVILA, Humberto. São Paulo: Saraiva, 2004, p. 311.
[31] *Moral tributária do estado e dos contribuintes*. Porto Alegre: Sergio Antonio Fabris Editor, 2012.
[32] TORRES, Ricardo Lobo, *Tratado, op. cit.*, p. 31: "Sendo o dever fundamental de pagar imposto fundado no princípio da solidariedade, segue-se que existe a necessidade de se observar a moralidade entre contribuintes. A sonegação fiscal e a síndrome da evasão transferem para os outros contribuintes o encargo financeiro da obrigação de pagar o tributo sonegado ou evadido. Da mesma forma os privilégios odiosos." Em outra obra, lembra o autor que a solidariedade "é um valor moral juridicizável que fundamenta a capacidade contributiva e que sinaliza para a necessidade da correlação entre direitos e deveres fiscais". Ética e justiça tributária. In: SCHOUERI, Luís Eduardo; ZILVETI, Fernando Aurélio. *Direito tributário*: estudos em homenagem a Brandão Machado. São Paulo: Dialética, 1998.
[33] O elenco da tipologia de Tipke acerca das atitudes imorais do contribuinte é destaque em Ricardo Lobo Torres:
1. o *homo economicus*, que só pensa na sua conveniência econômica e não reconhece nenhum dever moral de conduta;
2. o compensador, que só considera justo o imposto se existe uma contraprestação equivalente;
3. o mal humorado, que se opõe à linha política do Estado;
4. o liberal, que vê o imposto como uma limitação da liberdade;

constituem o que Ricardo Lobo Torres denomina de *moralidade privada*,[34] a justificar, sob o ponto de vista subjetivo de quem as adota, condutas de resistência ao imposto. Nesse sentido, seria de se indagar se estariam atuando contra a moralidade tributária os contribuintes que não cumprem as leis tributárias porque as consideram injustas ou inconstitucionais; ou porque outros contribuintes não pagam massivamente; ou porque julgam que o Estado aplica mal os recursos públicos ou, ainda, porque não entendem a complexa legislação tributária.

A fluida análise moral da conduta do contribuinte perpassa necessariamente figuras como a resistência fiscal, a economia de imposto, planejamento tributário, "atitudes orçamentívoras",[35] evasão e elisão fiscais, sonegação fiscal, fraude fiscal, simulação, etc. Com efeito, enquanto a resistência fiscal[36] e a economia de imposto[37] são direitos do contribuinte de tentar reduzir ao máximo a carga tributária que lhe cabe, já que, em sendo uma obrigação *ex lege*, o pagamento do tributo devido independe da vontade do contribuinte, outras figuras ultrapassam o que se pode reputar eticamente aceitável e se transmutam em violação à lei, como o abuso na interpretação da lei e o planejamento fiscal abusivo,[38] coibidos por normas antielisivas[39] e práticas transgressoras e tipificadas como crime contra a ordem tributária, como a sonegação e a fraude.

A questão da imoralidade tributária está presente nas figuras tipificadas e nas não tipificadas, chegando-se a estas a partir dos princípios constitucionais do direito. O movediço limite da economia moral e imoral de tributos está, cada dia mais, ligado ao

---

5. o elisor legalista, que busca aproveitar as lacunas e passagens obscuras da lei para pagar o menor imposto possível;
6. o ignorante, que não compreende as leis fiscais;
7. o sensível ante a justiça, que se escandaliza com a desigualdade tributária
Tratado... cit., p. 28

[34] "Em nossos dias Ives Gandra da Silva Martins caracteriza o imposto como "norma de rejeição social". O Estado, por seu turno, continua a se apropriar da parcela da economia societal como coisa privada, sem se preocupar com a destinação pública do produto arrecadado e com a incidência fundada na idéia de justiça". Tudo isso alimenta a *moralidade privada*, entendida em termos de adequação tanto da conduta individual como do comportamento do Fisco a normas éticas com pequeno peso de publicidade". *Tratado, op. cit.*, p. 13

[35] TORRES, Ricardo Lobo, *Tratado... cit.*, p. 31: "A atitude orçamentívora, típica da moralidade privada, aparece quando o contribuinte vive à sombra do Fisco, procurando sempre aumentar o seus ganhos na via dos incentivos fiscais e das renúncias de receita".

[36] Casalta Nabais lembra que a resistência fiscal, na sua modalidade passiva, constitui, entre os portugueses, um direito fundamental, consagrado no art. 103, n. 3, da CRP. *Direito fiscal*. Coimbra: Almedina, 2005, p. 121, nota 231.

[37] É clássica a doutrina tributária a tratar do direito à economia de imposto. Por todos, cf. ULHOA CANTO, Gilberto. Elisão e evasão fiscal. *Caderno de Pesquisa Tributária*, v. 13. São Paulo: Resenha Tributária, 1988, p. 28, *Apud* UTUMI, Ana Claudia. Moralidade tributária: a nova fronteira?. In: BRIGAGÃO, Gustavo; MATA, Juselder Cordeiro da (org). *Temas de direito tributário em homenagem a Gilberto de Ulhoa Canto*. Belo Horizonte: Arraes Editores, 2020, p. 137: "O contribuinte que escolhe o modo de atingir resultados econômicos ou financeiros segundo o critério de suportar o menor ônus fiscal que a lei permita não evidencia, só por isso, falta de civismo ou espírito público. Se é certo que o cidadão deve fielmente contribuir para os gastos coletivos segundo as normas legais em vigor, não é menos certo que dele o fisco não pode esperar pagamento de montante superior ao que a lei lhe impõe, eis que, pelo excesso o que haveria seria mera doação".

[38] A doutrina brasileira é rica em obras acerca do planejamento fiscal, planejamento fiscal abusivo e normas antielisivas. Cf., por todos, GRECO, Marco Aurelio. *Planejamento tributário*. São Paulo: Quartier Latin, 2019.

[39] No Brasil, o parágrafo único do art. 116 do CTN, que, segundo o STF, em recente, mas ainda não definitiva, decisão (ADI nº 2446), descaracterizou a natureza de norma antielisiva ao dispositivo, que autorizaria a desconstituição de atos tomados com abuso de direito ou abuso de formas, para identificá-la com uma norma antievasiva, a coibir a fraude e simulação, o que, na realidade, já era tipificado no direito brasileiro.

abuso contumaz de formas, como no caso do "elusor fiscal legalístico",[40] nas palavras de Tipke, ou da "síndrome da evasão fiscal",[41] na pena de Ricardo Lobo Torres.

Hoje a discussão avança internacionalmente para que os Estados assegurem que todos os contribuintes, em especial as empresas multinacionais, paguem sua *parcela justa de tributos – fair share –*, instituindo-se, sobretudo a partir de iniciativas da OCDE, programas de combate a planejamentos abusivos, como o Projeto BEPS, que constitui um plano de ação voltado para a busca de transparência nas atividades de grupos econômicos multinacionais. A moralidade tributária vem sendo um dos grandes motes das iniciativas internacionais para o combate a planejamentos agressivos ou abusivos, que obstam o recolhimento da parcela justa de tributos das empresas.[42]

A jurisprudência do Supremo Tribunal Federal parece ter absorvido o elemento da moralidade com reconhecer as diferentes repercussões na seara econômica das atividades promovidas por devedores contumazes e demais devedores, reputando possíveis a aplicação "meios coercitivos indiretos" a estruturas empresariais que têm na inadimplência tributária sistemática e consciente sua maior vantagem concorrencial.[43]

Com efeito, embora o entendimento fixado classicamente pelo Tribunal seja no sentido de vedação da sanção política, conforme os Verbetes Sumulares nºs 70,[44] 323[45] e 547,[46] a partir de um teste de ponderação entre a liberdade de iniciativa e a livre

---

[40] O tipo do elusor fiscal legalístico não se excita de um modo geral diante de leis tributárias injustas. Ele não moraliza nada, mas sim tenta organizar sua conduta – em regra com o auxílio de assessores tributários – de tal modo que ele possa com o aproveitamento de lacunas, obscuridades da lei e favorecimentos fiscais pagar o menos possível de tributos. Como empresário interessa-se o elusor fiscal mais pela neutralidade concorrencial e segurança de planejamento do que pela justiça tributária. *Moral tributária... op. cit.*, p. 106

[41] "A preocupação excessiva em destorcer os limites possíveis da razoabilidade da lei ou o abuso contumaz da forma jurídica resultam em atitudes contrárias à moralidade pública. Houve, nas últimas décadas no Brasil a exagerada tendência à interpretação formalista e à defesa da licitude sem limites da elisão, o que levou a prática tributária a se aproximar cada vez mais da concepção da moralidade privada. A reversão dessa atitude se inicia com a publicação da LC 104/01". *Tratado, op. cit.*, p. 29

[42] Veja-se o interessante estudo de UTUMI, Ana Claudia. Moralidade tributária: a nova fronteira?. In: BRIGAGÃO, Gustavo; MATA, Juselder Cordeiro da (org). *Temas de direito tributário em homenagem a Gilberto de Ulhoa Canto.* Belo Horizonte: Arraes Editores, 2020, p. 126-138.

[43] Não há que se falar em sanção política se as restrições à prática de atividade econômica objetivam combater estruturas empresariais que têm na inadimplência tributária sistemática e consciente sua maior vantagem concorrencial. Para ser tida como inconstitucional, a restrição ao exercício de atividade econômica deve ser desproporcional e não razoável. (STF Pleno ADI nº 173. Rel. Min. Joaquim Barbosa, julgado em 25.09.2008)
(...) o descumprimento injustificado e reiterado de obrigações tributárias principais e acessórias por parte da recorrente acarreta notória distorção no sistema concorrencial do mercado tabagista, na medida em que lhe permite comercializar os seus produtos em patamar de preço inferior ao de seus concorrentes. A liberdade de iniciativa, como se sabe não é absoluta, encontrando limites, dentre outros, no princípio constitucional da livre concorrência do qual é serviente. Estamos diante de um caso absolutamente excepcional, estamos diante de uma macro delinquência tributária reiterada. São firmas que se dedicam a essa atividade de forma ilícita na clandestinidade Quando o Fisco fecha uma dessas empresas, imediatamente outra é reaberta, e assim sucessivamente, sem pagar o IPI, numa concorrência absolutamente predatória Não estamos diante de uma situação normal, em que a empresa que atua licitamente merece toda a proteção constitucional. (RE nº 550.769/RJ. Voto vencedor do Min. Ricardo Lewandowski, julgado em 22.05.2013)
(...) somente pode ser considerada 'sanção política' vedada pelo STF (cf. Súmulas nº 70, 323 e 547) a medida coercitiva do recolhimento do crédito tributário que restrinja direitos fundamentais dos contribuintes devedores de forma desproporcional e irrazoável, o que não ocorre no caso do protesto de CDAs. (STF. ADI nº 5.135/DF. Plenário, Rel. Min. Luís Roberto Barroso, julgado em 03.11.2016)

[44] "É inadmissível a interdição de estabelecimento como meio coercitivo para cobrança de tributo".

[45] "É inadmissível a apreensão de mercadorias como meio coercitivo para pagamento de tributo".

[46] "Não é lícito à Autoridade proibir que o contribuinte em débito adquira estampilhas, despache mercadorias nas alfândegas e exerça suas atividades profissionais".

concorrência, o STF passou a descolar as formas abusivas e fraudulentas da sanção política, entendendo que não há sanção política quando a macrodelinquência tributária é modelo negocial do contribuinte. Nesse sentido, para o STF "entende-se por sanção política as restrições não-razoáveis ou desproporcionais ao exercício de atividade econômica ou profissional lícita, utilizadas como forma de indução ou coação ao pagamento de tributos"[47][48]

De tudo o que até aqui se colocou, percebe-se que a relação de confiança que caracteriza a transação como solução consensual de litígio e o tratamento diferenciado que se dá aos transatores pressupõem uma conduta moral e de boa-fé do contribuinte, que deve abolir práticas danosas à igualdade e justiça fiscais e à livre concorrência para poder ser contemplado com a modalidade transacional.

É nesse sentido, parece-nos, que a legislação tributária federal alude à figura do devedor contumaz, como forma de "juridicizar a moralidade" no que toca à transação. A bem da verdade, os planos da moralidade e da legalidade não se confundem do ponto de vista subjetivo, como ressalta Ricardo Lobo Torres. Mas há possibilidade de coincidência entre moralidade e legalidade e entre imoralidade e ilegalidade. Condutas eticamente valoradas podem ser legalizadas, tanto que transformadas em normas de direito positivo.[49]

Dispôs o art. 5º da Lei

Art. 5º É vedada a transação que:
(...)
III – envolva devedor contumaz, conforme definido em lei específica.

---

[47] STF. RE nº 550.769-RJ, Plenário, Rel. Min. Joaquim Barbosa, Julgamento em 22.05.2013, Publicação 03.04.2014: CONSTITUCIONAL. TRIBUTÁRIO. SANÇÃO POLÍTICA. NÃO PAGAMENTO DE TRIBUTO. INDÚSTRIA DO CIGARRO. REGISTRO ESPECIAL DE FUNCIONAMENTO. CASSAÇÃO. DECRETO-LEI nº 1.593/1977, ART. 2º, II. 1. Recurso extraordinário interposto de acórdão prolatado pelo Tribunal Regional Federal da 2ª Região, que reputou constitucional a exigência de rigorosa regularidade fiscal para manutenção do registro especial para fabricação e comercialização de cigarros (DL 1.593/1977, art. 2º, II). 2. Alegada contrariedade à proibição de sanções políticas em matéria tributária, entendidas como qualquer restrição ao direito fundamental de exercício de atividade econômica ou profissional lícita. Violação do art. 170 da Constituição, bem como dos princípios da proporcionalidade e da razoabilidade. 3. A orientação firmada pelo Supremo Tribunal Federal rechaça a aplicação de sanção política em matéria tributária. Contudo, para se caracterizar como sanção política, a norma extraída da interpretação do art. 2º, II, do Decreto-lei nº 1.593/1977 deve atentar contra os seguintes parâmetros: (1) relevância do valor dos créditos tributários em aberto, cujo não pagamento implica a restrição ao funcionamento da empresa; (2) manutenção proporcional e razoável do devido processo legal de controle do ato de aplicação da penalidade; e (3) manutenção proporcional e razoável do devido processo legal de controle da validade dos créditos tributários cujo não-pagamento implica a cassação do registro especial. 4. Circunstâncias que não foram demonstradas no caso em exame. 5. Recurso extraordinário conhecido, mas ao qual se nega provimento. (Recurso Extraordinário n.º 550.769. Relator: Ministro Marco Aurélio, julgado em 22.05.2013).

[48] Não obstante a abertura do STF para a punibilidade de condutas empresariais lesivas à sociedade, certa doutrina ainda se mantém resistente. Hugo de Brito Machado Segundo e Raquel Machado, divergem de tal orientação, ao entendimento de que a decisão no Recurso Extraordinário nº 550.769 não possui o condão de alterar o entendimento fixado classicamente pelo Tribunal, sendo excepcionalíssima dadas as caraterísticas da empresa, inclusive seu ramo de atuação. Cf. SEGUNDO, Hugo de Brito Machado; MACHADO, Raquel Cavalcanti Ramos. Regimes especiais de fiscalização e devedores contumazes: revisitando o tema das sanções políticas em matéria tributária. *Revista de Direito Econômico e Socioambiental*, Curitiba, v. 9, n. 2, p. 86-108, maio/ago. 2018. doi: 10.7213/rev.dir.econ.soc.v9i2.21608.

[49] *Tratado, op. cit.*, p. 16

Mas como se vê, o legislador federal houve por bem não definir, ele mesmo, na lei de transação, o que seja o devedor contumaz, delegando a lei específica que o faça. E isso certamente pela especificidade e importância, inclusive penal, da figura da contumácia no Direito Tributário. Não obstante, à míngua da regulamentação própria, a falta de indicação dos elementos essenciais de seu conteúdo ou bem acaba por inviabilizar a transação de forma ampla ou bem abarca situações moralmente deletérias que o legislador pretendeu evitar.

De igual forma, a delegação para uma lei específica que conceitue ou tipifique a figura do devedor contumaz também pode trazer entraves para o instituto da transação e problemas práticos para a sua aplicação quando se estiver diante daquele devedor que possivelmente faz da inadimplência tributária seu *modus operandi*.[50]

A um primeiro olhar, parece que a vedação da transação para o devedor contumaz operada pela legislação federal vem atender integralmente aos ditames da moralidade do contribuinte e justificar o tratamento diferenciado em prol dos "bons contribuintes", excluindo aqueles que fazem da burla ao Fisco uma estratégia negocial. Mas há de se perquirir se a alusão explícita a esse devedor pela legislação própria da transação tributária se compadece com o instituto negocial e com seu propósito de aliviar o congestionamento do Judiciário. O que se quer significar é: deve-se, de fato, tentar conceituar o devedor impedido de transacionar, porque contumaz, ou, diante da relevância do tema da transação tributária como meio alternativo para a solução de conflitos tributários e sua vocação para minorar a crise do Judiciário, há de se evitar o conceito aberto e partir para outra solução que atenda ao princípio da moralidade, nos limites do poder atribuído pelas regras de competência, sem os problemas práticos que possam dele advir?

3 Devedor contumaz: conceito indeterminado

A categoria *devedor contumaz* é um exemplo de conceito jurídico indeterminado. Tratado por meio de, ao menos, atos normativos ou projetos de leis de 13 estados diferentes, além da União, o conceito adquire múltiplas definições possíveis.

O Presidente da Associação dos Juízes Federais do Brasil, Fernando Marcelo Mendes, no Arrazoado Técnico acerca do Projeto de Lei Federal nº 1.646, de 2019, utiliza a definição constante do ato normativo para caracterizar o devedor contumaz como aquele contribuinte que ultrapassa os limites da inadimplência, fazendo da burla ao pagamento elemento essencial de seu negócio ou aquele que se vale de fraude para se eximir do adimplemento de suas obrigações. Dessa forma, o não cumprimento das obrigações tributárias configura o diferencial competitivo ou principal estratégia de atuação do contribuinte no mercado.

---

[50] Voto do Ministro Luis Roberto Barroso no HC 163.334, que criminalizou o não recolhimento do ICMS próprio: "O inadimplente eventual é totalmente diferente do devedor contumaz, que faz da inadimplência tributária seu *modus operandi*". Cf. https://www.conjur.com.br/2019-dez-14/criminalizacao-nao-pagamento-icms-exige-dolo-explica-fux. Acesso em: 01.03.2021.

De forma similar, Daniel Moreti afirma que devedor contumaz "é o agente econômico que faz do não pagamento reiterado, sistemático e estruturado de tributos o meio de obtenção de vantagem concorrencial para sua atuação no mercado".[51]

Para Fernando Marcelo Mendes, a figura do devedor contumaz é caracterizada por aqueles contribuintes que "(d)eixam de pagar tributos, não por problemas eventuais de caixa, conjuntura econômica, má-administração, interpretação errônea da legislação, mas como deliberada escolha empresarial visando ao incremento artificial de sua capacidade econômica".[52]

Nesse mesmo compasso, Ricardo Seibel Freitas Lima determina a inadimplência tributária contumaz como

> (...) uma espécie de inadimplência prolongada no tempo, muitas vezes planejada pelo contribuinte, que acaba por ter efeitos nocivos em termos de competição, não se confundindo com aquela inadimplência pontual e esporádica, fruto de dificuldades financeiras da empresa, e que em nada afeta a livre concorrência.[53]

A Procuradoria-Geral do Distrito Federal, por meio do Parecer PRCON/PGDF nº 0717/2016[54] trata de devedores contumazes como aqueles que assumem o não pagamento de tributos como atividade natural. De acordo com o referido parecer, o tratamento diferenciado desse tipo de devedor tem como finalidade preservar a sociedade e a livre concorrência e impedir a criação de débitos impagáveis.

Assim, apesar da textura aberta do conceito, pode-se observar que as supracitadas definições nos dão pistas sobre os elementos que caracterizam o devedor contumaz. A figura do devedor contumaz estabelece, acima de tudo, uma distinção de certo tipo de devedor em relação aos demais. Mas tal distinção, adotada em diferentes instrumentos normativos, está longe de caracterizar-se arbitrária,[55] em especial porque fruto de uma ponderação entre os princípios da livre iniciativa, de um lado, e da igualdade,[56] moralidade, solidariedade e livre concorrência, de outro, correlacionados, ainda, com os objetivos constitucionais de promoção de políticas sociais.

---

[51] MORETI, Daniel. O devedor contumaz e a livre concorrência. Disponível em: https://www.ibet.com.br/wp-content/uploads/2020/05/Artigo-Daniel-Moreti.pdf. Acesso em: 8 mar. 2021.

[52] MENDES, Fernando Marcelo. O devedor contumaz e os princípios da livre iniciativa e da dignidade da pessoa humana. *Dimensões dos Direitos Humanos*. Universidade Portucalense: Porto, 269 p. Disponível em: http://repositorio.uportu.pt:8080/bitstream/11328/1611/4/Libro_II_CONDIM_2016-1.SEM%20TEXTO.pdf#page=269. Acesso em: 11 mar. 2021.

[53] LIMA, Ricardo Seibel Freitas. *Livre concorrência e o dever de neutralidade tributária.* Dissertação (Mestrado em Direito), p. 106.

[54] Disponível em: http://parecer.pg.df.gov.br/arquivo/PRCON/2016/PRCON.0717.2016.pdf. Acesso em: 5 mar. 2021.

[55] Nesse sentido, o Parecer PRCON/PGDF nº 0717/2016, a distinção entre devedores contumazes e os demais devedores não seria arbitrária, visto que objetiva coibir a atividade de empresas que, por meio da inadimplência de obrigações tributárias, levam outras empresas, que cumprem suas obrigações, à bancarrota.

[56] O Superior Tribunal de Justiça, durante o julgamento do AREsp nº 1.241.527/RS, que "o tratamento distinto a essa espécie de devedor contumaz está, assim, em consonância com o princípio da isonomia, que impõe o tratamento desigual àqueles que são desiguais".

4 O devedor contumaz no direito brasileiro

Embora exista uma diversidade de instrumentos normativos que busquem conceituar o instituto, do ponto de vista legislativo não é possível apontar, atualmente, na direção da existência de um único dispositivo capaz de definir tal categoria.

4.1 O modelo federal: art. 5º, III, da Lei nº 13.988/20 e Projeto de Lei nº 1.649/19

Como se viu da transcrição do art. 5º da Lei nº 13.988/20, o legislador federal houve por bem não definir, ele mesmo, na lei de transação, o que seja o devedor contumaz, delegando a lei específica que o faça. De igual forma, a Portaria PGFN nº 9.917/2020 apenas veda a transação para o devedor contumaz, conforme definido em lei específica.[57]

O debate acerca da conceituação da figura – a tal "lei específica" – já está na pauta legislativa federal. Tramita no Congresso Nacional o PL nº 1.646/19, que estabelece medidas para o combate ao devedor contumaz e de fortalecimento na cobrança da dívida ativa. O art. 1º, em conceito aberto e indefinido, considera contumaz o devedor-contribuinte cujo comportamento fiscal se caracteriza pela inadimplência substancial e reiterada de tributos. Em seguida, no §1º, considera inadimplência substancial e reiterada de tributos a existência de débitos, em nome do devedor ou das pessoas físicas ou jurídicas a ele relacionadas, inscritos ou não em dívida ativa da União, de valor igual ou superior a R$15.000.000,00, em situação irregular por período igual ou superior a um ano. Prevê, portanto, a figura do devedor *reiterado*. Aqui a medida preparatória do legislador opta pela instituição de uma ficção, estabelecendo um valor numérico para considerar a *conduta reiterada* do devedor, o qual poderá ser atualizado por ato do Ministério da Economia.

Mas institui um procedimento prévio para caracterizar a *contumácia*, criando, assim, em primeira leitura, três condições cumulativas: dever valor igual ou superior a R$15.000.000,00, estar em situação irregular, assim caracterizado o crédito tributário não garantido ou com exigibilidade suspensa, e a instauração de procedimento prévio em casos em que houver indício de situações específicas, a saber: (i) indícios de que a pessoa jurídica tenha sido constituída para a prática de fraude fiscal estruturada, inclusive em proveito de terceiros; (ii) indícios de que a pessoa jurídica esteja constituída por interpostas pessoas que não sejam os verdadeiros sócios ou acionistas ou o verdadeiro titular, na hipótese de firma individual; (iii) indícios de que a pessoa jurídica participe de organização constituída com o propósito de não recolher tributos ou de burlar os mecanismos de cobrança de débitos fiscais; ou (iv) indícios de que a pessoa física, devedora principal ou corresponsável, deliberadamente oculta bens, receitas ou direitos,

---

[57] Nota do editor: A Portaria PGFN nº 9.917/20 foi revogada pela Portaria PGFN/ME nº 6.757/22. A nova portaria é ainda mais clara ao dispor: "Art. 15. Sem prejuízo da possibilidade de celebração de Negócio Jurídico Processual para equacionamento de débitos inscritos em dívida ativa da União e do FGTS, nos termos de regramento próprio, é vedada a transação que: (...) VII – envolva devedor contumaz. (...) §3º O impedimento de que trata do inciso VII do caput do presente artigo depende de lei específica que estabeleça o conceito de devedor contumaz".

com o propósito de não recolher tributos ou de burlar os mecanismos de cobrança de débitos fiscais. Na confusa redação do projeto de lei, as figuras do *devedor contumaz* e o *devedor fraudulento* parecem se amalgamar para fins de imposição de medidas administrativas restritivas, pressupondo-se a prática de ilícito para que o contribuinte se subsuma no conceito de contumácia.

Como se percebe, a lei específica, ainda sob forma de projeto, prevê dois gêneros de devedor, que, numa primeira interpretação, parecem se pressupor mutuamente: o devedor *fraudulento* e o devedor *reiterado*, sendo que os dois dariam origem ao devedor *contumaz*.[58]

Contudo, a previsão federal traz alguns problemas práticos para a performance da transação tributária, em especial a instauração de procedimento prévio para a caracterização do devedor contumaz. Afinal, o atendimento dos critérios que caracterizam o devedor contumaz deve estar plenamente demonstrado quando da adesão ou proposta do contribuinte de transação? O procedimento prévio há de estar finalizado?

Nenhuma crítica à instauração de procedimento prévio para a comprovação de esquemas fraudulentos com o fim de aplicação das restrições administrativas elencadas no art. 3º do PL nº 1.646/19, a saber, o cancelamento do cadastro fiscal do contribuinte pessoa jurídica ou equivalente e o impedimento de fruição de quaisquer benefícios fiscais, pelo prazo de dez anos. Antes, o mecanismo é um imperativo dentro da ideia de uma nova processualidade fiscal, fruto das transformações do Estado Fiscal de Direito, em que o processo tributário se afasta de pressupostos autoritários e se firma em um contexto que exige participação e consenso.[59]

O que se questiona é se o procedimento previsto no art. 2º do PL nº 1.646/19, aplicável, salvo eventual determinação contrária, à definição de devedor contumaz deixada em aberto pelo art. 5º, II, da Lei Federal nº 13.988/20, se conformaria principalmente com as justificativas da implementação da transação, quais sejam, a maior efetividade da recuperação dos créditos inscritos em dívida ativa, eficiência na gestão da dívida ativa e principalmente atenuar o volume de execuções fiscais que hoje tramitam no Judiciário.

A resposta nos parece ser negativa. De fato, abrir uma segunda frente processual para *comprovar* quem é o devedor contumaz fará possivelmente desaguar no próprio Judiciário e criar mais um gargalo na satisfação do crédito, o que não condiz com a pretendida eficiência da medida recentemente criada. Aliás, a medida se mostra mesmo desnecessária, uma vez que a prática de atos fraudulentos já configura, por si só, causa rescisória da transação,[60] nos termos do art. 4º da Lei nº 13.988/20, o que torna, inclusive, a lei de transação mais rígida que o PL, ao prever consequência gravosa (rescisão da transação) se preenchido apenas o requisito da fraude.[61]

---

[58] São contumazes aqueles que, de acordo com o artigo 2º, demonstrarem indícios de fraude fiscal, utilização de "laranjas", ou que montem sua atividade com o intuito principal do não recolhimento de tributos ou da burla aos mecanismos de cobrança da dívida fiscal ou com a ocultação de bens, receitas ou direitos. Os *devedores reiterados* são aqueles que demonstram uma inadimplência substancial e reiterada de tributos, conforme disposto pelo artigo 2º, §1º, do Projeto de Lei Federal nº 1646/2016.

[59] Cf. TORRES, Ricardo Lobo. O direito à ampla defesa e a processualidade tributária. *Revista da Procuradoria Geral do Estado do Rio Grande do Sul (PGE-RS)*, v. 30, n. 64, p. 9-20, jul./dez. 2006.

[60] CARNEIRO, Julia Silva Araújo. A transação tributária na Lei n. 13.988/20: repercussões sobre a livre concorrência e o papel do devedor contumaz". In: CONRADO, Paulo Cesar; ARAUJO, Juliana Furtado Costa (coord.). *Transação tributária na prática da Lei nº 13.988/20*. São Paulo: Revista dos Tribunais, 2020, p. 124.

[61] *Idem, ibid.*

De outro turno, a referência a fraude ou outros meios ilícitos, acaba a vincular a moralidade ao fato típico antijurídico, baralhando os conceitos de imoralidade e ilegalidade. Como já sublinhado, eles podem ou não coincidir, mas não se pressupõem mutuamente. Vale dizer, não só os atos fraudulentos são contrários à moralidade, de modo que o modelo do projeto de lei federal acaba por reduzir o componente axiológico da conduta contumaz ao desrespeito à legalidade.

4.2 Modelos estaduais

No restante da legislação brasileira, de forma geral, o tratamento que se dá ao devedor contumaz, cujas ações causam uma distorção no mercado, imprimindo prejuízos à livre iniciativa e, naturalmente, à arrecadação tributária, é também de assimilar a particular condição do devedor contumaz ao não recolhimento sistemático de tributos, ora inserindo-se o elemento doloso, como o fez o PL federal, ora omitindo-se quanto a ele. De comum, a adoção de meios coercitivos indiretos a tais contribuintes.

No Estado do Rio de Janeiro, existe a figura do *devedor fraudulento*,[62] que tem por consequência a possibilidade de o contribuinte assim classificado sofrer desativação da inscrição, de acordo com o art. 44-A, c/c 46, da Lei nº 2.657/1996, e – caso seja o Projeto de Lei nº 1.849/2020[63] aprovado – do *devedor contumaz*, sendo que o segundo não pressupõe a prática de ilícito. O *devedor contumaz*, conforme definido no artigo 1º, IV, do referido projeto de lei, que inclui o artigo 76-A na Lei nº 2.657, de 1996,[64] é aquele contribuinte que permanecer na condição de inadimplente por determinado período ou contrair dívida excessiva, de modo a causar risco de dano ao Erário e à sociedade.

Diversos outros Estados preveem explicitamente a figura do devedor contumaz como aquele contribuinte que se omite habitualmente no cumprimento de obrigação relativa ao ICMS, declarado em formato definido pela legislação, caracterizando conduta orientada a prejudicar a concorrência ou dificultar a satisfação do direito de crédito da Fazenda Pública. Algumas legislações estipulam mecanismos específicos de cobrança

---

[62] *Devedor fraudulento* é caracterizado como aquela pessoa que detenha dívida com a fazenda estadual e não efetive sua quitação, apesar de ter condições de assim o fazer. Nos termos do artigo 44-A, §3º, da Lei nº 2.657/1996, "considera-se inadimplência fraudulenta a falta de pagamento de débito tributário vencido, quando o contribuinte detém disponibilidade financeira comprovada, ainda que por coligadas, controladas ou seus sócios". A Resolução SEFAZ nº 720/2014, Parte II, Anexo I regulamenta a inadimplência fraudulenta em seu art. 60, IX, § 3º Para fins do disposto no inciso IX do caput deste artigo, considera-se inadimplência fraudulenta: I – a falta de pagamento de débito tributário declarado e vencido, pelo menos por 6 (seis) dos 12 (doze) últimos períodos de apuração, quando o contribuinte detém disponibilidade financeira comprovada, ainda que por coligadas, controladas ou seus sócios; II – débito tributário decorrente de falta de pagamento de imposto retido por substituição tributária; III – existência de débitos do imposto em montante correspondente a mais de 30% (trinta por cento) do patrimônio conhecido da empresa.

[63] Projeto de lei que "Institui o regime especial de controle, fiscalização e pagamento ao contribuinte do ICMS considerado devedor contumaz".

[64] "Art. 76-A Será considerado devedor contumaz o contribuinte que se enquadrar em pelo menos uma das seguintes situações:
I – possuir débito de ICMS declarado e não pago, inscrito ou não em dívida ativa, relativamente a 6 (seis) períodos de apuração, consecutivos ou não, nos 12 (doze) meses anteriores;
II – possuir débitos de ICMS inscritos em dívida ativa, que totalizem valor superior a 150.000 [...] UFIR-RJ e correspondam a mais de 30% (trinta por cento) de seu patrimônio líquido, ou a mais de 25% (vinte e cinco por cento) do valor total das operações de saídas e prestações de serviços realizadas nos 12 (doze) meses anteriores.

para o contribuinte classificado como contumaz, outros estipulam restrições como, por exemplo, impedimento à utilização de benefícios ou incentivos fiscais relativos ao ICMS; apuração do ICMS por operação ou prestação; ou pagamento antecipado do tributo.[65]

Mas não há, nas legislações estaduais que *constituíram o instituto da transação*, a previsão do devedor contumaz como óbice à celebração da medida consensual para a satisfação do crédito tributário. Apenas o Estado de São Paulo, na recém-editada Lei nº 17.293/20, é que estipulou vedação à transação que envolva *devedor reiterado*, sem mencionar explicitamente, contudo, a figura do devedor contumaz, que costuma figurar na mesma categoria:

> Artigo 47 – É vedada a transação que:
> IV – envolva devedor do Imposto sobre Circulação de Mercadorias e Serviços de Transporte Intermunicipal e Interestadual e de Comunicação – ICMS que, nos últimos 5 (cinco) anos, apresente inadimplemento de 50% (cinquenta por cento) ou mais de suas obrigações vencidas;

Embora já se vislumbrem propostas doutrinárias mais ousadas,[66] esse modelo instituído pela legislação paulistana parece-nos o melhor critério para conciliar o princípio da moralidade, elemento essencial da relação jurídica entre os transatores, com os propósitos do meio alternativo de solução de conflito.

Com efeito, a simplificação da legislação paulista, com vedar, em forma de ficção jurídica sopesada previamente pelo legislador, a transação ao contribuinte que nos últimos cinco anos apresentou inadimplemento de 50% ou mais de suas obrigações vencidas se mostra um critério válido e relevante diante, de um lado, da indeterminação do conceito de devedor contumaz e da sua frequente permeabilidade com o direito penal tributário, a ensejar problemas com a caracterização da contumácia, e, de outro, da necessária observância dos princípios da moralidade e da livre concorrência. Aqui a legislação abstrai de quaisquer elementos subjetivos e concretos e presume que o contribuinte que se enquadra nessa situação não paga a parcela justa de sua contribuição para o financiamento do Estado e obtém vantagem concorrencial indevida à custa das demais empresas. A Administração transatora, assim, é dispensada de demonstrar a culpa do infrator, o que, se exigido, acabaria por retardar indevidamente o processo da transação.

---

[65] No DF, o Decreto nº 38.650/17, que regulamenta a LC 904/05; Estado da Paraíba: Lei nº 11.247/18; Decreto° 386/16 do Estado do Paraná; Lei nº 10.497/19 do Estado do Rio Grande do Norte; Lei nº 17.427/17 do Estado de Santa Catarina; Lei nº 7747/15 do Estado de Alagoas; Lei nº 13.199/14 do Estado da Bahia; Lei nº 19.665/17 do Estado de Goiás; Lei nº 6289/17 do Estado do Maranhão; Decreto nº 47.364/18 do Estado de Minas Gerais; Lei nº 9907/12 do Estado do Espírito Santo; Lei nº 13.711/2011 do Estado do Rio Grande do Sul.

[66] Julia Carneiro traz um interessante modelo, que reconhece mais controvertido: o estímulo à conformidade voluntária do devedor contumaz por meio de incentivos positivos (possibilidade de transacionar), conjugados com medidas restritivas. "Nesse sentido, a transação poderia atuar como meio de incremento de arrecadação pela União, viabilizando aos devedores contumazes a quitação de seu passivo acumulado, ainda que com descontos, desde que firmado compromisso de pagamento das obrigações tributários correntes, sob pena de severas sanções", *op. cit.*, p. 125.

5 Conclusão

Sabe-se que uma das causas para a acirrada litigiosidade entre Fisco e contribuinte advém da excessiva normatização em matéria tributária e, de certo, a utilização de mais um conceito indeterminado na lei – em especial com grande permeabilidade com o Direito Penal Tributário – não irá auxiliar a rápida solução consensual dos conflitos, como se espera.

Assim, a par das diferenças e discussões em torno da indisponibilidade do interesse público em muito já superada em legislações esparsas, o conceito de "devedor contumaz" empregado na legislação federal, muito embora venha atender às necessárias boa-fé e moralidade tributárias, em seu viés do contribuinte, mostra-se prejudicial para a realização de acordos transacionais.

Nessa ordem de ideias, o presente estudo conclui que o indefinido conceito de devedor contumaz, dentro de seu escopo de criar parâmetros para se qualificar a conduta do contribuinte como contumaz e injustificável, não se compadece, para fins de transação tributária, com o instituto negocial e com seu propósito de aliviar o congestionamento do Judiciário. Entende-se, nesse sentido, que ao invés de se tentar conceituar o devedor impedido de transacionar, porque contumaz, há de se partir para uma ficção jurídica ou presunção que atenda ao princípio da moralidade, nos limites do poder atribuído pelas regras de competência. Assim, a transação tributária como meio alternativo para a solução de conflitos tributários poderá melhor desempenhar sua vocação para minorar a crise do Judiciário, robustecer a relação Fisco-contribuinte, diminuir custos dos litigantes, entre outros.

Informação bibliográfica deste texto, conforme a NBR 6023:2018 da Associação Brasileira de Normas Técnicas (ABNT):

TORRES, Silvia Faber; REZENDE, Flávia Romano de. O devedor contumaz na transação tributária. *In*: SARAIVA FILHO, Oswaldo Othon de Pontes (coord.). *Transação Tributária*: homenagem ao jurista Sacha Calmon Navarro Coêlho. Belo Horizonte: Fórum, 2023. (Coleção Fórum grandes temas atuais de Direito Tributário ; v. 1). p. 341-357. ISBN 978-65-5518-407-5.

DESJUDICIALIZAÇÃO TRIBUTÁRIA. REFLEXÕES SOBRE A TRANSAÇÃO TRIBUTÁRIA COMO MECANISMO DE SOLUÇÃO DE LITIGIOSIDADE[1]

JULIO HOMEM DE SIQUEIRA

ANTÔNIO DE PÁDUA MARINHO MONTE

ISABEL FERNANDA AUGUSTO TEIXEIRA

> *Nas relações entre o forte e o fraco, entre o rico e o pobre, a liberdade escraviza e a lei liberta.*
> (Jean Baptiste Henri Dominique Lacordaire, 1802-1861)

---

[1] A ideia do texto foi concebida pelo primeiro autor. Os demais contribuíram com seus estudos e apontamentos sobre a lei objeto da presente obra. Ao primeiro autor ficou a tarefa de sistematizar as contribuições e fazer inclusões críticas, a fim de conferir uniformidade e coerência ao texto. Ao final, os três autores leram e aprovaram a versão final.

1 Apontamentos introdutórios

A história da humanidade é de algum modo baseada no exercício do poder. Ao se olhar para trás, é possível identificar que durante um longo tempo houve a supremacia do assim chamado Poder Executivo, que sempre foi sinônimo de Administração Pública e que por vezes se confundiu ora com o Poder Judiciário, ora com o Poder Legislativo e algumas vezes com um Poder Moderador. Embora não se possa generalizar, os marcos da perspectiva ocidental são a queda do *Ancien Régime* francês e a independência das 13 colônias norte-americanas. Ambas as revoluções se opuseram à supremacia do Poder Executivo, fosse ele um Estado Absolutista, como o chefiado por Louis XVI, fosse um Estado Imperialista, como o comandado por George III.

Na França, a instabilidade foi mais longa, já que a democracia de que Rousseau tanto falava não foi implantada, o que se viu foi a ascensão de um imperador, Napoleão Bonaparte. Apesar disso, havia certo apego à ideia de Montesquieu (*De l'esprit des lois*), de que se houve a queda do absolutismo, então era necessário também refrear sua *longa manus*, no caso o Poder Judiciário, razão pela qual ficou famosa a expressão *le juge est la bouche de la loi*. O contexto francês era, então, da instauração da supremacia do Poder Legislativo, o que relegava ao Judiciário a posição de poder nulo e ao Executivo a de executor de leis. Segundo o barão francês, os juízes deveriam observar a literalidade da lei, razão pela qual a eles cabiam se pronunciar sem emitir opiniões pessoais e sem moderar a força e o rigor da lei, mesmo porque se os julgamentos se baseassem na opinião particular do magistrado, então se viveria em uma sociedade cujos compromissos não se sabe quais são exatamente. Surgia a tradição do direito codificado, cujo entendimento era o de que a autossuficiência das leis garantiria a segurança jurídica.

Nos Estados Unidos da América, apesar da posterior Guerra Civil, pode-se dizer que houve mais estabilidade, a qual foi registrada detalhadamente por Tocqueville (*De la démocratie en Amérique*). Na época, as ideias de Locke sobre a separação dos poderes (*Second treatise on government*), com as quais Montesquieu simpatizava bastante, já haviam sido postas de lado. A linha de pensamento prevalecente foi aquela defendida pelos constitucionalistas, que teve um maior impacto com a obra de Hamilton, Madison e Jay (*The Federalist Papers*), Marshall, quando *chief justice* da *United States Supreme Court* (USSC), entre outros. Na tradição do direito consuetudinário, a segurança jurídica não se restringia à mera aplicação das leis, as quais poderiam não ser autossuficientes, mesmo se o sistema fosse completo, razão de ser dos precedentes judiciais. Mas, ao contrário do que aconteceu na França, não houve a preferência pela supremacia de um Poder específico, nem a anulação de um deles.

A supremacia do Poder Legislativo não concorreu imediatamente com a do Poder Judiciário. A ideia então lançada era a de que para haver segurança jurídica necessitava-se de equilíbrio, isto é, de um sistema de *checks and balances*. Todavia seria ingênuo não notar a assunção de uma posição mais ativa do Judiciário. O pontapé foi o caso *Marbury v. Madison*, considerado o *leading case* do que ficou conhecido como *judicial review* e que, decidido em 1803, lançou as bases fundamentais do controle de constitucionalidade, que posteriormente passaria a ser classificado como de tipo difuso ou concreto, em razão de se contrapor ao de tipo concentrado ou abstrato, criado por Kelsen no primeiro quartel do século 20. A possibilidade de os magistrados controlarem a constitucionalidade de leis e atos normativos contribuiu, nos EUA, para o que ficou conhecido como *Lochner Era*.

O período, que durou entre 1897 (*Allgeyer v. Louisiana*) e 1937 (*West Coast Hotel Co. v. Parrish*), tem a sua principal decisão em 1905, com *Lochner v. New York*, no qual a USSC invalidou uma lei de Nova Iorque que limitava o número máximo de horas das jornadas de trabalho porque interferia na autonomia contratual entre empregado e empregador. A invalidação seguiu uma tendência da USSC que conferia uma muito ampla interpretação à cláusula do *due process* para proteger interesses liberais (*laissez-faire*) contra os interesses trabalhistas (melhores condições de trabalho e salários). A *Lochner Era* é ainda muito discutida entre os especialistas, não tanto quanto à correção das decisões – muitos juristas entendem que foi acertada a invalidação, pois a lei nova-iorquina era ruim –, mas quanto ao fato de que a Suprema Corte havia tomado decisões políticas, isto é, legislativas.

A cultura da *judicialização* surge na *Lochner Era* e encampa a doutrina de que sobre a interpretação da legislação infraconstitucional em função do texto constitucional quem detém a última palavra é a Suprema Corte. Essa mesma doutrina foi adotada por Kelsen quando criou o controle abstrato de constitucionalidade. E atualmente é adotada por todos os sistemas jurídicos que reconhecem a supremacia constitucional. Toda uma teoria foi, então, criada, para dar suporte não apenas ao controle jurisdicional de constitucionalidade como também à *judicialização*. O Judiciário passou a ser provocado a solucionar questões não apenas sobre validade ou existência jurídica, mas também as que envolviam conflitos privados e realização de políticas públicas, diante tanto da ineficiência do Legislativo quanto da retração do sistema representativo. Muitas foram as críticas que contribuíram para se repensar esse tipo de cultura.

Com o tempo, as críticas se transformaram na busca pela reforma da administração da justiça. E é a partir de então que se começa a falar no movimento de *desjudicialização*, com a criação e o reconhecimento de meios não judiciais de resolução de conflitos, o que foi inicialmente cunhado como *alternative dispute resolution* (ADR). O presente capítulo tem o propósito de apresentar reflexões sobre a transação tributária como um mecanismo de desjudicialização, dentro do contexto acima exposto como reverso da atuação do Poder Judiciário, para que se possa concluir se a Lei nº 13.988/2020 e a regulamentação que lhe segue são adequadas para a finalidade que se propõem. Nesse passo, as duas subsequentes seções analisam, respectivamente, a transação tributária de contencioso de pequeno valor e a desjudicialização tributária, para, ao fim, concluir se a regulamentação é adequada.

2 A transação tributária e a nova legislação de regência: apresentação e crítica

A análise sobre a nova legislação regente da transação tributária requer entender o *modus operandi* da atividade fiscal em um Estado de Direito. É crucial compreender que essa atividade, ao relativizar sobremaneira o direito à propriedade, é tanto condicionada quanto disciplinada pela regra da *legalidade*, razão pela qual se consolidou a lei como "o pressuposto necessário e indispensável de toda atividade administrativa".[2] No Brasil, a *legalidade* em matéria tributária encontra duas principais previsões, uma no artigo 150, I da Constituição da República Federativa de 1988 (CRFB/1988), outra no artigo 97 do Código Tributário Nacional (CTN).

O apreço à legalidade é traço distintivo entre a tributação no ambiente de um Estado de Direito (*rule of law*), para a atividade administrativo-tributária em outras espécies de Estado em que não há espaço para a participação popular, mesmo indireta, na tomada de decisões (modelos aristocráticos, teocráticos, oligárquicos etc.). Oportuna nesse ponto é a recordação história de Casalta Nabais de que a legalidade "teve sua origem na ideia de consentimento dos impostos por parte dos contribuintes, que um pouco, por toda a parte, foi reconhecida na Idade Média", enraizando-se entre os povos europeus o entendimento de que os impostos, por afetarem tanto a liberdade de dispor da propriedade quanto a segurança jurídica para dispor de tal liberdade, "não deviam ser cobrados sem que tivessem sido criados com o consentimento dos seus destinatários".[3] O modelo brasileiro de Estado alicerça-se sobre essa ideia, especialmente quanto à atividade fiscal-tributária. Trata-se do Estado Fiscal de Direito (*rule of tax law*), tônica da atual roupagem de que se traveste o Estado contemporâneo.[4]

A *legalidade tributária*, considerado o ordenamento jurídico brasileiro, não é tão somente uma garantia do cidadão, como deflui do texto constitucional, mas também parte integrante do próprio conceito de tributo: é toda *prestação* pecuniária *compulsória*, em moeda ou cujo valor nela se possa exprimir, que não constitua sanção de ato ilícito, *instituída em lei* e cobrada mediante *atividade* administrativa *plenamente vinculada* (art. 3º do CTN). A doutrina é particularmente uníssona quanto à forte presença da legalidade nesse conceito legal, com o destaque de que a atividade arrecadatória, seja quanto à forma ou ao conteúdo, dela não se pode separar,[5] cabendo observar os requisitos e as condições de sua realização,[6] sem que a autoridade formule juízos pessoais, cabendo-lhe aplicar a norma tributária de maneira plena, exata, sem inovações subjetivas,[7] sem privilégios, sem perseguições administrativas. Portanto, é necessária a *legalidade stricto sensu*, aquela que determina não só a existência de lei formal para instituir tributos, como a impossibilidade de a autoridade administrativa fazer aquilo que lhe convier.

O processo de retirada compulsória de parcela das riquezas dos particulares deve, por isso, observar um rígido regramento quanto à identificação do fato gerador de uma obrigação tributária e a sua constituição jurídica enquanto crédito público. Explica-se, a partir disso, a previsão contida no artigo 142 do CTN: a atividade administrativa pela qual se constitui o crédito tributário é *vinculada*, constituindo-se no que o legislador chamou de lançamento, ou seja, a apuração da ocorrência do fato gerador da obrigação, que se faz por meio da determinação da matéria tributável, do cálculo

---

[2] XAVIER, Alberto. *Os princípios da legalidade e da tipicidade da tributação*. São Paulo: RT, 1978, p. 17.
[3] CASALTA NABAIS, José. *O dever fundamental de pagar impostos*: contributo para a compreensão do estado fiscal contemporâneo. Coimbra: Almedina, 1998, p. 321.
[4] CASALTA NABAIS, José. *O dever fundamental de pagar impostos*: contributo para a compreensão do estado fiscal contemporâneo. Coimbra: Almedina, 1998, p. 191-192.
[5] NOGUEIRA, Ruy Barbosa. *Curso de Direito Tributário*. 14. ed. São Paulo: Saraiva, 1995, p. 223.
[6] MEIRELLES, Hely Lopes. *Direito Administrativo Brasileiro*. 25. ed. São Paulo: Malheiros, 2000, p. 156.
[7] MACHADO, Hugo de Brito. *Comentários ao Código Tributário Nacional*, vol. 1, coord. Ives Gandra da Silva Martins. São Paulo: Saraiva, 1998, p. 29.

do montante do tributo devido, da identificação do sujeito passivo e, se for o caso, da aplicação da penalidade cabível, e devendo ser *obrigatoriamente* observada, sob pena de responsabilidade funcional.[8]

O apreço à *legalidade stricto sensu* não é cego, mas necessário. Uma visita ao texto do CTN permite encontrar diversas situações relacionadas à necessidade de *obrigação de observar a lei*, por exemplo: (a) definir todas as hipóteses em que o crédito tributário pode ser suspenso, extinto e excluído; (b) definir qual o sujeito passivo da obrigação tributária principal; (c) atribuir a responsabilidade solidária a determinados sujeitos passivos; (d) estabelecer garantias e privilégios ao crédito tributário em concurso com outros créditos; (e) determinar a obrigatoriedade de terceiros informarem o estado dos negócios e das atividades exercidas pelos sujeitos passivos, bem como de seus bens, inclusive quanto ao compartilhamento de informações bancárias; (f) definir as infrações tributárias e o valor das respectivas penalidades pecuniárias. Em relação ao que a este capítulo interessa, cabe fincar o solo das *hipóteses de extinção do crédito tributário*.

A norma geral tributária enumera as situações que autorizam a extinção do crédito tributário taxativamente (art. 141 do CTN), mas delega poderes para que cada ente com competência para tributar discipline, mediante lei formal, algumas delas. É o caso, então, da compensação (arts. 156, II e 170), da remissão (arts. 156, IV e 172), da dação em pagamento com bens móveis (art. 156, XI) e da *transação* (arts. 156, III e 171). Destaca-se a última porque se constitui no *foco* do presente livro, diante do lançamento de recente programa pelo Governo Federal para a solução não judicial de litígios fiscais.

O instituto da *transação tributária*, enquanto mecanismo de extinção de créditos de mesma natureza, *não* é como o instituto civilista. No ramo cível, a transação, atualmente regida pelos artigos 840 a 850 do Código Civil, pode ser preventiva ou terminativa de um litígio por concessões mútuas sobre direitos patrimoniais privados. No ramo tributário há, tecnicamente, alguns entraves, porém. O primeiro é o *princípio da indisponibilidade do interesse público*, que impõe a necessidade de "previsão normativa para que a autoridade competente possa entrar no regime de concessões mútuas",[9] caracterizando, portanto, o *viés restritivo* da transação no direito público;[10] previsão que é suprida pela autorização normativa contida no artigo 156, III do CTN. O segundo entrave é a *necessidade de lei específica*, conforme se extrai do artigo 171 do CTN: a lei, que indicará a autoridade competente para autorizar em cada caso a transação, pode facultar, nas condições por ela estabelecidas, aos sujeitos da obrigação tributária a celebração de transação que, por meio de concessões mútuas, termine um litígio e extinga, por conseguinte, o crédito tributário. Isso significa que a transação deve observar os exatos termos estabelecidos na lei que a rege, razão pela qual a autoridade competente não pode agir discricionariamente.[11] Disso decorrem algumas observações pertinentes.

A leitura dos dispositivos permite indicar que, a rigor, a transação não extingue o crédito tributário, ela é um processo preparatório para a quitação da dívida,[12] a verdadeira causa extintiva é, por exemplo, o *pagamento*. Mas essa não é a principal

---

[8] Sobre esse tema, cf. SIQUEIRA, Julio Homem de. Apontamentos sobre o lançamento tributário. *Revista de Estudos Tributários*, n. 89, jan./fev. 2013.
[9] CARVALHO, Paulo de Barros. *Curso de Direito Tributário*. 24. ed. São Paulo: Saraiva, 2012, p. 540.
[10] ALEXANDRE, Ricardo. *Direito Tributário*. 15. ed. rev. atual e ampl. Salvador: Juspodivm, 2021, p. 574-575.
[11] AMARO, Luciano. *Direito Tributário Brasileiro*. 20. ed. São Paulo: Saraiva, 2014, p. 377
[12] CARVALHO. Paulo de Barros. *Curso de Direito Tributário*. 24. ed. São Paulo: Saraiva, 2012, p. 540.

observação sobre o instituto tributário. Ao contrário da transação de natureza cível, a tributária é admitida *apenas com efeitos terminativos*, não preventivos. Isso quer dizer que ela pressupõe um litígio, necessariamente,[13] porque "seria bastante perigoso permitir concessões recíprocas entre a Administração Tributária e o particular, sem que houvesse algum processo instaurado".[14]

A partir desse breve introito, cabem algumas considerações crítico-conclusivas a respeito da *transação discricionária* criada pela Lei nº 13.988/2020, objeto desse livro. A lei é fruto da conversão da Medida Provisória nº 899 de 16.10.2019, conhecida como *MP do Contribuinte Legal*. Em seu bojo, ela contém apenas a previsão e o estabelecimento de "condições", de modo absolutamente vago, para que a Procuradoria-Geral da Fazenda Nacional (PGFN), ou quem seja por ela (sub)delegado, possa conceder "transação", na cobrança judicial e "por adesão", para possibilitar a extinção de débitos fiscais da União, suas autarquias e fundações públicas, tributários ou não.

A rigor, a lei em questão não estabelece "requisitos", tampouco "condições". Não se pode deixar enganar pela má escolha de vocábulos do legislador no artigo inaugural. Uma leitura mais atenta do texto normativo revela que, em verdade, o seu conteúdo é de *parâmetros*, também bastante vagos e imprecisos para que a autoridade delegada (PGFN) possa estabelecer tais condições e requisitos. Noutras palavras, a lei *delega competência* para celebrar ou autorizar a realização de "transação", prescrevendo "parâmetros" para que o "acordo" seja idealizado. Apresentados o instituto e a sua regência legal, passa-se à crítica prometida. Todavia, sublinha-se que ela *não* se estende aos créditos fiscais *sem* natureza tributária, como é o caso dos preços públicos, tarifas e demais contraprestações pecuniárias classificadas como receitas públicas da espécie originária.

A análise da Lei nº 13.988/2020 evidencia o completo *menosprezo* do legislador pelo caráter plenamente vinculado da atividade tributária: "a União, em juízo de oportunidade e conveniência, poderá celebrar transação em quaisquer das modalidades de que trata esta Lei, sempre que, motivadamente, entender que a medida atende ao interesse público" (art. 1º, §1º). Esse *juízo de oportunidade e conveniência* é incompatível com a atividade administrativo-tributária,[15] conforme se extrai inclusive do expresso texto dos artigos 3º e 171 do CTN. Afinal, como sempre ocorre em qualquer caso em que possa haver uma diminuição do patrimônio público, a transação somente pode ser celebrada com base em lei autorizativa, editada pelo ente competente pela instituição do tributo de que se tratar.

A autoridade fiscal *não* possui, pois, liberdade para manifestar sua vontade quanto a um crédito que *não* pertence a ela. No caso de recursos públicos, a vontade do Estado é (deve ser) manifestada pela lei. A *discricionariedade* é do particular, em transacionar ou não com a Administração, observados os parâmetros legais. Entretanto, de acordo com os

---

[13] CARVALHO. Paulo de Barros. *Curso de Direito Tributário*. 24. ed. São Paulo: Saraiva, 2012, p. 540.
[14] CARVALHO. Paulo de Barros. *Curso de Direito Tributário*. 24. ed. São Paulo: Saraiva, 2012, p. 574.
[15] BARRETO, Aires Fernandino. *Base de cálculo, alíquota e princípios constitucionais*. 2. ed. São Paulo: Max Limonad, 1998, p. 137.

artigos 14 e 15 da Lei nº 13.988/2020,[16][17] o PGFN, por meio de ato normativo, passa a ter a *atribuição* de *estabelecer* os *critérios materiais* mais importantes para determinar quais os créditos e, consequentemente, sujeitos passivos terão a oportunidade de extinguir suas dívidas, por meio de "transação". E, embora a lei pareça limitar essa atuação, quando aponta a probabilidade de que a dívida seja paga (*grau de recuperabilidade*) como o fator que mais exerce peso na opção do PGFN, está na verdade estabelecendo um critério que será aplicado mediante o exercício de um juízo de oportunidade e conveniência nunca visto antes no direito tributário brasileiro.

As *incoerências* do legislador com o sistema tributário nacional não param por aí. O artigo 13 da Lei nº 13.988/2020[18] prevê expressamente que a possibilidade de *delegação* (a autoridade designada pelo PGFN) e *subdelegação* (por essa autoridade) da assinatura do termo de transação individual. A autoridade delegada pelo PGFN poderá, ainda, prever valores de alçada e exigir a aprovação de múltiplas autoridades. Trata-se de atribuição *indevida* de amplos poderes à autoridade administrativa no âmbito da cobrança de tributos federais. É que, como observa Machado, a atividade administrativa plenamente vinculada somente pode ser contrariada se a lei ordinária atribuir às autoridades lançadoras em geral ou àquelas que geralmente representam a Fazenda Pública em juízo, competente para fazer transações."[19] De acordo com o autor, na busca por uma maior eficácia na satisfação do crédito tributário, conferir poderes transacionais à autoridade fiscal significaria uma possibilidade de "transformar o tributo em instrumento político, com a redução de ônus em troca de apoio ao governo, em evidente ofensa aos princípios constitucionais da impessoalidade, da moralidade e da indisponibilidade do interesse público", ao que se deve somar a violação ao princípio da legalidade. O resultado seria (como é) a existência de uma *contradição interna* na própria lei em questão, porque a politização do tributo impediria a observância de vários dos princípios elencados em seu artigo 1º, §2º.

---

[16] "Art. 14. Ato do Procurador-Geral da Fazenda Nacional disciplinará: I – os procedimentos necessários à aplicação do disposto neste Capítulo, inclusive quanto à rescisão da transação, em conformidade com a Lei nº 9.784, de 29 de janeiro de 1999; II – a possibilidade de condicionar a transação ao pagamento de entrada, à apresentação de garantia e à manutenção das garantias já existentes; III – as situações em que a transação somente poderá ser celebrada por adesão, autorizado o não conhecimento de eventuais propostas de transação individual; IV – o formato e os requisitos da proposta de transação e os documentos que deverão ser apresentados; V – os critérios para aferição do grau de recuperabilidade das dívidas, os parâmetros para aceitação da transação individual e a concessão de descontos, entre eles o insucesso dos meios ordinários e convencionais de cobrança e a vinculação dos benefícios a critérios preferencialmente objetivos que incluam ainda a idade da dívida inscrita, a capacidade contributiva do devedor e os custos da cobrança judicial"; "Art. 15. Ato do Advogado-Geral da União disciplinará a transação no caso dos créditos previstos no inciso III do §4º do art. 1º desta Lei".

[17] Nota do editor: A Lei nº 14.375, de 21 de junho de 2022, alterou o *caput* do art. 14 da Lei nº 13.988/2020, revogou o inciso V e incluiu um parágrafo único nos seguintes termos: "Art. 14. Compete ao Procurador-Geral da Fazenda Nacional, observado o disposto na Lei Complementar nº 73, de 10 de fevereiro de 1993, e no art. 131 da Constituição Federal, quanto aos créditos inscritos em dívida ativa, e ao Secretário Especial da Receita Federal do Brasil, quanto aos créditos em contencioso administrativo fiscal, disciplinar, por ato próprio: (...) V – (revogado). Parágrafo único. Caberá ao Procurador-Geral da Fazenda Nacional disciplinar, por ato próprio, os critérios para aferição do grau de recuperabilidade das dívidas, os parâmetros para aceitação da transação individual e a concessão de descontos, entre eles o insucesso dos meios ordinários e convencionais de cobrança e a vinculação dos benefícios a critérios preferencialmente objetivos que incluam ainda a sua temporalidade, a capacidade contributiva do devedor e os custos da cobrança." (NR)

[18] "Art. 13. Compete ao Procurador-Geral da Fazenda Nacional, diretamente ou por autoridade por ele delegada, assinar o termo de transação realizado de forma individual"; "Art. 13. §1º A delegação de que trata o *caput* deste artigo poderá ser subdelegada, prever valores de alçada e exigir a aprovação de múltiplas autoridades".

[19] MACHADO, Hugo de Brito. Transação e arbitragem no âmbito tributário. *RFDT*, n. 28, p. 51, jul.-ago. 2007.

O legislador também reconheceu a possibilidade de "transação por adesão", nome pelo qual chama a transação resolutiva relacionada aos litígios aduaneiros ou tributários decorrentes de *relevante* e *disseminada* controvérsia jurídica (art. 16). E aqui, de novo e mais uma vez, transferiu à autoridade administrativa um juízo de discricionariedade que não deveria existir para selecionar os créditos (ou sujeitos passivos) aptos à transação. A ausência de conteúdo semântico claro e objetivo do que seria uma controvérsia jurídica *relevante* e *disseminada* aumenta indevidamente a atividade interpretativa, assim como reduz a possibilidade de controle, interno ou externo, razão pela qual pode servir tal qual "álibi moral" para privilégios ou perseguições administrativas.

É importante não desconsiderar que a *transação tributária*, ao lado de institutos como o parcelamento, a remissão e a isenção, se qualifica como espécie de *benefício fiscal* e, por isso, implica uma *renúncia de receita*. Nesse passo, o texto constitucional brasileiro determina a imperiosa necessidade de que a sua regulamentação observe a *reserva de lei* e que esta lei seja *específica* (art. 150, §6º), devendo observar as determinações contidas na Lei Complementar nº 101/2000 – Lei de Responsabilidade Fiscal (LRF). É por isso que o artigo 171 do CTN prescreve que a lei especificará as condições nas quais será possível a celebração de transação terminativa de litígio que extinga o crédito tributário, ficando a autoridade competente por ela indicada responsável apenas por autorizar a transação em cada caso. *Não há abertura à ampla discricionariedade*!

No entanto, é necessário observar que *a legalidade* no Estado Fiscal de Direito é uma *regra*, não um *dogma* (como na Religião) nem uma *lei* (como nas Ciências Exatas). A sua observância, assim, deve ser feita em conformidade com o projeto constitucional brasileiro. A crítica maior à Lei nº 13.988/2020 é, portanto, a possibilidade de *politização do tributo*, por meio da quebra da isonomia de tratamento, que também está prevista na CRFB/1988, cujo artigo 150, II veda que os entes políticos instituam "tratamento desigual entre contribuintes que se encontrem em situação equivalente, proibida qualquer distinção em razão de ocupação profissional ou função por eles exercida, independentemente da denominação jurídica dos rendimentos, títulos ou direitos". A proibição não é dirigida tão somente ao legislador, mas também ao aplicador da lei tributária, razão pela qual se pode afirmar que a discricionariedade reconhecida pela Lei nº 13.988/2020 milita contra a regra constitucional.

O legislador perdeu, pois, a oportunidade de contribuir para a *desjudicialização* das demandas tributárias, um movimento cada vez mais comum em outras searas do direito, com resultados animadores em termos de celeridade e de pacificação social. A pretensão de avanço legislativo saiu pela culatra quando a isonomia foi *flexibilizada*, com a abertura da possibilidade de escolha *discricionária* pela autoridade administrativa tributária tanto dos elementos objetivos (créditos contemplados) quanto dos subjetivos (destinatários ou beneficiários), e a restrição da lei à previsão de alguns parâmetros e indicadores, genéricos e vagos, para a seleção de tais elementos. É, sem dúvida alguma, uma enorme margem de discricionariedade atribuída de maneira confessa, desafiadora do caráter estritamente vinculado da atividade tributária, especialmente a que envolve *renúncia de receita*.

Em suma, essa tentativa de avanço na resolução de lides tributárias, a que se propõe o instituto transacional na forma como está genericamente regulado pela lei aqui estudada, destoa do figurino tributário brasileiro, pautado na reserva legal, na indiscricionariedade do agente público e na isonomia de tratamento entre os administrados, com o intuito de se assegurar que a atividade fazendária esteja pautada em um padrão mínimo de ética, moralidade, impessoalidade e transparência.

3 Onde a transação tributária encontra a desjudicialização

A contundência dessa crítica não atrapalha, contudo, o que se poderia denominar de *o espírito da lei*. A expressão é tomada do clássico livro de Montesquieu e significa, aqui, exatamente aquilo que o legislador quis, mas não soube fazer. A Lei nº 13.988/2020 é uma clara tentativa evitar a judicialização – ponto em que é inconstitucional, não apenas porque o CTN não reconhece a transação preventiva (art. 171), mas também porque no texto constitucional (art. 146, III, b) é clara a exigência de lei complementar – e colocar um fim aos processos que tramitam no Poder Judiciário brasileiro. Portanto, ela pretende encontrar a *desjudicialização* em dois pontos, assim como ocorre não só ao instituto da transação em outros ramos jurídicos, como aos outros mecanismos de solução de conflitos sem a intervenção judicial, conhecidos como ADR.

Os *Relatórios Justiça em Números* do Conselho Nacional de Justiça (CNJ) revelam que, em 2016, as execuções fiscais representaram 38% dos processos em trâmite no Judiciário brasileiro,[20] ao passo que, em 2017, esse quantitativo era de 39%.[21] O número é assustador, especialmente se considerado que ele representa 74% de todas as execuções em trâmite no Judiciário e revela uma taxa de congestionamento de 91,7%. Esse número também evidencia os motivos pelos quais há uma procura por metodologias e ideias que possam desencadear na melhoria da execução fiscal: desconjestionamento judiciário e aumento arrecadatório. As práticas que têm uma maior representatividade em termos de desjudicialização de questões tributárias são o *protesto* de certidões de dívida ativa pela Fazenda Pública em cartórios extrajudiciais, frequente para crédito de baixo valor, e o *parcelamento*, que assume verdadeira estrutura transacional, indutora de comportamentos em razão de concessões vantajosas.[22] Nesse contexto, a *transação* desponta como uma possível solução, haja vista possuir previsão legal. O CTN, como já referido no tópico anterior, define a transação como procedimento conducente à terminação de litígio tributário com a consequente extinção, por alguma das formas de pagamento admitidas, do crédito/débito tributário. Não se trata de mecanismo que extingue por si o crédito, o que também ocorre com o protesto e o parcelamento como formas de desjudicialização.

O retorno à análise da Lei nº 13.988/2020, obviamente daquilo que não foi objeto da seção anterior, permite uma visão mais completa. O legislador ordinário previu três hipóteses elegíveis para transação (art. 1º, §4º): (i) créditos tributários *não judicializados*[23]

---

[20] CONSELHO NACIONAL DE JUSTIÇA – CNJ. *Justiça em números 2017*: ano-base 2016. Brasília: Conselho Nacional de Justiça, 2017.
[21] CONSELHO NACIONAL DE JUSTIÇA – CNJ. *Justiça em números 2018*: ano-base 2017. Brasília: Conselho Nacional de Justiça, 2018.
[22] MACHADO, Hugo de Brito. Transação e arbitragem no âmbito tributário. *In*: SARAIVA FILHO, Oswaldo Othon Pontes de; BRANCO GUIMARÃES, Vasco (org.). *Transação e arbitragem no âmbito tributário*: homenagem ao jurista Carlos Mario da Silva Velloso. Belo Horizonte: Fórum, 2008, p. 121.
[23] Nota do editor: A Lei nº 14.375, de 21 de junho de 2022, excluiu a expressão "não judicializados": "Art. 1º (...) §4º Aplica-se o disposto nesta Lei: I – aos créditos tributários sob a administração da Secretaria Especial da Receita Federal do Brasil do Ministério da Economia".

sob a administração da Secretaria Especial da Receita Federal do Brasil do Ministério da Economia; (ii) dívida ativa e tributos da União, sob inscrição, cobrança e representação de incumbência da PGFN; e (iii) dívida ativa das autarquias e fundações públicas federais, sob inscrição, cobrança e representação pela Procuradoria-Geral Federal (PGF), e aos créditos cuja cobrança seja atribuição da Procuradoria-Geral da União (PGU).[24] É bastante claro que o dispositivo vai além da previsão contida no CTN, abrangendo créditos que não sob objeto de litígios. Todavia, cabe ponderar se o litígio a que se refere o artigo 171 restringe-se à modalidade judicial ou abrange também a administrativa, haja vista que no processo administrativo fiscal, após a notificação do sujeito passivo, surge uma espécie de pretensão resistida, onde um faz a cobrança e o outro resiste em pagar.

As modalidades de transação previstas na nova lei (art. 2º) – transação por adesão ou por proposta individual – demandam, assim como é comum às transações em geral, uma série de obrigações acessórias (art. 2º, parágrafo único e art. 3º). Elas parecem reduzir um pouco a tão criticada *discricionariedade* do órgão proponente, porque o devedor teria de aceitar integralmente a proposta. No entanto, é apenas *aparência*, haja vista que ao órgão é mantida a possibilidade de escolher, entre os créditos genericamente referidos no artigo 1º, §4º, sobre quais deles fará sua proposta, o que corrobora o temor, que é geral na doutrina, de que haja a *politização* do tributo. Para evitar essa transformação do tributo, mais interessante é a utilização do caminho transacional por meio do *parcelamento*, que é, efetivamente, como observa a doutrina, uma manifestação da transação cujo programa estabelece "um conjunto de condições favoráveis aos participantes, de modo a induzir o comportamento do contribuinte, acenando com uma vantagem econômica em favor da pessoa sujeita à imposição".[25] Portanto, com a Lei nº 13.988/2020, o legislador não inovou, embora tenha criado uma *quimera*.

A crítica à discricionariedade não tem como objeto a possibilidade de o legislador tributário criar *políticas fiscais* com objetivos extrafiscais. O que, confessadamente, ele optou por não incluir na Lei nº 13.988/2020, mas deliberadamente o faz com os programas de parcelamento, como o Refis (recuperação de créditos fiscais) e o PERT (programa especial de regularização tributária). Aqui surge, novamente, a análise sob a perspectiva da *isonomia*. Aprioristicamente, esse tipo de programa violaria tal garantia constitucional, porque diferenciaria os contribuintes entre aqueles que se esforçaram para cumprir com suas obrigações tributárias e aqueles que optaram pela inadimplência, beneficiando estes. Na verdade, todavia, o único benefício é a redução das obrigações pecuniárias acessórias que se incorporam ao débito principal, como juros de mora e correção monetária, excluída a possibilidade de redução de multas de natureza penal, uma vez que é necessária edição de lei específica (*anistia*). Portanto, o calo da questão sobre os meios transacionais e, por isso, de desjudicialização tributária é a *garantia de tratamento tributário isonômico*, não propriamente a *regra da legalidade*.

Independentemente disso, é necessário tomar partido daquela máxima de que uma lei, por pior que seja, deve ser aproveitada naquilo que ela se propunha a fazer, mas não fez. O parcelamento, assim como o Refis e o PERT, aproxima-se, sem se confundir,

---

[24] Nota do editor: A Lei nº 14.375, de 21 de junho de 2022, passou a admitir a transação tributária individual para créditos sob a administração da Secretaria da Receita Federal (RFB) submetidos ao contencioso administrativo federal. Esta alteração atribuiu à Receita Federal a competência de negociar créditos de forma individualizada.

[25] BALTHAZAR, Ubaldo Cesar; PINHEIRO, Hendrick; BASSO, Bruno Bartelle. Transação tributária e extrafiscalidade: uma abordagem à luz do controle de proporcionalidade. *Sequência*, n. 85, p. 290, ago. 2020.

com a *moratória*. A diferença fundamental é a questão da discricionariedade, enquanto a Lei nº 13.988/2020 a confere em demasia à autoridade administrativa tributária, os artigos 152 a 155 do CTN não promovem essa deslegalização indevida. Ademais, como o CTN é uma lei complementar que atende, por isso, ao parâmetro constitucional (art. 146, III), cabe, por analogia (à interpretação conforme à Constituição), interpretar a Lei nº 13.988/2020 em conformidade com ele. Assim, a exemplo do que regulamentado para o parcelamento (art. 155-A do CNT), a transação em matéria tributária deve ser proposta na forma e condição estabelecidas em lei específica à qual se aplicam subsidiariamente as disposições relativas à moratória do CTN.

Nesse encalço, surge o princípio da *praticabilidade tributária*, pelo qual ao Estado compete o objetivo "de prover o sistema de eficiência, eficácia e redução de custos no exercício da tributação, bem como de dar celeridade no deslinde de questões fiscais".[26] A praticabilidade é o "nome que se dá a todos os meios e técnicas utilizáveis com o objetivo de tornar simples e viável a execução das leis".[27] A ideia que subjaz é a da simplificação tributária, que deve ser acompanhada, claro, por uma atuação plenamente vinculada da administração tributária. Nesse sentido, há que recordar o *postulado da indisponibilidade do interesse público*, porque "é vedado à autoridade administrativa deixar de tomar providências ou retardar providências que são relevantes ao atendimento do interesse público, em virtude de qualquer outro motivo".[28] A autoridade administrativa tributária deve, sem discricionariedade, procurar os meios que atendam adequadamente aos objetivos do Estado Fiscal de Direito, daí a contundência e a pertinência da crítica à Lei nº 13.988/2020 do modo que se apresenta atualmente. Portanto, mesmo a desjudicialização tributária sendo uma tendência, *o uso da transação tributária, na forma dessa lei*, como mecanismo de solução de litigiosidade, *é perigoso para o Estado Fiscal de Direito brasileiro*. Há que se pensar, pois, numa maneira de compatibilizá-la com o ordenamento jurídico nacional.

As técnicas que concretizam a *praticabilidade tributária* parecem, nesse passo, ser o caminho mais promissor. Um dos exemplos mais claros é a técnica especial de cobrança conhecida como substituição tributária progressiva, por meio da qual a Administração consegue tributar os fatos geradores que envolvem a circulação de mercadorias.[29] Com isso não se abre, contudo, uma fenda nos princípios caros ao direito tributário (legalidade, isonomia e indisponibilidade do interesse público), mas se cria uma interação entre eles tal que a sua persecução é alcançada com *eficiência*. Esse movimento vem a calhar diante de uma judicialização crescente diante da *deficiência* do legislativo e de uma tendência cada vez maior de desjudicialização diante da *ineficiência* do judiciário.

---

[26] ELIAS, Cristiano; RUIZ, Priscila Pâmela. Desjudicialização da cobrança de tributos: a aplicação dos meios alternativos de resolução de conflitos no âmbito do processo tributário. *Revista da AJURIS*, v. 45, n. 145, p. 56, dez. 2018.

[27] DERZI, Misabel de Abreu Machado. Tipo ou conceito no direito tributário? *Revista da Faculdade de Direito da UFMG*, n. 30, p. 251, 1987.

[28] MEDAUAR, Odete. *Direito administrativo moderno*. 7. ed. São Paulo: RT, 2003, p. 143.

[29] GIOTTI DE PAULA, Daniel. A praticabilidade no direito tributário moderno: fundamento, conceito constitucionalmente adequado e finalidade redutora da complexidade. *In*: SARAIVA FILHO, Oswaldo Othon Pontes de *et al.* (coord.). *Noções gerais e limitações formais ao poder de tributar*. Belo Horizonte: Fórum, 2020, p. 182.

4 Considerações finais

A análise da Lei nº 13.988/2020 sob esse prisma revela que, apesar de todas as suas pontas (e são muitas) que não foram bem isoladas pelo legislador, ela dá uma abertura ao sujeito passivo tributário para que negocie suas dívidas direto com o ente público. Talvez aqui esteja a *melhor contribuição* da nova lei: estabelecer um diálogo maior entre o fisco e o contribuinte. O fato é que a lei exige uma mudança de comportamento do contribuinte e do Estado – o que, aliás, parece ser um *slogan* da legislação nos últimos anos, como demonstrado no atual Código de Processo Civil e na Lei de Mediação, por exemplo, com a principiologia que lhes são subjacentes de resolução não judicial de litígios. Assim, o legislador, o intérprete e o aplicador da nova lei têm de fazê-la evoluir com a sociedade, em especial os bons contribuintes, a fim de que as novas regras do jogo amadureçam.

Informação bibliográfica deste texto, conforme a NBR 6023:2018 da Associação Brasileira de Normas Técnicas (ABNT):

SIQUEIRA, Julio Homem de; MONTE, Antônio de Pádua Marinho; TEIXEIRA, Isabel Fernanda Augusto. Desjudicialização tributária. Reflexões sobre a transação tributária como mecanismo de solução de litigiosidade. *In*: SARAIVA FILHO, Oswaldo Othon de Pontes (coord.). *Transação Tributária*: homenagem ao jurista Sacha Calmon Navarro Coêlho. Belo Horizonte: Fórum, 2023. (Coleção Fórum grandes temas atuais de Direito Tributário ; v. 1). p. 359-370. ISBN 978-65-5518-407-5.

A TRANSAÇÃO TRIBUTÁRIA E O SEU CONTROLE PELO TRIBUNAL DE CONTAS DA UNIÃO

FRANCISCO SÉRGIO MAIA ALVES

1 Introdução

A Lei nº 13.988, de 14 de abril de 2020, introduziu, em nosso ordenamento jurídico, a transação resolutiva de litígio relativo à cobrança de créditos da Fazenda Pública, de natureza tributária ou não tributária.

A norma regulamentou o art. 171 do Código Tributário Nacional (CTN), que atribuiu à lei a possibilidade de facultar aos sujeitos ativo e passivo da obrigação tributária, nas condições que estabelecesse, a celebração de transação que, mediante concessões mútuas, importasse em determinação de litígio e consequente extinção de crédito tributário.

Em verdade, a nova regra foi além da previsão normativa supramencionada, uma vez que disciplinou não apenas a transação em matéria tributária como a pertinente a dívidas de natureza não tributária.

Passado esse longo período de falta de regulamentação no âmbito federal, o Governo finalmente se rendeu aos reclamos da doutrina e dos próprios contribuintes para estabelecer importante mecanismo de resolução de controvérsias envolvendo dívidas da Fazenda Pública.

Conforme a Exposição de Motivos da Medida Provisória nº 899, de 16 de outubro de 2019, que deu origem à legislação em análise, o objetivo da norma foi ampliar a efetividade da recuperação dos créditos inscritos em dívida ativa da União e diminuir a excessiva litigiosidade relacionada a controvérsias tributárias, que geram aumento de custos, perda de eficiência e prejuízos à Administração Tributária Federal.

Na perspectiva do Governo Federal, a transação acarretará redução do estoque de créditos tributários, especialmente daqueles classificados como irrecuperáveis ou de difícil recuperação. Muito além do viés arrecadatório, a medida permitirá o tratamento mais adequado dos contribuintes sem capacidade de pagamento e dos que tenham sido autuados em razão de relevante e disseminada controvérsia jurídica, envolvendo interpretação razoável em sentido contrário àquele reputado como adequado pelo Fisco.

Os acordos de transação resolutiva de litígio relativos à cobrança de créditos da Fazenda Pública Federal, de natureza tributária ou não tributária, constituem atos jurídicos (em sentido largo) que resultam receita pública. Por consequência, eles se enquadram no art. 41 da Lei nº 8.443, de 16 de julho de 1992, atraindo a competência fiscalizatória do Tribunal de Contas da União (TCU).

Ademais, a própria Lei nº 13.988/2020 estatuiu, em seu art. 29, os critérios para eventual responsabilização dos agentes públicos que participem do processo de celebração dos referidos instrumentos, inclusive perante os órgãos públicos de controle interno e externo. Por conseguinte, a celebração desses atos jurídicos está sujeita à jurisdição do TCU, tanto no que se refere à competência ressarcitória e sancionatória (art. 71, incisos II e VIII, da Constituição), como à corretiva (art. 71, inciso IX, da Constituição).

O objetivo do presente estudo é analisar o fundamento jurídico, os parâmetros de controle e os eventuais limites da fiscalização dos atos e termos de transação tributária por parte do TCU. Conquanto o trabalho se debruce sobre os instrumentos dessa natureza, suas conclusões se aplicam a toda transação resolutiva de litígio alusiva à cobrança de créditos da Fazenda Pública Federal, tributária ou não tributária, haja vista a identidade de regime jurídico aplicável a esses acordos.

Nesse contexto, serão analisadas as disposições da Lei nº 13.988/2020 e discutida a natureza jurídica da transação tributária, a fim de delimitar o tipo de controle a que esses instrumentos estão sujeitos. Na sequência, será perquirida a fundamentação jurídica da atuação do TCU sobre tais atos, bem como analisados os parâmetros de controle passíveis de serem manejados pelo órgão de contas.

Nesse particular, será debatido o enquadramento desse acordo como ato de concessão de benefício de natureza tributária do qual decorra renúncia de receita, com o fito de perquirir a sua sujeição ou não às regras pertinentes da Constituição e da Lei Complementar nº 101, de 4 de maio de 2000 (Lei de Responsabilidade Fiscal – LRF).

Para cumprir o propósito deste trabalho, será adotado o método de abordagem dedutivo, partindo-se da análise geral do objeto de estudo, mediante a leitura da legislação e da literatura concernente, para se chegar a uma verdade nova, que é a delimitação do controle a ser realizado pelo TCU sobre o instrumento em exame.

Trata-se, portanto, de um estudo que se insere no espaço da dogmática jurídica na medida em que busca promover uma análise sistemática de uma norma posta pelo direito positivo brasileiro, segundo ideias e conceitos pré-determinados pela ciência jurídica.

Quanto às técnicas de pesquisa, será utilizada basicamente a pesquisa bibliográfica, em razão da parca produção jurisprudencial envolvendo a aplicação da Lei nº 13.988/2020, devido ao pouco tempo decorrido desde a sua aprovação.

2 Natureza jurídica da transação tributária

A Lei nº 13.988/2020 estabeleceu os requisitos e as condições para que a União, as suas autarquias e fundações, e os devedores ou as partes adversas realizem transação tributária. Tomando como base o regime jurídico estabelecido na norma, cabe discutir a natureza jurídica do referido instrumento.

Inicialmente, é importante assinalar que existem três modalidades de transação tributária:

a) de créditos inscritos na dívida ativa da União de natureza tributária que sejam classificados como irrecuperáveis ou de difícil recuperação, conforme critérios estabelecidos pela autoridade fazendária, nos termos do inciso V do *caput* do art. 14 da referida norma (arts. 10 e 11);

b) de créditos tributários relativos a litígios decorrentes de relevante e disseminada controvérsia jurídica, no contencioso administrativo ou judicial (art. 16); e

c) de créditos tributários de pequeno valor, no contencioso administrativo ou judicial de pequeno valor (art. 23).

A transação na cobrança da dívida ativa da União de natureza tributária (letra "a") pode contemplar os seguintes benefícios, de forma cumulada ou não (art. 11): concessão de descontos nas multas, nos juros de mora[1] e nos encargos legais referentes a créditos a serem transacionados; oferecimento de prazos e formas de pagamento especiais, incluídos o diferimento e a moratória; e oferta, substituição ou alienação de garantias e de constrições.

Esse tipo de acordo não pode abranger redução do montante principal do crédito, diminuição superior a 50% do valor total dos créditos a serem transacionados[2][3] nem concessão de prazo de quitação acima de oitenta e quatro meses, nos termos do §2º do art. 11.[4]

---

[1] Nota do editor: A expressão "de mora" foi excluída pela Lei nº 14.375, de 21 de junho de 2022.

[2] Na hipótese de a transação tributária com pessoa natural, microempresa ou empresa de pequeno porte, Santas Casas de Misericórdia, sociedades cooperativas, organizações da sociedade civil de que trata a Lei nº 13.019, de 31 de julho de 2014 e instituições de ensino, a redução máxima do valor total dos créditos a serem transacionados será de até 70%, ampliando-se o prazo máximo de quitação para até cento e quarenta e cinco meses, conforme os §§3º e 4º do art. 11.

[3] Nota do editor: A Lei nº 14.375, de 21 de junho de 2022, alterou o art. 11, §2º, III, da Lei nº 13.988/2020, para dispor: "Art. 11 (...) § 2º É vedada a transação que: II – implique redução superior a 65% (sessenta e cinco por cento) do valor total dos créditos a serem transacionados".

[4] Nota do editor: A Lei nº 14.375, de 21 de junho de 2022, alterou o art. 11, §2º, III, da Lei nº 13.988/2020, para dispor: "Art. 11 (...) § 2º É vedada a transação que: III – conceda prazo de quitação dos créditos superior a 120 (cento e vinte) meses".

Com relação à transação de créditos tributários relativos a litígios decorrentes de relevante e disseminada controvérsia jurídica (letra "b"), cabe ao edital definir as exigências a serem cumpridas, as reduções ou concessões oferecidas, os prazos e as formas de pagamento admitidas (art. 17). Não há vedação, *a priori*, para a diminuição do montante principal, sendo que a única limitação é a de que as reduções e concessões não importem desconto superior a 50% do crédito e que o prazo de quitação não ultrapasse oitenta e quatro meses.

A transação de créditos tributários de pequeno valor (letra "c"), por sua vez, pode abranger os seguintes benefícios, cumulativamente ou não (art. 25): concessão de descontos, observado o limite máximo de 50% do valor total do crédito; oferecimento de prazos e formas de pagamento especiais, incluídos o diferimento e a moratória, obedecido o prazo máximo de quitação de sessenta meses; e oferta, substituição ou alienação de garantias e de constrições.

A transação na cobrança da dívida ativa da União de natureza tributária (letra "a") pode ser por proposta individual da Procuradoria-Geral da Fazenda Nacional (PGFN)[5] ou do devedor, ou por adesão a edital de convocação, aberto pelo aludido órgão. As demais modalidades de transação somente podem ocorrer por adesão a edital lançado pela PGFN.

Quanto à transação de créditos tributários relativos a litígios decorrentes de relevante e disseminada controvérsia jurídica (letra "b"), o edital contendo a proposta da PGFN será divulgado na imprensa oficial e no sítio do órgão na internet, e especificará, de maneira objetiva, "as hipóteses fáticas e jurídicas nas quais a Fazenda Nacional propõe a transação no contencioso tributário, aberta à adesão de todos os sujeitos passivos que se enquadrem nessas hipóteses e que satisfaçam às condições previstas nesta Lei e no edital", conforme o art. 17.

Além de cumprir as obrigações de pagamento estatuídas no instrumento, o sujeito passivo que aderir à transação assume os seguintes compromissos: requerer a homologação judicial do acordo, a fim de constituir título executivo judicial (art. 515, incisos II e III, do CPC); sujeitar-se, em relação aos fatos geradores futuros ou não consumados, ao entendimento dado pela administração tributária à questão em litígio, ressalvada a cessação de eficácia prospectiva da transação decorrente do advento de precedente persuasivo e demais hipóteses legais elencadas.

Sobre a transação de créditos tributários de pequeno valor (letra "c"), a lei não fixou as condições de divulgação do edital a ser lançado pela PGFN, nem disciplinou o seu conteúdo. Em verdade, a norma atribuiu a regulamentação do assunto a ato do Ministro de Estado da Economia, nos termos do art. 23, inciso II. A lei apenas delimitou o que vem a ser contencioso tributário de pequeno valor, que corresponde àquele cujo crédito tributário em discussão não supere sessenta salários mínimos (art. 24, parágrafo único c/c o art. 23, inciso I).[6]

---

[5] Nota do editor: A Lei nº 14.375, de 21 de junho de 2022, passou a admitir a transação tributária individual para créditos sob a administração da Secretaria da Receita Federal (RFB) submetidos ao contencioso administrativo federal. Esta alteração atribuiu à Receita Federal a competência de negociar créditos de forma individualizada.

[6] Nota do editor: A Lei nº 14.375, de 21 de junho de 2022, incluiu o art. 27-A na Lei nº 13.988/2020, para dispor: "Art. 27-A. O disposto neste Capítulo também se aplica: I – à dívida ativa da União de natureza não tributária cujas inscrição, cobrança e representação incumbam à Procuradoria-Geral da Fazenda Nacional, nos termos do art. 12 da Lei Complementar nº 73, de 10 de fevereiro de 1993; II – aos créditos inscritos em dívida ativa

Como se vê, as três modalidades de transação tributária consistem em acordos sobre a cobrança de uma dívida tributária. Não se trata, como a leitura apressada do termo poderia sugerir, de um pacto a respeito das condições de constituição da obrigação tributária, sobre a interpretação do fato gerador e/ou redefinição de alíquotas ou base de cálculo. Tais elementos permanecem inalterados, após o escorreito lançamento, de forma que o Fisco e o contribuinte transigem apenas sobre a forma como se dará o pagamento da dívida.

A transação de créditos inscritos na dívida ativa tributária da União decorrente de proposta individual se materializa por intermédio de termo assinado pelo Procurador-Geral da Fazenda Nacional, diretamente ou por autoridade por ele delegada, conforme o art. 13, *caput*.

Consoante o art. 43 da Portaria-PGFN nº 9.917, de 14 de abril de 2020, havendo consenso para formalização do acordo de transação, a unidade responsável:[7]

> [...] deverá redigir o respectivo termo, contendo a qualificação das partes, as cláusulas e condições gerais do acordo, os débitos envolvidos com indicação das respectivas execuções fiscais e os juízos de tramitação, o prazo para cumprimento, a descrição detalhada das garantias apresentadas e as consequências em caso de descumprimento.

O disposto no artigo supramencionado sugere que o contribuinte também assinará o termo de transação, juntamente com a autoridade competente da PGFN. Essa interpretação está em linha de consonância com a seguinte orientação expedida pelo órgão, em sua página na internet:[8]

> 5. Se a proposta for aceita, o contribuinte deverá providenciar, no prazo de 30 (trinta) dias contados da notificação do deferimento – que será enviada por meio da Caixa de Mensagens do REGULARIZE –, a assinatura do termo de transação e a formalização da garantia, se for o caso, inclusive com os registros pertinentes. Este prazo poderá ser prorrogado a critério da unidade da PGFN responsável. A formalização da garantia deve ser apresentada na Unidade da PGFN.
> Atenção! A transação será cancelada caso o contribuinte não providencie, no prazo assinalado, a assinatura do termo e a formalização da garantia, se for o caso, inclusive com os registros pertinentes.

Se a transação tributária ocorrer por adesão, ela será realizada exclusivamente por meio eletrônico, conforme o art. 13, §1º. Nesse caso, a lei não prevê a assinatura de termo de transação pelas partes envolvidas.

---

do FGTS, vedada a redução de valores devidos aos trabalhadores e desde que autorizado pelo seu Conselho Curador; e III – no que couber, à dívida ativa das autarquias e das fundações públicas federais cujas inscrição, cobrança e representação incumbam à Procuradoria-Geral Federal, e aos créditos cuja cobrança seja competência da Procuradoria-Geral da União, sem prejuízo do disposto na Lei nº 9.469, de 10 de julho de 1997. Parágrafo único. Ato do Advogado-Geral da União disciplinará a transação dos créditos referidos no inciso III do caput deste artigo".

[7] Nota do editor: A Portaria PGFN nº 9.917/20 foi revogada pela Portaria PGFN/ME nº 6.757/22. O art. 43 da portaria revogada corresponde ao art. 59 da nova portaria.

[8] Disponível em: https://www.gov.br/pgfn/pt-br/servicos/orientacoes-contribuintes/acordo-de-transacao/acordo-de-transacao-individual-proposto-pela-pgfn. Acesso em: 05 mar. 2021.

No Edital de Acordo de Transação por Adesão nº 1/2019, a PGFN disponibilizou em seu sítio eletrônico uma explicação detalhada de como o contribuinte poderia aderir às condições de parcelamento e desconto estabelecidas para o pagamento dos débitos inscritos em dívida ativa, no limite máximo de R$15 milhões. Para tanto, o contribuinte deveria acessar o portal REGULARIZE e realizar todo o procedimento eletronicamente com vistas à aceitação das condições e à emissão dos documentos de pagamento. Conforme a orientação do site, "após o pagamento da primeira parcela, o deferimento do pedido de adesão será atualizado automaticamente no SISPAR em até 5 (cinco) dias úteis, que é o tempo necessário para as instituições financeiras repassarem o valor à União".[9]

Como se vê, não há uma manifestação formal por escrito da autoridade competente da PGFN, de modo que a conclusão do negócio jurídico ocorre por transferência de dados entre as partes, conforme autorizado pela Lei nº 13.988/2020. Cuida-se, portanto, de ato administrativo eletrônico.[10]

A propósito da natureza jurídica da transação tributária, somos da opinião de que ela se materializa por meio de contrato administrativo, no caso da transação por proposta individual, e por ato administrativo participativo, nas transações por adesão.

No presente estudo, adotou-se a terminologia e a classificação de Victor Borges Polizelli, não obstante se tenha divergido da opinião do autor no sentido de que a transação tributária seria um ato participativo, como veremos adiante.

Segundo Victor Borges Polizelli, contratos fiscais:

> são aqui definidos como negócio jurídico bilateral, mais propriamente acordos de vontade entre Fisco e contribuintes relativos à criação, modificação ou extinção de vínculo jurídico pertinente a elementos que interferem na obrigação tributária. Tais acordos nem sempre envolvem a obrigação tributária em todos os seus aspectos (material, espacial, temporal, pessoal e quantitativo), podendo simplesmente endereçar algum desses elementos.[11]

No caso, as transações tributárias da Lei nº 13.988/2020 não tratam de nenhum aspecto material da obrigação tributária que pudesse ser aplicável a fatos geradores futuros, a saber, a hipótese de incidência, a base de cálculo e a alíquota, dispondo tão somente sobre as condições de pagamento de obrigação já constituída.

O autor adota a expressão contratos fiscais como gênero, cujas espécies seriam o contrato administrativo, o contrato preparatório de ato administrativo e o ato administrativo participativo.[12]

No caso de ato administrativo participativo, o consenso se retrata pela "adesão" do administrado ao ato da administração. Nessa hipótese, a expedição do ato depende, em alguma medida, da exteriorização da vontade do beneficiário, que serve como pressuposto desse mesmo ato administrativo. Segundo Victor Borges Polizelli, essa

---

[9] Disponível em: https://www.gov.br/pgfn/pt-br/servicos/orientacoes-contribuintes/acordo-de-transacao/acordo-de-transacao-por-adesao. Acesso em: 05 mar. 2021.
[10] Sobre o assunto, ver FILGUEIRAS JUNIOR, Marcus Vinícius. Ato administrativo eletrônico e teleadministração. Perspectivas de investigação. *Revista de Direito Administrativo*, Rio de Janeiro, v. 237, p. 243-264, jul./set. 2004.
[11] POLIZELLI, Victor Borges. *Contratos fiscais*: viabilidade e limites no contexto do direito tributário brasileiro. Tese (Doutorado em Direito) – Faculdade de Direito, Universidade de São Paulo. São Paulo, p. 305, 2013, p. 13.
[12] POLIZELLI, Victor Borges, *op. cit.*, p. 165-166.

característica justifica "a expressão atos carecidos de colaboração, pois eles são obtidos em colaboração com os particulares e buscam a obtenção de seu consentimento prévia ou posteriormente ao ato administrativo".[13]

O autor concluiu, a partir da análise da legislação de estados e municípios que compuseram a amostra de seu estudo, em 2013, que a transação tributária fundada no art. 171 do CTN constitui um ato administrativo participativo, uma vez que a iniciativa de propô-la normalmente é atribuída ao contribuinte, sendo que o Fisco não tem outra opção a não ser celebrar um ato administrativo.[14] [15]

Como se vê, a minuciosa análise jurídica realizada por Victor Borges Polizelli se baseou em um contexto fático e jurídico absolutamente distinto do atual, motivo pelo qual é preciso relativizar suas conclusões a fim de aplicar o seu marco teórico ao regime jurídico inaugurado pela Lei nº 13.988/2020.

A propósito da discussão do assunto, cabe tecer breves considerações sobre o conceito de contrato administrativo.

No direito nacional, a doutrina costuma restringir a ideia de contrato administrativo aos acordos disciplinados pela Lei nº 8.666, de 21 de junho de 1993, conhecida como a lei geral de licitações e contratos. Todavia, além de a norma não tratar apenas dessa modalidade de contrato, ela implicitamente admite a existência de outros contratos administrativos, quando expressamente delimita o seu regime jurídico "aos contratos administrativos de que trata esta Lei" (arts. 54 e 58).

O fato de a Lei nº 8.666/1993 ter instituído um regime geral de contratos da Administração não impede que outras leis estabeleçam diversos regimes jurídicos para outros contratos, inclusive administrativos.[16] Dito de outra forma, a ideia de contrato administrativo não se restringe aos previstos na lei geral de licitações e contratos, sendo absolutamente possível a instituição de contratos administrativos regulamentados por outras leis específicas, ou seja, a criação de outros módulos contratuais de direito público com cláusulas apropriadas à consecução das tarefas públicas atribuídas à Administração.[17]

No presente trabalho, adota-se a definição de contrato administrativo de José Sérvulo Correia, que leva em conta a presença do ente público e o regime jurídico especial aplicável ao instrumento, como traços distintivos dessa modalidade contratual:

> acordo vinculativo por força de lei, assente sobre duas ou mais declarações de vontade, contrapostas mas perfeitamente harmonizáveis entre si, que vise criar, modificar ou

---

[13] POLIZELLI, Victor Borges, op. cit., p. 173.
[14] POLIZELLI, Victor Borges, op. cit., p. 276-278.
[15] Em sentido próximo, Hendrick Pinheiro entende que a transação se enquadra como ato administrativo negocial, unilateral em sua origem e bilateral em seus efeitos, no qual a manifestação de vontade do administrado é elemento essencial à sua concretização (PINHEIRO, Hendrick. *Transação tributária*: planejamento e controle. Belo Horizonte: Fórum, 2021, p. 37).
[16] ALMEIDA, Fernando Dias Menezes de. *Contrato administrativo*. São Paulo: Quartier Latin, 2012, p. 203.
[17] Quanto a esses contratos administrativos, entende-se que a Lei nº 8.666/1993 funciona como norma geral, sendo, portanto, de aplicação subsidiária às leis especiais que regem os aludidos, como, aliás, impõem as regras elementares de hermenêutica jurídica. No mesmo sentido, ver ALMEIDA, Fernando Dias Menezes de, *op. cit.*, p. 204.

extinguir relação jurídica disciplinada em termos específicos do sujeito administrativo, em que figure como parte pelo menos uma pessoa coletiva da Administração.[18]

Conforme o jurisconsulto português, há necessariamente a conjugação de vontades entre a Administração e o particular para a produção dos efeitos de direito. O contrato administrativo se distingue do ato administrativo em razão do papel que o particular tem na estrutura do ato. Em suas palavras:

> se, no plano estrutural, a manifestação de vontade do particular surge como requisito de existência, está-se perante um contrato. Pelo contrário, o acto será unilateral quando aquela manifestação apenas constituir requisito de legalidade (actos dependentes de requerimento) ou de eficácia (actos sujeitos ao consentimento) da definição da situação jurídico-administrativa.[19]

No caso da transação de créditos inscritos na dívida ativa tributária da União decorrente de proposta individual, da PGFN ou do devedor, há uma etapa anterior de negociação quanto à capacidade de pagamento e às condições deste, previamente à celebração do termo.[20] O instrumento é regido por normas de direito público aplicáveis em função da presença da autoridade tributária, sendo que a manifestação de vontade do particular é condição de existência do instrumento, assim como a da administração. Dessa forma, essa modalidade de transação tributária se concretiza mediante contrato administrativo.

Já na transação tributária por adesão, a manifestação de vontade anterior do devedor é requisito de legalidade do ato administrativo unilateral da PGFN, que irá deferir o requerimento. A partir de então, o particular estará sujeito à situação jurídico-administrativa estabelecida no edital da transação, com todos os direitos e deveres decorrentes. Sendo assim, essa modalidade de transação tributária se concretiza mediante ato administrativo participativo.

Inobstante essa distinção, a Lei nº 13.988/2020 confere o mesmo tratamento à rescisão da transação tributária, independentemente de sua modalidade, por adesão ou proposta individual. Conforme o art. 4º, §1º, o "devedor será notificado sobre a incidência de alguma das hipóteses de rescisão da transação e poderá impugnar o ato, na forma da Lei nº 9.784, de 29 de janeiro de 1999, no prazo de 30 (trinta) dias".[21]

---

[18] CORREIA, José Manuel Sérvulo. *Legalidade e autonomia contratual nos contratos administrativos*. Coimbra: Almedina, 1987, p. 396.

[19] CORREIA, José Manuel Sérvulo, *op. cit.*, p. 350.

[20] O art. 39 da Portaria-PGFN nº 9.917/2020 prevê, inclusive, a possibilidade de reuniões para discussão da proposta da PGFN ou do devedor. (Nota do editor: A Portaria PGFN nº 9.917/20 foi revogada pela Portaria PGFN/ME nº 6.757/22. O art. 39 da portaria revogada corresponde ao art. 47 da nova portaria)

[21] O legislador parece não ter seguido a terminologia tradicional do direito administrativo, já que o instituto da rescisão é afeto aos contratos administrativos, não obstante a Lei nº 9.874/1999 regule o processo administrativo no âmbito da Administração Pública Federal e, especificamente, trate da anulação, revogação e convalidação de atos administrativos. No caso, a norma trata do recurso administrativo e da revisão das decisões administrativas (art. 56 ao 64-A), sendo este, por conseguinte, o regime aplicável à impugnação da rescisão da transação tributária.

3 Fundamento jurídico do controle efetuado pelo TCU

Segundo o art. 70, parágrafo único, da Constituição, "prestará contas qualquer pessoa física ou jurídica, pública ou privada, que utilize, *arrecade*, guarde, gerencie ou administre dinheiros, bens e valores públicos ou pelos quais a União responda, ou que, em nome desta, assuma obrigações de natureza pecuniária" (grifos nossos).

A leitura do dispositivo mencionado, em especial, dos verbos indicados no artigo, permite deduzir que o controle externo da administração pública se dá sobre os atos relativos à atividade financeira do Estado, assim entendida como a atuação voltada para *obter*, gerir e aplicar os recursos necessários à consecução das finalidades estatais, que, em última análise, se resumem na realização do bem comum.

Como regra, a atenção da doutrina e até mesmo da prática dos órgãos de controle incide sobre os atos de despesa, sejam eles executórios, sejam preparatórios (licitações e contratos para a execução de obras, serviços e compras que implicam a realização de dispêndios públicos). Todavia, a jurisdição de contas também se dá sobre os atos que importam a obtenção de receitas. Nesse ponto, cabe perquirir o espaço de incidência desse tipo de controle.

Segundo Antônio de Souza Dantas, a arrecadação é o "ato administrativo realizado por um representante do Estado por meio do qual se obtém fonte(s) de financiamento para dispêndios orçamentários, não havendo, necessariamente, recolhimento de recursos financeiros no mesmo ato".[22]

Antes disso, há uma série de atos administrativos praticados pelo Estado, mais precisamente pela administração tributária, visando à constituição do crédito tributário pelo lançamento. Resolvida a eventual impugnação do sujeito passivo, iniciam-se as etapas de cobrança administrativa, inscrição na dívida ativa e cobrança judicial, cujo propósito é a arrecadação do montante do tributo devido. É possível afirmar que os atos praticados pela administração com vistas à cobrança estão sujeitos à jurisdição de contas, uma vez que eles almejam a obtenção da receita pública, correspondente a um crédito legitimamente constituído.

Segundo o art. 71, inciso II, da Constituição, parte final, compete ao TCU, no exercício do controle externo, julgar as contas daqueles que derem causa a perda, extravio ou outra irregularidade de que resulte prejuízo ao Erário. Dessa forma, havendo perda de recursos por conta de conduta omissiva na etapa de arrecadação, após concluída a constituição do crédito tributário, o TCU pode, em tese, apurar a responsabilidade financeira daqueles que lhe deram causa, nos termos do dispositivo supramencionado.

A Constituição também prevê competências sancionatórias e corretivas no mesmo art. 71, a saber:

> VIII – aplicar aos responsáveis, em caso de ilegalidade de despesa ou irregularidade de contas, as sanções previstas em lei, que estabelecerá, entre outras cominações, multa proporcional ao dano causado ao erário;

---

[22] DANTAS, Antônio Souza. *A arrecadação no orçamento público brasileiro*: a necessidade de sua conceituação e positivação jurídica. Trabalho Final (Especialização em orçamento público) – Instituto Legislativo Brasileiro. Brasília, p. 62. 2017, p. 54. Disponível: https://www2.senado.leg.br/bdsf/bitstream/handle/id/548007/TCC_Antonio_de_Souza_Dantas.pdf?sequence=1&isAllowed=y. Acesso em: 06 mar. 2021.

IX – assinar prazo para que o órgão ou entidade adote as providências necessárias ao exato cumprimento da lei, se verificada ilegalidade;

A abrangência da atuação da Corte de Contas sobre os atos destinados à arrecadação também está expressa em sua lei orgânica. Conforme o art. 41 da Lei nº 8.443/1992, o Tribunal "efetuará a fiscalização *dos atos de que resulte receita* ou despesa, praticados pelos responsáveis sujeitos à sua jurisdição" (grifos acrescidos).

Com isso, conclui-se que os atos relativos à realização de transação tributária estão sujeitos à jurisdição do TCU, uma vez que se inserem no bojo do procedimento de obtenção ou arrecadação de receitas públicas. Por conseguinte, os agentes responsáveis por esses atos se submetem aos arts. 70, *caput*, e 71, incisos II e VIII, IX, da Constituição, podendo ser responsabilizados, caso deem causa à perda de recursos e/ou pratiquem qualquer infração que possa ser catalogada no art. 58 da Lei nº 8.443/1992.[23]

No caso, o parâmetro de responsabilização encontra-se disposto no art. 29 da Lei nº 13.988/2020:

> Os agentes públicos que participarem do processo de composição do conflito, judicial ou extrajudicialmente, com o objetivo de celebração de transação nos termos desta Lei somente poderão ser responsabilizados, inclusive perante os órgãos públicos de controle interno e externo, quando agirem com dolo ou fraude para obter vantagem indevida para si ou para outrem.

A norma restringiu ainda mais a possibilidade de imputação de responsabilidade a tais agentes públicos, comparativamente ao padrão aplicável aos demais servidores públicos, que podem responder por dolo ou erro grosseiro, nos termos do art. 28 do Decreto-Lei nº 4.657, de 4 de setembro de 1942 (Lei de Introdução às Normas do Direito Brasileiro – LINDB).

Esse *standard* de responsabilização tende a dificultar a incidência da jurisdição de contas sobre os agentes públicos envolvidos na celebração de transação tributária, haja vista as limitações operacionais do TCU na configuração de conduta dolosa, em função da ausência de poderes e instrumentos de investigação condizentes.

Nesse ponto, cabe examinar se o art. 29 da Lei nº 13.988/2020 se aplica apenas à imputação de sanção ou se ele incide também sobre a responsabilização financeira por dano.

A análise do tema se mostra importante, uma vez que o TCU, ao discutir questão similar envolvendo o art. 28 da LINDB, pacificou entendimento no sentido de que o

---

[23] "Art. 58. O Tribunal poderá aplicar multa de Cr$ 42.000.000,00 (quarenta e dois milhões de cruzeiros), ou valor equivalente em outra moeda que venha a ser adotada como moeda nacional, aos responsáveis por:
I – contas julgadas irregulares de que não resulte débito, nos termos do parágrafo único do art. 19 desta Lei;
II – ato praticado com grave infração à norma legal ou regulamentar de natureza contábil, financeira, orçamentária, operacional e patrimonial;
III – ato de gestão ilegítimo ou antieconômico de que resulte injustificado dano ao Erário;
IV – não atendimento, no prazo fixado, sem causa justificada, a diligência do Relator ou a decisão do Tribunal;
V – obstrução ao livre exercício das inspeções e auditorias determinadas;
VI – sonegação de processo, documento ou informação, em inspeções ou auditorias realizadas pelo Tribunal;
VII – reincidência no descumprimento de determinação do Tribunal."

dispositivo somente se aplica ao exercício do poder sancionatório da Corte de Contas, não incidindo sobre a responsabilização financeira por prejuízos causados ao erário.[24]

O fundamento utilizado pelo Tribunal é o art. 37, §6º, da Constituição Federal, que estabeleceu a responsabilidade do agente público perante a Administração Pública por danos causados a terceiros, nos casos de dolo ou culpa, sem estabelecer qualquer gradação.

O TCU também invoca a legislação civil, que não faz nenhuma distinção entre os graus de culpa para fins de reparação do dano. Conforme exposto no voto condutor do Acórdão nº 2.391/2018-Plenário, "tenha o agente atuado com culpa grave, leve ou levíssima, existirá a obrigação de indenizar".

Diverge-se do entendimento do Tribunal quanto a esse ponto.

Inicialmente, é preciso registrar que o legislador não fez referência, de modo expresso, à atividade de aplicação de sanções, no art. 29 da Lei nº 13.988/2020. Ao revés, ele adotou o verbo "responder", que é utilizado tanto na esfera civil como na criminal para tratar de penas e indenização.

Sob essa singela perspectiva, não caberia ao intérprete limitar o sentido do termo para dizer que ele abarca apenas o exercício do poder sancionatório estatal. Invoca-se, aqui, a vetusta regra da hermenêutica, segundo a qual onde a lei não restringe não cabe ao intérprete restringir.

Por outro lado, o entendimento trazido pelo TCU implicaria que o regime jurídico da aplicação de sanções administrativas seria diferente do de responsabilização por dano ao Erário, o que se mostra desarrazoado. Diante de um mesmo fato – um suposto prejuízo em função da violação das regras da Lei nº 13.988/2020 – é razoável que o parâmetro de responsabilização seja o mesmo, tanto para impor o dever de ressarcir como para sancionar.

No que se refere ao art. 37, §6º, da Constituição Federal, observa-se que o dispositivo trata da responsabilidade civil do agente público, que decorre da obrigação geral de indenizar por ato ilícito. Essa modalidade de responsabilização não se confunde com a destinada ao ressarcimento de dano ao Erário em função da violação a normas sobre gestão pública.

Segundo Emerson Cesar da Silva Gomes:

> A responsabilidade financeira reintegratória tem por paradigma a responsabilidade civil subjetiva, sem, entretanto, se confundir com esta espécie tradicional de responsabilidade jurídica. Acrescenta-se aos requisitos da responsabilidade civil, o exercício da gestão de bens, dinheiros e valores públicos e a violação de normas pertinentes.[25]

Para o autor, a responsabilidade financeira constitui "categoria jurídica autônoma ou um instituto jurídico não englobado pelas demais espécies de responsabilização,

---

[24] Nesse sentido, os Acórdãos nºs 2.872/2019-Plenário, Ministro Aroldo Cedraz, 14.130/2019-1ª Câmara, Ministro Walton Alencar, 2.768/2019-Plenário, Relator Ministro Benjamin Zymler, 13.934/2019-1ª Câmara, Relator Ministro-Substituto Marcos Bemquerer, 10.590/2019-2ª Câmara, Relator Ministro-Substituto Marcos Bemquerer, 5.547/2019-1ª Câmara, Relator Ministro Benjamin Zymler, 467/20191 Plenário, Relator Ministro Benjamin Zymler e 173/2019-Plenário, Relator Ministro Benjamin Zymler, e 2.391/2018-Plenário, Relator Ministro Benjamin Zymler.

[25] GOMES, Emerson César da Silva. *Responsabilidade Financeira*: uma teoria sobre a responsabilidade no âmbito dos tribunais de contas. Porto Alegre: Almedina, 2012, p. 170.

apesar de, sob alguns aspectos, apresentar semelhanças importantes com algumas dessas categorias [responsabilidade civil, responsabilidade penal, responsabilidade administrativa e responsabilidade por ato de improbidade administrativa]".[26]

Sendo assim, não há óbice constitucional a que os elementos subjetivos para a responsabilização por dano ao Erário sejam definidos em lei, que pode estabelecer parâmetros diferentes para a imposição de ressarcir, restringindo condenações à ocorrência de dolo ou fraude, a fim de dar mais segurança ao gestor público para a tomada de decisões.

Ainda que se possa discutir a inadequação de um eventual afrouxamento das normas de controle, especialmente em face do ambiente de corrupção que infelizmente grassa o país, tais aspectos inserem-se no contexto de uma análise prescritiva do comando legal, de sua conveniência e oportunidade, o que não vem a ser o propósito deste estudo.

Logo, conclui-se que o art. 29 da Lei nº 13.988/2020 se aplica tanto à responsabilização por débito como por multa.

4 Parâmetros de controle da transação tributária

Quanto à abrangência do parâmetro de controle dos atos pertinentes à transação tributária, cabem as seguintes considerações.

Inicialmente, mostra-se importante destacar que são critérios[27] do controle orçamentário e financeiro, segundo o disposto no art. 70, *caput*, da Constituição Federal, a legalidade, a legitimidade e a economicidade.[28]

Em trabalho anterior, defendi que não é toda e qualquer norma de direito público que pode ser manejada e interpretada pelo TCU para fins de aplicação de sanção, apuração de responsabilidade financeira ou mesmo para expedição de medidas de controle prospectivo e pedagógico das demais unidades administrativas.[29]

Afinal, o TCU não é um tribunal administrativo, nos moldes do Conselho de Estado e dos tribunais administrativos da França (Décret 63-1336 du 30 décembre 1963), do Tribunal Administrativo Regional da Itália (Legge 6 dicembre 1971, n. 1034) e do Supremo Tribunal Administrativo de Portugal (Lei nº 13/2002, de 19 de fevereiro), uma vez que ele não tem competência para resolver todo e qualquer litígio dos quais tome parte as entidades do Estado.

---

[26] GOMES, Emerson César da Silva, *op. cit.*, p. 302.

[27] A expressão é usada em seu sentido usual, "aquilo que serve de base para comparação, julgamento ou apreciação" (FERREIRA, Aurélio Buarque de Holanda. *Novo dicionário Aurélio da língua portuguesa*. Curitiba: Positivo, 2009, p. 585).

[28] Embora o dispositivo mencionado fale ainda em aplicação das subvenções e renúncia de receitas, entende-se que tais aspectos não constituem critérios de controle, no sentido adotado no presente texto. Em verdade, cuida-se de mais uma competência do TCU, no exercício do controle orçamentário e financeiro da Administração Pública. Em nosso juízo, a aplicação das subvenções e renúncia de receitas também devem ser examinadas segundo os critérios da legalidade, legitimidade e economicidade, que constituem os parâmetros sob os quais toda a atividade de controle se desenvolve, conforme o regime constitucional atualmente em vigor.

[29] ALVES, Francisco Sérgio Maia. Controle da administração pública pelo Tribunal de Contas da União: espaço objetivo de incidência e parâmetro de legalidade. *Interesse Público*. Belo Horizonte, v. 20, n. 108, mar./abr. 2018, p. 215-216.

As competências atribuídas ao TCU constam da seção IX do Capítulo I do Título IV da Constituição, intitulada da "Fiscalização Contábil, Financeira e Orçamentária", o que implica que o controle de legalidade efetuado pelo Tribunal tem como propósito verificar o atendimento das normas contábeis, financeiras, orçamentárias, operacionais e patrimoniais às quais se submetem os órgãos e entidades da Administração Pública Federal.

Tanto é assim que o art. 58, inciso II, da Lei nº 8.443/1992, ao especificar o parâmetro de legalidade a ser utilizado para a imputação de sanção pelo Tribunal, indicou como hipótese para a aplicação de sanção o "ato praticado com grave infração à norma legal ou regulamentar de natureza contábil, financeira, orçamentária, operacional e patrimonial".

O campo de atuação do TCU é o de proteção do Erário, em nome do qual realiza o controle de toda a atividade administrativa, mediante o confronto de todos os atos que digam respeito à realização da receita e à execução de despesa com os parâmetros jurídicos voltados à tutela daqueles bens jurídicos.

Dessa forma, conclui-se que o parâmetro de legalidade a ser utilizado no controle das transações tributárias são as normas procedimentais e os princípios estatuídos na Lei nº 13.988/2020, nos decretos e nas portarias da PGFN que tenham sido editadas para disciplinar o procedimento administrativo destinado à celebração e acompanhamento do instrumento em análise.

Ademais, aplicam-se as normas orçamentárias e financeiras que regem a administração pública federal, nas condições especificadas a seguir. Dito isso, passemos aos aspectos do procedimento para a celebração de transação tributária que podem ser objeto de controle.

4.1 Controle segundo a disciplina da Lei nº 13.988/2020

Conforme o art. 1º, §1º, da Lei nº 13.988/2020, a União, em juízo de oportunidade e conveniência, poderá celebrar transação em quaisquer das modalidades de que trata esta norma, sempre que, motivadamente, entender que a medida atende ao interesse público. Além disso, o §2º da norma impõe a observância dos princípios da isonomia, da capacidade contributiva, da transparência, da moralidade, da razoável duração dos processos e da eficiência e, resguardadas as informações protegidas por sigilo, do princípio da publicidade.

Como se vê, a celebração de transação tributária pertence à zona de discricionariedade do administrador público, que pode decidir pela abertura ou não de programa ou acordos individuais e definir o seu conteúdo, desde que respeite o interesse público, motive a sua opção, cumpra os princípios supramencionados e, por evidente, atenda as balizas da lei.

Aqui reside, portanto, a primeira dificuldade ao operador do direito e ao intérprete: delimitar o que vem a ser o interesse público. Diante da indeterminação do conceito, a lei dá ao administrador certa margem de liberdade para o desenho da transação tributária em cada circunstância concreta, aspecto que deve ser levado pela esfera controladora, ao definir a intensidade de controle sobre esses atos.

Nesse ponto, invoca-se a doutrina de Fernanda Caroline Pelisser, que investigou as mudanças ocorridas na jurisprudência do STF quanto ao grau de alcance do controle da discricionariedade pelo Poder Judiciário, cujo traço marcante foi o afastamento da dicotomia rígida entre atos vinculados e discricionários.[30]

A autora identificou a influência da teoria de Gustavo Binenbojm sobre a posição vigente da Corte Suprema, cabendo destacar algumas das principais ideias desenvolvidas pelo professor da Universidade do Estado do Rio de Janeiro, extraídas do artigo supramencionado.

Segundo Gustavo Binenbojm, o controle judicial a partir de conceitos jurídicos indeterminados:

> [...] seria possível no que tange às zonas de certeza positiva e negativa do conceito. No entanto, quando a atuação administrativa se pautar na zona de penumbra de um conceito jurídico indeterminado, devem os tribunais atuar com autocontenção (judicial self-restraint), pois seria a Administração a detentora do conhecimento especializado para atribuir significado ao conceito indeterminado na casuística.[31]

Essas mesmas ideias se aplicam aos princípios, que também carregam uma grande carga de imprecisão. A interpretação e aplicação dos princípios devem ser municiadas pelas circunstâncias concretas, podendo ser utilizadas as técnicas da ponderação e da razoabilidade nos contextos de potencial conflito. Não se pode olvidar, ainda, a necessidade de dar atendimento ao art. 20 da LINDB:

> Art. 20. Nas esferas administrativa, controladora e judicial, não se decidirá com base em valores jurídicos abstratos sem que sejam consideradas as consequências práticas da decisão.
> Parágrafo único. A motivação demonstrará a necessidade e a adequação da medida imposta ou da invalidação de ato, contrato, ajuste, processo ou norma administrativa, inclusive em face das possíveis alternativas.

O autor entende que os atos administrativos devem ser classificados segundo sua vinculação a graus de juridicidade, na seguinte escala decrescente de densidade normativa: atos vinculados por regras; atos vinculados por conceitos jurídicos indeterminados; e atos vinculados diretamente por princípios.[32]

Em sua obra, Gustavo Binenbojm sugere os seguintes parâmetros para o controle judicial da atuação administrativa: (i) quanto maior o grau de restrição imposto a direitos fundamentais, mais intenso deve ser o grau do controle judicial. (ii) quanto maior o grau de objetividade extraível dos relatos normativos incidentes à hipótese em exame, mais intenso deve ser o grau de controle judicial. (iii) quanto maior o grau de tecnicidade de matéria, objeto de decisão por órgãos dotados de expertise e experiência, menos intenso deve ser o grau de controle judicial; (iv) quanto maior o grau de politicidade da matéria, objeto de decisão por agente eleitoralmente legitimado (chefe do executivo

---

[30] PELISSER, Fernanda Caroline. O controle judicial da discricionariedade administrativa no estado democrático de direito. *Revista CEJ*, v. 21, n. 73, p. 7-19, set./dez. 2017.
[31] BINENBOJM, Gustavo. *Uma teoria do direito administrativo*: direitos fundamentais, democracia e constitucionalização. Rio de Janeiro: Renovar, 2006, p. 223.
[32] BINENBOJM, Gustavo, op. cit., p. 207-208.

e parlamentares, por exemplo), menos intenso deve ser o grau de controle judicial; (v) quanto maior o grau de efetiva participação social (direta ou indireta) no processo de deliberação que resultou na decisão, menos intenso deve ser o grau de controle judicial.[33]

Em casos de conflitos entre esses parâmetros, o juiz deve dar prioridade à proteção de direitos fundamentais, ao grau de objetividade do relato normativo aplicado ao caso e, no que interessa ao presente trabalho, à especialização técnico-funcional da autoridade, em relação às matérias que demandam expertise e experiência (controle mais brando), conforme o caso.[34]

Dito isso, adota-se a doutrina de Gustavo Binenbojm para defender um controle intermediário do TCU sobre o juízo de conveniência e oportunidade da administração a respeito da decisão pela celebração de um programa de transação tributária e sobre o cumprimento dos princípios jurídicos aplicáveis à matéria.

No caso, deve ser levada em conta a especialização técnico-funcional da autoridade tributária e da PGFN no desenho da política de transação tributária, conforme o perfil das dívidas, dos devedores e da situação fiscal do momento, a fim de se promover o controle apenas nas zonas de certeza negativa de cumprimento do interesse público e dos princípios jurídicos aplicáveis. Nessa hipótese, podem ser adotadas, ainda, as teorias do desvio do poder e dos motivos determinantes, a fim de perquirir os casos de desconformidade.

Por outro lado, reputa-se adequado um controle mais rígido sobre o atendimento das regras expressas na Lei nº 13.988/2020, a fim de se afastar as situações de frontal ilegalidade. Afinal, quanto maior o grau de objetividade extraível do texto normativo, mais intenso deve ser o grau de controle pelo TCU.

Todavia, mesmo no caso de violação das regras estatuídas na lei, somos da opinião de que o controle do Tribunal deve ter caráter subsidiário, haja vista a competência primária dos próprios órgãos signatários da transação tributária, a partir de suas estruturas internas de governança, de fazer cumprir as disposições da Lei nº 13.988/2020.

Tomando como referência a teoria das três linhas de controle preconizada pelo Institute of Internal Auditors (IIA)[35] – gerência, órgãos de apoio da gestão e auditoria interna –, a fiscalização do Tribunal seria uma espécie de quarta linha, a ser realizada segundo critérios de risco, relevância e materialidade ou a partir de denúncias e representações. Ela ocorreria nos casos em que houve falha na detecção de irregularidades pelas camadas anteriores. Tal modelo de controle se justifica, inclusive, pela especialização técnico-funcional da Receita Federal e da PGFN no desenho da política e na verificação do atendimento de normas, muitas delas envolvendo aspectos relacionados ao campo do Direito Tributário ou a outros ramos do direito distintos do orçamentário e financeiro.

A título de exemplo, cita-se o art. 3º, inciso I, da Lei nº 13.988/2020, que impõe ao devedor o compromisso de "não utilizar a transação de forma abusiva, com a finalidade de limitar, de falsear ou de prejudicar, de qualquer forma, a livre concorrência ou a livre iniciativa econômica". A pergunta que se põe é a seguinte: o TCU poderia realizar

---

[33] BINENBOJM, Gustavo, op. cit., p. 235.
[34] BINENBOJM, Gustavo, op. cit., p. 238.
[35] The Institute of Internal Auditores. Declaração de posicionamento do IIA: as três linhas de defesa no gerenciamento eficaz de riscos e controles. São Paulo: 2013, p. 2-3. Disponível em: https://global.theiia.org/translations/PublicDocuments/PP%20The%20Three%20Lines%20of%20Defense%20in%20Effective%20Risk%20Management%20and%20Control%20Portuguese.pdf. Acesso em: 08 mar. 2021.

fiscalização ou apurar denúncia ou representação com vistas a verificar se determinado contribuinte violou essa obrigação, após celebrar acordo de transação tributária?

Acreditamos ser possível esse tipo de controle em tese, mas como ele requer uma especialização funcional não necessariamente detida pelo TCU, que seria a verificação de infração à livre concorrência ou à livre iniciativa econômica, compreendemos que essa ação não deveria ser iniciada pela quarta linha de controle, fazendo uso da terminologia do IIA, mas pela própria autoridade signatária do instrumento. Até porque eventual violação do compromisso estabelecido no art. 3º, inciso I, implicaria a necessidade de rescisão da transação, a ser providenciada pela própria PGFN.

Não obstante, o TCU poderia usar, por compartilhamento, evidências e informações produzidas pela PGFN, comprobatórias do uso abusivo da transação tributária, caso o contribuinte tenha se beneficiado da medida tão somente para obter certidão de regularidade fiscal e, assim, contratar com a administração pública, deixando de cumprir as obrigações de pagamento acertadas com o Fisco após a contratação.

Nessa hipótese, seria possível enquadrar a conduta como fraude à licitação, com vistas à aplicação, após o contraditório, da sanção especificada no art. 46 de sua lei orgânica: "verificada a ocorrência de fraude comprovada à licitação, o Tribunal declarará a inidoneidade do licitante fraudador para participar, por até cinco anos, de licitação na Administração Pública Federal".

Outra irregularidade passível de controle pelo TCU, embora menos provável por implicar violação de regra básica pela autoridade da PGFN, seria a assinatura de termo de transação concedendo descontos de créditos relativos ao Simples Nacional, sem lei autorizativa, ou ao Fundo de Garantia do Tempo de Serviço (FGTS), sem autorização de seu Conselho Curador, em frontal infração ao art. 5º, inciso II, da Lei nº 13.988/2020.

Nesse caso, o TCU poderia, a partir de fiscalização, representação ou denúncia, após o devido contraditório dos devedores interessados, assinar prazo para que a PGFN rescindisse os termos de transação ou os atos administrativos que tenham deferido a transação por adesão a edital, com fulcro nos arts. 71, inciso IX, da Constituição e 45 da Lei nº 8.443/1992. Se o programa de transação fosse contemplado em edital em andamento, o Tribunal poderia, inclusive, expedir medida cautelar suspendendo novas adesões, bem como determinar a anulação do próprio edital, após o contraditório da PGFN, nos termos do art. 276 do Regimento Interno do TCU.

Por fim, essa irregularidade poderia suscitar a aplicação de multa do art. 58 da Lei nº 8.443/1992 aos agentes públicos que participaram da ilegalidade, se configurado dolo ou fraude para obter vantagem indevida para si ou para outrem, nos termos do art. 29 da Lei nº 13.988/2020.

Também caberia cogitar uma ação de controle por parte do TCU, a partir de fiscalização, representação ou denúncia, sobre eventual erro de cálculo na apuração da capacidade de pagamento de contribuinte, quanto a dívidas irrecuperáveis ou de difícil recuperação, em desacordo com os arts. 20 a 23 da Portaria-PGFN nº 9.917/2020.[36]

Identificado que o devedor possuía condições de efetuar o pagamento integral dos débitos inscritos em dívida ativa da União ou que sua capacidade de pagamento era maior que a calculada, a ponto de a transação tributária ter contemplado descontos

---

[36] Nota do editor: A Portaria PGFN nº 9.917/20 foi revogada pela Portaria PGFN/ME nº 6.757/22. Os arts. 20 a 23 da portaria revogada correspondem aos arts. 21 a 24 da nova portaria.

maiores que o devido, seria possível o TCU, após o contraditório dos interessados, determinar a rescisão dos termos de transação ou dos atos administrativos que tenham deferido a transação por adesão a edital, com fulcro nos arts. 71, inciso IX, da Constituição e 45 da Lei nº 8.443/1992.

Da mesma forma, seria cabível a aplicação da multa do art. 58 da Lei nº 8.443/1992 aos agentes públicos que participaram da ilegalidade, desde que presentes os parâmetros do art. 29 da Lei nº 13.988/2020.

Para que o Tribunal assim procedesse, seria necessário que ele tivesse acesso a toda a documentação apresentada pelo contribuinte para a celebração da transação tributária, o que poderia ocorrer a partir do permissivo contido no art. 198, §1º, inciso II,[37] do CTN e/ou fazendo uso da Portaria RFB nº 1343, de 24 de agosto de 2018.[38]

Poder-se-ia cogitar a apuração da responsabilidade financeira dos agentes públicos envolvidos e do devedor indevidamente beneficiado pelo prejuízo causado em função da concessão de desconto maior que o devido. Todavia, somos da opinião de que não é necessária, *a priori*, a abertura de processo de tomada de contas especial com vistas à imputação de débito, uma vez que a rescisão do acordo é medida suficiente para a retomada da cobrança do crédito inscrito em Dívida Ativa, que já tem a natureza de título executivo extrajudicial. Entretanto, essa iniciativa poderia ser recomendável nos casos de fraude envolvendo agentes públicos, com posterior falência da empresa que se beneficiou da transação, uma vez que ela permitiria incluir no rol de responsáveis pelo prejuízo os servidores públicos envolvidos, aumentando a chance de recuperação do passivo.

Considerando que a Lei nº 13.988/2020 e as portarias dela decorrentes estabeleceram uma série de regras a respeito dos benefícios a serem concedidos e das premissas de cálculo para o programa de parcelamento da dívida, há uma zona de atuação vinculada da autoridade tributária, passível de ser objeto de controle pelo TCU. Além dos exemplos mencionados acima, o Tribunal pode, por iniciativa própria ou a partir de denúncias e representações, adotar ações visando verificar o escorreito cumprimento da lei e dos editais de transação tributária. Todavia, é preciso lembrar que essa fiscalização deve se dar preferencialmente de modo subsidiário, caso a irregularidade não seja detectada pelas três linhas anteriores de controle.

---

[37] "Art. 198. Sem prejuízo do disposto na legislação criminal, é vedada a divulgação, por parte da Fazenda Pública ou de seus servidores, de informação obtida em razão do ofício sobre a situação econômica ou financeira do sujeito passivo ou de terceiros e sobre a natureza e o estado de seus negócios ou atividades.
§1º Excetuam-se do disposto neste artigo, além dos casos previstos no art. 199, os seguintes:
[...]
II – solicitações de autoridade administrativa no interesse da Administração Pública, desde que seja comprovada a instauração regular de processo administrativo, no órgão ou na entidade respectiva, com o objetivo de investigar o sujeito passivo a que se refere a informação, por prática de infração administrativa."

[38] Dispõe sobre o Protocolo de Auditabilidade da Administração Tributária e Aduaneira, de modo a viabilizar a auditoria da Secretaria da Receita Federal do Brasil (RFB) pelo TCU e pelo Ministério da Transparência e Controladoria-Geral da União (CGU).

4.2 Controle a partir das normas orçamentárias e financeiras

Para responder à pergunta sobre a submissão da transação tributária às normas orçamentárias e financeiras da LRF e da Constituição, é necessário analisar se esse instituto constitui ou não uma espécie de gasto tributário.

A propósito do assunto, não existe uma definição legal ou doutrinária unânime a respeito do que venha a ser gasto tributário.[39] Em verdade, o termo não é sequer utilizado na Constituição, que preferiu as expressões "benefício de natureza tributária" (art. 165, §6º) e "benefício fiscal" (arts. 155, inciso XII, alínea "g", e 156, §3º, inciso III; e 88, inciso II, da ADCT). Da mesma forma, a LRF adotou o termo "incentivo ou benefício de natureza tributária", conforme o seu art. 14.

Há de ressaltar, ainda, as expressões "renúncia fiscal" e "renúncia de receitas" adotadas, por exemplo, no art. 70 da Constituição e nos arts. 113 e 114 do ADCT e, ainda, na doutrina de Maria Emília Miranda Pureza.[40]

A despeito dos termos supramencionados, percebe-se o uso cada vez mais frequente da expressão gasto tributário, principalmente após a sua adoção pela Secretaria da Receita Federal do Brasil (RCB), tomando como inspiração as chamadas *tax expenditures* do Tesouro dos Estados Unidos.

Para os fins deste trabalho, utiliza-se a seguinte definição de gasto tributário realizada pela Secretaria da Receita Federal (SRF):[41]

> [...] são gastos indiretos do governo realizados por intermédio do sistema tributário, visando a atender objetivos econômicos e sociais e constituem-se em uma exceção ao sistema tributário de referência, reduzindo a arrecadação potencial e, consequentemente, aumentando a disponibilidade econômica do contribuinte.

Josué Alfredo Pellegrini secciona o termo em quatro elementos, não necessariamente presentes na definição adotada pelos fiscos de cada país. Segundo ele, o gasto tributário pode ser definido como o dispositivo da legislação tributária que: "a) reduz o montante recolhido do tributo; b) beneficia apenas uma parcela dos contribuintes; c) corresponde a desvios em relação à estrutura básica do tributo; e ou d) visa objetivos que poderiam ser alcançados por meio dos gastos públicos diretos".[42]

Sob essa perspectiva, a RFB usa o conceito mais restritivo, pois exige o elemento finalístico para o enquadramento de uma desoneração como gasto tributário. Segundo

---

[39] PELEGRINNI, Josué Alfredo. Gastos Tributários e Subsídios da União. *In:* SALTO, Felipe Scudeler; PELLEGRINI, Josué Alfredo. *Contas Públicas.* São Paulo: Saraiva Educação, 2020, p. 229.

[40] PUREZA, Maria Emília Miranda. Disciplinamento das Renúncias de Receitas Federais – Inconsistências no Controle de Gastos Tributários. *Cadernos ASLEGIS*, v. 8, n. 29, p. 63-64, ano 2006. Disponível em: https://bd.camara.leg.br/bd/handle/bdcamara/11013. Acesso em: 03 mar. 2021.

[41] BRASIL. Ministério da Economia. Receita Federal. Centro de Estudos Tributários e Aduaneiros. *Gasto tributário:* conceito e critérios de classificação. Brasília: Versão eletrônica 1.01, 2019, p. 5. Disponível em: http://receita.economia.gov.br/dados/receitadata/renuncia-fiscal/demonstrativos-dos-gastos-tributarios/arquivos-e-imagens/sistema-tributario-de-referencia-str-v1-01.pdf. Acesso em: 03 mar. 2020.

[42] PELLEGRINI, Josué Alfredo. *Gastos tributários:* conceitos, experiência internacional e o caso do Brasil. Brasília: Núcleo de Estudos e Pesquisas/CONLEG/Senado, outubro/2014 (Texto para Discussão nº 159). Disponível em: https://www12.senado.leg.br/publicacoes/estudos-legislativos/tipos-de-estudos/textos-para-discussao/td159. Acesso em: 03 mar. 2021, p. 2.

Josué Alfredo Pellegrini, o instrumento busca objetivos que, em princípio, poderiam ser alcançados por meio do gasto direto, ou seja, eles são substituíveis entre si, devendo ser escolhida a opção que alcança o objetivo com mais eficiência.[43]

Tomando como base o aludido entendimento, observa-se que a transação tributária estabelecida pela Lei nº 13.988/2020 não se enquadra exatamente no conceito de gasto tributário, uma vez que ela não visa a nenhum objetivo de interesse geral que poderia ser alcançado por meio dos gastos públicos diretos. Ademais, ela não necessariamente reduz, sob a ótica do Estado, o montante total a ser recebido, pelo contrário, potencialmente o aumenta, como será demonstrado a seguir.

Conforme visto, o objetivo central da transação tributária é elevar a arrecadação, no tempo presente, de créditos constituídos que sejam classificados como irrecuperáveis ou de difícil recuperação; que tenham custos de cobrança superiores ao seu valor; ou que envolvam elevados custos de oportunidade, por estarem associados a litígios complexos e demorados sobre relevante e disseminada controvérsia jurídica.

Ainda que o Poder Público almeje, indiretamente, possibilitar a regularização fiscal de contribuintes e devedores de dívidas tributárias perante a União, de acordo com a sua capacidade contributiva, esse é apenas um objetivo secundário, um efeito reflexo do primeiro. O instituto visa primordialmente aumentar a eficiência da atividade de arrecadação, reduzindo os efeitos negativos de desincentivo do cumprimento da legislação tributária, que eram indiretamente proporcionados pelos antigos programas de refinanciamentos (REFIS).

Sendo assim, a transação da Lei nº 13.988/2020 não tem nenhum objetivo relacionado a uma política pública de interesse setorial, já que não está associada à concretização de nenhuma atividade ou produto de um programa de trabalho contemplado na lei orçamentária. Dito de outra forma, a medida não é um instrumento de realização de objetivos da ordem econômica e social pelo Estado, por meio da extrafiscalidade.

Por outro lado, é possível afirmar que a transação tributária não necessariamente reduz o montante de tributos recolhidos, se forem considerados outros fatores como a probabilidade de pagamento nas condições normais da execução da dívida, sem o acordo, e os custos administrativos e processuais para a sua cobrança.

Pelo contrário, entende-se que o instrumento potencialmente aumenta a arrecadação de valores irrecuperáveis e de difícil recuperação e reduz os custos de cobrança de dívidas de pequeno valor ou relacionadas a litígios complexos e demorados sobre relevante e disseminada controvérsia jurídica.

Essa, aliás, é a premissa necessária para a realização desse ato jurídico, o que determina a decisão da autoridade administrativa de lançar um edital para um programa de transação tributária ou efetivamente assinar o acordo, em face de uma proposta individual: a presença de interesse público em razão do aumento líquido da arrecadação de créditos irrecuperáveis ou de difícil recuperação, de baixo valor ou juridicamente controversos, comparando os cenários factual (com acordo) e contrafactual (sem acordo).

Afinal, o §1º do art. 1º da Lei nº 13.988/2020 preconiza que "a União, em juízo de oportunidade e conveniência, poderá celebrar transação em quaisquer das modalidades de que trata esta Lei, sempre que, motivadamente, *entender que a medida atende ao interesse público*" (grifos acrescidos). No caso, o interesse público que legitimamente

---

[43] PELLEGRINI, Josué Alfredo, *op. cit.*, p. 4.

justifica a realização do acordo é o prognóstico de acréscimo líquido da arrecadação, que ocorrerá se for positivo o resultado da seguinte fórmula:

$$(R_{TRANSAÇÃO} - C_{TRANSAÇÃO}) - (p \times R_{EXECUÇÃO} - C_{LITÍGIO}):$$

Onde:

$R_{TRANSAÇÃO}$: Receita esperada pela Fazenda pública em função da transação;

$C_{TRANSAÇÃO}$: Custos administrativos relacionados à celebração e acompanhamento da transação;

p: Percentual estimado de recolhimento da dívida após a conclusão do processo de execução, sem a transação (probabilidade de sucesso da execução fiscal);

$R_{EXECUÇÃO}$: Dívida total acrescida dos consectários legais; e

$C_{LITÍGIO}$: Custos processuais relacionados à conclusão do contencioso administrativo e/ou judicial.

No caso, se o ingresso líquido de recursos em face da transação, descontados os custos pertinentes, for superior ao estimado a partir da cobrança da dívida pelas vias ordinárias, deduzidas os custos processuais envolvidos, então a transação da cobrança do crédito será vantajosa, estando de acordo com o interesse público.

Dessa forma, caso atendidas essas premissas, não cabe falar que a transação da Lei nº 13.988/2020 implica um gasto tributário, benefício de natureza tributária ou renúncia de receitas.

Por conseguinte, não se aplica o art. 165, §6º, da Constituição Federal, *in verbis*: "§6º O projeto de lei orçamentária será acompanhado de demonstrativo regionalizado do efeito, sobre as receitas e despesas, decorrente de isenções, anistias, remissões, subsídios e benefícios de natureza financeira, tributária e creditícia".

Sob essa mesma perspectiva, também não incide a disciplina dos arts. 4º, §2º, inciso V, 5º, inciso II, e 14 da LRF, a saber:

Art. 4º A lei de diretrizes orçamentárias atenderá o disposto no §2º do art. 165 da Constituição e:

[...]

§2º O Anexo [de Metas Fiscais] conterá, ainda:

[...]

V – *demonstrativo da estimativa e compensação da renúncia de receita* e da margem de expansão das despesas obrigatórias de caráter continuado.

Art. 5º O projeto de lei orçamentária anual, elaborado de forma compatível com o plano plurianual, com a lei de diretrizes orçamentárias e com as normas desta Lei Complementar:

[...]

II – será acompanhado do documento a que se refere o §6º do art. 165 da Constituição, bem como das *medidas de compensação a renúncias de receita* e ao aumento de despesas obrigatórias de caráter continuado;

Art. 14. *A concessão ou ampliação de incentivo ou benefício de natureza tributária da qual decorra renúncia de receita* deverá estar acompanhada de estimativa do impacto orçamentário-financeiro no exercício em que deva iniciar sua vigência e nos dois seguintes, atender ao disposto na lei de diretrizes orçamentárias e a pelo menos uma das seguintes condições:

I – demonstração pelo proponente de que a renúncia foi considerada na estimativa de receita da lei orçamentária, na forma do art. 12, e de que não afetará as metas de resultados fiscais previstas no anexo próprio da lei de diretrizes orçamentárias;
II – estar acompanhada de medidas de compensação, no período mencionado no caput, por meio do aumento de receita, proveniente da elevação de alíquotas, ampliação da base de cálculo, majoração ou criação de tributo ou contribuição.
[...]
§3º O disposto neste artigo não se aplica: [...];
II – ao cancelamento de débito cujo montante seja inferior ao dos respectivos custos de cobrança. (grifos acrescidos)

Mesmo que se considerasse a transação tributária como um incentivo ou benefício de natureza tributária, não seria adequado dizer que houve efetiva renúncia de receitas, como exige o art. 14 da LRF, uma vez que a prognose é que ocorra aumento de arrecadação, segundo as bases indicadas na fórmula supramencionada, não diminuição.

Ademais, o próprio art. 14 admite, em seu §3º, inciso II, o afastamento de sua disciplina quando os custos de cobrança superarem o montante do débito. Embora as hipóteses de transação previstas na Lei nº 13.988/2020 não necessariamente se enquadrem nessa condição, especialmente as relacionadas a créditos irrecuperáveis ou de difícil recuperação (art. 11) e a litígios decorrentes de relevante e disseminada controvérsia jurídica (art. 16), reputa-se adequada a utilização de fatores de eficiência para a conclusão de que a transação tributária não implica necessariamente renúncia de receitas, sendo incabível a aplicação do art. 14 e dos demais dispositivos da LRF a respeito do assunto.

No mesmo sentido, mas por razões diversas, cabe citar as doutrinas de:
a) Hugo de Brito Machado, que ressalta o fato de a transação tributária não estar expressamente prevista na catalogação do §1º do art. 14 da LRF,[44] não sendo adequado classificá-la como outros benefícios;[45]
b) André Dias Fernandes e Denise Lucena Cavalcante, que destacam a transação como um instrumento com concessões mútuas, não se confundindo com renúncia nem favor fiscal, que apresentam caráter unilateral, de forma que a celebração daquela não vulnera o art. 150, §6º, da Constituição;[46]
c) Helder Silva dos Santos, que assinala que as formas usuais de renúncia de receita, a exemplo da anistia, da isenção ou alteração de alíquota, ocorrem antes da regra de tributação, sendo que a transação é posterior ao lançamento tributário e à instauração do litígio, não havendo porque confundir os institutos para fins de incidência do art. 14 da LRF;[47] e

---

[44] §1º A renúncia compreende anistia, remissão, subsídio, crédito presumido, concessão de isenção em caráter não geral, alteração de alíquota ou modificação de base de cálculo que implique redução discriminada de tributos ou contribuições, e outros benefícios que correspondam a tratamento diferenciado.

[45] MACHADO, Hugo de Brito. Transação e arbitragem o âmbito tributário. *In:* SARAIVA FILHO, Oswaldo Othon Pontes; GUIMARÃES, Vasco Branco (org.). *Transação e arbitragem no direito tributário:* homenagem ao jurista Carlos Mario da Silva Velloso. São Paulo: Fórum, 2008. p 111- 136, p. 119.

[46] FERNANDES, André Dias; CAVALCANTE, Denise Lucena. Administração fiscal dialógica. *Revista de Direito Administrativo* [recurso eletrônico]. Belo Horizonte, v. 277, n. 3, set./dez. 2018, p. 65-66.

[47] SANTOS, Helder Silva. *Transação tributária:* limites, desafios e propostas. Dissertação (Mestrado em Direito) – Fundação Getúlio Vargas. São Paulo, p. 166. 2020, p. 69.

d) Lucas Ernesto Gomes Cavalcante e Mariana Luz Zonari, que também ressaltam o aspecto teleológico como elemento distintivo, ao pontuarem que os incentivos ou benefícios fiscais se inserem dentro de uma política de desenvolvimento da economia, redução de desigualdades regionais, dentre outras finalidades coletivas, enquanto a transação tributária visa resolver um determinado litígio; assim, concluem que não há como sustentar que este último instituto se caracteriza como uma renúncia de receitas que justifique a aplicação do art. 14 da LRF.[48]

Não obstante o objeto de controle tenha sido uma transação tributária instituída por lei do Rio Grande do Sul, o STF já se manifestou no sentido de que tal instituto não se confunde com o que chamou de favores fiscais, de forma que não se aplicariam as disposições constitucionais que tratam desses benefícios. Segue a ementa do julgamento da Medida Cautelar na Ação Direta de Inconstitucionalidade nº 2.405/RS:

> EMENTA: Ação direta de inconstitucionalidade: medida cautelar: L. estadual (RS) 11.475, de 28 de abril de 2000, que introduz alterações em leis estaduais (6.537/73 e 9.298/91) que regulam o procedimento fiscal administrativo do Estado e a cobrança judicial de créditos inscritos em dívida ativa da fazenda pública estadual, bem como prevê a dação em pagamento como modalidade de extinção de crédito tributário. (...) II – Extinção do crédito tributário: moratória e transação: implausibilidade da alegação de ofensa dos artigos 150, §6º e 155, §2º, XII, g, da CF, por não se tratar de favores fiscais.

A propósito, esse entendimento foi confirmado na decisão de mérito da referida ação direta de inconstitucionalidade, como se vê no voto condutor do Ministro Alexandre de Moraes, em julgamento proferido em 20.09.2019:

> No caso dos autos, verifica-se que a lei gaúcha lançou mão do instituto da transação para pôr fim aos litígios judiciais envolvendo créditos tributários. Assim, conforme o referido instrumento, que necessariamente envolve concessões mútuas de ambas as partes, as disposições contidas na lei não se equiparam a benefício fiscal, principalmente no que diz respeito à redução da multa tributária, que possui um caráter acessório.
> Assim, adoto as razões de decidir apresentadas no julgamento cautelar, no sentido de declarar que as normas em comento não violam o texto constitucional.

Em nossa visão, o art. 14 da LRF somente se aplica se a transação tributária realmente importar renúncia de receitas, a ser apurada a partir das estimativas de arrecadação, com e sem transação, segundo o perfil das dívidas abrangidas no acordo individual ou no edital, nos termos da fórmula supramencionada. Se isso acontecer, a administração deve elaborar a estimativa do impacto orçamentário-financeiro no exercício em que deva iniciar sua vigência e nos dois seguintes, nos termos do dispositivo supramencionado.

---

[48] CAVALCANTE, Lucas Ernesto Gomes. ZONARI, Mariana Luzi. Transação Tributária e Renúncia de Receita nos termos do art. 14 da Lei de Responsabilidade Fiscal. *Revista controle*: doutrina e artigos, Fortaleza, v. 17, n. 2, p. 393-421, dez./2019. Disponível em: https://revistacontrole.tce.ce.gov.br/index.php/RCDA/article/view/5. Acesso em: 04 mar. 2021.

Nesse caso, de perda estimada de arrecadação, segundo a metodologia apresentada e conforme as premissas de cálculo adotadas pela PGFN, caberia discutir se seria ou não legítima a abertura de edital para transação ou celebração de acordo por proposta individual, por falta de interesse público.

Em havendo a decisão pela assinatura do instrumento, por questões relacionadas a uma política de regularização da situação fiscal de contribuintes e devedores perante a Fazenda Pública, com vistas à sua reabilitação e retomada da atividade econômica, estaremos diante de um autêntico gasto tributário, especialmente pelo seu propósito nitidamente extrafiscal.

Nessa situação, além do atendimento do art. 14 da LRF, será preciso observar os arts. 4º, §2º, inciso V e 5º, inciso II, da mencionada norma. Ademais, será necessária a elaboração do demonstrativo regionalizado do efeito da transação sobre as receitas e despesas, conforme o art. 165, §6º, da Constituição Federal.

Em nossa visão, é justamente por essas ressalvas que o art. 9º da Lei nº 13.988/2020 estatuiu que "os atos que dispuserem sobre a transação poderão, *quando for o caso*, condicionar sua concessão à observância das normas orçamentárias e financeiras" (grifos acrescidos).

Não ocorrendo efetiva renúncia de receitas, pelo ganho líquido de arrecadação comparativamente à situação contrafactual de não celebração de acordo, não será necessário o atendimento das normas orçamentárias supramencionadas.[49]

De qualquer forma, a administração deve dar publicidade às estimativas de receitas decorrentes das diversas transações realizadas e por realizar, bem como aos prognósticos dos ganhos líquidos de arrecadação de cada edital ou acordo individual, a fim de possibilitar o escrutínio da sociedade, dos potenciais interessados e dos órgãos de controle, a respeito da racionalidade das premissas de cálculo adotadas e da própria eficácia do programa de transação tributária.

Numa abordagem prescritiva, a RFB e a PGFN poderiam estimar os valores arrecadados a partir de seus programas de transação tributária, encerrados, em andamento e por celebrar, e avaliar os resultados de cada um deles, de preferência anualmente. Os órgãos poderiam elaborar um demonstrativo, a ser enviado anualmente ao Congresso Nacional juntamente com o Projeto de Lei Orçamentária Anual (PLOA), a fim de tornar expresso o montante da estimativa de receitas públicas que seria originada de seus programas de transação tributária.

O fundamento, neste caso, não seria §6º do art. 165 da Constituição, mas o §8º do dispositivo, já que a informação é útil à previsão da receita e, especialmente, o art. 2º, §2º, da Lei nº 4.320, de 17 de março de 1964, que prevê a elaboração de quadros

---

[49] Em sentido contrário ao presente texto, por considerar a transação tributária uma opção deliberada de política fiscal, ou seja, uma escolha, um objetivo a ser atingido a ser atingido pelo Estado, o que implica a necessidade de uma análise sobre o custo das renúncias fiscais envolvidas, ver PINHEIRO, Hendrick. *Transação tributária: planejamento e controle*. Belo Horizonte: Fórum, 2021. O autor prescreve que a disciplina dos gastos tributários se aplica ao planejamento das políticas de transação tributária, motivo pelo qual entende aplicável o art. 165, §6º da Constituição e os arts. 4º, § 2º, inciso V, 5º, inciso II, e 14, *caput*, da LRF (*op. cit.*, p. 107-122). No mesmo sentido, Lídia Maria Ribas, defende tratar tais programas como políticas públicas, o que implica "[...] a necessidade de submetê-los ao sistema de gastos tributários indiretos, de forma a viabilizar a transparência de seus custos e, consequentemente, seu controle" (RIBAS, Lídia Maria; PINHEIRO, Hendrick. Transação tributária como política pública e a importância do gasto tributário como critério de controle. *NOMOS: Revista do Programa de Pós-Graduação em Direito da UFC*, Fortaleza, v.38, n.2, jul./dez., 2018, p. 231-242, p. 232).

demonstrativos de receitas. Nesse caso, a administração poderia incluir capítulo específico sobre os programas de transação tributária.

Essas iniciativas iriam ao encontro da ideia de responsabilidade na gestão fiscal, que pressupõe a ação planejada e transparente, em que se previnem riscos e corrigem desvios capazes de afetar o equilíbrio das contas públicas, nos termos do art. 1º da LRF.

É somente na perspectiva de controle da racionalidade do planejamento que se concorda com a doutrina de Hendrick Pinheiro,[50] para admitir a fiscalização do TCU sobre as premissas de cálculo do ganho líquido de arrecadação e da motivação da escolha da administração, em seus programas de transação tributária.

Todavia, não reputamos aplicável a verificação da coerência dessas ações com os objetivos estabelecidos no Plano Plurianual,[51] uma vez que o instrumento em análise não é uma intervenção governamental que se enquadra como uma política pública, já que tem objetivo predominantemente arrecadatório, não estando associado a uma finalidade de intervenção no domínio econômico ou social, como já dito.

Por outro lado, concorda-se com o controle da governança executiva dos programas de transação da cobrança de créditos da Fazenda Pública, ou seja, do cumprimento dos acordos, do efetivo pagamento dos valores pactuados e do atendimento das metas buscadas por cada programa. Tal fiscalização teria o objetivo de contribuir com a eventual correção de rumos em futuros programas, de forma que a atuação do TCU teria um viés pedagógico, não corretivo.

Seriam essas as balizas do controle da transação tributária a partir das normas orçamentárias e financeiras e dos princípios relacionados à responsabilidade fiscal.

5 Conclusão

A transação tributária, nos moldes em que foi concebida pela Lei nº 13.988/2020, é uma espécie de acordo sobre a cobrança de uma dívida tributária. Não se trata, como a leitura apressada do termo poderia sugerir, de um pacto a respeito das condições de constituição da obrigação tributária, sobre a interpretação do fato gerador e/ou redefinição de alíquotas ou base de cálculo. Tais elementos permanecem inalterados após o escorreito lançamento, de forma que o Fisco e o contribuinte transigem apenas sobre a forma como se dará o pagamento da dívida.

Esse instrumento pode se concretizar de duas formas: contrato administrativo, no caso de transação de créditos inscritos na dívida ativa tributária da União decorrente de proposta individual, da PGFN ou do devedor; ou ato administrativo participativo, na hipótese de transação tributária por adesão.

De todo modo, ambos os instrumentos estão sujeitos à possibilidade de rescisão, caso descumpram as normas de regência, sendo assegurado ao devedor o direito de impugnar o ato, na forma da Lei nº 9.784/1999.

Os atos relativos à realização de transação tributária estão sujeitos à jurisdição do TCU, uma vez que se inserem no bojo do procedimento de obtenção ou arrecadação de

---

[50] PINHEIRO, Hendrick. *Transação tributária*: planejamento e controle. Belo Horizonte: Fórum, 2021, p. 124.
[51] PINHEIRO, Hendrick, *op. cit.*, p. 128.

receitas públicas. Por conseguinte, os agentes responsáveis por esses atos se submetem aos arts. 70, *caput*, e 71, incisos II e VIII, IX, da Constituição, podendo ser responsabilizados, caso deem causa à perda de recursos e/ou pratique quaisquer das infrações catalogadas no art. 58 da Lei nº 8.443/1992, respeitada a condição do art. 29 da Lei nº 13.988/2020 (dolo ou fraude para obter vantagem indevida para si ou para outrem).

O parâmetro de legalidade a ser utilizado no controle das transações tributárias são as normas procedimentais estatuídas na Lei nº 13.988/2020, nos decretos e nas portarias da PGFN que tenham sido editadas para disciplinar o procedimento administrativo destinado à celebração e acompanhamento do instrumento em análise.

Todavia, o controle do Tribunal deve ter caráter subsidiário, haja vista a competência primária dos próprios órgãos signatários da transação tributária, a partir de suas estruturas internas de governança, de fazer cumprir a legislação de regência.

No que se refere ao juízo de oportunidade e de conveniência para a celebração do instrumento, defende-se um controle de grau intermediário do TCU, a incidir apenas nas zonas de certeza negativa de cumprimento do interesse público e dos princípios jurídicos aplicáveis. Nessa hipótese, podem ser adotadas, ainda, as teorias do desvio do poder e dos motivos determinantes, a fim de perquirir os casos de desconformidade.

Se atendidas as premissas legais para a sua celebração, quais sejam, a presença de interesse público relacionado ao recebimento de dívidas irrecuperáveis, de difícil recuperação, que tenham custos de cobrança superiores ao seu valor ou que envolvam elevados custos de oportunidade, entende-se que a transação da Lei nº 13.988/2020 não implica um gasto tributário, benefício de natureza tributária ou renúncia de receitas. Por consequência, a transação tributária não está sujeita ao art. 165, §6º, da Constituição Federal, e aos arts. 4º, §2º, inciso V, 5º, inciso II, e 14 da LRF.

Os referidos dispositivos somente se aplicam se a transação tributária importar perda líquida de arrecadação, a ser apurada a partir das estimativas de arrecadação, com e sem transação, segundo o perfil das dívidas abrangidas no acordo individual ou no edital.

De qualquer forma, a administração deve dar publicidade às estimativas de receitas decorrentes das diversas transações realizadas e por realizar, bem como aos prognósticos dos ganhos líquidos de arrecadação de cada edital ou acordo individual, a fim de possibilitar o escrutínio da sociedade, dos potenciais interessados e dos órgãos de controle, a respeito da racionalidade das premissas de cálculo adotadas e da eficácia da medida.

Essas iniciativas iriam ao encontro da ideia de responsabilidade na gestão fiscal e municiariam o contínuo aperfeiçoamento dos programas de transação tributária, em prol da melhoria da eficiência na arrecadação de receitas públicas.

Referências

ALMEIDA, Fernando Dias Menezes de. *Contrato administrativo*. São Paulo: Quartier Latin, 2012.

ALVES, Francisco Sérgio Maia. Controle da administração pública pelo Tribunal de Contas da União: espaço objetivo de incidência e parâmetro de legalidade. *Interesse Público*. Belo Horizonte, v. 20, n. 108, mar./abr. 2018.

BINENBOJM, Gustavo. *Uma teoria do direito administrativo*: direitos fundamentais, democracia e constitucionalização. Rio de Janeiro: Renovar, 2006.

BRASIL. Ministério da Economia. Receita Federal. Centro de Estudos Tributários e Aduaneiros. *Gasto tributário:* conceito e critérios de classificação. Brasília: Versão eletrônica 1.01, 2019, p. 5. Disponível em: http://receita.economia.gov.br/dados/receitadata/renuncia-fiscal/demonstrativos-dos-gastos-tributarios/arquivos-e-imagens/sistema-tributario-de-referencia-str-v1-01.pdf. Acesso em: 03 mar. 2020.

CAVALCANTE, Lucas Ernesto Gomes; ZONARI, Mariana Luzi. Transação Tributária e Renúncia de Receita nos termos do art. 14 da Lei de Responsabilidade Fiscal. *Revista Controle – Doutrina e Artigos*, Fortaleza, v. 17, n. 2, p. 393-421, dez./2019. Disponível em: https://revistacontrole.tce.ce.gov.br/index.php/RCDA/article/view/5. Acesso em: 04 mar. 2021.

CORREIA, José Manuel Sérvulo. *Legalidade e autonomia contratual nos contratos administrativos.* Coimbra: Almedina, 1987.

DANTAS, Antônio Souza. *A arrecadação no orçamento público brasileiro:* a necessidade de sua conceituação e positivação jurídica. Trabalho Final (Especialização em orçamento público) – Instituto Legislativo Brasileiro. Brasília, p. 62. 2017, p. 54. Disponível: https://www2.senado.leg.br/bdsf/bitstream/handle/id/548007/TCC_Antonio_de_Souza_Dantas.pdf?sequence=1&isAllowed=y. Acesso em: 06 mar. 2021.

FERNANDES, André Dias; CAVALCANTE, Denise Lucena. Administração fiscal dialógica. *Revista de Direito Administrativo* [recurso eletrônico]. Belo Horizonte, v. 277, n. 3, set./dez. 2018.

FERREIRA, Aurélio Buarque de Holanda. *Novo dicionário Aurélio da língua portuguesa.* Curitiba: Positivo, 2009.

FILGUEIRAS JUNIOR, Marcus Vinícius. Ato administrativo eletrônico e teleadministração. Perspectivas de investigação. *Revista de Direito Administrativo*, Rio de Janeiro, v. 237, p. 243-264, jul./set.2004.

GOMES, Emerson César da Silva. *Responsabilidade Financeira:* uma teoria sobre a responsabilidade no *âmbito* dos tribunais de contas. Porto Alegre: Almedina, 2012.

MACHADO, Hugo de Brito. Transação e arbitragem o âmbito tributário. *In*: SARAIVA FILHO, Oswaldo Othon Pontes; GUIMARÃES, Vasco Branco (org.). *Transação e arbitragem no direito tributário:* homenagem ao jurista Carlos Mario da Silva Velloso. São Paulo: Fórum, 2008. p 111- 136.

PELEGRINNI, Josué Alfredo. Gastos tributários e subsídios da União. *In*: SALTO, Felipe Scudeler; PELLEGRINI, Josué Alfredo. *Contas públicas.* São Paulo: Saraiva Educação, 2020.

PELLEGRINI, Josué Alfredo. Gastos tributários: conceitos, experiência internacional e o caso do Brasil. Brasília: Núcleo de Estudos e Pesquisas/CONLEG/Senado, outubro/2014 (Texto para Discussão nº 159). Disponível em: https://www12.senado.leg.br/publicacoes/estudos-legislativos/tipos-de-estudos/textos-para-discussao/td159. Acesso em: 03 mar. 2021.

PELISSER, Fernanda Caroline. O controle judicial da discricionariedade administrativa no estado democrático de direito. *Revista CEJ*, v. 21, n. 73, p. 7-19, set./dez. 2017.

PINHEIRO, Hendrick. *Transação tributária:* planejamento e controle. Belo Horizonte: Editora Fórum, 2021.

POLIZELLI, Victor Borges. *Contratos fiscais:* viabilidade e limites no contexto do direito tributário brasileiro. Tese (Doutorado em Direito) – Faculdade de Direito, Universidade de São Paulo. São Paulo, p. 305, 2013.

PUREZA, Maria Emília Miranda. Disciplinamento das Renúncias de Receitas Federais – Inconsistências no Controle de Gastos Tributários. *Cadernos ASLEGIS*, v. 8, n. 29, ano 2006. Disponível: https://bd.camara.leg.br/bd/handle/bdcamara/11013. Acesso em: 03 mar. 2021.

RIBAS, Lídia Maria; PINHEIRO, Hendrick. Transação tributária como política pública e a importância do gasto tributário como critério de controle. *NOMOS: Revista do Programa de Pós-Graduação em Direito da UFC*, Fortaleza, v. 38, n. 2, jul./dez., 2018, p. 231-242.

SANTOS, Helder Silva. *Transação tributária*: limites, desafios e propostas. Dissertação (Mestrado em Direito) – Fundação Getúlio Vargas. São Paulo, p. 166. 2020.

The Institute of Internal Auditores. *Declaração de posicionamento do IIA:* as três linhas de defesa no gerenciamento eficaz de riscos e controles. São Paulo: 2013. Disponível em: https://global.theiia.org/translations/PublicDocuments/PP%20The%20Three%20Lines%20of%20Defense%20in%20Effective%20Risk%20Management%20and%20Control%20Portuguese.pdf. Acesso em: 08 mar. 2021.

Informação bibliográfica deste texto, conforme a NBR 6023:2018 da Associação Brasileira de Normas Técnicas (ABNT):

ALVES, Francisco Sérgio Maia. A transação tributária e o seu controle pelo Tribunal de Contas da União. *In*: SARAIVA FILHO, Oswaldo Othon de Pontes (coord.). *Transação Tributária*: homenagem ao jurista Sacha Calmon Navarro Coêlho. Belo Horizonte: Fórum, 2023. (Coleção Fórum grandes temas atuais de Direito Tributário ; v. 1). p. 371-397. ISBN 978-65-5518-407-5.

TRANSAÇÃO TRIBUTÁRIA À LUZ DA ANÁLISE COMPORTAMENTAL DOS CONTRIBUINTES

VICTORIA WERNER DE NADAL

CLAIRTON KUBASSEWSKI GAMA

Introdução

Aquilo que está protegido e disciplinado na Constituição, assim como a legislação infraconstitucional, os atos administrativos e as decisões judiciais são modeladores de comportamento, sob diferentes perspectivas. Por exemplo, uma lei que imponha demasiadas obrigações acessórias pode estimular a informalidade das empresas; uma Corte Constitucional que sempre module efeitos de suas decisões com fundamentos em argumentos financeiros pode estimular a edição de leis inconstitucionais e a judicialização em massa pelos contribuintes.

O ordenamento jurídico, pois, é naturalmente um condutor comportamental. Utilize-se como exemplo a função legiferante: essa condução pode ser diretamente pretendida, como é a essência dessa função, ser apenas decorrente de consequências secundárias que não chegam a invalidar o buscado com a edição de determinada lei, ou ainda ser – o que não se deseja – em sentido contrário às pretensões legais imaginadas.

No entanto, por vezes, não há um reconhecimento da importância de todos esses possíveis estímulos comportamentais, quer através do legislador, quer pela Administração Pública, quer pelo Poder Judiciário, quer pela sociedade ao buscar a satisfação de determinada demanda junto aos órgãos públicos, quer até mesmo pela academia. É mais comum que as atenções fiquem voltadas exclusivamente ao que é diretamente pretendido, especialmente por determinada lei ou ato, sem que se perquira antecipadamente quais alterações comportamentais outras que poderão advir, bem como se, após a introdução no ordenamento jurídico, o fim almejado é efetivamente atingido.

Nesse contexto é que se insere o presente artigo, o qual terá como objetivo a abordagem das influências comportamentais que podem ser exercidas através da transação tributária, com olhar atento à recente Lei nº 13.988/2020 – a qual instituiu a transação tributária em nível federal – e suas implicações. Busca-se analisar as alterações de comportamento dos contribuintes que podem ser diretamente pretendidas pela transação tributária e também do cuidado que se deve ter com as induções reflexas que dela podem emergir, as quais podem ser indesejadas.

Para tanto, partir-se-á do estudo do Direito Tributário como modulador e indutor de comportamentos para, em seguida, dividindo-se em dois momentos, perquirir especificamente as intersecções entre as transações tributárias e a conformidade tributária e entre as transações tributárias e o comportamento dos contribuintes em outras áreas do Direito.

1 Direito Tributário e o comportamento humano

Os tributos têm suas funções comumente distinguidas para fins didáticos entre fiscais e extrafiscais. A extrafiscalidade é colocada como sendo a pretensão de estimular condutas intencionalmente e de intervir no domínio econômico (por exemplo, através da concessão de benefícios fiscais, ou pela tributação mais acentuada de bens considerados de consumo indevido, como o cigarro); enquanto que a fiscalidade seria a captação de recursos ao Erário para que esse possa desenvolver as suas atividades mediante a participação fiscal no sucesso econômico particular.

Não raro essa dicotomia é objeto de críticas, vez que a função fiscal sempre estará presente, qualquer que seja o tributo. Ainda que utilizado como um instrumento de estímulo de condutas ou de intervenção sobre o domínio econômico, jamais será irrelevante ou indesejada a receita dele proveniente.[1] Daí por que se sustenta que seria mais adequada a utilização da expressão "normas tributárias indutoras" para se referir àquelas em que o Estado pretenda diretamente a intervenção por indução, as quais não perderiam a caraterística de terem tanto a finalidade arrecadatória – e, portanto, sujeitarem-se a princípios e regras próprios do Direito Tributário –, como a finalidade indutora.[2]

De qualquer modo, reconhece-se há longa data a possibilidade de utilização dos tributos para que sejam moldados comportamentos e atingidos determinados

---

[1] SCHOUERI, Luís Eduardo. *Normas tributárias indutoras e intervenção econômica*. Rio de Janeiro: Forense, 2005, p. 16.
[2] *Ibid.*, p. 34.

fins, ainda que se tenha como premissa que a tributação deve ser majoritariamente orientada pelo princípio da neutralidade, de modo à tributação afetar o menos possível a tomada de decisões pelos agentes econômicos e o sistema de formação de preços.[3] É que a Constituição de 1988 contempla um Estado que não seja totalmente neutro,[4] porque conta com um grande número de normas programáticas, bem como porque os seus artigos 173 e 174 expressamente admitem que o Estado atue como agente normativo e regulador da atividade econômica, desempenhando as funções de fiscalização, incentivo e planejamento.

Note-se, no entanto, que, mesmo no que diz respeito aos tributos que são desenvolvidos pelo legislador expressamente com o intuito de estimular condutas ("extrafiscais" ou "normas tributárias indutoras"), há uma carência, em um olhar histórico e quantitativo, de projetos que busquem explorar profundamente a temática de uma forma interdisciplinar, a fim de aferir a eficácia das benesses concedidas ou dos agravamentos imputados para o atingimento dos fins planejados.

Com efeito, a manipulação de incentivos é uma tarefa demasiadamente complexa, o que muitas vezes faz com que os resultados de uma norma indutora sejam nulos ou mesmo opostos aos que inicialmente pretendidos. Portanto, as normas indutoras precisariam ser estruturadas com planejamento através da compreensão científica de como os indivíduos reagem a incentivos, a fim de que tenham efetivas condições de atingir os fins pretendidos,[5] assim como deveria haver um controle de finalidade *a posteriori*, baseado na proporcionalidade.[6]

Não obstante as interferências nos comportamentos humanos pelo Direito Tributário sejam mais comumente trabalhadas quanto aos tributos ditos como extrafiscais, contudo, não se pode olvidar que todo o sistema tributário age sobre o comportamento dos agentes. Da mesma forma que a função fiscal estará presente mesmo nos tributos tradicionalmente classificados como extrafiscais, qualquer tributo que venha a ser instituído, ainda que unicamente visando à arrecadação, irá influenciar no comportamento dos contribuintes.[7]

A diferença de alíquotas tributárias, a existência de obrigações acessórias, as diferentes formas de adimplemento do crédito tributário, agirão sobre a conduta dos agentes econômicos,[8] sendo isso pretendido ou mesmo que não tenha sido esse o objetivo primordial almejado com determinada legislação ou determinado ato administrativo. Qualquer tributo, ou melhor, qualquer norma tributária, promove também a conformação de comportamentos.

---

[3] GONÇALVES, Oksandro Osdival; BONAT, Alan Luiz. Análise Econômica do Direito, incentivos fiscais e a redução das desigualdades regionais. *Revista Jurídica da Presidência*, v. 20, n. 121, p. 381-407, jun-set/2018, p. 395.

[4] LEÃO, Martha Toribio. *Critérios para o controle das normas tributárias indutoras*: uma análise pautada no princípio da igualdade e na importância dos efeitos. 176 f. 2014. Dissertação (Mestrado em Direito) – Faculdade de Direito da Universidade de São Paulo, 2014, p. 21.

[5] CARVALHO, Cristiano. *Teoria da decisão tributária*. São Paulo: Almedina, 2018, p. 166.

[6] ADAMY, Pedro. Complexidade, simplificação e divulgação do Direito Tributário. *In*: KUNZ, Lena; MESE, Vivianne Ferreira (org.). *Rechtssprache und Schwächerenschutz*. Baden-Beden: Nomos, p. 301-329, 2018, p. 316.

[7] RASKOLNIKOV, Alex. Accepting the limits of Tax Law and Economics. *Cornell Law Review*, v. 98, n. 3, p. 523-590, mar/2013, p. 535.

[8] CALIENDO, Paulo. *Direito Tributário e Análise Econômica do Direito*: uma visão crítica. Rio de Janeiro: Elsevier, 2009, p. 100-101.

Então, a forma como disciplinados os procedimentos tributários, o processo tributário administrativo e judicial, a própria atuação da Administração Tributária e de outros contribuintes e – especificamente no que diz respeito ao presente estudo – os instrumentos de resolução de conflitos, tais como a transação tributária, interferem na forma de agir dos contribuintes.

O reconhecimento de que a ordem jurídica como um todo e também os seus próprios agentes têm o potencial de conformar condutas é, nesse contexto, deveras importante, porque nos permite ordená-la de forma a serem estimuladas as condutas desejadas, não serem estimuladas condutas indesejadas, assim como serem desestimuladas condutas indesejadas e não desestimuladas condutas desejadas, ou, até mesmo, ordená-lo de forma a tentar buscar a maior neutralidade possível quando não for o objetivo do Estado intervir.

Entender o Direito, então, passa a ser também entender o movimento próprio daqueles que o Direito se propõe a regular,[9] ao que ganha grande relevância a chamada Análise Econômica do Direito e, em especial, o seu segmento comportamental. É que a Análise Econômica Comportamental do Direito permite, através de estudos interdisciplinares, verificar quais são implicações no comportamento humano que se verificam e quais são os instrumentos adequados para que se atinjam, com efetividade, os objetivos das políticas públicas.[10]

Esse método explica que as políticas públicas podem assumir a forma de imposições e proibições, como, por exemplo, a obrigatoriedade de pagamento de tributos; a forma de incentivos ou desincentivos econômicos, o que é normalmente percebido na chamada extrafiscalidade; ou ainda a forma de *nudges* ("empurrãozinhos"), que são abordagens que buscam preservar a liberdade, mas ao mesmo tempo influenciam pessoas em determinadas direções no momento de suas escolhas.[11]

Importa referir que há um crescente interesse mundial na utilização de *nudges*, na medida em que eles costumam ter baixos custos de implementação e, ainda, um bom potencial para que sejam favorecidos objetivos almejados.[12] Estudos empíricos, como os desenvolvidos por Galbiati e Vertova, procuram analisar como incentivos legais influenciam nas escolhas das pessoas, no sentido de que podem modificar os *payoffs* para as ações dos indivíduos e, assim, induzir os comportamentos desejados pelo Estado. Não suficiente, as pesquisas mostram que, mesmo em situações nas quais os incentivos são tidos como muito baixos, observa-se um frequente cumprimento das regras, sugerindo, portanto, que o conteúdo normativo destas desempenha um papel crucial na condução do comportamento dos indivíduos.[13]

Não obstante sabido que a Análise Econômica Comportamental do Direito ainda encontra resistência por considerável parte dos tributaristas, vez que predomina

---

[9] MACKAAY, Ejan; ROUSSEAU, Stéphane. *Análise Econômica do Direito*. Tradução: Rachel Sztajn. 2ª ed. São Paulo: Atlas, 2020, p. 5.

[10] COOTER, Robert; ULEN, Thomas S. *Direito & Economia*. Tradução: Luis Marcos Sander; Francisco Araújo da Costa. 5ª ed. Porto Alegre: Bookman, 2010, p. 33.

[11] SUNSTEIN, Cass R. Nudging: um guia bem breve. In: ÁVILA, Flávia; BIANCHI, Ana Maria (org.). *Guia de Economia Comportamental e Experimental*. Tradução: Laura Teixeira Motta. São Paulo: EconomiaComportamental.org, 2015. p. 110-115. p. 110.

[12] *Ibid.*, loc. cit.

[13] GALBIATI, Roberto; VERTOVA, Pietro. How Laws Affect Behaviour. *International Review of Law and Economics*, v. 38, p. 28-57, 2014. Disponível em: https://ssrn.com/abstract=1295948. Acesso em: 19 mar. 2021, p. 29–30.

a concepção de um "rigor científico" segundo o qual não devem outras ciências influenciarem a ciência jurídica,[14] essa perspectiva estruturalista – que, é claro, tem os seus grandes méritos – acaba por limitar-se a analisar o que já está feito e sob uma preocupação estritamente quanto aos aspectos semântico e sintático, deixando de lado a própria realidade empírica.[15]

Ainda que tenhamos uma doutrina jurídica muito avançada no que diz respeito à função extrafiscal dos tributos, por exemplo, há poucos estudos sobre os efeitos práticos gerados pela extrafiscalidade a ser implementada ou questionando aquela que já está em prática. As normas que não são consideradas extrafiscais, outrossim, não ganham atenção no que diz respeito ao estudo das alterações comportamentais que podem delas advir indesejadamente, não se verificando com frequência uma preocupação com externalidades.

É percebido um grande crescimento nos últimos anos, todavia, de estudos jurídicos que reconhecem a importância das nuances entre o Direito Tributário, a Economia e a Psicologia, de modo a se utilizarem da Análise Econômica Comportamental do Direito. Nota-se, também, que muitos estudos não chegam a assumir estarem tratando de determinada temática sob o método em questão, mas acabam por assim o fazer, em um reconhecimento implícito dos ganhos que a abordagem pode trazer.

Pode-se citar como causa desse crescimento o reconhecimento muito forte no exterior, em especial nos Estados Unidos, da utilidade da Análise Econômica e Econômica Comportamental ao Direito (*Behavioral Law and Economics*), que fornece ferramentas importantes para melhor compreensão dos fatos sociais e da forma como os agentes se comportam diante de um determinado cenário jurídico-legislativo,[16] o qual vem aos poucos recebendo a atenção de grandes nomes no cenário nacional.

Assim, sendo uma premissa que toda a ordem jurídica tem o condão de influenciar o comportamento humano, bem como de que é possível tentar organizá-la de modo a esta conformar as condutas humanas de forma que atendam melhor aos interesses públicos, busca-se, a seguir, responder se há técnicas comportamentais que podem ser empregadas na transação tributária para que sejam adotadas pelos contribuintes regras de conformidade tributária e para influenciar o comportamento dos contribuintes inclusive em outras áreas do Direito, bem como quais são os estímulos encontrados no ordenamento jurídico vigente em nível federal, a saber, a Lei nº 13.988/2020 e as Portarias editadas pela Procuradoria-Geral da Fazenda Nacional (PGFN).

---

[14] MACHADO SEGUNDO, Hugo de Brito. Ciência do direito tributário, economia comportamental e extrafiscalidade. *Revista Brasileira de Políticas Públicas*, v. 8, n. 2, p. 639-659, 2018, p. 641-642.

[15] FOLLONI, André; SIMM, Camila Beatriz. Direito Tributário, complexidade e Análise Econômica do Direito (AED). *Revista Eletrônica do Curso de Direito da UFSM*, v. 11, n. 1, p. 49-70, 2016, p. 52 e 55.

[16] GICO JR., Ivo. Introdução ao Direito e Economia. *In*: TIMM, Luciano Benetti (org.). *Direito e Economia no Brasil*: estudos sobre a Análise Econômica do Direito. Indaiatuba: Foco, 2019. p. 1-32, p. 2.

2 Transação tributária e seus reflexos na conformidade tributária

A conformidade tributária é tema de árdua abordagem, dado que, consoante construção doutrinária de Ives Gandra da Silva Martins, os tributos são normas de rejeição social, ou seja, de difícil cumprimento sem que haja uma sanção correspondente.[17]

Não surpreende que as pessoas não gostem de pagar tributos: trata-se de mais um exemplo prático de percepção do viés comportamental denominado de "aversão à perda", segundo o qual as perdas patrimoniais são percebidas como muito negativas – mais inclusive do que os ganhos que se deixam de realizar –, ao que o ser humano atribui um grande valor aos bens que já possui e, consequentemente, fica menos propenso a aceitar a entrega de parte destes ao pagamento de tributos.[18]

Há que se considerar, ainda, que mesmo havendo norma de sanção correspondente ao descumprimento da obrigação tributária, o agente auxiliado por profissionais técnicos tende a buscar a maximização de seus resultados.[19] Quer dizer, a "opção" ilegal de não pagar os tributos pode ser vista como uma alternativa mais vantajosa economicamente.[20] Até porque a carga tributária, indene de dúvidas, impacta na formação dos preços e, logo, interfere na competitividade dos agentes dentro do mercado econômico, de modo que, ao não realizar o pagamento dos tributos, o agente fica possibilitado a praticar preços mais competitivos.

Nesse contexto, a elaboração de políticas tributárias que levem em consideração a análise comportamental dos contribuintes, a serem realizadas não somente pelas clássicas imposições e proibições, mas também por incentivos ou desincentivos econômicos e por *nudges,* sempre se corrigindo eventuais externalidades que não puderam ser previstas antes da implementação, revelam-se como importantes frente ao problema da inadimplência tributária.

O que se verifica historicamente, todavia, é a criação de algumas políticas tributárias pensadas apenas visando ao aumento momentâneo da arrecadação. Não são levadas totalmente em consideração a resposta comportamental que pode ser dada pelos agentes e as externalidades que das políticas possam decorrer, o que seria fundamental para não ser promovida a regularidade fiscal momentânea ao custo do estímulo ao inadimplemento futuro, ou ao custo de comportamentos negativos por contribuintes não agraciados por condições especiais.[21]

É o caso da concessão reiterada de parcelamentos tributários extraordinários com condições especiais para a regularização de contribuintes inadimplentes. Há estudos empíricos que demonstram que programas de parcelamento extraordinários, como os

---

[17] MARTINS, Ives Gandra da Silva. *Teoria da imposição tributária.* 2ª ed. São Paulo: LTR, 1998, p. 126-129.
[18] ZAMIR, Eyal. Law's Loss Aversion. *In*: ZAMIR, Eyal; TEICHMAN, Doron (org.). *The Oxford Handbook of Behavioral Economics and the Law.* New York: Oxford University Press, 2014. p. 268-299, p. 269-270.
[19] LOGUE, Kyle D. Tax law uncertainty and the role of tax insurance. *Virginia Tax Review*, v. 25, n. 2, p. 339-414, 2005, p. 349-350.
[20] PLUTARCO, Hugo Mendes. A sonegação e a litigância como forma de financiamento. *Economics Analysis of Law Review*, v. 3, n. 1, p. 122-147, jan-jun/2012. Disponível em: https://portalrevistas.ucb.br/index.php/EALR/article/view/3 EALR 122. Acesso em: 20 mar. 2021.
[21] CHAGAS JR., Francisco Ferreira. Incongruências da política tributária no Brasil e o seu contributo para a crise da relação de tributação. *In*: TORRES NETO, Argemiro; MACHADO, Sandra Maria Olímpio (org.). *15 anos do programa de educação fiscal do Estado do Ceará*: memórias e perspectivas. Fortaleza: Fundação SINTAF, 2014. p. 132-150, p. 134.

conhecidos REFIS, acabaram por influenciar de forma negativa o comportamento dos contribuintes, desestimulando o recolhimento dos tributos.[22] Isso porque a concessão reiterada de parcelamentos criaria um sistema vicioso no qual os contribuintes racionalmente deixam de recolher seus tributos, a fim de reduzir encargos e se tornarem mais competitivos no mercado, sob a consciência de que há grandes chances de, futuramente, serem ofertadas condições facilitadas para regularização.[23] Gera-se, então, um estímulo à irregularidade fiscal, pois se sinaliza aos contribuintes que o Estado facilmente concederá benefícios e abdicará, ainda que parcialmente, de seu crédito,[24] bem como que aquele que souber se organizar para aproveitar de tais benesses terá vantagens econômicas frente aos seus concorrentes.

A transação tributária, por sua vez, advém como uma possível política alternativa para buscar o aumento da arrecadação e servir de estímulo à conformidade fiscal, evitando-se possíveis externalidades negativas. Inclusive a recente Lei nº 13.988/2020 foi editada expressamente com o objetivo de se afastar os efeitos comportamentais negativos dos reiterados programas especiais de parcelamento, como constou na da própria exposição de motivos da Medida Provisória nº 899/2019.[25] Dentre os dispositivos da Lei nº 13.988/2020, encontramos exemplos de normas que estimulam – ou mesmo impõem – aos contribuintes a adoção de comportamentos alinhados com a ideia de regularidade e conformidade fiscal, mas também alguns dispositivos que poderiam ser aprimorados, como se passa a analisar.

O inciso III do artigo 3º da Lei nº 13.988/2020 prevê o compromisso do contribuinte envolvido em uma transação em não alienar nem onerar bens ou direitos sem a devida comunicação ao órgão da Fazenda Pública competente, o que cria dificuldades ao contribuinte que queira burlar a Administração. No mesmo sentido, a previsão do artigo 4º, inciso II, estabelece a rescisão da transação no caso de constatação de qualquer ato do contribuinte que seja tendente ao seu esvaziamento patrimonial como forma de fraudar o cumprimento da transação, mesmo que tal ato tenha sido realizado anteriormente à celebração da transação.

Ademais, talvez um dos aspectos em que a Lei nº 13.988/2020 atua em consonância com as preocupações atinentes a reflexos comportamentais – e que mais se distancia dos reiterados programas de parcelamento extraordinários – é a previsão do §4º do seu artigo 4º, segundo o qual a rescisão da transação implica a vedação, pelo prazo de dois anos, de adesão a nova transação pelo mesmo contribuinte, ainda que relativa a débitos distintos. Denota-se desse dispositivo a busca por reprimir a utilização do instituto como forma de alcançar uma "regularidade instantânea", que permita ao contribuinte tão somente obter certidões de regularidade, sem maiores preocupações com o efetivo cumprimento do pacto e com a conformidade tributária.

---

[22] MELLO, Fernanda Loyola Rabello; PORTULHAK, Henrique. Refis: recuperação fiscal ou planejamento tributário? Um estudo com base na percepção de advogados e auditores. *Revista de Contabilidade e Controladoria da UFPR*, v. 11, n. 2, p. 76-95, mai-ago/2019.

[23] FERNANDES, Tarsila Ribeiro Marques. *Transação tributária*: o direito brasileiro e a eficácia da recuperação do crédito público à luz do modelo norte-americano. Curitiba: Juruá, 2014, p. 74.

[24] CARVALHO, Cristiano. *Op. cit.*, p. 264.

[25] BRASIL. Ministério da Economia; Advocacia-Geral da União. *Exposição de Motivos Interministerial nº 268*, de 06 de setembro de 2019. Brasília: ME / AGU, set/2019. Disponível em: http://www.planalto.gov.br/ccivil_03/_ato2019-2022/2019/Exm/Exm-MP-899-19.pdf. Acesso em: 20 mar. 2021.

Com esse mesmo caráter, verifica-se a disposição do §2º do artigo 11, que veda a celebração de transação que implique redução do montante devido a título de principal, ou seja, que reduza o valor do tributo em si. Por esse dispositivo sinaliza-se aos contribuintes que com a transação não haverá acesso a uma forma de pagamento menos onerosa do que o pagamento ordinário dos tributos. Dessa forma, pode ser extraída uma preocupação de a transação não desestimular o pagamento na época própria e de não deixar contribuintes inadimplentes em situação mais benéfica do que os que adimpliram tempestivamente.

Esse ponto ganha relevância, pois estudos indicam que a percepção de um determinado agente quanto ao comportamento de outros agentes influencia na sua tomada de decisões. Os contribuintes tendem a manter-se em regularidade fiscal quando sabem que outros contribuintes em situação semelhante também estão em situação de adimplência e, por outro lado, tendem a incorrer em inadimplência se têm ciência de que os demais estão inadimplentes:

> No contexto do cumprimento fiscal, uma experiência no mundo real levada a cabo por autoridades públicas no Minnesota produziu grandes alterações de comportamentos. Foram dados quatro tipos de informações a vários grupos de contribuintes. A alguns foi dito que os seus impostos seriam usados em várias obras sociais, incluindo educação, proteção policial e combate aos incêndios. Outros foram confrontados com informações sobre os riscos punitivos em caso de não cumprimento. A outros foram dadas informações sobre como poderiam obter assistência no caso de se sentirem confusos ou na dúvida relativamente ao preenchimento dos seus impressos. Por fim, outros foram informados de que mais de 90 por cento dos residentes no estado do Minnesota já tinham cumprido integralmente as suas obrigações fiscais.
> Só uma dessas intervenções teve um impacto positivo no cumprimento fiscal: a última.[26]

Um aspecto problemático na Lei nº 13.988/2020 quanto a isso, contudo, é a inexistência de previsão acerca da impossibilidade de débitos tributários oriundos de parcelamentos extraordinários anteriores inadimplidos serem objeto de transação, omissão que está na contramão da pretensão de estimular comportamentos desejados ou de desestimular comportamentos indesejados pelos contribuintes[27].

A transação, na forma como prevista na Lei nº 13.988/2020, além disso, também contempla dispositivos que demonstram a preocupação com a manutenção das atividades do contribuinte. É o caso do disposto no inciso III e no §6º, ambos do artigo 11, os quais, respectivamente, possibilitam a substituição e a aceitação quaisquer modalidades de garantias. Trata-se de um bônus ao contribuinte que confessa a sua dívida

---

[26] THALER, Richard H.; SUNSTEIN, Cass R. *Nudge*: um pequeno empurrão. Alfragide: Lua de Papel, 2018, p. 99.
[27] Nota do editor: A Lei nº 14.375, de 21 de junho de 2022, incluiu o §11 ao art. 11, da Lei nº 13.988/2020, para dispor que: "§11. Os benefícios concedidos em programas de parcelamento anteriores ainda em vigor serão mantidos, considerados e consolidados para efeitos da transação, que será limitada ao montante referente ao saldo remanescente do respectivo parcelamento, considerando-se quitadas as parcelas vencidas e liquidadas, na respectiva proporção do montante devido, desde que o contribuinte se encontre em situação regular no programa e, quando for o caso, esteja submetido a contencioso administrativo ou judicial, vedada a acumulação de reduções entre a transação e os respectivos programas de parcelamento".

e concorda em não discutir a matéria em um processo judicial que demoraria longos anos, em um estímulo a uma relação mais cooperativa.[28]

Também há relevância em analisar os aspectos comportamentais das portarias editadas pela PGFN, através das quais são efetivamente concretizadas as modalidades de transação passíveis de adesão pelos contribuintes.

A Portaria PGFN nº 9.917/2020, que regulamenta a chamada transação por proposta individual, traz expressamente em seu artigo 2º, inciso III, que tal modalidade tem por princípio estimular a "autorregularização e conformidade fiscal".[29] Nessa linha, a portaria prevê como condição que o contribuinte regularize eventuais débitos inscritos em Dívida Ativa após a formalização da transação em até noventa dias (artigo 5º, inciso IX[30]); que sejam consideradas, para aceitação da proposta de transação, a existência de parcelamentos ativos, o histórico de parcelamentos do contribuinte, a sua situação econômica e capacidade de pagamento (artigo 18[31]); bem como que a identificação de indícios de divergências nas informações prestadas pelo contribuinte poderá ensejar a rescisão do acordo de transação (artigo 25[32]).

No que se refere à chamada transação extraordinária, regulamentada pela Portaria PGFN nº 9.924/2020, cabe referir a previsão do artigo 7º, que majora o valor referente à entrada que deve ser paga pelo contribuinte para efetivar a adesão de um para dois por cento sobre o valor total dos débitos transacionados no caso de haver a indicação de pelo menos uma inscrição com histórico de parcelamento rescindido. Nesse ponto, portanto, são dadas condições menos favorecidas aos contribuintes que não tenham um bom histórico de adimplemento tributário, o que pode ser visto como positivo sob o aspecto comportamental, diferenciando-se contribuintes pelo histórico de conformidade e premiando aqueles que assim buscaram agir.[33]

Outro aspecto de relevância comportamental é o fato de a transação regulamentada pela Portaria PGFN nº 13.731/2020 ter sido pensada como instrumento de suporte a contribuintes que tiveram sua capacidade de pagamento e de geração de renda afetada pelos efeitos econômicos decorrentes da pandemia do novo coronavírus (covid-19). Isto é, em princípio, dela não adviriam reflexos negativos de criação de uma crença no sentido de que usualmente são concedidas benesses e facilitações aos inadimplentes, pois fora estabelecida com o intuito específico de abranger contribuintes prejudicados pela nefasta e inesperada crise econômica decorrente da pandemia. Para tanto, a aludida Portaria PGFN nº 13.731/2020 prevê que o cálculo da capacidade de pagamento para determinação do percentual de reduções a ser concedido leva em consideração a

---

[28] FEITOSA, Gustavo Raposo Pereira; CRUZ, Antonia Camilly Gomes. Nudges fiscais: a economia comportamental e o aprimoramento da cobrança da dívida ativa. *Pensar Revista das Ciências Jurídicas*, v. 24, n. 4, p. 1-16, out-dez/2019, p. 14.

[29] Nota do editor: A Portaria PGFN nº 9.917/20 foi revogada pela Portaria PGFN/ME nº 6.757/22. O art. 2º, III, da portaria revogada corresponde também ao art. 2º, III, da nova portaria.

[30] Nota do editor: Corresponde ao art. 5º, XI, da Portaria PGFN/ME nº 6.757/22.

[31] Nota do editor: Corresponde ao art. 19, da Portaria PGFN/ME nº 6.757/22.

[32] Nota do editor: Corresponde ao art. 69, II, da Portaria PGFN/ME nº 6.757/22, QUE DISPÕE: "Art. 69. Implica rescisão da transação: (...) II – a constatação, pela Procuradoria-Geral da Fazenda Nacional, de divergências nas informações cadastrais, patrimoniais ou econômico-fiscais prestadas pelo sujeito passivos e consideradas para celebração da transação".

[33] FEITOSA, Gustavo Raposo Pereira; CRUZ, Antonia Camilly Gomes. *Op. cit.*, p. 12.

diferença apurada entre a receita ou renda auferida de março de 2020 até o mês imediatamente anterior ao mês de adesão e a receita ou renda do exercício 2019.

Nessa mesma linha, a denominada transação excepcional para débitos rurais, regulamentada pela Portaria PGFN nº 21.561/2020, possibilita aos produtores rurais o pagamento de débitos inscritos em dívida ativa da União oriundos de operações de crédito rural, bem como de débitos de FUNRURAL e de ITR, com reduções e de forma parcelada, também levando em consideração a situação econômica e o impacto da pandemia de covid-19.

Porém, deve-se atentar que a verificação da existência de impactos econômicos negativos decorrentes da pandemia em ambas as portarias acabou por não ser requisito para a adesão dos contribuintes a essas modalidades de transação, mas tão somente um dos elementos considerados na determinação dos percentuais de reduções a serem concedidas pelo Fisco. Dessa forma, ainda que essas modalidades desempenhem importante papel na recuperação de contribuintes efetivamente prejudicados economicamente pela pandemia, podem acabar também beneficiando contribuintes que teriam condições de adimplir integralmente os débitos pendentes e, assim, não escapariam das críticas quanto aos reflexos comportamentais nocivos que delas podem emergir.

Por fim, as Portarias da PGFN contam com a previsão de prazos demasiadamente longos para pagamento parcelado, tanto do valor correspondente à entrada, quanto do valor principal transacionado. Veja-se que na referida Portaria PGFN nº 9.924/2020, com exceção de débitos de natureza previdenciária, os demais débitos podem ser parcelados em até 142 meses. Da mesma forma, a denominada transação excepcional regulamentada pela Portaria PGFN nº 13.731/2020 prevê reduções que podem chegar a cem por cento dos valores referentes a multas, juros e demais encargos, e até cinquenta por cento do valor total da dívida, com prazos para pagamento parcelado que podem chegar até 12 meses para a entrada e até 72 meses para o saldo do débito. O problema da concessão de tão longos prazos para o pagamento dos tributos inadimplidos na época própria é que estes podem criar um desestímulo aos contribuintes que procuram pagar os tributos nas datas de seus vencimentos, pois nesse caso há um maior comprometimento de receita mensal, ao passo que um parcelamento longo pode ser visto como instrumento para melhora do fluxo de caixa.[34]

Pelo exposto, em que pese tenham sido percebidos alguns avanços com a implementação e regulamentação da transação em nível federal para o alinhamento das políticas públicas às repostas dadas pelo comportamento humano, verifica-se que ainda há o que evoluir. Da forma como estabelecidas, algumas modalidades de transações continuam a guardar semelhanças com os parcelamentos extraordinários, inclusive incorrendo nas mesmas externalidades negativas já apontadas e criticadas anteriormente pela doutrina.

---

[34] Nota do editor: A Lei nº 14.375, de 21 de junho de 2022, alterou o art. 11, §2º, III, da Lei nº 13.988/2020, para dispor: "Art. 11 (...) § 2º É vedada a transação que: III – conceda prazo de quitação dos créditos superior a 120 (cento e vinte) meses".

3 Transação tributária e a sua influência comportamental em outras áreas do Direito

Analisada a transação tributária e seus reflexos na conformidade tributária, nesse tópico investigar-se-á, sob o ponto de vista comportamental, se a transação tributária pode vir a influenciar os contribuintes também em outras áreas que não apenas a do Direito Tributário e como isso se verifica no ordenamento jurídico vigente.

A esse respeito, cita-se que desde o século XX existem na França os denominados *agréments fiscaux*, que consistem em uma negociação entre o contribuinte e a Administração Fiscal para que haja a outorga de vantagens tributárias ao agente econômico em troca do cumprimento por este de certos objetivos do Estado, normalmente previstos no plano de desenvolvimento econômico e social. Através dos *agréments fiscaux*, portanto, a França cria mecanismos de incitação das empresas a se comportarem da forma privilegiada pelas políticas públicas em troca de vantagens tributárias.[35]

Diferentes são as possibilidades de *agréments fiscaux*, os quais se dão mediante a conciliação de disposições legislativas em matéria tributária com o de peculiaridades de situações específicas de contribuintes, como a de se estabelecer um regime tributário especial para a realização de operações de interesse nacional, sempre mediante aprovação da Administração Fiscal por delegação do Ministro responsável pelo Orçamento Público.[36] Phelippe Toledo Pires de Oliveira os classifica de acordo com o objetivo prendido pela Administração Pública, do seguinte modo: "(1) *agréments* financeiros; (2) *agréments* geográficos; (3) *agréments* em favor da conservação do patrimônio artístico nacional ou do espaço territorial; (4) *agréments* em favor da criação, da transmissão ou recuperação de empresas; e (5) outros *agréments*".[37]

No Brasil, há posição doutrinária no sentido de que a transação tributária lembraria o conceito de "contrato fiscal",[38] enquanto designador de uma realidade em que Fisco e contribuinte encontrar-se-iam em situação menos hierárquica e mais negocial,[39] através do qual seria possível orientar condutas a serem adotadas pelo contribuinte que iriam além da conformidade fiscal.

O que ora se propõe a abordar, pois, é a identificação no ordenamento jurídico vigente, mesmo que discretamente e de forma incipiente, da tentativa do uso da transação como meio de fazer os contribuintes comprometerem-se a adotar condutas condizentes com as almejadas pelas políticas públicas do Estado, até mesmo pela recente Lei nº 13.988/2020.

Em primeiro lugar, o artigo 2º, parágrafo único, da Lei nº 13.988/2020 estabelece que na transação por adesão o devedor deve aceitar todas as condições fixadas no edital que a propõe. O seu artigo 3º, inciso I, por sua vez, prevê que a transação tributária

---

[35] OLIVEIRA, Phelippe Toledo Pires de. *A transação em matéria tributária* – Série Doutrina Tributária. São Paulo: Quartier Latin, 2015, v. XVII, p. 57-58.
[36] DULIN, Antoine. Les mécanismes d'évitement fiscal, leurs impacts sur le consentement à l'impôt et la cohésion sociale. *Journal Officiel de La République Française*, v. 16, 2016. Disponível em: https://www.lecese.fr/sites/default/files/pdf/Avis/2016/2016_14_evitement_fiscal.pdf. Acesso em: 30 mar. 2021.
[37] OLIVEIRA, Phelippe Toledo Pires de. *Op. cit.*, p. 59.
[38] GODOY, Arnaldo Sampaio de Moraes. *Transação Tributária*: introdução à justiça fiscal consensual. Belo Horizonte: Fórum, 2010, p. 60.
[39] OLIVEIRA, Phelippe Toledo Pires de. *Op. cit.*, p. 37.

deve estar condicionada ao compromisso do contribuinte de "não utilizar a transação de forma abusiva, com a finalidade de limitar, de falsear ou de prejudicar, de qualquer forma, a livre concorrência ou a livre iniciativa econômica". São dispositivos, destarte, que claramente têm o objetivo de determinar como deve ser pautado o comportamento dos contribuintes para além do Direito Tributário, como na seara do Direito Econômico e Concorrencial.

Não obstante, tomando-se por base a premissa de que o simples fato de uma lei determinar como deve ser pautado determinado comportamento dos agentes pode não se mostrar suficiente para atingir o fim pretendido – especialmente quando frente às que envolvem o pagamento de tributos, mediante a perda de parcela do patrimônio do contribuinte –, extrai-se que o aludido comando legislativo, por si só, parece ser incapaz de influenciar o comportamento do contribuinte à míngua de outras ferramentas que auxiliem nesse sentido.

Afinal, como já referido em passagem anterior desse artigo, em uma economia de mercado as empresas visam ao lucro e sempre buscarão reduzir seus preços, de modo a se tornarem mais competitivas do que seus concorrentes. Ou seja, é inerente à própria lógica empresarial a busca pela redução de custos, como o tributário, que influenciam na composição final do valor das mercadorias, a serviços a serem oferecidos à sociedade, pelo que um simples comando legal, despiciendo de reais estímulos, parece não surtir os efeitos desejados.

Inclusive, destaca-se que a Constituição de 1988 "ratificou expressamente a liberdade da gestão das empresas, assegurando a não interferência do Estado sobre as tomadas de decisão relativamente à direção dos seus negócios", sendo, sob o ponto de vista do Direito Tributário, essa liberdade conformada na possibilidade de adoção de "medidas com a finalidade de economizar tributos na gestão empresarial".[40] As empresas, desse modo, tendem a buscar um enquadramento tributário mais vantajoso, uma interpretação hermenêutica que implique o pagamento inferior de tributos que os seus concorrentes, o que pode, por vezes, implicar prejuízo à livre concorrência e à livre iniciativa se as outras empresas não tiverem a mesma expertise.

A bem da verdade, pois, compreende-se que tal norma deveria ser direcionada à própria Administração Tributária, que é quem não possui interesses econômicos em uma suposta violação da livre concorrência ou da livre iniciativa – pelo contrário, beneficia-se por essas – e também é quem consegue medir melhor quando isso se verifica e adotar as medidas necessárias. Perceba-se que a existência de um excesso de acordos pelo Estado em prol de determinados contribuintes, gerando um prejuízo à livre concorrência, é justamente um dos fatores que causam a rejeição social ao pagamento de tributos por uma percepção que se cria de baixa moralidade do Fisco,[41] a quem os tributos serão entregues, e não por uma percepção de baixa moralidade dos contribuintes que deles se beneficiam.

Nessa linha de que é necessário que a lei faça mais do que apenas dizer como não deve ser o comportamento dos contribuintes, cita-se o disposto no artigo 4º, inciso IV, o qual dispõe que será rescindida a transação quando houver "a comprovação de

---

[40] LEÃO, Martha Toribio. O livre exercício de atividade econômica, o direito de economizar tributos e a jurisprudência brasileira. *Revista de Direito Recuperacional e Empresa*, v. 13, jul-set/2019, p. 3.
[41] MARTINS, Ives Gandra da Silva. *Op. cit.*, p. 130-131.

prevaricação, de concussão ou de corrupção passiva na sua formação". Tal dispositivo impõe diretamente a proibição de comportamentos indesejados na sociedade em prejuízo do contribuinte que dele buscar se beneficiar, com a cumulação de uma sanção pelo seu desatendimento. Ganha relevo, ainda, o fato de o §4º do artigo 4º vedar aos contribuintes que tiver sua transação rescindida, mesmo que com relação a outros débitos. Isto é, cria-se um desincentivo ao contribuinte à utilização da prevaricação, da concussão ou da corrupção passiva na formação da transação a partir do momento em que este ficará vedado de se beneficiar do instrumento caso futuramente necessite, de modo que se extrai um exemplo mais efetivo de boa prática buscada pela legislação quanto à transação tributária.

Outrossim, o artigo 5º, inciso I, da Lei nº 13.988/2020, veda a transação que reduza multas de natureza penal, o que é visto com méritos, na medida em que barra que a transação tributária seja utilizada para subverter a seara criminal, a qual, ao menos em tese, deve ser utilizada como *ultima ratio*. Desse modo, se há multa de natureza penal, significa que existiu conduta grave a ponto de merecer tal tutela, ao que a transação que retirasse a sanção significaria uma atenuação das consequências de um comportamento fortemente rechaçado pela ordem jurídica, ensejando uma sinalização de que talvez essa não seja mais tão rechaçada assim.

Além desses dispositivos, percebe-se, em certa medida, que a própria transação tributária da forma como está sendo praticada atualmente no país através das Portarias da PGFN acaba por ter também traços de escolhas de políticas públicas pelo Executivo que visem outros valores que não a mera propiciação de extinção de créditos tributários em iguais condições a todos contribuintes ou a conformidade tributária.

É que, embora estabelecida através da Lei nº 13.988/2020, são através das Portarias da PGFN que se acabou por determinar quais serão os caminhos a serem adotados, delegando-se ao Executivo a escolha de quem será beneficiado, qual será a benesse a ser concedida e sob quais condições.

Como exemplo, veja-se que através da Portaria PGFN nº 9.924, foi aberto em 2020 um edital de transação extraordinária para cobrança da dívida ativa da União em função dos efeitos da pandemia causada pelo coronavírus, a qual não previa descontos, mas tão somente o parcelamento dos débitos. No seu turno, a Portaria PGFN nº 21.561, publicada também em 2020 com o igual propósito de viabilizar a superação da situação de crise econômico-financeira decorrente do coronavírus, ofereceu especialmente aos produtores rurais e agricultores familiares condições para a transação excepcional de débitos rurais e fundiários, com previsões de desconto que podem chegar a 70% do valor do crédito.

Extrai-se, desse modo, não apenas um tratamento tributário através da transação para estimular a conformidade tributária, mas também um tratamento diferenciado ao âmbito rural em detrimento do urbano, o que de certa forma anuncia um estímulo ao desenvolvimento do setor agropecuário.

Sobre esse ponto, alerta-se a necessidade de estarmos atentos aos riscos que podem advir da instrumentalização do Direito Tributário, tal como a "relativização ou erosão das garantias constitucionais" mediante a justificativa de que os fins objetivados seriam "nobres, justos ou desejáveis",[42] principalmente considerando a outorga, ao

---

[42] ADAMY, Pedro. *Op. cit.*, p. 326.

que parece, de tal escolha ao Poder Executivo. Compete registrar, aliás, que até mesmo na França, em que há longa data são estudados os *agréments fiscaux*, há discussões doutrinárias questionando os limites do poder que é dado à Administração Pública para firmá-los.[43]

Há quem sustente, exemplificativamente, que através da transação tributária se concedam melhores condições a contribuintes que sejam engajados com o auxílio ao Estado na implementação de políticas de respeito à vida, à garantia do desenvolvimento nacional, à erradicação da pobreza e à promoção de direitos sociais de forma geral.[44]

É necessário, porém, para utilização da transação com esse objetivo, que haja também o respeito aos desígnios constitucionais e ao postulado da proporcionalidade, assim como a fiscalização quanto a se estão sendo atingidos os fins para os quais efetivamente fora ofertada a transação.[45] Não sendo observado isso, a transação tributária acabará por possibilitar aos por ela agraciados margens de lucro muito superiores aos proveitos que deveriam ser por ela concretizados, incorrendo-se até mesmo em prejuízo à livre iniciativa e à livre concorrência,[46] as quais são também tuteladas pela Constituição e devem ser observadas e conciliadas na intervenção estatal por meio de políticas tributárias.[47]

Não suficiente, a transação desse modo realizada pela Administração Pública trará consequências comportamentais aos contribuintes: além de se mostrar ineficiente para estimular condutas pelos contribuintes agraciados pela transação pactuada, gerará um sentimento de injustiça nos demais contribuintes.

Por outro lado, com o respeito às limitações constitucionais, ao postulado da proporcionalidade e com a devida fiscalização, bem como embasada em uma política tributária planejada e executada levando em consideração os aspectos pertinentes à resposta comportamental dos agentes, verifica-se que a transação tributária pode ser também trabalhada como forma de estimular os comportamentos para além da seara tributária, em especial frente a novos estudos que mostram que os indivíduos se preocupam também com o interesse geral, com o bem comum e com sentimentos de justiça, solidariedade e equidade.[48]

---

[43] SERVANE, Carpi. Les critères de la distinction entre les agréments fiscaux de plein droit et les agréments fiscaux discrétionnaires. *Revue juridique de l'Ouest*, v. 1, p. 27-44, 2000. Disponível em: https://www.persee.fr/doc/juro_0990-1027_2000_num_13_1_2563. Acesso em: 21 mar. 2021.

[44] ALVES, Marcos Joaquim Gonçalves; VIANA, Alan Flores. Transação Tributária: compromisso em direção a uma política tributária do futuro. *International Tax Review – ITR Brasil*, v. 1, n. 134, p. 40-43, 2020.

[45] FOLLONI, André; SIMM, Camila Beatriz. *Op. cit.*, p. 64-65.

[46] *Ibid.*, loc. cit.

[47] FORTES, Fellipe Cianca; BASSOLI, Marlene Kempfer. Análise Econômica do Direito Tributário: livre iniciativa, livre concorrência e neutralidade fiscal. *Revista Scientia Juris*, v. 14, p. 235-253, nov/2010, p. 239-240.

[48] SANTOLIM, Cesar. "Behavioral Law and Economics" e a Teoria dos Contratos. *Revista Jurídica Luso-Brasileira*, v. 1, n. 3, p. 407-430, 2015, p. 417. STOUT, Lynn A. Law and Prosocial Behavior. *In*: ZAMIR, Eyal; TEICHMAN, Doron (org.). *The Oxford Handbook of Behavioral Economics and the Law*. New York: Oxford University Press, 2014, p. 195-212, p. 196.

Conclusão

No presente artigo buscou-se demonstrar que o ordenamento jurídico como um todo e, sobretudo, as normas tributárias são naturalmente capazes de induzir comportamentos humanos. Mesmo tributos doutrinariamente classificados como fiscais, ou seja, que em tese visariam unicamente à arrecadação, acabam por gerar efeitos no comportamento dos contribuintes. O mesmo se pode dizer quanto às normas que implicam obrigações tributárias assessórias ou que determinam, por exemplo, datas de vencimento de tributos e prazos para pagamentos parcelados.

E é por isso que também o estudioso do Direito Tributário deve estar preocupado com a resposta comportamental que o ordenamento jurídico pode gerar em seus destinatários. Em consequência, ganham relevo os estudos desenvolvidos à luz da Análise Econômica e Econômica Comportamental do Direito, vez que se baseiam justamente em resultados empíricos quanto aos reflexos que um dado instrumento jurídico-normativo gera no comportamento humano.

A partir dessa análise, é possível criar e tornar mais efetivas as políticas tributárias, a serem embasadas na resposta comportamental dos contribuintes, de modo a não se apoiarem unicamente em comandos impositivos ou proibitivos, mas também em incentivos, desincentivos, *nudges* e outras técnicas de indução de comportamento. Assim, podem-se tornar tais políticas mais adequadas aos seus fins, corrigindo externalidades negativas e combatendo a conhecida mazela que é a inadimplência tributária.

A transação tributária vem sendo vista como uma política mais adequada sob o ponto de vista da resposta comportamental, se comparada com os conhecidos programas extraordinários de parcelamento, para auxiliar na solução do problema da inadimplência e no estímulo dos contribuintes a buscarem uma maior conformidade tributária.

De fato, na Lei nº 13.988/2020 e nas Portarias editadas pela PGFN que visam regulamentar as modalidades de transação, são encontrados dispositivos que buscam estimular a adoção de comportamentos de conformidade tributária pelos contribuintes. Contudo, como se verificou ao longo do presente estudo, ainda há alguns pontos que necessitariam de um maior aprimoramento mediante a utilização de estudos comportamentais.

Da mesma forma, foram também identificadas, em que pese ainda de modo muito discreto, disposições que buscam influenciar o comportamento dos contribuintes em outras áreas que não apenas a tributária, as quais encontram algumas semelhanças na experiência francesa dos *agréments fiscaux*.

Em suma, foi possível verificar que há certo avanço em direção a considerar o comportamento dos contribuintes com a transação tributária, a qual já fora regulamentada contemplando em alguns pontos esse conhecimento. O grande desafio que ainda se impõe, todavia, é aperfeiçoar essa ferramenta, especialmente de forma a distanciá-la mais do modelo dos programas de parcelamento extraordinário e suas conhecidas externalidades negativas.

Referências

ADAMY, Pedro. Complexidade, simplificação e divulgação do Direito Tributário. *In*: KUNZ, Lena; MESE, Vivianne Ferreira (org.). *Rechtsspreche und Schwächerenschutz*. Baden-Beden: Nomos, p. 301-329, 2018.

ALVES, Marcos Joaquim Gonçalves; VIANA, Alan Flores. Transação Tributária: compromisso em direção a uma política tributária do futuro. *International Tax Review – ITR Brasil*, v. 1, n. 134, p. 40-43, 2020.

BRASIL. Ministério da Economia; Advocacia-Geral da União. *Exposição de Motivos Interministerial nº 268*, de 06 de setembro de 2019. Brasília: ME / AGU, set/2019. Disponível em: http://www.planalto.gov.br/ccivil_03/_ato2019-2022/2019/Exm/Exm-MP-899-19.pdf. Acesso em: 20 mar. 2021.

CALIENDO, Paulo. *Direito Tributário e Análise Econômica do Direito*: uma visão crítica. Rio de Janeiro: Elsevier, 2009.

CARVALHO, Cristiano. *Teoria da decisão tributária*. São Paulo: Almedina, 2018.

CHAGAS JR., Francisco Ferreira. Incongruências da política tributária no Brasil e o seu contributo para a crise da relação de tributação. *In*: TORRES NETO, Argemiro; MACHADO, Sandra Maria Olímpio (org.). *15 anos do programa de educação fiscal do Estado do Ceará*: memórias e perspectivas. Fortaleza: Fundação SINTAF, 2014, p. 132-150.

COOTER, Robert; ULEN, Thomas S. *Direito & Economia*. Tradução: Luis Marcos Sander; Francisco Araújo da Costa. 5ª ed. Porto Alegre: Bookman, 2010.

DULIN, Antoine. Les mécanismes d'évitement fiscal, leurs impacts sur le consentement à l'impôt et la cohésion sociale. *Journal Officiel de La République Française*, v. 16, 2016. Disponível em: https://www.lecese.fr/sites/default/files/pdf/Avis/2016/2016_14_evitement_fiscal.pdf. Acesso em: 30 mar. 2021.

FEITOSA, Gustavo Raposo Pereira; CRUZ, Antonia Camilly Gomes. Nudges fiscais: a economica comportamental e o aprimoramento da cobrança da dívida ativa. *Pensar Revista das Ciências Jurídicas*, v. 24, n. 4, p. 1-16, out-dez/2019.

FERNANDES, Tarsila Ribeiro Marques. *Transação tributária*: o direito brasileiro e a eficácia da recuperação do crédito público à luz do modelo norte-americano. Curitiba: Juruá, 2014.

FOLLONI, André; SIMM, Camila Beatriz. Direito Tributário, complexidade e Análise Econômica do Direito (AED). *Revista Eletrônica do Curso de Direito da UFSM*, v. 11, n. 1, p. 49-70, 2016.

FORTES, Fellipe Cianca; BASSOLI, Marlene Kempfer. Análise Econômica do Direito Tributário: livre iniciativa, livre concorrência e neutralidade fiscal. *Revista Scientia Juris*, v. 14, p. 235-253, nov/2010.

GALBIATI, Roberto; VERTOVA, Pietro. How Laws Affect Behaviour. *International Review of Law and Economics*, v. 38, p. 28-57, 2014. Disponível em: https://ssrn.com/abstract=1295948. Acesso em: 19 mar. 2021.

GICO JR., Ivo. Introdução ao Direito e Economia. *In*: TIMM, Luciano Benetti (org.). *Direito e Economia no Brasil*: estudos sobre a Análise Econômica do Direito. Indaiatuba: Foco, 2019. p. 1-32.

GODOY, Arnaldo Sampaio de Moraes. *Transação Tributária*: introdução à justiça fiscal consensual. Belo Horizonte: Fórum, 2010.

GONÇALVES, Oksandro Osdival; BONAT, Alan Luiz. Análise Econômica do Direito, incentivos fiscais e a redução das desigualdades regionais. *Revista Jurídica da Presidência*, v. 20, n. 121, p. 381-407, jun-set/2018.

LEÃO, Martha Toribio. *Critérios para o controle das normas tributárias indutoras: uma análise pautada no princípio da igualdade e na importância dos efeitos*. 176 f. 2014. Dissertação (Mestrado em Direito) – Faculdade de Direito da Universidade de São Paulo, 2014.

LEÃO, Martha Toribio. O livre exercício de atividade econômica, o direito de economizar tributos e a jurisprudência brasileira. *Revista de Direito Recuperacional e Empresa*, v. 13, jul-set/2019.

LOGUE, Kyle D. Tax law uncertainty and the role of tax insurance. *Virginia Tax Review*, v. 25, n. 2, p. 339-414, 2005.

MACHADO SEGUNDO, Hugo de Brito. Ciência do direito tributário, economia comportamental e extrafiscalidade. *Revista Brasileira de Políticas Públicas*, v. 8, n. 2, p. 639-659, 2018.

MACKAAY, Ejan; ROUSSEAU, Stéphane. *Análise Econômica do Direito.* Tradução: Rachel Sztajn. 2. ed. São Paulo: Atlas, 2020.

MARTINS, Ives Gandra da Silva. *Teoria da imposição tributária.* 2. ed. São Paulo: LTR, 1998.

MELLO, Fernanda Loyola Rabello; PORTULHAK, Henrique. Refis: recuperação fiscal ou planejamento tributário? Um estudo com base na percepção de advogados e auditores. *Revista de Contabilidade e Controladoria da UFPR,* v. 11, n. 2, p. 76-95, maio/ago. 2019.

OLIVEIRA, Phelippe Toledo Pires de. *A transação em matéria tributária* – Série Doutrina Tributária. São Paulo: Quartier Latin, 2015, V. XVII.

ONDEI, Vera. Nem a pandemia de Covid-19 para o agronegócio brasileiro. *Forbes,* São Paulo, 06 dez. 2020. Disponível em: https://www.forbes.com.br/negocios/2020/12/nem-a-pandemia-de-covid-19-para-o-agronegocio-brasileiro/. Acesso em: 30 mar. 2021.

PLUTARCO, Hugo Mendes. A sonegação e a litigância como forma de financiamento. *Economics Analysis of Law Review,* v. 3, n. 1, p. 122-147, jan./jun. 2012. Disponível em: https://portalrevistas.ucb.br/index.php/EALR/article/view/3 EALR 122. Acesso em: 20 mar. 2021.

RASKOLNIKOV, Alex. Accepting the limits of Tax Law and Economics. *Cornell Law Review,* v. 98, n. 3, p. 523-590, 2013.

SANTOLIM, Cesar. "Behavioral Law and Economics" e a Teoria dos Contratos. *Revista Jurídica Luso-Brasileira,* v. 1, n. 3, p. 407-430, 2015.

SCHOUERI, Luís Eduardo. *Normas tributárias indutoras e intervenção econômica.* Rio de Janeiro: Forense, 2005.

SERVANE, Carpi. Les critères de la distinction entre les agréments fiscaux de plein droit et les agréments fiscaux discrétionnaires. *Revue juridique de l'Ouest,* v. 1, p. 27-44, 2000. Disponível em: https://www.persee.fr/doc/juro_0990-1027_2000_num_13_1_2563. Acesso em: 21 mar. 2021.

STOUT, Lynn A. Law and Prosocial Behavior. *In*: ZAMIR, Eyal; TEICHMAN, Doron (org.). *The Oxford Handbook of Behavioral Economics and the Law.* New York: Oxford University Press, 2014. p. 195-212.

SUNSTEIN, Cass R. Nudging: um guia bem breve. *In*: ÁVILA, Flávia; BIANCHI, Ana Maria (org.). *Guia de Economia Comportamental e Experimental.* Tradução: Laura Teixeira Motta. São Paulo: EconomiaComportamental.org, 2015. p. 110-115.

THALER, Richard H.; SUNSTEIN, Cass R. *Nudge:* um pequeno empurrão. Alfragide: Lua de Papel, 2018.

ZAMIR, Eyal. Law's Loss Aversion. *In*: ZAMIR, Eyal; TEICHMAN, Doron (org.). *The Oxford Handbook of Behavioral Economics and the Law.* New York: Oxford University Press, 2014. p. 268-299.

Informação bibliográfica desse texto, conforme a NBR 6023:2018 da Associação Brasileira de Normas Técnicas (ABNT):

NADAL, Victoria Werner de; GAMA, Clairton Kubassewski. Transação tributária à luz da análise comportamental dos contribuintes. *In*: SARAIVA FILHO, Oswaldo Othon de Pontes (coord.). *Transação Tributária*: homenagem ao jurista Sacha Calmon Navarro Coêlho. Belo Horizonte: Fórum, 2023. (Coleção Fórum grandes temas atuais de Direito Tributário ; v. 1). p. 399-415. ISBN 978-65-5518-407-5.

SOBRE O COORDENADOR

Oswaldo Othon de Pontes Saraiva Filho
É mestre em Direito. Professor de Direito Financeiro e de Direito Tributário da Faculdade de Direito da Universidade de Brasília (UnB). Ex-procurador da Fazenda Nacional de categoria especial (aposentado). ex-consultor da União (1996-2015), sócio sênior de serviço do escritório MJ Alves e Burle Advogados e Consultores. Advogado e parecerista. Coordenador de algumas dezenas de livros. Autor de mais de três centenas artigos publicados em livros e em periódicos científicos. É, ainda, diretor científico fundador da *Revista Fórum de Direito Tributário* e associado do Fórum de Integração Brasil Europa (FIBE), do Instituto Brasileiro de Estudos de Direito Administrativo, Financeiro e Tributário (IBEDAFT) e da União dos Juristas Católicos de São Paulo (UJUCASP).
E-mails: othonsaraiva.filho@gmail.com; othon.saraiva@mjab.adv.br.

SOBRE OS AUTORES

Alan Flores Viana
Especialista em Direito Tributário pelo Instituto Brasileiro de Estudos Tributários (IBET). Candidato ao MBE em Energia pela Pontifícia Universidade Católica do Rio de Janeiro (PUC-Rio). Membro fundador do Instituto Brasileiro de Arbitragem Tributária (IBAT). Membro efetivo das Comissões de Direito Tributário da OAB/DF e OAB/RJ. Sócio do escritório MJ Alves e Burle Advogados.

Andrei Pitten Velloso
Juiz Federal da 4ª Região. Doutor em Direitos e Garantias do Contribuinte pela Universidade de Salamanca (Espanha). Mestre em Direito Tributário pela Universidade Federal do Rio Grande do Sul (UFRGS).

Andresa Sena
Atua na advocacia, especialmente nas áreas cível, empresarial e administrativo. Ao longo de sua trajetória, representou sociedades seguradoras, sindicatos de classe, autarquia federal e fundo de previdência privada complementar. Destaca-se pela coordenação de equipes jurídicas especializadas em contencioso de massa e estratégico. Graduada pela Universidade Estácio de Sá (UNESA), possui especialização em direito civil e processo civil pela mesma universidade, e pelo Instituto Brasileiro de Direito da Empresa (IBDE). Especialização em consultoria/advocacia de recuperanda, falida, credora, sendo apta a exercer o cargo de Administradora Judicial.

Antônio de Pádua Marinho Monte
Pesquisador Júnior do Instituto de Estudos Penais Alimena, Universidade da Calábria. Pesquisador na UEMG, na UFRN e na FDV. Mestre em Direitos e Garantias Fundamentais pela FDV. Servidor Público Federal.

Clairton Kubassewski Gama
Advogado. Mestrando em Direito pela Universidade Federal do Rio Grande do Sul (UFRGS). Especialista em Direito Tributário pelo Instituto Brasileiro de Estudos Tributários (IBET).

Cleide Regina Furlani Pompermaier
Procuradora do Município de Blumenau. Especialista em Direito Tributário pela Universidade Federal de Santa Catarina. Especialista em Mediação Conciliação e Arbitragem pela Faculdade Verbo Educacional, do Rio Grande do Sul. Membro fundador

do Instituto Brasileiro de Estudos de Direito Administrativo, Financeiro e Tributário (IBDAFT). É uma das autoras do projeto e membro da Câmara de transação tributária do município de Blumenau e uma das vencedoras do PRÊMIO INNOVARE 2020. Palestrante em temas jurídicos tributários. Autora da obra jurídica *O ISS e os serviços notariais e de registros públicos* e de artigos científicos publicados em vários sites e revistas jurídicas especializadas. Foi membro da Comissão de Juristas da Desburocratização do Senado Federal. Foi professora Universitária da Universidade Regional de Blumenau (FURB) e da Faculdade Franciscana (FAE) na disciplina de Direito Tributário. Membro da Comissão de Tributação da OAB, seccional de Santa Catarina.

Cristiano Neuenschwander Lins de Morais
Procurador da Fazenda Nacional. Mestre em Políticas Públicas e Governo pela Fundação Getulio Vargas.

Flávia Romano de Rezende
Desembargadora do Tribunal de Justiça do Estado do Rio de Janeiro. Presidente do Fórum Permanente da Escola da Magistratura do Estado do Rio de Janeiro. Mestre em Direito Público pela UNESA.

Francisco Nicolau Domingos
Doutor em Direito Tributário pela Universidade da Extremadura, Espanha, registo na Universidade de Lisboa. Professor Adjunto do Instituto Superior de Contabilidade e Administração de Lisboa. Investigador integrado no Instituto Jurídico Portucalense. Árbitro em matéria tributária junto do Centro de Arbitragem Administrativa (CAAD).

Francisco Sérgio Maia Alves
Mestre em Direito e Políticas públicas pelo UniCEUB (Centro Universitário de Brasília. Possui graduação em Direito pela Universidade Federal da Paraíba e graduação em Engenharia Civil Aeronáutica pelo Instituto Tecnológico de Aeronáutica. Atualmente é auditor federal de controle externo – Tribunal de Contas da União, onde exerce a função de assessor de ministro. Tem experiência nas áreas de Direito Administrativo, Controle Externo e Auditoria de Obras Públicas.

Gabriella Alencar Ribeiro
Formada pela Universidade de Brasília (UnB) em 2017, com especialização em Direito Processual Civil no Instituto Brasiliense de Direito Público (IDP) 2018, e atualmente se especializando em Direito Tributário no Instituto Brasileiro de Estudos Tributários (IBET).

Hugo de Brito Machado
Professor Titular de Direito Tributário da UFC. Presidente do Instituto Cearense de Estudos Tributários. Desembargador Federal aposentado do TRF da 5ª Região. Membro da Academia Brasileira de Direito Tributário, da Associação Brasileira de Direito Financeiro, da Academia Internacional de Direito e Economia, do Instituto Ibero-Americano de Direito Público e da *International Fiscal Association*.

Hugo de Brito Machado Segundo
Mestre e Doutor em Direito. Advogado. Membro do Instituto Cearense de Estudos Tributários (ICET) e do Instituto Brasileiro de Direito Tributário (IBDT). Professor da Faculdade de Direito da Universidade Federal do Ceará, de cujo Programa de Pós-Graduação (Mestrado/Doutorado) foi o Coordenador (2012/2016). Professor do Centro Universitário Christus (Unichristus). *Visiting Scholar* da *Wirtschaftsuniversität*, Viena, Áustria.

Isabel Fernanda Augusto Teixeira
Pós-graduanda em Direito Processual Civil na UERJ. Diretora do UJUCARJ. Membro da Comissão Permanente de Direito Tributário. Advogada.

Ivan Tauil Rodrigues
Mestre em Direito pela PUC-RJ. Doutorando pela UFF e advogado.

Ives Gandra da Silva Martins
Professor Emérito das Universidades Mackenzie, UNIP, UNIFIEO, UNIFMU, do CIEE/O ESTADO DE SÃO PAULO, das Escolas de Comando e Estado-Maior do Exército (ECEME), Superior de Guerra (ESG) e da Magistratura do Tribunal Regional Federal – 1ª Região. Professor Honorário das Universidades Austral (Argentina), San Martin de Porres (Peru) e Vasili Goldis (Romênia). Doutor *Honoris Causa* das Universidades de Craiova (Romênia) e das PUCs-Paraná e Rio Grande do Sul. Catedrático da Universidade do Minho (Portugal). Presidente do Conselho Superior de Direito da FECOMERCIO/SP.

José Casalta Nabais
Professor catedrático da Faculdade de Direito da Universidade de Coimbra/Portugal.

José Eduardo Soares de Melo
Doutor e Livre Docente em Direito. Professor Titular da Faculdade de Direito da PUC-SP (2012-2015). *Visiting Scholar* da U.C.Berkeley (Califórnia). Professor Emérito da Faculdade Brasileira de Tributação. Consultor Jurídico.

Júlio Homem de Siqueira
Mestre em Direitos e Garantias Fundamentais pela Faculdade de Direito de Vitória (FDV). Pesquisador em Direito Público, com ênfase em Direito Constitucional e Direito Previdenciário, nos Programas de Pós-Graduação em Direito da FDV e da Universidade Federal do Rio Grande do Norte (UFRN). Membro do Centro Local de Inteligência e Prevenção de Demandas Repetitivas da Justiça Federal do Rio de Janeiro (CLIP/JFRJ). Servidor Público Federal no 1º Juizado Especial Federal de Volta Redonda/RJ.

Luis Inácio Lucena Adams
Ex-Procurador-Geral da Fazenda Nacional. Ex-Advogado-Geral da União e advogado.

Luís Eduardo Schoueri
Professor Titular de Direito Tributário da Universidade de São Paulo e vice-presidente do Instituto Brasileiro de Direito Tributário.

Louise Dias Portes
Advogada.

Marcos Joaquim Gonçalves Alves
Especialista em Direito Tributário pela PUC-SP (Pontifícia Universidade Católica de São Paulo). Membro fundador do Instituto de Pesquisas Tributárias (IPT). Vice-Presidente da Comissão Especial de Direito do Petróleo do Conselho Federal da OAB. Membro consultor da Comissão Especial de Direito Tributário do Conselho Federal da OAB. Diretor de Relações Governamentais do CESA. Sócio Fundador do escritório MJ Alves e Burle Advogados.

Marilene Talarico Martins Rodrigues
Advogada. Sócia da Advocacia Gandra Martins. Especialista em Direito Tributário pelo Centro de Extensão Universitária CEU Law School. Membro do Conselho Superior de Direito da FECOMÉRCIO/SP. Membro do IASP. Membro da Diretoria da Academia Brasileira de Direito Tributário (ABDT). Membro do Instituto Brasileiro de Direito Tributário (IBDT). Membro da Academia Paulista de Letras Jurídicas (APLJ). Membro da União de Juristas Católicos de São Paulo (UJUCASP). Membro do Conselho Superior de Orientação do Instituto Brasileiro de Estudos de Direito Administrativo, Financeiro e Tributário (IBEDAFT).

Mateus Calicchio Barbosa
Mestre em Direito Tributário pela Universidade de São Paulo.

Misabel Abreu Machado Derzi
Professora Titular de Direito Financeiro e Tributário da UFMG e das Faculdades Milton Campos. Presidente Honorária da ABRADT.

Phelippe Toledo Pires de Oliveira
Procurador da Fazenda Nacional. Mestre em Direito Tributário pela Universidade de Paris I, Sorbonne. Mestre e Doutor em Direito Tributário pela Universidade de São Paulo (USP). Sênior *Visiting Scholar* pela Universidade de Economia e Negócios de Viena (WU).

Onofre Alves Batista Júnior
Mestre em Ciências Jurídico-Políticas pela Universidade de Lisboa. Doutor em Direito pela UFMG. Pós-doutoramento pela Faculdade de Direito da Universidade de Coimbra. Professor Associado de Direito Público da graduação e da pós-graduação da UFMG.

Oswaldo Othon de Pontes Saraiva Filho
É mestre em Direito. Professor de Direito Financeiro e de Direito Tributário da Faculdade de Direito da Universidade de Brasília (UnB). Ex-Procurador da Fazenda Nacional de categoria especial (aposentado). Ex-consultor da União (1996-2015). Sócio sênior de serviço do escritório MJ Alves e Burle Advogados e Consultores. Advogado e parecerista. Coordenador de algumas dezenas de livros. Autor de mais de três centenas

artigos publicados em livros e em periódicos científicos. É ainda diretor científico fundador da *Revista Fórum de Direito Tributário* e associado do Fórum de Integração Brasil Europa (FIBE), do Instituto Brasileiro de Estudos de Direito Administrativo, Financeiro e Tributário (IBEDAFT) e da União dos Juristas Católicos de São Paulo (UJUCASP).

Oswaldo Othon de Pontes Saraiva Neto
Mestrando pela Universidade de Brasília em Regulação e Transformações na Ordem Econômica. Sócio em MJ Alves e Burle. Atua no contencioso estratégico nas áreas tributária e administrativa.

Roberta de Amorim Dutra
Advogada, integrante da Advocacia Gandra Martins. Mestranda em Direito Processual Constitucional Tributário pela PUC-SP. Especialista em Direito Tributário pela USP e pelo CEU-IICS.

Rogério Vidal Gandra da Silva Martins
Advogado sócio da Advocacia Gandra Martins. Especialista em Direito Tributário. Ex-juiz do TIT-SP. Conselheiro do Conselho Superior de Direito da FECOMERCIO/SP.

Schubert de Farias Machado
Advogado. Diretor do Instituto Cearense de Estudos Tributários. Membro do Instituto dos Advogados do Ceará.

Silvia Faber Torres
Doutora em Direito Público pela Universidade do Estado do Rio de Janeiro. Procuradora do Estado do Rio de Janeiro. Representante da Fazenda junto ao Conselho de Contribuintes do Estado do Rio de Janeiro.

Valter de Souza Lobato
Professor Adjunto da Faculdade de Direito da UFMG e Presidente da ABRADT. Advogado.

Victoria Werner de Nadal
Advogada. Mestranda em Direito pela Universidade Federal do Rio Grande do Sul (UFRGS). Especialista em Direito Tributário pelo Instituto de Estudos Tributários (IET).

Esta obra foi composta em fonte Palatino Linotype, corpo 10
e impressa em papel Offset 75g (miolo) e Supremo 250g (capa)
pela Gráfica Impress.